数字经济译丛

数字经济

的

经济学分析

赵志耘 等 译

ECONOMIC ANALYSIS
of the Digital Economy

Avi Goldfarb

Shane M. Greenstein

Catherine E. Tucker

[加]阿维·古德法布

[美]谢恩·M.格林斯坦　◉　主编

[美]凯瑟琳·E.塔克

东北财经大学出版社 | 大连
Dongbei University of Finance & Economics Press

辽宁省版权局著作权合同登记号：图字 06-2018-338 号

Economic Analysis of the Digital Economy
ⓒ 2015 by the National Bureau of Economic Research

图书在版编目（CIP）数据

数字经济的经济学分析／［加］阿维·古德法布，［美］谢恩·M. 格林斯坦，［美］凯瑟琳·E. 塔克主编；赵志耘等译. 一大连：东北财经大学出版社，2021.6
（数字经济译丛）
书名原文：Economic Analysis of the Digital Economy
ISBN 978-7-5654-4145-5

Ⅰ. 数…　Ⅱ. ①阿… ②谢… ③凯… ④赵…　Ⅲ. 信息经济—文集　Ⅳ. F49-53

中国版本图书馆 CIP 数据核字（2021）第 034328 号

东北财经大学出版社出版发行
　　大连市黑石礁尖山街 217 号　邮政编码　116025
　　网　　址：http://www. dufep. cn
　　读者信箱：dufep @ dufe. edu. cn
大连永盛印业有限公司印刷

幅面尺寸：170mm×240mm　字数：502 千字　印张：35.5
2021 年 6 月第 1 版　　　2021 年 6 月第 1 次印刷
责任编辑：李　季　贺　荔　责任校对：于华扬　孟　美
封面设计：原　皓　　　　　版式设计：钟福建
定价：96.00 元

教学支持　售后服务　　联系电话：（0411）84710309
版权所有　侵权必究　　举报电话：（0411）84710523
如有印装质量问题，请联系营销部：（0411）84710711

译者前言

数字通信，特别是互联网的发展，推动了数字技术的兴起，给社会与经济发展带来了极大的影响。数字经济学就是研究数字技术是否能够改变市场以及如何改变市场的一个学科领域。本书从数字经济学的视角，探讨数字化在各种背景下的经济影响，旨在为数字经济学的未来研究设定议题。本书视野广阔，各章步步深入，值得经济学家们和相关专业学者及从业人员进一步探索。

很荣幸受东北财经大学出版社之邀，本人带领团队完成了此书的翻译工作，书中内容专业性非常强，从翻译初稿、修改到形成终稿，耗时两年，终于得以付梓。译者要对这两年期间在不同时间，以不同方式为本书出版作出贡献的学者，表示由衷的感谢。由于本书涉及多个专业领域，翻译初稿在专业性和体例统一等方面有待完善，译者们多次进行重译和修改，以保证本书内容完善。对此感谢姚长青、刘志辉、高影繁、何彦青、崔笛、浦墨、李岩、郑明、李昶璇、薛陕、王力、高雄、刘沵颖等译者在初译、重译和修改等不同阶段对本书作出的贡献。每位译者都花费大量时间精细推敲、反复斟酌原文与译文，这才使得本书得以呈现在读者面前。

还要感谢东北财经大学出版社的信任，感谢李季编辑在本书翻译及出版过程中付出的巨大努力，感谢编辑们的精心编校，大家精益求精的合作和努力是本书得以出版面世的基石。

译者们在翻译过程中力求忠实原文，又尽量符合中文行文习惯，同时尽可能使用各种专业术语，不足之处在所难免，敬请专家学者批评指正。若读者通过此书皆能有所受益，是为本书之最大意义。

赵志耘

2020 年 12 月

序　言

Avi Goldfarb，Shane M. Greenstein，and Catherine E. Tucker

数字经济学是研究探索数字技术是否能够改变市场以及如何改变市场的学科。数字技术已经大幅度降低了数据的存储成本、计算成本和传输成本，因此，经济活动日益走向数字化。数字技术的变革对我们如何理解经济活动、消费者如何消费、企业如何制定竞争战略、企业家如何创办新企业以及政府如何制定政策具有重要意义。

本书探讨了数字化在各种背景下的经济影响，并旨在为数字经济学今后的研究设定议题。因为没有一本书可以全面地分析问题，所以本书的目标是确定那些有前景的研究领域的主题。各章总结并举例说明了一些已在进行的研究领域，值得经济学家进一步探索。

在促进数字技术兴起的各种技术驱动因素中，数字通信，尤其是互联网的发展发挥了重要作用。将本书内容聚焦于经济活动关键性驱动因素——数字通信——具有建设性意义。特别是数字化具有的一些特征，它们表明许多经过充分研究的经济模型可能并不适用，这说明有必要更好地理解数字化如何改变市场结果。

几乎无处不在的互联网的发展引发了许多新问题，尤其是互联网的部署和采用促进了数字产品和服务的增长，而且这些数字产品和服务大多具有很低的生产边际成本和分配边际成本。所以数字化市场往往是很容易进入的市场。这些特征让我们产生了新的疑问，在一系列广泛的经济学领域，数字化如何重新调整经济活动。

同样，通信成本很低，即便是长途通信成本也很低，这也通过创造新的市场机会带来了经济结构的调整。这导致了关于新市场中如何克服不同地区买卖双方之间信息不对称以及降低市场中各方参与者搜索成本的问题。低通信成本也转化为信息服务的低分配成本。这意味着，非排他性信息服务就类似于那些可以被数亿人而且未来可能高达数十亿人大规模消费的公共产品。这使人们将注意力集中在发展公共产品的激励措施上，并了解这些公共产品是如何扩散的。它还将人们的注意力集中在当企业和家庭需要将时间重新分配于这些未定价商品时所产生的估值问题上。

虽然数字市场和服务的这些特征通常不要求我们有全新的经济洞察力，但其要求我们不仅仅只是简单地将从其他市场获得的理论和实证结果拿来，并假设其含义是相同的。例如，数字信息可以被方便地存储、汇总，以改进测量结果。这给保护隐私和安全带来了前所未有的挑战，而这些问题在其他经济分析中并不突出，因为它们在其他经济分析中不是至关重要的。更广泛地说，许多已经制定多年的政策似乎难以适用于数字市场。众所周知，企业和政府一直在努力将版权、安全和反垄断法规应用到数字环境中，但相关特定政策的推出却受到了盗版的影响，或者在新的经济环境中失去相关性。改变政策的压力一般来自历史制度与当前环境不匹配，这些不匹配引发了私人和公众希望政策作出改变的呼吁。这些压力不会很快消失，要求改变的呼声也不会很快消失。关于数字化的经济研究可以为这场辩论提供信息。

我们不认为数字经济学是一个新的领域。相反，数字化研究涉及许多经济学领域，包括（但不限于）产业组织、经济史、应用计量经济学、劳动经济学、税收政策、货币经济学、国际经济学。许多对数字经济学具有重要贡献的知识都来自这些领域。数字经济学研究的突出之处在于对数字技术所起作用的理解。因此，即使应用是多样化的，对数字经济学的研究始终有一个统一的框架。

激发新的研究成果有两种互补的方法：一种方法描述了迄今为止在解决基础研究问题方面取得的进展，正如操作指南所做的那样（例如，参见 Peitz and Waldfogel 2012）；另一种方法也就是本书所追求的方法，通过提供有关如何构建、执行和展示前沿研究的大量实例，强调了解决开放研究问题的不同方法。这二者并不是相互排斥的，本书中的许多章节在提供新的分析和想法之前都会对先前的文献进行大量研究。

正如预期的那样，这本书的视野相当广阔，需要多次判断才能划出界限。总的来说，本书主题是将那些尚无定论的问题作为议题，同时也倾向强调公共政策中尚未解决的问题。

所有章节都有一些共同的特点。这些主题代表了当今许多活跃的经济研究前沿领域，并不倾向某个分支学科在该领域的研究方法。更确切地说，这些章节说明了数字经济学是从经济学的许多领域中提取出来的，并将问题与研究方法匹配起来。没有一章赞同任何形式的数字化例外主义——这项研究就像需要在经济意义上寻找等同于量子力学的发明，或者在实证分析、计量经济学方法上对先前实例实现根本性突破。互联网包含了一些独特的特性，这些特性要求额外的数据，以及对新情况的敏感性，而不是彻底抛弃以往的经济学知识。

本书各章一步步深入，建立了一个分析数字化的决定因素及其产生的后果的、以理论为基础并与实证相关的经济学框架。例如，有几章研究了数字化如何改变市场结构和市场行为的问题。这些变化在报纸、音乐、电影和其他媒体中表现得尤为明显。与此相关的是，在版权发挥着重要作用的领域，也出现了许多方面的问题。将版权应用于网络活动改变了创新和创造的动机，盗版的出现改变了产品和服务的货币化。数字化也改变了收集、保存和分发个人信息的成本，这本身就是一个重要的改变。它还对个性化商业活动产生影响，比如有针对性地投放广告。

许多章节涉及与数字化相关的政策问题，包括版权法、隐私法以及尝试重构数字化内容和数据的传递以及对这些内容和数据的访问。此外，还强调发展无偏的经济学测量方法。无偏测量可以评估数字化的程度，并开始通过长期信息交换的方式来测度数字化的私人和社会成本，因此，这将加深我们对公共和私营组织投资数字化的投资回报率的理解。

敏锐的读者会注意到，有些话题并没有写进书中。换句话说，所有章节都集中在通过互联网能够实现的数字化上，而不是数字技术的其他后果，例如制造业和服务的自动化程度的提高，或者数字医疗记录使用的增加。此外，一些相关的互联网话题并没有出现。对于新通信技术提供的服务只做了浅显的讨论，如高成本地区或低收入地区家庭的宽带互联网接入等。这是一个重要的话题，但经济问题并非数字化所独有，而是类似于过去的对一般服务的讨论。在对搜索商品的市场（例如，关键字拍卖）的设计方面有很多话题。本书的覆盖范围有限，因为与这些服务相关的许多领域已经有了比较活跃的讨论。所以，这本书将更多关注那些仍然很开放的前沿性问题，比如在劳动力市场上的搜索和在线匹配问题。

最后，本书在很大程度上也避开了众所周知的关于信息技术（IT）生产率的讨论，以及被称为索洛悖论的争论。索洛悖论通常被表述为："除了在生产率统计数据以外的任何地方，我们都能看到 IT。"这是因为文献数量巨大，而且在稳健增长。然而，这种对比特别具有启发性。这本书强调了在衡量数字服务价值时存在的一些棘手问题，在这些问题上，学术领域的经济学家对数字服务价值的评价并未非常认可，但主流经济学分析方法可以为解释这些问题提供帮助。

序言的其余部分描述内容如下：第一部分中的各章讨论了互联网使用的基本供求关系；第二部分中的各章讨论了数字化通过各种方式减少了经济摩擦，以及数字化为商业创造新机遇并带来新的挑战。第三部分中的各章列出了这些机遇和挑战所带来的一些政策问题。2013 年 6 月，在美国犹他州帕克城举行的一次会议上，本书的所有章节都得到了与会专家的关注和评论，本书会提供相关评论内容。

1. 互联网的供需

互联网不是一件由多个供应商提供零部件的设备。它是一个多层次的网络，不同的参与者在其中运行着不同的部分。有时这些部分是互补的，有时可以相互替代。许多年前，"互联网"指的是通过计算机网络能够进行通信的网络技术。随着时间的推移，它还意味着围绕网络技术积累起来的标准、网络和 Web 应用程序（如流媒体和文件共享）的组合。

互联网技术是通过技术竞争发展起来的。许多企业掌握着业内关键技术，它们能够开发和销售对计算机用户有价值的组件和服务。没有这种能力的企业也可以通过市场购买获得这种能力，如雇用高水平的工程师团队。因此，多家企业既可以拥有（昂贵的）资产，也可以拥有（稀有的）具备能够达到技术前沿的技能并将技术前沿周边的产品商业化的员工。Bresnahan 和 Greenstein（1999）将市场结构的这一特征称为"分裂的科技领导力"。这与早些年形成了鲜明对比，在那个时候，单个公司就可以雄心勃勃地去控制绝大多数前沿技术，而现在则不太可能。因此，一个重要的争议性研究问题是：在这个科技领导分工领域中，竞争原则是什么？

计算细分市场通常由"平台"定义，Bresnahan 和 Greenstein 将其定义为"一个可重新配置的兼容组件库，用户可以在此基础上构建应用程序"。平台由一套技术标准或兼容硬件和软件的工程规范来标识。平台有许多利益相关方（包括企业、科研人员和非营利组织），它的出现使设计标准和平台组织的重要性得到提升，这些组织被称为"标准制定委员会"（Mowery and Simcoe 2002；Simcoe 2012）。互联网的关键标准制定委员会作出决定，包括互联网工程任务组（IETF）、电气电子工程师协会（IEEE）和万维网联盟（W3C），指导并建造构成互联网基础的许多设备，其中，IETF 指导并建造基础设施层，IEEE 指导并建造局域网和无线通信，W3C 指导并建造基于网络的软件和应用层。

Simcoe 撰写的文章（第 1 章）探究模块化是否影响了技术竞争和专业化。第 1 章采用 IETF 和 W3C 的数据，对互联网架构产生的结果进行了实证检验。这两个组织都采用了模块化的体系结构，在设计和操作协议方面产生了专业化的分工。作为这种专业化的进一步的证据，第 1 章分析了互联网标准之间的引用。这种专业化是在扩建这些网络时避免减少边际收益的关键。模块化有助于这些技术适应新环境和异构应用，帮助它们进行更广泛的部署。第 1 章认为，这种特殊的方法经常出现在数字技术中，并且可以作为数字经济的一个基本特征，值得我们注意。

Timothy Bresnahan 在他的评论中强调模块化应该与开放性区分开。前者是技术体系结构的划分，而后者来自那些涉及商业化的政策和行动，通常是提供信息。Bresnahan 强调了传输控制协议/Internet 协议（TCP/IP）这两个方面的商业经验，并认为这些过程把 TCP/IP 变成了现在的样子。这导致 Bresnahan 对平台治理和通用目的技术的演化提出了质疑。在他看来，Simcoe 的文章为数字经济学中一个未解决的主要问题——即为什么背离严格契约途径的过程能取得历史性的成功——提供了解释。因此，模块化的价值可能不仅体现在它使专业化成为可能，还体现在它引导专业人员的体制过程。从这个意义上讲，Bresnahan 推断，Simcoe 向读者介绍了一个潜在的包含大量内容的新议题。

许多基本问题仍然悬而未决。平台间的竞争决定价格，平台间的价格由客户决定，而分裂的科技领导力使建立在平台之上的供应商提供的服务得以形成。这种竞争如何影响平台的回报分配？当第三类参与者（如广告商）在为平台创造市场价值方面发挥重要作用时，这两种利润率有何不同？如果平台在产生收入的能力和方法上有所区别，是否会改变参与者的回报构成？如果平台是在集体组织中发展的，那么什么样的企业行为会影响标准委员会的参与？这些激励措施如何影响连接多个平台的市场的创新方向？实际上，新平台开发的大部分回报是留给经济上的现有资产持有者，还是留给创造和利用技术前沿开启价值创造的创业者？这些内容丰富的领域需要进一步的研究，下面的一些章节也涉及这些问题。

除了了解这项技术是如何发展的，基础架构是如何建立的以及去中心化式的平台是如何制定标准的之外，理解数字技术的需求也很重要。如果不了解这项技术对用户的价值，就很难弄清它的政策含义。最近的几项研究调查了对服务方面的需求。例如，Greenstein 和 McDevitt（2011）通过观察互联网服务提供商收入随时间变化的情况，研究了宽带互联网及其相关消费者盈余的分布情况。Rosston、Savage 和 Waldman（2010）通过调查数据估算了家庭对这方面服务的需求。

Wallsten（第 2 章）研究了家庭行为中影响需求的微观行为。他特意调查了人们在网上做什么，这通常涉及在定价和未定价选项之间的选择或在未定价选项之间的选择。这一章提供了关于互联网如何改变生活的详细见解，特别是在家庭中，其中许多变化涉及休闲时间的分配。这种分配不一定会出现在国内生产总值（GDP）的统计数据中，因而形成了许多关于评估这些变化的有争议的问题。这一章的新颖之处也体现在使用 2003 年到 2011 年"美国人时间利用调查"的数据来估计挤出效应。数据显示，自 2000 年以来，上网时间和参与网络活动的人口比例一直在稳步上升。此外，在线休闲时间的每一分钟都与其他类型的休闲时间的减少相关。研究结果表明，对这些变化的任何评估都必须考虑到机会成本和创造的新价值，而这两者都很难测量。

Chris Forman 对 Wallsten 文章的讨论强调了家庭在机会成本方面的权衡，并将其与之前关于线上行为对线下市场的影响的文献联系起来。这一讨论为今后研究利用不同地点的差异来了解互联网的相对价值随着离线替代品的可获得性如何变化，提供了机会。

许多未解决的问题依然存在。如果互联网的使用改变了休闲时间的分配，那么反过来呢？休闲时间的变化（例如，在整个生命周期）如何影响互联网的使用和互联网接入的需求？无线接入和无处不在的网络连接（例如，在信息传送过程中）是否改变了不同类型互联网使用的相对收益？特定的应用程序（如社交网络、网上购物）如何影响消费者和企业对无线和有线互联网的采用和使用频率？技术的进步（比如速度和内存）是否会改变需求并影响到经济活动的其他领域？这些需求上的变化如何重塑供应分配？这些问题大多会在其他章节——尤其是在那些公共政策塑造市场的章节——中出现。

2. 数字化、经济摩擦和新市场

有关数字化文献的主要主题之一是评估数字化如何改变经济交易。文献特别指出了由于数字化而增加或减少的各种经济摩擦。

许多关于数字化的文献都强调了数据存储、计算和传输成本对经济活动的影响。特别是技术使某些经济交易变得更容易，减少了一些市场摩擦。这可能导致市场效率的提高和竞争的加剧。与此同时，如果技术能减少某一方面的摩擦，这就可能会造成市场扭曲，通过侵占其他参与者的利益，去帮助一部分参与者提高收益。从广义上讲，与数字化有关的变化改变了经济计量，改变了一些市场的运作方式，并为新市场的出现提供了机会。

由于收集和存储信息的成本降低，以及数据分析工具的改进，大量数据的涌入为企业和政策制定者测量经济并预测将来的结果提供了新的机会。关于此类数据分析能提供的机会这方面的经济学文献相对稀少。Goldfarb 和 Tucker（2012）描述了互联网数据在广告方面所提供的机会；Einav 和 Levin（2013）描述了互联网数据为经济学研究者带来的机会；Brynjolfsson、Hitt 和 Kim（2011）记录了使用数据的企业通常可以做得更好。

本书用两章强调了互联网数据改善经济测量的潜力。在政策部分，另外两章强调了无处不在的数据所带来的挑战。正如预测天气对许多经济活动（如农业）具有深远影响一样，对各种经济活动进行更好的测量和预测可以为许多经济参与者带来深远的经济收益。Wu 和 Brynjolfsson（第 3 章）强调了在线数据预测商业活动的潜力。他们想寻求一种简单而准确的方法来使用搜索数据以预测市场趋势。他们以房地产市场为例阐明了他们的方法。在用他们的方法展示了预测能力之后，关于详细数据帮助消费者、企业和决策者改善决策的潜力方面，今后需要开展的工作，他们提出了几个方向。

Scott 和 Varian（第 4 章）也强调了在线数据改善影响决策制定的那些信息的潜力。他们强调的不是预测，而是"即时预测"，即在线数据（尤其是搜索数据）提供经济和政治指标早期信号的能力。为了处理使用在线数据进行预测的主要难点，他们开发了一种方法：潜在预测因素的数量要比观察结果多得多。他们的方法有助于识别对预测最有用的关键变量。他们证明了这种方法在消费者情绪等早期测量方面的有效性。

总之，第 4 章和第 5 章表明，在线数据具有的潜力有可能会大幅度提高对当前经济活动的测量以及预测未来活动的能力。这些章节描绘了一些早期的步骤来识别：（1）哪种经济活动类型适合使用在线数据进行测量；（2）对此类测量最有用的具体数据；（3）在经济测量中使用数字化的数据最有效的方法。然而，正如这两章都指出的那样，仍有许多工作要做，围绕着改进这些方法、开发新方法和认识新机会，还存在许多悬而未决的问题。

接下来的三章将讨论数字化如何改变市场的运作方式。数字技术使一些活动变得更容易进行，从而改变了一些经济互动的性质。或许关于解决互联网和市场之间摩擦的最早的、规模最大的研究倾向强调降低搜索成本。虽然这种理论建立在早期主要研究搜索成本如何影响价格的经济学理论文献（例如，Stigler 1961；Diamond 1971；Varian 1980）的基础之上，但它仍然很具有说服力。这些早期的文献表明，当搜索成本下降时，价格和价格离散程度都会下降。零售和市场营销的数字化意味着消费者可以很容易地在商店之间比较价格，因此关于互联网定价的实证研究检验了价格和价格离散的影响。最初由 Bakos（1997）提出假设，这一研究的第一个高峰期从实证的角度记录了受到互联网的影响，商品具有较低的价格，但仍然存在大量的离散现象（Brynjolfsson and Smith 2000；Baye，Morgan，and Scholten 2004；Ellison and Ellison 2009）。

Baye、De los Santos 和 Wildenbeest（第 5 章）是这项最新研究中一个很好的例子。该研究收集在线搜索的数据，以研究消费者在网上寻找产品时所进行的实际搜索过程。他们关注的问题是消费者如何搜索网上图书和书店。这本身就是一个有趣的话题，一方面是因为图书一直是研究"长尾"效应的重点，另一方面是因为对图书的线上销售如何影响线下渠道存在政策担忧。本章提出以下质疑：是不是大多数图书搜索都是在亚马逊的 Kindle 和 Barnes & Noble 书店的 Nook 等专有系统上进行的，而不是消费者在谷歌或必应等通用搜索引擎上进行的。这意味着搜索频率可能在文献中被错误衡量。这个问题也强调了购买的最后阶段通常是由顾客比较熟悉的零售环境来控制的，所以标准化和平台化在传播创新商品中越来越重要。

如上文所述，分销信息产品的边际成本接近于零，这可能会改变信息产品的消费地点和消费方式。如果信息可以免费长距离传播，那么地理界限可能就不那么重要了（Sunstein 2001；Sinai and Waldfogel 2004；Blum and Goldfarb 2006）。一个悬而未决的问题是低分销成本的影响范围。这种优势可能因地点而异，线下可选项较少的地点从数字化中获益更大（Balasubramanian 1998；Forman，Ghose，and Goldfarb 2009；Goldfarb and Tucker 2011a）。

Gentzkow 和 Shapiro（第 6 章）探讨了近乎零的边际传播成本所具有的潜力对政治参与和新闻消费的性质的影响。他们特别提出了一个问题，即在一个地域范围内和跨地域范围，由技术驱动的新闻传播成本的降低是否会影响到媒体生产和消费的多样性。数字媒体可能会增加新闻消费的多样性，因为它可以廉价地获得各种信息来源；数字媒体也可能会降低新闻消费的多样性，因为它可能会允许专业化的、服务于小众偏好的媒体存在，而服务这些小众偏好在物理生产成本高或需求局限于地理上小范围的市场时本来是无法实现的。这一研究成果提出一个重要的悬而未决的问题：当消费者只能访问支持他们现有政治意识形态的内容时，新闻内容数字化是否会加剧现有的政治分歧？这些作者的工作并没有激起最严重的恐惧。他们的发现表明，那些在新闻领域有小众偏好的人仍然从主流媒体中获取他们需要的大部分新闻内容。

对于许多单纯的信息产品，在线平台将读者与广告商联系起来。鉴于保护在线信息内容不被共享的问题（这个话题将在下面涉及政策的部分讨论），广告已经成为许多纯信息产品提供商的重要收入来源。因此，为了了解数字信息产品供应商面临的机遇和挑战，调查在线广告是如何运作的是很重要的。Goldfarb 和 Tucker（2011b）强调，由于数据收集比较方便，网络广告具有更好的针对性和可测量性。

对网络广告的研究引起人们持续的关注，因为这是网络生态系统产生收入的主要手段。互联网上的大多数内容和许多服务（如搜索服务或社交网络）都依赖广告收入获得资金支持。Lewis、Rao 和 Reiley（第 7 章）讨论了衡量广告效果的方法。为此，他们借鉴了自己迄今为止利用多领域实验得到的所有研究成果，试图测试有效的在线展示型广告如何将视觉冲击转化为实际增量销售。他们强调，准确测量广告的一个重要挑战是高信噪比。这一章表明，随着客户在衡量商品价值方面越来越成熟，这种收入来源可能会受到冲击。

许多其他类型的市场也因数字化而改变。其他有前景的研究领域包括评级机制和质量信号（例如，Cabral and Hortaçsu 2010；Jin and Kato 2007；Mayzlin，Dover，and Chevalier 2014），小众产品和超级明星效应（例如，Brynjolfsson，Hu，and Smith 2003；Fleder and Hosanagar 2009；Bar-Isaac，Caruana，and Cunat 2012），以及技能偏向型的技术变革和工作组织（例如，Autor 2001；Garicano and Heaton 2010）。

第 8 章和第 9 章讨论了通过数字化变得可行的那些市场的例子。Agrawal、Horton、Lacetera 和 Lyons（第 8 章）研究了在线劳务市场，这是数字化减少摩擦的另一个领域。特别是，数字化让雇主更容易雇用到一些人从事与信息相关的工作，甚至无须其亲自与员工见面。如果用数字化的方式能够将工作描述清楚，工作可以在家完成，然后再以数字化的方式将成果发回给雇主（比如通过计算机编程），那么跨越南北之间的远距离劳务交易是可以实现的。关键的难点在于员工质量和雇主可信度的信息不对称。这一章构建了一个庞大的研究议程，以研究在线平台在减少这些信息不对称并进而改变能够在线实现的劳务交易类型中的作用。他们针对这个市场的主要参与者、参与的动机以及潜在的福利问题制定了一个清晰的研究议程。

Stanton 的讨论扩展了这一发现背后的议程。他在讨论中猜测，劳动关系的数字化是否能够使将劳务外包给其他国家成为可能，即便是在没有平台做中介的情况下。

第 8 章还扩展了与经济摩擦和数字化有关的第四个研究领域，即利用更低摩擦的新市场和新商业模式的潜力。许多成功的互联网企业都提供了便利的交易平台，包括 eBay, Monster, Prosper, Airbnb, 以及 oDesk。这是数字化重构服务供应的另一个渠道。通过制定适用于这些新商业模式的政策，直接影响企业的动机，例如版权、隐私和身份保护。其他几章也涉及这些主题。

Gans 和 Halaburda（第 9 章）提出了政府面临的一个重要政策问题，讨论了数字化为在特定平台上流通的私人货币创造市场的潜力，这似乎绕开了国家官方的货币管理当局。他们关注的是非货币平台上私人数字货币市场的生存能力，并推测私人导向型的实体可能推出一种真正的货币，与美元和欧元等政府支持的货币竞争。他们提出了一种模式，即平台货币为在平台上花费时间的人提供"增强"功能。人们在管理和使用这个平台之间分配时间。他们质疑平台是否有激励机制，允许用户以完全可兑换的私人数字货币兑换政府支持的货币。他们的分析阐明了平台所支持的私人货币是否可能转移到平台之外这一普遍悬而未决的问题。

线上劳动力市场和私人货币只是通过数字化实现的市场的两个例子。其他有前景的相关研究领域包括自媒体市场和公共产品的供应（例如，

Zhang and Zhu 2011；Greenstein and Zhu 2012），网上银行与金融（如 Agrawal，Catalini，and Goldfarb 2013；Rigbi 2013；Zhang and Liu 2012）以及酒店和汽车服务的"共享经济"（如 Fradkin 2013）。

因此，这一部分的各章总结了数字化对各种市场的一些冲击。这是一个庞大并且仍在持续发展的研究领域，还有许多工作要做。随着数字技术的进步，市场的新机会（以及研究的新思路）将不断出现。

3. 政府政策与数字化

数字化的不断发展对政策产生了影响，但有关分析数字化对政策影响的文献还处于起步阶段。如上所述，无处不在的数据给隐私和安全保护带来的威胁，成为政策制定者需要应对的新挑战（例如，Goldfarb and Tucker 2012；Miller and Tucker 2011；Arora et al. 2010）。接近零的分销边际成本和数字产品的非竞争性对版权政策构成了挑战（例如，Rob and Waldfogel 2006；Oberholzer-Gee and Strumpf 2007）。数字产品可以远距离甚至跨境交易的便利性可能会影响税收政策（如 Goolsbee 2000）、金融监管（如 Agrawal，Catalini，and Goldfarb 2013）以及贸易政策（Blum and Goldfarb 2006）。

在隐私和数据安全领域，数字化已经明显地改变了各种经济参与者的成本和收益。在数据共享代价高昂、不是每天都要考虑数据安全的年代，现行的政策结构是在非通用的管理体制制度下实施的。在数字时代，每个人都有足够的利益（相对于成本）来保证企业和政府对数据进行跟踪，所以评估有关法律是否符合数字时代的需要是很重要的。

Komarova、Nekipelov 和 Yakovlev（第 10 章）作出一项重要贡献。他们将计量经济学中丰富多样的研究方法，与研究人员以及与这些研究人员共享数据的研究机构如何保护数据安全和个人隐私的问题相结合。这一点很重要，因为研究人员往往无法利用政府机构收集的大规模且内容详实的数据库，原因是出于对不明确的隐私和数据安全问题的考虑，这种访问是受到限制的。这意味着，在技术上由于无法在不引起隐私担忧的情况下共享数据，因而对很多重要的研究问题，我们无法给出答案，或者只能使用不充分的数据去解答。两位作者提出了"数据部分披露"的风险这一概念来描述研究人员通过综合公共和私人数据源进而推断个人的某些敏感信息的状况。他们用了一个例子来强调，由于研究人员能够结合多个匿名数据集进行分析，因而个人隐私是存在风险的。然而，除此之外，他们还指出，数据收集研究机构可以通过提高隐私保障水平来降低此类风险。

Mann（第 11 章）研究了与数据安全相关的问题。她提出了几个分析如何从经济角度评价数据泄露问题的框架。她认为数据安全市场并不完善，并认为可以考虑将污染市场作为一个良好的类比市场。这个市场同样具有负规模经济、信息不对称和系统不确定性的特征。她还使用了相关数据去校准数据泄露的问题究竟有多严重，以及为什么会发生泄露。有趣的是，尽管政策强调外部威胁，如黑客攻击和欺诈，但大多数入侵发生是由于数据管理员的疏忽造成的。她强调，通常情况下涉及数据泄露的记录的数量是非常少的；她还强调尽管涉及社保号码数据的泄露通常是出自零售行业，但大量数据泄露来自医疗行业。最后，她强调国际管辖权问题给数据泄露问题带来的复杂性。

关于这一主题，Miller 对 Mann 的（第 11 章）讨论提供了一个有用的文献综述。她关注的是，如果传统的数据安全政策扭曲了激励机制，那么它可能会造成适得其反的影响。例如，强调对企业进行加密的必要性，可能会导致企业只关注外部环境对数据的威胁，而忽略来自员工欺诈或不称职对数据安全的内部威胁。她还指出，因为缺少涉及数据泄露的企业和消费者的相对感知成本这方面的信息，所以很难就美国和欧盟在数据安全方面做法的差异性提出相关的政策建议。

政策关注的第二个领域是知识产权。数字化过程就像一个巨大的免费复印机，可以低成本或者无成本地复制任何创造性的工作。Varian（2005）从经济学角度为这种变化提供了一个理论框架。通常情况下，免费复制对版权所有者的经济影响是负面的。但 Varian 提出了一个重要的反对意见。

如果消费者在复制权上提供的价值大于销售额的减少，那么销售者可以通过允许复制权来增加利润。Varian 还详细描述了几种商业模式，这些商业模式有望随着数字化的增多解决捍卫版权的一些更难应对的问题。这些模型涵盖了基于平衡价格、销售互补商品、销售订阅、个性化以及通过广告支持销售商品的策略。实证研究还没有进行到建立一套关于这些不同策略的优点或缺点的公认事实这一步，而早期的社会学和政治学文献已经充分讨论了这个问题（Castells 2003）。

本书提供了该领域新思维的样本，它补充了目前研究工作中关于音乐下载数字化对版权所有人的影响（例如，Rob and Waldfogel 2006；Hong 2007；Oberholzer-Gee and Strumpf 2007）。本主题有四章都阐明了当对知识产权的保护发生变化时商业活动的变化情况。这些章节共同证明了版权政策对市场的重要性。

MacGarvie 和 Moser（第 12 章）论述了一个经常由版权条款拥护者提出的论点。由于缺乏有关作者在版权保护下的盈利能力的数据，他们通过研究历史事件来验证，增加版权条款的历史事件是否确实能够通过提高作者的盈利能力来鼓励创造力。他们在历史研究中也遇到了一个版权期限比我们现有期限更短的情景（美国现有的版权保护覆盖到作者去世之后的 70 年）。这是一个优势，因为今天进一步延长版权保护期限——超过 70 年——可能不会对作者的盈利能力产生任何影响，而在他们的研究中，进一步延长版权保护期限可能会产生重大影响。这一章还介绍了 1800 年至 1830 年间出版商向英国小说作者支付报酬的一个新的数据集。这些数据表明，随着 1814 年版权期限的延长，支付给作者的报酬几乎翻了一番。

为了进一步探讨版权对创作作品发行的影响，本书还收录了 Danaher、Dhanasobhon、Smith 和 Telang 撰写的一章，即第 13 章。这一章考察了互联网文件共享所造成的有关侵权的研究方向。数字化利用新的数据源为对一些有争议的问题进行实证分析创造了许多新的机会。本章讨论了利用数据市场中的新数据和自然实验的方法来解决问题。本章最后是一项概念验证研究，该研究分析了合法的流媒体服务对盗版需求的影响。

Waldfogel（第 14 章）探讨了这些问题的另一面，即版权政策如何改变创作音乐的动机。自从文件共享呈爆炸式增长以来，录制音乐的收入大幅下降，但 Waldfogel 认为，新音乐的质量并没有受到影响。他的解释强调了供应方压力的变化，即数字化使得更多企业能够使用成本更低的方法来生产、分销和促销，将更多的音乐推向市场。在供应发生变化之前，唱片公司很难预测哪些专辑会获得商业上的成功。在这种情况下，许多已发行的专辑必然会失败。同时，许多刚刚起步但尚未推广的专辑可能会成功。在供应条件改变后，消费者可以在大量的、不断增加的产品发布中进行筛选，发现更具有吸引力的产品。本章认为，数字化是造成这种供应转变的原因：具体来说，互联网电台和越来越多的在线音乐评论人士为新专辑发布提供了除了依靠无线电台推送之外的传播方式。

尽管盗版软件市场有着很长的历史，但研究人员一直未能收集到这一现象的详实数据，更不用说这些数据背后的原因了。但是 Athey 和 Stern（第 15 章）通过分析允许直接测量的特定产品——Windows 7 的盗版数据贡献了一项新颖的研究成果。他们能够使用匿名的遥测数据来描述盗版发生的方式、不同经济和制度环境中盗版的相对发生率，以及执法工作对选择安装盗版软件和付费软件的影响。这一章有几个引人注目的新发现。例如，在这种系统中，大多数盗版行为都可以追溯到少数通过互联网广泛传播的"黑客行为"。尽管这些黑客行为可供任何潜在的互联网用户使用，但它们并没有被广泛使用。微观经济环境和制度环境似乎在助长或打击盗版方面发挥了关键作用。此外，盗版需要更多地关注最"高级"的Windows 版本。这一章为这一研究领域列出了一个宽泛的议程。这些章节都证明了版权政策在数字市场中的重要作用。版权政策的执行影响着生产和消费。然而，从这些章节中可以清楚地看到，仍然存在许多悬而未决的政策性问题。

关于确定版权规则、隐私规范和安全实践方面，政策所起到的作用的问题出现在许多数字产品和服务的市场上。在什么样的原则下重新设计这些政策，这一问题仍难以解决。我们希望这本书能促进对这些政策问题背后的经济学原理的进一步研究。

4. 结论

新兴的数字经济学研究领域加深了我们对数字技术是否能改变市场以及如何改变市场的理解。数字化使几十年前不可能出现的结果成为可能。它不仅降低了现有的成本，而且还使以前那些由于成本过高或技术短缺而无法实现的服务和处理方法成为可能。数字化在带来机遇的同时也带来了大规模的调整，包括资源重新分配，惯例、市场关系以及商品和服务流动模式的重构。这进而导致了一系列新的政策问题，并使一些现存的政策问题处理起来更加棘手。

参考文献

Agrawal, Ajay, Christian Catalini, and Avi Goldfarb. 2013. "Some Simple Economics of Crowd-funding." In *Innovation Policy and the Economy*, vol. 14, edited by Josh Lerner and Scott Stern, 63–97. Chicago: University of Chicago Press.

Arora, A., A. Nandkumar, C. Forman, and R. Telang. 2010. "Competition and Patching of Security Vulnerabilities: An Empirical Analysis." *Information Economics and Policy* 10:164–77.

Autor, David H. 2001. "Wiring the Labor Market." *Journal of Economic Perspectives* 15 (1): 25–40.

Bakos, J. 1997. "Reducing Buyer Search Costs: Implications for Electronic Marketplaces." *Management Science* 43 (12): 1676–92.

Balasubramanian, S. 1998. "Mail versus Mall: A Strategic Analysis of Competition between Direct Marketers and Conventional Retailers." *Marketing Science* 17 (3): 181–95.

Bar-Isaac, H., G. Caruana, and V. Cunat. 2012. "Search, Design, and Market Structure." *American Economic Review* 102 (2): 1140–60.

Baye, Michael, John Morgan, and Patrick Scholten. 2004. "Price Dispersion in the Small and in the Large: Evidence from an Internet Price Comparison Site." *Journal of Industrial Economics* 52 (4): 463–96.

Blum, Bernardo S., and Avi Goldfarb. 2006. "Does the Internet Defy the Law of Gravity?" *Journal of International Economics* 70 (2): 384–405.

Bresnahan, T., and S. Greenstein. 1999. "Technological Competition and the Structure of the Computing Industry." *Journal of Industrial Economics* 47 (1): 1–40.

Brynjolfsson, Erik, L. M. Hitt, and H. H. Kim. 2011. "Strength in Numbers: How Does Data-

Driven Decision-Making Affect Firm Performance?" http://ssrn.com/abstract=1819486.

Brynjolfsson, Erik, Yu "Jeffrey" Hu, and Michael D. Smith. 2003. "Consumer Surplus in the Digital Economy: Estimating the Value of Increased Product Variety." *Management Science* 49 (11): 1580–96.

Brynjolfsson, Erik, and Michael Smith. 2000. "Frictionless Commerce? A Comparison of Internet and Conventional Retailers." *Management Science* 46 (4): 563–85.

Cabral, L., and A. Hortaçsu. 2010. "Dynamics of Seller Reputation: Theory and Evidence from eBay." *Journal of Industrial Economics* 58 (1): 54–78.

Castells, M. 2003. *The Internet Galaxy: Reflections on the Internet, Business, and Society.* Abingdon, UK: Taylor and Francis.

Diamond, P. 1971. "A Simple Model of Price Adjustment." *Journal of Economic Theory* 3:156–68.

Einav, Liran, and Jonathan D. Levin. 2013. "The Data Revolution and Economic Analysis." NBER Working Paper no. 19035, Cambridge, MA.

Ellison, G., and S. F. Ellison. 2009. "Search, Obfuscation, and Price Elasticities on the Internet." *Econometrica* 77 (2): 427–52.

Fleder, D., and K. Hosanagar. 2009. "Blockbuster Culture's Next Rise or Fall: The Impact of Recommender Systems on Sales Diversity." *Management Science* 55 (5): 697–712.

Forman, C., A. Ghose, and A. Goldfarb. 2009. "Competition between Local and Electronic Markets: How the Benefit of Buying Online Depends on Where You Live." *Management Science* 55 (1): 47–57.

Fradkin, Andrey. 2013. "Search Frictions and the Design of Online Marketplaces." Working Paper, Department of Economics, Stanford University.

Garicano, Luis, and Paul Heaton. 2010. "Information Technology, Organization, and Productivity in the Public Sector: Evidence from Police Departments." *Journal of Labor Economics* 28 (1): 167–201.

Goldfarb, Avi, and Catherine Tucker. 2011a. "Advertising Bans and the Substitutability of Online and Offline Advertising." *Journal of Marketing Research* 48 (2): 207–28.

——. 2011b. "Privacy Regulation and Online Advertising." *Management Science* 57 (1): 57–71.

——. 2012. "Privacy and Innovation." In *Innovation Policy and the Economy*, vol. 12, edited by J. Lerner and S. Stern, 65–89. Chicago: University of Chicago Press.

Goolsbee, A. 2000. "In a World without Borders: The Impact of Taxes on Internet Commerce." *Quarterly Journal of Economics* 115 (2): 561–76.

Greenstein, S., and R. McDevitt. 2011. "The Broadband Bonus: Estimating Broadband Internet's Economic Value." *Telecommunications Policy* 35:617–32.

Greenstein, S., and F. Zhu. 2012. "Is Wikipedia Biased?" *American Economic Review* 102 (3): 343–48.

Hong, Seung-Hyun. 2007. "The Recent Growth of the Internet and Changes in Household Level Demand for Entertainment." *Information Economics and Policy* 3–4:304–18.

Jin, G. Z., and A. Kato. 2007. "Dividing Online and Offline: A Case Study." *Review of Economic Studies* 74 (3): 981–1004.

Mayzlin, Dina, Yaniv Dover, and Judith Chevalier. 2014. "Promotional Reviews: An Empirical Investigation of Online Review Manipulation." *American Economic Review* 104

(8): 2421–55.

Miller, A., and C. Tucker. 2011. "Encryption and the Loss of Patient Data." *Journal of Policy Analysis and Management* 30 (3): 534–56.

Mowery, D., and T. Simcoe. 2002. "The Origins and Evolution of the Internet." In *Technological Innovation and Economic Performance*, edited by R. Nelson, B. Steil, and D. Victor, 229–64. Princeton, NJ: Princeton University Press.

Oberholzer-Gee, Felix, and Koleman Strumpf. 2007. "The Effect of File Sharing on Record Sales: An Empirical Analysis." *Journal of Political Economy* 115 (1): 1–42.

Peitz, Martin, and Joel Waldfogel. 2012. *The Oxford Handbook of the Digital Economy.* New York: Oxford University Press.

Rigbi, Oren. 2013. "The Effects of Usury Laws: Evidence from the Online Loan Market." *Review of Economics and Statistics* 95 (4): 1238–48.

Rob, Rafael, and Joel Waldfogel. 2006. "Piracy on the High C's: Music Downloading, Sales Displacement, and Social Welfare in a Sample of College Students." *Journal of Law & Economics* 49 (1): 29–62.

Rosston, Gregory, Scott J. Savage, and Donald M. Waldman. 2010. "Household Demand for Broadband Internet in 2010." *The B. E. Journal of Economic Analysis & Policy* 10 (1): article 79.

Simcoe, T. 2012. "Standard Setting Committees: Consensus Governance for Shared Technology Platforms." *American Economic Review* 102 (1): 305–36.

Sinai, T., and J. Waldfogel. 2004. "Geography andthe Internet: Is the Internet a Substitute or a Complement for Cities?" *Journal of Urban Economics* 56 (1): 1–24.

Stigler, George J. 1961. "The Economics of Information." *Journal of Political Economy* 69 (3): 213–25.

Sunstein, C. 2001. *Republic. com.* Princeton, NJ: Princeton University Press.

Varian, H. 1980. "A Model of Sales." *American Economic Review* 70:651–59.

——. 2005. "Copying and Copyright." *Journal of Economic Perspectives* 19 (2): 121–38.

Zhang, Juanjuan, and Peng Liu. 2012. "Rational Herding in Microloan Markets." *Management Science* 58 (5): 892–912.

Zhang, X., and F. Zhu. 2011. "Group Size and Incentives to Contribute: A Natural Experiment at Chinese Wikipedia." *American Economic Review* 101:1601–15.

目　录

第1篇　互联网的供需

第2篇　数字化、经济摩擦和新市场

第 1 篇

互联网的供需

第1章

第1章　互联网的模块化及演变

Timothy Simcoe[①]

1.1　引言

互联网是一个由许多较小的网络组成的全球计算机网络，这些网络均使用同一套网络协议。互联网是重要的，不仅因为它支持大量的经济活动，也因为它也是支持通用数字计算中泛用技术的关键组成部分。由于其在计算方面的通用性和互补性，互联网也被一些经济学家称为通用技术（GPT）。

通用技术（GPT）领域的文献主要强调的是，通用技术（GPT）生产领域的创新与基于 GPT 的各种应用领域的"共同发明"（即用户实验和发现）过程之间积极反馈的重要性。[②] 大量文献详尽阐述了 GPT 扩散及其

---

① Timothy Simcoe 是美国波士顿大学管理学院的战略和创新副教授，也是美国国家经济研究局的一名研究员。

本研究是在 Kauffman 基金会的支持下，由 NBER 数字化项目资助的。Tim Bresnahan、Shane Greenstein、Avi Goldfarb、Joachim Henkel 和 Catherine Tucker 提供了有用的评论。所有错误都是我自己的，欢迎大家发表意见：tsimcoe@ bu. edu。有关作者的致谢、研究支持的来源以及作者的重要的财务关系（如果有的话）的披露，请参阅 http：//www. nber. org/chapters/c13000. ack。

② 见 Bresnahan（2010）发表的最近的文献综述。

引发相关生产力产生影响的时机这一"共同发明"过程的影响。① 然而，关于如何组织通用技术（GPT）的供给，或者说何种因素能够保证 GPT 在扩散到具有不同需求的应用领域时不会遭遇收益递减的情况，这方面的研究还不够确切。

本章会提供一个关于互联网的实证案例研究，用以说明模块化系统架构是如何对通用技术（GPT）生产领域的产业组织产生影响，且（模块化系统架构）还可能对防止 GPT 创新过程中的收益递减产生积极影响。该背景下的术语"体系结构"，指在各个子系统或组件之间分配计算任务，这些子系统或组件可能是联合设计的，也可能是独立生成的。术语"模块化"指组件之间技术相互依赖的等级（和模式）。制定自愿合作的标准是一个非常重要的环节，它可以协调企业之间的创新活动，同时创建一个可以促进创新活动分工的模块化系统。基于从两个主要的互联网标准设置组织（SSO）——互联网工程任务组（IETF）和万维网联盟（W3C）——收集的数据，可以看到其展现的互联网架构固有的模块化，以及它支持的分工。对互联网标准引用的检验，为 GPT 在该系统内的传播和商业应用创新提供了有效证据。

本章有两个主要观点。第一，体系结构的选择是多维的，同时它在数字产品的供需中扮演着重要角色。特别是，对模块化的选择可以在创新者和生产者中间形成通用性和定制化之间的权衡。第二，互联网标准设置组织（SSO）在模块化系统设计中扮演着重要的角色，它可以帮助企业将协调 GPT 生产部门的创新所带来的收益内部化。虽然上述观点很有普适性，但我们还无法证明它们适用于所有数字产品。所以在此，我会聚焦于一个具体且重要的案例，以此来说明模块化过程和互联网标准设置组织（SSO）是如何在促进互联网的设计和部署方面发挥关键作用的。

---

① 一个历史例子，见 Paul David（1990）关于共同发明在工业电气化中的作用。关于这些思想的当代定量应用，见 Dranove et al.（2012）采用健康信息技术对生产力效益的分析。

主要论述分三步进行：首先，在回顾了经济学模块化和标准的一些普遍理论之后，我会进一步介绍 IETF、W3C 和传输控制协议/Internet 协议（TCP/IP）"协议栈"——工程师们用它来表征互联网的体系结构。接下来，我会用来自 IETF 和 W3C 的数据证明系统的模块化以及互联网标准设置中的专门分工。在这个过程中，我会展示两个实证分析的结果。第一项分析通过展示技术标准之间的引用高度集中在互联网协议栈的"层"或模块中，从而证明了互联网模块化的本质。第二项分析表明，参与互联网标准开发的企业还专门针对协议栈中的特定层开发了相应标准，这证明互联网体系结构中的技术模块与标准开发的分工是密切相关的。本章的最后进一步讨论模块化系统中的组件是如何随着时间演进和发挥效用的。为了说明这些理论如何应用于互联网，我再次用引用分析的方法，并且发现与跨模块引用相比，各标准之间的模块间引用要发生得更晚一些。类似地，专利引用（互联网标准商业应用的代理变量）一般发生在其他标准引用之后。这些规律表明，是模块化促进了核心通用技术（GPT）的异步共同发明和应用，而不是那些同时发生在层内的紧密耦合的设计过程。

1.1.1 模块通用性

模块化是设计复杂系统过程中的一种通用策略。模块化系统中的组件是通过数量有限的标准化接口完成交互作用的。

经济学家经常把模块化与提高劳动分工回报率联系在一起。在著名的针对大头针工厂进行分析的论述中，亚当·斯密（Adam Smith）阐明了这样一种观点：如果分工能够使每一位工人在生产的各个环节都变得更专业化，那么整个系统就会更加高效（亚当·斯密的分工理论）。对这种不断增长的生产回报的限制可能来自市场规模（Smith 1776；Stigler and Sherwin 1985）；或是来自协调成本的增加，例如"模块化"产品和生产过程的成本增加（Becker and Murphy 1992）。通过建立这样一个模型——将达到"知识前沿"的教育投资作为对人力资本的固定投资，这一投资与其他工人的类似投资相辅相成（Jones 2008），同样的理念也被应用于创新过程。对于生产和创新而言，创建模块化劳动力分工本质上是一个内部协调权衡的问题，因为在设计模块或获取专业人力资本方面的投资，其产生的事后价值必然依赖于其他人的选择和投资。

大量关于技术设计的文献描述了模块化带来的其他好处，但这些好处很少受到经济学家的关注。Herb Simon（1962）强调，模块化的设计将技术依赖隔离开来，从而形成一个更加稳健的系统，在这样的模式下，设计变更或组件故障而引发的外部影响仅被限定在同一模块中的组件之间，不会波及其他模块。因此，Simon 强调，仅通过置换出单个模块，而不是重建一个全新的系统，就能完成系统的升级和修复。Baldwin 和 Clark（2000）提出了通过将系统各部分的"外部性"最小化从而来实现模块化的思想，将组件设计人员可用的选项集相乘（因为设计的约束是事先通过标准化接口指定的，而不是嵌入到特定的相互依赖关系中），从而促进对整个设计空间的去中心化检索。

经济学家常常把劳动力的模块化分工看作一种追求生产效率的必然结果，并且集中关注那些对通过专业化（分工）来提高收益的潜在限制因素。然而，技术设计方面的文献却更多地考虑在选择一个模块或一个紧密集成设计时应如何进行权衡的问题。例如，紧密集成或不可分解的设计可能被要求达到系统的最佳性能。组件和接口产生的固定成本也可能超出模块化设计中拥有更高的专业化和更便宜的事后嵌入系统所带来的预期收益。因此，模块化并不适用于一次性的单用途设计需求。模块化的一个更容易被忽视的成本来源于集中使用接口丧失的灵活性。从某种意义上来讲，模块化系统自带协调成本，即修改一个接口技术通常需要切换到某个新标准。①

---

① 从 Arthur（1989），David（1985），以及 Farrell and Saloner（1986）开始，大量经济学文献探讨了技术采纳中的这种动态协调问题。

通用技术（GPT）模块设计的优点似乎是不言而喻的。一项将被用作跨越多个不同应用程序部门的共享输入技术，显然是受益于一种去中心化的用户定制体系结构，以及一种对于已安装基础部件无须彻底改装就能升级的"核心"功能方法。然而，特别是对于那些可以保障提供快速开发或卓越的短期性能效益的密集集成，设计者最初可能并不是特别清楚。例如，在最初的电力输送过程中，城市电灯公司提供的发电、配电甚至照明服务仅作为一个集成系统的一部分。Langlois（2002）阐述了 IBM 360 系列计算机操作系统的架构师们最初是如何采用不可拆分的设计，其中"每个程序员都应该看到所有的资料"[①]。同样的，Bresnahan 和 Greenstein（1999）描述了分裂的科技领导力——既有可能是模块化生产的原因，也有可能是模块化生产的结果——直到个人计算机时代才出现在计算中。

模块化体系结构的演变或选择也可能反映出公众对于模块化对通用技术生产部门租金分配产生的影响的预期。例如，在电信垄断时代，AT&T公司长期以来一直反对第三方出售与其网络相连的设备。[②] 虽然兼容性对竞争和租金分配问题的影响是一个复杂的话题，超出了本章的范围，但值得关注的是，选择一个模块化的架构，或者更具体地说，设计一个具体的接口，在设计时并不一定会单纯地从社会成本收益的角度进行考量。

很难形容一个缺少模块化的互联网会是什么样子。与早期的大型封闭系统（如 IBM 大型机和 AT&T 电信网络）相比[③]，独立网络用户的创新性和商业性较低，部分原因是实现相互操作性的成本较高。然而，集中式设计和管理模式也在诸如改进安全性之类的领域有其独特优势。本章的其余部分将不再讨论这个与事实相违背的问题，而是将重点放在记录互联网架构的模块性，同时说明模块性如何与标准化中的劳动分工和创新互补形成

---

① 引自 Brooks（1975）。

② 1956 年 "Hush-a-Phone" 法院案（238 F. 2d 266，D. C. Cir.，1956）和联邦通信委员会 1968 年的 Carterphone ruling 裁决（13 F. C. C. 2d 420）对这一安排提出了明显的挑战。

③ 参见 Farrell（2007）的一般观点，以及 MacKie-Mason 和 Netz（2007）关于设计师如何操作特定界面的例子。

动态关联。

1.1.2　制定标准

如果在选择模块化设计时，关键的社会权衡主要涉及预付的固定成本与落地后的灵活性，那么了解预先指定的内容是很重要的。Baldwin 和 Clark（2000）认为模块化系统将设计信息分割为可见的设计规则和隐藏的设定参数。可见的规则包括：（1）描述一组模块及其功能的体系结构，（2）描述模块如何协同工作的界面，（3）可用于测试模块性能和与设计规则一致性程度的标准。从广义上讲，模块化的收益来自隐藏了许多设计参数，从而方便接入，并降低了组件创新所产生的固定成本，而其成本在于不得不在市场兴起以前指定并遵从那些设计规则。

选择全球可见的设计参数，本质上是一个协调问题，解决该问题有几种可能的方案。Farrell 和 Simcoe（2012）讨论了如何权衡实现兼容性的四大主要途径：采用去中心化技术；制定自愿共识标准；从占主导地位的"平台领导"（如政府机构或关键投入的垄断供应商）那里获取线索；以及借助转换器和多宿主的方式实现兼容性的事后努力。在通用技术（GPT）设置下，每种实现兼容性的方案都为 GPT 供应商、GPT 各应用领域的潜在发明者和消费者之间解决基本契约问题提供了一个可替代的制度环境。也就是说，不同的标准化模式提供了从补充发明中分配事后租金的替代方案。可以预见到，人们更愿意事先作出主动选择的混合压力将推动人们走向有效事前投资的标准化进程，而这对促进创新终将有所助益。

虽然这四种标准化模式都在互联网的发展中发挥了作用，但本章将重点讨论标准化一致性问题，原因有二[①]。其一，互联网标准设置组织

---

① 例如，Russell（2006）描述了 TCP/IP 和 OSI 协议之间的标准冲突。Simcoe（2012）分析了 IETF 作为自愿性 SSO 的表现。Greenstein（1996）描述了国家自然基金在向商业互联网过渡中作为平台领导者的作用。在向 IPv6 过渡的过程中，需要转换器发挥关键作用，而智能手机是一种多终端设备，因为它们选择在 Wi-Fi（802.11）和蜂窝协议之间建立物理层网络连接。

（SSO）内部（具体地说，IETF 和 W3C，以下简称 SSO）的标准化一致性可以说是协调现代互联网设计决策和提供新接口的主导模式。其二，互联网标准制定规则的流程非常透明，该流程为底层系统的体系结构提供了一个窗口，也为共同管理共享技术平台的参与者之间的创新分工提供了一个窗口。如果一个人把互联网看作是一种通用技术（GPT），这些标准制定组织可以提供一个让通用技术生产者可以和应用技术部门创新者互动的平台，以实现将由各部门创新互补所引发的在纵向（从通用技术到应用程序）和横向（各应用之间）整合中的外部性内部化，如 Bresnahan 和 Trajtenberg（1995）建立的模型所示。

1.2　互联网标准化

有两个组织主要负责维护互联网的标准和接口：互联网工程任务组（IETF）和万维网联盟（W3C）。本节阐述这两个互联网标准设置组织（SSO）的组织方式，以及它们与互联网协议栈之间的关系，工程师使用该协议栈来描述网络的模块化结构。

1.2.1　历史进程

IETF 成立于 1986 年。然而，该组织的根源可以追溯到互联网的早期。例如，IETF 的所有正式出版物都被称为"征求修正意见书（Requests for Comments，RFC）"，这是一系列以编号排定的文件，并形成了一套连续性系列出版物。这些系列的内容可追溯到第一份基于分组的计算机联网技术说明书①。同样，IETF 的主要治理委员会，称为互联网

---

① 加州大学洛杉矶分校（UCLA）的 Steve Crocker 于 1969 年出版了 RFC 1 "主机软件（Host Software）"（http：//www.rfc-editor.org/rfc/rfc1.txt）。第一名 RFC 编辑，UCLA 的 Jon Postel 从 1969 年起担任该职务，直到 1998 年他去世。

结构委员会（Internet Architecture Board，IAB），其前两位主席分别是 David Clark 和 Vint Cerf。David Clark 是美国麻省理工学院（MIT）的。Vint Cerf 与 Clark 共同研究了最初的 IP 协议，随后转到美国国防部高级研究计划局（Defense Advanced Research Projects Agency，DARPA）并为早期网络部署提供资助。因此，在许多方面，早期的 IETF 将学术机构、政府机关，以及设计和管理高级研究计划局网络（Advanced Research Projects Agency Network，ARPANET）及其继承者国家自然基金委网络（National Science Foundation Network，NSFNET）的商业研究人员之间的一套工作关系都正式确定下来了。

从 20 世纪 90 年代初开始，IETF 的定位从一个准学术机构过渡到一个用来协调具有重要商业意义的共享计算基础架构的关键设计决策场所。[①] 目前，本组织大约有 120 个活跃的技术工作组，IETF 组织召开的会议可以吸引到大约 1 200 名参与者，分别来自各种设备供应商、网络运营商、应用程序开发人员和学术研究人员。[②]

W3C 是 Tim Berners-Lee 于 1994 年创立的，旨在为迅速发展的万维网制定标准，他是在欧洲核研究组织（European Organization for Nuclear Research，CERN）工作时发明万维网的。Berners-Lee 最初试图通过 IETF 来对核心的 Web 协议——如超文本标记语言（HTML）和超文本传输协议（HTTP）——进行标准化。他很快对 IETF 进程的速度感到失望，因为 IETF 要求在宣布达成共识之前解决所有可能存在的技术异议。在欧洲核研究组织（CERN）和麻省理工学院（MIT）的支持下，Berners-Lee 决定建立一个独立的联盟，通过一个更集中的组织结构来快速推进标准化进程（Berners-Lee and Fischetti 1999）。

IETF 和 W3C 有许多相似的特点，也有一些显著的差异。这两个组

---

① Simcoe（2012）研究了 20 世纪 90 年代 IETF 的迅速商业化，并提供证据表明，它在标准制定速度上出现了可衡量的减缓。

② http：//www.ietf.org/documents/IETF-Regional-Attendance-00.pdf.

织都向对此感兴趣的公众开放。不同点在于，任何想加入 IETF 的人，只需要出席它的会议，或者与其有相关的电子邮件往来。而 W3C 的新成员需要通过批准才能加入，其通常会邀请来自付费成员公司的专家或工程师。两个组织内的基本组织单位都是工作组，且工作组的目标都是发布相应的技术文件。

IETF 和 W3C 工作组发布了两种类型的文档。第一类文档被大多数工程师和经济学家称为标准：它描述了一套明确的设计规则，这些规则应确保独立设计的产品能够很好地协调工作。IETF 称这类文档为"跟踪标准 RFC"，W3C 则称它们为推荐性规范规则。[①] 对于这两个互联网标准设置组织（SSO），新标准必须得到一致同意才能被批准，而这通常意味着需要得到大多数人的赞成。并且实际上由工作组主席决定，需要等待互联网工程指导小组（IESG）或 W3C 主管的正式请求和复核。[②]

IETF 和 W3C 工作组还发布了可以提供有用信息但没有指定设计参数的补充文档，IETF 称这些文件为跟踪非标准 RFC，W3C 则称这些为注释。它们通常用于解释初始阶段传播的那些存在争议的想法，抑或对现有标准的补充，例如在制定标准过程中的"学到的教训"或拟执行和部署的标准大纲。

图 1-1 展示了 1969 年至 2011 年间 RFC 和 W3C 各年的出版物数量。该图显示 20 世纪 70 年代初出版了大量 RFC，随后经历了近 15 年的瓶颈期，直到 1990 年，RFC 发表才又开始稳步增长。这种模式与高级研究计划局网络（ARPANET）早期开发过程中发明活动的爆炸式增长不谋而合，随后经历了对各类网络协议进行长期测试的时期——包括 TCP/IP 与多套专有开放互联系统（OSI）协议之间的标准战争（Russell 2006）。最

[①] 跟踪标准 RFC 文件被进一步定义为反映其成熟程度的拟议标准、标准草案或互联网标准。然而，在任何时候，互联网大多都是按照拟议的标准运行的。

[②] 关于 IETF 制定标准程序的概述，见 RFC 2026"互联网标准进程（The Internet Standards Process）"（http：//www. ietf. org/rfc/rfc2026. txt）。对 W3C 的过程的描述见 http：//www. w3. org/2005/10/Process- 20051014/tr。

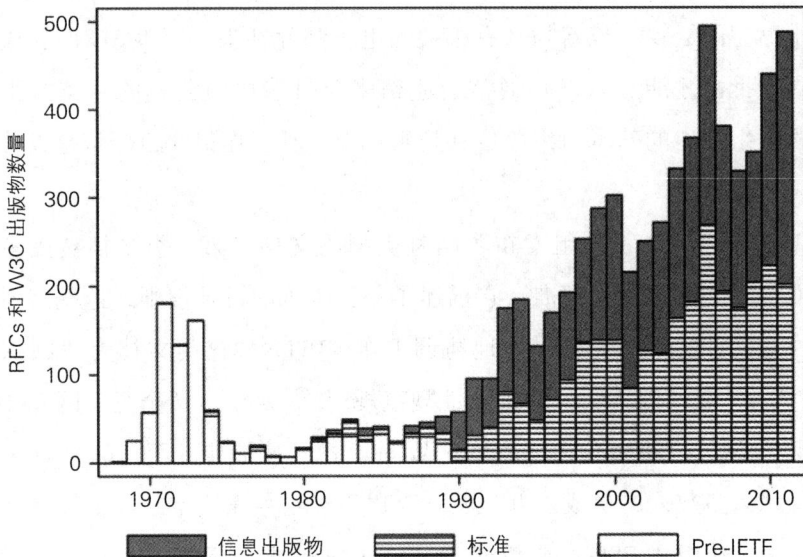

图 1-1　区域合作委员会和 W3C 出版物统计（1969—2011 年）

注：图 1-1 列出了 IETF 和 W3C 的出版物数量。Pre-IETF 是指 IETF 作为正式组织成立之前出版的 RFC。标准是 IETF 和 W3C 发布跟踪标准的 RFC 文件。信息出版物是跟踪非标准的 IETF 的 RFC 文件和 W3C 注释文件。

后，随着 TCP/IP 作为事实标准的兴起以及互联网基础设施的商业化和广泛应用，涌现了第二波持续创新的浪潮。

如果我们将图 1-1 中出版物的数量作为创新投资的代理变量，则这种模式明显与通用技术文献的一个核心特征是相一致的。特别是，从最初发明阶段到最终在各类应用平台上实现广泛传播的持续性互补创新浪潮，在时间上存在很长的滞后性。对于产生滞后的原因有多种说法，它可以反映出诸如 OSI 和 TCP/IP 标准战中因互相之间协调问题带来的延迟；也可以说是开发和升级过程中（例如，路由器、计算机、浏览器和智能手机）所需投入的时间；再或者在大量资本投资中嵌入的先前的技术被逐步替代。关于替代效应，有趣的是，自 1990 年有统计数据以来，IETF 标准

（追踪升级或替换先前标准的出版物）的份额平均约为 20%。

图 1-1 的另一个显著特点是 IETF 和 W3C 发表了大量的纯信息化文档。这部分地反映了两者之间的学术根源和联系，凸显了标准制定与协同研发之间的关系。这也解释了，至少对于"开放"标准来说，关于如何实现一个特定的模型或功能的信息大多是广泛可用的，即使这些信息被隐藏在标准化的接口抽象层后面。

为了更好地了解图 1-1 中的实际情况，表 1-1A 列出了一些最重要的 IETF 标准，这些标准要么是根据 IETF 和 W3C 出版物中引用次数进行排序筛选出的，要么是美国专利中的非专利现有技术，见表 1-1B。

表 1-1A　　　被引用最多的互联网标准（IETF 和 W3C 引用）

文档	年份	IETF & W3C 引用	标题
RFC 822	1982	346	ARPA 网络短信格式标准
RFC 3261	2002	341	SIP：会话初始化协议
RFC 791	1981	328	互联网协议
RFC 2578	1999	281	管理信息结构的第二个版本（SMIv2）
RFC 2616	1999	281	超文本传输协议——http/1.1
RFC 793	1981	267	传输控制协议
RFC 2579	1999	262	SMIv2 的文本约定
RFC 3986	2005	261	统一资源标识符（URI）：泛型语法
RFC 1035	1987	254	域名——实现和规范
RFC 1034	1987	254	域名——概念和设施

注：这一列表不包括引用次数最多的 IETF 出版物，RFC 2119 "用于 RFC 以表明需求水平的关键词（Key Words for Use in RFCs to Indicate Requirement Levels）"，这是一份信息文件，为编写 IETF 标准提供了一个标准，因此几乎每个跟踪标准 RFC 文件都引用了这一信息文件。

表 1-1B　　　　　　　被引用最多的互联网标准（美国专利引用）

文档	年份	美国专利引用	标题
RFC 2543	1999	508	SIP：会话初始化协议
RFC 791	1981	452	互联网协议
RFC 793	1981	416	传输控制协议
RFC 2002	1996	406	IP 移动性支持
RFC 3261	2002	371	SIP：会话初始化协议
RFC 2131	1997	337	动态主机配置协议
RFC 2205	1997	332	资源预留协议（RSVP）——版本 1
RFC 1889	1996	299	RTP：实时传输协议
RFC 2401	1998	284	互联网协议的安全体系结构
RFC 768	1980	261	用户数据报协议

表 1-1A 和表 1-1B 所列的所有文件都是 IETF[①] 的跟踪标准 RFC 出版物。这两个表都包含了一系列可能来自以下的标准，包括传输控制协议（TCP）和互联网协议（IP）、定义互联网的核心路由协议、用于处理 Web 上资源的 HTTP 规范以及用于控制多媒体会话（如 IP 网络上的语音和视频呼叫）的会话初始化协议（SIP）。

需要关注表 1-1A 和表 1-1B 中一些不同之处。例如，表 1-1A 显示 IETF 和 W3C 出版物经常引用"管理信息结构的第二个版本（SMIv2）"协议，该协议对用于在较大的通信网络（例如交换机或路由器）中管理单个"对象"的语言和数据库进行了定义。表 1-1B 显示，美国专利更倾向引用安全标准和协议来保存网络资源（例如动态主机配置协议（DHCP）和资源预留协议（RSVP））。这些差异暗示了以下观点：来自 IETF 和 W3C 的引用衡量的是计算机网络领域内的技术之间相互依赖度或知识流

---

① 我无法收集 W3C 文件的专利引用数据，获得最多 SSO 引用的 W3C 推荐文件是被引用 100 次的 XML 协议的一部分。

动性，而专利引用则衡量了与更大型的通用技术具体应用相联系的互补性创新程度[①]。下文在探讨流动性时会重新说明这个观点。

1.2.2　协议栈

协议栈是工程师用来描述分组交换过程中，计算机网络多层抽象的一种比喻。原则上讲，每一层都在处理与网络通信相关的一组不同的任务（例如分配地址、路由和转发分组、会话管理或拥塞控制）。在特定层工作的工程师只需要关注该层的操作细节，因为有一套标准化的接口对其他层提供的功能或服务进行描述。Saltzer、Reed 和 Clark（1984）提供了对这种模块化或"端到端"的网络架构的一种早期描述，该架构将复杂的应用层任务分配给网络边缘的"主体"计算机，从而使得路由器和交换机能够集中而高效地从一个设备转发未分化的数据包给其他设备。实际上，简单地说，协议栈允许应用程序的设计人员忽略从一台机器向另一台机器发送数据包的细节，允许路由器制造商忽略他们发送的数据包的内容[②]。

典型的 TCP/IP 协议栈有五个层次：应用层、传输层、网络层、链路层和物理层。IETF 和 W3C 主要针对协议栈中的前四层进行标准操作，而物理层的标准则是由其他互联网标准设置组织（SSO）制定的，如 IEEE（以太网和 Wi-Fi/802. 11b）或 3GPP（GSM 和 LTE）。在本章中，将 W3C 视为一个针对不同层级制定协议标准的组织，尽管大多数工程师会将其视为应用层协议的开发组织。

---

① 审查信息出版物的引用情况加强了这一解释：其他 RFC 引用最多的非标准跟踪 RFC 文件描述了 IETF 的进程和程序，而美国专利引用最多的非标准跟踪 RFC 文件描述的技术过于初步或有争议而不能被标准化，如网络地址转换（NAT）和 Cisco 的热备份路由器协议（HSRP）。平均而言，标准得到的 SSO 和专利引用量多于信息出版物。

② 在 W3C 内部还有一些广泛的工作领域，包括与 IETF、XML 标准和 Web 服务标准（SOAP 和 WSDL）协调制定的 Web 设计和应用标准（HTML、CSS、Ajax、SVG）、Web 基础设施标准（HTTP 和 URI）。

在管理模块化问题的文献中，"镜像假说"认为组织边界将对应于模块之间的接口进行响应。虽然现有研究已经从两个方面论证了这种因果关系（如 Henderson and Clark 1990；Sanchez and Mahoney 1996；Colfer and Baldwin 2010），但 IETF 和 W3C 显然符合基本的横截面预测，即模块与组织边界之间存在着相关性。特别是，这两个组织都将各个工作组分配给与 TCP/IP 协议栈中的不同模块相对应的广泛技术领域。

对于每一层，IETF 都维护着一个由多个相关的工作组组成的技术领域，这些工作组由互联网工程指导小组（IESG）的两个区域主管进行监督。除了与传统协议栈中的层相对应的领域外，IETF 还创建了一个实时应用领域，以制定语音、视频和其他多媒体通信会话的标准。这个新的层位于应用层和传输层协议之间。最后，IETF 管理在协议栈之外存在的两个技术领域，即安全和操作，并开发与系统各层交互的协议。

图 1-2 展示了随着时间的推移，协议栈每一层新的 IETF 和 W3C 标准所占的比例。从 1990 年到 1994 年，协议开发基本上符合传统模式的 TCP/IP 协议栈。从 1995 年到 1999 年，互联网的兴起导致越来越多的高级协议出现，其中包括早期的服务于 HTML/HTTP 的 IETF，以及 W3C、实时应用程序和基础设施层的第一标准。从 2000 年到 2012 年，协议栈各层之间的新标准份额是平衡的。2005 年至 2012 年间，传统技术的升级与新标准结合促进了路由层的重新出现，例如标签交换协议（MPLS），它允许 IP 网络函数更像是一个交换网络，这样的交换网络使得源和目标设备之间保持一个特定的路径。

图 1-2 展示了通用技术（GPT）文献中提及的几个关于互联网模块式体系结构的特点。如果人们将网页（Web）视为一种能够让互补性创新在各个应用领域（如电子商务、数字媒体、语音转换 IP、在线广告或云服务）之间互联互通的技术，那么，在开发的初期阶段，应用层协议的增长并不令人意外，随之而来的是一个新的实时层，同时也伴随着一种新的低层路由技术出现。这种发展与从应用部门创新到基础通用技术拓展

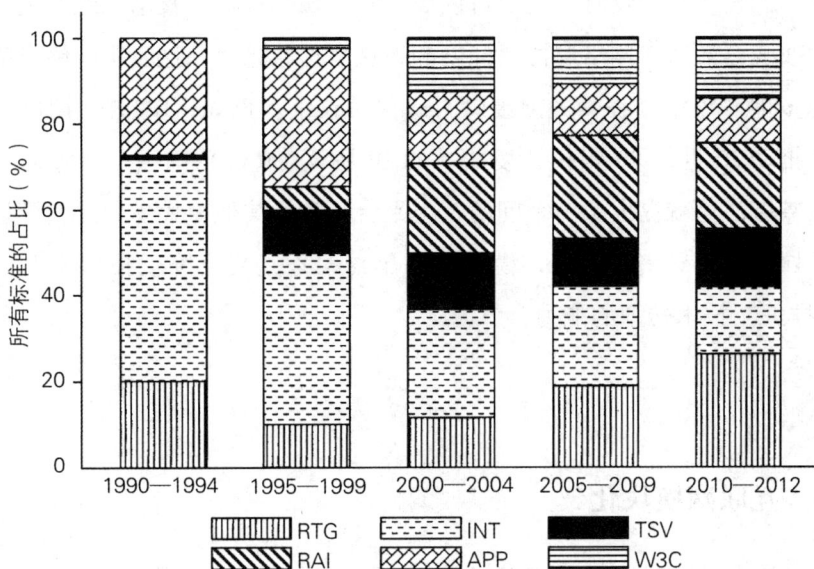

图 1-2　互联网协议栈的演变

注：图 1-2 是作者使用 IETF 和 W3C 的数据计算得到的，其绘制了与 Internet 协议栈中每层相关的所有 IETF 和 W3C 跟踪标准出版物的份额。层名是：RTG＝路由，INT＝互联网，TSV＝传输，RAI＝实时应用程序和基础设施，APP＝应用程序，W3C＝万维网联盟。图中不包括 IETF 操作和安全领域中的 RFC，这些领域一般不被视为协议栈中的"层"（如图 1-3 所示）。

所得到的积极反馈大体相符。不幸的是，像 GPT 文献体系中的大多数研究一样，缺乏覆盖所有应用领域与互联网相关的发明活动的详细数据。因此，本章仅能对与通用技术直接相关的创新过程作详细考察。然而，如果阅读 RFC 文件和 W3C 的建设性文件，就会发现它与其他互联网标准设置组织（SSO）为促进应用部门创新而开发的协议之间的联系是很明显的，比如包括音频/视频压缩标准（ITU/H.264）和通用 W3C 工具（如 XML 语言）的专有商业应用程序。

图 1-2 还提出了本章剩余部分将要讨论的几个问题。首先，互联网在协议栈方面的模块化程度如何？特别是，技术之间的相互依赖程度在各层内大于层间吗？协议开发中是否有专门的分工？其次，在协议栈中嵌入

一套新的技术和协议时，是否可以像实时区域那样保证整个系统的模式不发生改变？最后，网络层协议开发的数量呈递减趋势，这表明网络可能越来越多地"锁定"在其关键接口的遗留协议上。例如，IETF 长期以来一直在推动 20 世纪 90 年代开发成功的 IP 协议（IPv6）向下一代过渡，但收效甚微。这就提出了一个问题：与平台治理的其他模式（如占主导地位的领域平台领导者）相比，模块化和集约治理是否会降低技术平台协调"大推进"技术转型的能力。

1.3　互联网模块化

从隐藏性技术依赖的角度来说，互联网是否真的是模块化的？如果是，模块化如何与创新性劳动力分工相关联？这是两个独立的问题。本节依次讨论这些问题。

1.3.1　可分解性

确定技术系统模块化程度本质上是一个计量问题，主要从两个方面进行回答：（1）如何识别模块之间的接口或边界。（2）如何识别模块间的相互依赖关系。IETF 和 W3C 的 TCP/IP 协议栈以及相关技术领域提供了一种将协议分组为不同模块的自然方式。本章使用跟踪标准 RFC 文件和 W3C 建设性文件中的引用量来度量模块之间的相互依赖程度。得到的描述性分析结果类似于 Baldwin 和 Clark（2000）所提倡使用的设计结构矩阵，这一方法在 MacCormack、Baldwin 和 Rusnak（2012）的研究中被使用，但上述研究只是用堆栈层而不是源文件来定义模块，并且用引用数来取代通过调用函数的方式衡量技术之间的相互依赖程度。

引用量数据是直接从 RFC 和 W3C 公开发表的刊物中收集的，判断这些引用量是否是技术依赖的有效代理变量，取决于作者是如何使用它们的。IETF 和 W3C 正式区分了规范性引用和信息性引用：规范性引用是指那些被指定的必须阅读的文件，这些文件便于了解或执行新的 RFC 文件中的技术，或这些技术必须为了新 RFC 技术的实现而被列出。信息性引用则是提供额外背景说明，但不必执行 RFC 或建议中描述的技术。[①] 规范性引用显然是一种有效的可以判断相互依赖程度的度量方法。遗憾的是，许多早期的 RFC 中，规范性引用和信息性引用之间的区别界限并不明晰，因此本章直接把所有的引用作为代理变量。尽管如此，即使我们将信息性引用视为一种对知识流动的度量（这在依赖于文献计量学的经济文献中已经成为特定标准），下文所提出的解释仍是恰当的，因为模块化的一个关键好处是将信息"隐藏"在不同的模块或层级中。

图 1-3 是 IETF 和 W3C 制定的所有标准的引用的有向图，Y 轴代表引用层/技术领域，X 轴代表被引用层/领域。阴影是基于累积引用分布中每个单元的十分位数。在所有引用中，有 27% 的引用是将同一工作组编写的两份文件连接起来的，在分析时本章剔除了这部分样本。[②]

在一个完全模块化或是可分解的系统中，所有引用都包含在主对角线上的单元格中。图 1-3 表明，互联网更接近于一个可分解的系统，大多数技术依赖和信息流要么发生在一个模块内部，要么发生在一个模块与协议栈的一个相邻层之间。[③] 如果我们忽略安全和操作的区域，图 1-3 中 89% 的引用都在主对角线或相邻单元格上，但如果按均匀分布随机引用概率计算的话，那么分析结果是只有 44% 的引用在主对角线上或相邻单元格上出现。

图 1-3 所示的近似分解的特例也很有趣。首先，安全和操作协议与协议栈各层均有交互接口：显然有一些系统属性是不适合模块化的。更直

---

① 互联网工程指导小组关于引用的官方声明，见 http：//www. ietf. org/iesg/statement/ normative-informative. html。

② 包括政府间工作组内部的引用，将使互联网体系结构更加模块化。

③ 另一种非模块化和非相互依存的设计配置将是一种层次结构，所有引用都在主对角线以上或以下。

	W3C	APP	RAI	TSV	INT	RTG	SEC	OPS
W3C	672	91	6	0	16	0	8	0
APP	37	579	14	3	90	0	131	26
RAI	63	233	814	70	176	14	173	21
TSV	3	25	108	285	194	39	215	71
INT	0	32	15	57	1004	140	266	148
RTG	0	1	1	111	177	420	71	67

引用层 / 被引用层

图 1-3　互联网协议栈中的引用

注：图 1-3 是一个汇总表，作者使用 IETF 和 W3C 的数据计算得到，其中包含引用层跟踪标准出版物和被引用层跟踪标准出版物。层名为：RTG＝路由，INT＝互联网，TSV＝传输，RAI＝实时应用程序和基础设施，APP＝应用程序，W3C＝万维网联盟，SEC＝安全，OPS＝操作。

接地说，这一结果对于确定通用技术在什么时候会遭遇规模报酬递减（由于调整共享输入以服务于异构应用程序扇区的成本），具有重要意义。

图 1-3 中的另一个显著特例是网络层协议中的层间的高引用量。这就是一种"古典效应"的结果。控制了出版物-年度固定效应的泊松回归结果表明，与其他标准相比，网络层规范不太可能在层间被引用[①]。当然，这种现象本身在一定程度上也很有趣，它们强调了对一个重要接口（例如 TCP/IP）设定早期设计选项的潜在"锁定"效果。

最后，图 1-3 显示，实时和传输层协议比其他层的标准具有更高的

---

① 此处没有报告这些回归结果，但可请求作者提供这些回归结果。

模块间引用倾向。由于这些层比原始应用层、网络层和链路层兴起得晚（参见图 1-2），因此，这种现象表明，当在现有系统中添加一个新的模块（可能是为了在关键应用领域启用或补充共同干预）时，可能很难保持一个原有的模块化体系结构，特别是当该模块就像 W3C 那样不位于堆栈的"边缘"时。

1.3.2 劳动分工

虽然图 1-3 清楚地说明了互联网技术体系结构的模块化本质，但是它并没有揭示这种模块化是否与特定的劳动分工相关。本节将通过观察组织在 TCP/IP 协议栈的不同层上的参与情况，研究 IETF 标准开发中涉及的组织间的分工[①]。该分析所使用的数据是从实际的 RFC 文件中提取的，方法是在每个作者的联系信息中确认他们的电子邮件地址，并解析这些地址，以获取作者所属的研究机构信息[②]。分析仅限于 IETF，因为无法可靠地从 W3C 出版物中提取作者信息。IETF 的 RFC 文件平均有 2.3 名作者，1.9 个独立所属研究机构。

由于本分析中的每个 RFC 都由一个 IETF 工作组负责出版，所以可以使用该工作组来确定该文件属于协议栈的哪一层。总的来说，本章使用的数据来自由 328 个不同工作组发布的 3 433 个 RFC 文件，这些作者隶属于 1 299 个不同的组织。表 1-2 列出了参加最多工作组的 15 个组织（至少编写了一个标准），以及该组织公布的跟踪标准的 RFC 的数量。

---

① 原则上，可以将重点放在个人参与人级别的专业化方面。然而，由于许多作者编写了一个 RFC 文件，聚合到公司一级，在各个模块的活动范围方面出现了更多的变化。

② 在实践中，这是一项困难的工作，本章结合了 Jari Arkko 开发的工具（http://www.arkko.com/tools/docstats.html）用自己的软件来提取和解析地址。

表 1-2 　　　　　　　　　　　　IETF 主要参与者

组织	工作组	总标准
Cisco	122	590
Microsoft	65	130
Ericsson	42	147
IBM	40	102
Nortel	38	78
Sun	35	76
Nokia	31	83
Huawei	28	49
AT&T	27	50
Alcatel	26	64
Juniper	25	109
Motorola	24	42
MIT	24	42
Lucent	23	41
Intel	23	33

一种确定在标准制定上是否有专门的分工方式的方法，是询问企业的 RFC 是否集中在协议栈的特定层内，而不是随机分配到哪一层（外生分配概率等于协议栈中每层 RFC 的观测边际概率）。通过比较不同层之间 RFC 的实际分布与随机选择的模拟分布，可以发现，参与 IETF 的组织高度集中在特定层中。具体而言，本章计算了 Greenstein 和 Rysman（2005）提出的基于似然比的多项式检验统计量，发现真实数据的统计量为-7.1，而随机分配数据零假设下的统计量为-5.3[①]。真实数据下更小的检验统计量说明，数据的集聚程度更高，检验否定了随机数据下的零假设（SE =

---

① 作者已经开发出了在 STATA 统计软件中进行这一测试的代码，并可在以下网址查阅：http：//econpapers. repec. org/software/bocbocode/s457205. htm。

0.17，$p = 0.00$）。

为了更好地理解这种参与工作组的集聚模式，设计一个对参与起草 RFC 进行决策的简单模型是有帮助的。为此，假设企业 i 必须决定是否为第 j 层的工作组 w 起草 RFC。每个企业要么加入工作组，要么不加入，即 $a_i = 0$，1。让我们进一步假定，如果 w 工作组制定一项新的协议，所有企业会获得一个总的公共收益 B_w。参与起草过程的公司还可以获得额外的私有收益 S_{iw}（该收益在不同工作组中不尽相同），并伴随着相应的参与成本 F_{ij}（该成本在不同层之间也不尽相同）。在这个简易模型（toy model）中，公共利益来自网络功能和用户安装基数的增加，私有利益可以反映各种特殊的因素，比如基础技术中的知识产权或者与专有产品互操作性得到改进。假设层内的参与成本是恒定的，用以表明在一个新模块内开发创新所需的专业技术知识有一个固定成本。如果企业在任何一个层内都具备同样的创新能力（即 $F_{ij} = F_{ik}$，i，$j \neq k$），那么这个模型将不会有标准制定中的专业化分工问题。

为了表征企业工作组的参与决策，用 Φ_w 表示至少有一个其他企业加入工作组的内生概率。因此 i 公司参加工作组的收益是 $B_w + S_{iw} - F_{ij}$，而不参加工作组的预期收益是 ΦB_w。如果所有公司都拥有 S_{iw} 的私有信息，并作出同时参与工作组的决策，则最优规则是当且仅当 $(1 - \Phi_w)B_w + S_{iw} > F_{ij}$ 的时候加入组织。

虽然过于简化，但这个模型还是提供了一些有意义的启示。首先，在决定加入一个技术委员会时，搭便车和寻租之间存在一种权衡关系。虽然一个更接近实际的模型可以考虑到更多的公司加入工作组会带来租金的耗散，但这里的主要观点是，公司可以从参与中获取私人利益，并且 S_{iw} 越大，公司越有可能加入。同样地，当 S_{iw} 很小时，公司更愿意让别人开发标准，并且搭便车的动机随着至少有一个其他公司就职委员会的概率（Φ）的增加而增加。此外，由于 Φ 主要取决于其他前瞻性标准的开发者所采取的策略，因而这个模型阐述了实证检验时所面临的主要挑战 —— 所有企业加入一个给定工作组的决策是同时作出的。

为了对工作组参与决策模型进行检验，将 S_{iw} 视为一个不可观察的随机项，将 B_w 视为截距或者说是工作组产生的随机效应，并用 1 加上参与其他工作组的实际数值的和取对数来代替 Φ_w[①]。将 F_{ij} 设定为两个哑变量的线性函数 —— 这两个哑变量分别为先前的 RFC（该层）和先前的 RFC（相邻层）—— 以便度量在协议栈的同一层中或在相邻层中（此时相同层虚拟变量为零）工作组的参与情况。在协议栈"附近"位置先前的 RFC 出版的这两个虚拟变量，为协议开发中的劳动分工提供了另一种度量方法，这可能比上面报告的多项式检验统计量更易于理解。

下面报告的回归结果忽略了工作组参与决策同步性的可能性。然而，当主要的决策是在搭便车和寻租之间作出权衡时，该模型表明，当协议开发的公共利益（B_w）相对于私有租金（S_{iw}）较大时，企业会越来越多地分散到各个工作组。反之，倘若我们发现各企业的参与决策之间存在很强的正相关关系时，模型表明，对标准施加一定影响带来的私有收益相对较大，和／或企业之间存在正相关关系。另外也可以利用跟踪标准 RFC 和跟踪非标准 RFC 的区别来探讨寻租假说，这是 Simcoe（2012）提出的一种想法。具体而言，如果跟踪标准的文件的规范性方面提供更大的寻租机会（例如，它们详细说明该如何实现产品），那么各企业的工作组参与决策之间应该存在更强的正相关关系，与用跟踪非标准 RFC 出版物来衡量"参与行为"时相比，在用跟踪标准 RFC 的出版物来衡量"参与行为"时产生了更显著的集聚现象。

这项工作所使用的数据来自一组由 43 个组织和 328 个工作组组成的平衡面板（a balanced panel），每个组织对 10 个或 10 个以上的 RFC 作出

---

① 另一种方法是在 Bajari et al.（2010）的基础上将模型估计为不完全信息的静态博弈。但是，本章缺少按照这种方法的要求能够产生 Φ_w 的可信外生变异（plausibly exogenous variation）的工具变量。

贡献，并被认为有可能参加每个工作组。① 表1-3 报告了检验样本的描述性统计结果，表1-4 报告了一组由线性概率模型估计所得的系数。

表1-4 中的（1）—（4）列表明，在协议栈某一特定层的过去的经验与随后决定在同一层加入新的工作组之间存在着很强的正相关关系。先前在某一层的工作组出版了跟踪标准 RFC，则其在同一层加入新工作组的可能性会增加 5 至 7 个百分点。在相邻一层的优先参与度与加入新的工作组之间存在较小但仍然显著的正相关关系。上述结果在加入了工作组与企业的固定效应和随机效应后仍然稳健。考虑到跟踪标准 RFC 进入的基准参考概率为 6%，"同一层"（虚拟变量）的系数对应的边际效应为100%，这也是与先前的观察保持一致的，即个别企业参与的 IETF 是集中在各层内的。②

表1-4 中的第（5）列表明，工作组的其他参与者数量与焦点企业的参与决策也具有很强的正相关关系。如果其他组织的参与度增加 1 个标准差，或工作组的规模扩大一倍，则企业加入的可能性将增加 5 个百分点，该数值与同一层的先前经验边际影响大致相同。我把这视为一种有力证据，可以证明在工作组级别上，参与规范开发所带来的私有收益在各个企业之间是高度相关的，且（还可以证明）当组织认为工作组很重要时，参与工作组的成本也足够低时，这些收益通常是大于选择搭便车带来的好处。

表1-4 中的第（6）列将结果性指标改为在特定的工作组中公布的跟踪非标准 RFC。在该模型中，焦点企业的决策参与度与工作组中其他组织数量之间的偏导数下降了约 1/3，为 0.04。卡方检验的结果证实了列（5）和列（6）的系数存在显著差异（$\chi^2(1) = 6.22$，$p = 0.01$）。企业对跟踪标准 RFC 的工作组参与决策的关联比跟踪非标准 RFC 的工作组参与决策的关联更强，这表明，对标准过程施加一定影响的好处是巨大的（相

---

① 在估计样本中增加公司数目，机械地减少了系数估计值的大小（因为那些起草较少 RFC 的企业参加的工作组较少，所以它们的结果变化较小），但对结果没有影响。

② 线性概率模型系数与一组未报告 Logistic 回归的平均边际效应基本一致。

表 1-3   统计量概况

变量	平均数	标准差	最小值	最大值
Stds.—跟踪工作组参与度	0.06	0.24	0	1
Nonstds.—跟踪参与度	0.05	0.22	0	1
先前的 RFC（该层）	0.34	0.47	0	1
先前的 RFC（相邻层）	0.17	0.38	0	1
Log（1+其他参与数）	2.11	0.86	0	4.51

表 1-4   IETF 的工作组参与的线性概率模型

输出	Stds.——跟踪参与					
	(1)	(2)	(3)	(4)	(5)	(6)
先前的 RFC（该层）	0.06	0.07	0.07	0.05	0.06	0.06
	[6.87]***	[11.98]***	[9.64]***	[6.25]***	[11.24]***	[11.19]***
先前的 RFC（相邻层）	0.02	0.02	0.02	0.01	0.02	0.01
	[3.27]***	[3.12]***	[2.72]***	[1.54]	[3.49]***	[2.36]**
Log（其他工作组参与的数量）					0.06	0.04
					[23.70]***	[17.82]***
工作组随机效应	N	Y	N	N	N	N
工作组固定效应	N	N	Y	Y	N	N
企业固定效应	N	N	N	Y	N	N
观测量	14 104	14 104	14 104	14 104	14 104	14 104

注：分析单位为一家企业-工作组。稳健标准误差（Robust standard errors）在工作组层面（随机效应模型除外）进行聚类。括号中的数值为 t 统计量。

***在 1% 的水平上显著。

**在 5% 的水平上显著。

*在 10% 的水平上显著。

对于标准的参与成本和/或公共利益），并且在企业之间也是正相关的。[①]

总之，来自 IETF 的数据表明，协议开发中的劳动分工确实与模块化协议栈所设定的界限是一致的。这种专业化的分工是通过企业去中心化地决策是否参与各个工作组的规范开发而产生的。而一个企业加入某一特定工作组的动机，则反映了两种典型的经济考虑：一种是分期摊销在某一特定层内发展专业技能的沉没成本，另一种是通过制定标准获取私有利益的特殊机会。一项直接的实证研究结果表明，集成的力量是强大的，且出于私有利益参与的动机通常比出于搭便车的动机更强（也许是因为加入委员会的固定成本很小）。此外，企业从制定标准中获得私有利益的特殊机会，似乎在各个工作组中都是相关的，这表明参与者知道哪个技术标准是重要的。

最后，必须指出的是，虽然这一分析适用于开发了至少 10 个 RFC 的企业，以便将其与参与工作组的动机分开，但这 43 家公司只是向一个或多个 RFC 提供开发者的 1 299 个特定组织的一小部分。大型活跃组织进行了大量的总体协议整体开发，然而，那些只提供了一个或两个 RFC 的组织也同样重要。通过隐藏协议栈中任意一层内出现的多种细节，互联网的模块化体系结构降低了一大批小型参与者的进入成本和创新组件的成本。

1.4　模块和部门之间的扩散

本章探讨互联网模块化的最后一步是检验 RFC 引用量随时间的分布情况。如上所述，扩散和共同发明的滞后在许多关于通用技术（GPT）的文献中处于核心部分，主要有两个原因：（1）它们有助于解释原始技术

---

① 在未报告的回归中，本章允许标准/非标准差异逐层变化，发现除了应用程序和操作外，所有层的标准差都比较大，在实时性、互联网、路由选择、安全性方面的差异具有统计学意义。

的扩散与宏观经济生产率效应之间的差距，这两者之间的差距令人费解；（2）它们突出了应用部门之间、应用部门和 GPT 生产部门之间基于技术创新的正外部性。

分析标准引用的时间分布，可以为基础技术的扩散和利用提供一个新的视角。然而，在以下分析中，必须考虑到将引用量作为标准使用指标的局限性。特别是，我们不知道任何给定的引用是一种规范的技术相互依存关系，还是一种嵌于 RFC 的通用知识的信息性引用；也不知道引用是来自规范的执行者，还是来自以"黑箱"方式引用接口的互补性生产者。虽然本章在这里使用的数据不可能对 RFC 之间的引用进行如此精细的解释，但是研究引用的起源和速率确实有效地揭示了一些有趣的模式，这些模式暗示了模块化在互联网标准的使用中所扮演的角色。

1.4.1 跨模块的扩散

本章首先检验 IETF 和 TCP/IP 协议栈中不同模块和不同层之间的引用流。如果随着我们从不同层的协议向内移动，从同一层的协议向内移动，从同一个工作组的协议向内移动，任意两个标准之间的技术相互依赖程度都会提高，那么我们应该看到引用滞后时间缩短。其实很简单：紧密耦合的技术需要同时设计，以避免交互时的意外错误。两种只能通过稳定的接口进行交互的技术不需要同时设计，因为有一个明确指定的接口定义了清晰的分工。①

为了检验创新以不同的速度在模块内部和模块之间传播的想法，本章创建了一个基于跟踪标准 RFC 发布后 16 年之内每年引用量的面板。引用日期基于引用 RFC 的出版年份。计量方法借鉴了 Rysman 和 Simcoe（2008）的研究。具体来说，本章利用泊松回归模型，对在 y 年 RFC i 的

---

① 在对分工没有事先明确规定的情况下，在组织涣散的项目团队里工作的任何人对时间转移的费用都是熟悉的。

引用量进行参数估计（公式见下），其中包含了一组完整的年度效应（其中时间等于引用年份减去出版年份），以及引用年份的三阶多项式，以控制时间趋势和截距：

$$E\left[\text{Cites}_{iy}\right] = \exp\{\lambda(\text{年限}) + f(\text{引用年份})\}$$

为了总结这些回归结果，本章将引用年份设置为 2000 年，并在每个时间节点预测其引用量。将每个时点的预测值，用 RFC 全部 16 年的累计预测引用量标准化后，会得到一个概率分布，称为引用-年限分布。通过绘制这些概率图，计算出一个假设的平均引用年限及其标准误差（使用 Delta 方法）。

图 1-4 输出了三种结果用以说明跟踪标准 RFC 的引用-年限分布：来自同一个工作组的引用、来自同一层协议栈的引用和来自其他层协议

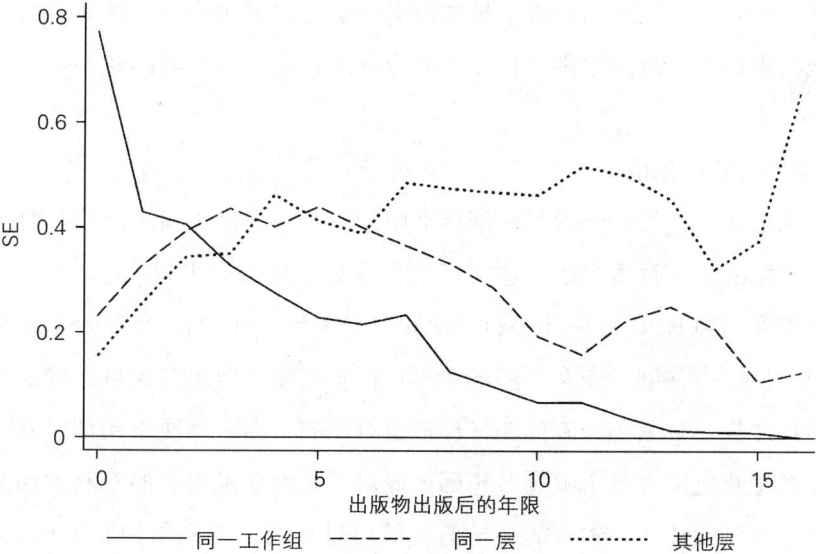

图 1-4　RFC-RFC 引用年限

栈[1]的引用。此模式证实了关联更紧密的协议，其创建的时间就会越接近。具体而言，相同工作组的平均引用年限为 3.5 年（SE = 0.75），同一层引用年限为 6.7 年（SE = 0.56），其他层引用年限为 8.9 年（SE = 0.59）。

图 1-4 所展现的主要启示是，即使在通用技术中，创新活动在模块内部扩散的速度也比在模块之间扩散的速度快。这种模式是由系统紧密关联的各个方面需要同时协调设计的需求所驱动的，而后续的创新可以依靠定义明确的抽象和信息隐藏接口。紧密耦合部件的同期设计的重要性可能是由于通用技术在特定的应用领域发挥作用之前，需要指定许多接口层。例如：在电力方面，交流电与直流电之间的标准之争早于人们就标准化电压要求达成广泛共识，此共识也早于几乎能在所有设备上使用的三相插座的广泛应用（至少在美国）。虽然这种相互关联接口的增加很可能是一种普遍的模式，但互联网和数字技术似乎特别适合采用模块化体系结构，以降低技术知识贬值的比率，且便于低成本地重复使用和时间转移。

1.4.2　跨领域扩散

为了让人们了解嵌入互联网标准中的应用创新是如何扩散到其对应的应用领域的，本章重复了上述实证工作，只是将所有 RFC 之间的引用与从美国专利到 RFC 的引用进行了比较。专利到 RFC 的引用年份是以专利的申请日期为基础。专利引用虽然存在很多弊端，但也有大量文献认为专利引用作为一种累积创新的衡量标准是有用的，因为每次引用都对发明人的专利垄断范围进行了限制，正因如此对其与所要求保护的专利的相关性需要进行仔细评估。本章的关键假设简单设定为，专利引用比 RFC 引用更有可能反映出能够支持通用技术应用的发明状况。

---

[1]　对于这种分析，本章排除了来自安全和操作层的所有引用（如图 1-3 所示）。

图 1-5 绘制了所有 RFC 引用和所有专利引用的年限分布情况。RFC 引用的年限分布代表图 1-4 中三种引用的加权平均值，RFC 引用的平均年限为 5.9 年（SE = 0.5）。专利显然需要更长的时间才能被认可和引用，但其作用时效比 RFC 引用更持久。美国专利非优先引用 RFC 的平均年限为 8.2 年（SE = 0.51），这与协议栈其他层的 RFC 被引用的平均年限非常接近。

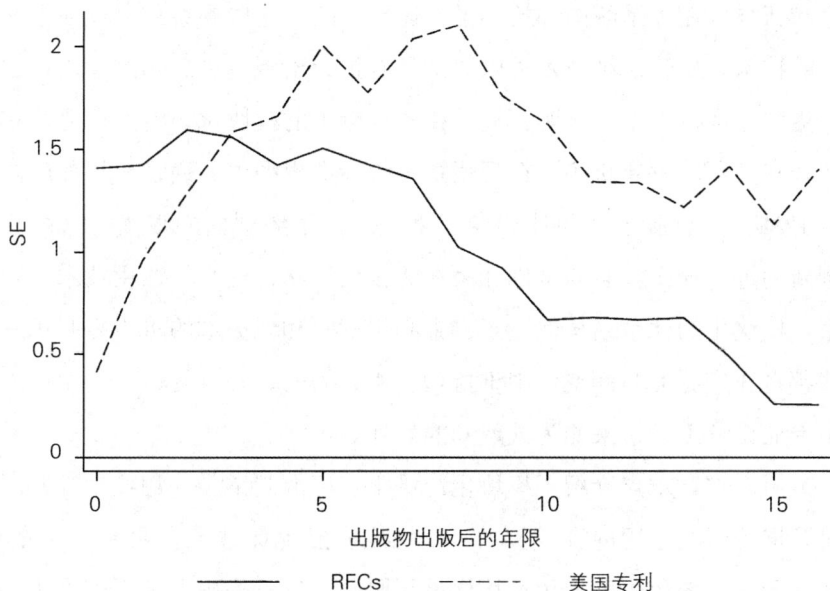

图 1-5　RFC-RFC 和美国专利-RFC 引用的年限分布

在某种程度上来说，图 1-4 和图 1-5 所示的结果并不特别令人惊讶。然而，这些数字突出了通用技术随着时间的推移而发展的观点，部分原因是通用技术部门和应用部门创新活动之间的互补性。与图 1-1 所示的分组交换网络的发明和商业互联网的出现之间的长延时相比，这些图中所示的引用滞后时间相对较短。然而，提交专利很可能只是开发特定应用领域的互补发明的第一步，即针对部门的补充创新。更换嵌入式资本和改变组织惯例也很重要，但这更难衡量，并且可能在更长的时间范围内发生。

1.5　结论

本章为互联网技术架构的模块化及其经济后果提供了案例研究。它说明了互联网架构的模块化设计、互联网标准开发中创新分工的专业化、新理念和新技术在该系统内部接口上的逐步扩散。这些观察结果仅限于一种单一的技术，尽管这种技术可以说是具有重大宏观经济影响的通用技术。

更宽泛地讲，本章表明，通用技术贡献中的模块化与专业化可能有助于解释其长期的发展轨迹。在通用技术的标准模型中，通过应用部门内的"共同发明"，克服了通用性和专业化之间在系统层面的权衡。这些互补的创新通过扩大已安装的基础和潜在的应用程序，提高了通用技术创新的回报。模块化的体系结构促进了去中心化试验和低成本的可重复利用——这些都是在广泛的利润空间中维持增长所必需的，并且提供了通用技术生产中专业化分工所带来的为人熟知的好处。

最后，本章重点介绍了模块化经济学、标准制定、通用技术等方面将来可开展的研究主题内容。例如，模块化明显地促进了企业的劳动分工，即便是专有系统也可以利用模块化设计原则。这就提出了关于模块化设计与"开放"系统之间相互作用的各种问题，例如"互联网"，它的特点是具有公共访问接口和特定形式的平台管理。此外，协调成本的微观经济基础制约着模块化体系下创新劳动的分工，这也是未来研究的又一大课题。例如，我们很少知道模块化产品体系结构的好处是在企业内部还是在企业的范畴之外；或者反之，企业的范畴是否会根据体系结构的决定发生变化。最后，根据本书的主题，未来的研究可能会涉及一些关于数字技术的特别之处，使数字技术适合于采用模块化设计原则。对这一问题的解答，对于我们把从数字化研究中学习到的知识和方法推广到例如生命科学和能源领域等其他学科，将起到重要的作用。

参考文献

Arthur, W. Brian. 1989. "Competing Technologies, Increasing Returns, and Lock-In by Historical Events." *Economic Journal* 97:642-65.

Bajari, P. , H. Hong, J. Krainer, and D. Nekipelov. 2010. "Estimating Static Models of Strategic Interactions" *Journal of Business and Economic Statistics* 28 (4): 469-82.

Baldwin, C. Y. , and K. B. Clark. 2000. *Design Rules: The Power of Modularity*, vol. 1. Boston: MIT Press.

Becker, G. S. , and K. M. Murphy. 1992. "The Division-of-Labor, Coordination Costs and Knowledge." *Quarterly Journal of Economics* 107 (4): 1137-60.

Berners-Lee. T. , and M. Fischetti. 1999. *Weaving the Web: The Original Design and Ultimate Destiny of the World Wide Web by its Inventor*. San Francisco: Harper.

Bresnahan, T. 2010. "General Purpose Technologies." In *Handbook of the Economics of Innovation*, vol. 2, edited by B. Hall and N. Rosenberg, 761-91. Amsterdam: Elsevier.

Bresnahan, T. F. , and S. Greenstein. 1999. "Technological Competition and the Structure of the Computer Industry." *Journal of Industrial Economics* 47 (1): 1-40.

Bresnahan, T. , and M. Trajtenberg. 1995. "General Purpose Technologies: Engines of Growth?" *Journal of Econometrics* 65:83.

Brooks, F. 1975. *The Mythical Man-Month*. Boston: Addison-Wesley.

Colfer, L. , and C. Baldwin. 2010. "The Mirroring Hypothesis: Theory, Evidence and Exceptions." Working Paper no. 10-058, Harvard Business School, Harvard University.

David, Paul A. 1985. "Clio and the Economics of QWERTY." *American Economic Review* 77 (2): 332-37.

David, Paul A. 1990. "The Dynamo and the Computer: An Historical Perspective on the Modern Productivity Paradox." *American Economic Review Papers and Proceedings* 80 (2): 355-61.

Dranove, D. , C. Forman, A. Goldfarb, and S. Greenstein. 2012. "The Trillion Dollar Conundrum: Complementarities and Health Information Technology." NBER Working Paper no. 18281, Cambridge, MA.

Farrell, J. 2007. "Should Competition Policy Favor Compatibility?" In *Standards and Public Policy*, edited by S. Greenstein and V. Stango. Cambridge: Cambridge University Press.

Farrell, J. , and G. Saloner. 1986. "Installed Base and Compatibility—Innovation, Product Preannouncements, and Predation." *American Economic Review* 76 (5): 940-55.

Farrell, J. , and T. Simcoe. 2012. "Four Paths to Compatibility." In *Oxford Handbook of the Digital Economy*, edited by M. Peitz and J. Waldfogel, 34-58. Oxford: Oxford University Press.

Greenstein, S. 1996. "Invisible Hand versus Invisible Advisors." In *Private Networks*, *Public Objectives*, edited by Eli Noam. Amsterdam: Elsevier.

Greenstein, S. , and M. Rysman. 2005. "Testing for Agglomeration and Dispersion." *Economics Letters* 86 (3): 405-11.

Henderson, R. , and K. B. Clark. 1990. "Architectural Innovation: The Reconfiguration of Existing Product Technologies and the Failure of Established Firms." *Administrative Science Quarterly* 35 (1): 9-30.

Jones, B. F. 2008. "The Knowledge Trap: Human Capital and Development Reconsidered."

NBER Working Paper no. 14138, Cambridge, MA.

Langlois, R. 2002. "Modularity in Technology and Organization." *Journal of Economic Behavior & Organization* 49 (1): 19−37.

MacCormack, A. , C. Baldwin, and J. Rusnak. 2012. "Exploring the Duality between Product and Organizational Architectures: A Test of the 'Mirroring' Hypothesis." *Research Policy* 41: 1309−24.

MacKie-Mason, J. , and J. Netz. 2007. "Manipulating Interface Standards as an Anticompetitive Strategy." In *Standards and Public Policy*, edited by S. Greenstein and V. Stango, 231−59. Cambridge: Cambridge University Press.

Russell, A. 2006. "'Rough Consensus and Running Code' and the Internet-OSI Standards War." *Annals of the History of Computing, IEEE* 28 (3): 48−61.

Rysman, M. , and T. Simcoe. 2008. "Patents and the Performance of Voluntary Standard Setting Organizations." *Management Science* 54 (11): 1920−34.

Saltzer, J. H. , D. P. Reed, and D. D. Clark. 1984. "End-to-End Arguments in System Design." *ACM Transactions on Computer Systems* 2 (4): 277−88.

Sanchez, R. , and J. T. Mahoney. 1996. "Modularity, Flexibility, and Knowledge Management in Product and Organization Design." *Strategic Management Journal* 17:63−76.

Simcoe, T. 2012. "Standard Setting Committees: Consensus Governance for Shared Technology Platforms." *American Economic Review* 102 (1): 305−36.

Simon, H. A. 1962. "The Architecture of Complexity." *Proceedings of the American Philosophical Society* 106 (6): 467−82.

Smith, A. 1776. *Wealth of Nations*, vol. 10, Harvard Classics, edited by C. J. Bullock. New York: P. F. Collier & Son.

Stigler, G. , and R. Sherwin. 1985. "The Extent of the Market." *Journal of Law and Economics* 28 (3): 555−85.

评论

Timothy F. Bresnahan[①]

在"互联网的模块化及演变"一章中,Tim Simcoe 提供了关于互联网更高技术含量、更少面向用户的各层的结构和治理的很有价值的经验证据。他的主要实证结果是对于互联网协议栈的研究,即技术层的模块化体

① Timothy F. Bresnahan 是斯坦福大学的 Landau 技术和经济教授,也是美国国家经济研究局董事会成员。

有关致谢、研究资助来源以及是否披露提交人的重大财务关系,请参阅:http://www.nber.org/chapters/c13056.ack。

系结构和发明改进的分工的结构。

为了组织我的论述，我将遵循 Simcoe 的研究成果。然而，我想指出三个区别：（1）模块化和开放化是不一样的；（2）可以说体系结构是模块化（或开放式）的，这与说体系结构变化的过程是模块化（或开放式）是不一样的；（3）与大多数通信技术平台一样，互联网在面向客户的产品中包含纯粹的技术标准和事实标准。

（1）模块化与开放性相关，但并不相同。模块化是工程设计中的一个概念，一个大的、复杂的问题可以分解成若干个小问题，而在一个问题上工作的工程师只需要知道所有其他问题的一小部分——他们只需要知道与自己的部分交互作用的其他部分。对于这一部分，他们（理想情况下）只需要知道 IETF（及之前的版本）和 Simcoe 分析的 W3C 文件中描述的接口标准中的信息。开放是一种经济组织概念，它指的是接口标准信息的控制及可得性，扮演着一个平台守门人的角色。在封闭（或专有）体系结构中，通用技术发起人控制某些接口标准，其他企业通过与发起人签订契约实现这些标准的信息的共享。发起人可以强制其他人签订契约，或是因为只有它才有接口信息，或是因为它控制着分配给客户的接口，或是两者兼有。模块化使得开放变得可行，但是许多专有架构也都是模块化的。

（2）模块化最准确的作用是作为体系结构在某一时间节点上的调节器。从这个意义上说，模块化意味着各层之间的界限是存在的，并且可以进行"局部"的创新工作。然而，一个体系结构可以随着时间的推移保持模块化，或者通过保留旧的边界（"后兼容性"的一部分），或者根据新的技术或市场发展进行迁移。当我们向这个动态的观点转换时，一个重要的开放性因素是外部人员可以定义新的通用层并将它们添加到堆栈中。

（3）与大多数多层通用技术一样，互联网的通用组件中既有技术层，也有面向用户的层。Simcoe 重点介绍了技术层及其与用户层之间的接口，他并不关注连接互联网和客户之间的商业层。像谷歌和微软这样的搜索引擎是互联网上对用户和广告商都非常重要的一个通用层。这与亚马逊或

eBay 等门店内的产品搜索之于商家和消费者是一个原理。长期以来，雅虎创建的互联网索引似乎是一个通用技术的组成部分，其他例子比比皆是。关键的一点是，并非所有与互联网相关的通用组件都是属于 IETF 或 W3C 的有组织的标准设置。有些是由市场上或在某一层上主导公司决定的。

1. 随新用途出现的巨大的转变

Simcoe 特别地指出，互联网文档数量的时间序列模式（RFCs 和 W3C 出版物）对应着互联网作为一项通用技术的作用，或者更确切地说，是重要的应用程序发明后一段时间的通用技术。如果我们把文献数量作为创新活动数量的一个指标来解释，那么在 20 世纪 70 年代出现了创新的爆发式增长，直到 90 年代才相对较少，从 90 年代中期到现在一直在稳步增长。这大致对应着互联网应用的两个主要时期。从互联网的发明到 20 世纪 90 年代初互联网的商业化，互联网在很大程度上连接了军事和学术实验室的技术用户。尽管在这一时期有稳定的创新，但 Simcoe 表明，我们需要发明互联网的体系结构，以支持这个技术用户时代，至少以文档数量来衡量是这样，但它一旦被发明创造出来，就不需要在功能上进行急剧的扩展。

互联网应用的第二个主要时期是其广泛应用于商业和大众市场的电子通信、商业和内容（下文简称为 EC^3）。其中的商业部分始于 20 世纪 90 年代初至中期，而众所周知的是，大众市场部分始于 20 世纪 90 年代中后期。正如 Simcoe 所展示的，从那时到现在，互联网应用程序的影响就一直在不断扩大，这与互联网文献数量的急剧增加有关。他的解释显然是正确的，即更广泛的应用导致了通用组件的革新。这将通用技术（GPT）经济学中熟悉和陌生的两个方面结合在一起。众所周知，通用技术的落地应用可能会滞后于最初的开发好几年。大家不熟悉的是，当新应用程序出现，特别是如果它们涉及的通用技术需求比以前的应用程序大得多时，可能就需要改变通用组件本身的技术能力了。

2. 超乎寻常的持久开放性

正如 Simcoe 所指出的，这种转变至少涉及两个令人惊讶的、非常积极的发展：没有私有化的商业化模式和外来者的技术扩张，两者都与模块化和开放性有关。

大多数商业计算和通信平台都是专有化的。[①] IBM 360 家族从一开始就是专有化的，尽管该家族的一个基本特征就是其具有模块化结构。个人计算机（PC）最初也是一个开放的系统，但现在它是专有的微软 Windows 平台，尽管其体系结构仍然在很大程度上具有模块化特征。目前的 Oracle 或 SAP 软件平台也是模块化和专有的。在每一种情况下，一家单一的通用技术主办企业保持对通用技术的控制，特别是控制层或商品化通用层的供应。互联网从大部分是技术用途的 GPT 转变成了大部分是商业用途的 GPT，并且至少目前也并没有变成一个主导企业的专有平台，还一直保有开放性。这几乎是一个奇迹。

没有专有化的商业化奇迹是如何实现的？这在一定程度上反映在 Simcoe 的表格中。在技术层面上，仍然有一个开放的体系结构。然而，我们对这个奇迹是如何发生以及为什么发生的最好的理解来自对重要历史节点的考察，在这些历史节点，部分或全部互联网有可能成为专有的。Shane Greenstein（即将发表）以令人信服的深度，凭着他对 NSF 退出互联网基金的理解撰写了《互联网的商业化》。在当时，互联网变成一项 IBM 技术是很容易的——只有 NSF 经过深思熟虑后退出才避免了这一点。另一个互联网可能成为专有技术的时期是在微软赢得浏览器战争之后。面对提供 Windows 业务和互联网之间巨大的范围不经济（Bresnahan，Greenstein，and Henderson 2012），微软最终专注于维持对面向大众市场计算的 Windows 标准的控制，并选择不利用对浏览器的掌控来实现互联网

---

① 正如 Bresnahan 和 Greenstein（1999）所指出的那样，这种趋势对于微型计算机等技术平台来说并不那么明显。因此，区分互联网的技术层和运行"其上"的商业 GPT 在经济上是很重要的。

的专有权。

这些重要的历史转折阐明了因果关系中的一个重要议题。正如Simcoe所建议的那样，Simcoe所研究的互联网协议栈的技术层仍然是开放和模块化的，部分原因在于它们的统治力。然而，同样重要的是因为缺少了提供互补商业层的企业对标准设定的掌控。

3. 外部创新

第二个令人惊讶的、非常积极的发展是外来者对互联网扩充了一套开放、模块化、通用的互联网层次。一个重要的例子是万维网（WWW）和Web浏览器。这些发明把互联网变成了大众媒体。今天，如果你问大多数消费者互联网是什么，他们会回答通过浏览器浏览的万维网。WWW和Web浏览器都是堆栈中的新层。从经济意义上来说，它们是对互联网现有层次的补充。

互联网体系结构的开放性意味着无须获得任何现有互联网组件供应商的许可或与其签订合同，就可以创造万维网。相反，万维网可以被定义为"运行在"互联网之上；也就是说，它通过开放接口标准与其他层进行交互。正如Shane Greenstein（即将发表）所强调的那样，这是开放组织的一个重要组成部分。另外，发明Web浏览器并将其商业化的外来者不需要获得WWW发明者的许可，也不需要与他们签订合同。如果需要（获得WWW发明者的许可）的话，情况会变得很糟糕，因为Web的发明者Tim Berners-Lee在Netscape商业化后强烈反对Web浏览器。这是开放系统允许外界不受控制、不受合同约束发明的一个重要例子，对于一系列以Web浏览器商业化为高潮的事件来说，这是20世纪十大经济增长创新之一。

4. 可分解性、劳动力分工和扩散

Simcoe使用互联网文献的引用量（后来的互联网文献和专利引用量）来研究互联网的结构，包括组织和技术上的创新，以及互联网新应用程序产生的扩散效果。这是一项极其宝贵的研究，我们可以从中学到很多东西。当然，他也遇到了运用引用分析方法都会遇到的困难。

在我看来，Simcoe 在对创新劳动分工的分析中特别成功地运用了引用方法。互联网在不同的技术层面上基本都是模块化的，而在同一个层面上工作的企业也倾向申请与这一层面相关的发明专利。正如他所指出的，让多家公司发明和提供通用部件，可以取得相当大的收益。

对互联网新应用程序扩散问题进行研究是一项困难的工作，特别是以技术层为中心来研究。当然，这并不是 Simcoe 研究方法的缺点。关于新技术的数据集一般只强调技术而不是应用。然而，一个值得注意的问题是，这里的"应用"的可衡量的角度是什么。Simcoe 的研究中大多数"应用"本质上是指通用技术本身，它们连接到互联网上，也通过互联网连接到许多特定应用程序上。这并不是一个小问题。不属于本章从引用角度出发讨论的应用包括了谷歌搜索、Facebook 社交网络、苹果媒体和 iTunes 商店贩卖的应用程序。我的解释是，这些表格背后反映的是互联网从商业领域向大众市场进军这种巨大转变，但从这些表格中不能很明显地看到这些应用推广的周期性和广泛度。利用专利引用数据的一个难点是专利政策在相关时间段内是不断变化的，因此，很难判断技术数量的增长是因为应用的扩展还是专利发明的趋势。利用互联网文献引用数据的困难在于，它们本质上是从互联网标准化的通用技术层内部，而不是从应用程序中引用。只有当新的应用程序导致通用技术层的变化时，才会在其中反映出应用程序的扩展。

5. 架构

最后，最有趣的是 Simcoe 在本章分析时采用的角度。针对通用零部件供应商与应用供应商之间的协调问题有两类不同的文献。两类文献存在很大的差异，特别是在处理最佳协调形式时出现了巨大分歧。

第一类文献通常是关于"双边市场"或"经济平台"的，主要涉及生产和价格之间的协调①。文献采用契约的方法来协调应用程序供应与平台（GPT）的供应。为了有利于这种契约方法的实施，最常见的假设是，通用技术的组件是由同一家企业提供的。这意味着每个平台或通用技术集群都有一个核心通用组件供应商，而且这家企业与应用程序供应商签订合同，或向其提供激励。有时会存在为主导应用程序平台或通用技术而引发的竞争②，这样就会有竞争的核心发起人，每个发起人都为非 Atom 分布（atomless distribution）的应用程序开发人员提供合同或激励。

第二类文献通常被称为"通用技术"（GPT）或"重组"（Recombination）。这类文献在面对同一行业时，往往强调截然不同的现象和建模要素。首先，该类文献集中在创新问题，尤其是重复的创新问题，远多于定价和生产的问题。这是因为实际的通用技术文献必须处理许多企业提供的通用部件的现象，正如 Simcoe 所强调的那样。而这种"被层级化"的互联网体系结构主要指的是每一层内部的竞争（而不是整个系统各层间的竞争），此外还包括各层间改进创新互补问题。这一类文献的一个重要观点是，想用明确的契约关系协调创新也许是不可能的，因此，Simcoe 所描述的"柔性"治理结构是最优结构。

为什么更柔性的治理结构会发挥作用？这一最优结构难道只是因为我们真正希望的治理结构，比如供应商之间互补的明确契约，是很难实现的吗？在这个问题上有几个要点，其中最重要的一点是可能发生意外以及无法预见的变化。在通用技术开发一段时间后，新的需求或新的开发要求改进通用部件。在这种情况下，不要把"应用程序"和通用部件完全分开可能是非常重要的。包容新应用发明的系统（在很大程度上，不需要与任何人签订合同）的进入壁垒是很低的。如果一个应用程序被广泛使用，并且它本身就成为一个通用程序，当它输入到新的应用程序中，平台就会

①　见 Jullien（2011）或 Rysman（2009）。Tirole 和 Weyl（2010）是一个重要的例外，其试图将这一框架扩展到发明。
②　见 Bresnahan 和 Trajtenberg（1995）。

转变。

在 Simcoe 的一章中，与其他研究一样，我们看到了这种不协调（或只是松弛协调）创新性价值在于它的事后灵活性。模块化和开放性使创新活动更具有事后灵活性，它们不仅使平台的通用组件的重新配置更灵活，而且允许多个异构创新者在事后也可以采取差异性措施来提高同一个 GPT 的通用组件。我曾在其他地方（Bresnahan 2011）提出过这样的观点，互联网的模块性和开放性使它成为多项竞争中的赢家，成为过去二十年中 EC^{3}巨大突破的通用技术基础。Simcoe 为我们提供了一个引人入胜的例子：这种模块性和开放性的工作使互联网通用技术组件有了更灵活的改进。

参考文献

Bresnahan, T. 2011. "General Purpose Technologies. " In *Handbook of the Economics of Innovation*, edited by Bronwyn Hall and Nathan Rosenberg. North Holland：Elsevier.

Bresnahan, T. , and S. Greenstein. 1999. "Technological Competition and the Structure of the Computer Industry. " *Journal of Industrial Economics* 47 (1)：1–40.

Bresnahan, T. , S. Greenstein, and R. Henderson. 2012. "Schumpeterian Competition and Diseconomies of Scope：Illustrations from the Histories of Microsoft and IBM. " In *The Rate and Direction of Inventive Activity Revisited*, edited by Josh Lerner and Scott Stern. Chicago：University of Chicago Press.

Bresnahan, T. , and Manuel Trajtenberg. 1995. "General Purpose Technologies：'Engines of Growth'？" *Journal of Econometrics* special issue 65 (1)：83–108.

Greenstein, S. Forthcoming. *Innovation from the Edges*. Princeton, NJ：Princeton University Press.

Jullien, B. 2011. "Competition in Multi-Sided Markets：Divide-and-Conquer. " *American Economic Journal：Microeconomics* 3 (4)：1–35.

Rysman, M. 2009. "The Economics of Two-Sided Markets. " *Journal of Economic Perspectives* 23：125–44.

Tirole, Jean, and Glen Weyl. 2010. "Materialistic Genius and Market Power：Uncovering the Best Innovations. " IDEI Working Paper no. 629. Institut d'Économie Industrielle (IDEI), Toulouse, France.

第2章　当我们在上网时，我们没有做什么？

Scott Wallsten[①]

2.1　引言

互联网已经改变了我们生活的许多方面，但其经济效益的大小是广受争议的。我们很难评估互联网的价值，简单来说不仅是因为许多在线活动无需付费，还因为这些活动可能会挤占其他线下活动的时间。也就是说，我们在网上进行的许多活动，比如阅读新闻、与朋友聊天等，在互联网诞生之前的很长一段时间，我们也一直在进行。网络活动所创造的实际经济价值，是相比它所挤占的其他活动的价值而言，超出的那部分增量价值。

① Scott Wallsten 是美国科技政策研究所（Technology Policy Institute）负责研究的副总裁兼高级研究员。

感谢 Alexander Clark 和 Corwin Rhyan 在协助我研究时的杰出工作，感谢 Avi Goldfarb、Chris Forman、Shane Greenstein、Thomas Lenard、Jeffrey Macher、Laura Martin、John Mayo、Gregory Rosston、Andrea Salvatore、Robert Shapiro、Amy Smorodin、Catherine Tucker 以及美国国家经济研究局数字经济学组（NBER Economics of Digitization Group）相关成员发表的意见。我特别感谢 Avi、Catherine 和 Shane 让我参与这个有趣的项目。我对所有的错误负责。关于作者的致谢、研究支持的来源以及作者或作者的重要财务关系（如有）的披露，请参见 http：//www．nber．org/chapters/c13001．ack。

因此，在不考虑这些转移的情况下去估计互联网的经济价值，就会夸大互联网对经济发展所做的贡献。

当然，这种观察结果并不是互联网所独有的。20 世纪 60 年代，Robert Fogel 曾指出，铁路对经济增长的真正贡献不能用与之相关的经济活动的总水平来衡量，其所产生的价值在于：它比以前的其他长距离运输方式（比如水上运输等）更具优势（Fogel 1962，1964）。所以说，铁路真正的净经济效益并不小，但比人们普遍所认为的小得多。

本章主要从 Fogel 的视角出发，试图对网络休闲时间的变化以及新的网络活动在多大程度上挤占了其他活动时间进行估算。如果人们上网的时候大多都做着线下曾经做过的事，那么上网时间带来的收益就有很大可能性是存在向上偏误的。换句话说，如果线上时间取代了线下时间，上网时间就纯粹代表一种经济转移效应，而它的效益净增量则主要来源于网络活动的比较优势（即线上活动相比于线下的净效益），而不单纯是参与网络活动所需的时间本身。相比之下，全新的网络活动或补充性的线下活动确实创造了新的价值，因为被挤占的其他活动时间本质上是新活动的机会成本。

基于现有的数据，本章并未评估哪些网络活动替代或补充了线下活动，而是对网络休闲活动的机会成本进行了估计。分析结果表明，网络休闲的机会成本就是会减少以下活动的时间，比如，日常休闲、睡眠、工作等。另外，由于这种机会成本的影响巨大，在对互联网创新所带来的影响进行评估时，更好地理解这种机会成本的价值是至关重要的。

据我所知，现在还没有相关的实证研究探讨过网络休闲时间是如何替代或补充其他休闲活动的。[①] 本章首次使用了《美国人时间使用调查》

---

① 现有的一项研究试图使用与本章所用的同样的数据，对 2003—2007 年信息技术（IT）的使用所带来的影响进行调查。这一研究的作者发现，信息技术的使用对花在其他活动上的时间没有明显的影响，但这项实证检验的只是 IT 用户和非用户在各种活动上花费的时间是否存在显著差异，见 Robinson（2011）。

（ATUS）的详细数据来回答这一问题。这些数据使本章得以构建一个庞大的"个体"层面的数据集，共涵盖从 2003 年到 2011 年间大约124 000个样本。

本章发现，美国公布的网络休闲时间的比例一直在稳步上升，而且在很大程度上挤占了其他活动。平均每分钟的网络休闲时间导致其他各类休闲活动的时间减少了 0.29 分钟，其中主要包括：大约一半的看电视和视频时间，0.05 分钟的线下社交时间，0.04 分钟的放松和思考时间，以及参加聚会、文化活动和听广播的时间。此外，每分钟的网络休闲活动也会导致工作时间减少 0.27 分钟、睡眠时间减少 0.12 分钟、旅行时间减少0.10 分钟、家庭活动时间减少 0.07 分钟、教育活动时间减少 0.06 分钟，以及运动、助人、饮食和宗教活动时间的减少。

通过对众多人群进行调查发现一个有趣的现象：网络休闲对于工作时间的挤出效应在 30 岁以后有所下降，但仍然与收入有很大关系。同时，在 15—19 岁的人群中，网络休闲对教育时间有很大的挤出效应，但这种挤出效应随着年龄的增长而稳步下降。

2.2　互联网经济价值的研究现状

从本质上而言，互联网的价值难以估计，一部分原因是它为太多活动创造了可能性；另一部分原因是许多最受欢迎的在线活动都是"免费"的，因为对于"网络消费者"而言，他们不需要付出直接的金钱成本。目前，已经有几种对非市场商品进行估值的工具（例如，或有价值评估），可以用来辅助人们根据相关市场活动推断出市场偏好（Boardman et al. 1996）。然而，这些分析机制都存在缺陷。原则上，或有价值评估法可用来调查人们的支付意愿，但实际情况是人们往往不愿意如实回答调查的问题。衡量人们在相关补偿活动上的支出可以体现人们在一项活动上的实际支出，但并不能体现他们的支付意愿。

考虑到上述缺点，想要估计人们在工作以外的活动上所花费的时间，最常见的方法可能是：在"假定边际时间总是来自工作"这一隐含假设下，以工资率来计算这些时间的价值。当然，采用这种调查方法的人也会承认，这种假设可能仍然存在问题。但总而言之，它可能是一个有效的开端。

Goolsbee 和 Klenow（2006）是最早一批试图将这种方法应用于互联网的研究者。他们以工资率作为衡量时间价值的标准，加上一条估计的需求曲线，来估计私人的（非工作的）在线时间的消费者剩余。他们的估计结果显示，每一位消费者的剩余约为 3 000 美元。我们暂且不考虑工资率是否能准确衡量所有闲暇时间的价值，这种方法也只是对总消费者剩余的一种估计，因为它无法测度增量收益（即净消费者剩余）。

Brynjolfsson 和 Oh（2012）利用 2003—2010 年的最新调查数据对 Goolsbee 和 Klenow 的研究进行了改进，以衡量线上活动时间的增量价值。尽管他们同样采用工资率来估算消费者剩余，但所估算的结果较小。这是因为，他们重点关注的是这段时间内上网时间的增量，而不是上网时间的总量。基于这种方法，他们估算出互联网所创造的消费者剩余的总增量约为 330 亿美元，而其中约 210 亿美元来自使用"免费"在线服务的时间。

可以肯定的是，Goolsbee 和 Klenow（2006）以及 Brynjolfsson 和 Oh（2012）的研究几乎都高估了互联网创造的真实消费者剩余，甚至忽略了能否以工资率来衡量所有休闲时间这一问题。同时，他们还忽略了另一个因素——从某种程度上而言，消费者只是在网上做了一些他们曾经在线下做过的事情，而对新活动的尝试，必定会在一定程度上牺牲一些他们曾经参与却已不再参与的活动。比如，花一个小时浏览"免费"电子报纸（假设没有付费订阅），在本质上并不比花同样的时间阅读纸上的新闻更有价值。类似地，比如在 Kindle 上阅读电子书的净收益并不包括阅读印刷出版物时花在欣赏这本书上时间的价值。因此，阅读电子书的净收益指的只是阅读电子书相对于纸质书增加的那部分价值。

当然，电子报纸必然会比线下版产生更多的消费者剩余，否则报业就不会失去那么多的纸质读者。但是，并非所有在网上阅读报纸的时间都反映了互联网创造的价值增量。此外，如果一项活动是不收费的，它可能会比收费时吸引更多的消费者。换言之，消费者可能会因为更喜欢电子书，或更容易获得电子书，而阅读更多的电子书。但是，即使较低的价格会导致某种特定活动消费量的增加，这部分增加的消费的成本就是不再花费在另一项活动上的时间。

那些曾经需要付费，但后来变成免费的活动（比如，在线阅读新闻），仅仅代表着剩余从生产者向消费者的转移，而不是新的总剩余。当然，这些转移可能会产生巨大的经济效益，因为它们可能导致整个行业的根本变革，特别是当我们考虑到"消费者每年在休闲活动上的花费高达约 3 400 亿美元[①]"这一点时。显而易见的是，重新分配这 3 400 亿美元肯定会影响它的相关产业。因此，即使总剩余保持不变，我们仍然会看到有线电视、Netflix 和内容制作商之间的激烈竞争。同样，正如 Joel Waldfogel 在本书（第 14 章）中所指出的，音乐产业的变革似乎并非由音乐实际产量的变化带来的。也就是说，互联网可能让音乐行业陷入混乱，但这似乎在很大程度上是因为：互联网将大量剩余转移给了消费者，而不是改变了经济剩余的净值。

随着在线活动的数量和种类的增加，互联网连接对我们而言变得更有价值了。Greenstein 和 McDevitt（2009）基于住宅服务数量和价格指数的变化，对从拨号上网升级到宽带服务所导致的消费者剩余增量的变化进行

---

① 见表 57（http：//www.bls.gov/cex/2009/aggregate/age.xls）。3 400 亿美元的预算包括娱乐支出，其中包括"费用和入场费"、"音频、视听设备和服务"、"宠物、玩具、爱好和游乐场设备"以及"其他娱乐用品、设备和服务"。本章把阅读支出加到娱乐上，是基于消费者在阅读上的支出可能主要是为了休闲的假设。

了估算。通过上述研究，他们估算出：与宽带有关的消费者剩余大约增加了 48 亿至 67 亿美元。

Rosston、Savage 和 Waldman（2010）使用离散选择模型，明确衡量了消费者购买宽带及其各种附属品的意愿。他们发现，消费者每月愿意为一个快速、可靠的宽带连接支付约 80 美元，这一数额高于 2003 年以来的约 46 美元。在 2003 年和 2010 年，宽带连接的平均价格都在 40 美元左右，这意味着（家庭）消费者剩余从 2003 年的每月 6 美元增加到 2010 年的每月 40 美元。这一变化表明，2003 年至 2010 年间，每年的消费者剩余增加了 430 美元左右。想要将这一数额转化为消费者总剩余是一个复杂的问题，即谁会从每一个宽带订阅中受益，以及如何衡量他们从宽带连接中获得的价值。也就是说，一个家庭平均每月为宽带连接支付 40 美元，但是这就代表每个家庭成员对宽带连接的估价均是 80 美元吗？无论这个问题的答案是什么，Rosston、Savage 和 Waldman（2010）的估计值明显低于 Goolsbee 和 Klenow（2006）的估计值。下文的论述，将在此研究的基础上，通过考察网络活动在多大程度上挤占了以往的线下活动，来明确估算网络活动的成本。

2.3　美国人时间使用调查、休闲时间和计算机使用情况

从 2003 年开始，美国劳工统计局（the US Bureau of Labor Statistics）和美国人口普查（the US Census）开始进行美国人时间使用调查（American Time Use Survey，ATUS），以提供一种关于"美国人何时、何地、和谁一起花费时间的全国代表性统计，这也是联邦调查提供的唯一一种包含了从照顾孩子到志愿活动等各种非市场活动的数据"①。

---

① http：//www.bls.gov/tus/atussummary.pdf.

这项调查每年约有 13 000 人参与（2003 年除外，当年共有大约 20 000 位参与者），而他们的家庭都参加了近期的当前人口普查①。根据美国劳工统计局的相关文件，本章构建了一个包含 250 万个观测值的"活动-人-年"层面的数据库，用于确定人们从事特定活动的时间，并构建了一个包含 124 000 个观测值的"人-年-（时间）水平"层面的数据库，用于检验挤出效应。

在评估在线时间在多大程度上挤占或促进了其他活动这一问题上，ATUS 具备了以下三大优点。第一，其每一次采访都要持续 24 小时，以充分研究花在一项活动上的时间如何影响花在另一项活动上的时间。第二，由于它与当前人口普查相关，因而包含了大量关于受访者的人口信息。第三，调查的重点是活动，而不是通常用于进行这些活动的工具。例如，阅读一本书通常会被编码为"出于个人兴趣的阅读"，而不管所阅读的书籍是纸质的还是电子的。② 因此，在使用这些数据时，阅读时间的价值不会被错误地归因于互联网。同样地，在线观看视频的时间也被编码为"看电视的时间"，而不是"网络休闲时间"。

然而，ATUS 确实明确涵盖了自 2003 年调查开始时已经普及的一些线上活动。比如，花在个人电子邮件上的时间与其他类型的书面交流是被区分开的③，而网络游戏时间只是简单地归为游戏时间。

显然，ATUS 的这一编码规则意味着：2003 年不存在任何基于计算

---

① 更具体地说，美国劳工统计局指出，"完成当前人口调查的最后一个月（第 8 个月）的家庭有资格参加 ATUS。从这个合格的群体中，选择代表一系列人口特征的家庭。然后，从家庭中随机选择一个 15 岁或以上的人回答有关他或她的时间使用情况的问题。这个人在他或她的家庭最后一次当前人口普查访谈后 2—5 个月接受美国人时间使用调查的面试。"见 http：//www. bls. gov/tus/atusfaqs. htm。

② 更确切地说，为快乐而阅读的活动代码是 120312：主要活动代码 12（社交、放松和休闲），第二层代码 03（放松和休闲），第三层代码 12（个人兴趣阅读）。http：//www. bls. gov/tus/lexiconwex2011. pdf.

③ 代码 020904，"家庭和个人电子邮件和消息"，这与代码 020903"家庭和个人邮件和消息（非电子邮件）"不同。见 http：//www. bls. gov/tus/lexiconwex2011. pdf，第 10 页。然而，令人费解的是，任何在计算机上做志愿者工作的时间都归属于它自己的特定类别（150101）（http：//www. bls. gov/tus/lexiconwex2011. pdf，第 44 页）。

机或互联网的个人活动，因为这一类别本身被列入"为了休闲的计算机使用（不包括游戏）"中，其中包括"未指明目的的计算机使用"和"为了休闲的计算机使用（个人兴趣）"。[①] 例如，Facebook 代表了当今规模最大的一种单独的在线时间使用形式，但 ATUS 并没有设置针对社交媒体的特定条目。因此，几乎可以肯定的是，Facebook 的使用会出现在"为了休闲的计算机使用"中。

ATUS 的这一特点表明，"为了休闲的计算机使用"的增加代表着人们在网上花费的时间在不断增多。因此，可以据此确定这段时间（增加的网络休闲活动时间）的机会成本——人们为了花更多的时间上网而放弃了什么。然而，值得注意的是，在线活动通常同时涉及多个活动，ATUS 却并未对多任务进行编码，这是该研究的一个明显缺点。原则上，调查者会在调查中询问受访者是否在一段时间内进行了多项活动，但通常只记录"主要"活动。

需要重申的是，ATUS 并不能确定有多少时间从传统电视转移到了 Netflix 等在线视频服务上，但它确实向我们揭示了自 2003 年以来，新的在线活动如何挤占了其他活动的时间。比如，以看视频为例，在线视频活动在多大程度上挤占了观看以其他方式传播的视频的时间。

此外，如前文所述，这项调查的一个重大缺陷在于：在这一项调查中，受访者没有理由如实做出回答，尤其是对于敏感话题。比如，在网上观看色情作品会被归类为"为了休闲的计算机使用（未指定）"，还是"私人活动（未指定）"？

2.3.1 "为了休闲的计算机使用"是指上网时间

ATUS 中涉及的相关类别是使用计算机进行休闲活动的时间[②]。这一

[①] 参见 http://www.bls.gov/tus/lexiconwex2011.pdf，第 34 页。
[②] 计算机游戏被简单地记录为"休闲/玩游戏"，电子邮件被编码为"家庭和个人电子邮件和信息"。发短信被记录为"打电话"。参见 Bureau of Labor Statistics (2010)。

分类标准明确排除了游戏、电子邮件、工作和志愿者活动中使用计算机的情况。虽然有些计算机休闲活动不一定涉及互联网，但在 ATUS 编码中关于"为了休闲的计算机使用"这一类别的描述中，向采访者提供的许多例子几乎都涉及网上活动（如图 2-1 所示）。另外，从理论上讲，尽管该指标被编码为"为了休闲的计算机使用"，但基于编码指南中的论述，它也可能包括移动设备的使用。

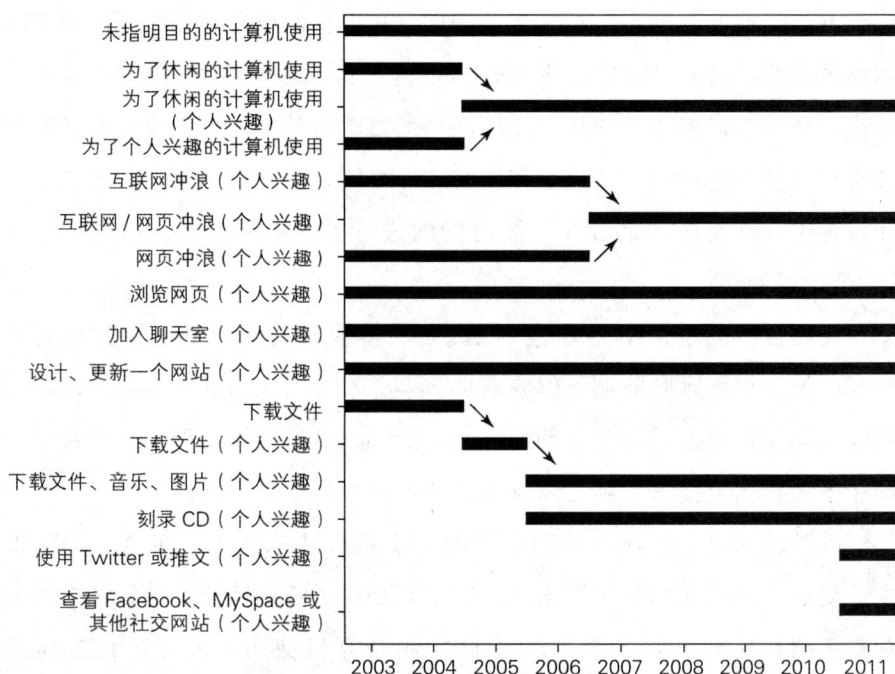

图 2-1　为 ATUS 编码器提供的"为了休闲的计算机使用"示例的演进

资料来源："ATUS Single-Year Activity Coding Lexicons," 2003—2011, http://www.bls.gov/tus/lexicons.htm。

基于 ATUS 所排除的内容和其他详细描述在线活动的信息源，我们可以很好地了解人们可能在做什么。Nielsen 列出了十大线上活动（见表 2-1），在这十大活动中，ATUS 变量将在线游戏、电子邮件以及工作、教育或志愿活动中任何使用互联网的活动都排除在外。因此，从表 2-1 中我们也可以得出结论，ATUS 变量中所涉及的最主要的在线活动依次是：社交网络、门户网站和搜索。

表 2-1 十大在线活动

排名	类别	时间份额			排名变化
		5 月 11 日	6 月 10 日	7 月 9 日	' 10-' 11
		（％）	（％）	（％）	（％）
1	社交网络	22.50	22.70	15.80	↔
2	在线游戏	9.80	10.20	9.30	↔
3	电子邮件	7.60	8.50	11.50	↔
4	门户网站	4.50	4.40	5.50	↔
5	视频/电影[a]	4.40	3.90	3.50	↑1
6	搜索	4.00	3.50	3.40	↑1
7	即时通信	3.30	4.40	4.70	↓2
8	软件制造商	3.30	3.30	3.30	↔
9	公告/拍卖	2.90	2.70	2.70	↑1
10	时事和全球新闻	2.60	—	—	↑1
	综合娱乐	—	2.80	3.00	↓2
	其他[b]	35.10	34.30	37.30	

资料来源：Nielsen NetView（June 2009—2010）；Nielsen State of the Media：The Social Media Report（Q3 2011）。

a：Nielsen 的"视频/电影"类别指花在特定视频平台（如 YouTube、Bing 视频、Hulu）和电影相关网站（如 IMDB、MSN 电影和 Netflix）上的时间。它不包括视频流媒体，非视频流媒体或电影特定的网站（例如，体育或新闻网站的流视频）。

b："其他"是指 2009—2010 年的 74 个剩余在线类别和 2011 年 PC/笔记本计算机访问的 75 个剩余在线类别。

2.3.2 美国人如何使用时间？

借助 ATUS 的数据，《纽约时报》对美国人如何使用时间进行了很好的描述。如图 2-2 所示，为了与当前人口普查（CPS）保持一致，ATUS 的数据以"时间"、"活动"和"人口群体"为单位，分组跟踪人们的活动。从图 2-2 中可以看到，每一项主要活动都可以细分为该主题下许多较小的活动。同时，该图也揭示了人们花费较多时间的主要休闲活动，包括社交、看电视和电影。

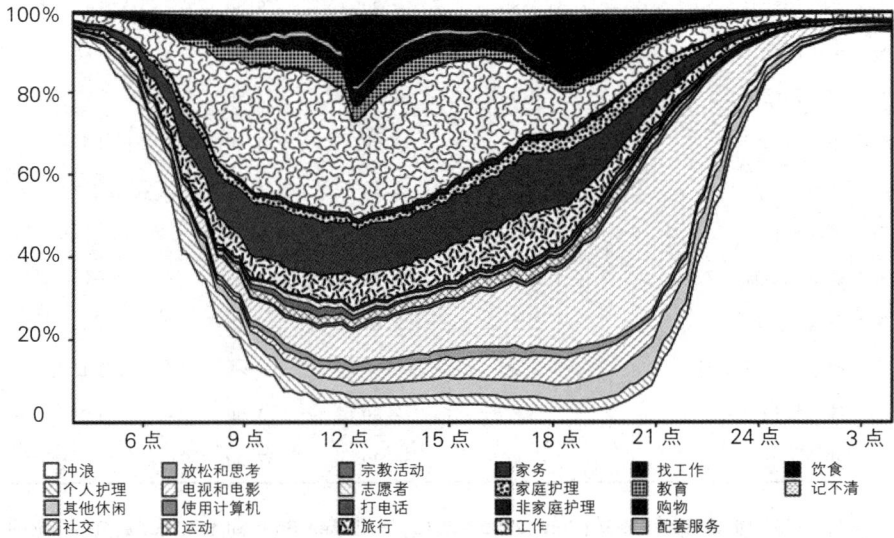

图 2-2 2008 年美国人如何度过他们的时间（基于 ATUS 数据的统计）

资料来源：New York Times（2009）．http：//www．nytimes．com/interactive/2009/07/31/business/20080801-metrics-graphic．html。

ATUS 中包括了关于人们如何度过休闲时间的详细数据。总的来说，ATUS 有 7 个广义的休闲活动类别，但是本章把"为了休闲的计算机使用"这一类别单拎出来，得到了 8 个类别的休闲活动。图 2-3 显示了

2011 年美国人在这些休闲活动上花费的时间。

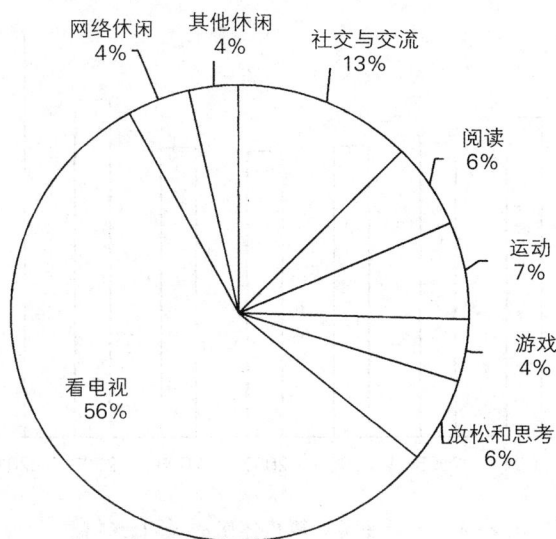

图 2-3   2011 年各类活动休闲时间所占比重

资料来源：ATUS 2011（作者对原始数据的推导）。

注：平均每日总休闲时间约 5 小时。

美国人每天平均从事休闲活动的总时间基本保持在 5 小时左右。具体而言，从 2003 年的 295 分钟增加至 2011 年的 304 分钟。事实上，这段时间（2003—2011 年）内的总休闲时间从 293 分钟到 305 分钟不等。

图 2-4 显示了美国人每天使用计算机进行休闲活动的平均时间。虽然自 2008 年以来的上升趋势很明显，但图中的数据也表明，美国居民平均每天大约花费 13 分钟来上网休闲，这在平均每日 5 小时的休闲活动时间里所占比例很小。

这个平均值之所以看起来很低，部分原因是它并不包括电子邮件、看视频和玩游戏的时间。还有一部分原因是该数据是以整个人群为基础计算出来的，所以不能代表那些任何时候都在上网的人。从图 2-5 中可以看到，导致平均水平较低的主要原因是：只有相当小一部分人报告了他们的

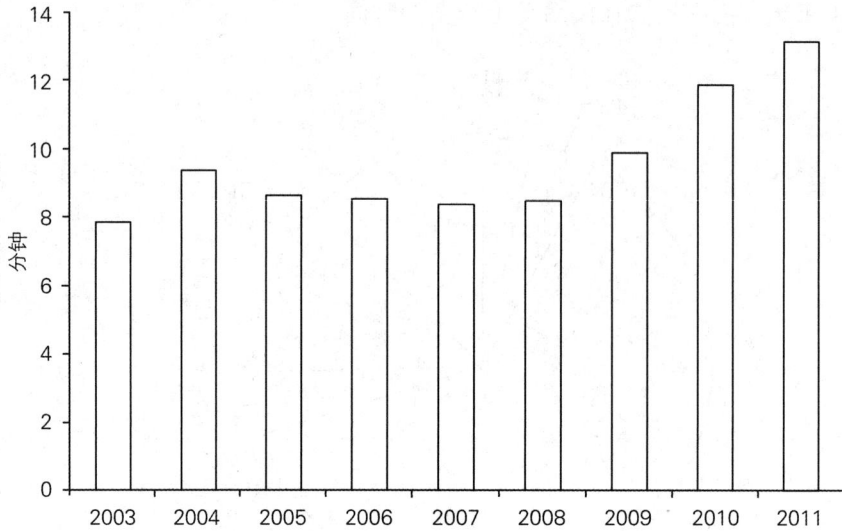

图 2-4　每天使用计算机休闲的平均分钟数

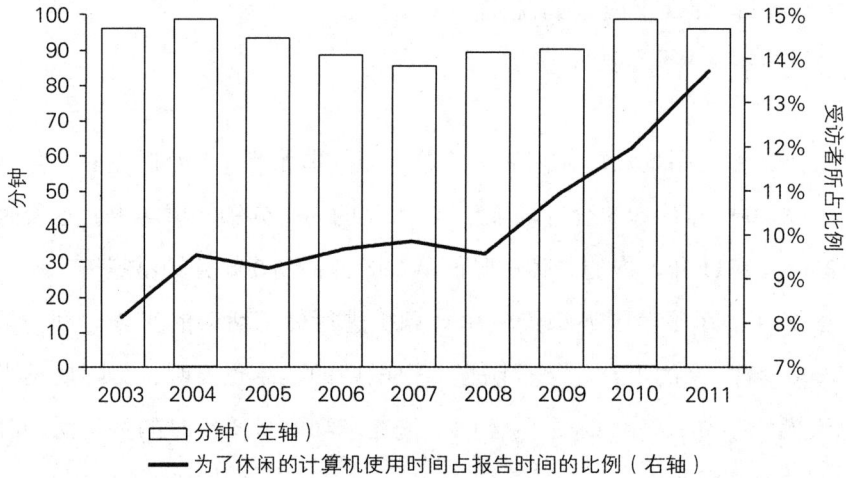

图 2-5　休闲人群中使用计算机的人群所占比例及平均每天使用计算机的分钟数

网络休闲时间（不包括收发电子邮件和玩游戏）。然而，该数据也显示，闲暇时间不玩游戏也不收发电子邮件的人所占比例在不断上升。此外，就平均水平而言，上网休闲的人每天花在网上的时间约为 100 分钟，几乎占他们日常休闲时间的 1/3。

2.3.3　网络休闲的受众

在不同的人口统计学指标（包括年龄、收入等指标）维度下，网络休闲时间也会产生差异。正如大多数人所预期的那样，网络休闲时间会随着年龄的增长而减少（如图 2-6 所示）。年龄在 15—17 岁之间的人上网时间最长，其次是 18—24 岁的人。令人惊讶的是，其余年龄组的人在网上休闲的时间大致相当。然而，由于总休闲时间随着年龄的增长而增加，从 35—44 岁的人群开始，网络休闲时间的比例随着年龄的增长而持续下降。

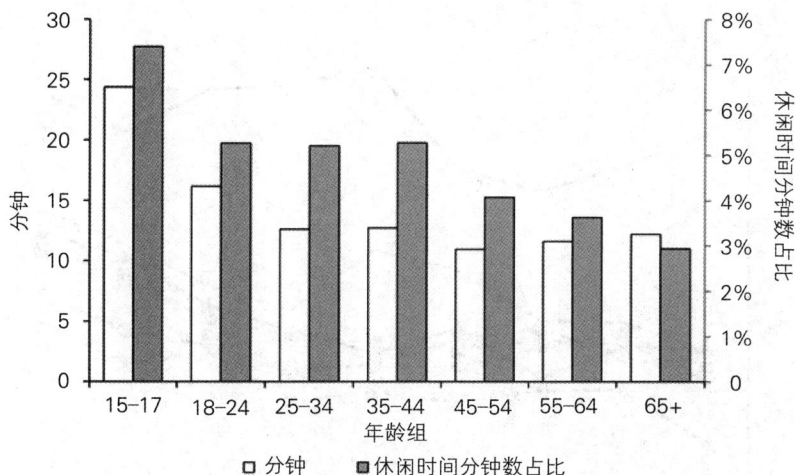

图 2-6　2010 年按年龄组别划分的网上休闲时间分钟数及其所占比例

考虑到上述趋势，网络休闲时间的数量（如图 2-7 所示）和公开网络休闲时间的受访者比例总体上都在增加（如图 2-8 所示）。

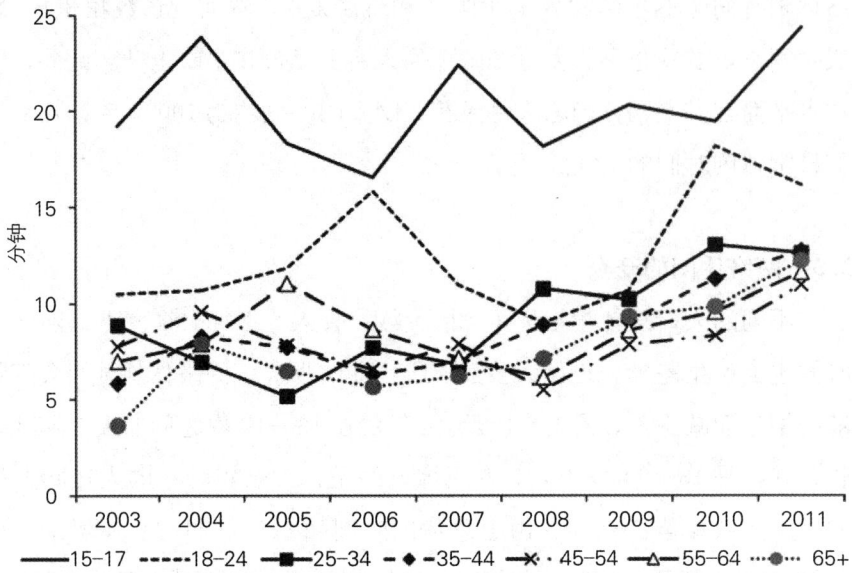

图 2-7　按年龄和年份划分的网络休闲时间

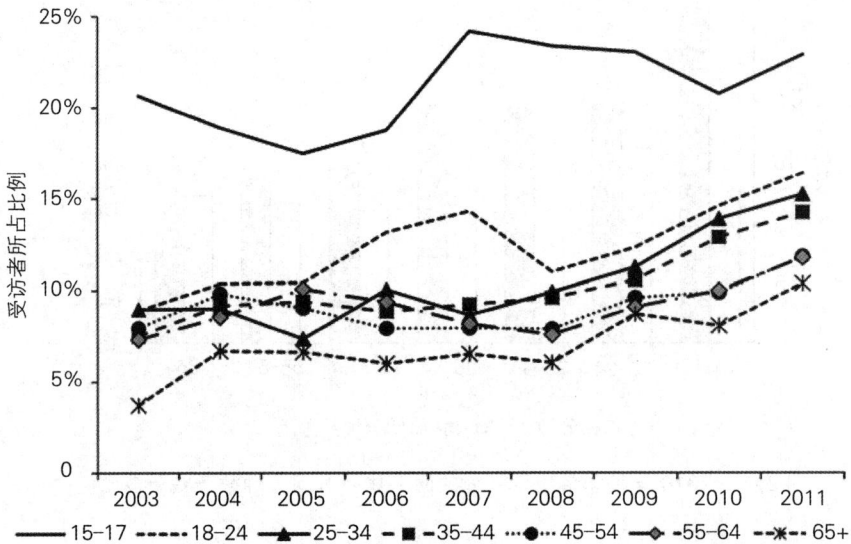

图 2-8　使用计算机休闲的受访者所占比例——按年龄及年份划分

休闲时间也因收入而异。图 2-9 显示了按收入划分的平均总休闲时间（不包括计算机使用时间和为了休闲的计算机使用时间）。从图中可以看出，总的休闲时间通常会随着收入的增加而减少。另一方面，闲暇时的计算机使用时间似乎会随着收入的增加而增加。

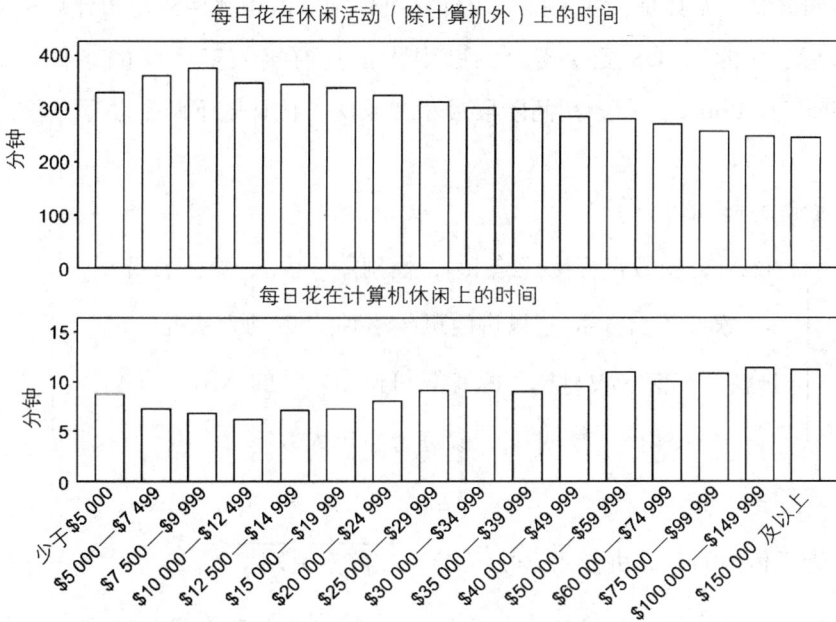

每日花在休闲活动（除计算机外）上的时间

每日花在计算机休闲上的时间

图 2-9　按收入划分的休闲时间

然而，从图 2-9 中也可以看出，收入较高的人有更大的可能性在家里使用计算机。这意味着，按收入划分的平均计算机使用量正受到家庭互联网可得性的影响。

Goldfarb 和 Prince（2008）在一篇研究数字鸿沟的文章中检验了不同收入人群的网络休闲时间问题。根据 2001 年的调查数据，他们发现：在都可以上网的条件下，相对富有的人上网的时间比相对贫穷的人少。他们识别互联网可得性的关键方法是基于居住在家中的青少年，这可能使一个家庭更倾向订购互联网接入服务，却并不会让他们花更多的时间上网，除非该家庭之前就可以使用互联网。

通过使用 ATUS 数据，本章可以尝试利用这些最新数据来更新它们的工具变量结果。虽然知道所有家庭成员的年龄，但这些数据并不能说明一个家庭是否能够接入互联网。不过，可以确定其中一些存在可以接入互联网的家庭。尤其是，在家中从事计算机休闲、电子邮件或使用计算机从事志愿工作的 ATUS 受访者，家庭中肯定具有接入互联网的条件。继 Goldfarb 和 Prince 之后，用两阶段最小二乘法，估计以下两个联立方程：

式（1）：

家庭互联网接入$_i$＝

$$f \begin{pmatrix} 收入_i，受教育程度_i，年龄_i，性别_i，种族_i，婚姻状况_i， \\ 家庭子女人数_i，只讲西班牙语种_i，劳动力状况_i， \\ (地铁、郊区、农村)_i，除计算机使用以外的休闲_i，年份_i， \\ 星期几_i，家庭青少年人数_i \end{pmatrix}$$

式（2）：

为了休闲的计算机使用$_i$＝$f\left((Z)，\overline{家庭互联网接入_i} \right)$

其中 i 表示某个被调查者，Z 是第一个方程中自变量的向量。请注意，该方程中没有 t 下标，这表明调查中没有一个人多次出现。由此可知，所使用的数据是一个堆叠的横截面，而不是纯粹的时间序列。"劳动力状况"是一个虚拟变量向量，表示被调查者"是否有工作和就业"、"有工作但未工作"、"有工作但被裁员"、"失业和正在找工作"，或者"没有工作"。加入了"年份"作为虚拟变量，用于控制时间趋势。此外，将"星期几"也作为控制变量，因为某些活动（尤其是休闲时间）在一周内的不同日子里有很大的不同。如前文所述，设置的家庭互联网接入指标只确定了实际拥有互联网接入的部分家庭。利用这种方法计算出的 2010 年互联网接入家庭仅有 17%，而据美国人口普查估计，2010 年共有超过 70%

的家庭能够上网①。然而，在这个两阶段模型的第一阶段，这个变量有助于描绘互联网接入量的趋势，以用于第二阶段模型，在第二阶段模型，尽管测度出的水平可能有误，但互联网接入量增长的拟合趋势很好地契合了实际上互联网接入的增长趋势。借助模型拟合出的互联网接入量增加了70%左右，而同一时期实际上的家庭互联网接入量增加了约78%②。

表2-2显示了对上述方程组进行估计的（部分）结果。其中，第2列"网络休闲"重复了Goldfarb和Prince的研究（作为基准）。表2-2中的结果表明：在家庭可以上网的条件下，网络休闲时间会随着收入的增加而减少。为了验证网络休闲与其他休闲方式相比是否有所不同，将因变量变换为网络休闲占总休闲时间的比例（见表2-2中第3列）。该表中所示结果与家庭上网情况类似，网络休闲时间占总休闲时间的比重随着收入的增加而减少，但对年收入5万美元以上的家庭影响相对较小。

表2-2　　　　　　　　　　　　网络休闲与收入的函数

变量	网络休闲	网络休闲份额	变量	网络休闲	网络休闲份额
$10k-$19.9k	0.00264	0.00124	非洲裔	3.078***	0.0101***
	(0.00453)	(0.748)		(4.590)	(5.414)
$20k-$29k	-1.015	-0.00238	美国印第安人	1.176	0.00801**
	(-1.371)	(-1.134)		(0.829)	(1.975)
$30k-$49k	-2.352***	-0.00622**	亚洲裔	2.250***	0.0122***
	(-2.621)	(-2.477)		(3.194)	(5.864)
$50k-$75k	-3.510***	-0.0101***	白人	-2.314*	-0.00195
	(-3.079)	(-3.148)	美国印第安人	(-1.842)	(-0.545)
$75k-$99k	-3.993***	-0.0108***	白人亚洲裔	8.130***	0.0227***
	(-3.257)	(-3.155)		(3.112)	(3.026)

<hr>

① 参见 http：//www. ntia. doc. gov/files/ntia/data/CPS2010Tables/t11_ 2. txt。
② 参见 http：//www. pewinternet. org/Trend - Data - （Adults）/Internet - Adoption. aspx。

变量	网络休闲	网络休闲份额	变量	网络休闲	网络休闲份额
$100k-$149k	-4.690 ***	-0.0122 ***	白人亚洲裔	42.55 ***	0.450 ***
	(-3.530)	(-3.241)	夏威夷人	(4.270)	(15.62)
>=$150k	-4.701 ***	-0.0124 ***	只说西班牙语家庭	0.906 *	0.00177
	(-3.699)	(-3.447)		(1.741)	(1.254)
年龄	-0.0244	-6.83e-05	星期一	-2.568 ***	0.00127
	(-1.355)	(-1.241)		(-5.955)	(0.875)
男性	4.164 ***	0.00661 ***	星期二	-3.292 ***	-0.000695
	(18.00)	(9.131)		(-7.548)	(-0.461)
6 年级	3.459 **	0.0119 ***	星期三	-4.565 ***	-0.00189
	(2.086)	(2.582)		(-9.920)	(-1.107)
7、8、9 年级	2.044 **	0.00827 ***	星期四	-3.374 ***	-0.00289 *
	(2.180)	(3.005)		(-7.596)	(-1.853)
高中（无文凭）	3.450 ***	0.0100 ***	星期五	-0.781 *	0.00240 **
	(3.910)	(3.903)		(-1.758)	(1.975)
高中毕业	1.777 **	0.00345	星期六	0.217	0.00127
	(2.154)	(1.429)		(0.498)	(1.030)
大专/职业学校	0.0904	-0.00229	常数	1.988	0.00500
	(0.144)	(-1.281)		(1.067)	(1.289)
副学士学位/职业学位	-0.0462	-0.00250	观测量	110 819	106 869
	(-0.0563)	(-1.067)	R-squared	0.176	0.238
本科学位	-4.004 ***	-0.00969 ***			
硕士学位	-5.909 ***	-0.0163 ***			
	(-5.276)	(-5.321)			
专业从业人士	-2.928 **	-0.0116 ***			
	(-2.374)	(-3.292)			
博士学位	-5.557 ***	-0.0116 ***			
	(-3.809)	(-2.820)			

注：其他变量包括但未列：年度固定效应；家庭子女人数；城市、农村、郊区；劳动力状况（只摘录第二阶段的结果；完整的结果，包括第一阶段，在 http://www.nber.org/data-appendix/c13001/appendix-tables.pdf 的附录中）。

*** 在 1% 的水平上显著。

** 在 5% 的水平上显著。

* 在 10% 的水平上显著。

研究还发现，在能够使用计算机的情况下，随着受教育程度的提高，人们使用计算机进行休闲活动的次数也在减少，尽管把计算机使用作为一种休闲方式并不是很直接。例如，就网络休闲在总休闲中所占的比例而言，硕士学位的人比博士学位的人少；从种族来看，"白人-亚洲裔-夏威夷人"这一人群的网络休闲时间最多，其次是"白人-亚洲裔"、"非洲裔"，最后是"白人"。不出所料，网络休闲活动最多的时间是周六和周日，其次是周五。此外，周三似乎是网络休闲时间最少的一天。

正如 Goldfarb 和 Prince 所指出的那样，这些研究结果为研究数字鸿沟的本质提供了一些线索。值得一提的是，虽然从人口普查和其他数据中了解到，尽管在能够上网的各类群体之间仍然存在较大的差距，但相比于富人和白人而言，穷人和少数族裔却更有可能进行网络休闲活动。Goldfarb 和 Prince 指出，就本质上而言，这些结果与"穷人拥有更低的时间机会成本"的认知是保持一致的，而使用 ATUS 数据分析的结果也与这个假说一致。正如前文所述，整体上而言，穷人拥有更多的休闲时间。同时，研究结果也表明，网络休闲可能与线下休闲没有太大区别，至少在对人们的价值方面是如此。

2.3.4　人们用什么时间参与了网络休闲？

如前文所述，为了更好地理解网络时间的真实成本（和收益），找出网络边际时间的来源是至关重要的，即它挤出了哪些活动？我们可以合理地假设，被挤出的大部分是其他休闲活动的时间，因为多年来人们的总休闲时间并没有变化，但网络时间不一定只来自其他休闲时间。为了理解网络时间从何而来，我们首先将它与一天中的其他一些（主要）活动联系起来。图 2-10 显示了睡觉、工作、休闲（不包括计算机时间）和网络休闲时间在一天中的分布情况。显然，大多数人从早上开始工作，直到晚上结束，且很多人会在中午停下来（大概是用于吃午饭）。人们在晚上 9 点开始入睡，15 岁以上的人群中有近一半在晚上 10 点前入睡，而到凌晨 3 点时，几乎所有人都已入睡。随着人们逐渐睡醒，休闲时间开始稳步增加。直到下午 5 点左右，休闲时间的增长坡度开始增大，而参与休闲活动的人数也在晚上 8 点 45 分左右达到峰值，并随着人们逐渐睡去而下降。

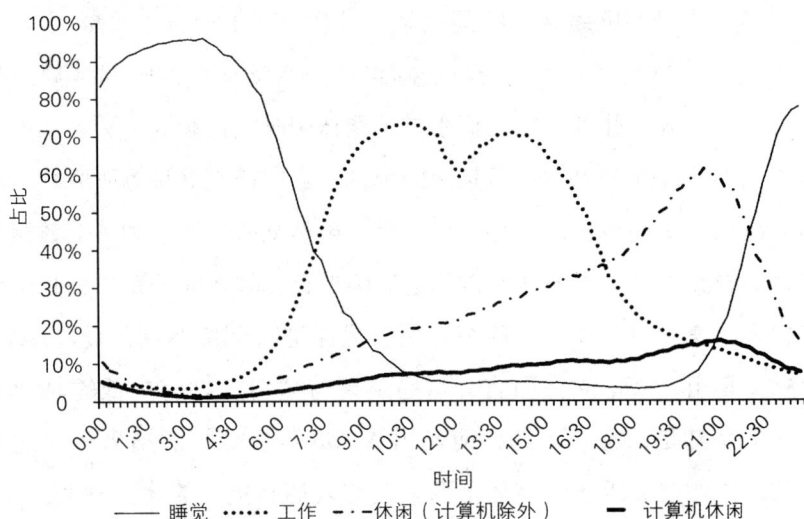

图 2-10　一整天内从事主要活动的人所占百分比

网络休闲时间作为休闲的一个子范畴，相当符合总休闲时间的趋势，但其所呈现出的变化不大。尤其是，网络休闲时间在傍晚的峰值并不是很突出，但是会持续到晚上。这种时间分布表明，从原则上讲，网络休闲可能不仅挤占了其他休闲活动，同时也挤占了工作、睡觉和其他（较小的）类别的活动。在下文中，我们将研究网络休闲活动在多大程度上挤占了其他类别的活动。

2.4　网络休闲挤占了什么？

ATUS 有 17 个主要类别的活动（加上一个无法被编码的未知活动类

别），其中每个主要类别都包含大量的子类别。要想探究网络休闲时间从何而来，第一步需要在这些主要类别层次上考察其影响，第二步则是考察网络休闲时间在这些类别内的影响。

2.4.1 活动主要类别

图 2-11 显示了 18 个主要活动类别中每个类别的平均花费时间。从图中可以看到，个人护理（包括睡觉）代表了最大的时间块，其次是休闲、工作和家庭活动。

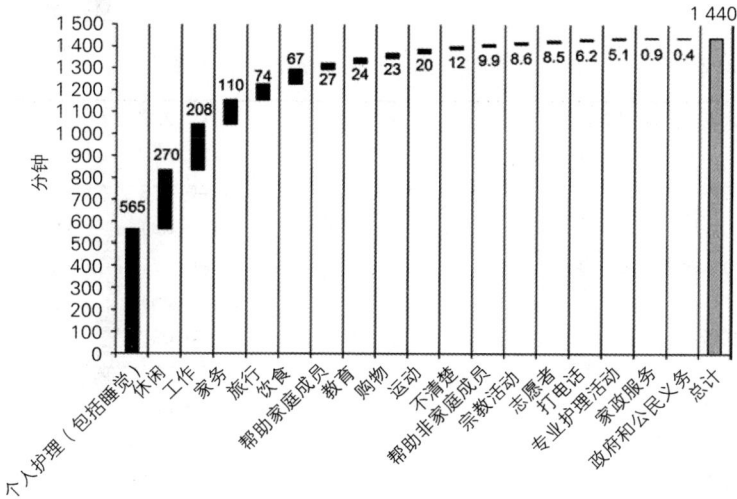

图 2-11　2003—2011 年平均每日活动时间

为了探究网络休闲活动对各个主要活动类别的潜在挤出效应，首先对式（3）中 18 个主要活动类别逐个进行估计。

式（3）：

主要活动$_i$=

$$f\begin{pmatrix} 网络休闲_i，收入_i，受教育程度_i，年龄_i，性别_i， \\ 种族_i，婚姻状况_i，家庭子女人数_i，职业_i， \\ 只讲西班牙语种_i，劳动力状况_i，（地铁、郊区、农村）_i， \\ 年份_i，星期几_i \end{pmatrix}$$

表 2-3 报告了网络休闲变量在 18 个回归中的回归系数（和 t-统计量）[1]。图 2-12 以图形的方式展示了统计结果。并不令人意外的是，由于网络休闲是主要休闲大类的组成部分，因此它对其他休闲活动的影响最大。每花 1 分钟的时间进行网络休闲活动，都会导致花在其他休闲活动的时间减少 0.3 分钟。同时，网络休闲似乎对工作时间也有较大的影响，每分钟的网络休闲会导致工作时间减少 0.27 分钟。此外，每分钟的网络休闲也会导致 0.12 分钟个人护理时间的减少。与此同时，大多数其他类型的休闲活动也与网络休闲时间呈负相关关系，但影响相对较小。

表 2-3　　　　　　网络休闲对主要活动类别挤出效应的估计

休闲（计算机除外）	−0.293***
	(22.34)
工作	−0.268***
	(19.38)
个人护理（包括睡觉）	−0.121***
	(12.36)
旅行	−0.0969***
	(17.36)
家务	−0.0667***
	(7.149)
教育	−0.0574***
	(8.560)
运动	−0.0397***
	(9.17)
帮助家庭成员	−0.0368***
	(7.589)
饮食	−0.0254***
	(6.991)
帮助非家庭成员	−0.0232***
	(6.763)

---

[1]　完整的回归结果在一个在线附录 http：//www.nber.org/data-appendix/c13001/appendix-tables.pdf 中。

宗教	−0.0146 ***
	(5.758)
不清楚	−0.0141 ***
	(4.080)
志愿者	−0.0120 ***
	(3.503)
专业护理与服务	−0.00360 *
	(1.896)
家政服务	−0.00129
	(1.583)
政府和公民义务	−0.000177
	(0.303)
购物	0.00368
	(1.025)
打电话	0.0134 ***
	(7.433)

注：式（3）为各回归所包含的变量。完整的回归结果见附录 http：//www. nber. org/data − appendix/c13001/appendix− tables. pdf。

*** 在 1% 的水平上显著。

** 在 5% 的水平上显著。

* 在 10% 的水平上显著。

旅行时间也与网络休闲时间呈负相关。然而，避免了的旅行时间通常被认为是有益的。因此，这种负相关表明，网络休闲时间至少在一个领域产生了明显的净收益。

此外，手机通话时间与网络休闲时间呈正相关，但这种相关性很小。可以想象，这一结果可以识别出倾向使用 Skype 的用户。由于手机通话是特指"电话交谈"的时间，使用 Skype 或类似 VoIP 服务拨打的电话很可能被记录为网络休闲活动，而不是手机通话①。如果喜欢打电话的人也喜欢用 Skype，那么这种相关性可能更多地反映了这些人的状态。

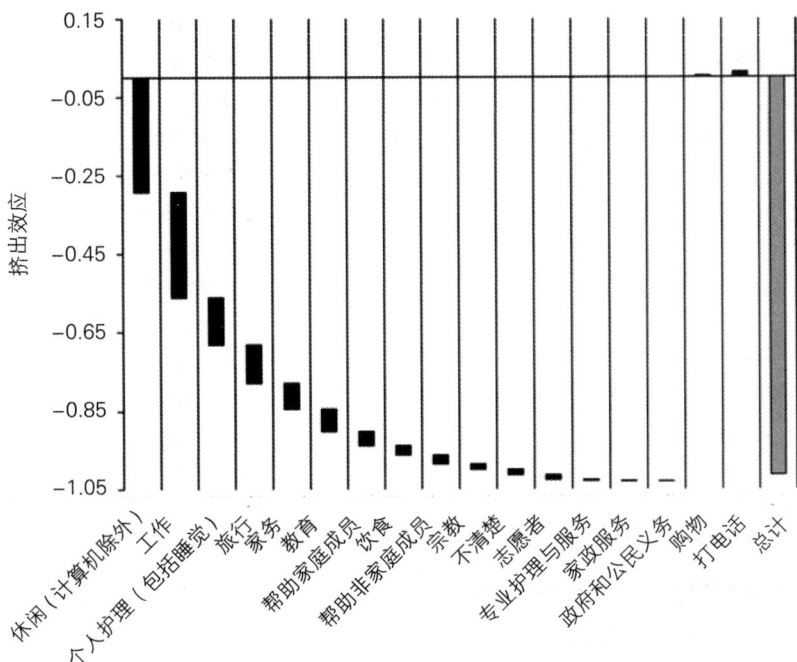

图 2-12　网络休闲对主要类别活动挤出效应的估计

上述分析对人口统计学指标进行了控制，但挤出（或挤入）效应仍然可能因人口统计学特征的不同而不同。表 2-4 显示了按人口统计学特征指标分组的简要回归结果。

除了花时间帮助家庭成员外，男性和女性在"挤出效应"方面差异不大。虽然男性的在线休闲时间与帮助家庭成员之间没有统计学上的显著相关性，但女性每分钟的在线休闲时间会导致帮助家庭成员的时间减少

----

① 见 http：//www. bls. gov/tus/tu2011coderules. pdf，第 47 页。

表 2-4　　　网络休闲时间对选定主要休闲活动类别的挤出效应

（按人口统计学变量分组统计）

人口统计学变量	休闲（在线除外）	工作	旅行	家务	教育	帮助家庭成员
男性	-0.307 * * *	-0.258 * * *	-0.0638 * * *	-0.0668 * * *	-0.0620 * * *	-0.00833
女性	-0.283 * * *	-0.264 * * *	-0.0554 * * *	-0.0642 * * *	-0.0555 * * *	-0.0724 * * *
白人	-0.274 * * *	-0.273 * * *	-0.0680 * * *	-0.0732 * * *	-0.0546 * * *	-0.0418 * * *
非洲裔	-0.394 * * *	-0.308 * * *	-0.00453	-0.0348	-0.0450 * *	0.00511
亚洲裔	-0.305 * * *	-0.151 * * *	-0.0589 * * *	0.00178	-0.227 * * *	-0.0195
西班牙裔	-0.230 * * *	-0.275 * * *	-0.0590 * * *	-0.174 * * *	0.0177	-0.0709 * * *
<$10k	-0.399 * * *	-0.125 * * *	-0.0180	-0.0686 * *	-0.0817 * * *	-0.0175
$10k-$19k	-0.410 * * *	-0.124 * * *	-0.0255 *	-0.151 * * *	-0.0335	-0.0398 * * *
$20k-$29k	-0.395 * * *	-0.254 * * *	-0.0287 *	-0.0345	-0.0307 *	-0.0581 * * *
$30k-$49k	-0.218 * * *	-0.297 * * *	-0.0658 * * *	-0.0997 * * *	-0.0425 * *	-0.0282 * *
$50k-$74k	-0.267 * * *	-0.262 * * *	-0.0746 * * *	-0.0725 * * *	-0.0733 * * *	-0.0482 * * *
$75k-$99k	-0.209 * * *	-0.383 * * *	-0.0934 * * *	-0.0134	-0.0892 * * *	-0.0220 *
$100k-$149k	-0.291 * * *	-0.254 * * *	-0.0600 * * *	-0.0781 * * *	-0.129 * * *	-0.0186
$150k +	-0.220 * * *	-0.297 * * *	-0.0713 * * *	-0.0229	-0.0774 * * *	-0.00642
15-19 岁	-0.390 * * *	-0.0871 * * *	-0.0526 * * *	-0.0377 * *	-0.295 * * *	-0.00295
20-24 岁	-0.178 * * *	-0.231 * * *	-0.0651 * * *	-0.0304	-0.118 * * *	-0.0363 *
25-29 岁	-0.223 * * *	-0.326 * * *	-0.0332 *	-0.100 * * *	-0.107 * * *	-0.0268
30-34 岁	-0.209 * * *	-0.375 * * *	-0.0754 * * *	-0.0906 * * *	-0.0776 * * *	-0.0887 * * *
35-39 岁	-0.151 * * *	-0.375 * * *	-0.0722 * * *	-0.0605 * *	-0.0255 * *	-0.0488 * *
40-44 岁	-0.221 * * *	-0.331 * * *	-0.0485 * * *	-0.0531	-0.0314 * * *	0.00239
45-49 岁	-0.233 * * *	-0.315 * * *	-0.0604 * *	-0.0934 * * *	-0.0206 *	-0.0156
50-54 岁	-0.268 * * *	-0.326 * * *	-0.0721 * * *	-0.0436	-0.0155	-0.00327
55-59 岁	-0.282 * * *	-0.294 * * *	-0.0803 * * *	-0.0837 * *	-0.00132	-0.00695
60-64 岁	-0.308 * * *	-0.296 * * *	-0.0793 * * *	-0.0834 * *	0.000424	0.00246
65-69 岁	-0.412 * * *	-0.146 * * *	-0.0640 * * *	-0.0877 *	-0.00597	-0.00429
70 岁及以上	-0.471 * * *	-0.0347 *	-0.0464 * * *	-0.134 * * *	0.000160	-0.00708

注：在以列标题为因变量的回归中，每个单元格都显示了"计算机休闲使用"变量的系数及其统计意义，而回归只包括以行标题表示的组内观察值。因此，该表显示了 156 个单独回归中的单个系数。每一个回归都包含如式（3）所示的变量。完整结果可请求作者提供。

* * * 在 1% 的水平上显著。

* * 在 5% 的水平上显著。

* 在 10% 的水平上显著。

0.08 分钟。然而，之所以会出现这一结果，至少在一定程度上是因为女性帮助家庭成员的时间比男性多 50% 以上。

在种族分类中，非洲裔的网络休闲活动与其他休闲活动之间的挤出效应最大，而西班牙裔的挤出效应最小。在工作时间方面，非洲裔、白人和西班牙裔的网络休闲时间所产生的挤出效应较为相似，而亚洲裔的网络休闲时间所表现出的挤出效应最小。然而，亚洲裔的网络休闲时间对教育时间的挤出效应却最大。对亚洲裔而言，每分钟的网络休闲时间会导致 0.23 分钟教育活动时间的减少。

最引人注目的结果是，网络休闲时间和受教育程度之间的相关性是因年龄而异的。如图 2-13 所示，在 15—19 岁的人群中，每分钟的网络休闲时间会导致 0.3 分钟教育活动时间的减少，但这种挤出效应的幅度会随着年龄的增长而迅速下降：20—24 岁人群为 0.12 分钟，45—59 岁人群为 0.03 分钟，而 50 岁以上人群的结果则在统计学意义上不显著。

从某种程度上而言，挤出效应随着年龄增长而下降与一个简单的事实有关，即参与教育活动的时间随着年龄的增长而急剧减少，且减少的幅度比网络休闲活动时间的下降幅度要大得多。然而，这种关系（挤出效应）在估计弹性而非绝对水平时并没有显著变化：在最年轻的群体中，上网时间每增加一个百分点，用于教育活动的时间就会减少 0.06%。这种相关性一般随年龄的增长而减弱，到 45 岁时则在统计学上不显著。

2.4.2　活动子类别

如前文所述，每个主要活动类别都包括多个活动子类别（甚至更多子类别的下属类别）。为了更好地了解网络休闲可能对哪些具体的活动产生了挤出效应，本章设计了一组与之前方法类似的回归，但采用每个休闲活动中最大的子类别来代替该休闲活动作为因变量。表 2-5 报告了网络休

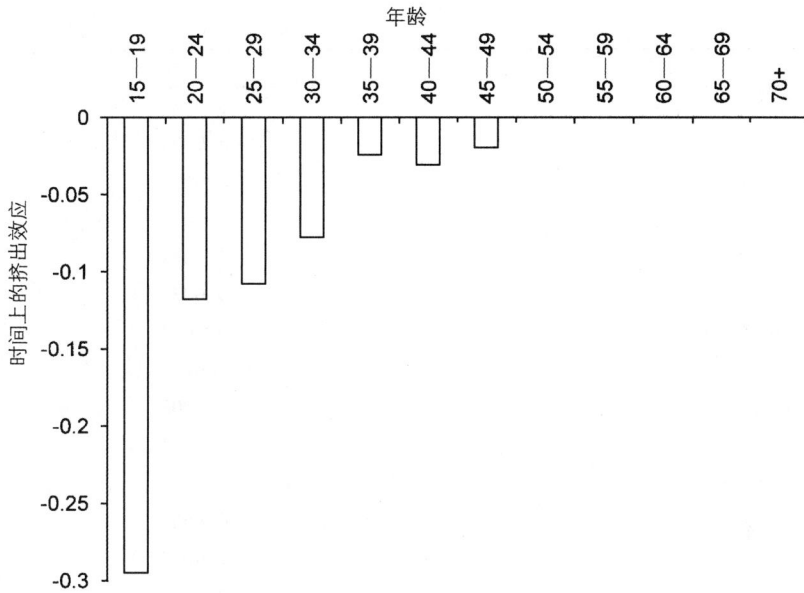

图 2-13　网络休闲时间对教育活动时间的挤出效应（按年龄分组统计）

闲变量在每一个回归中系数的统计显著性水平①。

表 2-5　　网络休闲对其他休闲类型挤出效应的简要回归结果

活动	挤出效应
电视和电影（非宗教）	-0.12 ***
	（-10.39）
社交和交流	-0.054 ***
	（-9.121）
放松和思考	-0.037 ***
	（-8.286）

---

① 完整的回归结果在在线附录 http：//www. nber. org/data - appendix/c13001/appendix - tables. pdf 中。

活动	挤出效应
聚会	−0.016***
	(−5.923)
参加文化活动	−0.010***
	(−4.069)
听广播	−0.0044***
	(−3.637)
电视和电影（宗教）	−0.0004
	(−0.628)
其他休闲	−0.0003
	(−0.591)
与休闲相关的等待时间	−0.0002
	(−0.855)
吸烟	0.0002
	(0.357)
写作	0.0005
	(0.918)
听音乐（非广播）	0.0021
	(1.538)
兴趣爱好	0.0036**
	(1.994)

注：对在线休闲时间这一变量进行回归，其中的因变量是行标题，每一项都显示了它们之间的系数（和 t-统计量）。各回归均包含式（3）中的变量，t-统计值标注在括号中。

*** 在1%的水平上显著。

** 在5%的水平上显著。

* 在10%的水平上显著。

　　网络休闲时间与看电视/电影时间（在数量级上）的负相关性最强。每分钟的网络休闲时间会导致看视频时间减少 0.12 分钟。当然，值得一提的是，这一结果并不表明，像 Netflix 这样的 OTT 视频业务补充或取代了传统电视①。任何形式的在线视频观看活动，包括 YouTube 和 Netflix 在内的网站等，都被编码为"观看视频的时间"，而非网络休闲时间。由此可见，对电视观看活动的挤出效应是由在 2003 年的休闲活动列表中未被纳入的网络休闲活动导致的。鉴于美国人每天看电视的时间为 2.75 小时（该数据来源于 ATUS 的统计；在 Nielsen 的研究中该数值更大），相应的挤出效应也较小。

然而，网络休闲活动对视频观看活动的挤出效应表明：从整体上而言，互联网会导致看各种形式视频时间的减少。如果这一结论是正确的，那就意味着：OTT 视频不仅要与传统视频竞争，而且要与美国人时间份额的缩减竞争。

除此之外，受网络休闲时间影响程度排名第二的是社交和交流活动。每分钟的网络休闲时间会导致传统社交活动减少 0.05 分钟。社交媒体已经成为最受欢迎的网络活动之一。皮尤互联网与美国生活项目（Pew Internet and American Life Project）的调查数据显示：截至 2012 年，近 70% 的互联网用户曾参与过在线社交媒体活动，其中近一半的人在接受调查前一天还在参与在线社交活动（如图 2-14 所示）。鉴于社交媒体的普及性，各个领域的学者对社交网络是加强还是削弱了其他社会关联进行了研究，尽管目前还没有达成共识②。

之前的研究已经对在线社交活动是否会挤出其他活动进行了探索。可以追溯到还在拨号上网时期的那些早期研究并没有形成定论（Wellman et

---

① OTT 如何影响传统电视，这当然是影响视频传输行业的一个重要问题。Israel 和 Katz (2010) 认为，尼尔森调查（Nielsen surveys）和其他数据表明，在线视频是传统视频的补充，因为人们观看在线视频是为了"赶上节目进度，或者如果电视本身无法收看"。其他数据显示，这两者并非互补。订阅电视服务在 2011 年第二季度流失了的用户数量创历史纪录，估计损失在 38 万到 45 万之间（http://www.usatoday.com/money/media/2011-08-10-cable-satellite _n.htm）。Liebowitz 和 Zentner (2012) 利用 1997 年至 2003 年的数据，对互联网普及率和看电视之间的关系进行了计量经济学研究。他们发现两者之间有很小的负相关，这表明在线视频正在取代看电视，至少在年轻人中是这样。

② 例如，参见 Wellman et al. (2001)，Valenzuela，Park，和 Kee (2009)。

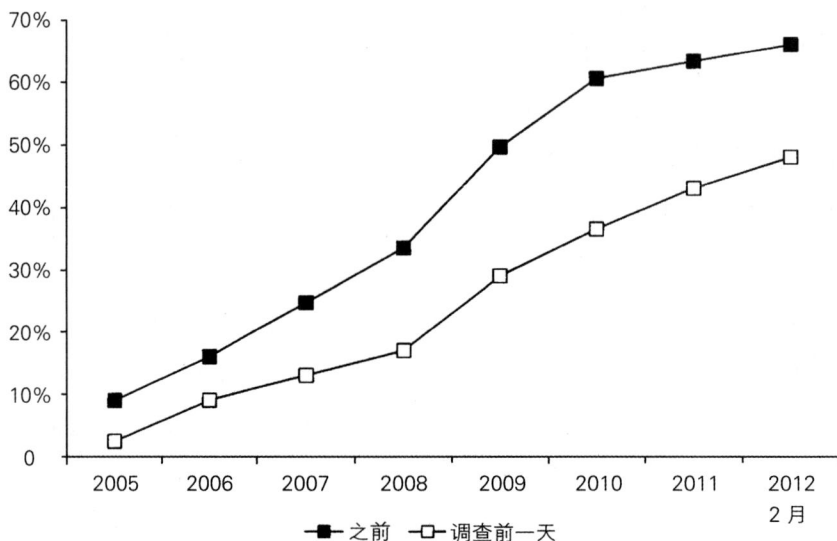

图 2-14　使用社交网站的互联网用户比例

资料来源：Pew Internet and American Life Project. http：//www. pewinternet. org/Static-Pages/Trend-Data-（Adults）/Usage-Over-Time. aspx。

al. 2001，439），尽管考虑到互联网的变化、普遍性以及社交网络应用的日益多样化，这项研究对当下活动的适用性仍然是值得怀疑的。笔者的研究结果表明，网络休闲活动对线下社交活动的挤出效应较小。而来自ATUS 的数据则显示，自 2003 年以来，线下社交活动的水平整体呈下降趋势（如图 2-15 所示）。

笔者的研究结果还表明，网络休闲活动确实挤占了与他人互动的其他线下休闲活动。比如，参加聚会、文化活动和参观博物馆的时间都与网络休闲活动时间呈负相关。简而言之，基于 ATUS 数据的结果表明参与网络休闲活动的代价之一就是减少与他人相处的时间。

此外，网络休闲时间与听广播的时间也呈现显著的负相关，但影响的程度很小。在 ATUS 的编码方式下，也许有人会想，如果听广播的时间

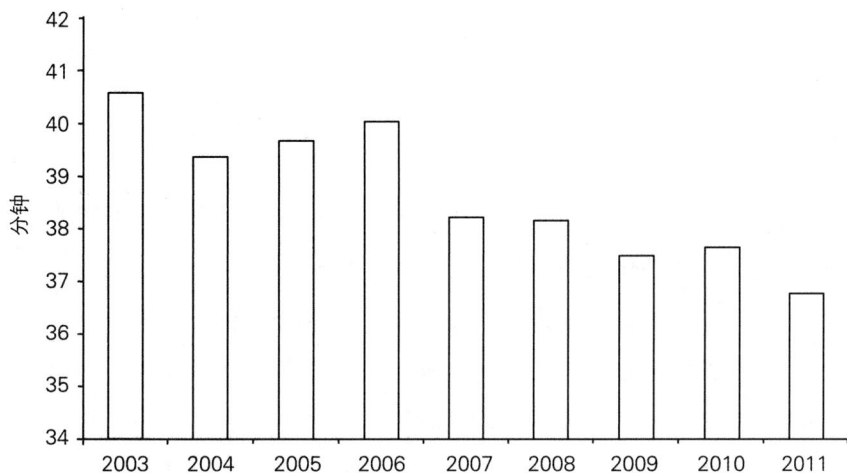

图 2-15　每天花在离线社交活动上的时间

资料来源：根据 ATUS 数据得出。

与网络休闲时间是负相关的，听音乐（不是在收音机上听音乐）的时间是否会与之呈正相关关系呢？这并不是因为听在线流媒体音乐是网络休闲活动变量的一部分，而是因为人们在进行网络休闲活动的同时也可能在听流媒体音乐。然而，事实上，这两者的相关系数虽然为正，但在统计学意义上并不显著。

从统计数据上看，网络休闲时间与一类休闲活动——业余爱好——呈正相关，但统计学意义上的程度较小。每分钟的网络休闲活动会导致业余爱好时间增加 0.004 分钟。然而，考虑到美国人平均每天花在业余爱好上的时间只有大约 2 分钟，所以这种影响并不像系数反映得那么小。针对这种相关性效应，有一种可能的解释是：互联网给人们提供了一种找到并且能够与自己有共同爱好的人交流的方式。同样地，互联网上也充斥着教学视频、产品手册和其他获取业余爱好信息的方式。因此，花在业余爱好上的时间与网络休闲时间之间存在相关性也就不足为奇了。

2.5　结论

随着网络活动日益丰富，我们花在网上的休闲时间也在稳步增加。然而，想将这些时间转化为更多的经济总剩余是很困难的。这不仅是因为这些活动不需要货币支付，还因为许多网络活动其实是我们在线下也参与的活动，只是以不同的形式进行而已。甚至像社交媒体这样全新的活动也会挤占一些我们已经不再开展的活动的时间。如果不考虑这些因素而对网络休闲时间的价值进行估计，就会高估互联网所创造的经济总剩余。

本章没有对互联网经济剩余的净增量进行估计，而是使用 ATUS 的数据来分析新的在线活动挤占其他线下活动的程度。笔者发现，网络休闲活动确实挤占了其他活动时间，特别是其中一些增加的网络休闲时间主要来自挤占线下休闲、工作时间和睡眠时间。同时，网络休闲时间也与旅行时间的减少有关，当然，这应该算作一种益处。此外，网络休闲活动也会导致参加教育活动时间的减少，这一现象在年轻人群中表现得尤为显著。由于这种挤出效应非常大，在理解互联网的真正经济效益时，必须将这种极大的挤出效应考虑在内。

这项研究是在了解互联网的经济效益方面迈出的一小步。数据清楚地表明，网络休闲活动的时间和网络休闲人数占总人口的比例正在增加。笔者的分析表明，新的网络活动至少在一定程度上是以减少其他活动时间为代价的。然而，还有许多问题有待解决。虽然本章在分析中控制了大量相关因素，但事实上，线上活动时间和线下时间是相关的，这意味着我们不能肯定地说，每增加 1 分钟在线活动时间，睡眠时间就会减少 1/10 分钟。也许相反，当人们遭受间歇性失眠时，他们可能会选择上网，要么是寻找治疗失眠的方法，要么是寻找其他方式度过不眠之夜。此外，笔者的分析也表明，即使没有用货币交易，网络活动也是有机会成本的。

在下一步研究中，笔者可能会对新的网络活动相对于它取代的活动而言，所产生的经济净剩余的增量进行评估，就像 Robert Fogel 对铁路真实净经济影响的分析那样。尽管这类工作是具有挑战性的，但为了避免决策者经常产生许多无知的夸张言论，这可能是一项值得做的工作。

附录　完整的回归结果

参见 http：//www. nber. org/data-appendix/c13001/appendix-tables. pdf 的附录表 1 和表 2。

参考文献

Boardman, Anthony, David Greenberg, Aidan Vining, and David Weimer. 1996. *Cost-Benefit Analysis: Concepts and Practice*. Upper Saddle River, NJ: Prentice Hall.

Brynjolfsson, Erik, and JooHee Oh. 2012. "The Attention Economy: Measuring the Value of Free Goods on the Internet. " January. http://conference. nber. org/confer/2012/EoDs12/Brynjolfsson_Oh. pdf.

Fogel, Robert William. 1962. "A Quantitative Approach to the Study of Railroads in American Economic Growth: A Report of Some Preliminary Findings. " *Journal of Economic History* 22 (2): 163-97.

——. 1964. *Railroads and Economic Growth: Essays in Econometric History*. Baltimore: Johns Hopkins Press.

Goldfarb, Avi, and Jeff Prince. 2008. "Internet Adoption and Usage Patterns Are Different: Implications for the Digital Divide. " *Information Economics and Policy* 20 (1): 2-15.

Goolsbee, Austan, and Peter J. Klenow. 2006. "Valuing Consumer Products by the Time Spent Using Them: An Application to the Internet. " *American Economic Review* 96 (2): 108-13.

Greenstein, Shane M. , and Ryan McDevitt. 2009. "The Broadband Bonus: Accounting for Broadband Internet's Impact on US GDP. " NBER Working Paper no. 14758, Cambridge, MA.

Israel, Mark, and Michael Katz. 2010. *The Comcast/NBCU Transaction and Online Video Distribution*. May 4, para. 30. http://ly. comcast. com/nbcutransaction/regulatoryinfo. html.

Liebowitz, Stan J. , and Alejandro Zentner. 2012. "Clash of the Titans: Does Internet Use Reduce Television Viewing?" *Review of Economics and Statistics* 94 (1): 234-45.

Robinson, John. 2011. "IT, TV and Time Displacement: What Alexander Szalai Anticipated but Couldn't Know. " *Social Indicators Research* 101 (2): 193-206. doi:10. 1007/s11205-010-9653-0.

Rosston, Gregory, Scott Savage, and Donald Waldman. 2010. "Household Demand for Broadband Internet Service. " *B. E. Journal of Economic Analysis and Policy* 10 (1): September 9. http://www. degruyter. com/view/j/bejeap. 2010. 10. 1/bejeap. 2010. 10. 1. 2541/bejeap. 2010. 10. 1. 2541. xml? format =INT.

US Bureau of Labor Statistics. 2010. *American Time Use Survey (ATUS) Coding Rules*. 17, 47. http://www. bls. gov/tus/tu2010coderules. pdf.

Valenzuela, Sebastián, Namsu Park, and Kerk F. Kee. 2009. "Is There Social Capital in a Social Network Site? Facebook Use and College Students' Life Satisfaction, Trust, and Participation. " *Journal of Computer-Mediated Communication* 14 (4): 875-901. doi: 10. 1111/j. 1083-6101. 2009. 01474. x.

Wellman, Barry, Anabel Quan Haase, JamesWitte, and Keith Hampton. 2001. "Does the Internet Increase, Decrease, or Supplement Social Capital? Social Networks, Participation, and Community Commitment. " *American Behavioral Scientist* 45 (3): 436-55.

评论

Chris Forman[①]

我很高兴能阅读本章并作评论。这一章突出说明了一系列重要的问题，并利用数字化社区没有经常使用的数据集提供了一些有趣的统计学分析。越来越多的研究人员可以获得更精细化的数据，这些数据可以让我们对网络行为进行精确的描述。这也使我们得以在一些与经济活动有关的数字化领域取得进展，这在本书的其他章中也有所反映。

然而，那些帮助我们同时测度线上和线下行为的数据却并未取得类似的进展，这也使得我们对于上网行为如何影响线下行为（尤其是那些没有货币化的线下行为）知之甚少。对于这些线下行为，除了调查人们在做什么之外，我们几乎没有其他方法。因此，我们很难观察到 Facebook 等在线社交平台的使用如何影响了线下社交互动。

本章使用了美国人时间使用调查（ATUS）的数据集。该数据集始于 2003 年，它提供了一种关于全国范围内美国人如何使用时间的测度。在记录了美国人在线和线下时间的使用情况之后，本章主要分析了人们在网络休闲活动上花费的时间（本章对在线活动的主要测量指标）是如何挤出线下活动时间的。由于 ATUS 数据是一个重叠的横截面，因此，作者采用的识别方法是时间变量控制下的横截面变量。在本章中，作者运用一系列令人印象深刻的回归分析研究了网络休闲时间与各种线下活动（如工作、个人护理、旅行）和休闲活动（如看电视和电影、社交和交流、放松

---

① Chris Forman 是乔治亚理工学院谢勒商学院（the Scheller College of Business at the Georgia Institute of Technology）的教授（the Brady Family Term Professor）。

如需作者致谢、研究支持来源和重要财务关系的披露（如有），请参见 http://www.nber.org/chapters/c13024.ack。

和思考）之间的关系。这组数据的优点之一在于，它使用了来自当前人口普查（CPS）的调查面板数据，这使得 Wallsten 能够考察他的研究结论是怎样随着不同的人口结构因素产生变化的。

本章提出了一个重要的观点：当你花更多的时间上网时，就必然会牺牲一些参与线下活动的时间。这一观点看似简单，却通常很少受到关注。况且，以前也从未出现过相关研究，来对如此广泛的休闲活动类别进行测度。在本章这一系列研究结论中，主要包含了两种含义：

其一，正如作者所指出的，社会福利的计算仅仅使用在线时间和损失的工资的机会成本来衡量在线活动所创造的生活福利，而忽略了过去的线下活动的机会成本，通常就会导致其价值被高估。令人遗憾的是，由于数据收集方法的原因，我们不太可能对 ATUS 数据进行适当的调整以使其适合进行福利计算。

其二，从数字化研究发展进程的角度来看，本研究强调了线上行为对线下市场的影响，并鼓励在这一重要领域（线上）开展更多的工作。当然，在数字化社区和其他地方已经开展了一些重要的工作，这些工作主要研究了特定的、范围相对较窄的环境中的用户行为，比如，在线和实体零售店（例如 Forman，Ghose，and Goldfarb 2009）、线上和线下报纸（Gentzkow 2007）以及许多其他环境。然而，本章的内容也强调了我们知识范畴中的三个重要缺口。第一，网络活动会对那些通常不货币化、不易测量的线下行为——例如，线下社交活动和其他类型的休闲活动——产生重要影响。第二，在网上花费的时间可能会挤占大量相关和不相关的线下活动时间。也就是说，花费在网上阅读报纸的时间不仅会挤占线下报纸阅读的时间，还会挤占观看传统电视和电影的时间。第三，通过本章的研究发现，网络活动与不同类型的线下活动间的关系在性别、收入、年龄等人口学特征上存在显著差异。

尽管现在的知识缺口很大，但由于缺乏数据支撑，这些缺口在很大程度上也难以解决。虽然 ATUS 数据有助于对其中一些问题作出初步的回答，但其也存在局限性。本章的内容非常清楚地说明了这些局限性，以及利用现有数据得出的分析结果向我们所揭示的内容。当然，记录下这一工作中面临的具体挑战也是有益的，这可能有助于今后在这一领域的工作。

在本章的研究中，最主要的解释变量是"网络休闲活动上花费的时间"，该变量包含了一系列网络活动所花费的时间。然而，许多在 2003 年流行的网络活动的时间并未被包含在这个变量中。正如本章所述，这是因为 ATUS 关注的是活动本身，而不是用于开展这些活动的工具。因此，许多传统的网络活动被纳入到了更广泛的网络或线下行为类别中，比如，在线观看视频的时间与观看传统电视的时间属于同一类别。因此，我们可以将核心解释变量看作"自 2003 年以来新的在线活动所花费的时间"。

由于该变量仅代表网络活动的一个子集，这就限制了我们用它来调整当前的研究方法，以及对相对于线下经济活动的机会成本而言在线活动所创造的福利收益进行估计的能力。这对我们如何看待回归结果也是重要的启示。Brynjolfsson 和 Oh（2012）最近的一篇论文利用 Nielsen 的《三屏报告》（Three Screen Report）中的数据进行估计得出，个人每周在家上网的时间约为 13.8 小时，约占总时间的 8.2%。相比之下，本章的研究估计个人每天花在网络休闲上的时间为 13 分钟，即不到一天可用时间的 1%。此外，与 Goldfarb 和 Prince（2008）使用更早期（2001 年）Forrester Research 数据进行的关于互联网使用的研究相比，本章所估计的上网时间同样较低。这表明，ATUS 对网络休闲时间的度量可能只是总在线时间的一部分。由于网络休闲中所包含的在线活动（例如，在线社交网络）取代了很多不同的活动，而不仅仅是纳入到其他类别中的那些（例如，在线电视观看），因而，ATUS 是无法完整地描述网络行为是如何挤出线下活动的。

本章坦率地指出，网络休闲活动对其他活动产生影响，不能被看作因果关系。我们所面临的主要挑战在于，回归模型中的识别是基于 ATUS 受访者在横截面上的变化的。因此，即使控制了很多控制变量，模型所识别出的关系也可能反映因果关系、反向因果关系或其他类型的遗漏变量偏误。在今后的工作中，可以尝试采用其他识别方法。以往关于线上和线下活动之间替代关系的研究可能会为如何实现这一点提供一些线索。例如，有一种方法是：将 CPS 数据中工作时的计算机使用当作网络行为的工具变量（Gentkow 2007）；还有一种可能的方法是：将个体组合成群组，并对上网时间的变化如何影响线下行为的伪面板模型进行估计。至少我们可以从中观察，使用不同的数据来源而产生的研究结果是否会保持不变。

在未来的工作中，我们仍然有机会利用这些数据进行研究。本章从人口统计学特征，如年龄、收入等方面说明了网络休闲活动时间与线下活动时间的关系存在较大差异。这些研究结果非常有趣，我们也可以利用这些数据从地理差异层面展开更多的研究。线下休闲活动的选择也因地点不同而大不相同。比如，参与运动、饮食活动的机会在城市和农村地区存在显著差异，而这些线下活动机会的差异可能会影响在线活动价值的估计（例如，Sinai and Waldfogel 2004）。人们可能同样会认为，网络休闲活动与线下活动之间的关系会随着线下活动选择的不同而存在显著差异。这将会成为未来研究中一个令人兴奋的领域。

参考文献

Brynjolfsson, Erik, and JooHee Oh. 2012. "The Attention Economy：Measuring the Value of Free Goods on the Internet. " Working Paper, Massachusetts Institute of Technology.

Forman, Chris, Anindya Ghose, and Avi Goldfarb. 2009. " Competition between Local and Electronic Markets：How the Benefit of Buying Online Depends on Where You Live. " *Management Science* 55（1）：47–57.

Gentzkow, Matthew. 2007. "Valuing New Goods in a Model with Complementarity：Online Newspapers. " *American Economic Review* 97（3）：713–44.

Goldfarb, Avi, and Jeff Prince. 2008. " InternetAdoption and Usage Patterns are Different：Implications for the Digital Divide. " *Information Economics and Policy* 20（1）：2–15.

Sinai, Todd, and Joel Waldfogel. 2004. "Geography and the Internet：Is the Internet a Substitute or Complement for Cities?" *Journal of Urban Economics* 56：1–24.

第 2 篇

数字化、经济摩擦和新市场

第3章 预测未来——谷歌搜索如何预测房价和销量

Lynn Wu 和 Erik Brynjolfsson[①]

> 预测是很难的，尤其是对未来的预测。
>
> Niels Bohr

3.1 引言

传统的经济和商业预测依赖于政府机构收集的统计数据、年度报告和财务报表。通常情况下，它们的发布具有很长的滞后性，且会被划分到相对较少的预先指定的类别。这限制了它们在预测方面的应用，特别是在处理时间敏感问题或新问题时，尤为明显。然而，搜索引擎和相关信息技术

① Lynn Wu 是宾夕法尼亚大学沃顿商学院（The Wharton School，University of Pennsylvania）运营与信息管理系助理教授。Erik Brynjolfsson 是麻省理工学院斯隆管理学院（the MIT Sloan School of Management）教授（the Schussel Family Professor），麻省理工学院数字商务中心（the MIT Center for Digital Business）主任，美国国家经济研究局（the National Bureau of Economic Research）副研究员。我们感谢 Karl Case、Avi Goldfarb、Andrea Meyer、Dana Meyer、Shachar Reichman、Lu Han、Hal Varian，以及在美国国家经济研究局、麻省理工学院、信息系统和经济学研讨会以及信息系统国际会议上的研讨会参与者对这项研究提出的宝贵意见。麻省理工学院数字商务中心提供了慷慨的资金资助。如需作者致谢、研究支持来源和作者重要财务关系的披露（如有），请参见 http：//www. nber. org/chapters/c12994. ack。

的广泛应用，促进了对数千亿①经济决策的高度细分数据的实时收集。最近，查询技术使得以几乎零成本、即时的、精细化级别获取此类信息成为可能。每次消费者或企业决策者通过互联网搜索产品，那么个人（或企业）关于未来经济交易意图的有价值信息就会暴露。反过来，了解这些意图可以用来预测未来的供需状况。这场信息和信息技术的革命正在如火如荼地进行，它预示着我们进行商业预测的能力将随之发生革命性变革，最终会带来商业和政策决策翻天覆地的变化。这种新技术的使用不仅仅是预测程度上的不同，而且体现在对目前的了解程度和对未来的预测程度这两个问题上发生根本的改变。

社会科学研究的一个核心贡献就是协同预测。在过去的几十年里，许多社会科学研究都集中在构建复杂的数学模型，用于多种类型的商业和经济预测。然而，最近的经济萧条表明，没有一个模型可以足够精准地预测到这次近代历史上最严重的经济衰退（Krugman 2009）。或许社会科学研究应该专注于开发以更高分辨率观察社会现象的工具上，而不是专注于提升从噪声数据或容易出错的数据中提取信息的技术（Simon 1984）。搜索引擎通过聚合用户的数字化痕迹以及将数据质量提升若干个数量级，恰到好处地提供了这样一种工具。这项技术可以改变我们解决预测未来问题的方式。通过观察网上搜索所揭示的数十亿消费者及其商业意图，研究人员可以显著提高对未来经济活动预测的准确性、精细化和时效性。

在本章中，将展示如何利用互联网查询数据，对几个月后的市场价格和销售量变化做出可靠的预测（在其发生实质变化之前）。以房地产市场为例，本章从 2009 年 1 月开始对房地产市场进行预测，结果显示，这些预测不仅优于基准模型，也优于美国房地产经纪人协会（National Association of Realtors）等专家的预测。截至 2011 年 9 月，也就是笔者发

---

① 2009 年 3 月，美国人进行了 143 亿次互联网搜索，平均每年超过 1 700 亿次。2008 年至 2009 年间，全球搜索量增长了 41%。

布第一次房地产预测的近三年后，搜索查询在预测房地产趋势方面仍有显著进步，表现优于美国房地产经纪人协会的预测。这表明从搜索查询中获得的经济价值是持久的。

来自搜索数据的经济预测几乎适用于任何"互联网搜索先于交易"的市场，也就是说，在经济预测中所占的份额越来越大。这一技术可以针对特定的地区或者城市或者整个国家，也可以着眼于宽泛的或者精细的产品分类。搜索不仅先于购买决策，而且在很多事例中是一个显示实际的用户兴趣和爱好的更"可靠的信号"（Pentland 2010）。因为与基于市场的交易或者其他类型的数据收集方式（如调查）相比，搜索不涉及讨价还价、博弈或者战略信号。用户的数字化痕迹可以用来揭示其潜在的经济意图和活动。使用从互联网上收集的聚合查询数据，可以对各种领域做出准确的预测，如标准战的最终赢家或者产品引入成功的可能性。

3.2　房地产市场

本章以房地产市场为例，介绍如何利用在线搜索来揭示当前的经济活动以及预测未来的经济趋势。在最近房地产泡沫破裂引发美国和世界其他地区经济衰退的背景下，研究房地产市场尤为重要。反过来，房地产市场的复苏也可能预示着经济的复苏。经济学家、政治家和投资者都在仔细研究政府每月发布的数据，以评估当前的房地产市场，来预测房地产市场复苏以及随之而来的经济的全面复苏。然而，如上所述，政府数据的发布会滞后数月甚至更长时间，这会延误对当前经济状况的评估。而消费者的网上行为可以反映其消费倾向，通过分析消费者购买兴趣我们有机会在政府公布数据之前发现经济趋势。

利用互联网作为搜索工具，消费者可以找到关键信息做出购买决定（Horrigan 2008；Brynjolfsson，Hu，and Rahman 2013）。随着互联网的普及，越来越多的消费者开始利用互联网收集产品信息，并以此优化他们的购买选择，尤其是房地产这类财务负担很重的产品。美国房地产经纪人协会（NAR）2012 年的房屋买卖数据显示，2012 年 90% 的购房者使用互联网搜索房屋。同样，加州房地产经纪人协会 2008 年的一份报告显示，63% 的购房者通过搜索引擎找到他们的房地产经纪人（Appleton-Young 2008）。为了探索搜索和实际销售之间的联系，本章分析了 Google Web 门户网站[①] 8 年来的个人搜索数据并用来预测房屋销售量和房价。利用这些精细的个人消费行为数据，本章建立了一个全面的模型来预测房地产市场的趋势。

数据表明，提交给谷歌搜索引擎的查询量与房屋销售量以及由联邦住房金融局（Federal Housing Finance Agency）发布的房价指数（尤其是 Case-Shiller 指数）呈现显著相关关系。Case-Shiller 指数是一种流行的住房指数，在政府报告中被广泛使用。不仅搜索频率可以揭示当前的购房趋势，搜索行为也特别适合预测未来的住房销量。具体来说，我们发现，搜索房地产中介的频率每增加 1 个百分点，未来美国平均每个州的季度房屋销售量就会增加 3 520 套。本章也拿该预测与 NAR 发布的预测进行了比较，发现仅使用搜索频率的简单线性预测模型就比 NAR 的预测要优于 23%。

同样，本章也研究了房价与房屋在线查询之间的关系。利用联邦住房金融局的房价指数（HPI）[②]，笔者发现，尽管预测能力不如对房屋销售的预测那么强，房屋在线查询与未来的房屋价格指数之间也存在正相关关系。这也许是因为预测 HPI 在本质上比预测销量更困难，因为搜索量对 HPI 的影响在理论上尚不清晰。一方面，如果搜索量反映了需求的变化，如潜在买家寻找房屋时，HPI 会随着搜索量的增加而增加。另一方面，如果搜索量反映了供给方的行为，就像卖家查看可比房屋并评估市场一样，

---

① 参见 http：//www.google.com/insights/search/#。
② HPI 历史数据可以在 http：//www.fhfa.gov/Default.aspx？Page=87 下载。

那么 HPI 可能会随着搜索量的增加而下降。因此，一般房地产类别的聚合搜索指数可能非常适合预测销售量，但对预测 HPI 没有那么有效。然而，更少的聚合和更精细化的搜索类别，可以用来区分供给侧向需求侧的转移。

笔者也发现，房屋销售总量与消费者购买家用电器的意愿相关。文章中使用家用电器的搜索频率来表征消费者的兴趣（Moe and Fader 2004）。笔者发现，在前 6 个月，每售出 1 000 套住房，与家用电器相关的搜索词出现频率就会增加 1. 14 个百分点。这证实了房屋销售与经济中能对房屋销售起到补充作用的其他部分之间也存在一定联系。

3.3　文献综述

在过去的几十年里，许多社会科学研究集中于通过完善越来越复杂的数学模型来预测社会和经济趋势。然而，近年来，精细化的数字化的数据的可用性为我们提供了新的选择。具体来说，信息技术的进步，如互联网搜索技术、移动电话、电子邮件和社交媒体，提供了非常详细的个人行为记录。最近，研究者们开始利用这些通过新技术收集而来的实时数据。例如，通过使用社交计量器来测量一组 IT 工作者之间的实时交互。Wu et al.（2008）指出，只有在微观层面上获取准确的数据，新的社交网络动态才有可能实现。Lazer et al.（2009）提供了大量的由新技术产生的高质量数据如何改变社会网络研究范畴的例子。同样，企业也利用在线收集的大量数据，预测消费者对各种商品的偏好、商品的供给和需求，以及库存水平和周转率等基本经营参数。信息技术提供了海量数据，收集和有效分析这些数据的能力使亚马逊（Amazon）、凯撒娱乐（Caesar's Entertainment）以及第一资本金融公司（Capital One）这类公司得以完善自己的商业策略，取得更高的利润和市场份额（McAfee and Brynjolfsson

2012；Davenport 2006）。

我们的工作主要是为了展示使用精细化的数据预测潜在的社会和经济趋势的能力。不同于以往使用专有数据的研究和商业活动，本章主要是利用谷歌公开、免费的数据来精准预测经济趋势。研究表明线上行为可以用来揭示消费者的意图以及预测购买结果（例如 Kuruzovich et al. 2008）。相信我们可以依靠数以万亿计的在线搜索留下的数字化痕迹来揭示消费者的意图，并检验其预测潜在社会和经济趋势的能力。对个体买卖决策或交易行为的研究被称为纳米经济学（Arrow 1987）。

我们认为，我们仅仅处于数据革命的起步阶段。更新、更精细化的数据每天都可以从各种搜索、社交媒体和微博平台获得。这些数据是即时可用的，允许消费者、企业经理、研究人员和决策者在经济活动发生时了解其动向。利用这些数据预测中长期趋势（如房地产市场的走势）可能更容易，因为它们不太容易受到短期操纵。短期消息则不然，如虚假 Twitter 消息会迅速传播，但在被证伪后不久就会消失。

笔者借鉴以下两个研究的主要方法：一项最近的研究使用 Google Flu Trends 来分析流感爆发（Ginsberg et al. 2009），以及 Choi 和 Varian（2009）将美国购房趋势和搜索频率联系起来。同样的，Scott 和 Varian（本书第 4 章）使用贝叶斯变量选择技术预测当前的经济趋势，如当前的消费者情绪。Choi 和 Varian（2009）以及 Scott 和 Varian（本书第 4 章）侧重于使用搜索频率来揭示当前的统计经济数据，本章则试图预测未来的经济趋势，如预测未来房屋的销售价格和数量。至少在房地产行业中，使用搜索数据预测未来的效果要优于不使用搜索数据的模型。此外，本章还使用了更细致的州层面数据，而不是国家层面的数据。这提供了基于地理位置的更细致的房地产市场的预测。在未来的工作中，希望可以将分析扩展到以城市为级别的统计以及其他产品和服务。

房地产经济学

本章的研究对房地产经济学领域的文献做了一定的补充。有两种普遍的方法来预测房地产市场的趋势。第一种是技术分析，与预测股市趋势的技术分析类似。这类分析的主要假设是住房市场趋势变化的关键统计规律不会变化。价格趋势行为可能表现为短期的动量效应，也可能表现为长期的均值回归（如 Case and Shiller 1987，1989）。Glaeser 和 Gyourko（2006）发现证据表明房价在长期呈现出均值回归特点。他们发现，在其他条件不变的情况下，如果一个地区的房价在未来 5 年里每平方米上涨 1 美元，那么接下来 5 年里它还会平均下跌 32 美分。预测房地产趋势的第二种方法是关注经济基本面。房价取决于建筑成本、购房贷款的利率、地区收入甚至一月份的气温（Glaeser 2008）。原则上，这意味着建筑成本稳定、收入水平相对稳定的地区，房价应该相对稳定。然而，这些经济变量似乎无法完全反映房价趋势。例如，达拉斯是一个基本面稳定的地区，但房价却背离基本面分析的预测，一直在上涨。

一些动态房屋需求模型试图结合这两种方法来预测购房趋势（Glaeser and Gyourko 2006；Han 2010）。通过使用动态理性预期来对房屋价格进行建模，Glaeser 和 Gyourko（2006）发现一种均值回归机制，但仍无法解释市场中波动的序列相关性或者价格变化。Glaeser（2008）认为，这可能反映了一种房地产市场的情绪，甚至是"非理性繁荣"，导致了比模型预测结果更大的繁荣和萧条周期（Glaeser 2008）。

在具备实时收集数亿查询量的能力后，Google Trends 本质上是聚合了决策者的意图来捕捉这一总体层面的"情绪"。这给改善房地产预测提供了契机。通过使用一个简单的回归模型，本章证明了谷歌搜索频率可以用来作为当前和未来潜在房地产市场预测的可靠预测工具。

3.4　数据源

3.4.1　谷歌搜索数据

　　Google Trends 会提供各个行业查询量统计的周报和月报，笔者从 Google Trends 收集了大量与房地产相关的互联网数据。它允许用户获得与特定字段相关的查询索引，例如"房价"。Google Trends 系统地捕捉了在线查询行为，并将其分为几个预定义的类别，如"计算机与电子"、"金融与商业"和"房地产"。尼尔森网络调查公司（Nielsen NetRatings）一直将谷歌列为排名第一的搜索引擎。2012 年 12 月，谷歌处理了全球 66.7% 以上的在线查询（comScore 2012）。提交给谷歌的查询的规模可以反映很大一部分美国人当时的兴趣所在。

　　Google Trends 提供了一种基于地理位置和时间的查询量的搜索指数。该搜索指数汇总了从 2004 年开始提交给谷歌搜索引擎的所有互联网查询情况。每个查询字段的指数反映的不是提交查询的数量，而是反映了查询份额。查询份额的计算公式为给定地理位置上查询的搜索量除以该地区在给定时间点上的查询总数①。因此，这个报告指数总是 0 到 100 之间的一个数字。这份搜索指数报告与大多数政府报告相比更加细致。通常，谷歌以周或者月为基础计算查询指数，该指数还可以在世界范围内分解到国家、州/省和城市级别。例如，在美国，查询指数可以在州一级计算。在都市统计区域（MSA）级别的更详细的指数，也可以通过将州分为恰当的分区来计算。图 3-1 展示了在美国在线搜索"房地产"类别的总体兴趣，

---

　　①　详情请参考 http：//www. google. com/support/insights//bin/answer. py？ answer = 87285。

使用的是搜索指数的季度平均值。从图中可以看出，人们对房地产的兴趣在 2005 年房地产泡沫最严重的时候达到顶峰，在 2009 年房地产市场泡沫破裂和经济大萧条（the Great Recession）开始之际下降。

本章的分析使用了 Google Trends 中预定义的类别"房地产中介"和"房地产上市"来近似表征对购房的总体兴趣[①]。本章也自定义了一套与各类房屋交易相关的词条，如"房屋销售""房屋分期""房屋验收"等。本章假设这些与房屋相关的搜索词和美国房地产市场的基本条件相关。为了检验这一假设，本章从公开数据源收集了美国各个州的住房市场指标，比如房屋销售量和房地产价格指数。

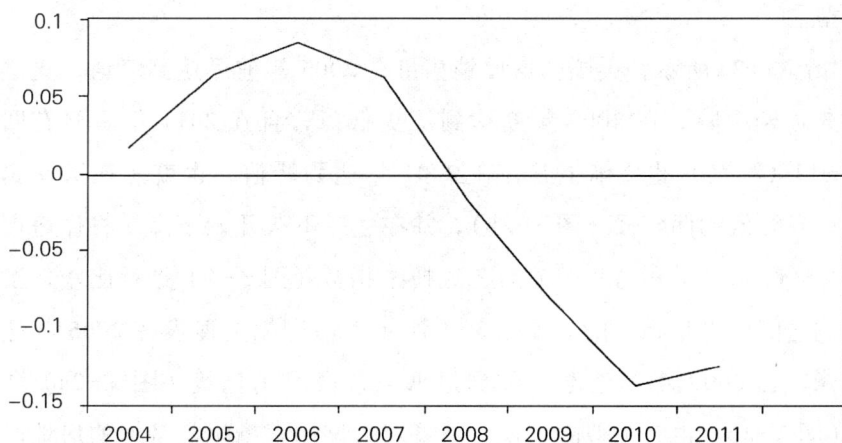

图 3-1　　"房地产"季度搜索指数（根据总搜索量标准化至 0 到 100）

3.4.2　住房市场指标

本章从美国房地产经纪人协会（NAR）收集了从 2006 年第一季度

---

① 笔者在 Google Trends 上探索了各种预定义类别："公寓和住宅租赁"、"商业和投资房地产"、"物业管理"、"物业检查和评估"、"房地产开发"、"房地产中介"、"房地产上市"和"分时度假和度假酒店"。

到 2011 年第三季度美国 50 个州和哥伦比亚特区单户住房的销售量①。数据的时间区间和 NAR 发布的专家预测区间保持一致。NAR 从 2005 年开始发布预测，在 2011 年第三季度后停止发布。笔者还从联邦住房金融局取得了同一时期的房价指数（HPI），该机构为 9 个人口普查局部门收集房价数据②。联邦和金融机构（The Federal and Finance Agency）从 1975 年开始每季度都计算美国各州和哥伦比亚特区的 HPI③。由于搜索引擎的数据是从 2004 年才可用，NAR 的预测数据在 2011 年第三季度之前才可用，因此本章可以匹配 2004 年第一季度到 2011 年第三季度之间美国 50 州和哥伦比亚特区的房地产市场数据和 Google Trends 的数据。本章使用大约一半的样本作为训练数据，其余的用于测试本章的预测模型。

如图 3-2a 所示，美国的房屋销售量在 2005 年前后达到峰值，这之后不久急剧下降，在 2009 年初达到历史低点，且在 2011 年后略有回升。HPI（最初）也逐渐上升，在 2007 年达到峰值，也就是在房屋销售量达到峰值的两年后（图 3-2b），并在之后不久开始下降。将住房市场指标（图 3-2）和与其相关的在线搜索指数（图 3-1）进行比较，发现它们之间似乎是相关的。如图 3-1 所示，住房相关搜索在 2005 年达到顶峰，在 2009 年初逐渐下降到最低点，房屋销售量（图 3-2a）和 HPI（图 3-2b）也有类似的表现。结果表明该搜索指标与基本的房地产趋势相关，因而可以用来预测当前的和未来的房地产市场趋势。

---

① 参见 http：//www. realtor. org/research。
② 参见 http：//www. fhfa. gov。
③ 参见 http：//www. fhfa. gov/Default. aspx？Page=81。

(a) 每季售出的现房数量

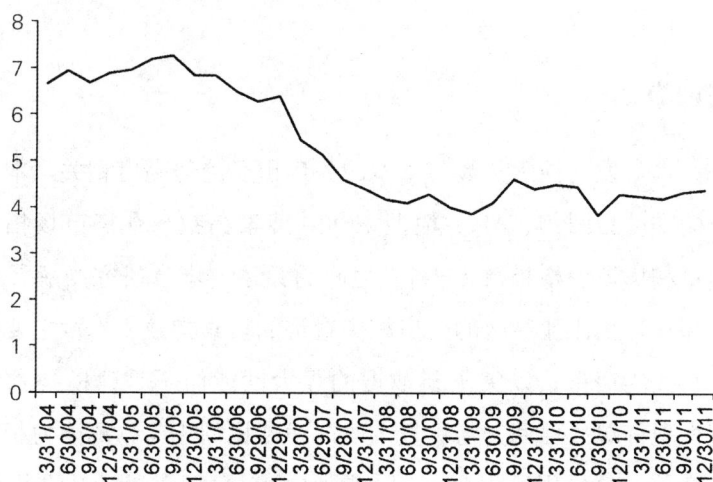

(b) 季度房价指数

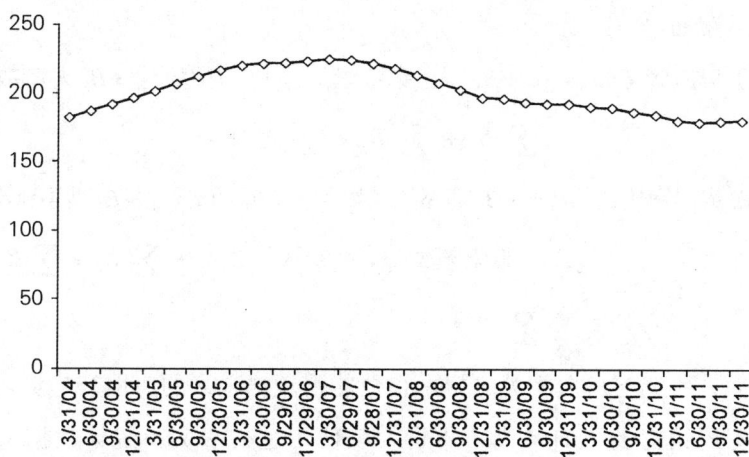

图 3-2　美国现房售价及销售量

注：a 为每季售出的现房数量，b 为季度房价指数

3.5 实证方法

首先，本章发现搜索指数与基本的住房市场趋势高度相关。本章使用一个简单的季度自回归（AR）模型来估计搜索指数与住房市场指标——房屋销售量和房屋价格指数（HPI）之间的关系。本章研究的解释变量是美国各个州和哥伦比亚特区的住房相关查询的搜索指数。本章主要关注一组简单、一致的模型，以突出新数据的强大功能而不是建模技术的复杂性，尽管发现简单线性回归与更复杂的非线性模型相比预测能力相近甚至更优。本章首先仅使用过去房屋销售量和 HPI 数据，通过基准模型来预测当前的房屋销售量。然后加入搜索指数来看其是否会对预测当前房屋销售量有所帮助。

（1）房屋销售量$_{it}$ $= \alpha + \beta_1$ 房屋销售量$_{i,\ t-1} + \beta_2 HPI_{i,\ t-1} + \beta_3$ 人口数$_{i,\ t}$ $+$

$$\sum S_i + \sum R_j + \sum T_t + \varepsilon_{it}$$

（2）房屋销售量$_{it}$ $= \alpha + \beta_1$ 房屋销售量$_{i,\ t-1} + \beta_2 HPI_{i,\ t-1} + \beta_3$ 搜索频次$_{i,\ t}$ $+$

$$\beta_4 \text{搜索频次}_{i,\ t-1} + \beta_5 \text{人口数}_{i,\ t} + \sum S_i + \sum R_j +$$

$$\sum T_t + \varepsilon_{it}$$

然后，研究与房屋相关的搜索指数能否预测未来的房地产趋势。由于当期的房屋销售量和 HPI 尚不可得，仅使用过去的房屋统计数据来预测未来的房地产趋势。从本质上来说，这里使用了滞后两期数据来预测未来，这相当于用滞后一期的数据来预测当前。虽然政府统计数据是滞后发布的，但是房屋相关搜索的查询频次是实时可用的，而且实时性可以达到日频。所以可以使用当前的和过去的搜索指数来预测未来的房屋销售量。具体来说，在模型中同时使用滞后一期和滞后两期的指标因为它们和预测最为相关。三阶滞后有时可以提高预测精度，但一般来说，高阶滞后指标并没有很大的预测能力。想必提前九个月或一年的搜索实在太早了，因而不足以预测当前和未来的购房趋势，因为这类搜索中的大多数可能已经形成了购买决定。

（3）房屋销售量$_{i,\,t+1}$ = α + β_1 房屋销售量$_{i,\,t-1}$ + β_2 $HPI_{i,\,t-1}$ + β_3 搜索频次$_{it}$ +

$\qquad$ β_4 搜索频次$_{i,\,t-1}$ + β_5 搜索频次$_{i,\,t-2}$ + β_6 人口数$_{it}$ +

$\qquad$ $\sum S_i$ + $\sum R_j$ + $\sum T_t$ + ε_{it}

同样，这里使用相同的方法来预测当前和未来的 HPI。在基准模型中，只使用过去的 HPI 和过去的房屋销售量来预测当前的 HPI。然后将当前和过去的搜索指数加入到基准模型中。

（4）HPI_{it} = α + β_1 $HPI_{i,\,t-1}$ + β_2 房屋销售量$_{i,\,t-1}$ + β_3 人口数$_{it}$ +

$\qquad$ $\sum S_i$ + $\sum R_j$ + $\sum T_t$ + ε_{it}

（5）HPI_{it} = α + β_1 $HPI_{i,\,t-1}$ + β_2 房屋销售量$_{i,\,t-1}$ + β_3 搜索频次$_{i,\,t}$ +

$\qquad$ β_4 搜索频次$_{i,\,t-1}$ + β_5 人口数$_{i,\,t}$ + $\sum S_i$ + $\sum R_j$ + $\sum T_t$ + ε_{it}

最后，通过加入当前和过去的搜索指数来预测未来的 HPI。除了研究各种滞后性之外，笔者还探究了搜索指数的非线性函数是否对模型的拟合和预测有帮助。

（6）$HPI_{i,\,t+1}$ = α + β_1 房屋销售量$_{i,\,t-1}$ + $HPI_{i,\,t-1}$ + β_2 搜索频次$_{it}$ +

$\qquad$ β_3 搜索频次$_{i,\,t-1}$ + β_5 人口数$_{i,\,t}$ + $\sum S_i$ + $\sum R_j$ + $\sum T_t$ + ε_{it}

上述所有模型，都使用州和地区的虚拟变量，以控制所有非时变影响，如州/地区不同的人口数以及任何可能影响房地产购买决策的政策。然后，使用从 2006 年第一季度到 2008 年第四季度[①]的数据对这些模型进行训练，以找到一组可以更好地预测当前及未来的住房市场走势的搜索指

---

① 笔者选择这段时间的数据进行训练，因为它大致上将数据分成两半。笔者还测试了一种 10 倍交叉验证方法，该方法将样本随机划分为 10 份规模相等的数据集，而不考虑数据的时间。然后用 9 份来训练模型，第 10 份用来测试模型。虽然笔者能够使用交叉验证来提高预测精度，但是笔者选择只使用过去的数据来训练模型，因为它是一个更保守的估计。这也反映了一个现实，即在预测未来的训练数据中不应该对未来有任何了解。

数。然后使用这些指数和它们的相关估计来预测从 2009 年第一季度到 2011 年第三季度的房地产趋势。对于每个预测，计算平均绝对误差（MAE）[①] 来检验使用搜索指数时的预测准确性，以便同时与使用基准模型及 NAR 发布的预测准确性进行对比。平均绝对误差就是（预测值）与实际值的偏差。

$$（7）MAE = \frac{1}{N} \sum_{t=1}^{N} \left| \frac{y_t - \widehat{y_t}}{y_t} \right|$$

除了购房预测，笔者还研究了住房相关的搜索查询是否也对其他相关产业未来的经济活动有刺激作用。例如，假如在线搜索可以揭示消费者的意图，那么也可以预测，在观察到房屋销售量的增长之后，关于家用电器的网络查询将会激增。因为新屋主可能会计划购买家电来装饰他们的房子，跟踪他们的在线搜索行为可以观察他们购买家电的意图。因此，将房屋销售量与家电搜索指数相关联。如果家电搜索指数可以转化为实际购买，那么可以预计，受房屋销售的刺激，家电搜索频率将会上升，这也表明它们未来的需求也会上升。

$$（8）家电搜索_{it} = \alpha + \beta_1 房屋销售量_{it} + \beta_2 房屋销售量_{i, t-1} + \varepsilon_{it}$$

3.6　实证结果

首先，比较基准模型和加入搜索指数的模型之间的预测。使用模型来预测当前房屋销售量和 HPI 以及未来的房屋销售量和下季度的 HPI。尽管本章的模型可以用来做更细致的预测，例如月频或周频的购房市场趋势，但本章选择在季度水平上进行预测，因为政府只在每个季度发布州一级的

---

①　笔者还使用其他指标，如均方误差（MSE）来评估预测的准确性。使用 MSE，结果在质量上没有变化。事实上，笔者发现使用 MSE 的改进甚至比使用 MAE 更好。因此，笔者保守地报告了 MAE 值。

住房销售量和 HPI。为了计算预测的准确性，本章将每周的搜索数据汇总为季度数据。此外，本章还将其预测与 NAR 发布的季度房屋销售量预测进行了比较。NAR 没有预测未来的 HPI，因此，在预测未来的 HPI 时本章不能将其模型与 NAR 的模型进行比较。

3.6.1 使用在线搜索预测房屋销售

表 3-1 探讨了房屋销售量与可以支持预测的房屋相关搜索指数之间的关系。表 3-1 中的模型均基于季度的 AR 模型，该模型假设未来的销售量与过去的销售量存在自相关。可以看到 AR 模型得到了广泛支持，因为滞后一期的销售量和当前销售量密切相关。这里还采用了州层面的固定效应模型来消除其他非时变因素的影响，同时通过季度虚拟变量控制时间变化。另外，还引入了州人口和地区虚拟变量来优化模型的拟合情况。为了捕捉购买房地产的线上兴趣点（online interests），本章使用了 Google Trends 预定义"房地产上市"类别的搜索指数，房地产上市类别包含了与房地产上市和广告相关的所有查询。同时也使用"房地产中介"类来表征购房行为。假设那些在网上搜索房地产中介和房地产上市的人比那些搜索其他相关关键词（如物业管理）的人更有可能参与房地产交易。

首先，在基准模型中使用过去的房屋销售量和过去的 HPI 数据来预测当前的房屋销售量。如基准 AR（1）模型（模型 0）所示，过去的房价和销售量与当前的房屋销售量高度相关。然后，研究与房地产市场[①]相关的各种搜索指数，发现"房地产中介"和"房地产上市"两类最能预测同期销售量。总体而言，"房地产中介"和"房地产上市"的同期搜索指数与当前的房屋销售量具有显著的统计相关性。如模型 1 所示，在"房地产中介"这一类别的当前搜索指数上升 1 个百分点，同季度的房屋销

[①] 笔者还研究了以下 Google Trends 的预定义类别："公寓和住宅租赁"、"商业和投资房地产"、"房地产开发"、"房地产检查和评估与物业管理"、"房地产上市"、"房地产中介"和"分时度假和度假酒店"。

表 3-1　　　　在线性回归中使用搜索频次来预测当前房屋销售

因变量	季度销售量					
	(0)	(1)	(2)	(3)	(4)	(5)
销售量$_{t-1}$	0.864***	0.864***	0.819***	0.842***	0.806***	
	(0.0125)	(0.0125)	(0.0142)	(0.0130)	(0.0144)	
HPI_{t-1}	-0.140***	-0.140***	-0.158***	-0.177***	-0.188***	
	(0.0175)	(0.0175)	(0.0175)	(0.0196)	(0.0195)	
房地产中介$_t$		16.55***	17.09***		13.41***	48.47***
		(2.450)	(3.424)		(3.523)	(6.415)
房地产中介$_{t-1}$			-0.780		1.170	33.04***
			(3.414)		(3.451)	(6.297)
房地产上市$_t$				23.36***	18.41***	37.37***
				(4.797)	(4.917)	(9.007)
房地产上市$_{t-1}$				-8.062	5.503	-13.16
				(4.831)	(4.876)	(8.728)
观测量	1 561	1 561	1 561	1 561	1 561	1 561
控制变量	季度，州 地区，人口	季度，州 地区，人口	季度，州 地区，人口	季度，州 地区，人口	季度，州 地区，人口	季度，州 地区，人口
州	51	51	51	51	51	51
Adjusted R^2	0.973	0.980	0.981	0.982	0.983	0.970

注：括号中为 Huber-White 稳健标准差，季度销售量以千为单位。

*** 在 1% 的水平上显著，** 在 5% 的水平上显著，* 在 10% 的水平上显著。

售量会增加 16 550 套。美国各州平均每季度房屋销售量为112 037套，16 550套额外销售意味着较各州平均水平上升了14.8%。同样，"房地产上市"这一类别的搜索指数每增加一个百分点会有 23 360 套房屋被售出（模型 3）。在模型 4 中使用当前和过去"房地产中介"和"房地产上市"的搜索指数。两个类别的当前搜索指数和销量再次呈现正相关，但是过去的搜索指数没有这种关系。然而在当前和过去的搜索指数被同时加入模型后，该模型调整的 R^2 略微有所提高（说明模型的拟合优度更高）。模型 5 的结果与模型 4 相似，其中只使用搜索指数，不使用滞后的房屋销售量和 HPI 来预测房屋销售情况。这表明仅使用在线搜索频次也可以预测未来的销售量。如果模型中加入了过去的销售量和 HPI，其调整的 R^2 会略低于基准模型。总的来说，表 3-1 的结果表明在线搜索行为与同期的房屋销售情况高度相关。

为了检验本章的模型是否真的可以预测同期的房屋销售量，本章生成了一组提前一个季度的预测。首先使用 2006 年第一季度到 2008 年第四季度的数据创建一个训练集。使用 50 个州和哥伦比亚特区 11 个季度的数据，筛选出了一组对同期销售量预测效果最好的特征变量。还对不同的函数形式和数据窗口进行试验，看哪种可以在训练集中得到最好的预测结果。结果发现使用搜索指数的简单线性模型可以达到最好的预测结果。为了预测当前销售量，使用前 8 个季度的数据可以提供最好的一致性结果①。除了使用"房地产中介"和"房地产上市"，还从 Google Trends 和搜索字段数据集中探究了其他预定义的类别。然而，结果发现"房地产中介"和"房地产上市"是训练集中预测当前销售量的最佳特征（字段）。接下来，用训练数据集所得的最佳预测模型来对 2009 年第一季度到 2011 年第三季度的销售量进行预测。为了衡量预测结果与真实的房地产指标相比其准确性如何，使用公式（7）所示的平均绝对误差（MAE）。

使用带有搜索指数的模型（公式 2）的平均绝对误差为 0.170（与实际值偏差 17%），基准模型的平均绝对误差为 0.174。简单地将搜索指数添加到线性模型中比基准模型改善了 2.3%，而且在 $p<0.05$ 的显著性水平上显著（模型 0）。将基准模型的 MAE 与加入了搜索指数模型的 MAE 之间的差异用图形描绘出来，如图 3-3 所示，将其命名为 MAE（基

---

① 笔者还用前 4 个季度、6 个季度、8 个季度、12 个季度、24 个季度和 36 个季度进行了试验，以预测同期的销售情况，差别不大，但前 8 个季度的预测从效果上看是最准确的。

准）——MAE（搜索）。在 X 轴以上的点表明添加搜索指数的模型预测结果比仅使用基准模型预测结果要好。图 3-3 中，基准模型的 MAE 比加入搜索指数模型的预测效果要差。虽然平均值的差别不大，但是不同州之间的差异变化较大。一般来说，使用搜索指数的预测对于房屋销量较高的州来说效果更好，这可能表明销量较高也意味着有更多的与房地产相关的在线搜索量。然而由于搜索指数并不能表明搜索者的绝对数量，因此很难确定更多的在线搜索是否会带来更好的预测。本章发现销量和 MAE 差值之间呈负相关关系。

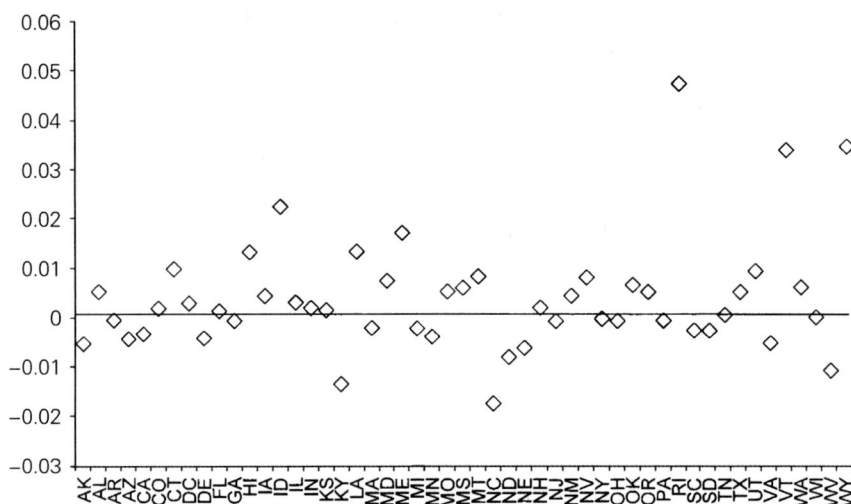

图 3-3　Y 轴表示基准模型（公式（1））的 MAE 和

搜索指数模型（公式（2））的 MAE 之间的平均差值

注：使用 2009 年第一季度到 2011 年第三季度的预测结果，当点在 0 线以上时，基准模型的 MAE 比搜索指数模型的 MAE 表现更差。

接下来使用过去的房屋统计数据与当前和过去的搜索指数来预测未来的住房市场趋势。在做出一个给定的预测时，当前的房屋数据尚不可得，因此只使用前一个季度的房屋统计数据。与滞后发布的房屋统计数据不同，搜索指数几乎是即时获得的，因此可结合近乎实时的搜索行为来预测未来的房地产趋势。

　　首先利用训练集来找到预测未来销售量的最佳统计模型。结果发现效果最好的模型是使用过去 8 个季度的数据建立的线性预测模型。通过对 Google Trends 中各种与房屋相关的搜索词和预定义的搜索类别进行测试，发现最准确的预测指标是当前的"房地产中介"指数，以及滞后一个季度和两个季度的指数。有趣的是，如果将"房地产中介"的指数加入模型，"房地产上市"指数不会使模型预测的能力变得更强。仅使用"房地产中介"的当前和过去的指数，以及过去的 HPI 和房屋销售量的统计数据，以预测未来的房屋销售量，同时在图 3-4 中绘制基准模型的 MAE 与预测模型的 MAE 之间的差异：MAE（基准）——MAE（搜索）。对于大多数州而言，使用搜索指数模型的预测优于基准模型的预测，特别是对于销售量较高的州而言。对于房地产交易量较小的州来说，增加搜索指数并不能提高预测的质量。总的来说，使用搜索指数的模型的 MAE 是 0.172（或 17.2% 偏离真实值），而基准模型的 MAE 是 0.185。使用搜索指数的模型优于基准模型 7.1%，在 $p < 0.05$ 的水平上显著。

　　有趣的是，这一结果表明，加入搜索指数的模型在预测未来的房屋销售量方面比在预测当期销售量方面效果更好（分别优于基准模型 7.1% 和 2.3%）。或许未来的销售量和过去的搜索指数相关性更大，因为买卖一套房子往往需要超过一个季度的时间。例如，虽然在房屋销售过程中的影响因素有很多，但美国 2011 年售出一套房屋的平均时间是 10 个月[①]。因此，从买家的角度而言，在网上的搜索活动潜在地预示了未来 10 个月的房屋销售情况。使用搜索指数预测未来（房屋销售量）效果更好的另一

---

① 统计数据来自认证的卖方代理委员会。参见 http：//www. realty101. com/what-is-the-average-time-to-sell-a-home。

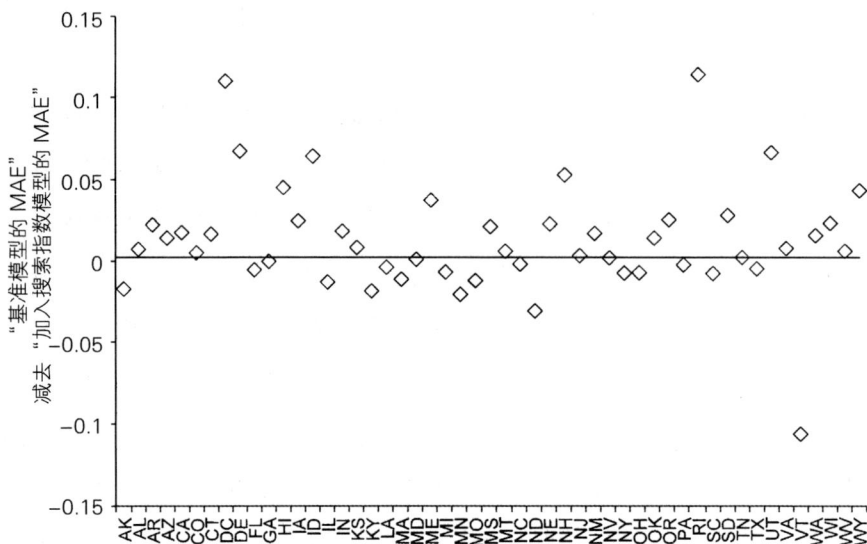

图 3-4　基准模型的 MAE 与加入搜索指数模型的 MAE 之间的差值

个原因，可能是基准模型在预测未来销售量时效果不如预测当期（销售量）表现好。利用上季度的房屋统计数据可以很好地把握当期趋势，但不能把握未来的趋势。因此，对于这些预测，搜索指数等行为信息可能比滞后两期的房屋销售量和 HPI 所提供的信息更有价值。

　　虽然发现相比于基准模型，使用加入搜索指数的模型可以改善预测结果，但是也有必要将本章的模型与该领域专家的真实预测进行比较。因此，笔者从 NAR 处收集每个季度的美国房屋销售的预测。为了预测整个美国的房屋销售量，笔者汇总了每个季度使用搜索指数做的州级预测。笔者将 NAR 的预测和笔者从 2009 年第二季度至 2011 年第三季度总共 10 个季度的预测进行了对比。在预测当前的房屋销售量时，笔者发现本章的预测比 NAR 的稍好一些，但是统计意义上差异并不显著。然而，在预测未来的房屋销售量时，本章的预测比 NAR 的要好得多。NAR 预测结果的 MAE 为 0.110，而加入搜索指数的模型预测结果的

MAE 为 0.084，优于房地产专家预测 23.6% 。汇总的结果见表 3-2，这再次证明了使用搜索指数预测未来（房屋销售量）的能力。使用加入搜索指数的简单线性预测模型，本章就可以超越该领域现有专家的预测。

表 3-2　与美国房地产经纪人协会做出的全美房屋销售量的预测的比较

销售量$_{t+1}$ 的 MAE	Obs.	Mean	Std. err.	Min	Max.
搜索	10	0.084	0.031	0.012	0.156
NAR	10	0.110	0.026	0.050	0.169
Diff.		23.6%		$p<0.01$	

造成该结果的一个原因是 NAR 倾向高估现有房屋销售量，导致了本章的预测效果更好。笔者检验了这个假设，发现 NAR 确实倾向高估而非低估销售量。从 2006 年到 2011 年的 22 个季度中，NAR 平均高估了 20 个季度，错误率比实际销售量高出 7.8%[①]。相比之下本章使用搜索数据在 10 个季度中只有 6 个季度估计偏高，平均误差为 2.4% 。NAR 模型和本章的模型预测都偏高，可能是与预测的时期有关，2008 年至 2010 年间，美国房地产市场经历了近年来最严重的泡沫破裂。在更稳定的时期，可能不会出现这么多的高估现象。

3.6.2　使用在线数据预测房价指数

在表 3-3 中，探讨了房屋相关搜索指数与 HPI 之间的关系。HPI 是根据 Case 和 Shiller（1989）提出的重复加权销售（WRS）方法的修正版本计算的。表 3-3 中的所有模型都在 AR 模型的基础上控制了地区、人

---

①　错误率 =（实际销售-NAR 预测）/实际销售。这个公式使用实际误差，而不是像计算 MAE 那样使用误差率的绝对值。

口和季节的固定效应。和表 3-1 相似，表 3-3 的目的是说明搜索指数与 HPI 相关，可以用来进行预测。从基准 AR 模型（模型 0）可以看出，滞后的 HPI 和滞后的销量与当前的 HPI 呈现正相关关系。在模型 1 中，本章估计了当前"房地产中介"搜索指数与 HPI 之间的相关性，发现搜索指数每增加 1 个百分点，HPI 就会增加 5.986%。然而，上一季度的"房地产中介"搜索指数与当前的 HPI 并没有统计意义上的相关性（模型 2）。接下来，在模型 3 中，引入了"房地产上市"当前和过去的搜索指数。结果发现，当前的"房地产上市"搜索指数与同期 HPI 呈现正相关关系，而滞后一期的搜索指数却和 HPI 呈现负相关关系。最后，在模型 4 中，将当前和过去"房地产中介"和"房地产上市"的搜索指数都加入模型，发现所有的搜索指数都与当前的 HPI 相关。模型的拟合程度也略有提高。这些结果使我们相信结合这两个类别的现在和过去的搜索指数可以预测同期的 HPI。

表 3-3　基于房地产中介和房地产相关搜索指数的 HPI 线性回归

因变量	HPI_t					
	（0）	（1）	（2）	（3）	（4）	（5）
销售量$_{t-1}$	0.959***	0.952***	0.951***	0.952***	0.947***	
	(0.006)	(0.006)	(0.006)	(0.006)	(0.006)	
HPI_{t-1}	0.086***	0.700***	0.069***	0.081***	0.066***	
	(0.004)	(0.0052)	(0.005)	(0.004)	(0.005)	
房地产中介$_t$		5.986***	5.069***		3.520***	6.817
		(0.780)	(1.107)		(1.138)	(4.543)
房地产中介$_{t-1}$			1.268		2.361**	9.146**
			(1.088)		(1.104)	(4.414)
房地产上市$_t$				8.951***	7.919***	16.82***
				(1.528)	(1.560)	(6.246)

因变量	HPI_t					
	(0)	(1)	(2)	(3)	(4)	(5)
房地产上市$_{t-1}$				−5.116***	−4.989***	51.97***
				(1.514)	(1.523)	(5.945)
观测量	1 561	1 561	1 561	1 561	1 561	1 561
控制变量	季度，州地区，人口	季度，州地区，人口	季度，州地区，人口	季度，州地区，人口	季度，州地区，人口	季度，州地区，人口
州	51	51	51	51	51	51
Adjusted R^2	0.987	0.986	0.987	0.987	0.987	0.987

注：括号中为 Huber-White 稳健标准差，季度销售量以千为单位。

*** 在 1% 的水平上显著，** 在 5% 的水平上显著，* 在 10% 的水平上显著。

接下来，在从训练集中得到最佳拟合模型后，预测从 2009 年第一季度到 2011 年第三季度的 HPI。在众多搜索词和房地产相关类别中，笔者仍发现使用"房地产中介"和"房地产上市"的当期和一期滞后的搜索指数，对于预测当前的 HPI 效果最好。和预测房屋销量时使用前 8 个季度的数据不同，笔者发现使用前 4 个季度的数据预测当前 HPI 的效果最好。总的来说，预测准确度在基准模型的基础上提高了 2.54%，与预测当前房屋销量的结果相当。在图 3-5 中以州为单位绘制散点图来展示基准模型的 MAE 与加入搜索指数模型的 MAE 之间的差值。同样，0 线以上的点表示加入搜索指数模型的预测优于基准模型，0 线以下的则相反。

总的来说，有 39 个州，加入搜索指数模型的预测效果比基准模型的好，但这里的预测对于少数几个州而言效果非常差，比如蒙大拿州和南达科他州。这些州的房屋交易量往往低于其他州。与上文在房屋销量中发现的情况类似，加入搜索指数的模型对于预测销量较高的州来说效果更好。

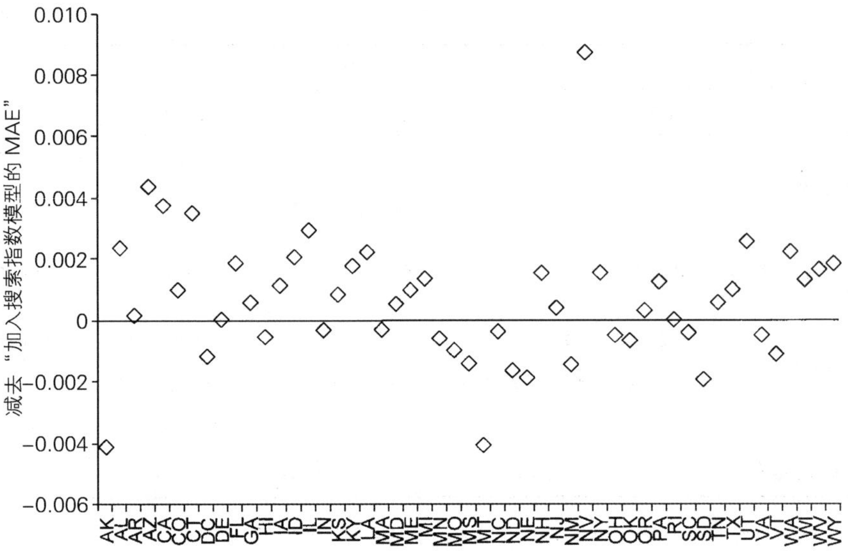

图 3-5　基准模型的 MAE 与加入搜索指数模型的 MAE 之间的差值

　　此外，预测 HPI 可能本来就比预测房屋销量更难。房屋销量会随着住房需求和供给的改变而增加，HPI 却只有在住房需求增加而供给量不增加的情况下才会增加，而在供给增加而没有相应的需求增加的情况下反而会减少。很难知道"房地产中介"或"房地产上市"等一般类别的搜索查询是来自需求方还是供给方，因此，预测 HPI 要比预测房屋销量难得多。例如，买卖双方都需要房地产中介，因此，与房地产中介相关的搜索指数的增加可能来自供求双方，而供求双方都可以提高或降低房价。为了解决这个问题，笔者初步汇总了一些与买家活动相关的词汇，如住房融资、抵押贷款和房屋检查，也汇总了一些与卖家活动相关的词汇，如房屋包装（home staging）。例如，购房者比卖房者更有可能寻找贷款，而卖房者则更有可能聘请一家包装公司（staging company），以便让房产吸引尽可能多的潜在购房者。因此，笔者预计与融资和贷款相关的搜索频率的增加会改变需求曲线，而与住宅包装相关的搜索频率的增加则更有可能改变住房供给曲线。结果发现一些证据表明住房融资与 HPI 呈正相关关系，这表明需求正在向外转移。目前还没有找到一组能够和供给曲线变化保持一致的查询词。由于搜索词的精细化特性，笔者更希望能够创建更准确的指数来精确地梳理出需求曲线和供给曲线的变化规律。

为了探究如何使用搜索指数来预测下个季度的 HPI，笔者首先使用训练数据来寻找可以预测未来 HPI 的最佳特征变量。除了利用"房地产中介"和"房地产上市"的当前和过去的搜索指数，笔者还测试了这些搜索指数的非线性形式，如它们的二次项。总的来说，笔者发现最好的预测指标仍然是"房地产中介"和"房地产上市"的当前和过去指数。有趣的是，笔者发现"房地产中介"的二次项对提高训练集预测的准确性也有所帮助。因此，笔者把这些变量加入到模型中来预测2009 年第二季度到 2011 年第三季度的 HPI。笔者在图 3-6 中绘制出美国各个州的基准模型的 MAE 与加入搜索指数模型 MAE 的差值。对于大多数的州而言，加入搜索指数模型的预测优于基准模型，但是州之间的方差相较于预测当前 HPI 要高。本章对美国的 50 个州和哥伦比亚特区做了 11 个季度的预测。基准模型的 MAE 为 0.027，加入搜索指数模型的 MAE 为 0.026，准确率提高了 2.96%，在 $p = 0.01$ 的水平上显著。不幸的是，NAR 并没有预测 HPI，至少从公开数据源上看是这样。因此笔者无法将笔者预测的 HPI 与 NAR 的预测相比较。

笔者将结果总结在表 3-4 中。使用搜索频率可以提高当前和未来房屋销售量以及 HPI 的预测精度，而且预测未来比预测现在要更有效。由于房屋交易通常需要数月到一年多的时间才能完成，当前的搜索指数对于预测未来的房屋情况会更有用。搜索频率在预测销售量方面比预测 HPI 更有效的部分原因是难以区分能够影响房价的供需双方的变化。

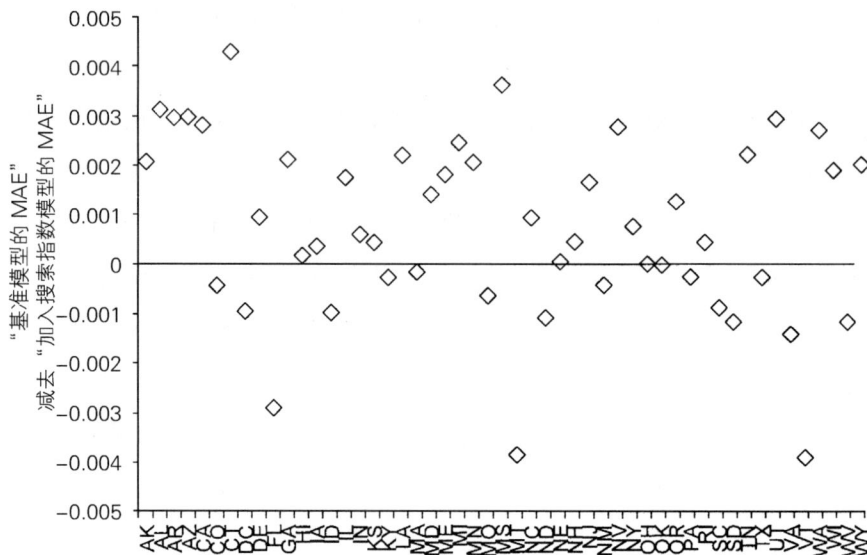

图 3-6　基准模型的 MAE 与加入搜索指数模型的 MAE 之间的差值

表 3-4　　　　　　　　预测当前和未来房屋趋势的 MAE 汇总

	观测量	MAE（搜索）	MAE（基准）	相比基准模型的改进（%）
销售量$_t$	561	0.170	0.174	2.3 **
HPI_t	561	0.026	0.027	2.45 ***
销售量$_{t+1}$	561	0.172	0.185	7.1 **
HPI_{t+1}	561	0.026	0.027	2.96 ***

注：*** 在 1% 的水平上显著，** 在 5% 的水平上显著，* 在 10% 的水平上显著。

3.6.3　预测家电需求

最后，探讨家电销售的趋势。笔者预计房屋销售将会激发（消费者）购买家电的兴趣，增加其未来需求。为了衡量购买家电的兴趣，笔者使用了 Google Trends 中"家电"类别的搜索指数，并报告了它与房屋销售的关系（见表 3-5）。笔者观察到当前的房屋销量与当前的家电指数并不相关（模型 1，模型 4），而（两者之间的相关性）是存在 6 个月的滞后性的，每售出 1 000 套房屋，家电搜索指数就会增长 1.14 个百分点。这是因为买家在购买大宗商品（通常是研究这类购买）之前，首先会搬进自己的新房子。在消费者买了房子之后，在线搜索家用电器的人数自然会增加。因此，可以预计，对家电的在线搜索将滞后于房屋销售。如果在线搜索最终会转化为未来的销售，那么家电搜索指数上升之后，实际需求也可能会上升。同样，笔者发现房地产相关搜索指数与家电搜索指数也存在正相关关系。这凸显出房屋销售和房地产相关产业之间的关系。

表 3-5　　　与家电相关的搜索词和房屋销售量之间的线性回归

	家电方面的搜索词（按季度）			
与家电方面的搜索词相关的因变量	固定效应			
	(1)	(2)	(3)	(4)
房屋销售量$_t$	−0.054			0.188
	(0.0001)			(0.0004)
房屋销售量$_{t-1}$		−0.020		−0.627
		(0.0001)		(0.393)
房屋销售量$_{t-2}$			0.590**	1.140***
			(0.3)	(0.427)
观测量	254	203	152	152
控制变量	季度	季度	季度	季度
州	51	51	51	51

注：括号中为 Huber-White 稳健标准差。

*** 在 1% 的水平上显著，** 在 5% 的水平上显著，* 在 10% 的水平上显著。

3.7　影响

25 年前[1]，Herbert Simon（1984，40）发现：在物理学中，当测量误

①　从本章作者的写作年份算起。——编者注

差和其他噪声与被研究对象数量级差不多时，解决方法应该是找到能够在更高精度的视角下观察解决这个问题的技术，而不是用统计方法从数据中排查出更多的信息。其映射到经济学上的策略也就很明显：就是在微观层面上找到新的数据。

今天，信息技术尤其是互联网搜索查询数据方面的进步，使 Simon 的想法得以实现。谁能想象得到，在消费者踏进商店和市场发生交易之前，我们就能观察到数十亿的消费者和商业意图以及买卖商业行为。这正是搜索查询数据赋予我们的能力。更重要的是，我们可以以几乎零成本、即时地做精细化的数据拆分。这些数据越来越多地被提供给普通消费者、商业人士和各种类型的研究人员。

笔者发现使用相对简单的模型分析在线搜索数据就可以做出更准确的房地产市场走势预测。如果在线搜索模式可以作为一个群体兴趣的一般性指标，那么它也能作为预测经济活动的可靠指标。通过分析房地产趋势，笔者发现搜索指数对预测基本经济趋势效果显著，而且该效果优于这一领域专家的预测（如 NAR 的预测）。这支持了 Web 搜索可以用来预测当前和未来经济活动的假设。例如，与住房有关的搜索可以用来预测经济周期的拐点。

目前，笔者可以使用简单的线性模型和 Google Trends 中一些预定义的房地产类别做出相当准确的预测。由于这些数据的精细化特性，它们可以以许多不同的方式进行聚合来预测基本的经济变化。例如，使用"房地产中介"或"房地产上市"这样宽泛的分类，不如创建一组专门用于衡量供需双方变化的词汇。区分搜索指数来源于供给侧还是需求侧，可以更准确地发现房地产市场的变化的推手。同样，除了销售量和价格，还能对房地产市场做其他更细致的预测。例如，可以创建搜索指数来衡量人们对于买房而不是租房的兴趣，或者新的建筑活动是否随着时间的推移而增长。由于个人搜索查询的精细化特性，研究人员可以构造不同类型的指数并快速测试它们在预测各种房地产趋势和其他方面的有效性。

对房地产市场进行及时准确的预测，不仅惠及建筑、家电等行业，还对购房者和售房者等个人有益。因为对大多数个人来说，买房是最大的支出，也是最大的财务决策之一。获得准确及时的信息可以帮助他们做明智的决定并且有可能使普通家庭节省数万美元。同样，依赖房地产市场的企业也可以从这种简单的互联网搜索数据中获益。及时准确的住房需求预测可以帮助建筑行业完善关于未来战略目标的发展计划，降低其经历楼市从繁荣到萧条周期的概率。精准的房地产市场预测也可以帮助家电行业管理库存。

目前，经济学家、企业家和投资者主要依靠政府和产业组织（如NAR）发布的房地产数据来了解当前的房地产市场，预测未来的市场趋势。然而，政府和产业组织的数据发布会有延迟，而且往往存在有待修正的地方。此外，它们不提供城市层面的报告，而城市层面的数据信息才是买家和卖家做出关键决策所需的依据。由于可以方便地使用在线搜索，现在可以利用简单的技术以低成本收集关于住房市场的数据，并且这些数据更加及时、准确和精细化。Google Trends 不仅每周会提供住房相关查询量的报告，还会提供国家、州和城市层面的详细区域分析。通过利用从Google Trends 收集的精细化数据，投资者和决策者可以对房地产市场有更深入的了解，从而做出更明智的决定。

其他应用及未来研究

使用 Google Trends 的搜索数据不仅可以更好地预测房地产市场，还可以在其他情境中预测未来的经济活动。Scott 和 Varian（本书第 4 章）展示了使用 Google Trends 的搜索指数来进行"临近预报"的案例。具体来说，他们使用贝叶斯变量选择方法来预测当前的消费者情绪等。同样，Choi 和 Varian（2009）指出，搜索引擎数据可以用来预测其他的宏观经济指标，如零售业、汽车销售、旅游和住房等经济指标。除了预测当前态势，笔者发现 Google Trends 可以用来预测技术领域市场标准战的结果。

笔者跟踪了 HD-DVD 和蓝光之间市场标准战的进展。Google Trends 和搜索指数预测蓝光最终会赢是有预见性的。同样，也可以使用搜索频次来预测电子产品和像 Macintosh 等操作系统的市场份额。无须为行业报告支付额外费用，仅凭借 Google Trends 便可以预测某一特定技术是否会争取到绝对的市场份额。

使用搜索引擎数据预测未来比现有模型要好很多，尤其是对于房地产和就业等不会立即发生变化的市场而言。据推测，找到一份工作或者一个居住的地方通常需要数月时间，因此，从搜索中获得的信息对于预测房地产或劳动力市场的未来趋势有很大帮助。

由于搜索查询的精细化特性，为了实现各种特定的预测目的可以有多种不同的分析方法。此外，搜索数据可以和其他类型的精细化数据结合，例如来自数字媒体或者社交媒体的各种数字化痕迹。总之，这些数据可使消费者、管理人员、研究人员和决策者准确把握经济活动的脉搏，做出更明智的决策。

如今我们可以利用 Google Trends 来做许多其他类型的预测。例如，我们可以通过 Google Trends 平台利用与求职相关的搜索指数来预测当前的失业率，而不用等到政府每个月发布劳动统计数据。随着求职活动在越来越多地通过互联网进行，搜索查询在预测失业率方面也会比政府调查更有效。同样，我们也不需要等待行业报告的出现，而是可以使用 Google Trends 来预测销售，比如汽车销售。由于买房、找工作、买车都有可能产生巨大的搜索成本，而且消费者在做出购买决定之前通常都会在网上进行广泛的调查，因此搜索过程留下的数字化痕迹对于做预测具有很大的价值。我们希望未来的研究可以证实相似的预测。

然而，这种方法也有很大的局限性。由于搜索查询数据易于收集，可用来做预测，同样也很容易被操纵。例如，搜索机器人可以用来产生不相关的搜索查询，然后大幅改变搜索指数，从而影响了经济决策过程。未来的工作还应该关注如何检测数据操纵的相关问题，此外，当搜索引擎改变其算法或者用户界面时，搜索查询的可预测性也可能发生显著变化。由于一些搜索引擎经常对算法进行试验和调整，一个今天适用的搜索查询可能在明天就不能发挥作用了。因此，为了保证预测的可行性，监测和更新每个搜索指数中使用的关键字集合显得尤为重要。研究的另外一个焦点是改进生成搜索关键字的方法并随着时间对关键字进行验证。比如说利用一组用户给出潜在关键字建议的"人群平方"方法（Brynjolfsson，Geva，and Reichman 2014）。如果搜索查询对于制定重要的政策和经济决策有重要影响，那么就需要确保关键的利益相关者（如搜索引擎提供商）不能操纵数据以获得私利。

3.8 结论、局限性及未来工作

如今，得益于 IT 和 IT 研究的进步，我们可以观察在线的微观行为。如今的社会科学研究人员可以利用查询数据在卖家、买家、雇主、游戏玩家、工程师、情侣、游客和其他各种各样的决策者执行他们的决策之前就预见到他们的行为，而不是只能依靠费时费力的调查或者普查数据、预定义的指数或者回溯性的金融报告。这种方法可以准确地预测未来几天、几周甚至几个月市场上将会发生什么。搜索给许多市场带来了彻底性的革命，现在它也完全改变了我们的研究方式。

调查谷歌搜索的在线搜索行为是否能够预测潜在的经济活动是一项探索性的研究。利用房屋销售数据，可以发现搜索词与房屋市场未来的销量和价格具有相关性的证据。这也为类似于"经济何时从最近的衰退中复苏"这种未来的经济活动可以用搜索查询来预测这一假设提供了依据。应该意识到谷歌搜索查询并不代表所有的在线房屋搜索活动，也不代表所有售房者和购房者人口统计学上的随机分布。一些消费者在考虑买卖房屋时，可能会绕过搜索引擎直接访问具体网站，比如 Realtor. org。还有些人可能与值得信赖的房地产经纪人有长期的联系，或者不使用互联网。仅使用谷歌搜索将会遗漏这些类型的消费者。然而，尽管缺少了一些人群，本章仍然可以通过谷歌的在线搜索来预测房屋销量和房价，这证明了在线查询在预测经济趋势方面的作用。

最终，使用 Google Trends 收集的微数据被证明是帮助消费者、企业和政府官员对未来做出准确预测以便于做出有效决策的强大工具之一。这些数据提炼出集体智慧以及数百万人和企业在实际交易之前的决策过程中产生的初始意图。由于搜索不具有策略性，它提供了决策者意图的真实信号。与早期大多数社会科学数据相比，其覆盖范围之广、分类程度之精细以及可获得之快都是根本性的突破。因此即使是简单的模型也能被用来做出重要的预测。

当然，还有许多障碍需要克服和改进。例如，当企业和消费者开始依赖查询数据进行决策时（正如我们所预期的那样），对立的各方就会有动机试图降低数据的价值，这可能会产生数十亿错误或误导性的查询。这将反过来误导决策，或许使用这些数据的简单模型的黄金时期是短暂的。从笔者第一次使用 Google Trends 预测房地产趋势到现在已经四年多了。正如在本章中所见，笔者很高兴看到搜索指数还具有预测未来（经济状况）的能力。从搜索指数中获得的信息价值还没有像很多人认为的那样被吸收到经济均衡中。相反，它的影响（至少对房地产而言）一直在持续。与此同时，新类型的微数据也变得可用，比如 Twitter 消息、社交网络数据、手机位置数据，以及消费者日常生活中所产生的各种各样的数字化痕迹。随着搜索的发展，细致的微数据正在激增，其速度远远超出我们管理和使用这些数据的能力。例如，2013 年 4 月 23 日，一条简单的恶作剧消息称白宫发生了两起炸弹爆炸，大约导致了道琼斯工业平均指数在不到 5 分钟的时间里下降了 145 点。或许是 Twitter 的即时传播性和股价波动的潜在短期性使得一条 Twitter 消息迅速传播影响了许多高频交易员的行为。结果股市在几分钟之内蒸发了 1 360 亿美元。然而类似行为不大容易影响变化稍慢的市场，如房屋买卖市场。由于出售一套住房可能需要数月时间，因此，在 1 小时或者 1 天之内的查询指数波动不会对未来的房地产趋势产生重大影响。这种短时间的信息侵入通常通过统计异象测试很快就能被发现，因此使得这样的市场难以被长期操控。未来的研究应该探究哪些类型的市场搜索以及其他形式的数字化痕迹对预测最有用，哪种类型的市场最容易受到操纵。到目前为止，我们已经认识到市场变化的速度可能起作用，但仍有其他许多因素也可能起作用。

最终，各种各样数字化痕迹①的可用性在近些年增长得如此之快，以至于超过了我们理解和使用的能力。因此，研究如何以一种有意义的方式来整合和使用它们以理解现在消费者的情绪和经济后果对未来的研究非常重要。通过提升理解能力，我们或许能更好地将错误或恶意信息与真实的经济信号区分开。这更像是一场猫鼠游戏，因为恶意攻击总是发生在影响决策的战略工具上。通过这些探索，我们还将更好地了解哪些类型的市场可以从微数据预测中获益以及哪些类型的市场更难预测。也许有些市场需要更高的数据质量或者更易于被操纵，比如股市。不同的市场在可预测性方面可能有所不同，这取决于预测交易的数字化痕迹与交易发生之间的时间差。也可能有一些预测是无论数据达到多么精细化的程度都无法做出的。然而，随着越来越多的微数据和方法被广泛使用，我们至少可以得出这样的结论：未来的预测将会比几年前可靠得多。

---

① 经济活动的先行行为总是存在于商业环境下消费者的日常对话及其行踪之中。改变的是对这些先行行为无干扰观察的成本。

参考文献

Appleton-Young, L. 2008. "State of the California Housing Market 2008 – 2009." Technical Report, California Association of Realtors.

Arrow, K. 1987. "Chapter Reflections on Essays" In *Arrow and the Foundations of the Theory of Economic Policy*, edited by G. R. Feiwel, pages 727 – 34. New York: New York University Press.

Brynjolfsson, E., T. Geva, and S. Reichman. 2014. "Crowd-Squared: A New Method for Improving Predictions by Crowd-Sourcing Google Trends Keyword Selection." Working Paper, Center for Digital Business, Massachusetts Institute of Technology.

Brynjolfsson, E., Y. J. Hu, and M. S. Rahman. 2013. "Competing in the Age of Omnichannel Retailing." *MIT Sloan Management Review* 54 (4). http://sloanreview. mit. edu/article/competing-in-the-age-of-omnichannel-retailing/.

Case, K. E., and R. J. Shiller. 1987. "Prices of Single-Family Real Estate Prices." *New England Economic Review* 1: 45 –56.

——. 1989. "The Efficiency of the Market for Single-Family Homes." *American Economic Review* 79 (1): 125 –37.

Choi, H., and H. R. Varian. 2009. "Predicting the Present with Google Trends." Google Research Blog. http://static. googleusercontent. com/media/www. google. com/en/us/googleblogs/pdfs/google_predicting_the_present. pdf.

comScore. 2012. "qSearch: A Comprehensive View of the Search Landscape." Technical Report, comScore. https://www. comscore. com/Products/Audience-Analytics/qSearch.

Davenport, T. H. 2006. "Competing on Analytics." *Harvard Business Review* 84 (1): 98.

Ginsberg, J., M. H. Mohebbi, R. S. Patel, L. Brammer, M. S. Smolinski, and L. Brilliant. 2009. "Detecting Influenza Epidemics Using Search Engine Query Data." *Nature* 457 (7232): 1012 –14.

Glaeser, E. L. 2008. "Housing Prices in the Three Americas." *New York Times*, September 30.

Glaeser, E. L., and J. Gyourko. 2006. "Housing Dynamics." NBER Working Paper no. 12787, Cambridge, MA.

Han, L. 2010. "The Effects of Price Risk on Housing Demand: Empirical Evidence from US Markets." *Review of Financial Studies* 2 3(11): 3889 –928.

Horrigan, J. B. 2008. "The Internet and Consumer Choice: Online Americans Use Different Search and Purchase Strategies for Different Goods." Technical Report, Pew Internet and American Life Project.

Krugman, P. 2009. "How Did Economists Get It So Wrong?" *New York Times Magazine*, September 2, MM36.

Kuruzovich, J., S. Viswanathan, R. Agarwal, S. Gosain, and S. Weitzman. 2008. "Marketspace or Marketplace? Online Information Search and Channel Outcomes in Auto Retailing." *Information Systems Research* 19 (2): 182 –201.

Lazer, D., A. Pentland, L. Adamic, S. Aral, A. -L. Barábasi, D. Brewer, N. Christakis, N. Contractor, J. Fowler, M. Gutmann, T. Jebara, G. King, M. Macy, D. Roy, and M. Van Alstyne. 2009. "Computational Social Science." *Science* 323 (5915): 721 –23.

McAfee, A., and E. Brynjolfsson. 2012. "Big Data: The Management Revolution." *Harvard Business Review* 90 (10): 60 –66.

Moe, W. W. , and P. S. Fader. 2004. " Dynamic Conversion Behavior at E-Commerce Sites. "
    Management Science 50 (3): 326–35.

National Association of Realtors (NAR) Research Staff. 2012. " Profile of Home Buyers and
    Sellers 2012. " Technical Report, National Association of Realtors.

Pentland, A. S. 2010. *Honest Signals*. Cambridge, MA: MIT Press.

Simon, H. A. 1984. " On the Behavioral and Rational Foundations of Economic Dynamics. "
    Journal of Economic Behavior and Organization 5 (1): 35–55.

Wu, L. , B. Waber, S. Aral, E. Brynjolfsson, and A. S. Pentland. 2008. " Mining Face-to-face
    Interaction Networks using Sociometric Badges: Predicting Productivity in an IT
    Configuration Task. " International Conference on Information Systems 2008
    Proceedings, 127.

第4章 用于经济学时间序列预测的贝叶斯变量选择

Steven L. Scott　Hal R. Varian[①]

4.1 引言

目前，计算机在许多经济交易中都处于核心地位。这些"以计算机为中介的交易"的详细情况可在数据库中获得，并用于随后的分析（Varian，2010）。然而，数据库中可能包含大量的数据，因此通常需要进行数据规约，以缩小数据规模。

促使我们开展这项工作的一个例子是 Google Trends，这是一个根据进入 Google 的查询行为生成搜索活动索引的系统。相关系统 Google Correlate 会产生一个与用户输入的时间序列相关的查询索引。这些数据有很多用途，但本章重点讨论如何利用这些数据对经济指标进行短期经济预测。

Choi 和 Varian（2009 a，2009 b，2011，2012）描述了如何利用搜索

---

① Steven L. Scott 是谷歌的统计学家。Hal R. Varian 是谷歌公司的首席经济学家，也是加利福尼亚大学伯克利分校的荣誉教授。关于作者致谢、研究支持的来源以及作者重要财务关系的披露（如有），请参见 http：//www. nber. org/chapters/c12995. ack。

引擎数据预测同期宏观经济指标。这类同期预测，即"临近预报"，对中央银行非常有价值，并且这些机构已经展开了数项后续的相关研究，如Arola 和 Galan（2012）、McLaren 和 Shanbhoge（2011）、Hellerstein 和 Middeldorp（2012）、Suhoy（2009）、Carrière-Swallow 和 Labbé（2011）的研究。Choi 和 Varian（2012）还提到了另外几项与这一领域相关的工作。Wu 和 Brynjolfsson（本卷第 3 章）描述了一项通过跨界数据将 Google Trends 的数据应用于真实房地产市场分析的研究。

在这些研究中，研究者们利用他们对特定预测问题的相关性的判断来选择进行预测的自变量。例如，在搜索引擎中检索"购买车辆"类别，这当然是预测汽车销售量的一个好的策略，而检索"失业档案"之类的查询则有助于预测首次申请失业救济的人数。

使用人工判断的一个困难是，当可能的自变量数量超过观察次数时，对模型不容易进行尺度划分，即存在所谓的"脂肪回归"问题。例如，截至 2004 年 1 月 1 日，Google Trends 服务为数以百万计的搜索查询和数以百计的搜索类别提供了数据。即使我们限制自己只使用类别数据，我们也有几百个可用来进行预测的自变量和大约 100 个月的数据。在本章中，我们提出了一种可扩展的时间序列预测方法来应对脂肪回归问题。

4.2　变量选择的方法

Castle，Qin 和 Reed（2009）以及 Castle，Fawcett 和 Hendry（2010）描述并比较了 21 种用于时间序列预测的变量选择方法。这些技术可分为四大类：

- 显著性检验（前向和后向逐步回归，Gets）
- 信息标准（AIC、BIC）
- 主成分和因素模型（例如，Stock and Watson 2010）

● Lasso、Ridge 回归和其他惩罚回归模型（例如，Hastie，Tibshirani，and Friedman 2009）

我们的方法是将三种统计方法结合在一起，形成一个综合系统，我们称为贝叶斯结构时间序列或简称 BSTS。这三种方法是：

● 基于卡尔曼滤波器来估算趋势和季节性的"基本结构模型"；

● 用于变量选择的钉板回归；

● 利用贝叶斯模型对最后预测的最佳执行模型计算平均数。

我们简要回顾了这些方法，并描述了它们是如何适应我们的框架的。

4.2.1 结构时间序列和卡尔曼滤波器

Harvey（1991），Durbin 和 Koopman（2001），Petris，Petrone 和 Campagnoli（2009）等多人提出了基于卡尔曼滤波器的时间序列预测。"基本结构模型"将时间序列分解为四个分量，分别为层次、局部趋势、季节效应和误差项。为了精简，本文描述的模型去掉了季节效应，加入了一个回归分量。该模型被称为"带回归的局部线性趋势模型"。

该模型是经典的常数趋势回归模型的一个随机泛化，$y_t = \mu + bt + \beta x_t + e_t$。

在这一经典模型中，水平（μ）和趋势（b）参数为常数，x_t是同期回归的向量，β是回归系数的向量，e_t是误差项。

在局部线性趋势模型中，每一个结构分量都是随机的，特别是水平项和坡度项都遵循随机游走模型。

（1）$y_t = \mu_t + z_t + v_t$ 　　　　$v_t \sim N(0, V)$

（2）$\mu_t = \mu_{t-1} + b_{t-1} + w_{1t}$ 　　$w_{1t} \sim N(0, W_1)$

（3）$b_t = b_{t-1} + w_{2t}$ 　　　　$w_{2t} \sim N(0, W_2)$

（4）$z_t = \beta x_t$

该系统中待估算的未知参数为方差项（V，W_1，W_2），回归系数为β。

如果我们简化趋势和回归系数，设定 $b_t=0$ 和 $\beta=0$，则"局部趋势模型"将变成"局部水平模型"。当 $V=0$ 时，局部水平模型为随机游走模型，因此对 y_{t+1} 的最好预测为 y_t。当 $W_1=0$ 时，局部水平模型为常数均值模型，因此对 y_{t+1} 的最好预测为所有观测值的 y_t 的平均值。也就是说，局部水平模型有两种比较流行的时间序列模型作为特例。

在局部线性趋势模型中添加季节性分量很容易，在这种模型中，它被称为"基本结构模型"。在附录中，我们将这类"基本结构模型"描述为一般结构时间序列模型，而文献中的其他模型则作为特例。

使用局部水平模型时，还可以允许时变回归系数，使用时只需将系数作为另一组状态变量。在实际应用中，可以把这一点限制在几个系数上，特别是在处理小样本时只使用几个系数。

4.2.2　Spike-and-Slab 变量选择

Spike-and-Slab 方法是由 George 和 McCulloch（1997）以及 Madigan 和 Raftery（1994）提出的模型选择方法。

其将 γ 作为一个全零（或全一）的向量，表示某一回归中是否包含某一自变量。更精确地说，γ 是与 β 相同长度的向量，其中 $\gamma_i=1$ 表示 $\beta_i\neq 0$，而 $\gamma_i=0$ 表示 $\beta_i=0$。以 β_γ 表示 $\gamma_i=1$ 是 β 的子集，而 σ^2 表示回归模型的剩余方差。

作为钉板（spike-and-slab）优先项（β，γ，σ^{-2}）的联合分布，它可以进行常规的因式分解。

（5）$p(\beta,\ \gamma,\ \sigma^{-2})=p(\beta_\gamma\mid\gamma,\ \sigma^{-2})\,p(\sigma^{-2}\mid\gamma)\,p(\gamma)$

为这些先验分布指定函数形式有几种方法。在这里，我们描述一个特别方便的方法。

先验分布的穗状区域指零点质量，我们为每个 i 假设一个伯努利分布，则其先验值为伯努利分布的乘积：

$$（6）\ \gamma \sim \prod_i \pi_i^{\gamma_i}(1-\pi_i)^{1-\gamma_i}$$

假如没有详细的先验信息，可以简便地设置所有 π_i 等于同一个数 π。另外，研究者也可能期望平均而言 K 可能的系数中只有 k 个系数是非零的。在这种情况下，很自然地可以设置 $\pi = k/K$。在我们的特定应用程序中，我们将使用谷歌趋势目录作为预测器，对哪些目录具有相关性会有一个先验信念。

$p(\gamma)$ 的选项也可以设置得比较复杂。例如，非伯努利模型可以用来编码，如层次原则（当低阶交互不存在时，高阶交互也不存在）。下面描述的 MCMC 方法对特定的先验选项具有鲁棒性。

"板坯"成分是由非零系数构成的一个先验值，取决于知道哪些系数非零。以 b 为回归系数先验猜测的一个向量，以 Ω^{-1} 为先验精度矩阵，当 $\gamma_i = 1$ 时，以 Ω_γ^{-1} 代表 Ω^{-1} 的行与列，则条件共轭的"楼板"先验为：

$$（7）\ \beta_\gamma \,|\, \gamma,\ \sigma^2 \sim N\left(b_\gamma,\ \sigma^2(\Omega_\gamma^{-1})^{-1}\right),\ \frac{1}{\sigma^2} \sim \Gamma\left(\frac{df}{2},\ \frac{ss}{2}\right)$$

通常，假设 $b = 0$（截距项可能除外），并且 $\Omega^{-1} \propto X^T X$，其中范例公式（7）被称为 Zellner 氏 g – 先验（Chipman et al. 2001）。由于 $X^T X / \sigma^2$ 是整个数据中的全部 Fisher 信息，因此，将 $\Omega^{-1} = \kappa(X^T X)/n$ 参数化合理的做法是对 κ 观测到的信息进行平均化。

Zellner 氏 g – 先验存在一个问题，当设计矩阵中含有真正的冗余预测因子时（如预测因子数可能超过观测器数的情况），$X^T X$ 秩亏，这就意味着某些 γ，$p(\beta,\ \sigma \,|\, \gamma)$ 的值是不恰当的。我们可以通过对 $X^T X$ 的（对角矩阵）平均来进行纠正，从而使：

$$\Omega^{-1} = \frac{\kappa}{n}\left[w\,X^T X + (1-w)\,\mathrm{diag}(X^T X)\right]$$

需要被选择的最终值是 df 和 ss。可以通过查询建模器获得期望从回归中获得的 R^2 统计值，以及想分配给这一猜测的权重，从而以观测到的当量数来衡量 df 和 ss。df 参数为观测值的等效个数时，

$$ss = df(1 - R^2)s_y^2$$

执行钉板回归先验的软件可以为期望的模型规模 κ、期望的 R^2 值和 df 值做出合理的默认选择，从而为建模器提供选项，包括可接受的默认值，或是提供自己的输入值。

4.2.3 贝叶斯模型平均

具有钉板回归先验的贝叶斯推理是在时间序列回归模型空间上实现贝叶斯模型平均的一种有效方法。按照以下描述，通过对模型中各参数的后验分布进行抽样，我们可以对模型进行预测。后验得到的参数可以与可用的数据结合起来，从而预测得到 y_{t+1} 的实际结果。多次重复以上步骤，我们可以估算出预测值 y_{t+1} 的后验分布。

采用这种方法的动机来源于 Madigan 和 Raftery（1994）的论证，即一个模型集合的平均并不比集合中最好的单个模型差。关于贝叶斯模型平均的工具和应用的链接见 Volinsky（2012）。

4.3 模型的估计

卡尔曼滤波器、钉板回归和模型平均都有自然贝叶斯的解释，并且往往可以很好地结合起来。所需估计的基本参数包括 γ（回归中的变量）、β（回归系数）和误差项的方差（V，W_1，W_2，W_3）。

正如附录中详细描述的，我们明确了每一项参数的先验值，然后利用 Markov Chain Monte Carlo（MCMC）技术从后验分布中取样。有一些精巧的捷径可以使这一采样过程非常有效。详情在附录、Scott 和 Varian（2014）相关论文中有具体说明。

这些技术可以从后验分布中抽取得到一个样本，用于设定构建后验分布的参数及预测感兴趣的时间序列。

4.4　有趣的先验值

我们已经提到过，用一个信息丰富的先验值描述可能的预测数的想法是可行的。因此，用回归中的先验值来表示可能的关系是可行的。例如，人们也许期望汽车采购可能与汽车查询相关。

一个不那么明显的例子是使用基于数据的先验值来估计状态和观测方差（V，W_1，W_2，W_3）。尽管谷歌趋势数据能追溯到 2004 年 1 月，但经济时间序列往往要长得多。利用长序列估算单变量卡尔曼滤波器中参数的后验分布，然后将这种后验分布作为具有 Google Trends 数据的短序列的先验分布是可行的。

4.5　消费者信心指数临近预报

为了说明 BSTS 在消费者信心指数临近预报中的应用，我们对密歇根大学 2004 年 1 月至 2012 年 4 月的消费者信心进行了月度调查。我们把重点放在了临近预报（Nowcasting）上，因为我们期望时间 t 的查询与时间 t 的消费者信心相关，但并不足以预测未来较远的消费者信心。

我们从 Google Trends 中获得的数据始于 2004 年 1 月，样本于 2012 年 4 月结束，共提供了 100 个观测数据。我们使用了 Google Trends 中与经济学有一定联系的 151 个类别，用于选择预测因子。基于作者的判断，从约 300 个查询项中选择了潜在的预测因子。

问题是从一组 151 个可能的预测因子中找到适合 100 个观测的预测因子。这个体量即便没有真正达到脂肪回归，也可以视为中度臃肿。

消费者信心指数并不具有很强的季节性，但是很多潜在的预测因子都是季节性的，因此我们首先利用 R 命令 stl 对数据进行去季节性处理。然后通过对每个预测因子进行简单时间趋势回归，进而对预测因子进行去趋势化处理。通过对预测因子时间序列的直观检验，表明这些技术足以"白化"数据。

在此基础上，我们采用了前面描述的 BSTS 估计方法。图 4-1 显示了前五个预测因子的包含概率。白色的柱形图表示消费者信心与预测因子呈正相关关系，黑色的柱形图表示消费者信心与预测因子呈负相关关系。柱形图的长度代表了预测因子所代表的估计模型所占的比例。

财务规划是最重要的预测因子，几乎包含了所有探讨过的模型。美国在此目录下的查询排行榜可以在谷歌趋势网页上找到。

第二个最有可能的预测因子是投资，并且与消费者信心呈负相关关系。这一类的最高查询是"股票"、"黄金"、"保真"、"股票市场"、"银"、"黄金价格"、"相互"、"史考特证券"和"金融"。

图 4-1 中包括能源类别，很可能是因为汽油价格，众所周知，汽油价格与美国的消费者信心有负相关关系。我们无法解释为什么图 4-1 中还包括搜索引擎，然而对该系列的可视化检查显示，在经济衰退开始时，它确实会改变方向。我们推测，金融危机影响了那些与经济条件有关的查询，这些查询被分为商业新闻和搜索引擎两大类。

图 4-2 显示了一步预测和实际观测的后验分布。

需要注意的是，回归参数是用整个数据样本估算的，但 t 时期的预测是按照 $t-1$ 期的消费者信心值和时间 t 的观察查询类别（包括类别）进行的。

该模型的预测精度较高，一步预测的平均绝对误差约为 4.5%。朴素 AR（1）模型的一步预测平均绝对误差为 5.2%，结果显示提升了约 14%。实际结果、基准 AR（1）、回归和 BSTS 一步预测的时间序列图如图 4-3 所示。

由此可见，BSTS 系统可以将预测分解为趋势分量和回归分量。趋势分量基本上可以视为单变量卡尔曼滤波预测，而回归分量则从查询类别中

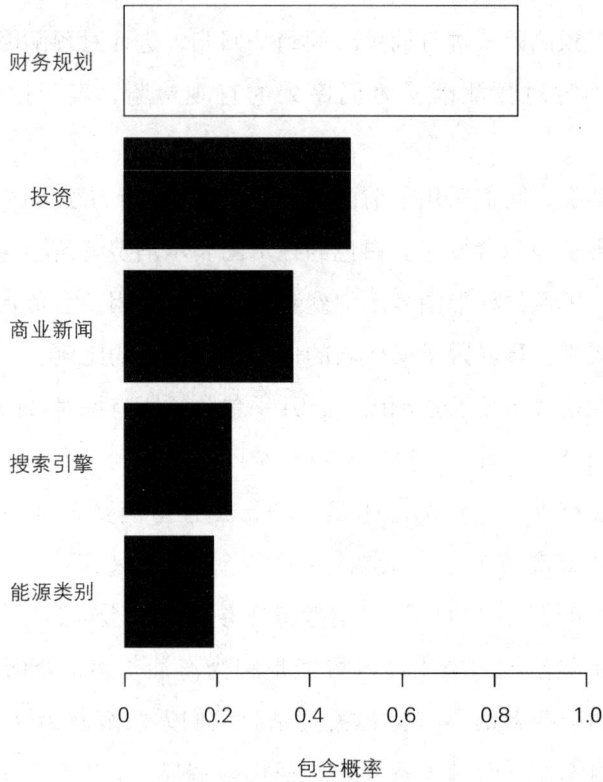

图 4-1　消费者信心前五位预测因子

注：柱形图显示了包含的可能性。阴影表示系数的标志。

选取预测因子。图 4-4 说明了每个状态变量对拟合的贡献，并对拟合结果进行了回归。每个面板中的弱虚线是先前的拟合。

4.6　枪支销售的临近预报

全国即时犯罪背景调查系统（NICS）是美国联邦调查局（FBI）向联邦火器许可证持有者提供的服务，它可以迅速确定潜在买方是否有资格

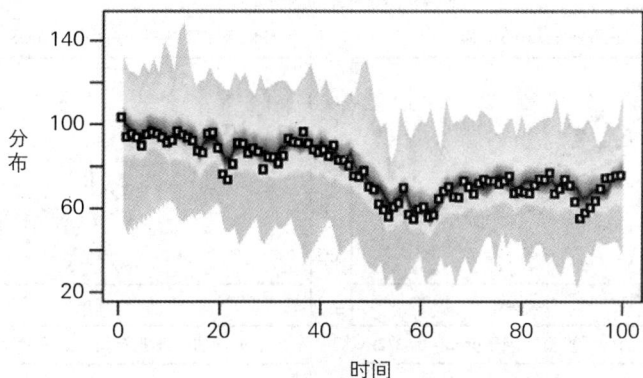

图 4-2 一步预测和观测的后验分布

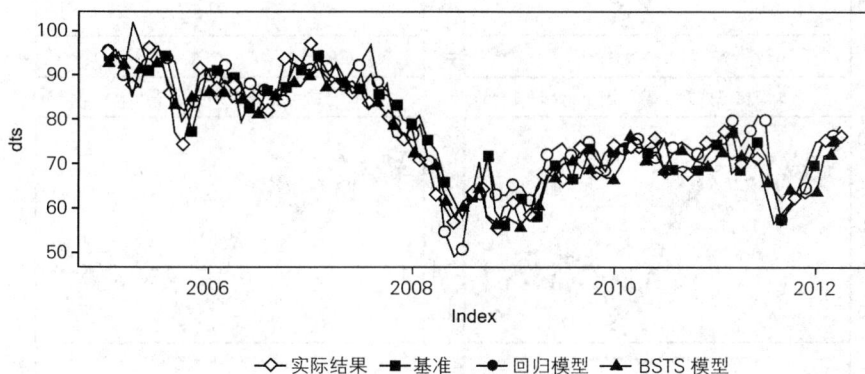

→◇— 实际结果 ──■── 基准 ──●── 回归模型 ──▲── BSTS 模型

图 4-3 实际结果、基准 AR（1）、回归和 BSTS 一步预测

购买火器或爆炸物。每月一次有关检查次数的报告可在网上查到①。

我们下载 NICS 数据，并将其提供给 Google Correlate，产生了 100 个与此系列高度相关的查询。前十位是"stack on"、"bread"、"44 mag"、

---

① http：//www. fbi. gov/about-us/cjis/nics/reports/080112_ 1998_ 2012_ Monthly_ Yearly_ Totals. pdf.

1.趋势 (mae = 5.7134)	2.增加"财务计划"因子(mae = 4.9965)

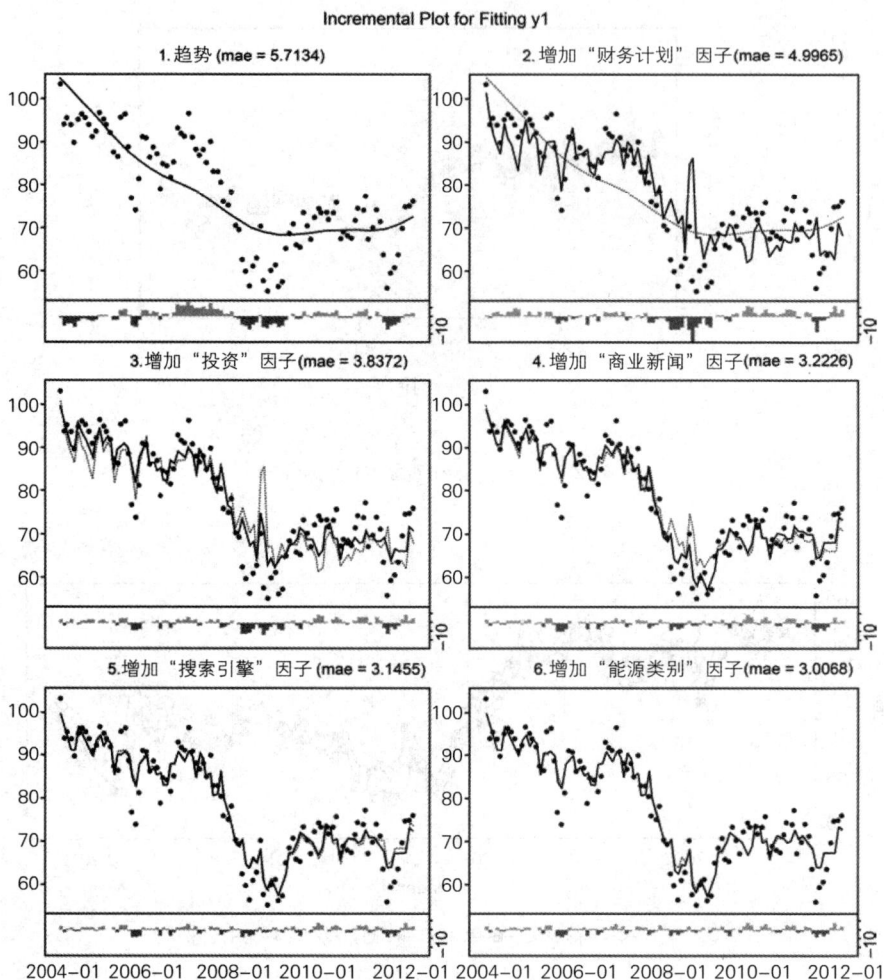

3.增加"投资"因子 (mae = 3.8372)	4.增加"商业新闻"因子(mae = 3.2226)

5.增加"搜索引擎"因子 (mae = 3.1455)	6.增加"能源类别"因子(mae = 3.0068)

图4-4　利用谷歌趋势数据对消费者信心进行预测的分解

注：变量按包含概率排序，标题中给出了平均绝对误差，每个面板底部显示残差。

"buckeye outdoors"、"mossberg"、"g star"、"ruger 44"、"baking"、
".308"和"savage 22"。这些查询大多涉及武器，例外的情况（如面包和烘烤）则与狩猎节有关。在许多州中，狩猎节的开始时间与感恩节的时间大致相同。

我们利用 BSTS 算法从该集合中找到了最佳的预测因子，用于 NICS 背景检测数据。由于数据具有很强的季节性，我们同时采用了局部线性趋势和季节状态变量。到目前为止最好的预测因子是"gun stores"，然而有趣的是，它在相关名单上的排名只是第 36 位。单纯使用 trend+季节模型的样本内 MAE（平均绝对误差）为 0.34，而添加"gun stores"使 MAE 大幅度降低到 0.15。图 4-5 显示了如何通过添加趋势、季节性和查询数据来改善样本内拟合。

我们还使用 Google Trends 提供的所有 585 个顶点来拟合每月 NICS 数据的 107 个观测数据。表 4-1 显示了两个最有可能的预测因子。"娱乐·户外·狩猎和射击"这一目录是迄今为止最有可能的预测因子。预测的分解如图 4-6 所示，结果表明回归部分的贡献很大。

表 4-1　　　　　用于 NICS 检测的 Google Trends 预测因子

因素类别	平均值	Inc. 概率
娱乐·户外·狩猎和射击	1 056 208	0.97
探险·旅行	−84 467	0.09

4.7　总结

我们描述了贝叶斯方法对时间序列进行变量选择，该方法结合了卡尔曼滤波器、钉板回归和模型平均。虽然该系统是利用 Google Trends 数据开发进行临近经济预报的，但还有许多其他可能的应用。

例如，Brodersen 等人（2013）描述了如何利用 BSTS 评估广告（AD）的有效性。其基本思想是建立一个 BSTS 模型，利用趋势、季节和回归成分对网站访问进行预测。当发起一场广告活动时，该模型可以用来预测在没有这场活动的情况下会发生的反事实情况。实际情况与反事实情

拟合 y 的增量图

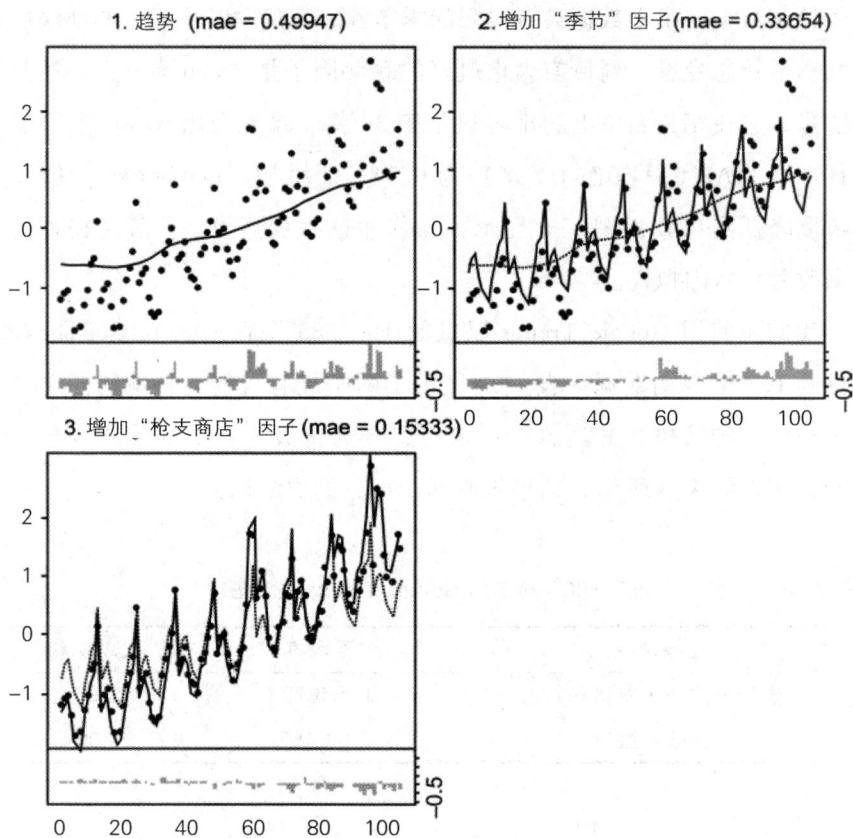

1. 趋势 (mae = 0.49947)

2. 增加"季节"因子(mae = 0.33654)

3. 增加_"枪支商店"因子 (mae = 0.15333)

图 4-5　基于相关数据的 NICS 预测分解

注：变量按包含概率排序，标题中给出了平均绝对误差，剩余值显示在每个面板的底部。

况之间的差异提供了广告活动的因果效应。

我们的工作主要集中在临近预测上，因为在大多数情况下，信息查询者所采取的行动是与相关查询同时发生的。但在有些情况下，如计划休假或购买住房，有关的查询可能在几个月前就已经进行了。在这种情况下，查询可能有助于更长期的预测（见如 Choi and Liu 2011）。

当越来越多的数据可以轻松获取时，在许多其他情况下将会出现

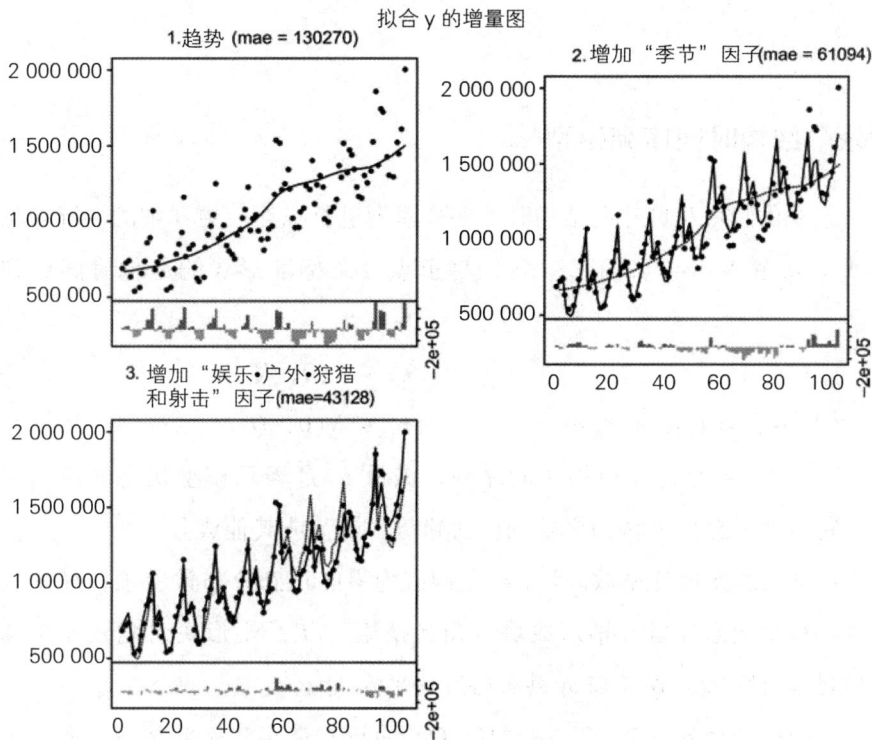

拟合 y 的增量图

图 4-6　基于 Google Trends 数据的 NICS 预测分解

注：变量按包含概率排序，标题中给出了平均绝对误差，剩余值显示在每个面板的底部。

"脂肪回归"问题，我们预计模型的选择将会很有意思。虽然"大数据"广泛存在，但奇怪的是，在大多数情况下，太多的注意力都集中在抽样不确定性上，而真正的问题在于模型的不确定性。我们认为，贝叶斯方法（如我们所描述的方法）可以更好地描述模型的不确定性（见 Varian（2014）供进一步讨论）。

人们普遍认为，测量许多小模型取平均值比使用单一复杂模型能提供更好的样本外预测性能。贝叶斯方法为执行这种平均提供了一个原则，而这种平均又能带来更好的预测。

附录 结构时间序列模型

这里我们将对贝叶斯结构时间序列模型进行描述。更详细的情况参见文献 Scott 和 Varian（2014）。我们将重点介绍标准形式的结构时间序列模型。

$$y_t = Z_t^T \alpha_t + \epsilon_t \qquad\qquad \epsilon_t \sim N(0, H_t)$$

$$(8)\ \alpha_{t+1} = T_t \alpha_t + R_t \eta_t \qquad\qquad \eta_t \sim N(0, Q_t)$$

在这里，y_t 是待建模的时间序列，矢量 α_t 是表示模型状态的潜在变量，它包含了建模者认为必要的任何趋势、季节或其他成分。

Z_t 是状态变量的系数向量，ϵ_t 是均值为零的正态分布误差项，H_t 是其方差。每个状态分量分别形成块对角转换矩阵 T_t、矩形块对角残差矩阵 R_t 和观测向量 Z_t。误差项 η_t 具有协方差矩阵 Qt。

利用模型矩阵 (Z, T, R, H, Q) 可以构造卡尔曼滤波器，而卡尔曼滤波器随后可以用于通过当前观测值 y_{t+} 预测未来值（$y_1, \cdots, y_t$）。卡尔曼滤波器的一个重要特点是它具有天然的贝叶斯解释能力，可以很容易地与我们所选择的变量和模型平均技术相结合。

回归

在静态框架（回归系数固定）和动态框架（回归系数随时间变化）中，回归因子可以被纳入结构时间序列模型中。

在动态回归中，系数是状态向量的一个分量，它是一个随时间演化的随机过程。相对而言，在静态回归中，系数是固定的，参数是未知的。将静态回归成分包含在模型中的一个便捷方法是设置 $\alpha_t = 1$，$t_t = 1$，$q_t = 0$ 以

及 $z_t = \beta' x_t$。该规范将 $\beta' x_t$ 添加到了其他状态分量的分配中（是很有计算效率的），因为它只在模型中添加一个附加状态。在状态空间的维度中，Kalman 递归是二次型的，因此小尺度是有益的。

利用马尔科夫链蒙特卡洛方法评估模型

我们通过马尔科夫链蒙特卡洛方法评估参数的后验分布。以 θ 表示模型参数（β，σ，ψ）集合，其中 ψ 是与状态变量相关而与静态回归无关的所有模型参数的集合，完整的数据后验分布则为：

$$(9)\ p(\theta,\ \alpha\ |\ y) \propto p(\theta)\ p(\alpha_0) \prod_{t=1}^{n} p(y_t\ |\ \alpha_t,\ \theta)\ p(\alpha_t\ |\ \alpha_{t-1},\ \theta)$$

为了从后验分布中抽取样本，我们采用一种有效的 Gibbs 采样算法，该算法在 $p(\alpha\ |\ \theta,\ y)$ 和 $p(\theta\ |\ \alpha,\ y)$ 之间进行交替采样，并从一个具有平稳分布 $p(\theta\ |\ \alpha,\ y)$ 的马尔科夫链中抽取产生一个序列

$(\theta,\ \alpha)_0,\ (\theta,\ \alpha)_1 \ldots$。

关键点在于模型的时间序列和回归分量依据 α 的情况相对独立。因此，从 $p(\theta\ |\ \alpha,\ y)$ 中抽取的东西会被分解成若干独立的不同状态分量的后验条件分布。具体而言，$p(\psi,\ \beta,\ \sigma^{-2}\ |\ \alpha,\ y) = p(\psi\ |\ \alpha,\ y)\ p(\beta,\ \sigma^{-2}\ |\ \alpha,\ y)$。

采样 α

在线性 Gauss-Ian 结构时间序列模型中，采用卡尔曼滤波器对状态进行采样的想法由 Carter 和 Kohn（1994）、Frühwirth-Schnatter（1994）分别独立提出。de Jong 和 Shepard（1995）、Rue（2001）等对早期算法进行了各种改进。我们使用的方法由 Durbin 和 Koopman（2002）提出，该

方法发现 $p(\alpha \mid \theta, \gamma)$ 的方差不依赖于 γ 的数值。Durbin 和 Koopman 于 2001 年提出了一种利用卡尔曼滤波器计算 $E(\alpha \mid y, \theta)$ 的快速平滑方法。

这样可以通过简单的迭代公式(8)来模拟一个伪数据集 $(y^*, \alpha^*) \sim p(y, \alpha \mid \theta)$。然后利用快速均值平滑器将条件均值 $E(\alpha^* \mid \theta, y^*)$ 从 α^* 中减去，该均值现在为零，且方差正确。第二个快速平滑器可用于通过添加 $E(\alpha \mid y, \theta)$ 而得到具有正确距的 α。由于 $p(\alpha \mid y, \theta)$ 是高斯型的，正确的矩意味着正确的分布。

采样 θ

通常，用于状态分量的采样模型很多都基于简单的随机游走，其方差参数对采样条件 α 的依赖很小。例如，参考公式（4）中描述的局部线性趋势模型的状态变量：

$$\mu_{t+1} = \mu_t + \delta_t + \eta_{0t}$$
$$\delta_{t+1} = \delta_t + \eta_{1t}$$

其中，η_0 和 η_1 为独立的高斯误差项，方差分别为 ψ_0^2 和 ψ_1^2。$\psi_0^{-2} \sim \Gamma(df_0/2, ss_0/2)$ 和 $\psi_1^{-2} \sim \Gamma(df_1/2, ss_1/2)$ 为独立的伽马先验，其完全条件是两个独立的伽马分布的乘积，

$$p(\psi_0^{-2}, \quad \psi_1^2 \mid \alpha) = \Gamma\left(\frac{df_0 + n - 1}{2}, \frac{SS_0}{2}\right) \Gamma\left(\frac{df_1 + n - 1}{2}, \frac{SS_1}{2}\right),$$

其中，

$$SS_{0 = ss_0} + \sum_{t=2}^{n} (\mu_t - \mu_{t-1} - \delta_{t-1})^2, \text{ 且 } SS_{1 = ss_1} + \sum_{t=2}^{n} (\delta_t - \delta_{t-1})^2 \text{。}$$

给定 α 下这些完整的数据以充分的统计量，所以从 ψ_0^{-2} 和 ψ_1^{-2} 完全条件分布中抽取的数据是微不足道的。多数传统状态模型可以相似地被这样

处理，包括 BSM 的季节分量和动态回归系数。

（β，σ^{-2}）的完全条件与其他状态成分无关，此时，$\widetilde{y}_t = y_t - Z_t^T \alpha_t + \beta^T x_t \sim N(\beta^t x_t$，$\sigma^2)$。因此，从每个 y_t 中去除其他状态成分的贡献值，剩下的便得到了标准的钉板回归。后验分布则可以通过模拟有效地利用吉布斯采样步骤，从 $p(\gamma \mid \alpha$，$y)$ 中提取值，再从已知的闭合形式 $p(\beta_\gamma$，$\sigma^{-2} \mid \gamma$，α，$y)$ 中提取值，从而有效地模拟后验分布。该技术被称为"随机搜索变量选择"（George and McCulloch 1997）。Ghosh 和 Clyde（2011）对 SSVS 算法进行了很多被证明是有效的改进，但我们采用基本算法也取得了令人满意的效果。

β_γ 和 σ^{-2} 的条件后验可以在标准文本中找到（如 Gelman et al. 2002）。它们是：

（10）$p(\beta \mid y$，α，γ，$\sigma^{-2}) = N(\widetilde{\beta}_\gamma$，$\sigma^2 V_\gamma)$，和 $p(\sigma^{-2} \mid y$，α，γ，$) = \Gamma\left(\dfrac{df + n}{2}$，$\dfrac{ss + \widetilde{S}}{2}\right)$

完整数据充分统计量为：$V_\gamma^{-1} = X^T X_\gamma + \Omega_\gamma^{-1}$，$\widetilde{\beta}_\gamma = V_\gamma(X^T \widetilde{y}_\gamma + \Omega_\gamma^{-1} b_\gamma)$，$\widetilde{S} = \displaystyle\sum_{t=1}^{n} (\widetilde{y}_t - x_t^T \widetilde{\beta}_\gamma)^2 + (\widetilde{\beta}_\gamma - b_\gamma)^T \Omega_\gamma^{-1}(\widetilde{\beta}_\gamma - b_\gamma)$。$p(\gamma \mid \alpha$，$y)$ 的分布可以表示为：

（11）$p(\gamma \mid y$，$\alpha) \propto \dfrac{|\Omega_\gamma^{-1}|^{-\frac{1}{2}}}{|V_\gamma^{-1}|^{-\frac{1}{2}}} \widetilde{S}^{-(df+n)/2}$

以 $|\gamma|$ 表示包含成分的个数。在 Zellner 的 g-先验之下可以很容易地得知

$$\frac{|\Omega_\gamma^{-1}|}{|V_\gamma|} = \left(\frac{\kappa/n}{1 + \kappa/n}\right)^{|\gamma|}$$

在 $|\gamma|$ 中是减小的。一般情况下，$|\Omega_\gamma^{-1}| \leq |\Omega_\gamma^{-1} + X^T X_\gamma|$，这意味着 $p(\gamma \mid y$，$\alpha)$ 倾向预测因子少、残差变化小的模型。

公式（11）可用在吉布斯采样算法中，给定 γ_{-i}（除 γ_i 外的 γ 元素）时，提取每个 γ_i。每个完全条件分布与公式（11）成正比，γ_i 只能假设两个可能的值。注意，$p(\gamma \mid y, \alpha)$ 只需对实际包含在模型中的变量进行矩阵计算。因此，在模型稀疏的情况下，吉布斯采样器需要对小矩阵进行大量廉价的分解，这使得即使在预测因子较多的问题上，SSVS 的计算也容易处理。

参考文献

Arola, Concha, and Enrique Galan. 2012. "Tracking the Future on the Web: Construction of Leading Indicators Using Internet Searches." Technical Report, Bank of Spain. http://www. bde. es/webbde/SES/Secciones/Publicaciones/Publicaciones Seriadas/DocumentosOcasionales/12/ Fich/do1203e. pdf.

Brodersen, Kay, Fabian Gallusser, Jim Koehler, Nicolas Remy, and Steven L. Scott. 2013. "Inferring Causal Impact Using Bayesian Structural Time-series Models." Technical Report, Google, Inc. http://research. google. com/pubs/pub41854. html.

Carrière-Swallow, Yan, and Felipe Labbé. 2011. "Nowcasting with Google Trends in an Emerging Market." *Journal of Forecasting* 32 (4): 289–98. doi: 10.1002/ for. 1252.

Carter, Chris K., and Robert Kohn. 1994. "On Gibbs Sampling for State Space Models." *Biometrika* 81 (3): 541–53.

Castle, Jennifer L., Nicholas W. P. Fawcett, and David F. Hendry. 2010. "Evaluating Automatic Model Selection." Technical Report no. 474, Department of Economics, University of Oxford. http://economics. ouls. ox. ac. uk/14734/1/paper474. pdf.

Castle, Jennifer L., Xiaochuan Qin, and W. Robert Reed. 2009. "How to Pick the Best Regression Equation: A Review and Comparison of Model Selection Algorithms." Technical Report no. 13/2009, Department of Economics, University of Canterbury. http://www. econ. canterbury. ac. nz/RePEc/cbt/econwp/0913. pdf.

Chipman, Hugh, Edward I. George, Robert E. McCulloch, Merlise Clyde, Dean P. Foster, and Rober A. Stine. 2001. "The Practical Implementation of Bayesian Model Selection." In *Lecture Notes-Monograph Series*, vol. 38, 65 – 134. Beach-wood, OH: Institute of Mathematical Statistics.

Choi, Hyunyoung, and Paul Liu. 2011. "Reading Tea Leaves in the Tourism Industry: A Case Study in the Gulf Oil Spill. Technical Report, Google, Inc. http://www . google. com/url? q =http% 3A% 2F% 2Fwww. google. com% 2Fgoogleblogs% 2Fpdfs % 2Fgoogle _ gulf _ tourism _ march2011. pdf.

Choi, Hyunyoung, and Hal Varian. 2009a. "Predicting Initial Claims for Unemployment Insurance Using Google Trends." Technical report, Google, Inc. http:// research. google. com/archive/papers/initialclaimsUS. pdf.

——. 2009b. "Predicting the Present with Google Trends." Technical report, Google, Inc. http://google. com/googleblogs/pdfs/google_predicting_the_present . pdf.

——. 2011. "Using Search Engine Data for Nowcasting-An Illustration." In *Actes des Rencontrees Économiques*, pages 535 –38. Recontres Économiques d' Aix-en-Provence, Le Cercle des économistes. Aix-en-Provence, France. http://www. lecercle deseconomistes. asso. fr/ IMG/pdf/Actes_Rencontres_Economiques_d_Aix-en-Provence-2011. pdf.

——. 2012. "Predicting the Present with Google Trends." *Economic Record* 88, 2 –9. http:// onlinelibrary. wiley. com/doi/10. 1111/j. 1475 –4932. 2012. 00809. x/pdf.

de Jong, Piet, and Neil Shepard. 1995. "The Simulation Smoother for Time Series Models." *Biometrika*, 82 (2): 339–50.

Durbin, James, and Siem Jan Koopman. 2001. *Time Series Analysis by State Space Methods*. Oxford: Oxford University Press.

——. 2002. "A Simple and Efficient Simulation Smoother for State Space Time Series Analysis."

Biometrika 89 (3): 603–16.

Frühwirth-Schnatter, Sylvia. 1994. "Data Augmentation and Dynamic Linear Models." *Journal of Time Series Analysis* 15 (2): 183–202.

Gelman, Andrew, John B. Carlin, Hal S. Stern, and Donald B. Rubin. 2002. *Bayesian Data Analysis*, 2nd ed. Boca Raton, FL: Chapman and Hall/CRC.

George, Edward I., and Robert E. McCulloch. 1997. "Approaches for Bayesian Variable Selection." *Statistica Sinica* 7: 339–73. http://www3.stat.sinica.edu.tw/statistica/oldpdf/A7n26.pdf.

Ghosh, Joyee, and Merlise A. Clyde. 2011. "Rao-Blackwellization for Bayesian Variable Selection and Model Averaging in Linear and Binary Regression: A Novel Data Augmentation Approach." *Journal of the American Statistical Association* 106 (495): 1041–52.

Harvey, Andrew. 1991. *Forecasting, Structural Time Series Models and the Kalman Filter.* Cambridge: Cambridge University Press.

Hastie, Trevor, Robert Tibshirani, and Jerome Friedman. 2009. *The Elements of Statistical Learning*, 2nd ed. New York: Springer Science+Business Media.

Hellerstein, Rebecca, and Menno Middeldorp. 2012. "Forecasting with Internet Search Data." Liberty Street Economics Blog of the Federal Reserve Bank of New York, January 4. http://libertystreeteconomics.newyorkfed.org/2012/01/forecasting-with-internet-search-data.html.

Madigan, David M., and Adrian E. Raftery. 1994. "Model Selection and Accounting for Model Uncertainty in Graphical Models Using Occam's Window." *Journal of the American Statistical Association* 89: 1335–46.

McLaren, Nick, and Rachana Shanbhoge. 2011. "Using Internet Search Data as Economic Indicators." Bank of England Quarterly Bulletin, June. http://www.bankofengland.co.uk/publications/quarterlybulletin/qb110206.pdf.

Petris, Giovanni, Sonia Petrone, and Patrizia Campagnoli. 2009. *Dynamic Linear Models with R.* New York: Springer Science+Business Media.

Rue, Håvard. 2001. "Fast Sampling of Gaussian Markov Random Fields." *Journal of the Royal Statistical Society:* Series B (Statistical Methodology) 63 (2): 325–38.

Scott, Steven L., and Hal R. Varian. 2014. "Predicting the Present with Bayesian Structural Time Series." *International Journal of Mathematical Modelling and Numerical Optimisation* 5 (1/2): 4–23.

Stock, James. and Mark Watson. 2010. "Dynamic Factor Models." In *Oxford Hand-book of Economic Forecasting*, edited by M. Clements and D. Hendry. Oxford: Oxford University Press.

Suhoy, Tanya. 2009. "Query Indices and a 2008 Downturn: Israeli Data." Technical Report, Bank of Israel. http://www.bankisrael.gov.il/deptdata/mehkar/papers/dp0906e.pdf.

Varian, Hal R. 2010. "Computer Mediated Transactions." *American Economic Review Papers & Proceedings* 100 (2): 1–10.

——. 2014. "Big Data: New Tricks for Econometrics." *Journal of Economic Perspectives* 28 (2): 3–28.

Volinksy, Chris. 2012. "Bayesian Model Averaging Home Page." Technical Report, Bell Labs. http://www2.research.att.com/~volinsky/bma.html.

第 5 章　搜索实体和数字媒体——图书查找平台的演变

Michael R. Baye　Babur De los Santos　Matthijs R. Wildenbeest[①]

5.1　引言

　　互联网对人们的购物方式产生了深远影响。2012 年，美国的在线销售额为 2 130 亿美元，占零售总额的 8%。互联网和数字化对媒体产品的销售产生了更大的影响，部分原因是人们搜索、获取和消费这些产品的方式发生了变化。2012 年，美国在线图书销量约占图书总销量的 44%，电子图书销量占图书总销量的 11%。[②] 数字化音乐的销售额占 2012 年音乐

　　① 迈克尔·R. 贝耶是印第安纳大学凯莱商学院的伯特·埃尔沃特商学教授、商业经济学和公共政策教授。巴布尔·德·洛斯·桑托斯是印第安纳大学凯莱商学院商业经济学和公共政策助理教授。马泰斯·R. 瓦尔登比斯特是印第安纳大学凯莱商学院商业经济学和公共政策副教授。

　　我们感谢两位匿名审稿人，以及 Avi Goldfarb、Shane Greenstein、Marc Rysman、Catherine Tucker、Hal Varian 和 NBER 数字经济学会议的研讨会参与者，感谢他们提供的宝贵意见。我们也感谢 Susan Kayser、I. K. Kim、Joowon Kim、Yoojin Lee 和 Sarah Zeng 的研究协助。与这项研究有关的数据和研究协助资金来自谷歌向印第安纳大学提供的赠款。本章所表达的观点是作者的观点，不一定代表印第安纳大学或谷歌的观点。如有需致谢、研究支持的来源和作者重要财务关系的披露，请参见 http：//www．nber．org/chapters/c12989.ack。

　　数据来自弗雷斯特研究公司，2013 年 3 月。

　　② 数据来自《出版人周刊》，2013 年 5 月。

行业总销售额的一半以上。

　　本章主要讨论互联网和数字化如何改变消费者获取图书、音乐和电影等媒体产品信息的方式。[①] 10多年前，消费者在寻找图书、CD或DVD时，必须花费大量时间在这些实体产品的销售商中进行搜索。考虑到当时的搜索技术（例如，使用电话联系不同的卖家，或者从一家实体店到另一家实体店），典型的消费者在选择去何处购买时，他们所做出的决定往往限制在其居住地附近的零售商店。互联网和数字化降低了消费者获取信息的成本，使消费者更容易识别和购买最符合自己喜好的图书、CD或DVD等媒体产品。

　　主流的媒体平台（如Netflix、亚马逊和iTunes）现在都会采用先进的算法为用户提供特定媒体主题的推荐，这些算法既考虑了给定用户的喜好，也考虑了其他用户的评分信息。消费者还可以通过诸如Facebook等社交网络收到推荐信息；"朋友们"可以表明他们是否"喜欢"某首歌、某部电影或某本书。这些推荐系统中有许多是实时运行的，并使用具有相似曲线图的消费者购买模式来识别消费者可能并不知道的产品。

　　此外，搜索技术的进步使消费者更容易直接获得与其购买决策相关的信息。消费者可以使用通用的搜索引擎（如谷歌）、比价网站（如BookFinder）以及导航到特定零售商的网站并在其平台上进行搜索（如亚马逊和iTunes）。搜索技术的这些变化使消费者能够找到范围更广的产品，使长尾理论中提到的——如果商品储存、流通、展示的场地和渠道足够宽广，商品生产成本急剧下降以至于每个人都可以进行生产，几乎任何以前看似需求极低的产品，只要有人卖，都会有人买——变得更容易实现；以至于现在更容易找到那些罕见的和鲜为人知的书籍、音乐和电影。受益于数字化，消费者现在可以通过大量连接到互联网上的设备查看图书页面样本，收听样本音乐，观看电影场景。简而言之，找到"合适的"产品现

----

① 数据来自尼尔森，2013年1月。

在不那么费劲了，而且比较不同卖家对该产品的卖价也更容易了。

　　本章编写的动机来自最近消费者搜索媒体产品的方式发生了变化。直到最近，大多数涉及媒体的在线产品搜索都是使用基于浏览器的平台进行的。然而，对数字媒体的搜索越来越多地发生在销售音乐和视频内容（如 iTunes）或图书（如亚马逊 Kindle 和巴诺书店 Nook）的封闭平台上。这种转变在音乐行业更为成熟，2012 年，数字内容的音乐产品占音乐产品销量的 37%，是数字图书占图书总销量的比例的 3 倍还要多。

　　由于数字图书还处于起步阶段，本章的其余部分将重点讨论互联网和数字化对图书行业的影响。我们的目标是让读者对未来 10 年图书搜索的发展趋势有一个大致的了解，并强调在这一领域工作的研究人员在未来几年中可能遇到的一些挑战和问题。尽管如此，我们讨论的许多问题都与媒体有关，如音乐和视频，以及消费者可能在网上搜索和购买的非媒体类产品。我们强调数据的局限性和识别与产品相关的技术挑战、基于浏览器平台的相关产品搜索（如搜索引擎、价格比较网站和零售网站），以及在封闭的系统（例如，智能手机和 iPad 类的平板计算机上的应用程序或 Apps、Kindle 和 Nook 等平台）中对相关产品的搜索。最后，我们提供了一些初步证据，表明搜索者正在转向新的、不断发展的搜索平台，而不是基于浏览器的平台（如搜索引擎）来查找书籍。

　　如上所述，图书行业是一个值得研究的行业，因为它已经感受到了互联网带来的重大变化，而且在未来 10 年中，由于数字化，它可能会经历更多的变化。尽管电子图书还处于起步阶段，但这项技术使消费者可以在几乎任何地方定位、购买和阅读图书。未来 10 年，研究人员面临的挑战是，这种活动越来越多地发生在封闭系统中，在这些系统中，搜索活动不容易被平台之外的人察觉。

　　本章节与大量关于消费者搜索行为的文献有关，这些文献始于 Stigler（1961）关于信息经济学的奠基性文章。随后的文献集中解释了价格分散度是一种平衡现象——特别是在信息摩擦力非常小的网络市场。[①] 最近的文献无疑就是实证，研究了搜索成本等行业特征如何影响价格分散度的水平。例如，在千禧年之初，许多研究考察了互联网对价格和价格分散度的影响。[②] 在这些研究中，有几项研究专门针对在线图书行业。Clay，Krishnan 和 Wolff（2001）研究了网上书店的价格，发现卖家之间的竞争加剧导致了更低的价格和更低的价格分散度。此外，他们还提出了企业层面行为的多样性。Brynjolfsson，Hu 和 Smith（2003）量化了在线书店日益增强的多样性对经济的影响（以及在长尾理论中消费者识别书籍的能力）。他们的估算表明，2000 年，在线图书市场使消费者的福利增加了 10 亿美元。Chevalier 和 Goolsbee（2003）展示了如何使用销售排行数据获得亚马逊和巴诺书店（Barnes & Noble）的弹性估算，并发现巴诺书店的需求比亚马逊更具价格弹性。Chevalier 和 Mayzlin（2006）研究了消费者评论对亚马逊网站和 barnesandnoble. com 网站销售的影响。Hong 和 Shum（2006）开发了只使用价格数据估算搜索成本的技术，并将其方法应用于在线销售的图书。Forman，Ghose 和 Goldfarb（2009）提供了有力的证据，证明在线图书市场和离线图书市场是相互关联的；当实体书店开业时，该地区附近的消费者在线购买的图书数量会减少。De los Santos（2012），De los Santos，Hortaçsu 和 Wildenbeest（2012）利用浏览行为和购书数据估算了搜索成本。

本章的其余部分组织如下：下一节将简要概述图书行业，并重点介绍过去 20 年来发生的一些更重要的变化。第 5.3 节提供了一个数据驱动的视图，展示了消费者如何使用不同的浏览器平台（如书商网站、价格对比网站和搜索引擎）来定位图书和书商。第 5.4 节研究了搜索强度在书籍生命周期中的变化，并提供了在通用的搜索引擎上对图书标题的搜索开

---

① 参见 Baye，Morgan 和 Scholten（2006）的调查。
② Baye，De los Santos 和 Wildenbeest（2013）对产品搜索在离线市场和在线市场的演变进行了概述。

始减少的初步证据。具体来说，消费者似乎正越来越多地从通用的搜索引擎转向使用零售商网站和封闭系统来查找图书。第5.5节介绍了电子书和实体书的价格差异，还研究了这些价格在司法部反垄断部门就苹果和图书出版商使用代理合同提起诉讼之前、期间和之后是如何演变的。在第5.6节中，我们简要地介绍了几个研究项目的附加议题。

5.2 图书行业概况及数据集描述

在过去的20年里，图书行业发生了许多变化。迄今为止，最重要的变化是从在传统实体书店销售图书转向在网上销售图书。图书是第一批在网上成功销售的产品之一。最早、规模最大的在线零售商之一亚马逊于1995年7月创办了一家在线书店。Barnesandnoble. com 成立于1997年5月。之后许多初创公司纷纷效仿，现有的实体书店也开始在网上开设店铺。大多数在线书店（如1bookstreet、A1books 和 Fatbrain 等零售商）已经不复存在；许多公司在新千年开始后不久的互联网泡沫破裂期间破产。鲍德斯是美国最大的实体书店之一，2011年破产。如今，零售图书行业包括亚马逊、巴诺书店、规模较小的书店以及大众零售商（如沃尔玛）提供的图书已经很少了。

图书行业最近的一个变化是向电子书的转变。虽然电子书早在1971年就出现了，当时迈克尔·哈特将《独立宣言》作为古登堡计划的一部分制作出了电子书，但索尼LIBRIé阅读器于2004年在日本的发布（随后索尼PRS-500阅读器于2006年在美国发布）才是现代电子书受欢迎程度激升的开端。[①] 索尼LIBRIé阅读器是使用电子墨水（E Ink）技术的第一个商用设备，它极大地改善了阅读体验，比当时的电子书阅读器需要更少

---

① 参见 Manley 和 Holley（2012）对电子书历史的概述。

的电池电量。亚马逊在 2007 年 11 月发布了基于电子墨水技术的 Kindle。2009 年 11 月，巴诺发布了 Nook。2012 年 6 月底，亚马逊以 55% 的市场份额（包括 Kindle 和 Kindle Fire）引领了电子书阅读器市场，其次是 Nook（14%）。如今，索尼的电子书阅读器占据了 1% 的市场份额。[1] 随着平板计算机、智能手机、台式计算机和笔记本计算机等应用程序的出现，电子书阅读器的定义越来越模糊。事实上，在经历了 2006 年以来的大幅增长之后，随着消费者转向平板计算机，传统电子书阅读器的销量预计在 2012 年出现下滑。[2]

随着电子书阅读器的普及，电子书的销量也在增长。截至 2010 年 7 月，亚马逊的 Kindle 电子书销量超过精装书。2011 年 4 月以来，亚马逊的 Kindle 电子书销量超过精装书和平装书的销量之和（不包括免费电子书）。[3] 如表 5-1 所示，2006—2009 年间，电子书在整个行业销售中所占的份额非常小。然而，从 2009—2012 年，电子书的销量占整个行业销量的比例从 2.8% 上升到 11%。

表 5-1　　　　2006—2009 年美国印刷图书及电子图书销售情况

年份	印刷图书		电子图书		总量
	单位（百万美元）	百分比（%）	单位（百万美元）	百分比（%）	单位（百万美元）
2006	11 123	99.5	54	0.5	11 177
2007	11 384	99.4	67	0.6	11 451
2008	10 831	99.0	113	1.0	10 944
2009	10 711	97.2	313	2.8	11 024

资料来源：Mintel/美国出版商协会。图书销售不包括教育和专业书籍。

---

① 来自 Bowker 市场研究公司的估计。

② 请参阅 http://news.cnet.com/8301-1035_3-57558710-94/rip-e-book-reader-rise-of-tablet-drives-e-reader-drop/。

③ 请参阅 http://phx.corporate-ir.net/phoenix.zhtml?c=176060&p=irol-news Article&ID=1565581。

大多数电子书阅读器支持开放的 ePub 格式（亚马逊的 Kindle 支持专有的 AZW 格式，是个明显的例外）。从理论上讲，这意味着消费者可以在支持 ePub 格式的书店购买电子书，并在另一台电子书阅读器上阅读。然而，书店使用数字版权管理（DRM）来保护电子书的内容，不同的书店不一定使用相同的数字版权管理标准。尽管有很多方法（例如，剥离 DRM）可以解决这个问题，但是对大多数消费者来说，这是很难做到的。这意味着，在实践中，电子书市场具有许多双面市场的特征，一方面是出版商，另一方面是读者，书店和电子书阅读器作为中介。[①]

电子书的兴起可能会对消费者搜索图书的方式产生重大影响。电子书的购买者不太可能使用 web 浏览器查找和购买图书，因为在用于阅读电子书的设备中进行搜索通常更方便。此外，由于 DRM 缺乏可互换性，消费者在书店或平台之间比较价格变得不那么有利，从而导致更少的消费者会去零售店购买图书。不幸的是，我们在大多数的（封闭的）平台里没有观察到消费者的搜索模式，而未来的研究人员可能不仅在搜索书籍方面，而且在通过封闭设备或移动设备应用程序来搜索任何产品方面，会越来越多地遇到这个问题。我们面临的挑战是试图从基于浏览器搜索可获得的数据中，寻找搜索平台或设备上无法获得的搜索数据中包含的关于搜索转移的证据。因此，本章的其余部分专门关注基于浏览器的搜索。

这些发展——向网上销售图书的转变以及向电子书的转变——对传统实体书店的图书销售产生了重大影响。图 5-1 显示了 1992—2007 年间，实体书店的月平均销售额大约翻了一番。然而，2007 年以来，传统书店的销量一直在下降。实体书销量的下降与两件事同时发生，因此很难分别找出销量下降的原因。其中一个事件是经济衰退，据美国国家经济研究局（NBER）的数据，此次衰退始于 2007 年 12 月，结束于 2009 年 6 月。另一个事件是 2007 年 11 月亚马逊推出了 Kindle 电子书阅读器。虽然我们认

---

① 参见 Rysman（2009）关于双边市场经济学的讨论。

为实体书销量下降的原因是一个有趣而开放的问题，但表 5-2 中的数据表明，2007 年后，传统书店销售下降的部分原因可能是读者更普遍地转向电子书和在线渠道。

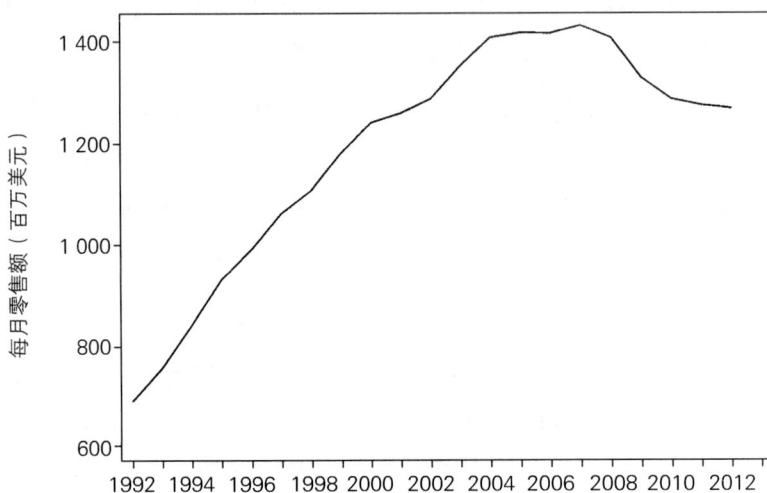

图 5-1　实体书店的月度零售额

资料来源：美国人口调查局为北美产业分类体系（NAICS）451211（书店）所做的月度零售贸易调查。

表 5-2　　　　　　　　　　2005—2009 年各大书店营业收入

书店名称	收入/百万美元					变化率（%）
	2005	2006	2007	2008	2009	
连锁书店						
巴诺	5 103	5 261	5 411	5 122	5 596	9.7
鲍德斯	4 031	4 063	3 775	3 242	2 791	−30.8
布米	504	521	536	515	509	1.0
网上书店						
亚马逊	3 046	3 582	4 630	5 350	5 964	95.8
巴诺	440	433	477	466	525	19.4
鲍德斯	—	—	—	46	60	—
布米	28	26	27	25	24	−13.8

本章其余部分的分析依赖于 4 个不同的数据集：第一个数据集是由来自 comScore 的搜索规划者的数据组成的。它包含了最流行的搜索术语信息，这些搜索术语于 2010 年 2 月至 2013 年 2 月被用于主要的通用搜索引擎来访问特定的站点。[①] 搜索规划者使用 comScore 面板数据，其包含了大约 200 万美国用户所有的在线浏览活动。第二个数据集来自 comScore qSearch，也使用了 comScore 面板数据。它包含了从 2011 年 1 月到 2013 年 2 月超过 200 家在线书店的搜索量和搜索强度的月度数据。[②] 第三组数据集使用了 2004—2013 年间谷歌趋势的相对搜索量数据。我们的最终数据集包含了 2012 年各大书店销售的大量纸质和数字图书的价格。这些数据是使用 Java 编写的 scraper 获得的。[③]

在进行了上述的背景简单介绍之后，我们现在转向搜索。

5.3 搜索图书和书商

消费者可以通过许多方式使用互联网搜索书籍或书商。

第一种方法是使用诸如谷歌、Yahoo（雅虎）或 Bing（必应）之类的通用搜索引擎来搜索特定的书名、特定的作者名或其他与图书相关的特定的搜索词。在使用搜索引擎时，搜索结果通常显示为可单击的链接，将用户定向到特定的网站，它们通常是外部网站。大多数通用搜索引擎同时显示付费和非付费（绿色的）结果；付费搜索结果通常出现在搜索结果

[①]　有关这些数据的更详细描述，参见 Baye，De los Santos 和 Wildenbeest（2012）。
[②]　有关这些数据的更详细描述，参见 Baye，De los Santos 和 Wildenbeest（2013）。
[③]　关于这些数据的详细描述，见 De los Santos 和 Wildenbeest（2014）。

页面的顶部和侧边。

第二种方法是使用比价网站来确定某本书的卖家。比价网站是向消费者提供价格信息和其他产品信息的中介机构。[1] 比价网站对消费者是免费使用的，而零售商要付费。通常，这些费用是用户每次在比价网站上点击指向零售商网站的链接时支付的。大多数比价网站允许用户浏览或使用搜索框进行搜索。搜索图书的消费者可以在许多不同的比价网站中进行选择，从 Nextag 和 Bing Shopper 等通用的比价网站到 BooksPrice 或 BookFinder 等专门的图书比价网站，消费者都可以进行选择。以图书为导向的比价网站通常允许用户按 ISBN 号以及书名或作者姓名进行搜索。

第三种选择是直接访问书商的网站或其他零售商的网站，并在其网站内进行搜索。大多数网上书店允许消费者按书名、作者姓名或 ISBN 号进行搜索。亚马逊和巴诺等在线书店也在其网页上提供畅销书的链接，让消费者无须使用搜索框就能浏览产品。此外，在线书店还会显示基于以前购买的图书或以前看过的图书条目的建议，以帮助消费者找到合适的书。一些在线书商还允许第三方书商在它们的网站（如亚马逊市场和巴诺市场）上销售图书，这使得消费者无须离开网站就可以进行价格比较。

如前所述，第四种选择越来越有吸引力（尤其是对那些搜索电子书的人来说），那就是在亚马逊的 Kindle 或巴诺书店的 Nook 等封闭设备上进行搜索。这些搜索数据对研究人员来说并不容易获得。

5.3.1　在通用搜索引擎上进行与图书相关的搜索

我们首先来看看在主要的通用搜索引擎（谷歌、必应、雅虎和 Ask）上与图书相关的搜索数量。为此，我们使用 comScore 的搜索规划者数据，

---

[1]　参见 Moraga-González 和 Wildenbeest（2012）关于比较站点和它们对价格竞争的影响的讨论。

这是基于 200 万美国用户的浏览活动，这些用户是 comScore 面板数据的一部分。作为这些数据的一部分，我们观察到了在主要的通用搜索引擎中用于访问指定站点的最流行的搜索术语。为了说明数据的性质，表 5-3 显示了给巴诺带来自然流量的谷歌上排名前 25 的搜索词。① 排名第一的搜索词是"巴诺书店"（barnes & noble），点击量为 376 678 次。请注意，表 5-3 中有几个排名前 25 的搜索词是站点名称或统一资源定位符（URL）的变体或错误拼写形式（例如，"barnes and nobles"、"barnes"、"bn"和"www. bn. com"）。这意味着搜索者可能经常将通用搜索引擎作为输入他们希望访问的站点 URL 的快捷方式，然后在站点上实际搜索图书。还要注意的是，排名前 25 的搜索词中包括了竞争对手（如"amazon"）。在列表的更下方，我们开始看到与特定书籍相关的词汇（例如，排名第 20 位的搜索词是"the vow book"）。

表 5-3 也显示了搜索规划者数据的一个弱点：出于隐私和其他原因，comScore 有时会报告"＊＊＊"和"name name"，而不是实际的搜索短语。这是表 5-3 中排名第四和第六的搜索词的情况，因此，不能准确地确定这些搜索的性质。在接下来的分析中，这些术语将被忽略。这并不理想，因为这些未知（因此被排除）的搜索可能指向作者或 ISBN 号。

为了更好地了解引导用户从搜索引擎到书店的搜索术语的性质的相关情况，我们检查了导致流量流向亚马逊和巴诺的全部搜索术语的列表，它们分别为 2 053 个搜索术语和 180 个搜索术语，我们将其分为 5 类：①网站的名字，包括网站的名称或 URL（包括错误的拼写）；②非图书类，包括图书以外的产品；③图书类，包括实物图书和电子书；④电子书阅读器，包括对电子书阅读器硬件或者软件的检索；⑤其他书店，包括其他书店的

---

① 2011 年 9 月，巴诺收购了鲍德斯的知识产权，包括鲍德斯的域名。Borders. com 现在重定向到 barnesandnoble. com，这解释了表 5-3 中相对较多的与鲍德斯相关的搜索词。

表 5-3　　Google 排名前 25 位引导用户进入巴诺书店的搜索词

排序	搜索短语	自然点击次数
1	barnes and noble	376 678
2	borders bookstore	82 689
3	borders book store	52 006
4	* * *	27 699
5	barnes and noble locations	21 666
6	name name	20 675
7	barnes and nobles	19 800
8	amazon	19 748
9	barnesandnoble	17 785
10	nook	13 483
11	facebook	10 680
12	barnes & noble	9 900
13	nook tablet	9 775
14	barnes	8 623
15	borders. com	7 465
16	google	7 163
17	bn. com	7 118
18	books	6 923
19	borders	6 382
20	the vow book	6 199
21	name fire	5 143
22	bn	4 819
23	nook color update	4 564
24	gmail	4 383
25	www. bn. com	4 179

资料来源：使用 2012 年 2 月 comScore 的搜索规划者数据。搜索短语按在谷歌上的自然点击总量排序。

名称和 URL（包括错误的拼写）。结果显示在图 5-2 的条形图（a）和（b）中，并提供了消费者在主要搜索引擎上输入的搜索术语的明细。这些搜索术语的明细都是能够被研究者观察到的，并分别带来了对亚马逊和巴诺书店的点击。

图 5-2 中的两个特点值得注意：首先，在引导用户访问亚马逊或巴诺书店的主要搜索引擎上，绝大多数的搜索都是导航搜索，即搜索术语只包含零售商的名称或 URL。这意味着亚马逊和巴诺书店从主要搜索引擎获得的大部分流量来自使用搜索引擎的消费者，而不是使用地址栏导航的消费者。据推测，一旦用户登录这些书商的网站，他们就会对图书进行特定的搜索。

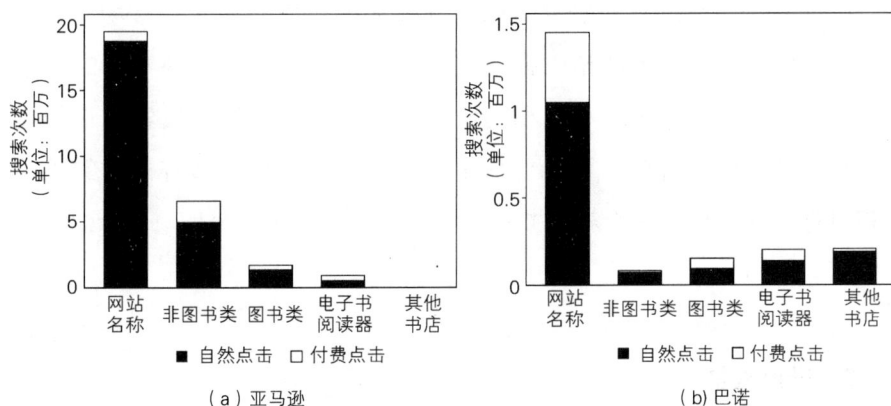

图 5-2　在主要搜索引擎上引导用户进入亚马逊和巴诺的搜索术语

资料来源：2012 年 2 月 comScore 的搜索规划者数据。

其次，在图 5-2 的条形图（a）中，我们注意到，在亚马逊上与图书无关的搜索比与图书相关的搜索产生更多的流量。这与亚马逊现在是一个除图书以外还销售许多其他产品的大商家的事实是一致的。图 5-2 的条形图（b）中显示，与图书相关的搜索词给巴诺书店带来的流量比与图书无关的搜索词大得多。这与巴诺书店专营图书的情况是一致的。此外，图 5-2 显示，与亚马逊相比，对电子书阅读器和其他书店的搜索对巴诺书店更重要，因为它可以为其站点带来流量。从图 5-2 中得出的关键结论是，导航搜索占据了亚马逊和巴诺书店从通用搜索引擎中获得的大部分流量。

我们在这一节的结尾给出了一个防止误解的说明，这个说明与我们分析中使用的搜索规划者数据的另一个缺点有关：只有在点击量超过某个阈值时，comScore 才会报告那些引导用户访问特定站点的搜索术语。因此，虽然我们确实观察到了最流行的搜索术语为特定的书店带来了流量，但我们没有观察到在通用搜索引擎上发生的不显著的搜索。例如，对于亚马逊，我们观察到的搜索术语仅仅对应了总点击量的 24%。Brynjolfsson，Hu 和 Simester（2011）的研究表明，互联网市场增强了缝隙市场在销售方面的重要性。在长尾理论中描述的这种现象表明，在未观察到的搜索中，有一部分可能包括对书名和其他与图书相关的不显著搜索术语的搜索。如果是这样，图 5-2 可能低估了在搜索引擎上与图书有关联的搜索的相对重要性。长尾理论对图书销售和搜索的重要性仍然是一个悬而未决的问题。

5.3.2 进出流量

搜索引擎并不是消费者访问书商网站的唯一途径。消费者可以直接访问书商的网站，也可以从其他网站（如比价网站）获得推荐，等等。同样，访问书商网站的消费者可能只是在访问另一个网站比较价格或进行购买之前简单地收集一下信息。本节研究进入流量和外出流量的这些模式。

搜索者如何找到书商

为了更好地理解搜索者在现实中如何访问不同在线书店的网站，我们分析了美国五大在线书店（亚马逊、巴诺书店、布米书店、电子校园书店和鲍威尔书店）的进入流量。除了观察这些零售商最受欢迎的搜索术语外，comScore 的搜索规划者数据还允许我们观察哪些网站在主要搜索引擎进行的特定搜索中获得了点击量，以及每个网站的进入流量来源和外出流量的目的地。

表 5-4 汇总的结果显示了 2012 年 8 月这些网上书店的访问量百分比，并按照最重要的参考站点或平台进行了分类。例如，27.8% 的亚马逊流量来自直接登录，也就是消费者直接访问其网站。亚马逊 40.2% 的流量来自谷歌，5.9% 来自雅虎，15.1% 来自必应。如图 5-2 条形图（a）所示，大部分流量来自导航搜索，这实际上是直接登录的快捷方式。第三类，亚马逊 3.9% 的流量来自其他书店，4.1% 的流量来自价格比较网站。

表 5-4　来自搜索引擎和其他平台的书店进入访问量百分比

	亚马逊 （%）	巴诺书店 （%）	电子校园书店 （%）	鲍威尔书店 （%）	布米书店 （%）
直接登录	27.8	16.0	1.9	3.0	10.0
谷歌	40.2	31.7	17.9	20.8	45.9
雅虎	5.9	4.9	6.3	3.5	1.9
必应	15.1	5.8	1.3	2.9	0.0
其他搜索网站	2.9	3.3	0.0	0.0	1.9
其他书店	3.9	38.3	72.6	69.9	40.4
比价网站	4.1	0.1	0.0	0.0	0.0

资料来源：2012 年 8 月 comScore 的搜索规划者数据。

更广泛地说，表 5-4 显示了不同书商的流量来源存在相当大的差异性。亚马逊和巴诺书店通过直接登录获得的流量远远多于电子校园书店、鲍威尔书店和布米书店。这可能源于这样一个事实：亚马逊和巴诺是更加知名的品牌；参见 Baye，De los Santos 和 Wildenbeest。鲍威尔书店和布米书店更依赖于通用搜索引擎来获得流量，而来自其他书店的推荐对巴诺书店、电子校园书店和布米书店来说相对重要。[①] 最后，与其他书商相比，亚马逊从比价网站获得的流量份额要大得多。

搜索者在访问书商之后会做什么

为了确定访问在线书商之后会发生什么，我们使用 comScore 的搜索规划者数据分析了书店的外出流量。结果汇总在表 5-5 中，使用的是来自 2012 年 8 月的亚马逊、巴诺书店、电子校园书店、鲍威尔书店和布米书店的相关数据。

首先，我们注意到，在访问在线书商之后终止搜索活动的搜索者，比访问其他书商或比价网站而没有终止搜索的搜索者更有可能完成购买。表 5-5 显示，访问过亚马逊的 43.0% 的用户通过退出来终止搜索；其他书店的这一比例要低得多，尤其是电子校园书店，仅为 5.7%。

其次，我们还注意到，选择离开一家书店并访问另一家书店的消费者这样做的原因，可能是这本书没有库存，或者价格高于他们的预测价格。表 5-5 显示，只有 4.2% 的亚马逊访问者在搜索完亚马逊后选择访问另一家书店。这一比例明显低于我们样本中的其他书店。例如，79.5% 的电子校园书店的访问者在访问过该网站后会立即搜索另一家书店。

最后，消费者可以访问书商（的站点），其意图是免费获取该书商提供的一般信息、评论或建议，然后离开这个书商的站点，搜索可获得的最佳价格。表 5-5 显示，2.9% 的亚马逊访问者在浏览完亚马逊页面后直接访问比价网站。对我们样本中的其他书商来说，访问比价网站在外出流量中所占的比例可以忽略不计。

---

① 其他书店类别包括 abebooks. com、alibris. com、amazon. com、audible. com、barnesandnoble. com、biggerbooks. com、bkstr. com、bncollege. com、bookbyte. com、booksamillion. com、campusbook rentals. com、christianbook. com、ebooks. com、ecampus. com、half. com、kobobooks. com、powells. com 和 textbooks. com。

表 5-5　　　　从书店到搜索引擎和其他平台的外出访问百分比

	亚马逊 （%）	巴诺书店 （%）	电子校园书店 （%）	鲍威尔书店 （%）	布米书店 （%）
退出	43.0	31.4	5.7	29.8	27.9
谷歌	28.4	21.5	11.1	44.8	21.1
雅虎	3.7	2.8	1.6	2.0	0.0
必应	13.7	3.4	2.1	8.5	7.5
其他搜索	4.2	1.9	0.0	0.0	0.0
其他书店	4.2	38.7	79.5	14.8	43.5
比价网站	2.9	0.3	0.0	0.0	0.0

资料来源：2012 年 8 月 comScore 的搜索规划者数据。

5.3.3　在主营图书平台上的搜索活动

如前所述，普通搜索引擎并不是消费者搜索图书的唯一方式。消费者可以搜索书商和其他零售商的网站以及比价网站。考虑到主要的书商从直接登录和导航搜索中获得了相当大的流量份额，人们可以预期这些网站上的搜索量会很大。遗憾的是，comScore 并没有提供关于在这些零售商内部用于搜索的关键词的信息。尽管如此，有限的信息还是可以通过 qSearch 数据库获得。

qSearch 的数据基于 comScore 的面板数据。该面板数据包含了美国大约 200 万用户的所有浏览活动。它包含消费者每月在互联网上进行搜索的数据。[①] 这些搜索操作包括通过传统搜索框以及工具栏和小工具栏进行搜索。qSearch 数据库包括超过 200 家在线书店的实际搜索量和搜索强度，诸如亚马逊、巴诺书店和其他几个主营图书的销售平台。与搜索规划者不同，数据显示的是每个站点上的搜索总数，而不是按关键词进行搜索的分解结

---

① 根据 comScore 的 qSearch 文档，搜索的定义是：（1）用户交互，用户会看到一个搜索结果页面，其中包含与用户搜索意图匹配的结果；（2）搜索结果页面允许用户对搜索参数进行细化或更改；（3）只要满足前两条规则，可以通过下拉菜单或单击链接启动搜索。

果。因此，使用 qSearch 数据时，人们无法区分对书籍和其他产品的搜索。

表 5-6 提供了 qSearch 数据库跟踪的 5 个最大的主营图书站点在 2012 年 2 月的搜索总数概况。亚马逊处理了这些书店中的大部分搜索，搜索量几乎是排名第二的巴诺书店的 10 倍。就总搜索量而言，在比价网站（BookFinder）进行的搜索量较少。在使用搜索访问来衡量搜索时，搜索活动的标准更倾向亚马逊。[①]

表 5-6　　　　　　　　　　面向图书平台的搜索次数

	搜索量 (×1 000)	搜索量 (%)	搜索访问 (×1 000)	搜索访问 (%)	搜索量/搜索访问
书店					
亚马逊	326 658	26.22	150 643	26.22	2.17
巴诺书店	37 205	2.99	10 620	2.99	3.50
AbeBooks	1 659	0.13	561	0.13	2.96
其他图书网站					
谷歌图书搜索	10 124	0.81	4 719	0.81	2.15
比价网站					
BookFinder	692	0.06	220	0.06	3.15

资料来源：2012 年 2 月 comScore 的 qSearch 数据。

图 5-3 显示了 2011 年 1 月到 2013 年 1 月间 qSearch 中这些主营图书的实体书店的搜索演变过程。从图 5-3 中可以看出，假日购物季期间的搜索具有季节性，尤其是亚马逊和巴诺书店，搜索量在日历年接近尾声时急剧上升。巴诺书店的搜索量似乎在 2011 年年底到达顶峰，而亚马逊的搜索量则普遍上升，后几个月除外。

[①] 根据 comScore 的 qSearch 文档，搜索访问是用户执行一个或多个搜索的会话。如果搜索是在一天中的不同时间进行的，并且站点上超过 30 分钟的搜索不活跃，那么它们就被算作多次搜索访问。

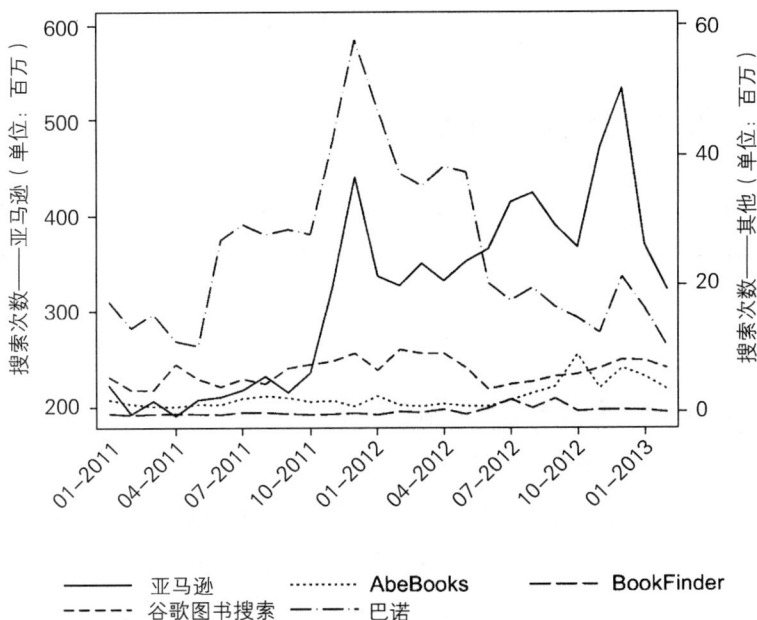

图 5-3　主营图书网站总搜索量

资料来源：2011 年 1 月到 2013 年 1 月 comScore qSearch 数据。

注：左垂直坐标轴的标度是关于亚马逊的，其他图书网站都在右垂直坐标轴。

　　我们要强调的是，图 5-3 中显示的 qSearch 数据并没有指出在这些主营图书的平台上有多少搜索实际上是与书籍相关的。虽然这对专门研究图书的站点（如巴诺书店、BookFinder 和谷歌图书搜索）来说不是什么问题，但对亚马逊来说显然是一个问题。虽然亚马逊最初是一家在线书店，但它已经发展成为一家大型商户，2009 年超过 53% 的收入来自图书类别以外的产品。今天，亚马逊本身就是一个为成千上万亚马逊市场内的卖家提供服务的平台。同样，这些数据不允许我们衡量沃尔玛等零售商或 eBay（比如，在 2012 年 2 月，eBay 接收到的搜索量是亚马逊的两倍以上）等平台上与图书有关的搜索量。

5.4　与图书相关的搜索动态

本节将介绍在图书发行日期前后的这个窗口期，搜索引擎上的图书搜索是如何发展的，并探讨向其他平台的转移是如何影响主搜索引擎上与图书相关的搜索的。

5.4.1　comScore 和谷歌趋势的结合数据

由于我们的 comScore 数据库只包含 2010—2012 年每月搜索特定的与图书相关的关键词的信息，我们的思路是将这些数据与来自谷歌趋势的数据结合起来，创建一个从 2004—2013 年的数据集。[①]

对于给定的搜索词，谷歌趋势提供了 2004—2013 年间该词的搜索数量尺度。这个尺度是相对的：在一定时间段内的最大搜索次数归一化为 100。为了说明这一点，图 5-4 显示了谷歌趋势报告的术语"Amazon"的搜索量。[②] 图中的每个柱代表每月的搜索量，而曲线给出了经季节性调整的趋势。该数据显示，"亚马逊"一词的搜索量一直在上升，特别是在 2010 年 7 月之后搜索量的增长速度加快。图 5-5 显示了"Amazon"和"Barnes and Noble"在一段时间内的相对搜索量。截至 2010 年，巴诺书店的搜索查询量相对稳定，此后搜索量迅速上升。但是，巴诺书店的搜索量在 2011 年年底到达峰顶，而亚马逊的搜索量却持续增长。

由于谷歌趋势中搜索的尺度是相对的，因此图 5-5 中这两条线的相对位置没有可比性：推断巴诺书店在 2004—2012 年间的导航搜索比亚马

---

① Choi 和 Varian（2012）描述了谷歌趋势数据是如何帮助预测人们感兴趣的经济时间序列的。谷歌趋势数据已用于流行病学检测流感疫情（Ginsberg 等），在经济学中预测失业率（D'Amuri and Marcucci 2010）和通货膨胀（Guzmán 2011）。

② 我们把搜索量限制在美国。

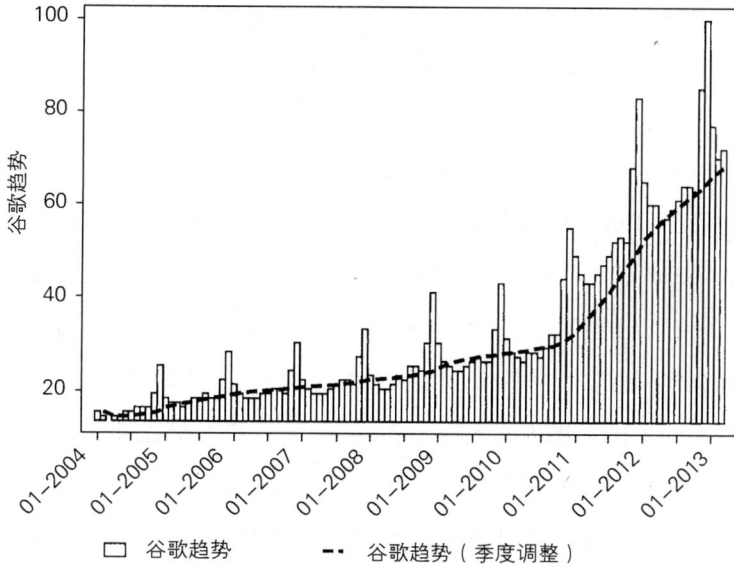

图 5-4　"亚马逊"一词谷歌趋势图

资料来源：2004 年 1 月到 2013 年 3 月谷歌趋势数据。

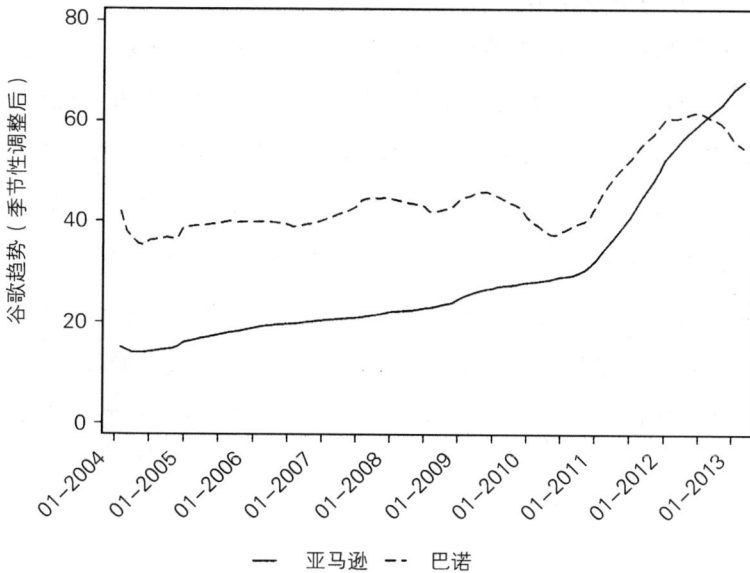

图 5-5　"亚马逊"和"巴诺"的谷歌趋势图

资料来源：2004 年 1 月到 2013 年 3 月谷歌趋势数据。

逊多是错误的。我们克服这一局限的思路是使用 comScore 中给定搜索术语的实际搜索数量信息，将谷歌趋势指数转换为该搜索词搜索数量的历史数据。[①]

图 5-6 提供了一个把谷歌趋势和 comScore 数据结合起来的实用程序示例。这张图显示了对与电子书阅读器相关的 6 个词汇进行搜索的一个演变过程："Kindle"、"Nook"、"电子书"、"Epub"、"电子书阅读器" 和 "索尼电子书阅读器"。通过把这些数据组合到一起，我们得到了一个可以追溯到 2004 年的时间序列，结果是搜索数量之间具有基数关系，因此可以比较不同的图。图 5-6 显示，"Kindle" 的搜索量在 2008 年 1 月开始上升，此后每年 Kindle 的搜索量都超过 Nook。请注意，2013 年年初这两种电子书阅读器搜索量的下降与我们之前的评论一致，即随着消费者转向平板计算机和其他设备，2012 年后电子书阅读器的销量会下降。

5.4.2　特定标题的搜索

现在我们可以更深入地研究搜索引擎上对图书的搜索，并研究搜索模式是如何随着时间演变的。我们针对 735 本书的样本使用搜索规划者（Search Planner）数据来研究在一本书的生命周期中谷歌的点击量是如何变化的。样本包括 2003 年以来每年发行的图书，其中大约一半是 2012 年发行的。我们用于获取对谷歌的点击的搜索查询与样本中的书名完全相同。除了点击量，我们还研究了图书的特征，如书号、标价、出版商、出版日期、版式（精装或平装）、页数、版本（如初版或重印）、尺寸和重量。此外，2012 年，我们每天都可以观察到一本书的价格以及各大在线

---

① 谷歌趋势允许最多 5 个搜索词的比较。然而，通过运行多个谷歌趋势比较，可以得到 5 个以上的搜索词的相对搜索量，每个比较至少有 1 个搜索词是所有比较中通用的。尽管如此，comScore（或类似机构）的数据仍然需要确定搜索水平。还要注意，根据 comScore 的数据进行搜索会导致点击到书店，而根据谷歌趋势进行搜索可能不会导致点击。

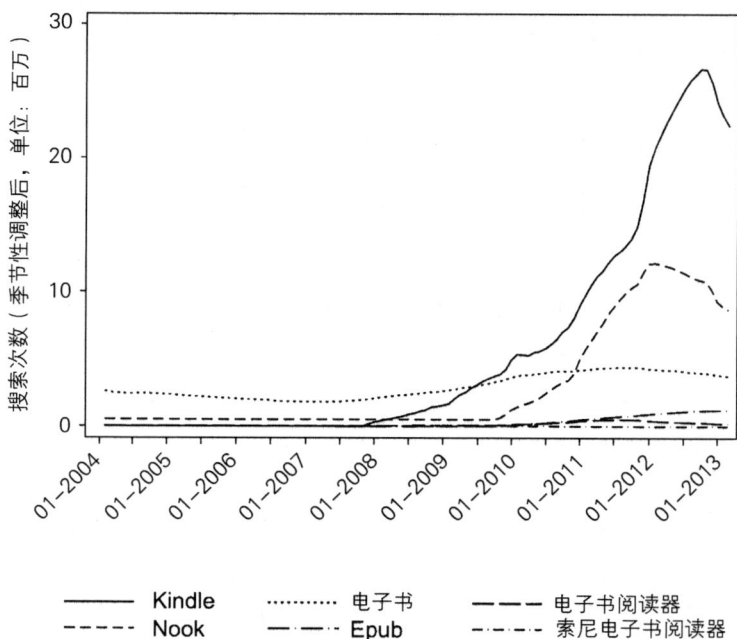

图 5-6　电子阅读器在谷歌上的相关搜索

资料来源：谷歌趋势和 comScore 搜索规划者数据。

书店的销售情况。[①] 对于亚马逊，我们还研究了一本书的客户评分、客户评论数量和销售排名。样本中的大多数图书都是初版书，其中绝大多数是 2011 年和 2012 年出版的《纽约时报》畅销书。

　　搜索规划者数据有两个缺陷：第一个缺陷是我们只能看到 2010 年 2 月到 2013 年 2 月之间的点击；第二个缺陷是我们只在点击超过某个阈值时才能看到它们。为了解决这两个问题，我们使用前面讨论过的谷歌趋势数据来补充搜索规划者数据。对于样本中的每本书，我们使用谷歌趋势数据来捕获用户在搜索书名时输入谷歌的搜索查询量。[②] 由于谷歌趋势只给

---

　　① 这些网站分别是 amazon. com、barnesandnoble. com、booksamillion. com、walmart. com、powells. com 和 ecampus. com。有关价格数据的更详细描述，请参见第 5.5 节。

　　② 我们使用准确的短语。我们把搜索量仅限于美国。

出搜索量的相对值，所以我们将 2010 年 2 月至 2013 年 2 月之间该指数的最大值设置为根据搜索规划者得到的相对应的点击量，从而将这个指数转换为搜索的实际水平。

图 5-7 以 David B. Agus 于 2012 年 1 月 17 日发行的新书《疾病的终结》为例。在谷歌上，这个标题的搜索量在书发行后不久一直保持在相对较高的水平上，但在几个月内下降到一个相对较低的水平。图 5-7 中还显示了这个标题在亚马逊上的销售排名，它显示了一个相反的模式。

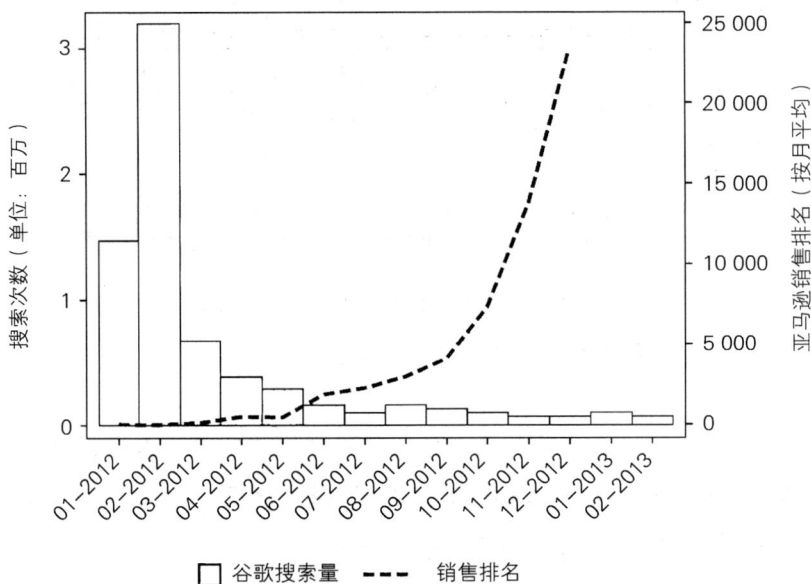

图 5-7　《疾病的终结》在谷歌上的搜索

资料来源：comScore 搜索规划者数据。

这说明销售排名实际上是与搜索次数成反比的。这究竟是亚马逊销售排名榜单编制滞后的结果，还是意味着在一本书的生命周期中，消费者越来越多地直接访问亚马逊网站购买图书，而不是使用一般的搜索引擎购买图书，这成为一个悬而未决的问题。

这种特定标题的模式在我们的样本中相当具有代表性。特别是我们对样本中每本书标题的总搜索次数进行了线性回归分析，其中包含一个常量和表示图书发行后的月份的一组数值。各指标的回归分析结果见表5-7。在第（1）栏中的指标，均采用图书固定效应来控制图书之间的差异性。对于第（1）栏中的指标，图书发行后的月份因数大多与常规水平上的零显著不同。图5-8针对指标（1）使用常数估值法给出了每本书标题的预测值。这个图形显示，《疾病的终结》发布窗口期前后观察到的搜索模式（如图5-7所示）是典型的新发布图书的模式：搜索活动往往在头几个月很强烈，然后迅速下降到明显较弱的水平。

表5-7　　　　　　　　　　　回归分析结果

	（1）	（2）	（3）
发行前			
2个月	-0.696（0.188）***	-0.688（0.281）**	-0.765（0.282）***
1个月	-0.734（0.188）***	-0.732（0.281）***	-0.771（0.281）***
发行后			
1个月	-0.299（0.188）	-0.297（0.281）	-0.257（0.281）
2个月	-0.426（0.188）**	-0.424（0.281）	-0.342（0.282）
3个月	-0.540（0.188）***	-0.537（0.281）*	-0.413（0.282）
4个月	-0.503（0.188）***	-0.499（0.281）*	-0.329（0.284）
5个月	-0.540（0.191）***	-0.515（0.285）*	-0.311（0.288）
6个月	-0.654（0.195）***	-0.628（0.291）**	-0.391（0.296）
7个月	-0.681（0.199）***	-0.581（0.297）*	-0.318（0.303）
8个月	-0.692（0.202）***	-0.580（0.301）*	-0.280（0.308）
9个月	-0.725（0.205）***	-0.612（0.306）**	-0.277（0.315）
10个月	-0.747（0.209）***	-0.613（0.312）**	-0.248（0.323）
11个月	-0.798（0.216）***	-0.600（0.321）*	-0.212（0.333）
12个月	-0.719（0.221）***	-0.510（0.328）	-0.095（0.342）

	（1）	（2）	（3）
初版指数		−0.813（0.200）***	−0.820（0.202）***
版式			
大众市场平装本		1.228（0.249）***	1.467（0.255）***
平装本		0.757（0.208）***	0.736（0.208）***
其他		0.256（0.365）	0.660（0.377）*
页数		−0.005（0.000）***	−0.005（0.001）***
重量		0.097（0.007）***	0.099（0.007）***
时间指数			0.094（0.024）***
时间指数的平方值			−0.001（0.000）***
常数	1.398（0.133）***	1.049（0.297）***	−1.344（0.913）
图书指标	Yes	No	No
出版商指标	No	No	Yes
意见	10 615	10 585	10 585
R 平方值	0.664	0.213	0.214

注：因变量：特定书名的搜索量。括号中为标准偏差。***在 1% 的水平上显著；**在 5% 的水平上显著；*在 10% 的水平上显著。

表 5-7 第（2）栏中是只包含图书特征的指标，均不涉及图书固定效应。虽然这降低了模型的适用性，同时也降低了某些图书发布后的月份的重要性，但是系数的大小类似于第一栏中的各指标。大多数图书特征变量的参数估计值与零有显著差异。搜索第一版书的人比搜索后几版书的人少。这可能源于这样一个事实，即以后的版本只有在这本书很受欢迎的情况下才会出版。在我们的样本中，平装书的搜索量比精装书要多，这可能再次反映了平装书是面向大众的，因此会有更多的搜索量。表 5-7 的最后一栏增加了一个线性趋势和一个二次多项式的时间趋势来控制 2004—2013 年搜索行为的可能变化。这两个系数非常重要，因为它们表明了在

控制围绕图书发布窗口、版本、格式等因素的搜索行为的变量时，搜索引擎上的图书搜索数量在不断变化。

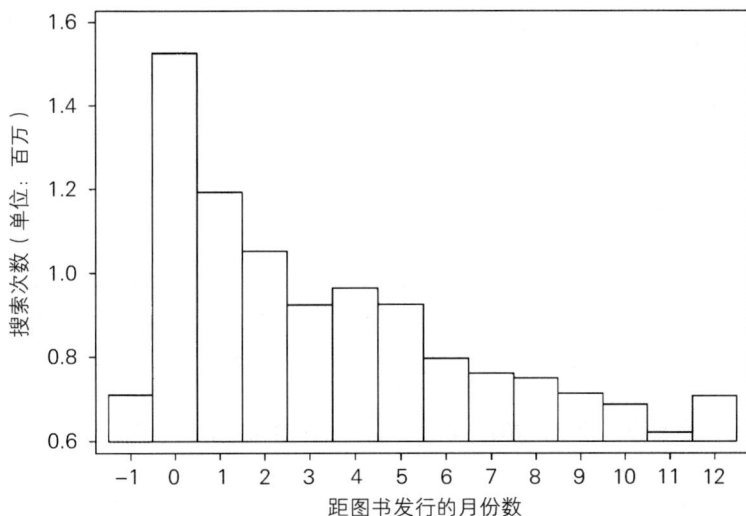

图 5-8　在谷歌上图书标题的预测搜索量

为了更清楚地了解图书搜索随时间的变化，图 5-9 绘制出了该模型针对我们的样本预测的每年搜索次数的曲线。这张图显示在 2004—2007 年之间，每本书在谷歌上的搜索量都增加了，但是从那以后就开始下降。这个预测模式与我们的观点是一致的，即搜索者正在放弃使用通用搜索引擎来查找书籍的方式，而是：①在购买图书时，越来越多地采用访问网上书店（如亚马逊和巴诺书店）的方式进行搜索；②越来越多地在封闭的系统中（如 Kindle 和 Nook）进行搜索。因此，虽然我们不能直接量化这些替代搜索平台中与图书相关的搜索，但来自搜索引擎的可观察数据与这个假设是一致的。

我们注意到图 5-9 中的模式符合实体书店的月度平均零售额这一趋势，如图 5-1 所示，我们得出的结论是，这种模式可能反映了图书行业

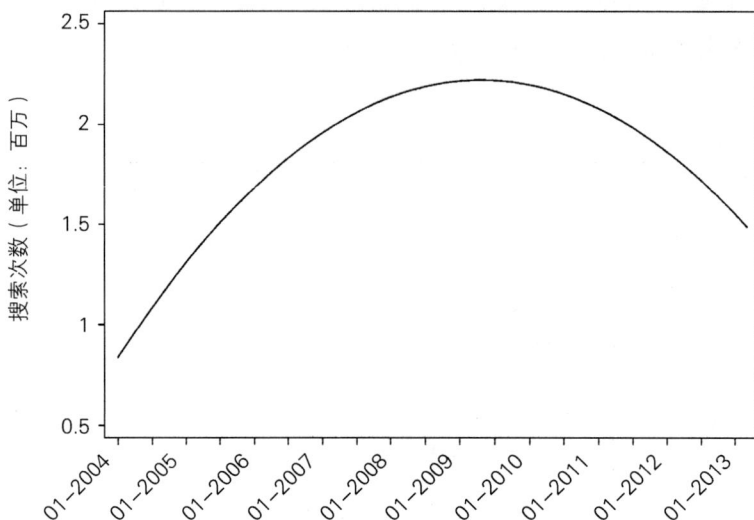

图 5-9　2004—2013 年在谷歌上每本书标题的预测搜索量

相同的结构性变化，该变化导致传统的书店中纸质书籍销量下降。例如，与这一销量下降同时发生的是早前在图 5-6 中显示出来的电子书阅读器越来越受欢迎、词汇搜索普遍转向电子图书以及亚马逊作为搜索图书和其他产品平台的地位日益突出。

5.5　图书价格

另一个悬而未决的问题是，搜索技术的变化和行为的变化是如何影响纸质书和电子书的价格的。根据先验信息，这些价格应该如何随着时间的推移而变化还不清楚。从短期来看，中间商可能会采用渗透定价法，试图诱导消费者从购买印刷图书转向购买电子图书。一旦市场更加成熟，足够数量的消费者被锁定在一个特定的平台上，中间商可能会发现提高价格是最优的选择。实体书和电子书的销售也可能是相关的。Hu 和 Smith

（2013）利用自然实验分析了电子书的销售对实体图书销售的影响，发现推迟电子书的销售导致了电子书总销量的大幅下降。

我们使用Java编写的scraper收集了大量每日价格数据集来分析图书价格。该数据集包含了2012年全年实体书和电子书的每日价格信息，既包括在亚马逊、巴诺书店和布米书店售卖的电子书，也包括在电子校园书店、鲍威尔书店和沃尔玛出售的纸质图书，以及在Kobo和谷歌出售的电子书。除了价格，我们还研究了一些图书特征，如出版商、格式（精装或平装）、版本、页数、重量和尺寸。

图5-10显示了精装书、平装书和电子书价格密集程度的中心估值。价格采用电子书和书店中纸质图书的平均价格，因此这种变化反映了时间的变化。平均而言，电子书比精装书便宜，但比平装书贵一点。

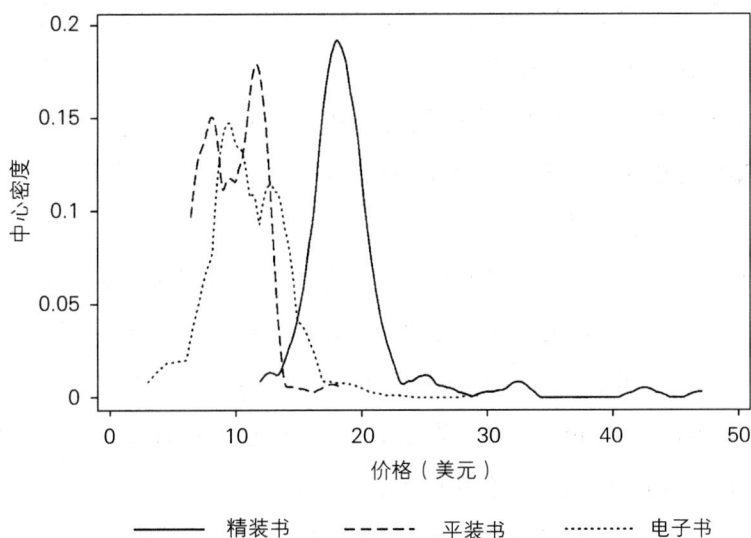

图 5-10 精装书、平装书和电子书的价格分布

注：数据截止到 50 美元。

出版商和零售商之间的关系使得分析电子书价格变得复杂。传统上，图书是采用批发模式销售的：出版商以批发价格将图书卖给零售商，通常是图书标价的一半。然后零售商可以自由地以任何价格出售这本书。最初这种模式也被所有的商家用于销售电子书。然而，为了促进电子书的销售，亚马逊开始对流行的电子书进行大幅打折，如有的售价为 9.99 美元，低于许多实体书店的批发价。出版商担心电子书会蚕食纸质图书的销售，而消费者也会逐渐习惯电子书的低价，因此非常关注电子书的价格。当 2010 年 4 月苹果公司推出 iBookstore 时，"六大"出版商中的 5 家（哈珀·柯林斯、阿歇特、麦克米伦、企鹅、西蒙与舒斯特）采用了苹果新开发的代理模式。在这种代理模式下，零售商获得图书售价的固定百分比（通常为 30%）。此外，零售价格不再由零售商决定，而是由出版商决定。其他网上书店也与出版商达成了类似的协议。作为对这些事态发展的回应，美国司法部于 2012 年 4 月 12 日起诉了苹果公司和这 5 家出版商，指控它们合谋操纵电子书的价格。

表 5-8 提供了样本中图书价格的描述性统计数据。该表区分了代理模式下销售的电子书和批发模式下销售的电子书。代理模式下电子书的平均价格一般较高，变化较小。

图 5-11 绘制了代理模式下平装书、电子书以及批发模式下电子书的平均售价曲线。[①] 尽管美国司法部在 2012 年 4 月与 3 家出版商（哈珀·柯林斯、阿歇特和麦克米伦）达成了和解，而且作为和解的一部分，电子书零售商被允许对电子书进行打折，但批发模式下销售的电子书的价格在美国司法部与出版商达成和解后不久就上涨了。伴随着美国司法部与 3 家出版商之间的和解最终获得批准，几个月后批发模式下电子书的价格急剧下降。不久以后，哈珀·柯林斯出版的图书在亚马逊上开始打折销售（阿歇特、西蒙与舒斯特的打折始于 2012 年 12 月）。

---

① 我们没有销售数据，所以平均价格不以销售额为权重。

表 5-8   图书价格的描述性统计数据

书店	精装书		平装书		电子图书（代理）		电子图书（批发）	
	书店中值（＄）	标准差	书店中值（＄）	标准差	书店中值（＄）	标准差	书店中值（＄）	标准差
两种形式								
亚马逊	16.3	5.7	9.9	6.3	11.2	2.7	8.6	7.5
巴诺	16.8	6.0	10.5	7.1	11.3	2.6	10.2	5.0
布米	16.7	6.6	10.2	9.7	11.4	2.5	9.9	4.2
只有纸质图书								
电子校园书店	21.9	4.9	10.5	9.0				
鲍威尔书店	16.8	6.0	10.5	7.1				
沃尔玛	16.2	3.6	9.0	7.3				
电子书								
Kobo					11.1	2.6	11.0	6.6
谷歌					11.1	3.4	9.8	8.1

　　人们可能想知道，搜索的发展是否影响了图书价格的离散度。衡量离散性的一种标准方法是变异系数，即某本书不同卖家售出的价格的标准差除以该本书的平均价格。由于该度量方法在价格水平上是没有标准进行客观比较的，因此可以对样本中所有图书的这些变异系数求平均值，以获得关于价格离散水平有用的汇总信息。图 5-12 绘制了样本中 3 种图书版式随时间变化的平均变异系数。注意，批发模式下销售的电子书变异系数是最高的，平装书变异系数较低，代理模式下销售的电子书变异系数是最低的。另外，批发模式下销售的电子书结算后变异系数显著下降，代理模式下销售的电子书变异系数略有上升。相比之下，平装书的变异系数在整个周期内相对稳定。

　　价格和价格离散度发生这些变化的根本原因仍然悬而未决。我们注意到，剩下的两家出版社（麦克米伦出版社和企鹅出版社）于 2013 年年初（与美国司法部）达成和解，因此，这一事件不太可能成为从图 5-11 和

图5-12中所观察到的模式的驱动因素。

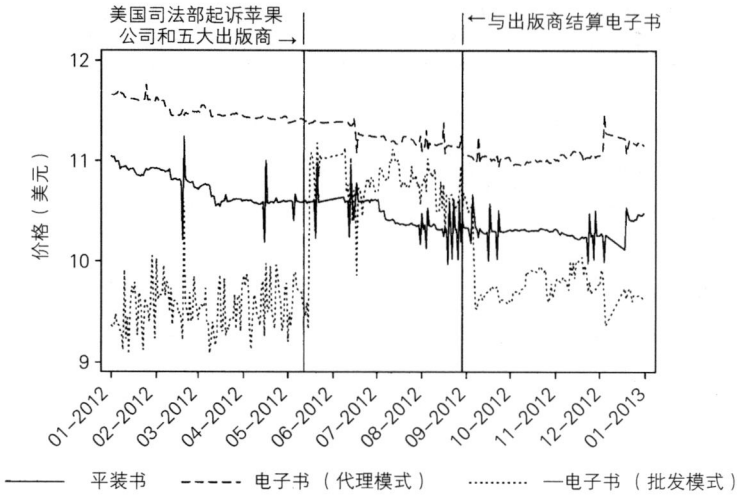

图 5-11　不同版式图书的平均价格

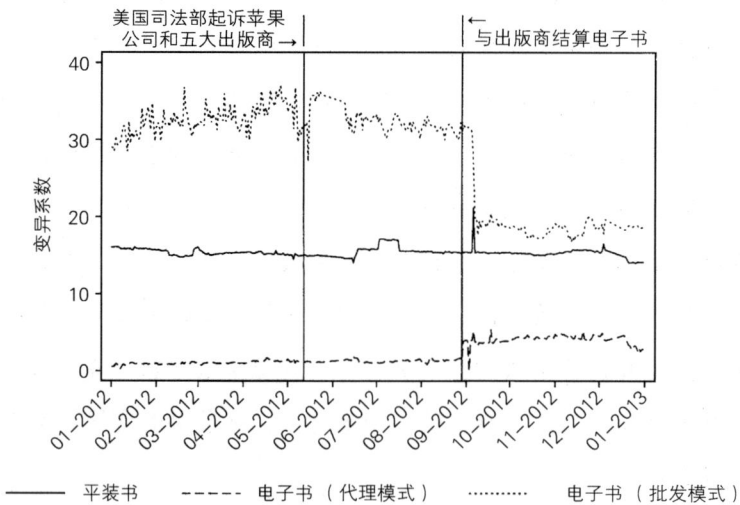

图 5-12　不同版式图书的平均变异系数

5.6　结论

起初我们对消费者搜索、购买和阅读书籍的平台演变的关注，突出了那些对数字媒体和其他在线销售产品感兴趣的人应该关注的问题。消费者可以在各种不同的平台上搜索图书，包括在线书店（如巴诺书店）、大众商家（如亚马逊）和比价网站（如 BookFinder）。尽管数据显示，消费者越来越多地在封闭系统（如电子阅读器）和零售商平台（如亚马逊）上进行搜索，但对这些趋势的测量依然是困难的。与这些平台相比，在搜索引擎上进行搜索获得的搜索类型的数据就很容易。

虽然亚马逊和巴诺书店获得了来自在谷歌和必应上进行搜索的大量的访问，但（我们）观察到的大多数搜索都是导航搜索，即用户把查询搜索引擎作为导航到书商网站的快捷方式，然后进行实际的图书产品搜索。2004 年以来，对这些顶级书商的导航搜索稳步增长。在诸如亚马逊、巴诺书店、BookFinder 和谷歌图书等图书相关平台上基于浏览器的搜索数量是相当大的，但是在这些平台上基于浏览器的搜索是否会持续增长还是个问题。实际上，对谷歌上图书标题搜索的初步分析表明，2007 年以来图书搜索呈下降趋势。虽然这些模式与在封闭平台（包括智能手机和平板计算机应用程序）上进行非浏览器搜索的趋势转变是一致的，但要得出任何明确的结论，还需要进一步的研究。

另一个开放的议题是通常情况下长尾理论对产品搜索的重要性，特别需要强调的是长尾理论对图书搜索的重要性。comScore 的数据显示，主要搜索引擎的长尾理论带来的搜索所对应的搜索词，由于搜索量较小而没有被观察到。同时，也没有观察到在长尾理论中可能发生的缝隙搜索。这还需要更多的研究来分析长尾理论。

有关电子书一个有趣的新研究领域已经出现。我们在研究出版商和书商定价策略方面有了一些新进展，并为其如何影响图书价格提供了一些初步研究成果。从理论和实证的角度来看，不同的销售模式（如代理模式和批发模式）如何更普遍地影响定价，还需要进行更多的研究。[①]

最后，请注意，在这里我们完全回避了第一个问题，即当消费者搜索书籍、数字媒体或更广泛的其他产品时，他们在寻找什么。更直白地说，这一章并没有说明消费者是在搜索关于最值得阅读的书籍的信息，还是在搜索关于最优惠价格的信息。未来的研究将揭示这些动机和其他搜索动机，这将是对文献的宝贵补充。

---

① Johnson（2013）和 Abhishek、Jerath 和 Zhang（2013）提出了理论模型，用于比较图书行业中不同的销售模式。

参考文献

Abhishek, Vibhanshu, Kinshuk Jerath, and Z. John Zhang. 2013. "Agency Selling or Reselling? Channel Structures in Electronic Retailing." Working Paper, Carnegie Mellon University.

Baye, Michael R., Babur De los Santos, and Matthijs R. Wildenbeest. 2012. "What's in a Name? Measuring Prominence, and Its Impact on Organic Traffic from Search Engines." Working Paper no. 2012-09, Kelley School of Business, Indiana University. http://dx. doi. org/10. 2139/ ssrn. 2191051.

——. 2013. "The Evolution of Product Search." *Journal of Law, Economics & Policy* 9(2): 201–21.

——. Forthcoming. "Search Engine Optimization: What Drives Organic Traffic to Retail Sites?" *Journal of Economics and Management Strategy*.

Baye, Michael R., John Morgan, and Patrick Scholten. 2006. "Information, Search, and Price Dispersion." In *Handbook in Economics and Information Systems*, edited by T. Hendershott. Amsterdam: Elsevier.

Brynjolfsson, Erik, Yu(Jeffrey) Hu, and Michael D. Smith. 2003. "Consumer Surplus in the Digital Economy: Estimating the Value of Increased Product Variety at Online Booksellers." *Management Science* 49(11):1580–96.

——. 2011. "Goodbye Pareto Principle, Hello Long Tail: The Effect of Search Costs on the Concentration of Product Sales." *Management Science* 57(8):1373–86.

Chevalier, Judith, and Austan Goolsbee. 2003. "Measuring Prices and Price Competition Online: Amazon. com and BarnesandNoble. com."*Quantitative Marketing and Economics* 1(2):203–22.

Chevalier, Judith A., and Dina Mayzlin. 2006. "The Effect of Word of Mouth on Sales: Online Book Reviews."*Journal of Marketing Research* 43(3):345–54.

Choi, Hyunyoung, and Hal Varian. 2012. "Predicting the Present with Google Trends."*Economic Record* 88(s1):2–9.

Clay, Karen, Ramayya Krishnan, and Eric Wolff. 2001. "Prices and Price Dispersion on the Web: Evidence from the Online Book Industry." *Journal of Industrial Economics* 49(4):521–39.

D'Amuri, Francesco, and Juri Marcucci. 2010. "Google It! Forecasting the US Unemployment Rate with Google Job Search Index." Working Paper no. 18732, Munich Personal RePEc Archive.

De los Santos, Babur. 2012. "Consumer Search on the Internet." Working Paper no. 08–15, NET Institute. http://dx. doi. org/10. 2139/ssrn. 1285773.

De los Santos, Babur, Ali Hortaçsu, and Matthijs R. Wildenbeest. 2012. "Testing Model of Consumer Search Using Data on Web Browsing and Purchasing Behavior." *American Economic Review* 102(6):2955–80.

De los Santos, Babur, and Matthijs R. Wildenbeest. 2014. "E-book Pricing and Vertical Restraints." Working Paper, Indiana University.

Forman, Chris, Anindya Ghose, and Avi Goldfarb. 2009. "Competition between Local and Electronic Markets: How the Benefit of Buying Online Depends on Where You Live." *Management Science* 55(1):47–57.

Ginsberg, Jeremy, Matthew H. Mohebbi, Rajan S. Patel, Lynnette Brammer, Mark S. Smolinski, and Larry Brilliant. 2009. "Detecting Influenza Epidemics Using Search Engine Query Data." *Nature* 457(7232):1012–14.

Guzmán, Giselle. 2011. "Internet Search Behavior as an Economic Forecasting Tool: The Case of Inflation Expectations." *Journal of Economic & Social Measurement* 36(3):119–67.

Hong, Han, and Matthew Shum. 2006. "Using Price Distributions to Estimate Search Costs." *RAND Journal of Economics* 37(2):257–75.

Hu, Yu(Jeffrey), and Michael D. Smith. 2013. "The Impact of e-Book Distribution on Print Sales: Analysis of a Natural Experiment." Working Paper, Carnegie Mellon University.

Johnson, Justin. 2013. "The Agency and Wholesale Models in Electronic Content Markets." Working Paper, Cornell University.

Manley, Laura, and Robert P . Holley. 2012. "History of the e-Book: The Changing Face of Books." *Technical Services Quarterly* 29(4):292–311.

Moraga – González, José Luis, and Matthijs R. Wildenbeest. 2012. "Comparison Sites." In Handbook of the Digital Economy, edited by Martin Peitz and Joel Wald – fogel, 224 – 53. Oxford: Oxford University Press.

Rysman, Marc. 2009. "The Economics of Two-Sided Markets." *Journal of Economic Perspectives* 23(3):125–43.

Stigler, George. 1961. "The Economics of Information." *Journal of Political Economy* 69(3): 213–25.

评论

Marc Rysman

图书出版业提供了一个最直观、最有形的数字化转型市场。大多数焦点都集中在电子书的生产、发行和所有权方面，或者集中在在线书商与离线书商的比较上。然而，却很少关注消费者是如何找到他们最终购买的书籍的。浏览书店、向店员征求建议、等待当地报纸的评论，这些都已经被在线评论、建议引擎和即时访问大量评论图书的批发商网点所取代。即使消费者已经知道他们想要的书，他们只需要找到书的准确位置，数字化也有重要的意义。在互联网上搜索大量的卖家要容易得多——事实上，购物网站特别为这种活动提供了便利。Baye，De Los Santos 和 Wildenbeest 所著的这一章填补了一个重要的空白，首次为读者搜索图书过程的性质提供了详细的数据。

正如作者们所指出的，这一章的重要贡献之一是概述了随着对这些问题的研究取得进展，我们应该认识到数据存在的局限性。他们收集的数据令人印象深刻，但这也让他们要求更多。他们使用的是 comScore 的搜索规划者数据和 qSearch 数据库，后者追踪了约 200 万名调查参与者的互联网活动。他们展示了几个有趣的事实：亚马逊 50% 的流量来自谷歌，20% 的流量来自直接在浏览器中输入亚马逊 URL 的用户。对于来自搜索引擎的流量，很大一部分指向亚马逊和巴诺的搜索都是从这些网站开始的，而不是从这些网站可能出现的书名开始的。然而，作者们也看到了一些不经常使用的搜索词，它们构成了亚马逊搜索引擎流量的 75%。

虽然 comScore 的数据只涵盖 2010—2012 年，但作者们提供了一种创造性的方法，将数据追溯到 2004 年。谷歌趋势提供了这段时间内搜索强度的相对尺度，作者们使用他们的 comScore 数据将其确定为 2010—2012 年间的绝对水平。他们展示了一个令人惊讶的结果：在介绍一本新书时搜索强度很高，然后在几周内回落，但亚马逊的销售排名却随着搜索强度的下降而不断上升。因此，销售和搜索之间的关系比人们想象的要复杂得多。有趣的是，2007 年以来，谷歌上的图书搜索量一直在下降，而从亚马逊网站开始的搜索量却在上升。因此，图书搜索似乎正在转向亚马逊等图书销售网站以及 Kindle store 等替代系统。

这一章为未来的研究提出了几个有趣的领域，如从平板计算机上搜索，从诸如 amazon. com 等搜索平台上搜索或在 Kindle 内部搜索，区分有多少搜索意味着购买某本书、确定已经决心购买的一本书的最佳价格。需要指出的是，还有应该取得成果的几个领域。图书搜索为平台之间的竞争提供了一个有趣而复杂的例子。amazon. com，barnesandnoble. com 和其他书商网站构成了一个平台，从某种意义上说，它们将读者与书籍匹配起来。虽然这些网站在很大程度上遵循的是单面模式，即它们批量购买图书，然后将其零售给消费者，但在这个市场上仍然存在平台之间进行竞争的重要因素。特别是像苹果公司反垄断案所表明的那样，图书出版商向多个平台销售图书，并在这些方面做出许多战略选择。

关于平台竞争，文献中一个重要的成果是平台之间的竞争是否为多家代理机构所控制，也就是说，使用多个平台或单个主机。大多数图书都可以在各种平台上搜索到，但消费者搜索依然模糊不清。有鉴于此，消费者越来越多地在书商平台而不是范围更广的谷歌网站上搜索图书，这一结果尤其有趣。另一个问题是，消费者在购买之前通常是浏览多个书商网站，还是只访问代表着真正的单一的自动导引的一个网站。这对定价有一定的影响，因为当一个平台拥有一群忠实的单一自动导引的消费者时，它可以从那些希望接触到这些消费者的公司那里收取高额佣金。在这种情况下，它将以低价批发图书或其他对网站有吸引力的条款的形式出现。随着市场走向单一导向，我们能看到这些方面的变化吗？

互联网被广泛认可的一个特点是它促进了"长尾"的服务。虽然对长尾理论的关注主要集中在低需求产品的批发成本上，但对品位排他的消费者来说，寻找低需求产品也更容易。作者们可能用于研究的一个线索是，我们是否看到排他产品供应的变化。也就是说，在新的搜索和分销技术的作用下，市场份额相对较低的商品的供应是否增加了？

最后，作者们收集价格数据并将其加到他们出色的数据集中。这自然为研究开辟了几个新的途径。例如，我们能否理清搜索水平与价格离散度之间的关系？每一个都有可能对另一个产生因果影响，为这一主题提供实证分析对涉及搜索行为的大量文献具有启示意义。

第6章 意识形态与网络新闻

Matthew Gentzkow Jesse M. Shapiro[①]

6.1 引言

新闻媒体是一种基础性的民主机制。公众如何获取新闻影响着其参与政治的状况（Gentzkow，Sinkinson，and Shapiro 2011），而媒体如何描述新闻则会影响到选民如何去投票（Della Vigna and Kaplan 2007）。数字新

① Matthew Gentzkow 是 Richard O. Ryan 经济学讲席教授、芝加哥大学布斯商学院（University of Chicago Booth School of Business）的纽鲍尔家族资深研究员（Neubauer Family Faculty Fellow），也是美国国家经济研究局的研究助理。Jesse M. Shapiro 是芝加哥大学布斯商学院的查克斯家族经济学教授（Chookaszian Family Professor of Economics），也是美国国家经济研究局的研究助理。

我们感谢项目组织者 Shane Greenstein、Avi Goldfarb 和 Catherine Tucker，感谢在本章编写准备期间参与者提出的有益意见。我们特别感谢 Ben Jones 参与了出色的讨论。本章的编写采用了沃顿商学院的研究数据服务（Wharton Research Data Services，WRDS）。这项服务及其相关数据构成了 WRDS 及/或第三方资助者的宝贵知识产权和商业秘密。本研究得到了下述资助：国家科学基金，阿尔弗雷德·斯隆基金（Alfred P. Sloan Foundation），全球市场倡议（Initiative on Global Markets），经济和国家研究中心乔治·斯蒂格勒中心（George J. Stigler Center for the Study of the Economy and the State），尤文·马里安·卡库夫曼基金（Ewing Marion Kauffman Foundation），森特尔基金/罗伯特·P. 罗伊斯学院研究基金（Centel Foundation/Robert P. Reuss Faculty Research Fund）、纽鲍尔家族基金（Neubauer Family Foundation）和凯瑟琳·古尔德研究基金（Kathryn C. Gould Research Fund），这些资助全部在芝加哥大学布斯商学院。任何有关作者致谢、研究资助的来源以及作者重要的财务关系的披露（如有），请参见 http://www.nber.org/chapters/c12993.ack。

闻仍处于起步阶段，数字平台在美国人的新闻耗时中仅占 8%（Edmonds 2013）。然而，随着新技术的发展和扩散，数字平台占有更大的比例似乎是必然趋势。如果这种技术进步能够改变作为"第四等级"的新闻界，那么，它也就有可能改变民主政治。

了解数字媒体的兴起如何影响到政治，其关键在于了解它如何影响了美国人获取新闻信息源的广度与深度。这些影响在理论上是模糊的（Mullainathan and Shleifer 2005）。一方面，互联网使人们能够低成本地获取极其广泛的新闻资源；另一方面，低成本定制能够提供高度专业化的出口，用以服务小众品位，为自我肯定的意识形态创造了一种玩笑式的回声室效应（Sunstein 2001）。

在本章中，我们构建了一个网络新闻生产和消费的经济估算模型。我们利用将互联网用户层面的微观数据和总用时相结合的方法对模型的需求方面进行估计。我们评估了该模型对数据关键特征的拟合程度，并利用该模型尝试了对新闻供给的预测。

该模型旨在简略地捕捉网络新闻消费的重要经验特征。在模型中，网站被赋予了两个属性：意识形态和整体品质。同样，用户也被赋予了对新闻和意识形态的两种感受。用户依据网站与家庭之间意识形态的匹配选择新闻网站。新闻网站面临着固定的内容成本问题，这种成本既取决于质量，也取决于可能的意识形态。新闻网站的收益来源于广告，广告收益取决于受众的评价。

我们利用来自 comScore 的互联网用户抽样面板微观数据对模型的需求部分进行了估计。我们观察了 2008 年每个用户对 5 个新闻站点的总体访问情况。为了识别这些数据，我们又在 comScore 上进行了单独的调研来补充每个站点的总体保守性份额。尽管需求模型很好地拟合了许多总用时测量情况，但模型预测到新闻站点之间的交互访问比数据中的交互访问更多。

随后转向我们的供应模式。研究表明，广告竞争的经济性是可能导致意识形态分化的一个重要诱因。对于一个相关广告竞争的基准模型，我们根据 Gentzkow 和 Shapiro（2010）的思想，计算了在给定其他网站位置的前提下，不同新闻网站与其最优意识形态位置的接近程度。

本章提出的模型是对 Gentzkow 和 Shapiro（2011）的描述性分析的补充。这篇论文我们会在本章的后面进行更详细的描述。该论文针对由网络新闻的规模和意识形态构成的数据，构建了一种网络意识形态分离的测度，并对网络与其他媒体以及发生政治互动的非媒体进行了比较。我们发现，网络意识形态分离的程度无论是在绝对条件下还是在与其他交互领域的比较上都处于低水平。

该模型的价值在于，它允许对品位或技术的反事实变化（counterfactual changes）进行评估，而根据定义，这些变化不能仅由描述性统计数据来预测。尽管我们在这里没有进行这样的计算，但该模型原则上可以用来估算市场配置和新闻消费怎样随着固定成本的下降或新闻领域细分为更专门的或定制的渠道而变化。由于该模型融入了广告市场，所以它还可以面对网络广告市场的变化，预测这些将如何改变在售产品的组合。

该模型还可以为网络新闻消费者的潜在动机提供一个窗口。当我们的模型不符合实际情况时，还有进一步建模的空间，可以更准确地捕捉消费者偏好的结构。

本章的剩余部分如下：第 6.2 节提供了有关数字化和政治新闻消费方面更广泛问题的背景。第 6.3 节概述了我们的数据以及在 Gentzkow 和 Shapiro（2011）中的描述性证据。第 6.4 节介绍了我们的模型。第 6.5 节讨论了我们的估计策略并给出了我们的结果。第 6.6 节以对未来工作的研究议程结束本章的内容。

6.2 数字化和政治新闻

有很好的证据表明美国精英的两极分化（Elite polarization）正在加剧。美国国会的点名表决记录（roll call voting records）显示，20世纪70年代以来，两党之间的差距不断扩大（McCarty，Poole，and Rosenthal 2006）。虽然非精英阶层两极分化加剧的证据较弱（Fiorina and Abrams 2008），但数据中有一些重要的模式表明，至少有一些选民群体增强了他们对政党的认同（Prior 2013）。

对这种模式一个可能的解释是媒体选择越来越多。有线电视的兴起以及随后互联网的兴起，增加了媒体选项，这些选择可能会改变公民获取新闻的方式。Prior（2005）的研究表明，增加的媒体选择降低了那些寻求娱乐的人对政治的参与度，但却提高了那些寻求信息的人对政治的参与度。Prior（2013）从其他渠道调查了媒体可能影响政治两极分化的证据。

关于媒体和两极分化的文献中，一个核心主题就是选择性注意。面临多种选择的时候，意识形态倾向强的人更容易选择与他志趣相投的新闻来消费。这就减弱了主流媒体的调节作用，并会导致形成一个意识形态分类的社会（Sunstein 2001）。

这种效果的逻辑如下：假设新闻只是水平方向上有差别，而且新闻机构从左到右排列在一个有单位的线段上，公民在这个有单位的线段上均匀分布。假设有 J 个新闻机构，沿线等距排列，每个公民都在离他/她最近的新闻机构上消费新闻。在一个拥有 J=1 个新闻机构的世界里，每个人都能看到同样的新闻，新闻机构最好地迎合了广泛的受众。在 J=2 的世界里，极右的人和中右的人分享相同的机构，同样，左倾的人也是如此。因此，右翼人士会看到右翼新闻，但极右翼人士可能不会获得极右翼新闻。在 J=3 的世界里，靠近中心（右或左）的人分享同一个机构，两翼上的人各有一个专门的机构——尽管也许还没有边缘机构。随着 J 的数量增加，新闻机构会为更窄的受众提供服务，因此，很可能为他们提供更狭窄范围的内容。Mullainathan 和 Shleifer（2005）用一个经济力量更为丰富的模型使这类逻辑得以形式化。

在一个纯水平方向有差异并且每个公民都从单一机构消费新闻的模型中，这种预测逻辑最强。添加垂直属性并允许访问多个机构使情景变得复杂。为了弄清楚原因，抛开新闻领域，考虑另一个领域——DVD 市场。当通过实体店租用 DVD 时，目录通常只限于当天的最佳影片。Netflix 之类的租赁服务商的出现意味着选择的机会极大地增加了，因为存货成本下降了几个数量级（Anderson 2006）。现在不知名的电影也随处可得。

但选择机会的增加并没有使电影租赁市场两极分化。来自 Quickflix（一家澳大利亚 DVD 邮寄服务公司）的数据显示，将电影按受欢迎程度排序，从排名最后 1/10 的电影中租赁的那些人，只把 8% 的租金花在了该组电影上，超过 1/3 的租金用于排名前十位的电影。从最不受欢迎的 1/10 部分租赁至少 1 部电影的订户，租赁的电影总数是那些从最受欢迎的 1/10 部分租赁至少 1 部电影的订户的 2 倍多（Elberse 2008）。

换句话说，那些具有小众品位的人仍然高度关注主流内容，这一发现与有线电视等其他领域的证据产生了共鸣（Webster and Ksiazek 2012）。有人看 ESPN（全美体育网），有人看食物网。两组人都在看哥伦比亚广播公司（CBS）的节目。

在 Gentzkow 和 Shapiro（2011）的文献中，我们发现在网络新闻中有类似的情况发生。互联网使人们可以访问含有极端内容的网站。但是这些网站的访问者在其他地方也获得了他们需要的大部分新闻，因此，我们上面所勾画的简单的水平方向模型并不能很好地描述观众的模式。

这里面有两个原因：首先，在纯水平方向模型中，一个极端的自由主义者从最自由的新闻机构获取并消费新闻，而不会选择其他机构；在实际中，她可能既阅读一个进步的博客，又浏览 cnn. com 这样的为大众所喜爱的网站。其次，在纯水平方向模型中，所有的机构都是同样好的。但在实际中，它们并不是这样，由于质量主要依赖固定成本，市场最大的地方，即大众所喜爱的部分（中间派），质量最高。有一些网站从极端的新纳粹的角度出发报道新闻，其总体质量和时效性都很差。

本章我们回顾了 Gentzkow 和 Shapiro （2011） 的文献中的证据，并补充了一个模型，该模型能使网络新闻消费模式合理化。尽管我们关注的是新闻，但我们提出的模型有助于理解经历了产品品种转型增长的其他媒体领域中的消费情况。

6.3　数据和描述性证据

本章描述了数据来源，总结了文献中 Gentzkow 和 Shapiro （2011） 描述的关于网络新闻意识形态分离的证据。本节的部分内容摘自 Gentzkow 和 Shapiro （2011） 所著的文献。

6.3.1　数据来源

我们的互联网新闻消费数据来自 comScore。我们构建了一个由 119 个国家的政治新闻和舆论网站组成的社区，可以对受众规模和意识形态进行测量 （Gentzkow and Shapiro 2011）。

我们使用 comScore Media Metrix 公司 2009 年 12 个月内每个站点平均每日唯一访问者的数量来衡量站点的规模。Media Metrix 的数据来自 comScore 由 100 多万美国居民组成的互联网用户组。组成员在其计算机上安装软件，以便允许监测其浏览行为，comScore 使用这样一种被动的方法来区分同一机器上的多个用户。

我们利用 comScore Plan Metrix 的数据对网站的意识形态进行了测量。Plan Metrix 的数据来自一项以电子方式分发给大约 12 000 名 comScore 小组成员的调查。调查问题为："就你的政治观点而言，你认为自己是非常保守的、有些保守的、中间路线的、有些自由的，还是非常自由的？" comScore 为每个站点按月报告各个类别的日均唯一来访人数。我们对 2009 年 12 个月得出的这些数字取均值。

我们还使用了 comScore 微数据，它是从沃顿商学院的研究数据服务中获取的一组成员的浏览行为。这些数据包括每年 50 000～100 000 台计算机上的浏览行为记录，以及每个访问站点的域名。

相对于站点层级的分离，微数据有两个很大的局限性：首先，由于 comScore 微数据是在域一级（如 yahoo. com）定义，我们不能区分诸如 aol. com 和 yahoo. com 等大型网站子页面上的新闻内容。因此像 Yahoo! 新闻和 AOL 新闻等网站被排除在微数据的样本之外。其次，微数据并不区分同一机器上的多个用户。

在这一章中，我们使用了一个数据子集进行结构估计。我们重点关注了 5 个网站：foxnews. com，nytimes. com，huffingtonpost. com，drudgereport. com 和 cnn. com。我们使用 comScore 2008 年的微数据组，将计算机访问在 Gentzkow 和 Shapiro（2011）文献中描述的新闻网站社区的全年次数限制为不超过 100 次。

6.3.2　网络新闻消费的描述性特征

在 Gentzkow 和 Shapiro（2011）中，我们使用了一个互联网用户小组的新闻消费习惯数据，来评价网络新闻是否构成了一个只听到自己观点的"回声室"。为此，我们借鉴了关于种族隔离的文献中的方法，对网络新闻的意识形态分离进行了测量。

对于每一个新闻机构，我们都定义了保守份额：在那些报道"保守主义"或"自由主义"的人中，发表政治观点是"保守主义"的用户所占份额。然后，我们定义每个人的保守暴露是她访问的站点上的平均保守份额。例如，一个人访问的唯一网站是 nytimes. com，她的保守暴露被定义为 nytimes. com 上的保守份额。如果她既访问 nytimes. com 又访问 foxnews. com，她的保守暴露是这两个站点保守份额的平均值。其次，我们将分离指数（*isolation index*）（White 1986；Cutler，Glaeser，and Vigdor 1999）定义为保守派的平均保守暴露减去自由派的平均保守暴露。如果保守人士只能访问 foxnews. com，而自由主义者只能访问 nytimes. com，分离指数将等于 100 个百分点。如果保守派和自由派都从 cnn. com 上获得他们需要的所有新闻，两组会有相同的保守暴露，分离指数等于零。

我们发现，网络新闻消费远远没有彻底分离。互联网新闻消费者的平均保守暴露为 57%（不包括自我描述为中间派（moderates）的美国人，大约 2/3 的美国人自我描述为保守派）。保守派的平均暴露为 60.6%，类似于从 usatoday. com 获得全部新闻的人。自由派的平均暴露为 53.1%，与从 cnn. com 获得所有新闻的人相似。互联网的分离指数为 7.5 个百分点，这是保守派的平均暴露与自由派的平均暴露的差值。

暴露度极高或极低的新闻消费者很少。一个完全从 nytimes. com 获得新闻的消费者将拥有比 95% 的互联网新闻用户更自由的新闻套餐，而一个完全从 foxnews. com 获得新闻的消费者将拥有比 99% 的互联网新闻用户更保守的新闻套餐。

我们估计，互联网的分离指数高于广播电视新闻（1.8）、有线电视新闻（3.3）、杂志（4.7）、地方报纸（4.8），低于全国报纸（10.4）。消除互联网将使各种媒体的新闻和舆论消费的意识形态分离从 5.1 降到 4.1。

网络的意识分离略高于个人在区（county）内随机匹配的社交网络（5.9），低于个人在邮政编码区内随机匹配的社交网络（9.4）。它显著低于通过志愿者协会（14.5）、工作（16.8）、邻里（18.7）和家庭（24.3）形成的实际网络的意识分离。互联网的意识分离也远不如信任的朋友网络（30.3）和政治讨论者网络（39.4）。

图 6-1 显示了不同区域的相对偏离度。

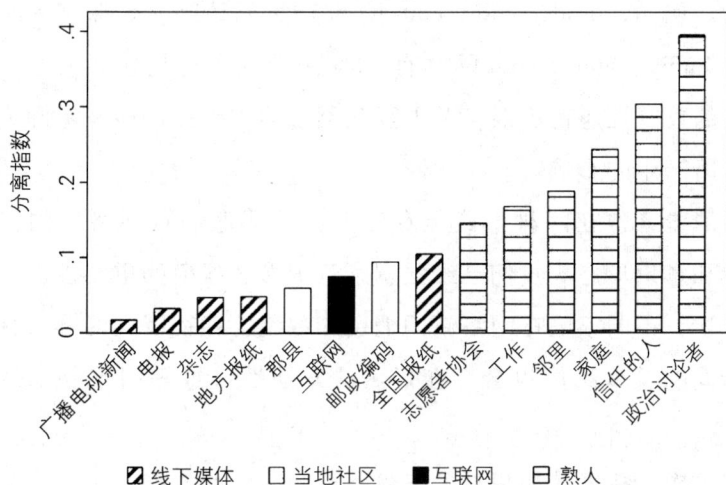

图 6-1　跨领域的意识形态分离

资料来源：互联网数据来自 2009 年的 comScore Media Metrix 和 Plan Metrix。郡县
（区）、邮政编码和离线媒体数据来源于 2007 年和 2008 年对美国消费者的媒体标记研究和
情报调查。志愿者协会、工作、邻里、家庭和"你信任的人"数据来自 2006 年的社会总调
查。政治讨论者数据来自 1992 年的跨国选举研究。该图转载自 Gentzkow 和 Shapiro
（2011）。

6.4　模型

上述事实表明了一个令人满意的网络新闻生产和消费模型需要包括
的要素。

新闻机构在两个维度上有所不同：一个是纵向的质量维度，另一个
是横向的意识形态维度。由于对大多数网络新闻的消费集中在少数几个

机构，因此解释质量变化至关重要。在 Gentzkow 和 Shapiro（2011）的文献中，我们报告的前 20 个站点占了用户每日访问的网络新闻机构总数的近 80%。解释意识形态的变化也非常重要，因为它是需求的重要驱动因素。例如，drudgereport. com 网站 78% 的访问者是保守人士，相应地，在 huffingtonpost. com 网站有 22% 的访问者也是保守人士。解释意识形态的重要性还在于很多关于互联网影响的研究都涉及新闻消费的意识形态所产生的影响。

新闻消费者也在两种方式上存在差异，即他们对网络新闻消费的总体品位和意识形态。我们已经强调了意识形态建模的重要性。正如我们下文所述，不同家庭在网络新闻消费的数量上存在巨大的异质性，这意味着新闻的总体品位也会存在显著的异质性（或等同于外部选择的数值）。

新闻机构，特别是那些不存在线下实体的新闻机构，主要靠争夺广告收入来竞争。越来越多的关于多家平台竞争的文献（Armstrong 2002；Ambrus and Reisinger 2006；Anderson，Foros，and Kind 2010；Athey，Calvano，and Gans 2013）表明，两个机构会在广告市场上争抢它们共同的受众。因此，一家新闻机构的收入将随着它能吸引到更多受众的程度而增加，特别是在其受众不与其他新闻机构（的受众）重叠的情况下。受众重叠在确定广告收入方面的重要性也表明，一个好的模型应该允许消费者很明显地在多家新闻机构之间进行选择。

新闻机构的新闻生产需要成本。在纵向的质量维度上做改进需要支付不依赖于受众规模的固定成本（Berry and Waldfogel 2010）。横向的意识形态维度的变化成本不好明确；出于讨论的目的，我们认为这些成本可以忽略。

在这个模型中，只有少数机构愿意在质量方面进行大量投资（Shaked and Sutton 1987），这样做的网站想要吸引尽可能广泛的受众。这有助于解释少数相对中立的网站占主导地位的现象。此外，在意识形态边缘经营网站的动机很大程度上取决于边缘机构能否吸引到独特的受众。如果它们的受众与主流网站的受众大多重叠，那么它们在只计算独特受众付费的模型中只能获得微不足道的收入。

6.4.1 需求模型

设置和表示

设一个新闻机构集合 $\{1, \cdots, J\}$，用 j 来索引；设一个消费者集合 $\{1, \cdots, I\}$，用 i 来索引。每个消费者都有 T_i 个场合在线消费新闻。在每个场合 $t \in \{1, \cdots, T_i\}$，每个消费者都必须选择一个新闻机构。我们可以把 1 个场合看作 1 个时间单位，如 1 分钟，即这个时间足够短，以至于在同一场合访问多个机构是不切实际的。用 $y_{it} \in \{1, \cdots, J\}$ 表示消费者 i 在场合 t 的选择。

每个消费者 i 都有一个恒定的意识形态 τ_i，消费者之间的意识形态独立同分布为 pdf 之间的 $\Phi(\ )$[1]。每个消费者 i 对新闻的品位为 μ_i，μ_i 独立同分布为以 τ_i 为条件的 $\text{Gamma}(\theta, \theta)$。

以 τ_i 和 μ_i 为条件，不同消费者消费新闻的场合次数 T_i 的分布为 $\text{Pois}(\lambda_i)$，其中，

（1）$\log(\lambda_i) = \log f(\tau_i) + \log(\mu_i)$

以 τ_i 为条件，公式（1）定义了负二项计数模型（Greene 2012）[2]。我们在到达概率中加入 $f(\tau_i)$ 是为了刻画新闻品位与意识形态相关的可能性。

网站 j 的特征为质量 α_j 和意识形态 γ_j。其中，较高的取值代表更高的质量或更右翼的意识形态。消费者 i 在场合 t 访问站点 j 的效用

---

① 在估计时，假设 τ 为标准正态。为了缩小机构的意识形态规模，必须假设 pdf $\Phi(\ )$ 已知。在正常情况下，一种等效的替代方法就是将机构的意识形态规模归一化，并将 τ 的标准差作为一个模型参数。

② 正式地，$T_i \mid \tau_i \sim NB\{\theta, f(\tau_i)/[f(\tau_i) + \theta]\}$。

（utility）为：

（2）$u_{ijt} = \alpha_j - (\tau_i - \gamma_j)^2 + \varepsilon_{ijt}$

其中，ε_{ijt} 是一种 I 型极值错误，独立地从不同的用户、机构和场合中抽取出来，也不依赖于 μ_i 和 τ_i。在每一个场合，消费者会选择能够使其效用最大化的站点：

（3）$y_{it} = j \Leftrightarrow u_{ijt} \geq u_{ij't} \; \forall j' \neq j$

选择概率

在选择新闻消费的时候，用 $\pi_j(\tau) \equiv \Pr(y_{it} = j | \tau_i = \tau)$ 表示具有意识形态 τ 的用户在某一特定场合选择访问站点 j 的概率。那么：

（4）$\pi_j(\tau) = \dfrac{\exp(\alpha_j - (\tau - \gamma_j)^2)}{\sum_{j'=1}^{J} \exp(\alpha_{j'} - (\tau - \gamma_{j'})^2)}$

定义 $\pi(\tau) = (\pi_1(\tau), \cdots, \pi_J(\tau))$ 表示 π 向量。

似然性

一个经济学家会观察到每一个消费者 i 的 $\{y_{it}\}_{t=1}^{T_i}$ 序列。用 $K_{ij} = \sum_{t=1}^{T_i} 1_{y_{it}=j}$ 表示消费者 i 访问站点 j 的次数。用 $K_i = \{K_{ij}\}_{j=1}^{J}$ 表示消费者 i 访问次数的向量。

用 $B(\tau_i, T_i) = \dfrac{\Gamma(\theta + T_i)}{\Gamma(T_i + 1)\Gamma(\theta)} \left(\dfrac{f(\tau_i)}{f(\tau_i) + \theta}\right)^{T_i} \left(\dfrac{\theta}{f(\tau_i) + \theta}\right)^{\theta}$ 表示具有意识形态 τ_i 的用户有 T_i 个场合消费新闻的负二项概率。

允许多项式 $(K_i, T_i, \pi(\tau_i))$ 表示给定 T_i 场合和意识形态 τ_i 的条件下访问计数为 K_i 的概率。

用户 i 给定意识形态 τ_i 的条件似然为：

$L(T_i, K_i | \tau_i) = B(\tau_i, T_i) Multinomial(K_i, T_i, \pi(\tau_i))$

用户 i 的无条件似然是：

（5）$L(T_i, K_i) = \int_{-\infty}^{+\infty} L(T_i, K_i | \tau_i) \phi(\tau_i) d\tau_i$

数据的无条件对数似然为：

$$(6)\ \ln(L) = \sum_{i=1}^{I} \ln L(T_i,\ K_i)$$

在这里，我们明确了对 T_i 的依赖是为了强调，T_i 只是向量 K_i 各元素的总和。

我们在上述表示中使用的似然参数为 θ、$\{\alpha_j,\ \gamma_j\}_{j=1}^{J}$ 以及函数 $f(\ )$ 的任意参数。

约束条件

用 $c_i = 1_{\tau_i > \tau_0}$ 作为一个用户是否保守的指标，τ_0 是一个截断点。

有一些滥用符号的情况，用

$$(7)\ \ c_j = \frac{\displaystyle\sum_{i=1}^{I} c_i K_{ij}}{\displaystyle\sum_{i=1}^{I} K_{ij}}$$

表示保守的访客访问站点 j 的份额。

计量经济学家观察到 $\{c_j\}_{j=1}^{J}$。因此，计量经济学家施加了下列 J 个限制：

$$(8)\ \ c_j = \frac{\displaystyle\int_{\tau_0}^{\infty} \pi_j(\tau) f(\tau) \phi(\tau) d\tau}{\displaystyle\int_{-\infty}^{\infty} \pi_j(\tau) f(\tau) \phi(\tau) d\tau}$$

在意识形态未知的用户样本中识别 τ_0 和 γ_j，做这样的约束是必要的。

6.4.2 网络新闻的供应模型

设置和表示

我们总结了站点 j 的访问次数。用 V_j 表示站点 j 的访客总数。用 S_j 表示访问站点 j 至少一次的消费者的比例。用 X_j 表示访问站点 j 并且不访问其他站点的消费者的比例。

记站点 j 的营业利润为：

$$\prod_j = a(V_j, S_j, X_j) - g(\alpha_j, \gamma_j),$$

其中，$a(V_j, S_j, X_j)$ 为年度广告收入，$g(\alpha_j, \gamma_j)$ 为内容生产的年度成本。

函数 $a(\ )$ 允许使用几种可能的广告技术。对于某一常数 $\tilde{a}$，$a(V_j, S_j, X_j) = \tilde{a}V_j$ 对应每个浏览者的常数广告率。当 $a(V_j, S_j, X_j) = \tilde{a}S_j$ 时，表示对同一个站点上同一浏览者的附加影响的回报率很低。在 $a(V_j, S_j, X_j) = \tilde{a}X_j$ 的情况下，无论是在站点之间还是跨越站点，都会出现附加影响的回报剧烈递减的现象。在多家理论文献中，最后一种收益递减现象尤其引人注目（Armstrong 2002；Ambrus and Reisinger 2006；Anderson，Foros，and Kind 2010；Athey，Calvano，and Gans 2013）。

对函数 $g(\alpha_j, \gamma_j)$ 进行的抽象非常类似。一个方便的起点是 $g(\alpha_j, \gamma_j) = g(\alpha_j)$，并随着 α_j 严格增加。这个假设意味着生产质量代价高昂，但是给定的质量可以在意识形态谱上任意定位。

观众度量

使用我们的需求模型，可为我们上述定义的测量观众的各种指标给出简单的表达式。

一般消费者对站点 j 的访问次数为

$$(9)\ V_j = \int_{-\infty}^{+\infty} \sum_{T=0}^{\infty} \pi_j(\tau) T\Pr(T \mid \tau) \phi(\tau) d\tau = \int_{-\infty}^{+\infty} \pi_j(\tau) f(\tau) \phi(\tau) d\tau$$

这个推导采用了 $E(T \mid \tau) = f(\tau)$ 的事实。

访问站点 j 的消费者份额为

$$(10)\ S_j = \int_{-\infty}^{+\infty} \sum_{T=0}^{\infty} (1 - (1 - \pi_j(\tau))^T) \Pr(T \mid \tau) \phi(\tau) d\tau$$

$$= 1 - \int_{-\infty}^{+\infty} \left(\frac{\theta}{f(\tau)_j(\tau) + \theta} \right)^{\theta} \phi(\tau) d\tau$$

为了从第一个表达式推导出第二个表达式，我们注意到：

$$\sum_{T=0}^{\infty}(1-\pi_j(\tau))^T \Pr(T\mid\tau)=E_{T\mid\tau}((1-\pi_j(\tau))^T)=E_{T\mid\tau}(\exp(T\ln(1-$$

$$\pi_j(\tau))))=\left(\frac{\theta}{f(\tau)\pi_j(\tau)+\theta}\right)^{\theta}$$

最后一步遵从负二项的矩生成函数。

访问 j 站点而不访问其他站点的消费者份额为：

$$(11)\ X_j=\int_{-\infty}^{\infty}\sum_{T=1}^{\infty}(\pi_j(\tau))^T\Pr(T\mid\tau)\phi(\tau)d\tau$$

$$=\int_{-\infty}^{\infty}\left(\left(\frac{\theta}{f(\tau)(1-\pi_j(\tau))+\theta}\right)^{\theta}-\left(\frac{\theta}{f(\tau)+\theta}\right)^{\theta}\right)\phi(\tau)d\tau$$

这里的推导与 S_j 的推导类似，但首先要注意：

$$\sum_{T=1}^{\infty}(\pi_j(\tau))^T\Pr(T\mid\tau)=E_{T\mid\tau}((\pi_j(\tau))^T)-\Pr(T=0\mid\tau)$$

属性的均衡选择

给定机构集合，我们假设属性 $\{\alpha_j,\ \gamma_j\}_{j=1}^J$ 为一个博弈的纳什均衡，其中所有机构同时选择属性。一阶条件是：

$$(12)\ \frac{\partial\,\Pi_j}{\partial\,\alpha_j}=\frac{\partial\,\Pi_j}{\partial\,\gamma_j}=0\ \forall j$$

一阶条件是实证工作一个有用的起点，因为我们所指定的博弈一般会有许多均衡（例如，构成均衡的任何一组属性也是一个机构标签的均衡）。

与需求估计对偶，一阶条件有大量的实证内容。例如，对于某一常数 $\tilde{a}$，考虑到 $\Pi_j=\tilde{a}V_j-g(\alpha_j)$ 的情况，那么模型就意味着

$$g'(\alpha_j)=\tilde{a}\frac{\partial\,V_j}{\partial\,\alpha_j}\forall j\,。$$

对需求模型的估计能推导出 $\partial\,V_j/\partial\,\alpha_j$ 的值，而常数 $\tilde{a}$ 的值可以由总数据近似得出。通过对所有机构 j 的 α_j 做 $g'(\alpha_j)$ 的图，可以描绘出质量成本函数的形状。该模型意味着：

$$(13)\ 0=\frac{\partial\,V_j}{\partial\,\gamma_j}\forall j$$

也就是说，既然我们已经假定意识形态是可以自由选择的，那么每一个机构都必须在意识形态方面达到浏览最大化。这是 Gentzkow 和 Shapiro（2010）的一个版本，用来检验印刷报纸选择倾向的最优性。

机构的均衡数量

如果新闻机构由需求来替代，一般来说，所有机构的利润都会随着机构数量的增加而减少。确定机构均衡数的一种自然方法是当继续增加机构数量时，新增的机构将无法获利，进而导致所有机构的平均收益下降，此时新增机构的边际收益为零，机构数量为整体收益最大化的机构均衡数。为了得到这样一个数量，必须得有下沉进入成本。假设这一成本在可能进入的机构之间是均匀分布的，当第 J 个机构是最理想的进入位置时，沉没成本可以界定为低于第 $J + 1$ 个机构所获得的运营利润、高于最小利润机构的运营利润。

6.5　估计和结果

6.5.1　经验策略和识别

我们的需求估计器解决了以下问题：

$$(14) \quad \min_{\tau_0,\,\theta,\,f(),\,\{\alpha_j,\,\gamma_j\}_{j=1}^J} \ln(L)$$

$$(15) \quad s.t. \; cj = \frac{\int_{\tau_0}^{\infty} \pi_j(\tau) f(\tau) \phi(\tau) d\tau}{\int_{-\infty}^{\infty} \pi_j(\tau) f(\tau) \phi(\tau) d\tau} \quad \forall j$$

对 α 和 γ 们的位置进行归一化处理。

我们的数据包括单个住户的面板微观数据，但为了开发直观的模型识别方法，可以设想数据只包含 c_j 份额和每个站点的市场份额。考虑到确定 τ_0 和 $\{\alpha_j,\ \gamma_j\}_{j=1}^J$ 的问题，将其作为给定的参数来确定每户访问的站点数。

有 J 个保守份额 c_j 和 $J-1$ 个市场份额（这两种份额的和必须为1）：$2J-1$ 个实验对象可以分别变化。

在适当的归一化条件下，有 $J-1$ 个质量参数 α_j、$J-1$ 个站点意识形态参数 γ_j，还有一个报告截止参数 τ_0，共计 $2J-1$ 个参数。

我们假设 $\tau \sim N(0,1)$，并参数化 $f(\tau)=\kappa$ 为常数 κ。这使得我们可以将可能性因素分为两部分：总访问的计数模型的可能性和机构选择的 Logit 模型的可能性。通过两步最大似然估计法对模型进行估计，首先将计数模型拟合为访问 T_i 的总次数，然后用每个用户的单次访问序列进行 Logit 选择模型的拟合。在第二步中，我们只关注那些对我们样本中 5 个站点进行 15 次或更少访问的消费者。附录表 6A.1 提供了我们的估计器在蒙特卡洛数据上的表现。

6.5.2　需求估计

表 6-1 提供了模型参数的估计及其标准误差。我们对 γ 进行归一化，使其访问加权均值为零。我们对 α 进行归一化，使最小访问站点的 α 等于零。估计一般非常精确；这种精度有些过高，因为公式（15）中我们没有对不确定性纳入进行限制。

我们探讨了模型拟合的几个维度。

图 6-2 显示，负二项模型很好地拟合了我们的面板中各机器之间的总访问分布。

表 6-2 显示，该模型很好地拟合了站点的总体规模和意识形态组成。

表 6-3 显示，该模型能够充分复制数据中保守暴露的分布情况。

表 6-4 显示，模型预测的交叉访问远多于数据中观察到的。

表 6-1　　　　　　　　　　　　　　　　模型参数

	γ
美国有线电视新闻网	−0.0127
	(0.00058)
德拉吉报道	0.7229
	(0.0000)
福克斯新闻频道	0.5320
	(0.00015)
赫芬顿邮报	−0.3645
	(0.00082)
纽约时报	−0.2156
	(0.00072)
	α
美国有线电视新闻网	4.3252
	(0.0488)
德拉吉报道	0
	(.)
福克斯新闻频道	2.7345
	(0.0475)
赫芬顿邮报	1.8632
	(0.0547)
纽约时报	3.6381
	(0.0502)
θ	0.3132
	(0.0000)
κ	3.0259
	(0.0000)
$Pr(\tau > \tau_0)$	0.5431
	(0.00087)

注：该表给出了第 6.4 节提出的对模型参数的估计。此估计使用了 5 个网站 2008 年的 comScore 数据。它由两步最大似然估计而得，第一步估计（θ，κ），第二步估计其余的参数。我们归一化 γ 和 α，使得所有网站的访问加权平均数为零，最少访问网站取值为零。括号内是渐近标准误差。

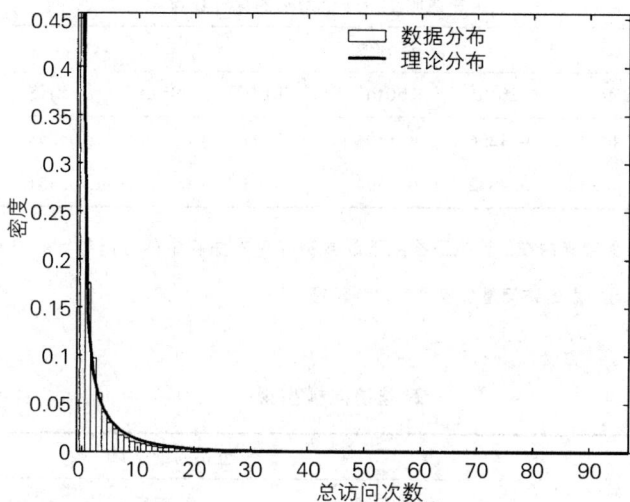

图 6-2 总访问次数的模型拟合

注：图 6-2 中显示了在面板上每台机器 2008 年对我们样本中的 5 个站点的总访问次数，以及来自我们的估计模型的预测密度。

表 6-2　　　　　　　　新闻机构的规模和意识形态模型拟合

	总访问的份额		站点访问的保守份额	
	数据	模拟	数据	模拟
美国有线电视新闻网	0.5297	0.5348	0.5504	0.5604
德拉吉报道	0.0113	0.0101	0.9266	0.9270
福克斯新闻频道	0.1401	0.1339	0.8669	0.8731
赫芬顿邮报	0.0483	0.0488	0.3008	0.3079
纽约时报	0.2707	0.2724	0.4027	0.4080

注：该表列出了每个站点的总访问份额、保守消费者对每个站点的访问份额，以及对估计参数进行单一模拟的类似数。

表 6-3   保守暴露的模型拟合

用户访问至少一个网站的保守暴露						
百分位					均值	标准差
5th	25th	50th	75th	95th		
数据	0.4027	0.4256	0.5504	0.5504	0.8669	0.5387	0.1360
模拟	0.4080	0.4842	0.5604	0.5805	0.8213	0.5516	0.1155

注: 该表为保守暴露在估计模型参数下的数据和单次仿真中的分布统计。消费者的保守暴露是消费者所访问站点的访问量加权平均保守份额。

表 6-4   跨越访问模型拟合

到站点的访问份额		也访问的站点				
		美国有线电视新闻网	德拉吉报道	福克斯新闻频道	赫芬顿邮报	纽约时报
美国有线电视新闻网	数据	—	0.0087	0.1635	0.0711	0.3027
	模拟	—	0.0406	0.3254	0.1781	0.5667
德拉吉报道	数据	0.4131	—	0.2278	0.0656	0.2857
	模拟	0.8495	—	0.6905	0.1153	0.5133
福克斯新闻频道	数据	0.4774	0.0140	—	0.0826	0.2996
	模拟	0.8019	0.0814	—	0.1485	0.5684
赫芬顿邮报	数据	0.4640	0.0090	0.1847	—	0.3556
	模拟	0.8442	0.0261	0.2857	—	0.7363
纽约时报	数据	0.4472	0.0089	0.1516	0.0805	—
	模拟	0.7896	0.0342	0.3213	0.2164	—

注: 对于每个站点，该表显示了访问该站点的访问者在访问其他站点时所占的比例，包括访问经验数据和估计参数的单个模拟。

6.5.3 供给估计

我们重点研究了供给模型对网站意识形态选择的影响。为了感受模型如何工作，我们首先从假设的新闻网站的动机入手。考虑一个 $J = 2$ 和 $\alpha_1 = \alpha_2 = 0$ 的世界，假设站点 1 选择了 $\gamma_1 = 0$。站点 2 是坚持中心还是向极端移动呢？

图 6-3 展示了我们的 3 个受众规模指标，即平均访问 V_j、曾经访问份额 S_j 和专门访问份额 X_j，这是站点 2 选择 γ_2 的一个函数。我们发现，站点 2 以中心主义的方式最大限度地增加了访问次数和曾经访问份额。当一个站点最大化专门访问的时候，稍微偏向中心的右边或左边是最优的。远离中心吸引的是不到站点 1 的观众，因此更有可能专门访问站点 2。

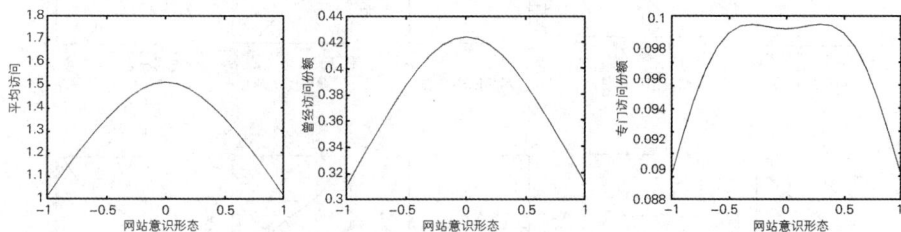

图 6-3 受众规模和意识形态：假设的新闻网站

注：该图显示了我们的模型使用表 6-1 中的参数 θ 和 κ 的值计算的对象。在每幅图中，我们假设 $J = 2$，$\alpha_1 = \alpha_2 = 0$，$\gamma_1 = 0$，图中观众规模是 $j = 2$ 时意识形态 γ_2 的函数。"平均访问"是指所有消费者对 2 号站点访问次数的平均数。"曾经访问份额"是至少一次访问站点 S_2 的消费者数量。"专门访问份额"是消费者 X_2 的数量，他们只访问了站点 2，正式定义见文本。采用高斯象限近似观众规模指标。

图 6-4 探讨了在我们的数据中 5 个站点语境意识形态区别的动机。我们将 α 作为它们的估计值。对于每个站点 j，我们将我们的受众规模指标作为 γ_j 的函数，并根据其他站点的估计 γ 来取值。该布局还显示了每个站点的估计位置 $\hat{\gamma}_j$。

一个给定的站点离中心越近或越远，是否会增加其受众，取决于受众的兴趣大小。大多数站点通过迁往中心将得到更多的至少访问一次的用

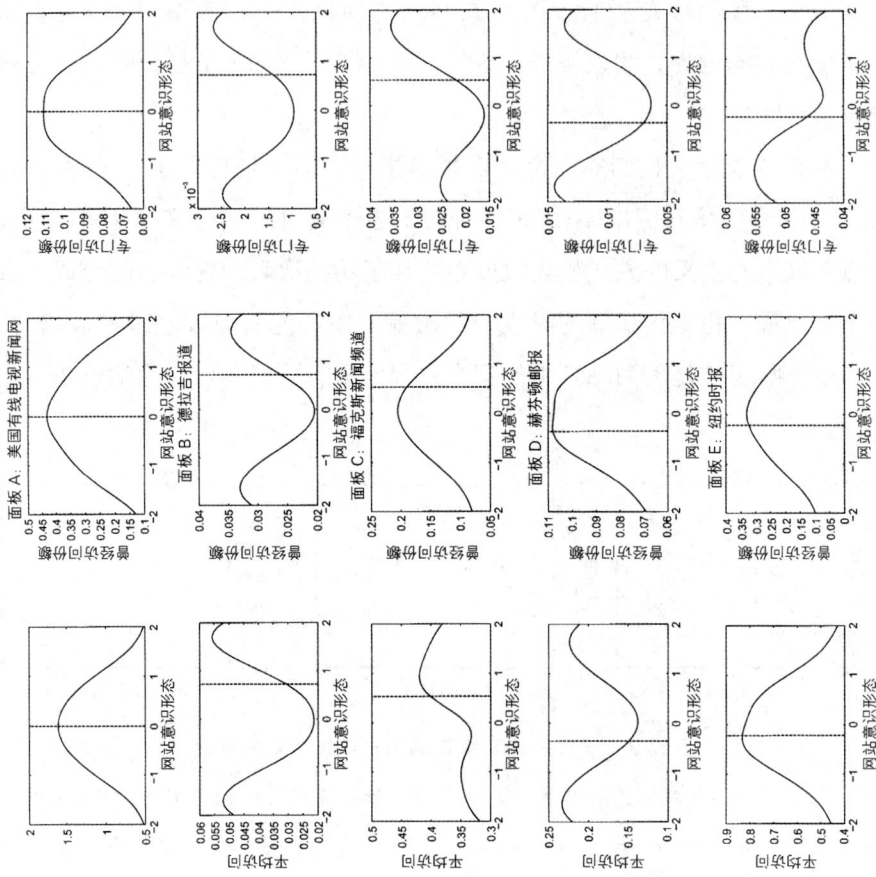

图6-4 受众规模和意识形态：实际新闻网站

注：A 小组，CNN；B 小组，Drudge Report；C 小组，Fox News；D 小组，Huffington Post；E 小组，New York Times。图6-4显示了我们的模型中使用表6-1中的参数 γ、α、θ 和 κ 的值计算的对象。在每一幅图中，我们都测量了新闻机构 J 的观众规模，作为其意识形态 γ_j 的函数，同时保持其他参数不变。"平均访问"是指所有消费者对站点 j 的平均访问次数 V_j。"曾经访问份额"是消费者至少访问一次网站 j 的消费者 S_j 的数量。"专门访问份额"是消费者 X_j 的数量，这些消费者只访问站点 j。正式定义见文本。用高斯正交函数近似观众规模指标。这条线反映了该站点所估计的思想意识形态 $\hat{\gamma}_j$。

户。但是，大多数站点都会通过从中心进一步移动来获得更多的专属访客，也会通过意识形态上更加极端来增加总访问次数。

6.6 讨论与结论

我们提出了一个网络新闻的供需模型，旨在捕捉市场的主要描述性特征。我们在一组互联网用户数据上对模型进行了估计，并探讨了模型与消费者行为的契合度，进而研究了该模型对新闻供给的影响。

我们没有提出一个完全均衡的新闻供给模型，但是我们认为可以用我们提出的基础模型来估计。我们提出的策略如下：从我们的需求模型来看，可以计算每一个新闻机构从提高其质量方面获得多少收益。运用均衡广告率模型，我们可以将这一受众的收益转化为盈利。静态平衡的条件意味着收入的收益必须等于附加内容的成本。通过对一组站点执行这项工作，原则上可以追踪质量分配中不同点的质量边际成本，从而恢复质量成本函数的形状。一项类似的工作原则上能为意识形态带来成本。

在给定成本函数和均衡概念的基础上，该模型给出了各种假设条件下新闻机构的一组均衡位置。例如，可以考虑对广告商来说在线受众价值的变化，或者固定成本或者新闻制作技术的其他要素的变化。该模型意味着从这些基础模型到消费者需求特征（如意识形态隔离程度）的映射。

另外，还可以探讨同一模式如何在其他领域的需求模式合理化方面发挥作用。正如我们在第6.2节中所指出的，新闻消费的许多描述性特征提醒人们注意其他领域，如DVD邮寄租用模式。尽管不同领域的供给条件可能有很大差异，但需求的共同特征可能暗示着类似消费者行为的潜在模式。

最后，必须指出，我们的重点是新闻的供求，而不是新闻对政治信仰或行为的影响。随着技术的发展，对于媒体平台如何改变政治，理论积累和证据收集是十分重要的。

附录

表 6A-1　　　　　　　　　蒙特卡洛实验

参数	基线估计	模拟的平均估计	渐近标准误差	引导标准误差
γ				
美国有线电视新闻网	−0.0127	−0.0127	0.0006	0.0000
德拉吉报道	0.7229	0.7230	0.0000	0.0003
福克斯新闻频道	0.5320	0.5321	0.0002	0.0002
赫芬顿邮报	−0.3645	−0.3645	0.0008	0.0001
纽约时报	−0.2156	−0.2157	0.0007	0.0001
α				
美国有线电视新闻网	4.3252	4.3264	0.0488	0.0267
德拉吉报道	0.0000	0.0000	0.0000	0.0000
福克斯新闻频道	2.7345	2.7389	0.0475	0.0237
赫芬顿邮报	1.8632	1.8663	0.0547	0.0303
纽约时报	3.6381	3.6393	0.0502	0.0249
θ	0.3132	0.3132	0.0000	0.0000
κ	3.0259	3.0259	0.0000	0.0000
Pr（$\tau > \tau_0$）	0.5431	0.5432	0.0009	0.0003

　　注意：该表报告了蒙特卡洛实验的结果，我们首先模拟了我们模型中的 10 个数据集，在第一列中显示为参数值。然后在每个模拟数据集上以估计的参数为起始参数集，重新计算我们的模型。

参考文献

Ambrus,Attila,and Markus Reisinger. 2006. "Exclusive vs. Overlapping Viewers in Media Markets. " Working Paper,Harvard University.

Anderson,Chris. 2006. *The Long Tail: Why the Future of Business is Selling Less of More*. New York: Hyperion.

Anderson,Simon P. , Øystein Foros, and Hans Jarle Kind. 2010. " Hotelling Competition with Multi-Purchasing: Time Magazine, Newsweek, or Both?" CESifo Working Paper no. 3096, CESifo Group Munich.

Armstrong,Mark. 2002. "Competition in Two-Sided Markets. " Working Paper,Nuffield College.

Athey, Susan, Emilio Calvano, and Joshua S. Gans. 2013. " The Impact of the Internet on Advertising Markets for News Media. " Working Paper no. 2180851, Rotman School of Management,University of Toronto.

Berry,Steven,and Joel Waldfogel. 2010. "Product Quality and Market Size. " *Journal of Industrial Economics* 58(1):1–31.

Cutler,David M. , Edward L. Glaeser, and Jacob L. Vigdor. 1999. "The Rise and Decline of the American Ghetto. " *Journal of Political Economy* 107(3): 455–506.

DellaVigna,Stefano,and Ethan Kaplan. 2007. "The Fox News Effect: Media Bias and Voting. " *Quarterly Journal of Economics* 122(3):1187–234.

Edmonds,Rick. 2013. "New Research Finds 92 Percent of Time Spent on News Consumption is Still on Legacy Platforms. " Poynter Institute for Media Studies. http://www. poynter. org/latest–news/business-news/the-biz-blog/212550/new-research-finds-92-percent-of-news-consumption-is-still-on-legacy-platforms/.

Elberse,Anita. 2008. "Should You Invest in the Long Tail?" *Harvard Business Review* 86(7): 88–96.

Fiorina,Morris P. ,and Samuel J. Abrams. 2008. "Political Polarization in the American Public. " *Annual Review of Political Science* 11:563–88.

Gentzkow, Matthew, and Jesse M. Shapiro. 2010. "What Drives Media Slant? Evidence from US Daily Newspapers. " *Econometrica* 78(1): 35–71.

——.2011. "Ideological Segregation Online and Offline." *Quarterly Journal of Economics* 126(4): 1799–839.

Gentzkow,Matthew,Michael Sinkinson,and Jesse M. Shapiro. 2011. "The Effect of Newspaper Entry and Exit on Electoral Politics. " *American Economic Review* 101(7): 2980–3018.

Greene,William H. 2012. *Econometric Analysis*. New York: Prentice Hall.

McCarty, Nolan, Keith T. Poole, and Howard Rosenthal. 2006. *Polarized America: The Dance of Ideology and Unequal Riches*. Cambridge,MA: MIT Press.

Mullainathan,Sendhil, and Andrei Shleifer. 2005. " The Market for News. " *American Economic Review* 95(4): 1031–53.

Prior,Markus. 2005. " News vs. Entertainment: How Increasing Media Choice Widens Gaps in Political Knowledge and Turnout. " American Journal of Political Science 49(3): 577–92.

——. 2013. "Media and Political Polarization. " Annual Review of Political Science 16:101–27.

Shaked,Avner,and John Sutton. 1987. "Product Differentiation and Industrial Structure. " *Journal of Industrial Economics* 36 (2): 131–46.

Sunstein,Cass R. 2001. *Republic. com*. Princeton,N. J. : Princeton University Press.

Webster,James G. ,and Thomas B. Ksiazek. 2012. "The Dynamics of Audience Fragmentation: Public Attention in an Age of Digital Media. " *Journal of Communication* 62:39–56.

White, Michael J. 1986. " Segregation and Diversity Measures in Population Distribution. " *Population Index* 52 (2): 198–221.

第7章　广告效果评估：数字化前沿

Randall Lewis　Justin M. Rao　David H. Reiley[①]

7.1　引言

在美国，广告业是一个每年价值达到 2 000 亿美元的行业。我们每天都在使用那些利用消费者对广告的关注进而产生盈利的"免费服务"，如网络电视、电子邮件、社交网络等大量在线产品。然而，自第一次世界大战以来，虽然广告业在美国国内生产总值（GDP）中所占比例稳定在2%左右，而且相关的优惠活动在美国人的大部分闲暇时间中出现（Bureau of Labor Statistics 2010），但经济学家对广告业仍缺乏了解。这主要是因为在大多数情况下，离线数据不足以让企业（或研究人员）衡量广告对消费者购买行为的真实影响。广告理论对竞争的重要影响更难在实证上得到验

① Randall Lewis 是谷歌公司的一名经济研究科学家。Justin M. Rao 是微软研究院的一名经济研究员。David H. Reiley 是谷歌公司的一位研究科学家。

这些工作大部分是所有作者在雅虎研究院期间完成的。我们感谢 Garrett Johnson、Dan Nguyen、Sergiy Matusevych、Iwan Sakran、Taylor Schreiner、Valter Sciarillo、Christine Turner、Michael Schwarz、Preston McAfee 等众多同事在开展这项研究中给予的帮助和支持。有关作者致谢、研究支持来源和作者重要财务关系的披露（如有），请参阅 http：//www. nber. org/chapters/c12991. ack。

证（Demsetz 1982；Kessides 1986；Becker and Murphy 1993）。数字时代的发展为弥补这种数据缺失提供了前所未有的机会。就发展而言，无论是已经实现的还是潜在进行的，都可以归结为两个关键因素：（1）个人层面的数据实现了把广告投放和后续购买行为关联起来，并以较低的成本提供给广告商；（2）广告可以在个人层面随机化投放，产生对确定因果效应至关重要的外生变化①。在这一章中，我们将研究实证测量广告回报率方法的改进，突出当前仍然存在的基本挑战，并预测我们认为未来可能会实现的解决方案。

数字广告为研究广告活动提供了有精确的定量数据的标准报告，尤其是有关点击率（CTR）的数据。当然，广告的点击率只是一个间接指数，无论什么时候，广告商真正感兴趣的方面都是消费者购买量的增加②。尽管还存在一些限制，但在自动定位算法中，诸如CTR这样的间接指标已被证明是非常有用的因变量，它可以将广告、消费者和环境关联起来（Pandey and Olston 2006；Gonen and Pavlov 2007）。相关间接指标来自"购买意向"调查以及随机抽取的企业广告。这些调查的交叉实验分析提供了对定向（与非定向）广告（Goldfarb and Tucker 2011b）、文本相关性和广告侵入性（Goldfarb and Tucker 2011a）相对价值的估算，并为隐私辩论（Tucker 2012）提供了依据。

这些间接的测量指标在学术研究和商业最佳实践方面的作用不应被低估。但是，在大多数情况下，尽管广告特性会影响企业去调整广告支出，以及利用CTR最大化的算法去提高支出效率，但企业可能始终对评估广告投资的总体回报率（与广告宣传活动相关的销售收入与支出成本之比）感兴趣。研究过程中需要注意的是，过度依赖间接指标可能会使人们的注

---

① 过去有一些评估广告效果的方法，其中最著名的是 Lodish 等人（1995）的分缆实验，但这些都是作为小型试点进行的，没有使用正常的广告投放渠道。

② 为了达到这个目的，广告商通过浏览器信息记录程序和点击标志来获得"转换率"，即广告投放与广告曝光之间的交易比率。这种方法看似理想，但归因步骤至关重要，目前的归因分配方法存在严重缺陷，我们对此进行了详细的讨论。

意力偏离真正的目标，研究表明，这可能会导致不理想的决策（Blake，Nosko，and Tadelis 2014）。

除了间接指标的缺陷之外，广告曝光的内生性是评估广告回报的另一个关键挑战。传统计量经济学的测量通常会基于聚合数据进行研究，但由于广告具有目标性，这些数据普遍都会有识别问题（Bagwell 2007）[1]。尽管能够通过数字传输和测量进行大量的随机对照试验，但我们发现评估广告效果所使用的行业标准数据的收集和分析方法存在一些概念性缺陷。换句话说，对广告曝光率、点击率和其他相关结果的大量数据分析并不一定能够更好地帮助理解广告回报的基本因果效应，更不用说对其他细微问题的进一步分析，如对不同类型消费者的相对有效性定位、广告素材、跨渠道效果或曝光频率等细微问题的分析。在我们看来，大量的数据一方面为智能算法的进步创造了机会，但在另一方面，"大数据"的环境也容易产生错误推断。

首先，许多模型会假设如果不点击广告，那么广告对客户的行为不产生影响。在这里，我们讨论作者 Lewis 和 Reiley 的研究，他们的研究结果表明，在线广告可以推动离线销售，但他们不以购买行为转换率或点击率来衡量这些研究结果；忽略这些非基于点击率的销售会导致广告的整体效果被低估。关联在线广告和离线销售需要专门的实验基础设施和第三方数据的合并，而这些技术直到近几年才逐渐实现。

其次，许多模型假定，如果客户单击了一个广告并随后购买了该广告产品，那么购买行为的转换一定基于被点击的广告。这种假设在某些情况下是值得怀疑的，如搜索广告，即广告有意针对最有可能购买广告产品的消费者，并在消费者执行与广告产品相关的任务时临时定向到目标。例

---

① Lodish et al.（1995）报道的划分有线电视实验是一个值得注意的例外。这些实验的样本运行在一个美国小镇，远小于在线实验的数量级。作者并没有报告每个实验置信区间，而是使用交叉实验技术来了解哪些因素往往会影响消费者（后续分析见 Hu, Lodish, and Krieger（2007）。

如，研究表明，搜索"ebay shoes"的人很有可能在 ebay 上购买鞋，而不管广告宣传力度的大小（Blake，Nosko，and Tadelis 2014）。虽然这是一个极端的例子，Blake，Nosko 和 Tadelis（2014）也认为这个问题是普遍存在的，广告的"可行性转化"程度是很难精确测量的。比较有效、简单的方法是假设这个问题不存在，尽管只有"最后几次点击"是有价值的，但所有点击都计入 CTR，所以这些方法总是会夸大点击广告的用户的因果关系。

最后，更复杂的模型通常依赖于自然的、内源性的广告曝光，通过对比接触广告组与未接触广告组去确定基线购买率。由于未观察到的异质性，这种模型很容易产生偏差估计（Lewis，Rao，and Reiley 2011）。当伪控制组没有捕捉到实验组的重要特征，如购买意图或浏览频率时，就会出现这种情况，无论广告是否存在，我们都认为这些特征与购买相关。通过对来自雅虎（Yahoo!）25 次大型实验数据的研究（Lewis and Rao 2013），我们发现购买的标准差通常是平均值的 10 倍。有了这样一个干扰性的因变量，即使是很低的内生性，也会严重影响预估结果。除了在系数估计中引起偏差外，这些规格性误差还会导致过度精准的问题。因为在消费者的交易行为中，广告通常只有一个非常小的方差，为了能够衡量经济意义上的影响与统计精度，明晰的设计实验通常需要超过 100 万个实验对象（但即使实验中包括 100 万个样本，实验结果依旧是不显著的，它会受到销售方差的影响）。

由于实验通常被认为是精确性的黄金标准[①]（处理是外源性的，并且在个体之间是独立的），如果观察方法要求提供更高的精确性，我们应该持怀疑态度。此外，使用非实验方法，忽略异质性或选择性偏差（只要它能产生 0.00005 或更大的部分 R 平方）会导致结果出现偏差，会降低

对广告效果的合理估计。因此，如果广告商不使用实验来评估广告效果，那么他必须对他的模型有一定程度的信心，坦率地说，广告定位以及广告与产品同步发布（如新 iPad 发布），再加上需求冲击（如假日购物季），使选择影响出现了明显的不合理性。

评估广告回报的实验工作让我们对当前的数据和方法的局限性有了更深的认识。例如，我们发现利用看似简单的"跨通道"互补性测量方法得出可靠估计结果是非常困难的。在这里，我们提出了来自 Lewis 和 Nguyen（2013）的证明，展示型广告可以增加对广告品牌关键词的搜索。一些赞助链接上产生的点击数被错误地完全归功于搜索广告，虽然可以记录搜索的方向影响，但是我们不能判断搜索广告与展示型广告搭配时广告的转化率是变得更好还是更差。在更大范围内进行类似的实验设计可以回答这类问题，但对大多数广告商来说，面向 500 万～1 000 万个客户的广告可能是难以实现的[①]。这些发现在相关在线广告溢出效应的研究中得到了证实（Rutz and Bucklin 2011；Papadimitriou et al. 2011）。

因此，尽管一些问题可以用当前可行的（至少对一些市场参与者来说）规模进行解答，但我们认为，其他问题仍然超出了当前实验基础设施和方法的统计能力。最明显的例子是调查广告的长期效果。基本上，任何对广告影响的分析都必须做出判断，去决定在分析中使用哪个时间段的数据。通常会选取"活动的窗口期"或活动的窗口期加上选定的时间间隔（通常是 1～4 周）。这些临界值基本上是"不准确的"，因为在截止时间之后产生的任何影响都应该加入对投资回报率（ROI）的计算中。我们解释了为什么研究人员通常会选择相对较短的活动窗口期。直观上看，研究的时间窗越长，数据中的信噪比越低（假设广告所受影响随着时间的推移越来越小）：累积效应的点估计值往往随着时间的推移而增加，而效果的标准误差则增加得更多。这导致了一种类似于著名的"维度诅咒"

---

① 一语双关。

的估计"不可能性"。

在接下来的两部分中，我们将进一步展望未来。首先，我们讨论如何使用计算方法通过自动定位和竞价提高广告效果。通过自动定位，可从"向谁去投放广告"有效地转移到"我们从投放的广告中能够得到什么"。目前，自动化系统的关键参数（如对点击率或转换率等操作的评估、活动预算和持续时间）仍必须由人工输入。事实上，这些正是我们认为非常难以估计的参数。然而，将受控随机化——即时实验——纳入核心算法中并没有很大的技术障碍。通过不断地合并实验，可以开发出一种信息丰富的先验判断，并可以更精确地估计收益（然后就可以控制投标、预算等）。为了充分发挥这类算法的潜力，广告交易所必须向参与者提供竞价人故意失败的拍卖结果的数据。目前，结果跟踪只有在赢得拍卖的情况下才可能实现，这意味着今天这种类型的实验仅限于基于时间和地理的识别，严重限制了实验性能。在最后一节中，我们将进一步讨论广告交付、测量和基础设施方面的进步如何为促进广告研究创造机会。我们将讨论提供的这些功能和数据如何与广告平台当前的激励措施相关联。我们会在最后一节做出总结。

7.2　选择和权力

以今天的美元计算，平均每个美国人每年会接触到价值大约 500 美元的广告①。为了实现收支平衡，广告商需要每人每天获得大约 1.35 美元的净利润。考虑到投放广告的企业的毛利润，我们估计，这大致相当于每

---

① 2011 年，美国人的平均 GDP 约为 50 000 美元，家庭收入中位数也约为 50 000 美元。平均家庭规模约为 2.5 人，这意味着个人家庭收入中位数约为 20 000 美元。因此，虽然 2% 的 GDP 实际上意味着人均支出为 1 000 美元，但我们采用 500 美元这样一个比较保守的数字，更能代表美国人的平均广告曝光率。

天增加 4～6 美元的销售额。

当广告商加入这场竞争时，他们必须争夺消费者的关注度。普通广告竞争的人均成本非常低。在线"宣传"（横幅广告、矩形广告等）每天向目标人群投放一部分广告，每人每天的成本大约是 1～2 美分。发送电视广告的成本会稍高一点。但即使是积极的广告竞争，通常也只能占据个人每日广告接收量的一小部分。我们每天看到很多广告，但只有少数广告与消费者有足够的相关性并足以影响他的消费行为。

由于广告对每个人的影响是相对比较小的，因此很难评估其相应的成本效益。更复杂的是，对许多广告商来说，个人层面的销售是非常不稳定的。例如，汽车销售，广告对汽车销售的影响要么是数万美元，要么是零①。许多其他大量做广告宣传的产品，广告效益虽然没有那么极端，但也是非常不稳定的，包括消费电子产品、服装和服饰、珠宝、航空旅行、银行和理财等②。此类产品的例外情况是单一商品通过直接转换渠道进行销售。在这里，我们分析了 Lewis 和 Rao（2013）做出的研究，他们使用 25 个大型广告场地进行实验，来量化个人支出波动如何影响广告效果（下文简称 adfx）。一般来说，信噪比比我们在经济学中普遍得出的要低很多。

现在我们使用一些公式来描述论点。设定一个结果变量 y（销售），当一个人接触到广告时，指标变量 x 等于 1，回归估计 $\hat{b}$ 的平均差异介于接触广告组（E）和未接触广告组（U）之间。在一个实验中，接触是外源性的——由投掷硬币决定。在一项观察性研究中，我们还需要考虑协变量 W，它可以包含个体固定效应，接下来的分析方法将使用 y | W。以下所有结果都是通过了"有条件的"附加说明。我们认为，针对 x、y 的回归系数 $\hat{b}$ 将给出一个指标，去衡量消费者人均支出的美元变动对广告产生

---

① 边际利润的影响应该是较大的，但显然这里较小，因为它是毛利率乘以销售额的影响。
② 对银行来说，一旦消费者注册，消费模式可能就是可以预测的，但是银行正在从消费者的转变中赚钱，这意味着"这种影响要么是 100%，要么是 0"。

的影响。

我们使用标准符号表示样本均值、接触组与未接触组的销售额差异、这些组之间的均值差异，以及均值差异的估计标准误差。为简单起见，我们假设接触和未接触的样本具有相同的大小（$N_E = N_U = N$）以及相等的方差（$\sigma_E = \sigma_U = \sigma$）：

$$(1)\ \bar{y}_E \equiv \frac{1}{N_E} \sum_{i \in E} y_i,\ \ \bar{y}_U \equiv \frac{1}{N_U} \sum_{i \in U} y_i$$

$$(2)\ \hat{\sigma}_E^2 \equiv \frac{1}{N_E - 1} \sum_{i \in E} (y_i - \bar{y}_E)^2,\ \ \hat{\sigma}_U^2 \equiv \frac{1}{N_U - 1} \sum_{i \in U} (y_i - \bar{y}_U)^2$$

$$(3)\ \Delta \bar{y} \equiv \bar{y}_E = \bar{y}_U$$

$$(4)\ \hat{\sigma}_{\Delta \bar{y}} \equiv \sqrt{\frac{\hat{\sigma}_E^2}{N_E} + \frac{\hat{\sigma}_U^2}{N_U}} = \sqrt{\frac{2}{N}} \cdot \hat{\sigma}$$

我们专注于两个熟悉的计量经济学统计数据：第一个是 y 对 x 的回归的 R^2，它给出了广告所产生的销售方差的比例（或者在协变量模型中，首先分解出协变量之后的部分 R^2——更多解释，请参阅 Lovell（2008））：

$$(5)\ R^2 = \frac{\sum_{i \in U} (\bar{y}_U - \bar{y})^2 + \sum_{i \in E} (\bar{y}_E - \bar{y})^2}{\sum_i (y_i - \bar{y})^2} = \frac{2N[(1/2)\Delta \bar{y}]^2}{2N \hat{\sigma}^2} = \frac{1}{4} \left(\frac{\Delta \bar{y}}{\hat{\sigma}}\right)^2$$

第二个是 t 统计量，用来检验广告没有产生影响的假设：

$$(6)\ t_{\Delta y} = \frac{\Delta \bar{y}}{\hat{\sigma}_{\Delta y}} = \sqrt{\frac{N}{2}} \left(\frac{\Delta \bar{y}}{\hat{\sigma}}\right)$$

在这两种情况下，我们对销售的平均影响与消费者的销售标准差之间的比率都进行了标准回归统计。

在下面的假设示例中，我们使用来自雅虎的 19 个零售实验中值的近似值来校准。为了便于说明，我们将其当作一个单独的实验来讨论。活动的目标是在两周内使销售额增长 5%，我们将把这段时间作为用户感兴趣的"窗口期"。在此期间，该广告商的顾客平均购买金额为 7 美元，标准差为 75 美元①。每位客户的广告使用费为 0.14 美元，相当于以 1~5 美元的价格提供 20~100 个展示型广告②。边际利润（成本升高的部分加到售价上）假定约为 50% ③。销售额增长 5% 相当于每人 0.35 美元，净利润为每人 0.175 美元。因此，此项活动的目标是提供 25% 的投资回报率（ROI）：0.175 美元/0.14 美元 =1.25④。

在这个例子中，广告商面临的挑战是在 75 美元销售标准差的噪声中，检测实验组和对照组之间 0.35 美元的销售差异。这个比率非常低，仅有 0.0047。根据上面的推导可以得出 R^2，表明：

$$(7)\ R^2 = \frac{1}{4} \cdot \left(\frac{\$ 0.35}{\$ 75} \right)^2 = 0.0000054$$

也就是说，即使是相对较高的 ROI 成功的活动，我们预期 R^2 也只有 0.0000054。这将需要一个很大的 N 来识别所有广告的影响，更不用说给出一个精确的置信区间了。假设在一个完全随机化的实验中，我们有 200 万独立用户在实验组和控制组之间平均分配。实际 ROI 为 25%，影响规模与销售标准差的比值为 0.0047，使用上述公式，预期 t 值为 3.30。这对应于在 10%（5% 单边）的显著性水平下，可信度约为 95% 的测试，因为正态分布的 t 统计量应该小于 1.65 的临界值，在实际效果为 25% 的 ROI 的情况下，大约有 5% 的时间 t 统计量应该小于 1.65 的临界值。对于 20 万个独立用户，预期的 t 统计量是 1.04，这表明该测试无法可靠地检测出与经济相关的影响：在可观的 25% 的 ROI 的替代假设下，我们无法拒绝 74% 的时间的零假设⑤。

---

① 根据雅虎与多家广告商（从廉价到高端零售商）之间的数据共享，销售的标准差通常约为平均值的 10 倍。顾客购买商品的频率相对较低，但当他们购买商品时，他们的购买量相对于平均水平往往很大。

② CPM 是基于效果的在线展示型广告定价标准。它代表"每千米成本"或"每千人成本"，千人是罗马数字，表示 1 000。

③ 我们基于与零售商的沟通以及我们对该行业的了解做出这一假设。

④ 出于校准的目的，请注意，如果毛利率为 40% 而不是 50%，这意味着投资回报率为 0。

⑤ 请注意，当低功耗测试确实正确地拒绝零假设时，基于拒绝的点估计值将显著大于另一种假设的 ROI。参见 Gelman 和 Carlin（2013）关于这个"夸张因素"的研究。

在我们的假设随机试验中，变量 x 的低水平 $R^2 = 0.0000054$ 对观察性研究具有重要意义，如与对照组的回归、双重差分和倾向评分相关联。非常低的内生性也会对广告效果的估计产生严重影响。一个被忽略的变量、错误指定的功能形式，或者在浏览行为和销售行为之间产生 R^2（以 0.0001 为数量级）的轻微相关性，都要比真实的处理效果大一个数量级。将其与一个典型的经济学例子进行比较，如 Mincer 工资/学校教育回归（Mincer 1962），其内生性大约是处理效果的 1/8（Card 1999）。对于观察性研究，关键性问题是，"处理变量的部分 R^2 是什么？""如果它非常小，就像广告效果一样，清晰的识别变得至关重要，因为少量的偏差很容易转化为对系数估计的巨大经济影响。"

尽管我们的观点还没有被广泛采纳，但这些观点目前可以从大型在线广告数据提供商 comScore 总裁的言论中得到证明：

衡量在线广告或付费搜索广告（企业付费以使该企业的链接显示在搜索结果页面的顶部）对在线销售的影响非常简单：我们确定哪些客户浏览了广告，然后比较那些浏览过和没有浏览过广告的客户的在线购买行为（Abraham 2008）。

我们所做的论证表明，简单地对接触广告组与未接触广告组中的数据进行比较，会导致研究结果出现偏差，其程度比实际影响要大出许多个数量级。事实上，这种方法让作者所调查的接触组的结果高出了 300%，这个数字高得令人吃惊（例如，这意味着广告商的广告投放严重不足）。由于所有的广告都有形式性目标[①]，所以内生性也一直是一个问题。例如，大多数展示型广告的目标受众是那些可能对广告产品感兴趣的人，他们的兴趣是通过人口统计数据或消费者过往的在线消费行为推断出来的。类似地，搜索广告的目标客户是那些在特定时间点对某种商品产生兴趣的消费

---

① "非针对性"广告通常有基于广告展示位置或是隐性互补目标的隐性目标受众，由于其他广告商购买了目标库存，剩下的库存由广告商要求购买的"非目标"广告补充。

者，这种目标客户定位是根据他们的搜索查询（以及过去的浏览行为）推断出来的。在这些情况下，将已接触组与未接触组进行比较恰恰是错误的。通过产生外源性曝光，第一代广告实验朝着正确的方向迈出了一步。实验是理想的，实际上也是必要的，同时也是为了提高识别的可靠性。

不幸的是，对许多广告产品来说，销售的波动性意味着即使是面对数百万独立用户的实验，也无法回答一些基本问题。比如："我们能否拒绝该假设，即该活动对消费者的购买行为没有任何影响?"即便是在短期内，衡量销售影响也比人们想象的要困难得多。在个人层面上随机投放广告并将其与客户层面的购买行为数据联系起来的能力，为衡量广告效果打开了新的大门，但完成这项任务仍绝非易事。在本章的其余部分，我们将讨论这些挑战。下一节将重点介绍如何使用正确的指标来评估广告。

7.3　广告评估指标的演变

点击率（CTR）已经成为非常热门的评估指标，用来分析和判断在线广告的效益。原因很容易理解，因为点击率的定义很清楚，并且点击率很容易测量，同时发生的频率相对较高。一个直观且具有吸引力的特点是，广告点击率不能在没有广告的情况下产生。如果一个网站投放了 10 万个广告，点击率达到 0.2%（对在线展示型广告或排名靠后的搜索广告来说，这是一个普遍存在的比率），那么很容易得出这样的结论：这个广告吸引了 200 个新网站的访问量。对新品牌或鲜为人知的品牌来说，这种假设很可能是正确的。但对于知名广告商，消费者可能会在没有浏览广告的情况下直接进入网站，直接通过键入网站名称在 URL 窗口浏览器或直接在搜索引擎上（这是免费的或是"赞助型的"）搜索相关主题，如"汽车租赁"等。所以并不能假设如果没有广告，这 200 次访问就不会发生。也就是说，这些点击可能会挤掉通过其他方式进行的访问（Kumar and

Yildiz 2011；Chan et al. 2010）。

使用随机试验可以解决计数过多的问题，在这些试验中，对照组被用来估算"基线到达率"。例如，赞助型搜索广告可以在一天中的任意时间关闭，企业可以测算来自搜索引擎的广告起效时间，以确定广告何时运行，何时不运行（Blake，Nosko，and Tadelis（2014）采用了这种方法）[1]。CTR 一个更深层次的问题是它忽略了一些重要因素。首先，它对"品牌广告商"没什么帮助——这些企业并没有试图通过广告直接促进在线销售增长，而是希望通过广告提升品牌的知名度和商誉。为了评估它们的支出效益，品牌广告商传统上更依赖于调查，这些调查尝试去评估一场活动是否提升了目标消费者对该企业的看法（Goldfarb and Tucker 2011b）。将消费者调查和未来的购买行为关联起来，则增强了另外一层复杂性，因为从广告发布到产生销售的周期更长了（我们将在第 7.5 节中详细讨论）；同时，也因为从假设响应到实际行为需要一种可靠的相关性，其中可能充满所谓的假设偏见（Dickie，Fisher and Gerking 1987；Murphy et al. 2005）。消除假设偏见的一种常见方法是利用调查对宣传活动进行相对比较。

对同时在网络和实体店销售商品的广告商来说，点击率（或线上转换率）并不能代表整体的投资回报率。Lewis 和 Reiley（2013a）的研究表明，对大型零售商来说，大部分的销售影响因素来自线下。Johnson，Lewis 和 Reiley（2013）试图将线下的影响与消费者联系在一起，这些消费者都生活在离零售商很近的地方。这些研究表明，纯粹的在线评估方式可能会在衡量广告回报时产生很大的负面偏见。对同时从事在线和离线业务的企业来说，开发基础设施将在线广告宣传与离线销售关联起来至关重要。

---

[1] 尽管设计简单，Blake，Nosko 和 Tadelis（2014）估计他们的雇主 eBay 每年将浪费数千万美元。

通过点击率获取客户群的替代方案是依靠下游的结果测量，这被称为"客户获得"（它本身可能被认为是客户净折现值的短期指标）。广告商现在可以在许多广告交易平台上运行"每次获得客户成本"（CPA）的广告[①]，收购或转换被定义为与广告有"合格关联"的成功交易。从表面上看，关注转换率似乎比点击率更有吸引力，因为它离销售更近了一步。遗憾的是，这种好处也带来了一个负面的"归属问题"：哪个广告为这笔销售做出了"贡献"？假设消费者查看并点击了一个给定的广告，但没有在同一天购买，在接下来的几天里，她看到了该产品的一系列其他广告（鉴于一种被称为"重新定位"的做法，是非常有可能的），然后购买该产品。那么，哪一个广告应该被选作为刺激销售做出贡献的有效性广告呢？

对广告交易的评判倾向于从会计的角度出发，使用一套规则来解决这些问题。常见的规则包括点击一次广告能获得积分，或者只计算"最后一次点击"（因此，如果消费者点击了一个重新定位的广告，该广告就会获得积分）。这样被选中的点击行为似乎是更有意义的，是非常实用的，因为这意味着所有看到广告但没有点击的记录不需要保存[②]。然而，在假设广告只能通过点击产生影响时，点击有可能会出现错误，这在经验上是存在误差的（Lewis，Reiley，and Schreiner 2012）。"最后一次点击"规则也具有直观的吸引力。其理由如下：如果最后一次点击没有发生，销售就不会发生。即使这是真的（我们对此表示怀疑），第一次点击或浏览到广告也可能导致 web 搜索或其他相关活动，包括用于重新定位的行为标记，这为最后一次点击打下了基础。因果归因问题通常由广告商或出版商特定的规则来解决，如"购买前的第一次广告点击和最后一次广告点击分别被认为对购买行为产生了 40% 的贡献率，而中间广告的点击分摊剩余的

---

① 但截至 2013 年 8 月，主要的搜索引擎依旧没有。

② CTR≈0.2% 意味着只有点击的存储和处理成本仅涉及广告曝光记录的 1/500。

20%的贡献率"[1]。此类规则的出现给从业者提供了许多选择，但他们不一定都能公正地衡量广告支出的表现。最终，这种复杂的归属分配规则可能会让点击率变得更有吸引力。

归属问题也存在于展示广告和搜索广告的互补关系中。最近的研究表明，展示型广告会对搜索行为产生因果影响（Lewis and Nguyen 2013）。作者通过对接触到广告的用户的搜索行为与原本应收到广告但被随机提供无效对照的用户的搜索行为进行比较，证明了这一点。与对照组相比，与品牌相关的关键词在实验组中更为普遍。归属问题在在线广告中得到了更多的关注，因为按购买付费和按点击付费的机制非常流行，同时它也适用于离线设置。例如，对同一用户来讲，我们如何得知他所接触到的在线广告比电视广告起到更大的作用去推动在线购买行为？由于大型广告商不断地在许多媒体上做广告，所以几乎每一个在线广告活动都是与企业通过广告牌和电视等媒体开展的线下广告同时发生的[2]。想要通过直接建立一个全矩阵的一阶相互作用模型进行分析，远远超出了当前的技术水平。事实上，在我们所知道的每一篇评估在线广告的论文中，这种与离线支出的互动都被忽略了。

我们的研究表明，广告效益衡量指标的演变带来了新挑战，研究人员还需要将这些指标与对销售产生的因果影响联系起来。同时，对广告商来说，中间指标非常有用的一种功能是提供相对快速的目标策略反馈，允许对广告服务计划进行算法调整。例如，虽然假设点击率能够捕捉广告的所有相关效果可能是不合理的，但是正常情况下，在企业运行的某一类广告中，较高的点击率总是比较低的点击率更受欢迎。如果是这样，bandit算法可以用来提高广告支出的效率，并对广告效果进行比较，让人们能够优

---

[1] 来自 https：//support. google. com/analytics/bin/answer. py? hl = en \ &answer = 1665189。

[2] Lewis 和 Reiley（2013b）的研究表明，超级碗的广告会让观众在大量的广告商中搜索与品牌相关的内容。

先考虑更好的广告效果（Pandey and Olston 2006；Gonen and Pavlov 2007）。我们将在第 7.7 节中更详细地讨论这些研究进展。

7.4　大型广告的实验研究

为了更好地了解大型广告实验的实际运行情况，在本节中，我们提交了一个来自 Lewis 和 Reiley（2013a）（简称为"LR"）的案例研究。Lewis 和 Reiley 为一家大型的北美零售商进行了一次大规模的实验。这项研究的先进性在于，它将零售商销售记录中的现有客户（无论是在线销售还是实体销售）关联到唯一的在线用户识别符号上，在本例中是关联到客户的雅虎用户名上。

实验安排如下：匹配结果显示，共有 1 577 256 个样本，他们在姓名、电子邮件或姓名、邮寄地址上进行了匹配。该项活动仅针对由匹配确定的零售商的现有客户。在这些匹配的客户中，LR 将其 81% 分配给了一个实验组，实验组在登录到雅虎的服务网站后，观看了两场针对这家零售商的广告宣传活动。剩下的 19% 被分配给了控制组，他们被禁止在雅虎网站上观看任何零售商的广告。简单的随机化设计使实验组和控制组的分配独立于所有其他的相关变量。

实验组有 130 万个雅虎用户的样本。在 2007 年秋季，用户在两个月的时间里接触了两场不同的广告活动，时间间隔约为一个月。表 7-1 是这些活动的简要统计数字，它们分别产生了 3 200 万次和 1 000 万次印象记录。这两场活动共向这个 130 万人的实验组中的 868 000 名用户投放了广告。这些人平均每人观看了 48 次广告。

表 7-1 活动统计概览

	活动 1	活动 2	两场活动
举办时间	2007 年初秋	2007 年秋末	
活动时长	14 天	10 天	
展览的广告数量	32 272 816	9 664 332	41 937 148
被投放广告的用户量	814 052	721 378	867 839
实验组观看广告的比例	63.7%	56.5%	67.9%
平均每人的广告浏览量	39.6	13.4	48.3

资料来源：Lewis 和 Reiley（2013a）。

实验表明，在广告宣传期间，与对照组相比，实验组销售额增长了近 5%，这一估计值将转化为一场回报率可观的宣传活动（零售商在广告支出上获得了近 100% 的回报率）。然而，购买具有较高的不稳定性（部分原因是 95% 的消费者在给定的一周内没有购买任何东西），使得点估计在 5% 的水平上与零没有显著的统计学差异。控制可用的协变量（年龄、性别、居住状态）并不能有效地减少标准误差。这个例子说明，即使有上百万人的样本，广告在经济上的重要影响从统计学角度依然是难以察觉的。正如我们在第 7.2 节中看到的，广告的影响是分散的，在销售的总体方差中所占的比例非常小，以至于统计能力可能非常低。在本实验中，统计计算表明，如果广告收支平衡的替代假设为真，拒绝广告零效应零假设的概率仅为 21%。

这项初步研究的第二个重要结果证明了当存在内源性广告曝光时，使用横断面计量经济学技术存在固有偏见。这一点很重要，因为这些技术通常被行业的定量营销专家所使用。例如，Abraham（2008）主张将接触广告用户的购买行为与未接触广告用户的购买行为进行比较，尽管这种接触是由用户特征和浏览行为内生性决定的，这很容易与购物行为相关联。为了体现这些方法中的偏差，LR 暂时"抛弃"它们的对照组，并比较接触组和（内源性）未接触组之间的购买量水平。据估计，实验中广告效果将会高出 3 倍，而结果却恰恰相反！这个错误的结果也会被认为具有高度的统计学意义。平均来说，当消费者浏览雅虎网站时（更有可能看到广告），无论他们是否看到了广告，都倾向购买更少的产品（这是有道理的，因为我们看到大部分的广告会在线下起作用）。对照组在广告活动之前的基线购买也显现出同样的模式。如果没有实验，分析人员就无法意识到内生性偏差的程度（在这种情况下，内生性偏差是真实因果效应规模的 4 倍），可能会得出一个错误的结论。

观察接触组和未接触组之间的一致性差异，会促使 LR 采用双重差分估计量。假设任何未观察到的异质性随时间的推移是不发生变化的，那么 LR 就可以利用广告曝光量变化的外源性和内源性来源，将标准误差降到 5% 的水平，其影响在 5% 的水平统计上是显著的。点估算与直接实验估算大致相同（仅略高于实验估值），这提供了一个很好的规范性检查。对估计量来讲，LR 也证明了在广告活动结束后，它的影响会持续数周，其效果对店内和在线销售都很重要（93% 的效果是离线销售产生的），即使对那些仅仅浏览过但从未点击过在线广告的消费者来说，效果也很显著（据估计，78% 的效果来自非点击观众）。在另一篇论文（Lewis and Reiley）中，作者还表明，这种效应对样本中年龄较大的消费者尤其明显——即使使用简单（效率较低）的实验估计方法，其影响也足以在统计学上呈现出显著效果。

在后续研究中，Johnson，Lewis 和 Reiley（后改称 JLR，2013）对原 LR 实验设计中的一些不足进行了改进。首先，JLR 运行"控制广告"（宣传雅虎自己的服务），允许他们记录哪些控制组成员（如果他们已经进入实验组）将会接触到广告活动。这使得他们可以从分析中排除掉那些没有接触到广告的用户（包括实验组和对照组），所以这些用户对统计数据提供了干扰信息，而非有关的统计信息。其次，JLR 说服广告商管理同等规模的实验组和对照组，相对于 LR 的文章中 81：19 的比例，这有效地提高了统计能力。最后，JLR 获得了更详细的购买数据：两年的个人预购数据有助于解释一些购买差异，同时在广告活动期间被分解的每日数据允许他们排除在第一次广告投放之前发生的给定用户的任何购买行为（因为它不是由广告引起的，所以那些购买行为仅对估计产生了干扰信息）。本研究中更精确的估计证实了 LR 的结果，显示广告利润增长了 5% 的点估计，虽然置信区间仍然很宽，但在 5% 的水平上具有统计显著性。

7.5 活动偏差

在前面的章节中，我们已经在抽象层面上提出这个论点，即使对于一项成功的活动，广告的部分 R^2 也非常低（大约 0.00001 或更低），那些被遗漏的因素不太可能造成如此大的差异，尤其是当广告被定向到具体时间段和客户群体后。在这一节中，我们不只在理论上展示我们的论证。在这里，我们发现了一种偏差，我们认为它存在于大多数在线广告服务中；在过去的研究中，我们将其命名为"活动偏差"（Lewis，Rao，and Reiley 2011）。活动偏差是一种基于两个网络消费者行为特征的选择性偏差形式：（1）由于一个人必须在网上浏览才能看到广告，所以那些在一天中积极地浏览网站的人更有可能看到广告；（2）活跃的浏览器能够在网上为浏览者提供更多条件去做一些事情，包括购买商品、点击链接和注册服务。任何能够让顾客接触广告的选择机制都与其他在线活动高度相关。事实上，许多使他们接触广告的选择机制，如重新定向①和行为定向，都与其他在线活动高度相关。因此，我们发现，广告曝光率与许多在线活动高度相关，但无因果关系，这使得大多数面板和时间序列方法容易受到偏差

---

① 关于再定位的讨论与实证分析见文献 Lambrecht 和 Tucker（2013）。

的影响。在一项非实验性的研究中，未接触广告组与接触广告组相比，通常是由于以下一个或两个原因看不到广告：用户浏览活跃度较低，或者用户不具备成为广告的目标用户的条件。当前者失败时，我们就有了活动偏差；当后者失败时，我们就有了典型的选择偏差。

在我们2011年的论文中，我们探讨了3个实证例子，证明了活动偏差在不同类型网页浏览中的重要性。第一个实证例子研究了展示型广告宣传与用户搜索查询的因果关系。在图7-1中，我们绘制了一个时间序列，该时间序列显示了接触广告用户对一组被认为与品牌相关的关键字的搜索次数。该数据显示了一段时间内的结果，其中包括一个全国性品牌在www.yahoo.com上为期一天的广告宣传活动。

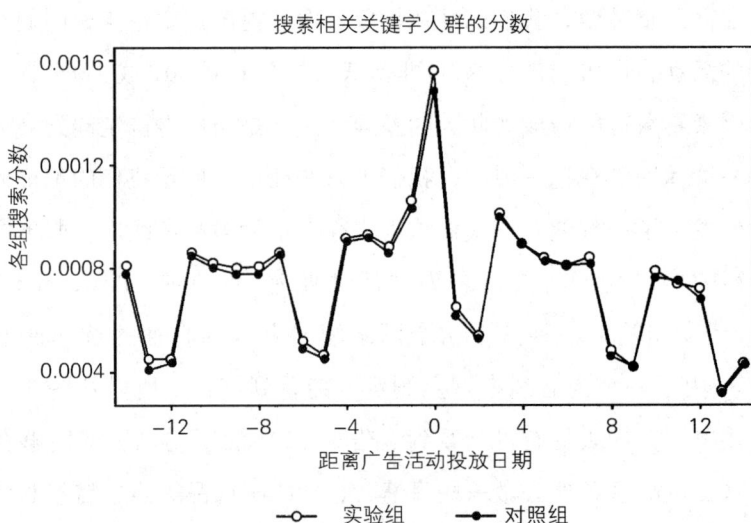

搜索相关关键字人群的分数

图 7-1　品牌关键字搜索模式的时序变化

资料来源：Lewis, Rao, and Reiley（2011）。

该活动排除了一个随机实验对照组，不过目前我们忽略了对照组，只关注广告商通常可以获得的观察数据（实验组，也就是看到企业广告的人群）。x 轴显示和广告活动日期相关的天数，广告活动当日被标记为第 0 天。我们可以很容易地看到，在广告宣传的当天而不是在这之前或之后，客户更有可能进行与品牌相关的搜索。广告的搜索量似乎翻了一番。这是一个广告非常成功的证据吗？事实上并不是。在对照组中，我们看到了几乎相同的发展趋势。那些看到完全无关的广告的用户，他们对与品牌相关的关键词的搜索量也在上升。出现这种现象的原因是什么？通过实验设计，对照组和实验组一样，在网上变得更加活跃，搜索的内容更多，但不仅仅是搜索令他们感兴趣的与品牌相关的关键词。时间序列还表明，搜索量随时间的推移呈正序列相关，并显现出惊人的星期效应——这两种因素都有可能妨碍观测方法。真正的实验控制差异在统计学上是显著的，但要更加平稳，为 5.1%。如果没有实验，我们就无法知道我们从控制组推断出的基线"相关活动增加"。事实上，我们可能会更倾向得出广告大获成功的结论。

我们的第二个实证例子不仅涉及发布者和搜索引擎的活动相关性，还涉及其他不同领域的活动相关性。我们进行了一项营销研究，以评估推广雅虎视频广告的有效性。我们在亚马逊劳务众包平台（Amazon Mechanical Turk）上招募了一些受试者，给他们看了视频，还给了他们一个用于记录储存在用户本地终端上的数据的系统，这样我们就可以追踪他们未来的行为，我们可以看到广告是否真的引发了更多与雅虎相关的活动。对照组看到了一个与雅虎产品和服务完全无关的政治广告。同样，我们忽略了开始时的对照组。图 7-2 的格式与图 7-1 第 0 天的 x 轴标记相同，即个体看到视频广告的日期（实际日期取决于受试者参与研究的日期）。

通过对实验组的调查，我们可以看到，在接触广告后的短期内，与他们的基本倾向相比，受试者更有可能访问雅虎网站。这表明他们的参与度有了明显的提升。然而，控制组的数据显示了活动偏差的程度——在接触到无关广告的当天，雅虎网站上的活动也出现了类似的峰值。这两组人在

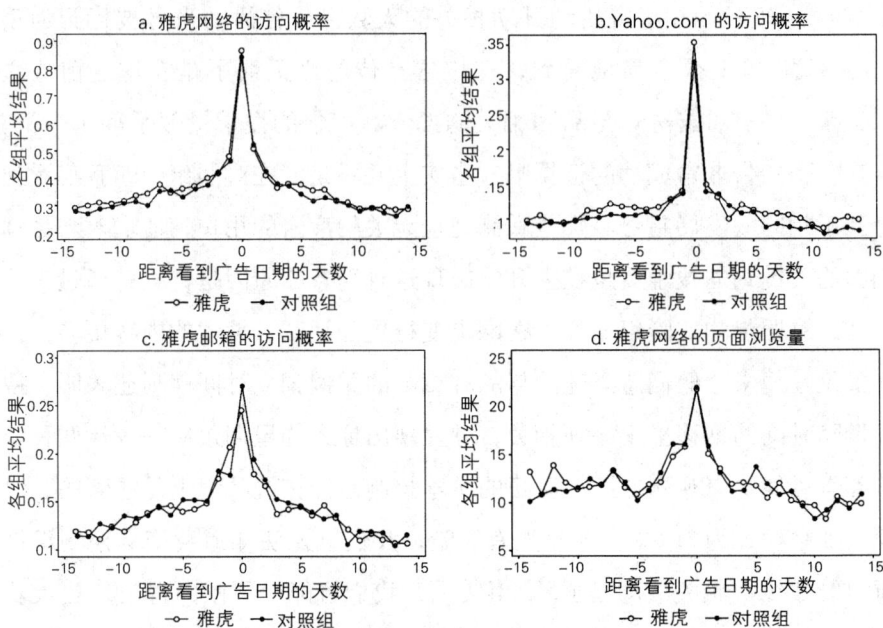

图 7-2　实验组、对照组接触广告对不同类型雅虎产品使用的影响度量

资料来源：Lewis，Rao，and Reiley（2011）。

注：面板 A、B 和 C：至少有一次分别访问过雅虎网络、Yahoo.com 和雅虎邮箱的概率。

面板 D：雅虎网络的总页面浏览量。

浏览网页时都表现出了一些积极的相关性：在短期内，当下的活跃预示着未来也更有可能活跃。当然，人们每天都在参与不同的在线活动（如访问雅虎和访问亚马逊劳务众包平台），他们也会参与一些与网站活动时间发生冲突的其他活动，而且在不同的网站上都有关联。在线活动会提高广告的曝光率，而广告宣传往往与我们预期出现的广告效应衡量指标同时出现。在没有对照组的情况下，我们很容易由于活动偏差而在因果推理中犯错误。在这种特殊情况下，广告的真正因果效应估计很小，而且在统计上也不显著——考虑到运行视频广告的成本，它可能不值得展示，但有偏差的估计会导致我们在这方面得出错误的结论。

　　第三个实证例子同样涉及多个网站。这一次的结果衡量标准是在雅虎财经（Yahoo！Finance）广告中的一家在线经纪公司填写的新账户注册表格。同样，我们的结果显示，即使是那些随机选择观看无关广告的人，也更有可能在他们观看无关广告的当天（而不是其他时间）注册。我们建议读者参考我们原始论文中的细节，那里的结果与我们刚刚介绍的结果非常相似（相似的山形图再次出现）。由于活动偏差，结果可以错误地"显示"几乎所有的浏览行为都是由其他浏览行为引起的！我们希望我们的研究结果能促使行业研究人员在做出结论时更加谨慎。活动偏差是一种真实的偏差，它限制了观测方法的可靠性。

在缺乏实验的情况下，研究人员可以使用其他交叉验证技术来检验因果效应的稳定性。例如，我们可以衡量电影广告对看似无关的"租车"方面的关键词的搜索的影响。同样，也可以调查人们在 5 月 29 日的《纽约时报》网站上观看丰田（Toyota）广告与在 5 月 30 日的《纽约时报》网站上观看 Netflix 发布的广告，是否会对当天 Netflix 的订阅产生相同的影响。与简单的时间序列或分类排列研究相比，使用这些伪控制组的双重差分可能会更好地估计真实的因果效应，当然，如果随机实验可行的话，效果会更好（Lewis，Rao，and Reiley 2011）[①]。

活动偏差是网络领域特有的新现象吗？虽然离线行为不像在线行为那样具有较强的突发性，也不像在线行为那样具有同步相关性，但在我们的研究之前，我们也不认为这些模式在在线行为中是明显的（浏览行业白皮书，你会发现很多人仍然不认为这些模式是明显的）。我们认为活动偏差在离线领域的重要性是一个尚未解决的问题。我们不难举出一些例子，说明离线广告曝光率可能与其他因变量存在虚假相关性。广告牌会"引起"车祸；医院附近的广告可能会"导致"生病；商场附近的餐馆广告可能会"产生"食物消费；在廉价超市中看到的广告可能与未打广告的产品消费有

---

① 在某些情况下，即便是这种安慰剂测试也有可能失败，因为观看广告的资格可能与预期结果存在内在关联，再营销和其他形式的目标营销可能也是如此，这些形式的目标营销解释了搜索活动和浏览行为。

关等。在线广告提供的高质量数据（和实验）揭示了这一领域存在的活动偏差。我们认为，其他领域的活动偏差水平也是一个有趣的研究方向。

7.6　衡量广告的长期回报

对任何广告效果的研究都必须明确研究的时间节点。虽然广告的效果原则上是可以持续很长时间的，但在实践中，人们必须选择一个截止日期。从商业角度来看，快速决策是一种在收益上会对交易决策的准确性产生影响的资产价值。但是，有耐心的学者（或企业）会试图去衡量广告的长期影响吗？在这里，我们会讨论这个问题的统计挑战。不幸的是，答案是消极的。随着距离活动日期越来越远，销售影响的累积幅度往往会提高（这是没有保证的，因为广告可以简单地将购买行为提前，所以短时间的节点可以判定一个积极的效果，而长时间节点的效果为零。但在实践中，我们已经注意到，在研究的时间节点中，累积效应的点估计值正在增加）。然而，估计值中的干扰量往往比信号（实验效果）本身增加得更快，因为在附加数据中，控制组和实验组看起来越来越相似，使得长期研究在统计上不如短期研究可行。在本节的其余部分，我们将对这个论点进行形式化研究并校准。

我们再次使用实验与对照 t 统计量进行比较，用 t 表示时间。具体来说，时间以周为单位。为了简单起见，我们假设结果随时间变化的方差不变，结果随时间变化的协方差不变，[①] 接触广告组和未接触广告组之间的方差不变，不同组的大小平衡。我们将通过检查 T 周的累积 t 统计量（与没有影响的无效值相比）来考虑长期影响，而不是每周单独的统计量。

---

①　这种假设显然是错误的：个体异质性和习惯性购买行为会导致购买行为的序列相关性。然而，由于我们正在考虑随着时间的推移所进行的分析，假设我们采用固定效应的面板结构或其他残余方差吸收技术来解释这种异质性的来源，那么这个假设不应该是一阶问题。

我们将 T 周累积 t 统计量写成：

$$(8)\ t_{\Delta \bar{y}t} = \sqrt{\frac{N}{2}} \left(\frac{\sum_{t=1}^{T} \Delta \bar{y}t}{\sqrt{T}\hat{\sigma}} \right)$$

表面上看，这个 t 统计量似乎是一个典型的 $\mathrm{O}(\sqrt{T})$ 渐近速率，分子是 T 广告效应的和，分母以 $\sqrt{T}$ 速率增长。这就是经济学的实践作用。因为 $\Delta \bar{y}t$ 代表在活动期间和活动之后一个特定广告活动的影响（$t=1$ 代表第一个星期的活动），$\Delta \bar{y}t \geq 0$。但每周的广告效果不可能是一成不变的——如果是的话，广告效果将会是无限的。因此，它通常被建模为随时间递减。

随着广告效果的下降，我们应该能够继续使用我们在广告活动后收集的所有额外数据来获得更显著的统计效果，对吗？错误。要考虑额外增加一周时间去提高 t 统计量的必要条件：

$$t_{\Delta \bar{y}T} < t_{\Delta \bar{y}T+1}$$

$$\frac{\sum_{t=1}^{T} \Delta \bar{y}t}{\sqrt{T}} < \frac{\sum_{t=1}^{T+1} \Delta \bar{y}t}{\sqrt{T+1}}$$

一些额外的代数运算显示：

$$1 + \frac{1}{T} < \left(1 + \frac{\Delta \bar{y}T + 1}{\frac{T}{\sum_{t=1}^{T} \Delta \bar{y}t}} \right)$$

这大概意味着：

$$(9)\ \frac{1}{2} \cdot \frac{1}{T} \sum_{t=1}^{T} \Delta \bar{y}t < \Delta \bar{y}T + 1$$

最后一个表达式的意思是："如果下一周的预期效果低于前几周平均效果的一半，那么把它加进去只会降低精确度。""因此，由于边缘周的信噪比不够大，不值得列入前几周，所以边缘周很容易给前几周蒙上阴影。"① 如果曝光后活动的预期影响迅速衰减（虽然不一定一直到零），那么在活动周之后再增加几周时间可能会降低统计精度。

假设只是满足干期望值的置信区间下限增加，在类似的假设下，类似的计算表明，当且仅有的这种情况下，95% 的置信区间的下限将增加。

$$(10) \quad 1.96(\sqrt{T+1} - \sqrt{T}) < \frac{\overline{\Delta y}T+1}{\hat{\sigma}/\sqrt{N}}$$

右边的表达式是 $T+1^{th}$ 周的边际期望 t 统计量。

我们可以通过回归 t 统计量的公式来总结这些结果：

$$t_{\overline{\Delta y}T} = \sqrt{\frac{N}{2}}\left(\frac{\sum_{t=1}^{T}\overline{\Delta y}t}{\sqrt{T}\sigma}\right)$$

由于分母以 $O(\sqrt{T})$ 的速度增长，为了使 t 统计量增长，分子必须以更快的速度增长。在极限情况下，我们知道这是不可能的，因为广告的总影响会比调和级数偏离得更快②。

现在，很难说这种取舍什么时候是不利的。这种效应的衰减速度一开始可能比调和级数的衰减速度慢，然后很快地趋近于零。当然，如果我们知道衰变的模式，我们就能回答所有的问题了！所以，研究人员必须做出主观判断。选择更长的时间框架对广告效果进行分析应该能够捕捉到更高的累积效应（假设它通常是积极的），包括额外的几周时间可能会因为新增的干扰大于广告影响而使结果变得模糊。衡量广告效果本质上涉及这种"主观判断"——对任何经验主义科学家来说，这都是评估过程中令人不满意的一步。但这一步是必要的，因为正如我们所证明的，估计广告的长期影响是一个失败的命题——干扰最终会压倒模型本身的发展趋势。问题

---

① 请注意，此表达式对任何边际索引或排序下的独立随机抽取都是完全通用的。但是，在相同分布的情况下，边际抽取的预期均值等于所有超边际抽取的预期均值，因此不等式总是成立。

② 我们注意到，拥有无限（名义）回报的资产本身并非难以置信（consol 就是这么做的），但我们确实发现广告的无限效应难以置信。调和级数是 $\sum(1/t)$，而增加 t 统计量的必要序列是 $\approx \sum(1/\sqrt{t})$，这个分散得更快。

是时间节点如何选择，现在我们的主观判断是用 1 ~ 4 个星期，但这还不是最后的最佳决定。

7.7 计算广告的发展

在传统媒体中，定位通常是一个人为控制的过程，用于确定最有可能消费该产品的人群。读者可能熟悉尼尔森（Nielsen）的电视收视率，该公司将收视率按人口统计类别进行了细分。一个公司的营销活动通常针对公司有兴趣投放广告的特定人群制定"可达到的目标"，公司的营销代表们通过运用媒体渠道组合来实现这些目标。

在线广告为自动定位提供了可实现性，因为在线广告交付系统既可以收集特定用户的信息，又可以做出实时的广告服务决策。该领域的创始人之一安德烈·布罗德（Andrei Broder）将"计算广告"描述为"一种在给定环境中找到给定用户与合适广告之间最佳匹配的原则性方法"（Broder 2008）。在传统媒体中，你必须明确你想向谁做广告。使用计算广告，你可以指定评估结果的指标——系统支持的最终目标——系统的算法确定如何最有效地实现该目标。最终目标可能是在线注册、点击销售页面等。系统所能支持的最终目标受限于竞价规则和互联网广告交易平台所支持的数据反馈。一些受支持的目标可能会出现发展缓慢的现象，如转换率，因为它的成功率非常低（例如，30 万分之一的注册用户并不罕见）。

虽然这些系统的细节远远超出了本章的范围，但是我们将介绍它们是如何工作的。其中，展示型广告可以建模为一个多臂抽奖问题。广告是"拉杆"，而广告用户是"拉杆的拉力"。该文献中的论文将经典的机器学习工具应用于广告服务环境（参见 Pandey，Chakrabarti，and Agarwal 2007）。一种互补的方法（借鉴了搜索广告技术）是将广告视为必须被检索的文档并与广告所服务的内容相匹配（在搜索术语中可认为是查询）

（Rusmevichientong and Williamson 2006；Cary et al. 2007）。

我们认为（当前的）计算广告主要依赖于自动定位和本地竞价调整（例如，在不同的活动中均衡化 CTR）。它通过给定活动目标的成本最小化来帮助本地区优化广告支出。通过使用一个最终的目标，如点击率或注册率，与预算相结合，这些系统减少了需要设置的目标维度和支出（减少而不是消除，因为在慢速学习的任务中，一个设置先验的学习系统可能仍然是非常重要的），进而可以更好地管理库存。关注最终目标也有助于将关注点从"广告受众"转移到"广告支出的收益"上。然而，实践者应该谨慎一些，因为系统没有将"最有可能购买的受众"合并为"提供最多额外购买的受众"。为了说明这一区别，我们可以假设顾客无论如何都会购买，如果他看到广告，就会很方便地点击进行购买。但实际上，为这种转换付费完全是没有必要的。根据我们的经验，一些自动化系统无法区分这一点，其通过向那些无论如何都会在未来购买产品的人发布广告来"预测订单"。一个自然的解决方案是将计算广告与实验平台结合起来，提供随机化，以测量增量转换。实现这一目标的技术基础是广告商存在对可靠信息的需求。

计算广告正在推动广告科学的进步。它可以通过为消费者提供更好的广告匹配来提高市场效率，从而创造价值，但目前的系统并不能解决我们迄今为止提出的所有问题。例如，某个购买行为应该在多大程度上归功于一个给定的广告。假设一家在线经纪公司计算出它从每个账户注册中净赚100 美元，它是否应该指定 100 美元为自动系统的最高出价，然后"将它设置好并搁置它"？据推测，这家经纪公司在电视和其他媒体上投放了大量广告，包括其他非"最后一次点击"的在线媒体。出价 100 美元实际上意味着所有其他的花费都是零贡献率——公司会用这个规则做过多的广告。当然，这只是从广告商角度出发对归属问题的重新构建。

因此，我们认为，我们所讨论的在全球范围内优化广告支出中的许多困难也适用于当前的计算广告。或许广告科学的下一场革命将出现在核心算法中，这些算法可以进行自动化实验，以测量增量转换，并根据实验反馈对自主管理出价。据我们所知，这种普适实验并没有主要的技术障碍，并且已经在其他网络环境中成功地用来推断因果关系（Li et al. 2010）。难点在于，与新闻报道的推荐或搜索排名不同，盈利广告的回应率非常低，展示型广告的点击量仅为 $1/1000 \sim 1/100$，而购买量则要在此基础上再小一个数量级，这意味着通常反馈信息含量较低。第二个难点是，广告交易必须通过提供广告商未能中标的拍卖数据（例如，以随机输入的出价为 0 来进行实验）来推动这项技术的使用，这将以有趣的方式把隐私问题和平台激励因素关联起来。目前的实践并没有提供这种级别的反馈，我们将进一步讨论公司当前使用的变通方法。

7.8 未来发展

数字测量在衡量广告效果方面开辟了许多新渠道，但挑战仍存在。在本节中，我们展望未来，并讨论如何克服现有的这些挑战。总体而言，我们预计这些进展主要来自更好的实验基础设施，并用以生成大规模高质量的数据。

实验基础设施有可能大幅降低实验成本。我们在雅虎运行的第一代现场实验中随机选取了该活动所针对的相对较少的用户样本，并让样本用户去浏览一些不相关的广告。问题是必须将不相关的广告输入预设系统中并为随机进入控制组的用户运行。预设系统已经建立，以便一个公司可以运行多个"创意型广告"（不同版本的广告）。我们进行实验的公司不希望让另一个零售商获得客户流量，因为竞争对手将受益于零售商设定的定位维度（例如，包括客户过去的购买行为）[1]。解决方案是针对控制组使用

---

① 实验组与对照组的比较也可以为广告效果的不同问题提供答案。

公益性广告。但这意味着广告商必须为这些广告支付费用或雅虎不得不无偿地提供这些广告——这两种选择的成本都在以对照组的规模大小呈线性增加，这意味着第一代实验的对照组相对较小。

　　一个小型对照组不仅会影响实验性能，还会降低实验作为一种评估工具的有效性。一项实验结果显示，无论是 90% 的受试者在实验组和 10% 的受试者在控制组，还是 10% 的受试者在实验组和 90% 的受试者在控制组，两者都具有相同的实验效果。如果控制广告是免费的，那么广告商可以运营一个广告的成本去运营多个广告。[1] 为了使广告免费运行，广告服务器需要能够在每次将用户随机分配到控制组时立即提供"下一个广告"。从技术上讲，这需要在广告服务器的随机化请求和替代广告请求之间有短暂的服务延迟。这种替代广告被称为"幽灵广告"，这些广告本质上可以在所研究的广告活动中被提供给所针对的给定用户浏览，但不与广告商相关联。幽灵广告使广告探索和评估更便宜。小型实验团队降低了成本，并且可以为广告商在广告发布的早期进行复制宣传，同时免费控制实验对象有助于评估活动效果。

　　主要的在线出版商正在开发类似的实验平台。随着实验成本变得更低、操作更简便，广告商们能够做出比以往更精确的有效性判断，并进一步将实验整合到计算广告平台中。这些系统包含丰富的信息先验，这将有助于解决我们之前所说的性能问题。

　　另一种提高性能的实验技术是用户的预实验匹配。为了了解实验是如何进行的，我们可以参考一个实验，实验对象在实验组和控制组中各占一半。试验标准是当用户登录网站时，只需抛一枚硬币，然后观看与这次抛硬币结果相对应的广告。匹配的工作方式如下：指定一组实验关注的数

---

　　① 请注意，实验设计中这种变化带来的统计收益有三种情况。进一步改变设计，假设广告规模受益不变（Lewis 2010；Johnson，Lewis and Reiley 2012），将 90% 的实验组的广告印象集中在一个较小的 10% 的实验组内，预计影响将是 9 倍。在 90%/10% 的实验中，运行了 81 次，得出了相同的广告效果，在不增加广告成本的情况下，产生了 9 倍于投资回报率的置信区间。

据，如最近的销售水平和线性时间趋势。通过最小化定义图中两节点之间距离的目标函数来形成一对用户。然后针对每一对用户，抛掷硬币以确定实验分组。根据实验构造，指定的评估指标在两组之间应该是大致相等的。评估一个有干扰变量，如销售额，保证前期相同的销售额是有用的。实验任务仍然完全是外源性的，因此对实验如何识别因果效应的所有正常判断都会被通过。最近的研究表明，这些技术可以提高许多相关设置中的实验能力（Deng，Kohavi，and Walker 2013）。

这些实验技术为我们在上一节中讨论的下一代计算广告算法创造了巨大的潜力。如果没有免费提供"非广告"、记录互动并向非中标者提供反馈的能力，自动化实验就不可能实现。当然，主要的出版商和交易所必须具备这种能力。目前，在交易所竞标的广告商只有在赢得拍卖时才能获得相关效果（以及用户的行为）的反馈数据。基于时间（或地理）的实验提供了一些解决方法，但会严重影响实验性能（Nosko and Tadelis 2014）。至于这种能力能否成为广告交易所的标准做法，需要看广告商的需求、各大广告交易所的市场力量以及相关的隐私立法。

未来还需要评估电视广告和相关"跨媒体"的交互效果（Joo et al. 2013）。越来越多的人正通过 Xbox 等设备和谷歌电视等服务观看电视，这两种服务都将用户链接到与主要网络出版商的系统相似的广告上。此外，这些用户通常具有可识别性，这些可识别性可以被链接到电视、赞助搜索和个人所接收的展示型广告中。这在过去的广告史上是不可能实现的。利用随机实验的可靠性来衡量跨渠道效应的能力，为学术界提供了许多解决问题的新方法，也为广告商提供了新的战略方向。随着越来越多的广告效果在个人层面变得可衡量，我们提供可靠的广告效果评估的能力也将提高。到目前为止，这些进步已经确立了一种新的评估技术，我们预计这种趋势将继续发展下去。

7.9 结论

由于新的数字数据源和实验平台的出现，评估广告效果的研究有了很大的进展。我们认为，与传统媒体相比，数字媒体提供的在个体层面上研究购买行为与广告交付的相关性能够真正地改变游戏规则。无论是在搜索还是在展示中，新广告商都可以收集反馈，这些反馈不会被观察方法的偏见所影响。另一个重要的进步是可计算性广告。它有助于解决目标定位问题，并有效地将研究方向从"向谁去投放广告"过渡到"我们从投放的广告中能够得到什么"。然而，这两项进步都没有解决广告科学中的评估问题。实验是充满不稳定因素的，可计算性广告仍然依赖于人工输入关键参数，如以点击率或转换率的估值来控制支出。未来充满希望，但取决于目前难以预测的经济激励措施。

伴随着实验和数据收集技术的进步，新的广告服务形式和计算广告系统正与其一起发展。如一些媒体对其他媒体有效性的交叉衍生等，将在未来几年内发挥作用。衡量媒体（如电视）的有效性，也将极大地充实有关广告有效性的知识。此前，由于无法大规模地实现随机投放，媒体（如电视）的有效性在技术上是不可衡量的。这反过来又能让企业更准确地分配广告支出。然而，我们的观点是，衡量广告的长期影响和评估品牌广告的影响力等问题，至少在未来 5～10 年（可能更长时间）是无法解决的。我们期待着广告科学在数字前沿获得新发展，以帮助解决这些现有问题以及未来产生的新问题。

参考文献

Abraham, M. 2008. "The Off-Line Impact of Online Ads. "Harvard Business Review 86(4): 28.

Bagwell, K. 2007. " The Economic Analysis of Advertising. " In Handbook of Industrial Organization, vol. 3, edited by M. Armstrong and R. Porter. Amsterdam: North Holland.

Becker, G. S. , and K. M. Murphy. 1993. "A Simple Theory of Advertising as a Good or Bad. " Quarterly Journal of Economics 108(4): 941–64.

Blake, T. , C. Nosko, and S. Tadelis. 2014. " Consumer Heterogeneity and Paid Search Effectiveness: A Large Scale Field Experiment. " NBER Working Paper no. 20171, Cambridge, MA.

Broder, A. 2008. "Computational Advertising and Recommender Systems. "In Proceedings of the 2008 ACM Conference on Recommender Systems, 1–2. Association for Computing Machinery.

Bureau of Labor Statistics. 2010. American Time Use Survey. http://www. bls. gov/tus/charts/ leisure. htm.

Card, D. 1999. "The Causal Effect of Education on Earnings. "In Handbook of Labor Economics, vol. 3, edited by O. C. Ashenfelter and D. Card, 1801–63. Amsterdam: North Holland.

Cary, M. , A. Das, B. Edelman, I. Giotis, K. Heimerl, A. Karlin, C. Mathieu, and M. Schwarz. 2007. "Greedy Bidding Strategies for Keyword Auctions. " In Proceedings of the 8th ACM conference on Electronic Commerce, 262–71. Association for Computing Machinery.

Chan, D. , R. Ge, O. Gershony, T. Hesterberg, and D. Lambert. 2010. " Evaluating Online Ad Campaigns in a Pipeline: Causal Models at Scale. "In Proceedings of the 16th ACM SIGKDD International Conference on Knowledge Discovery and Data Mining, 7–16. Association for Computing Machinery.

Demsetz, H. 1982. "Barriers to Entry. "American Economic Review 72(1): 47–57.

Deng, A. , Y. Xu, R. Kohavi, and T. Walker. 2013. "Improving the Sensitivity of Online Controlled Experiments by Utilizing Pre-Experiment Data. " In Proceedings of the sixth ACM International Conference on Web Search and Data Mining, 123–32. Association for Computer Machinery.

Dickie, M. , A. Fisher, and S. Gerking. 1987. "Market Transactions and Hypothetical Demand Data: A Comparative Study. " Journal of the American Statistical Association 82 (397): 69–75.

Gelman, A. , and J. Carlin. 2013. "Beyond Power Calculations to a Broader Design Analysis, Prospective or Retrospective, Using External Information. " Working Paper, Columbia University.

Goldfarb, A. , and C. Tucker. 2011a. "Online Display Advertising: Targeting and Obtrusiveness. " Marketing Science 30(3): 389–404.

——. 2011b. "Search Engine Advertising: Channel Substitution When Pricing Ads to Context. " Management Science 57(3): 458–70.

Gonen, R. , and E. Pavlov. 2007. "An Incentive-Compatible Multi-Armed Bandit Mechanism. "In Proceedings of the 26th Annual ACM Symposium on Principles of Distributed Computing, 362–3. Association for Computing Machines.

Hu, Y. , L. M. Lodish, and A. M. Krieger. 2007. "An Analysis of Real World TV Advertising Tests: A 15-Year Update. "Journal of Advertising Research 47(3): 341.

Johnson, G. , R. A. Lewis, and D. H. Reiley. 2012. "Location, Location, Location: Geo-Targeting

Increases Effectiveness of Online Display Advertising. "Unpub-lished manuscript.

——. 2013. "Add More Ads? Experimentally Measuring Incremental Purchases Due to Increased Frequency of Online Display Advertising. "Working Paper, Rochester University.

Joo, M. , K. C. Wilbur, B. Cowgill, and Y. Zhu. 2013. "Television Advertising and Online Search. " Management Science 60(1): 56–73.

Kessides, I. N. 1986. "Advertising, Sunk Costs, and Barriers to Entry. "Review of Economics and Statistics 68(1): 84–95.

Kumar, D. , and T. Yildiz. 2011. "Measuring Online Ad Effectiveness. "In 12th ACM Conference on Electronic Commerce. Association for Computing Machines.

Lambrecht, A. , and C. Tucker. 2013. "When Does Retargeting Work? Information Specificity in Online Advertising. "Journal of Marketing Research 50(5): 561–76.

Lewis, R. 2010. "Where's the Wear-Out?" Online Display Ads and the Impact of Frequency. " PhD diss. , Massachusetts Institute of Technology.

Lewis, R. A. , and D. T. Nguyen. 2013. "A Samsung Ad and the iPad: Display Advertising's Spillovers to Online Search. "Unpublished manuscript.

Lewis, R. A. , and J. M. Rao. 2013. "On the Near-Impossibility of Measuring the Returns to Advertising. "Unpublished manuscript.

Lewis, R. , J. Rao, and D. Reiley. 2011. "Here, There, and Everywhere: Correlated Online Behaviors Can Lead to Overestimates of the Effects of Advertising. "In Proceedings of the 20th International Conference on World Wide Web, 157–66. Association for Computing Machines.

Lewis, R. A. , and D. H. Reiley. Forthcoming. "Advertising Effectively Influences Older Users: A Yahoo! Experiment Measuring Retail Sales. "Review of Industrial Organization.

——. 2013a. "Online Advertising and Offline Sales: Measuring the Effects of Retail Advertising via a Controlled Experiment on Yahoo! "Unpublished manuscript.

——. 2013b. "Super Bowl Advertising Causes Down-to-the-Minute Online Search Behavior. " In Proceedings of the 14th ACM Conference on Electronic Commerce. Association for Computing Machines.

Lewis, R. , D. Reiley, and T. Schreiner. 2012. "Ad Attributes and Attribution: Large-Scale Field Experiments Measure Online Customer Acquisition. "Unpublished manuscript.

Li, L. , W. Chu, J. Langford, and R. E. Schapire. 2010. " A Contextual-Bandit Approach to Personalized News Article Recommendation. " In Proceedings of the 19th International Conference on World Wide Web, 661–70. Association for Computing Machines.

Lodish, L. , M. Abraham, S. Kalmenson, J. Livelsberger, B. Lubetkin, B. Richardson, and M. Stevens. 1995. "How TV Advertising Works: A Meta-Analysis of 389 Real World Split Cable TV Advertising Experiments. "Journal of Marketing Research 32(2): 125–39.

Lovell, M. 2008. "A Simple Proof of the FWL Theorem. "Journal of Economic Education 39(1): 88–91.

Mincer, J. 1962. " On-the-Job Training: Costs, Returns, and Some Implications. " Journal of Political Economy 70(5): 50–79.

Murphy, J. , P. Allen, T. Stevens, and D. Weatherhead. 2005. "A Meta-Analysis of Hypothetical Bias in Stated Preference Valuation. " Environmental and Resource Economics 30 (3): 313–25.

Pandey, S. , D. Chakrabarti, and D. Agarwal. 2007. " Multi-Armed Bandit Problems with

Dependent Arms. " In Proceedings of the 24th International Conference on Machine Learning,721 –8. Association for Computing Machines.

Pandey, S. , and C. Olston. 2006. " Handling Advertisements of Unknown Quality in Search Advertising. "In Advances in Neural Information Processing Systems, edited by M. Jordan, Y. LeCun, and S. Solla,1065 –72. Cambridge, MA：MIT Press.

Papadimitriou, P. , H. Garcia-Molina, P. Krishnamurthy, R. A. Lewis, and D. H. Reiley. 2011. "Display Advertising Impact：Search Lift and Social Influence. "In Proceedings of the 17th ACM SIGKDD International Conference on Knowledge Discovery and Data Mining, 1019 –27. Association for Computing Machines.

Rusmevichientong, P. , and D. Williamson. 2006. "An Adaptive Algorithm for Selecting Profitable Keywords for Search-Based Advertising Services. " In Proceedings of the 7th ACM Conference on Electronic Commerce,260 –69. Association for Computing Machines.

Rutz, O. J. , and R. E. Bucklin. 2011. "From Generic to Branded：A Model of Spillover in Paid Search Advertising. "Journal of Marketing Research 48 (1)：87 –102.

Tucker, C. E. 2012. " The Economics of Advertising and Privacy. " International Journal of Industrial Organization 30 (3)：326 –29.

第8章 数字化与合同工市场——一项研究议程

Ajay Agrawal John Horton Nicola Lacetera Elizabeth Lyons[①]

8.1 引言

本章以三个观察结果引入对合同工市场数字化的讨论。第一，合同工市场的参与者和交易的数量及种类正在迅速增长。第二，与传统离线合同工市场中典型的高度本地化的服务交换不同，在线市场以远距离的北-南贸易（见下文定义）为主。第三，市场中为贸易提供便利的在线平台引入了看似很小的信息摩擦，却对交易结果产生着重大影响。下面我们将对这些市场特征依次进行描述。

合同工在线市场保持着迅猛稳定的增长势头。根据 Horton（2010）

① Ajay Agrawal 是多伦多大学罗特曼管理学院的彼得·蒙克（Peter Munk）创业学教授，也是美国国家经济研究局（NBER）的研究助理。John Horton 是纽约大学斯特恩商学院信息系统组的经济学家和助理教授。Nicola Lacetera 是多伦多大学管理学助理教授，美国国家经济研究局教职研究员。Elizabeth Lyons 是加州大学圣地亚哥分校的助理教授。

这项研究由罗特曼管理学院创新与创业中心和加拿大社会科学与人文研究理事会资助。在此一并感谢 Shane Greenstein、Catherine Tucker、Avi Goldfarb 以及西北大学 NBER 会前会议参与者提供宝贵的反馈意见。所有的错误都是我们自己的。如欲了解作者致谢、研究支持的来源和作者重要财务关系的披露（如有），请参见 http：//www. nber. org/chapters/c12988. ack。

的数据，到 2009 年，该市场的工人总体收入约为 7 亿美元，并据 Vanham（2012）估计，到 2012 年底，该市场每年价值可达到 10 亿美元。在线合同工市场收入最高的 oDesk 公司提供的数据，可让我们更进一步了解这个市场的增长状况。从 2009 年到 2013 年，每季度在该网站付费的雇主数量增长了 800% 以上（如图 8-1 所示），而同期每季度承包人数量增长了大约 1 000%（如图 8-3 所示）。在收入方面，oDesk 的季度工资总额增长了大约 900%，从 1 000 万美元增长到近 1 亿美元（如图 8-2 所示）。

北-南交易（相对于北-北、南-南和南-北交易模式而言）是这些市场的主要贸易模式。换句话说，雇主主要来自高收入国家①，而承包人主要来自低收入国家。我们使用 2012 年世界银行高收入国家名单，将名单内的国家划为"高收入"国家，将其余国家归类为"低收入国家"。图 8-1 显示，oDesk 平台上来自高收入国家的雇主相对于低收入国家不仅在数量上更多，而且数量的增长速度也更快。同样，相对于低收入国家来说，来自高收入国家的雇主每个季度支付的工资总额要大得多，增长也快得多（如图 8-2 所示）。然而在承包人方面这种对比并没有那么强烈（相当多的承包人来自高收入国家）。2009 年，低收入国家承包人的数量大约是高收入国家的 3 倍，到 2013 年这一差距扩大到 5 倍（如图 8-3 所示）。这不仅仅反映了来自低收入国家的承包人所从事的小型工作越来越多。图 8-4 显示，就来自高收入国家和低收入国家的承包人而言，工资收入也表现出了类似的趋势。

许多研究考察了合同工在线市场中看似微小的信息摩擦对匹配结果的影响，其中最令人关注的是 Pallais（2012）的报道。在这项研究中，Pallais 做了一个现场实验，她"处理"了 952 名随机挑选的承包人，雇用他们并对其表现进行反馈。然后，她将这些经过"处理"的承包人后续

---

① 我们根据 http：//data. worldbank. org/incom -level/hic 提供的世界银行分类来定义高收入国家。

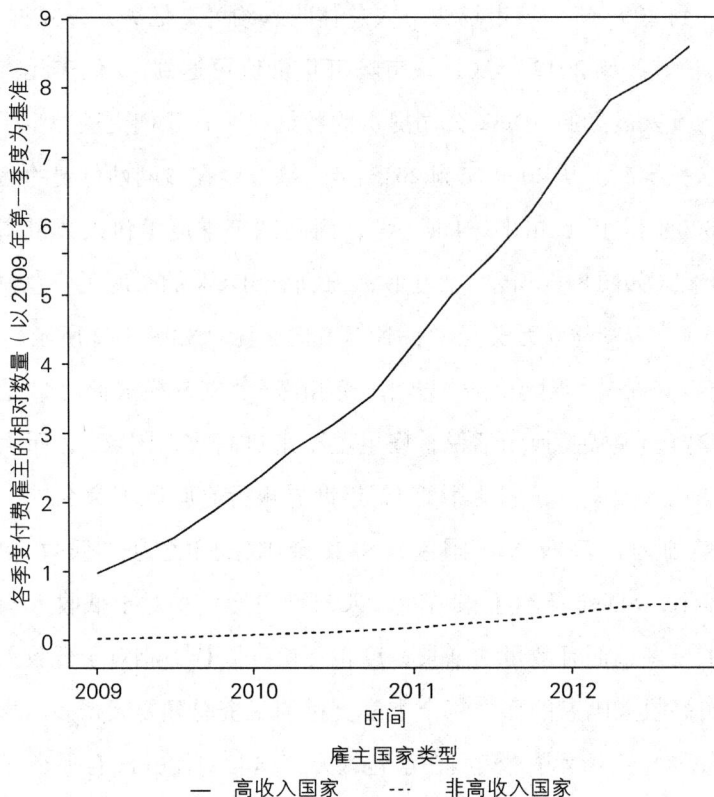

图 8-1　不同收入水平国家的付费雇主数量相对于 2009 年第一季度的增长情况

注：图中使用从 oDesk 上收集的数据来显示不同收入状况的国家，每个季度付费雇主的相对数量。我们使用 2012 年世界银行高收入国家（HIC）名单对国家进行分类，基准季度是 2009 年第一季度（1 月、2 月和 3 月），2009 年第一季度高收入国家的数值正好是 1，同季度低收入国家数值较小但非 0。

的就业表现与另一组的 2 815 名承包人（对照组）进行比较，这些承包人申请了她公布的职位，但她没有雇用他们，因此没有发布反馈信息。结果显示，对于在 oDesk 上没有前期工作经验的人来说，在接下来的两个月期间，受"处理"的承包人的收入几乎是对照组收入的 3 倍。接下来，她通过一系列步骤进一步证明所观察到的就业绩效的增长，是由于她在平台上发布了关于承包人的信息（即评分和反馈），而不是由于承包人因工作

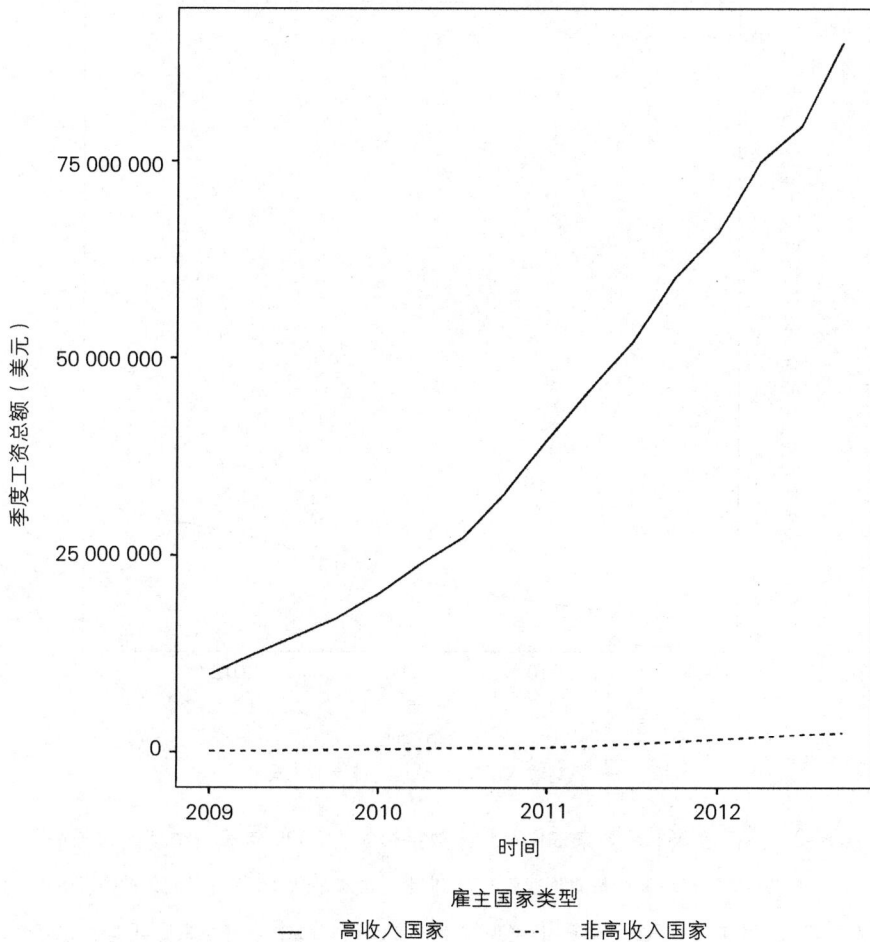

图 8-2 不同收入水平国家雇主在 oDesk 平台上支付的季度工资总额

注：图中使用从 oDesk 上收集的数据来显示不同收入国家雇主支付的季度工资总额。我们使用 2012 年世界银行高收入国家（HIC）名单对国家进行分类。

经验而积累的人力资本等其他原因促成的。该结果如此引人关注，是由于其"处理"工作非常"小"：这份工作仅仅是一个 10 小时的数据输入任务，评分仅仅是 5 分中的一个分数，反馈也仅仅是一句话："与（x）合作很愉快"。事实上，对于经验不足的员工来说，数据输入速度、准确

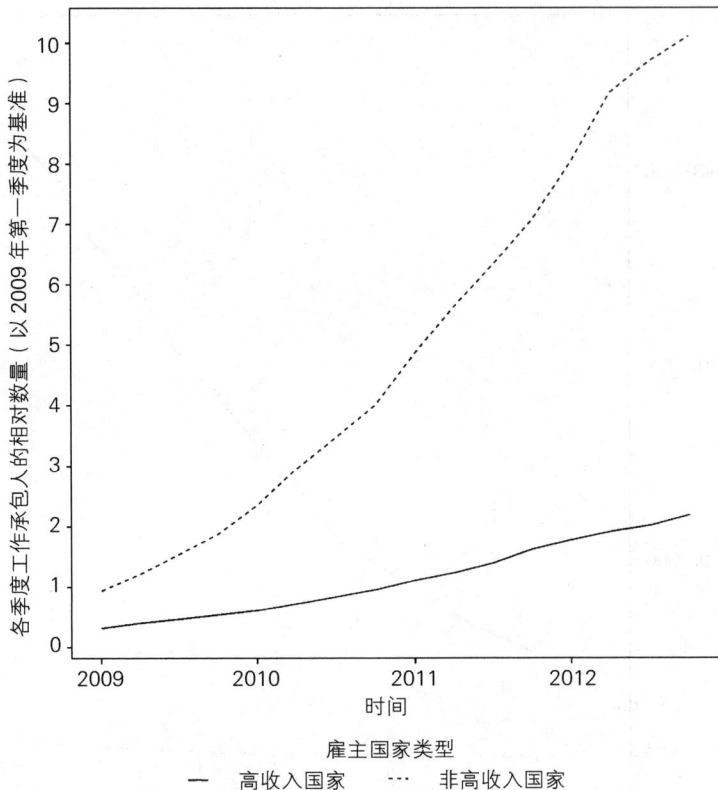

图 8-3 不同收入水平国家工作承包人数量相对于 2009 年第一季度的增长情况

注：图中使用从 oDesk 收集的数据来显示不同收入国家每个季度工作承包人的相对数量。我们使用 2012 年世界银行高收入国家（HIC）名单对国家进行分类。基准季度是 2009 年第一季度（1 月、2 月和 3 月）。

性、指示遵循性以及任务完成的及时性等更详细的评价的边际效应在统计学上并不明显。换句话说，这 3 倍的收入是由雇主根据一份非常"小"的处理工作提供的极少的反馈信息造成的。尽管所观察到的影响是基于每小时 3 美元或更低工资的数据输入专员工作，但如此少量的信息所产生的影响却是惊人的。这表明在这种在线环境中存在着重要的市场摩擦。Pallais 从她的发现中还得出了一条福利含义："在合理的假设下，该实验

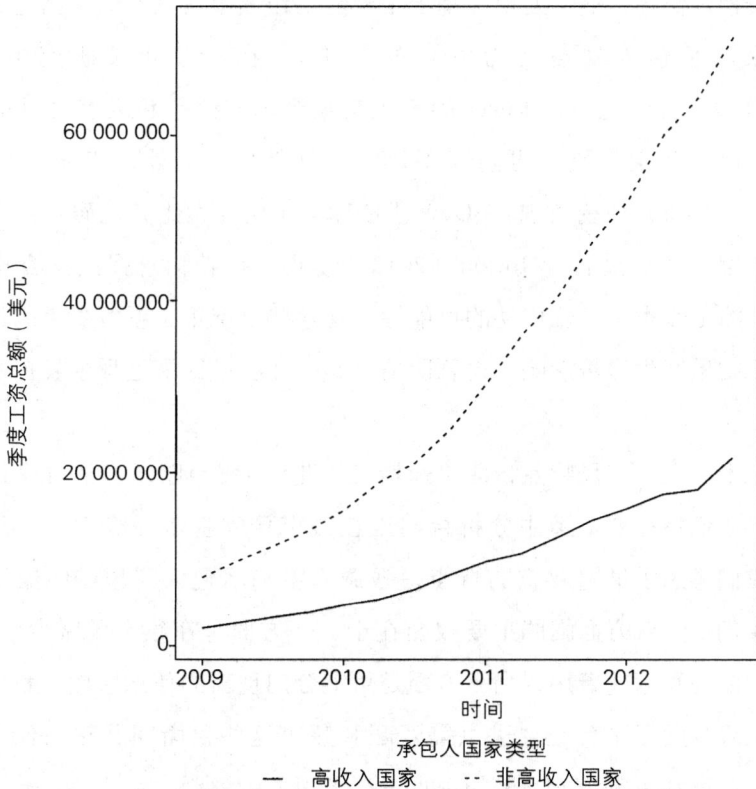

图 8-4　oDesk 平台上不同收入水平国家承包人季度收入状况

注：图中使用从 oDesk 收集的数据来显示不同收入国家承包人的季度工资。我们使用 2012 年世界银行高收入国家名单对国家进行分类。

市场水平的收益超过了成本，这表明一些实验工人一直处于低失业状态。"。

其他研究合同工市场的研究也报道了类似的信息摩擦。Stanton 和 Thomas（2012）评价了中介机构提供的信息对承包人就业的影响。他们发现，在 oDesk 职业生涯开始时，与中介机构有关联的没有经验的承包人，找到工作的概率（几乎翻倍）和工资（15%）要高得多。Agrawal、Lacetera 和 Lyons（2013）研究了高收入和低收入国家承包人 oDesk 经验信息的相对作用，他们发现，基于平台的工作经验信息不成比例地使低收入国家的承包人受益（约 40% 的溢价）。在一项相关研究中，Mill（2011）发现，一旦 Freelancer 的雇主与某个国家的承包人有良好的合作经历，那么雇主就更有可能雇用该国的其他人。另外，Ghani、Kerr 和 Stanton（2012）研究发现，oDesk 上的印度侨民雇主比其他雇主更有可能雇用印度工人。最后，Horton（2012）发现，推荐信息提高了合格候选人较少的工作类别雇用成功的可能性。在这些情况下，看似少量的信息会对就业结果产生显著影响，这表明信息摩擦在在线匹配过程中发挥着重要作用。

鉴于这三个市场特点，即快速增长、北-南贸易以及对信息摩擦的敏感性，我们将在 8.2 节中分析合同工在线市场的基本经济学。在此过程中，我们考虑了供需双方的特点，强调雇主和承包人利用在线渠道的动机。我们认为双方面临的主要权衡在于，一方面是在线市场减少了搜索、通信、监控和运输费用，另一方面是可能会出现新的信息摩擦。我们还阐述了在线合同工平台在促进供需匹配和解决这些权衡问题时的作用。此外，我们还利用来自 oDesk 的证据进行了深入的说明。

基于对合同工在线市场基本经济属性的认知，我们提出了一项基于三条探究思路的研究议程，包括：（1）分布效应；（2）市场设计；（3）福利。下面我们将依次进行描述。

在 8.3 节中，我们提出了这样的问题：这个市场的数字化将如何影响经济活动的分布？我们沿着三个维度进行考察。首先，我们考察地理上的分布。数字化会将合同工作转移到较低收入的国家吗？其次，我们考察国家内部和国家之间的收入分布。由于一小部分承包人得到了大部分工资（尽管其中一些人可能在低收入国家），数字化是否会通过放大超级明星类型的分布从而进一步加剧收入不平等现象？最后，我们提出与外包有关的问题。数字化是否会导致跨越企业边界的工作分布发生转变，即降低外包离散任务的成本会压缩企业边界吗？探究数字化对分布有关的影响将对理解数字化对整体工作组织的影响具有重要意义，从而进一步对社会福利产生重要影响。

接下来，在8.4节中，我们提出了这样的问题：在数字环境中，市场设计功能会如何影响匹配？我们在前文描述了评级和反馈的影响，这一市场设计的功能贯穿了大多数平台。在数字环境下，平台可以以相当低的成本增加或改变市场设计的功能。然而，轻松地添加、删除或更改功能也掩盖了它们对匹配结果的影响。虽然承包平台采用了许多有趣的市场设计功能，但我们的讨论只集中在以下五个方面：（1）绩效反馈（如评级）；（2）机器辅助的推荐（供雇主及承包人参考）；（3）可见度的分配；（4）收费以减少拥堵；（5）工作类别规范。虽然在线合同工市场平台并不具备市场设计文献中那种典型的匹配分析能力（即在肾脏交换和医学学生-医院匹配等情况中直接匹配交易伙伴），但它们确实会影响最终形成哪些匹配，以及在什么条件下形成匹配。因此，随着市场设计功能的发展，它们所促进的匹配类型也会随之发展。

在8.5节，我们提出的问题是：这个市场的数字化将如何影响社会福利？我们特别指出了数字化可通过两种途径提高匹配效率：（1）更好地匹配；（2）更好地生产。在匹配方面，随着相关信息数字化所带来的市场设计功能的利用，从局部搜索向全局搜索的转变可能会提高匹配效率。在生产方面，协调费用的减少使得工作地点和时间（异步）具有更大的灵活性，并且由于可以把较"小"的工作外包出去，使得工作更加专业化，从而使劳动分工更加精细，可能会提高效率。然而同时，新的信息摩擦也可能会引起新形式的福利损失。

最后，我们概述了本研究议程面临的三个主要挑战。首先，需要这一领域离线数据来估算数字化对分布属性（地理、收入、企业边界）和福利效应的影响，而获取这些数据需要高昂的成本。其次，由于市场发展迅速，技术快速变革，特定的市场设计功能在经济上的显著性可能是稍纵即逝的。最后，数据所有权集中在少数几个平台上，这些平台似乎有兴趣与研究社区接触，但兴趣并不完全一致。尽管存在这些挑战，本研究议程还是针对一些非常重要的研究问题，确定了从学术和经济相关性的角度研究这些重要问题的机会。

8.2 在线合同工市场的经济学

和其他数字化市场一样，在线劳动力市场最突出的特点是供应者提供大量的交易和服务，他们可能在地理位置上与买家相距很远。在这种情况下，服务的需求和供给蕴含着什么？谁提供在线劳动力？哪些实体搜索在线服务以及它们面临哪些权衡？哪些机构为市场出清做出了贡献？为了解决这些问题，我们首先讨论 oDesk 是如何工作的。这将为接下来关于劳动力供给、劳动力需求和做市平台的讨论打下基础。

8.2.1 oDesk 平台上的工作流程

要在 oDesk 上发布招聘信息，雇主必须在网站上注册，提供他们的联系方式和公司信息，包括公司名称、所有者和地址。一旦注册成功，雇主就可以自由发布工作信息。招聘信息包括任务描述、雇主位置和合同类型。oDesk 支持两种合同类型——小时工资和固定价格。除了不同的支付结构之外，合同对监控和持续时间也有不同的规范。具体来说，当发布一份小时工的工作时，雇主必须指定每周的预期工时和完成这项工作所需的周数。他们限制了承包人每周工作的时间。当发布固定价格的工作时，雇主必须明确预算和截止日期。雇主可以将招聘信息公布于众（以便任何承包人都可以申请），也可以将招聘信息向私人发布（以便只有他们邀请的承包人才能申请）。

要在 oDesk 上获得工作，工人同样必须在网站上注册，提供他们的联系方式、姓名和位置，以及建立个人简介页面。个人简介页面是为了向潜在雇主宣传承包人，可以包括技能、教育、oDesk 以外的工作经验、oDesk 管理的考试成绩、证书、是否属于某个代理机构、以及 oDesk 上的工作经历和反馈分数。一旦他们建立了个人简介页面，承包人就可以通过提交求职信和投标书来申请工作，一旦投标就表明承包人愿意承担这份工作从而获得相应的报酬。

雇主可以选择在雇用前对申请人进行面试和就投标进行谈判，并雇用他们中意的所有承包人。一旦被雇用，承包人就可以远程完成任务。承包人将他们的工作在线提交给雇主，并通过 oDesk 获得报酬。雇主可以选择给承包人发放奖金，也可以通过 oDesk 报销费用。

每一份工作结束后，雇主会依据以下六项标准给承包人打分：技能、质量、可用性、完成日期、沟通和合作。每个承包人也会有一个总体的反馈得分，这是一个根据工作规模加权平均的个人得分。承包人可依据相同的标准给雇主评分，雇主的总体得分计算方法也类似承包人的得分方法。oDesk 通过提供这项服务，以收取网站上每笔交易额的 10% 作为费用。

最大的在线合同工市场除了 oDesk 外，还有 Elance、Freelancer 和 Guru。Elance 和 Guru 都是在 1999 年建立的，紧随其后的是 2005 年建立的 oDesk 和 2009 年建立的 Freelancer。这些网站的相似之处在于，它们允许雇主通过在平台上注册和发布招聘信息吸引求职者，来寻找和雇用短期工人。同样，它们都允许世界各地的注册合同工通过竞标申请网站上发布的工作，并通过个人主页向雇主推销自己。这些平台通过向工人按每笔交易的一定比例收取费用或收取会员费来赚取收入，在某些情况下，两者兼而有之。除了提供一个（虚拟的）地方来满足供需和出清市场以外，这些平台还随着时间的推移而逐渐演变以应对劳动力市场特别是在线劳动力市场的一些关键性挑战。

虽然该行业的其他主要平台与 oDesk 有些功能相同，但它们在某些维度也有所不同。主要的差异在于它们为参与者提供的服务。例如，有些平台支持承包人职业代理，而另一些则不支持；有些为小时工工资合同提供担保付款，而另一些则不提供；并且至少有一个主要平台没有虚拟办公应用程序。也许最与众不同的是 Freelancer，它既支持传统的招聘，也支持众包。鉴于众包对于匹配和生产有不同的影响，基于传统招聘的研究结果可能无法推广到众包环境。

8.2.2　劳动力供给

个人在网上提供劳动力的动机是什么？在线合同工市场最重要的一个优点是，这些市场极大地增加了就业机会，对于那些只有有限机会的低收入国家的个人来说尤其如此。除了增加就业机会，它们还增加了承包人为其技能和爱好找到适当匹配的可能性。

在这种市场环境中，市场灵活性的提高也可使承包人受益。在很大程度上，这些交易是以合同为基础的：提供网上劳动力的个人不是员工，因此他们对工作日程以及如何在提供服务和其他活动（如另一份工作、家庭和休闲等，The Economist（2010））之间分配时间有更多的控制权。在一项针对 oDesk 员工的调查中，超过 80% 的人表示，在网上求职的灵活性和自由度是在线工作的一大好处。证据还表明，电信提供的灵活性有助于显著提高女性劳动力参与率（2011 年有所下降）。因此，这些在线市场可能会引导以前不属于劳动力市场的女性进入这个市场。特别是对占工人绝大多数的发展中国家的承包人来说，更容易从高收入国家的实体那里获得工作机会，这也可能意味着收入更高。

参与这些市场带来利益的一些特点也可能是承包人成本和风险的来源，尤其是这些劳动关系的契约性可能导致工作关系的期限和条件具有更多的不确定性。这些市场参与程度的提高以及参与者受教育程度较高的特点表明，总的说来，这些市场对许多个人来说代表着可行并且有吸引力的机会。

8.2.3 合同工的需求

与传统的离线市场相比，在线合同工市场为雇主提供了几点好处。它降低了搜索、通信和运输的成本，这有利于数据输入、翻译和软件开发等各种服务的贸易，同时也使雇主能够接触到更广泛的潜在工人群体，这些人可能拥有更合适的技能，而且薪资可能更具有竞争力。尽管使用 oDesk 平台的组织类型和规模各不相同，但对于小型创业企业来说，这些平台的独特之处在于能够为它们提供大量不同类型的合同工，例如，在一项对使用 oDesk 的雇主进行的调查中，超过半数的雇主认为自己是初创企业。

然而，由于缺乏面对面的互动，雇主可能很难获得高带宽的信息（Autor，2001）。此外，申请者之间异质性的提高使得对他们的比较更具挑战性，特别是对新手招聘者来说，比较来自不同国家具有相似学历或工作经历的求职者可能会很困难。除了隐藏的质量问题外，潜在雇主面临的一个明显问题是难以从远距离和通过互联网中介进行监控和核实工作。

8.2.4 做市平台

与其他双边市场一样，在线市场的中介机构采取一定的措施确保供应商和买方的参与（Armstrong 2006；Rysman 2009）。如前所述，在线合同工交易面临的一个关键挑战是对申请人和雇主高带宽信息的有限访问（Autor 2001）。在线合同工平台正在越来越多地提供解决这些信息问题的功能[①]。首先，平台为部分信息提供了验证和标准化手段，例如，虽然比较个人的离线的工作经验和学历不太容易（特别是在他们来自制度和文化背景差异很大的国家时），但是雇主比较承包人在平台上积累的工作经验（即，工作次数、工作时间、类别以及雇主和工人的评级所表示的业绩）却是比较容易的。这些信息可以在在线合同工市场上的承包人简介

---

① Dellarocas（2006）对旨在解决在线市场信息问题的声誉系统进行了综述。

中找到，平台一般不允许承包人从他们的简介中删除或屏蔽这些信息，从而减少了选择性问题，提高了这些信息的可靠性。平台还为求职者提供了标准化考试，为潜在雇主提供一些易于评估的质量度量。此外，一些平台还支持承包人代理机构或公司，代理机构中的承包人可以合作申请并完成工作。一些证据表明，代理机构有助于减少信息的不对称（Stanton and Thomas 2012）。

除了提供高质量的信息外，在线合同工平台还通过各种机制，帮助解决工人和雇主双方在工作可观察性和可核实性方面的挑战。在某些平台上可以通过虚拟办公应用程序进行直接监控①。在登录这些虚拟办公室时，执行工作的承包人通过常规屏幕截图和活动日志受到监控。为了激励承包人接受这种程度的监控，一些平台保证承包人只在登录虚拟办公室时支付计时工资。除了直接监督之外，员工的评级还代表了一种潜在的强大的声誉机制，可以让他们与雇主的目标保持一致。

同样，与其他在线市场一样，雇主也会产生道德风险问题（请参见 Resnick and Zeckhauser（2002），Cabral and Hortacsu（2010）关于在线市场道德风险的讨论）。例如，雇主可以拒绝支付虚拟办公室之外的工作费用或报销费用。然而，在大多数平台上合同工可以对自己在雇主那里的经历进行评分，从而减少对剥削行为和违背先前协议风险的担忧。此外，如果雇主和承包人认为他们受到不公正的指控或报酬过低，他们都可以提起诉讼，平台在纠纷中充当调解人，并最终决定如何解决这些纠纷。

---

① 有证据表明，严格的监控对顺利完成家庭工作很重要。Bloom 等人（2013）研究了一家中国旅行社，该旅行社决定尝试让一些员工居家办工。研究发现，居家办公可以大大提高员工的工作效率和工作满意度，这可能与公司对电子通勤员工的认真监控有关。Dutcher 和 Jabs Saral（2012）通过实验证据表明非电子通勤员工认为他们的电子通勤同事是逃避工作的人，从而强调了如果电子通勤员工没有受到适当的监控可能会产生麻烦。

8.3 数字化和工作分布

考虑到上述雇主和承包人所面临的激励和摩擦，我们转而思考这个市场的数字化将会如何影响工作分布。我们下面将依次沿着三个维度来考虑和描述分布效应：地理分布、收入分布和公司边界。

8.3.1 地理分布

合同工市场数字化带来的搜索、通信和监控成本的降低，提高了雇主与承包人匹配的概率，从而提高了贸易的收益，这一结果可能对工作的地理分布产生潜在影响。或许最直接和最显著的影响是跨区域工资的差异。事实上，oDesk 平台上的活动急剧增长似乎主要就是这种性质。具体来说，高收入国家的雇主从低收入国家雇用合同工，甚至是以前那些因交易成本较高而在离线时不可行的小工作。如图 8-1 所示，到 2012 年底，不仅高收入国家的雇主数量是低收入国家的 10 倍以上，高收入国家的雇主增长速度也远远高于低收入国家。如果用工资总额而不是雇员人数来表示，这种差距甚至更大（如图 8-2 所示）。相反，到 2013 年，来自低收入国家的承包人数量大约是来自高收入国家的 4.5 倍（如图 8-3 所示）。就目前的趋势来看，这种差距将随着时间的推移而继续扩大，因为低收入国家的承包人数量正以更快的速度增长。图 8-4 显示这种趋势不仅表现在承包人的数目上，也表现在每月工资总额方面，尽管正如人们所料，较发达国家的承包人的工资更高。

虽然雇主招聘远程承包人主要是由于可以获得低成本的劳动力，但也有其他原因。由 oDesk 对其用户进行的一项调查显示，76% 的人表示"远程服务更便宜"是他们对使用该平台感兴趣的一个主要原因。然而 46% 的人表示主要原因是"远程办公可以更快地完成工作"，31% 的人表示主要原因是"很难找到本地人才"，21% 的人表示主要原因是"没有房间/设备"。因此，除了可以降低获得低工资工人的成本外，提高匹配似乎还可以有多方面益处。

各国参与在线合同工市场的程度各不相同。例如，oDesk 上来自乌克兰的承包人数量大约是来自西班牙的 10 倍，尽管这两个国家的规模相似（2013 年乌克兰的人口为 4 500 万，西班牙的人口为 4 700 万），然而，西班牙的经济规模大约是乌克兰的 10 倍：西班牙是 1.4 万亿美元，乌克兰是 0.165 万亿美元。图 8-5 说明了这一点，图中我们将每个国家在 oDesk 上的承包人数量与国家人口进行对比。墨西哥、巴西和中国等国家的用户似乎不足（参与率低于其人口的预期），而菲律宾、孟加拉国和印度的用户似乎过多。

对这类数字市场使用的差异能够简单反映离线就业机会。例如，来自孟加拉国和菲律宾的 oDesk 承包人的收入远远高于当地最低工资标准，这或许可以部分解释他们过度使用平台的原因。然而，中国承包人的平均工资也远远高于当地最低工资标准，但相对于其他国家，他们对平台的使用不足。此外，来自澳大利亚等几个国家的承包人的平均工资仅略高于当地最低工资，但似乎是过度使用平台所致（如图 8-6 所示）。这种差异反映了每个国家的劳动力所面临的相对收益和成本，包括机会成本。英语水平（网站上使用的语言）、互联网接入情况和教育水平等因素，都影响着使用这类数字化劳动力市场平台的回报。随着这些在线市场的增长，它们将为研究人员提供有用的数据，以便他们更好地了解离线就业机会（尤其是在那些缺少可靠政府数据的地方）以及在全球工作环境中不同形式的教育的相对回报。此外，它们还将提供环境，进一步分析地理、语言、文化和其他形式的距离对劳动力贸易流动的影响程度。

如图 8-7 所示，各国在线合同工的不同组成也可为某些国家（如中国、波兰和俄罗斯）合同工的出乎意料的高平均工资提供解释。这三个国家的承包人主要集中在软件开发、信息系统和 web 开发领域，在 oDesk

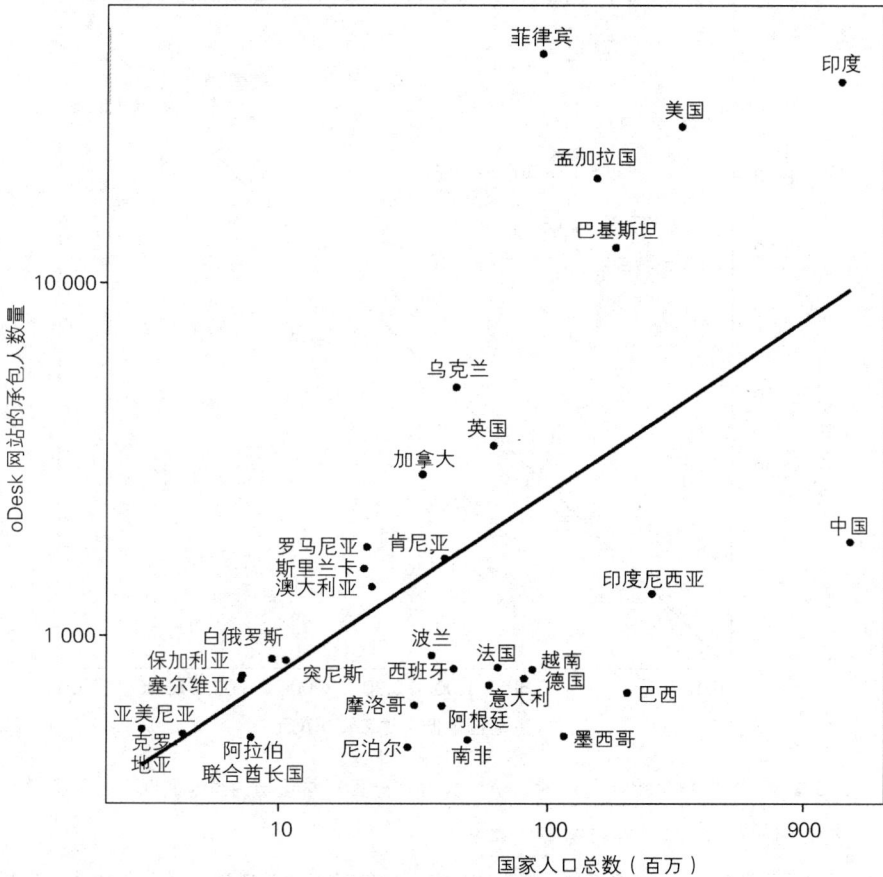

图 8-5　每个国家在 oDesk 上的承包人数量与国家人口的对比（重对数图尺）

数据来源：世界银行

注：图中使用从 oDesk 收集的数据显示了曾在 oDesk 工作过的承包人的数量（按国家划分），与 2012 年世界银行对国家人口的估计相对比。两个轴都是对数刻度。图中只显示拥有 500 个或更多活跃承包人的国家。

上这些工作比大多数其他类型工作的工资更高：到 2013 年，软件开发的平均工资（16 美元），大约是写作和翻译（8 美元）的 2 倍，是行政支持（4 美元）、客户支持（5 美元）以及销售和营销（5 美元）的 3 倍以上（参见图 8-8）。此外，软件开发和 web 开发的季度收入比任何其他类别

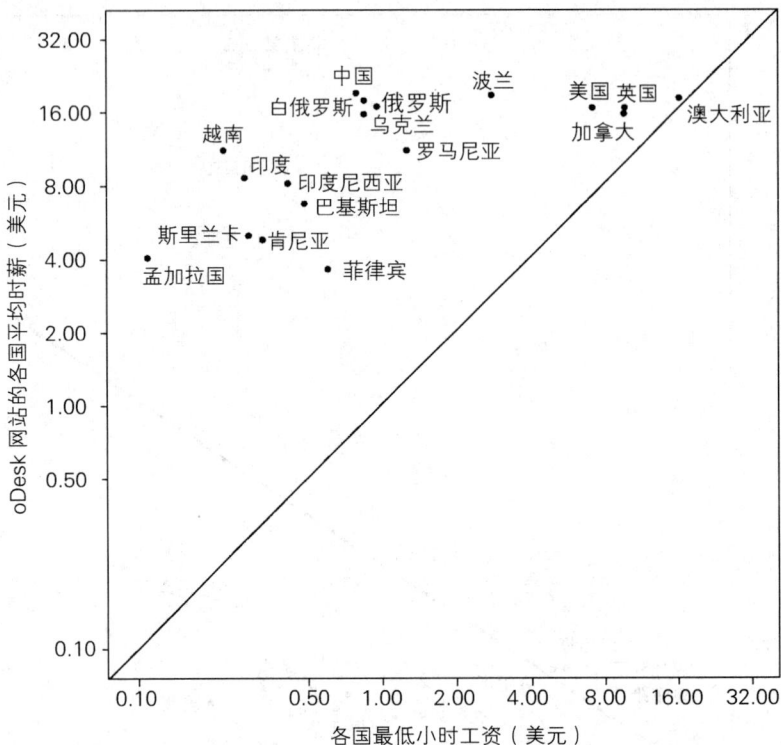

图 8-6　承包人在 Odesk 上的小时工资（按国家分类）与该国的当地最低小时工资对比

数据来源：维基百科，2013 年 5 月 22 日

注：此图使用从 Odesk 收集的数据来比较平均小时工资（对数刻度）。为了估计小时工资，我们仅关注 2013 年上半年的小时合同。统一的最低工资数据很难获得，作为替代，我们使用维基百科的估计，时间截至 2013 年 5 月。

都要高得多（如图 8-9 所示）。图 8-10 中我们按国家划分了承包人随时间变化的工资总额的集中度，俄罗斯和乌克兰尤其集中在少数几个领域（尤其是软件开发）[①]。相比之下，来自美国和菲律宾的承包人从事更多类别的工作。不同类别工作地域分布的差异可能反映了语言、教育和离线工

[①]　这与在线数据科学竞赛平台 Kaggle 上的地理分布一致，该平台的软件程序员不成比例地分布在东欧。

作机会。图 8-11 表明，就各国工资总额的分布而言，软件是最不集中的领域之一。

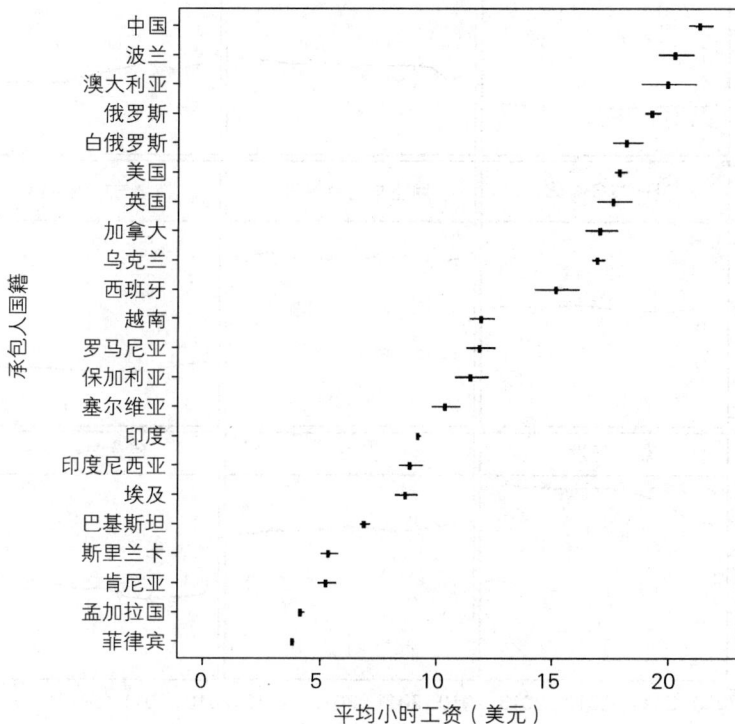

图 8-7　承包人在 Odesk 的平均小时工资（按国家分类）

注：我们使用 2013 年上半年所有小时合同的样本来估算小时工资。我们排除了低于 10 美分和超过 100 美元的观察值，因为这些观察值更有可能不是真实的小时工资，而是使用 oDesk 提供的时间跟踪软件或者近似某种高小时工资的固定价格合同。对于每个工资估计，我们都包含 95％的置信区间。请注意，对于像印度和菲律宾这样的人口大国，置信区间太窄，以至于它们看起来像是点估计。

8.3.2　收入分布

合同工市场的数字化可能会影响劳动者的收入分布。然而，这种影响的方向是模糊的。一方面，数字化通过超级明星效应可以放大收入差距

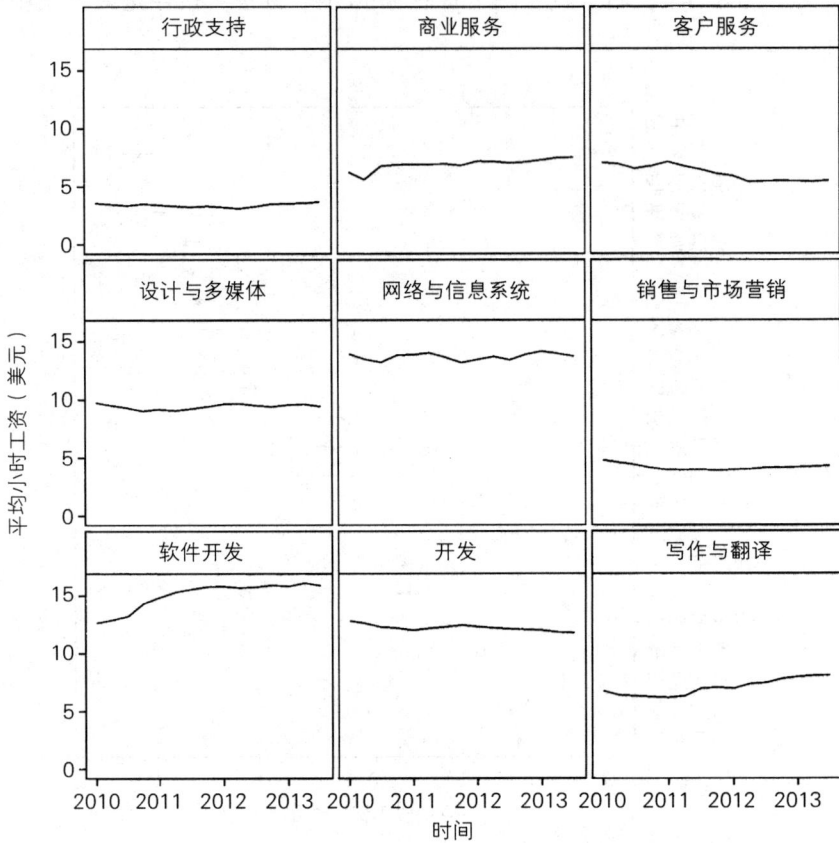

图 8-8　每季度 oDesk 平均小时工资（按工作类别分类）

注：此图使用 oDesk 数据显示每个主要的 oDesk 工作类别每季度的平均小时工资。

（Rosen 1981），通过降低搜索成本使雇主可以在全球而不是本地范围内搜寻和签约最好的工人（或提供最高价值的工人），从而工资进一步向少数承包人倾斜。另一方面，数字化可以减少不平等现象，更多的信息会导致匹配效率更高的主流技能更少地分布在"长尾"中（Anderson 2006）。

　　研究人员报告了数字化引起这两种效应的证据。例如，Tucker 和 Zhang（2007）发现，当消费者在婚礼供应商网站上能够看到某个供应商的受欢迎程度时，销售将会集中在更受欢迎的供应商周围。这表明在线反

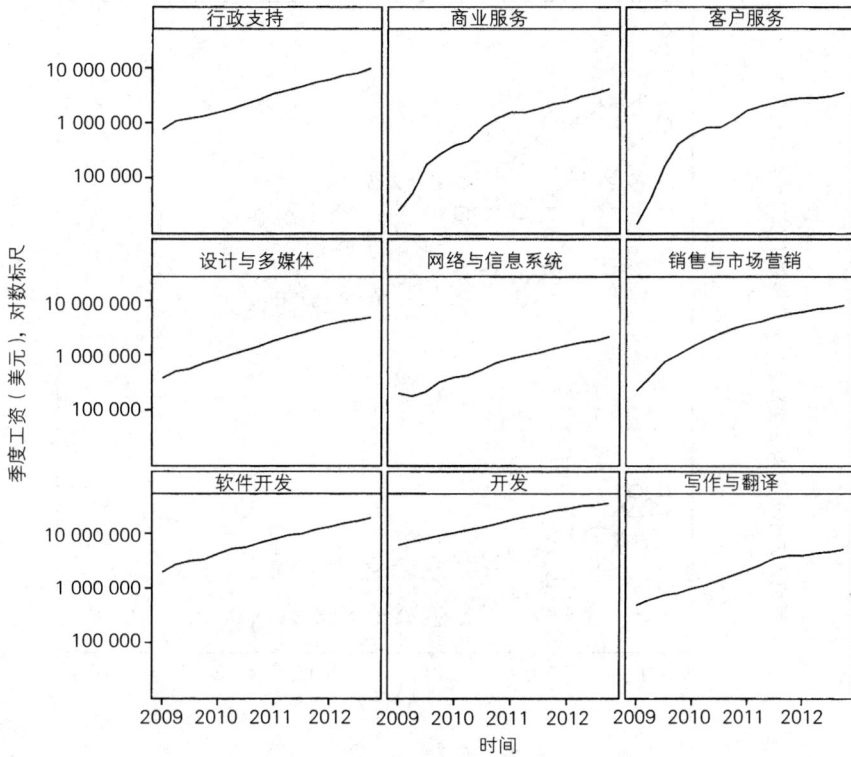

图 8-9　oDesk 上每个工作类别的季度工资总额（对数刻度）

注：此图使用 oDesk 数据，按工作类别显示季度工资总额。

馈系统有可能增加偏倚。Elberse 和 Oberholzer-Gee（2008）在视频销售中发现了类似的现象。在其他情况下，情况正好相反。Zentner、Smith 和 Kaya（2013）表明，在线视频租赁不如实物租赁那么集中于热门影片，Peltier 和 Moreau（2012）发现，法国在线图书销售不如离线销售那样集中在超级明星周围，Brynjolfsson，Hu 和 Simester（2011）发现，互联网销售女装不如目录销售那么集中。所有这些文献都将搜索成本差异作为研究结果的核心解释。

　　超级明星效应和长尾效应并不一定是相互排斥的，事实上两者都可能在合同工在线市场的环境中发挥作用。这是因为它们受到这个市场上与交

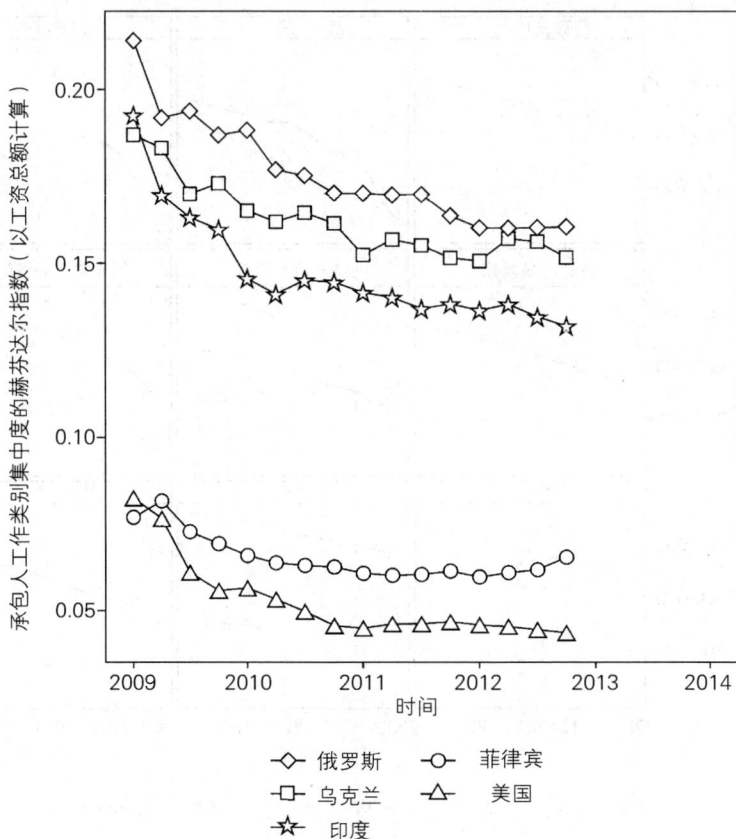

图 8-10 在 oDesk 上的承包人工作类别集中度随时间变化情况（按承包人国家分类）

注：此图使用 oDesk 数据为选定的 oDesk 承包人国家计算季度赫芬达尔指数。我们通过将 oDesk 的工作类别视为"公司"，将承包人国家视为"行业"来计算该指数。为了计算这一指标，我们首先估算每季度来自某个特定国家的承包人在每个类别工作中赚取的美元份额。然后我们计算这些份额的平方和。指数越高，来自那个国家的工人就越集中。例如，如果一个指数接近 1，就意味着几乎所有来自那个国家的工人都在一个类别中工作。

易服务相关但又截然不同的特征的影响。垂直差异化（质量）驱动超级明星效应，而水平差异化（种类）驱动长尾效应（Bar-Isaac、Caruana 和 Cunat 2012）。因此受需求约束，它们可能共存。超级明星效应将导致收入不平等加剧，因为雇主倾向基于全球而非本地搜索最高质量（或最高

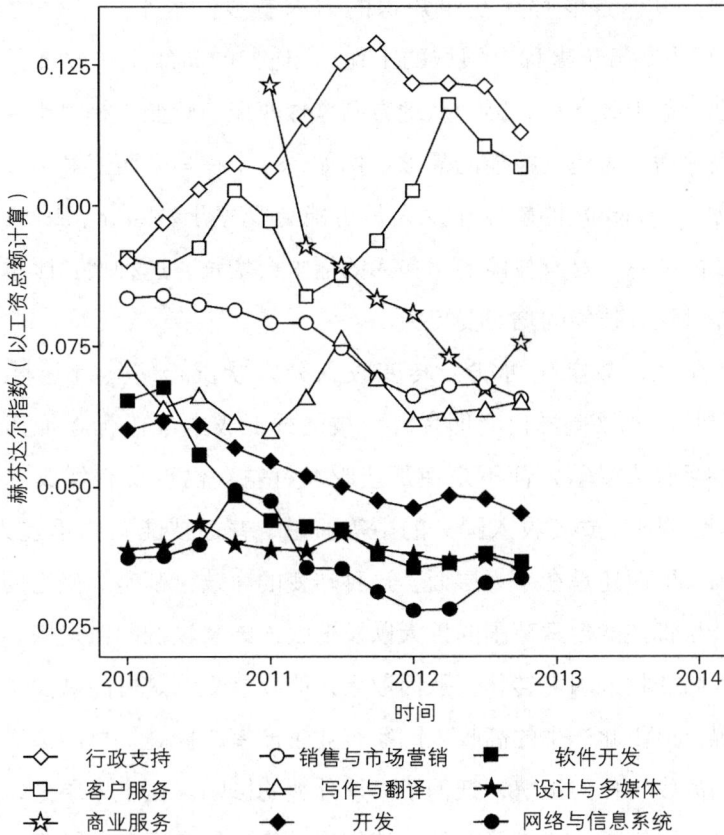

图 8-11　承包人在 oDesk 上的工作类别集中度随时间变化的情况

注：此图使用 oDesk 数据计算每个工作类别的季度赫芬达尔指数，将每个国家视为一个"公司"，将每个工作类别视为"行业"。为了计算这一指标，我们首先估算每个季度每个国家的承包人在某一特定类别工作中所获得的美元份额。然后我们计算这些份额的平方和。该指数越高，这一特定类别被来自特定国家的工人所主导的比例就越高。例如，如果一个指数接近 1，就意味着该类别中的几乎所有工作都是由来自单个国家的工人完成的。

价值）的承包人，因此，收入将从在当地提供最高价值的承包人转移到在全球提供最高价值的承包人。需求的增加将拉高高质量工人的工资，特别是在地方和全球工资差距最大的情况下（比如低收入国家）。由于信息不对称和在线市场的特点，超级巨星效应可能会加剧。

同时，由于当地对其专业知识的需求有限，水平差异化的承包人（例如，那些专门从事稀有领域的工作），他们的离线工资较低，他们可能会特别受益于数字化，因为从地方到全球匹配的转变，相对于供给，会不成比例地增加对他们技能的需求。例如，一个在马来西亚学习新前沿语言（例如，Django）的软件开发人员可能会受益于数字化，因为通过与全球市场的联系，对有技能的承包人的需求会增长，这种增长比承包人互相竞争提供这种技能的增长要更大。

综上所述，数字化可能会转变收入分布状况，使具有垂直差异化（即高质量）、水平差异化（即稀有）技能或低成本（由于本地离线机会较少）的承包人受益，而不是使那些既没有差异化也没有低成本的技能（如中等收入国家或高收入国家的中等质量、普通技能）的承包人受益。无论在国家层面还是在个人层面，这种转变的净效果都是不确定的。在国家层面，尽管技能搜索范围的扩大以及低收入国家较低的工资率，使工资从高收入向低收入国家转移，从而数字化的直接影响是可能减少了收入不平等状况，但由此产生的高收入国家企业生产率的提高，可能会进一步增加那里的离线工作的工资，抵消了离岸外包的影响。在个人层面，虽然数字化将有利于高技能的人而非低技能的人，特别是在高收入国家，但与音乐、书籍和软件等边际成本低的产品不同，承包人提供的服务的边际成本在增加。因此，加强匹配和限制供给至少可以部分抵消竞争加剧的影响，从而缓和数字化在个人层面放大收入分配偏倚的程度。

信息不对称也可能影响收入分配。现有证据表明，即使是少量（雇主或平台提供的）信息，也会对未来的就业前景产生重大影响（Pallais 2012；Agrawal，Lacetera，and Lyons 2013）。一方面，这可能会增加收入分配的偏度，因为在公共雇主正面评价的在线工作经验方面，较早获得少量领先优势的承包人，可能会在随后获得收益，并受益于回报的增加（至少在短期内）。另一方面，在线市场在一定程度上为雇主提供了低成本的试用机会，让他们测试新承包人的工作，然后宣传他们的质量，那么这个市场的数字化可能会通过增加对承包人质量的公开披露来减少偏差。在低收入国家（Agrawal，Lacetera and Lyons 2013），少量经过验证的在线工作经验与承包人赢得后续工作不成比例的增长有关，这一事实似乎与后一种观点相一致。

8.3.3 企业边界

这个市场的数字化将如何影响企业边界？经济学理论认为，由于数字化降低了交易成本（搜索、通信和监控成本），相对于内部执行这些服务的方式而言，企业在市场上签约的回报会增加。例如，Grossman 和 Rossi-Hansberg（2008）对离岸外包的收益（较低的劳动力成本）和成本（协调和监控）之间的紧张关系进行了模型模拟，以精确地研究离岸成本下降的影响，其重点关注离岸外包增加的生产率效应。同样的，Antras 和 Helpman（2004）提出了一个北-南贸易模型，在这个模型中，最终产品公司可以选择是垂直整合到中间产品的生产中，还是将其外包。他们的模型基于企业生产率水平的变异，为企业边界决策的变异（在平衡状态下，一些公司选择外包而另一些公司没有外包，而那些外包的公司，外包地点选择也各不相同）提供了解释。虽然 Antras 和 Helpman 没有关注外包相关的交易成本下降对企业边界的影响，但这些影响是其模型的固有含义。

一些研究报告的实证性证据表明，数字化与企业边界的收缩有关。例如，Abramovsky 和 Griffith（2006）的研究显示，信息通信技术（ICT）越密集的企业越会在市场上购买更多的服务（而不是垂直整合），也更有可能购买离岸外包服务。Brynjolfsson 等（1994）报告说，对于信息技术（IT）的投资与随后的企业规模缩小有关，Hitt（1999）的研究表明，IT使用的增加与垂直整合的减少有关。

最近 oDesk 对其用户进行的一项调查进一步揭示了数字化与企业边界决策之间的关系。其中有两个调查问题收集了雇主对在线平台相关合同工作替代方案的看法。其中一个调查问题是："如果没有合适的 oDesk 承包人来做这个项目，你最可能会做什么?"。在6 912名受访者中，只有15%的受访者表示他们会转向在当地雇用工人，而22%的受访者回答说他们会采取加班，9%的受访者回答说他们会推迟或取消这个项目，50%的受访者表示他们会使用其他远程资源。尽管这些回答还有其他解释的余地（例如，"其他远程资源"可以指其他线上合同工平台，但这样的结果不足以代表在没有任何在线平台的情况下在当地雇用员工的比例），一种可能的解释是，仅在少数情况下（15%），这个市场的数字化直接影响了企业边界。oDesk的另一个调查问题是："回想一下你上次通过 oDesk 雇用承包人时，你考虑了哪些替代方案?"这个问题的受访者可以有多个选项。同样，只有15%的人选择"雇用员工"，而58%的人选择"自己做"。从本地承包人转移到远程承包人似乎是这个市场数字化的一个更重要的经济效应，而不是企业边界的收缩。事实上，40%的受访者表示，他们上一次通过 oDesk 雇用承包人时，他们考虑过"本地承包人"这个替代方案。

　　需要注意的是，oDesk 的大多数用户是小企业（7 098名受访者中有90%表示，他们的企业拥有10名或更少的员工，总体平均企业规模为2.6名员工）。这就产生了一个问题，数字化市场的影响是否会因企业规模的不同而有所不同。例如，小企业是否从数字化中获得了不成比例的利益? 我们不能仅从观察到很大一部分小企业用户就得出这一结论。首先，90%的小企业用户可能仅仅反映企业规模在经济中的分布（有趣的是，受访者透露68%是兼职企业，69%是家庭企业，平均企业年龄为2.7岁）。其次，调查样本分布不一定能反映总体分布，也许小企业更有可能对调查做出回应。不过，有人可能会猜测小企业更有可能雇用合同工，因为大企业更有能力把任务聚集成全职工作，从而避免产生与基于任务雇佣相关的合同和中断成本。

8.4 市场设计

在线合同工市场平台不具备市场设计文献所提及的其他环境中典型的匹配设置能力（例如，Roth and Peranson 1999；Roth 2002；Milgrom 2011），因为这些平台不像肾脏交换、医学生和医院匹配的系统，它们不是集中化的系统。然而，不能明确地设置匹配并不意味着不能影响最终形成的匹配，以及匹配形成的条件。该平台对市场的地位，更像是一个政府，它制定政策，鼓励有效的市场结果，而不是命令交易。平台决定了参与者彼此接触的频率和环境、各方收集哪些信息以及如何显示这些信息，平台还制定了关于哪些交易是被允许的、如何得以进场、哪些合同和价格是被允许的等政策。平台也可以进行推荐并设置默认值。为了探究这些功能是如何影响匹配的，在这种软匹配环境下的一些市场设计的决策是值得思考的问题。

第一，平台可以提供标准化和经核实的信息。例如，oDesk 不允许承包人在工作完成后删除雇主的评级或评论，因此这些信息可能与承包人简历中的内容不同，所以这些信息对未来潜在的雇主很有价值。在上面的引言中，我们描述了两项研究，研究结果表明，在线工作历史信息对后续匹配结果有显著影响（Pallais 2012；Agrawal，Lacetera and Lyons 2013）。此外，平台还可为承包人和雇主提供额外的工具，以披露他们自己的标准化的信息和经核实的信息。例如，oDesk 提供了一系列标准化考试，承包人可以参加这些考试，这样他们就可以公布自己的成绩以表明他们对某个特定领域的精通程度。

对于一个潜在的雇主来说，浏览太多信息的代价是高昂的，那么一个简单的总体表现得分是否能传达最优的信息量？更详细的评分系统会加强匹配吗？Pallais（2012）报告称，对于经验不足的承包人来说，相对于简单的反馈，详细的反馈对后续结果没有影响。然而，对于经验丰富的承包人来说，额外的细节信息确实起到了作用。此外，Pallais 的研究结果可能低估了更详细的评级系统的影响，因为她的反馈是通过文本传达的，而不是简单的五个维度上的评级。鉴于对评级和反馈的高敏感性，深入研究用以解决这类信息摩擦的市场设计的功能似乎是未来研究的一个富有成果的方向。

第二，承包人要做出许多决定（如申请什么工作、工资出价、要学习什么技能），雇主也一样（招聘谁、是否使用固定或可变费用合同、何时提供奖金及多少），就像其他线上市场一样，这类平台的数字化特性可能会推动决策辅助算法的发展。这些推荐系统通过降低市场参与者的搜索成本等方式来辅助人们决策。推荐申请人的一个潜在问题就是挤出效应，推荐一名员工可能会让另一名员工处于不利地位。然而，Horton（2012）的研究表明，通过算法向雇主推荐空缺职位的候选人，可以提高匹配的数量和质量，且不会产生明显的挤出效应。

平台除了可对交易对象和交易条件提出明显的建议外，还可以提出其他类型的建议。例如，它可以就如何管理工作关系提出最佳操作的建议，例如建议进行更多沟通、定期加薪和绩效评估。推荐系统面临的一个有趣挑战是在学习和推荐之间的权衡。推荐系统依靠自然决策来探索训练模型的替代空间，但如果推荐系统足够好，能够为用户节省大量成本，则很可能会取代自然决策。因此，至少对某些用户而言，保持自然决策最终将是成本高昂的。

算法推荐可能特别影响匹配的另一个领域是，帮助个人就人力资本的积累做出正确的决策，尤其是围绕需要学习哪些技能方面。通常来说，这些还没有学习技能的人虽然做了几次决定，但只能得到一次反馈，这使得人力资本投资的决策在线下市场很难被观察，但在线环境里，这些选择则更加明显和可衡量。在 oDesk 这样的平台上，大量的信息表明技能组合在任何特定领域都能获得更高的工资，这使得在给定承包人现有能力的情况下，推荐系统能够从中提炼出哪些技能是最有价值的，该系统通过实验观察承包人的表现再进一步学习。

第三，合同工网站应如何分配可见性？在雇主的屏幕上，哪些求职者应该被列在顶部？哪些求职者应该被列在底部？搜索引擎优化（SEO）市场的巨大规模和价值说明了可见性的重要性。分配是否应保持相称（例如，给予反馈评分较高或工时更多的承包人更多的可见性）？应至少给每个工人一定可见性吗？如果取消可见，这种分配的效率和分配特点会是什么？虽然这一话题已经引起了关注其他市场的谷歌和 eBay 等公司的私营部门研究人员的关注，但在合同工市场的背景下，这仍然是一个开放性问题，然而这个问题很重要。关于可见性分配的市场设计决策必然会影响匹配结果，匹配结果又会影响分布和福利效应。此外，可见性与拥堵有关，我们将在下文进行讨论。

第四，平台可能需要控制拥堵情况，因为发布（和申请）一份工作几乎没有成本。这种低成本可能会导致人人都能申请，但是事实上这些申请并没有什么价值。这也是引入美国经济协会（AEA）信号机制（Coles et al. 2010）的部分原因，在该机制中，工作市场参与者被给予两个（且只有两个）信号，以发送到学校。学校对信号稀缺性的了解使这些信号具有信息价值。相应的，平台可以考虑工作申请配额。然而，如前所述，这种策略可能会对新入职者造成不利影响，因为雇主不太可能会雇用他们（Pallais 2012）。它也忽略了雇主的异质性，一些雇主喜欢有很多申请者，而另一些雇主喜欢申请者少一些。另一个潜在的有趣方法是让雇主决定申请的成本。这些是反映该市场特色的额外研究领域。

第五个有趣的市场设计功能是创建子市场和类别，这些子市场和类别通常通过地理和时间的某种组合来定义，以此来协调活动并创建足够稠密的市场（例如，为特定领域创建工业区）。平台必须尝试在一定程度上详细定义所提供的各种服务，然后相应地组织市场。在机器学习语言中，有两种任务，一种是聚类任务（根据历史数据找到有意义的工作/承包人群体），另一种是标签任务（能够根据工作属性将新工作分配给已识别的集群）。

我们上面描述的五个市场功能只是对雇主和承包人的匹配以及在线管理和生产方式有重要影响那些功能中的一小部分功能。相对于之前关于分布效应和下面关于社会福利的探究思路，这条探究思路的独特之处在于，可以在没有离线数据的情况下进行研究，这是因为在线功能可以根据用户的行为相互比较。所谓的"A/B测试"，是指能够识别市场设计的功能变化与随后用户行为之间因果关系的随机实验，该实验已经成为衡量竞争市场设计功能相对表现的标准行业操作，这可能是大多数关于合同工在线市场研究都与这条探究思路相关的原因，而到目前为止关于其他主题的研究很少。

8.5 社会福利

合同工市场数字化的两个直接结果可能会带来重要的福利效应。首先，由于距离相关成本的下降，潜在员工和雇主的数量就会大幅增加，因此数字化可能会带来更好的匹配。其次，数字化可以降低协调成本，从而提高生产效率。我们将在下面讨论这两个问题。

8.5.1 匹配变得更容易了？

由于 oDesk、Freelancer、Elance 和 Guru 等平台的发展，人们更容易进入在线合同工市场，这就大大增加了求职者和雇主的数量，并降低了搜索成本。匹配模型，特别是适用于劳动力市场的匹配模型，使搜索成本和不匹配可能性降到更低（Petrongolo and Pissarides 2001；Wheeler 2001），可以进一步提高匹配效率。

然而，相反的力量也在发挥作用。虽然信息技术降低了距离对于搜索和完成工作的影响，但它们也导致了工人和雇主的构成更加多样化。此外，由于缺乏离线和劳动力市场和本地化劳动力市场那样的人与人之间的互动，求职者和潜在的雇主很难获取软信息或高带宽信息（Autor 2001），这就带来了不确定性，进而可能导致工人质量的全面下降（Akerl 1970）和/或搜寻摩擦（Stigle 1962）。如果质量难以确定，可能会加剧搜寻摩擦（Wilde 1981）。由于劳动力资源的多元化，这种情况很有可能发生。

虽然针对在线劳动力市场的搜索和匹配理论尚未形成，但越来越多的研究指出了现存的这些信息问题以及如何在在线合同工平台上解决这些问题（Horton 2012；Pallais 2012；Stanton and Thomas 2012）。这类研究的一个共同模式是，研究工人在某些地理位置上的偏好，以此降低工人质量方面的不确定性（Mill 2011；Ghani，Kerr and Stanton 2012；Agrawal，Lacetera and Lyons 2013）。这意味着，在线合同工平台通过为所有工人提供可验证的、标准化的信息（如同一平台上的先前经验），有助于缓解信息不对称，不管工人们来自何方。

工人和雇主群体的扩大，以及（至少潜在地）良好匹配可能性的增加，也可能对工资和收入分布产生影响。每一类工作的在线合同工人数量都远远超过了的雇主数量，这表明，虽然许多工人可能失业，但雇主拥有相对较好的机会找到一个符合他们标准的工人，并压低工资（Petrongolo and Pissarides 2006）。然而，由于工人的背景比传统劳动力市场更复杂，满足工作要求的工人可能相对较少，因此工资待遇可能高于预期。这表明，相对于招聘职位数量而言拥有大量合格员工的工作类别，工资将低于拥有少量合格员工的工作类别。随着市场的发展，不同工作类型之间的工资差异会逐渐消失。

8.5.2 生产效率提高了？

数字化可能会使生产效率得到提高，因为较低的协调成本可以提高承包人的灵活性、将工作拆分为更专业化的较小工作任务以及可以远程工作。例如，Dettling（2011）报告说，IT带来的灵活性有助于提高女性劳动力的参与率。更广泛地说，数字化可以通过降低外包成本来提高生产效率。

当然，外包和离岸外包要早于在线合同工市场的发展，特别相关的有服务外包和离岸外包的理论（例如，Bhagwati, Panagariya and Srinivasan 2004; Francois and Hoekman 2010）。综合来说，这些理论预测外包服务有巨大的潜在收益。然而，他们关注的是相对大型公司之间的长期合同，而不是在线市场那种小型组织和个人之间的短期合同。

将服务外包到在线合同工市场，也可能导致生产在地理上非常分散，甚至定得很死的任务也是如此。例如，工作团队可能由不在同一区域的个人组成。Lazear（1999）认为，团队中的文化多样性的代价是高昂的，只有当团队成员之间存在技能互补以抵消这些代价时，才应该出现文化多样性。与传统的劳动力市场相比，在非常多样化的在线市场中满足这些条件可能更加困难。最近有两项基于在线劳动力市场的研究重点关注了完成任务的情况，团队组织、沟通结构、激励机制的影响，以及动机对绩效的影响。Lyons（2013）提供了关于不同国家之间的沟通如何影响在线团队生产的现场实验证据，发现同一国家的同质团队可以从合作中受益，但当成员能够彼此独立工作时，多元化团队表现得更好。与在线劳动力市场合作关系这一话题相关，霍顿（Horton）利用众包网站 Mechanical Turk 的调查数据表明，工人认为在线平台上的雇主比线下的雇主更公平、更诚实。

8.6 结论

我们确定了三条宽泛的探究思路作为数字化研究议程的核心，这三条思路都聚焦在合同工市场数字化的影响上，一是福利效应，二是分布效应，三是用户行为效应。这三者都是在合同工市场的背景下提出的，但也可对其他背景下的数字化研究产生广泛的影响。

　　全面解决这些问题所面临的挑战是对数据的访问。与从在线平台收集雇佣（以及雇佣前和雇佣后）交易的细粒度、低成本数据不同，即使是获得一个基本级别的离线签约数据的成本也是十分高昂的。然而，要想充分弄清上述第一条和第三条探究思路，就需要利用离线数据来评估数字化对分布特征（地理、收入、企业边界）和福利变化的因果效应。这可能就是为什么第一波关于该市场数字化的研究大多集中于与市场设计相关的主题（例如，经验、代理和评级），因为这些问题只需要观察平台内用户行为的变化，而不需要将这些数据与非平台参与者联系起来。

　　虽然涉及市场设计、信息摩擦和用户行为的第二条探究思路基本不需要离线数据，但在中短期内，该研究面临的最大挑战可能是行业的快速发展。如前所述，该行业正在迅速成长，与移动和社交相关的补充技术也在迅速变化，因此今天看起来很突出的市场设计功能可能与未来的其他功能没有太大关系。例如，带有屏幕快照的工作间等监视技术是最近才引入的，并且已经成为许多平台的标配，它们可能很快就会被流媒体视频等更好的技术所取代。虽然这种类型的研究的最终目标是更深入地了解人类行为，而不是某一特定的市场设计功能，但这类功能在经济上的显著性通常有利于推广，然而由于环境的快速变化，这类功能可能会转瞬即逝。不过，深入了解用户对信息摩擦的反应仍是它一项重要的贡献。

　　虽然分布和福利探究思路最有可能由学者和决策者主导，但市场设计相关的研究几乎肯定会包括来自工业界的重要贡献，因为这个问题对产品开发和竞争具有头等重要意义。oDesk（Horton 2010，2012）平台以及谷歌（Varia 2007；Choi and Varian 2012）、eBay（Blake，Nosko and Tadelis 2014）和雅虎（Ghosh and McAfee 2011；Lewis and Reiley 2011）等平台上的其他市场设计问题就是这种情况。行业利益加上他们可以获取高质量数据，可能会显著加快这一前沿问题的研究进展。与此同时，市场设计见解的竞争性含义可能会阻碍这类研究的传播，因此，这一主题的行业利益对这部分议题的研究进展速度和研究方向的总体影响是含糊不清的。

平台作为这些市场中数据的中心收集者，如果通过平台向研究人员提供数据访问，将会影响所有这三条思路的研究方向。由于许多著名的平台都设立了首席经济学家或类似类型的研究友好型领导职位，并通过发表研究成果、参加会议和其他学术活动的形式，鼓励员工参与学术团体，因此这些早期迹象对研究社区来说是有希望的。

鉴于在线合同工市场的快速增长，本研究议程具有重要的经济意义。与福利有关的探究思路将帮助我们更好地了解这一经济领域的数字化所带来的潜在的私人利益和社会利益。与分布相关的探究思路将揭示数字化带来的利益如何在国家和个人之间分配，以及它对企业结构的影响。最后，当我们探索用户对平台功能的反应时，与市场设计相关的调查思路将进一步深入了解特定信息摩擦和人类行为在数字世界中的重要性，其中许多是在合同用工之外的领域中普遍存在的。总的来说，这些见解将引起学者、决策者和行业参与者们的极大兴趣。

参考文献

Abramovsky, Laura, and Rachel Griffith. 2006. "Outsourcing and Offshoring of Business Services: How Important is ICT?" *Journal of the European Economic Association* 4 (2-3): 594-601.

Agrawal, Ajay, Nicola Lacetera, and Elizabeth Lyons. 2013. "Does Information Help or Hinder Job Applicants from Less Developed Countries in Online Markets?" NBER Working Paper no. 18720, Cambridge, MA.

Akerlof, George A. 1970. "The Market for 'Lemons': Quality Uncertainty and the Market Mechanism." *Quarterly Journal of Economics* 84 (3): 488-500.

Anderson, Chris. 2006. *The Long Tail: How Endless Choice is Creating Unlimited Demand.* London: Random House Business Books.

Antras, Pol, and Elhanan Helpman. 2004. "Global Sourcing." *Journal of Political Economy* 112 (3): 552-80.

Armstrong, Mark. 2006. "Competition in Two-Sided Markets." RAND Journal of Economics 37 (3): 668-91.

Autor, David H. 2001. "Wiring the Labor Market." *Journal of Economic Perspectives* 15 (1): 25-40.

Bar-Isaac, Heski, Guillermo Caruana, and Vicente Cunat. 2012. "Information Gathering Externalities for a Multi-Attribute Good." *Journal of Industrial Economics* 60 (1): 162-85.

Bhagwati, Jagdish, Arvind Panagariya, and T. N. Srinivasan. 2004. "The Muddles over Outsourcing." *Journal of Economic Perspectives* 18 (4): 93-114.

Blake, Thomas, Chris Nosko, and Steven Tadelis. 2014. "Consumer Heterogeneity and Paid Search Effectiveness: A Large Scale Field Experiment." NBER Working Paper no. 20171, Cambridge, MA.

Bloom, Nicholas, James Liang, John Roberts, and Zhichun Jenny Ying. 2013. "Does Working from Home Work? Evidence from a Chinese Experiment." NBER Working Paper no. 18871, Cambridge, MA.

Brynjolfsson, Eric, Thomas W. Malone, Vijay Gurbaxani, and Ajit Kambi. 1994. "Does Information Technology Lead to Smaller Firms?" *Management Science* 40 (12): 1628-44.

Brynjolfsson, Eric, Yu Hu, and Duncan Simester. 2011. "Goodbye Pareto Principle, Hello Long Tail: The Effect of Search Costs on the Concentration of Product Sales." *Management Science* 57 (8): 1373-86.

Cabral, Luis, and Ali Hortacsu. 2010. "The Dynamics of Seller Reputation: Evidence from eBay." *Journal of Industrial Economics* 58 (1): 54-78.

Choi, Hyunyoung, and Hal Varian. 2012. "Predicting the Present with Google Trends." *Economic Record* 88 (s1): 2-9.

Coles, Peter, John Cawley, Phillip B. Levine, Muriel Niederle, Alvin E. Roth, and John J. Siegfried. 2010. "The Job Market for New Economists: A Market Design Perspective." *Journal of Economic Perspectives* 24 (4): 187-206.

Dellarocas, Chrysanthos. 2006. "Reputation Mechanisms." In *Handbook on Economics and Information Systems*, edited by T. Hendershott, 629-60. Bingley, United Kingdom: Emerald Publishing Group.

Dettling, Lisa L. 2011. "Opting Back In: Home Internet Use and Female Labor Supply." Unpublished manuscript, University of Maryland. http://artsci. wustl. edu/ ~ gradconf/ LisaDettling. pdf.

Dutcher, E. Glenn, and Krista Jabs Saral. 2012. "Does Team Telecommuting Affect Productivity? An Experiment. "MPRA Paper no. 41594, University Library of Munich.

Elberse, Anita, and Felix Oberholzer-Gee. 2008. "Superstars and Underdogs: An Examination of the Long-Tail Phenomenon in Video Sales. " MSI Reports, WorkingPaper Series no. 4, Marketing Science Institute.

Francois, Joseph, and Bernard Hoekman. 2010. " Services Trade and Policy. " *Journal of Economic Literature* 48 (3): 642–92.

Ghani, Ejaz, William R. Kerr, and Christopher T. Stanton. 2012. " Diasporas and Outsourcing: Evidence from oDesk and India. "NBER Working Paper no. 18474, Cambridge, MA.

Ghosh, Arpita, and Preston McAfee. 2011. Incentivizing High-Quality User-Generated Content. Proceedings of the 20th International Conference on WorldWide Web, 137–46. Association for Computing Machines.

Grossman, Gene M. , and Esteban Rossi-Hansberg. 2008. "Trading Tasks: A Simple Theory of Offshoring. "*American Economic Review* 98 (5): 1978–97.

Hitt, Lorin M. 1999. "Information Technology and Firm Boundaries: Evidence from Panel Data. " *Information Systems Research* 10 (2): 134–49.

Horton, John J. 2010. "Online Labor Markets. "Internet and Network Economics 6484:515–22.

——. 2011. "The Condition of the Turking Class: Are Online Employers Fair and Honest?" *Economic Letters* 111 (1): 10–12.

——. 2012. "Computer-Mediated Matchmaking: Facilitating Employer Search and Screening. " Working Paper, oDesk Research and Harvard University. http://sole–jole. org/13473. pdf.

Lazear, Edward P. 1999. "Globalisation and the Market for Team–Mates. "*Economic Journal* 109 (454): 15–40.

Lewis, Randall A. , and David Reiley. 2011. " Does Retail Advertising Work? Measuring the Effects of Advertising on Sales via a Controlled Experiment on Yahoo!"CCP Working Paper no. 11–9, Centre for Competition Policy. http://www. uea. ac. uk/documents/107435/107587/ccp_11_9. pdf.

Lyons, Elizabeth. 2013. "Multinational Teams: Experimental Evidence from the Field. "Working Paper, University of California, San Diego. www. irps. uscd. edu/assets/001/505697. pdf.

Milgrom, Paul. 2011. "Critical Issues in the Practice of Market Design. "*Economic Inquiry* 49 (2): 311–20.

Mill, Roy. 2011. "Hiring and Learning in Online Global Labor Markets. "NET Working Paper no. 11–17, Networks, Electronic Commerce, and Telecommunications Institute.

Pallais, Amanda. 2012. "Inefficient Hiring in Entry-Level Labor Markets. "NBER Working Paper no. 18917, Cambridge, MA.

Peltier, Stephanie, and Francois Moreau. 2012. "Internet and the ' Long Tail versus Superstar Effect' Debate: Evidence from the French Book Market. "*Applied Economics Letters* 19 (8): 711–15.

Petrongolo, Barbara, and Christopher A. Pissarides. 2001. "Looking into the BlackBox: A Survey of the Matching Function. "*Journal of Economic Literature* 39(2): 390–431.

——. 2006. "Scale Effects in Markets with Search. "*Economic Journal* 11 (508):21–44.

Resnick, Paul, and Richard Zeckhauser. 2002. "Trust among Strangers in Internet Transacations: Empirical Analysis of eBay' s Reputation System. "*Advances in Applied Microeconomics* 11:127–57.

Rosen, Sherwin. 1981. "The Economics of Superstars. " *American Economic Review* 71 (5): 845−58.

Roth, Alvin E. 2002. "The Economist as Engineer: Game Theory, Experimentation, and Computation as Tools for Design Economics. " *Econometrica* 70 (4): 1341−78.

Roth, Alvin E. , and Elliott Peranson. 1999. "The Redesign of the Matching Market for American Physicians: Some Engineering Aspects of Economic Design. " *American Economic Review* 89 (4): 748−80.

Rysman, Marc. 2009. "The Economics of Two − Sided Markets. " *Journal of Economic Perspectives* 23 (3): 125−43.

Stanton, Christopher T. , and Catherine Thomas. 2012. "Landing the First Job: The Value of Intermediaries in Online Hiring. " Working Paper, University of Utah.

Stigler, George J. 1962. "Information in the Labor Market. " *Journal of Political Economy* 70 (5): 94−105.

The Economist. 2010. "Work in the Digital Age: A Clouded Future. " May 13.

Tucker, Catherine, and Juanjuan Zhang. 2007. "Long Tail or Steep Tail? A Field Investigation into How Online Popularity Information Affects the Distribution of Customer Choices. " Working Paper no. 39811, Sloan School of Management, Massachusetts Institute of Technology.

Vanham, Peter. 2012. "Virtual Working Takes Off in EMs. " *Financial Times*, May 23.

Varian, Hal R. 2007. "Position Auctions. " *International Journal of Industrial Organization* 25 (6): 1163−78.

Wheeler, Christopher H. 2001. "Search, Sorting, and Urban Agglomeration. " *Journal of Labor Economics* 19 (4): 879−99.

Wilde, Louis L. 1981. "Information Costs, Duration of Search, and Turnover: Theory and Applications. " *Journal of Political Economy* 89 (6): 1122−41.

Zentner, Alejandro, Michael D. Smith, and Cuneyd Kaya. 2013. "How Video Rental Patterns Change as Consumers Move Online. " Management Science 59 (11):2622 − 34.

评论

Christopher Stanton[1]

引言

数字化使合同工在线平台成为可能并迅速发展。由 Ajay Agrawal、

① 克里斯托弗·斯坦顿（Christopher Stanton）是犹他大学金融学助理教授，美国国家经济研究局教职研究员。

特别感谢 Catherine Thomas 在仔细阅读本草案后提供了有益的建议。有关致谢、研究支持的来源以及重要财务关系的披露（如有），请参见 http://www.nber.org/chapters/c13023.ack。

John Horton、Nicola Lacetera 和 Elizabeth Lyons 撰写的这一章节为有关平台的运作以及随之产生的对劳务贸易、企业边界、生产率和收入分布的影响的研究议程提供了明确的指导意见。虽然数字化及其对劳动力市场的影响是一个宽泛的话题，但作者主要关注于平台交易，本章详细介绍了最大的合同工在线平台 oDesk 的一些有趣的特征事实以及描述性统计结果，这些数据对于了解劳务贸易的发展趋势可能具有重要的意义。

合同工平台的增长意味着服务贸易方式的潜在转变，这就引出了一些重要的问题，其中一些问题已经开始在文献中讨论：匹配摩擦的程度如何（Pallais 2011）？平台或机构将如何发展以减少摩擦（Horton 2012；Stanton and Thomas 2011）？跨国的匹配摩擦将如何影响合同工市场和贸易流量的分布（Agrawal，Lacetera and Lyons 2012；Ghani，Kerr and Stanton 2012；Mill 2011）？

迄今为止已发表的文献几乎完全集中在匹配、信息摩擦和单个平台的运营上，这可能是因为这些问题通过获取单个平台的数据就可以解决。作者呼吁进行更多的研究，研究在线劳动力市场对生产率、收入不平等和企业边界的影响，这一章为未来的工作提供了指导性的建议。具体研究主题有：合同工市场将如何影响北－南收入分布？匹配和生产率将如何变化？企业边界将如何变化？管理方法将如何发展以适应这种远程劳动？作者强调，要回答这些新问题，需要将在线市场和离线市场的数据，或组织级的数据，还有坚实的理论框架结合起来。

在这次讨论中，我重点讨论一个全局性的问题：在服务贸易方面，从合同工平台中可以学到什么？首先，市场状况如何？当我们专注于平台时可能会错过什么？其次，平台上的信息摩擦似乎很普遍，这些摩擦是服务贸易和市场的长期问题吗？最后，对比其他交易渠道，什么时候最有可能通过平台进行交易？管理和团队生产的作用是什么？在回答了这些问题之后，我得出结论：虽然来自平台的数据可能并不完全具有代表性，但研究平台可以增进我们对服务贸易的理解。

市场状况如何？

目前正在研究的市场主要涉及较短期的远程劳动交易。现在通过
oDesk 等平台进行的交易只占总体劳务贸易的一小部分。根据美国经济分
析局（BEA）的数据，2012 年美国的服务进口总额约为 4 000 亿美元，而
通过平台进行的交易额不到这一总额的 1% 。就在几十年前，将核心业务
功能派往印度是不可思议的，但如今信息技术（IT）经常外包到国外。
企业和个人可以通过许多途径来寻找外包合作伙伴：通过 oDesk 这样的平
台，通过口碑推荐或其他途径如谷歌，或者通过像 Infosys 这样的老牌大
公司。

虽然 oDesk 的收入数额在服务进口总额中比例很小，但像 oDesk 这样
的平台之所以重要有两点原因：首先，许多经济学家关注在线平台的运营
和平台之间的竞争，研究 oDesk 的运行环境以及由此产生的买卖双方的交
易，也许有助于我们理解平台经济学。其次，经济学家想要了解贸易，全
球服务贸易越来越有可能通过数字化实现。遗憾的是，服务贸易中的代表
性交易级的数据几乎不可能获取到。相比之下，来自单个平台的数据往往
非常详细，是细粒度的数据。这就引出了第一个主要问题：对于那些关注
贸易，尤其是服务贸易的经济学家来说，是否有可能从 oDesk 等合同工平
台上归纳出结论？

首先，弄明白 oDesk 相比于其他的服务贸易市场的信息结构是有好处
的。oDesk 是一个具有独特功能的劳动力市场，信息摩擦对市场质量的影
响是可以衡量的，但是需要注意的是，其他市场也存在明显的信息摩擦。
有大量文献强调了传统劳动力市场中信息摩擦的重要性。[①] 有关合同工市

---

① 就近期的几个例子而言，Kahn（2013）研究表明，对于需要在公司外部进行沟通的职
业的工人，雇主之间的信息不对称减少了，而 DeVaro 和 Waldman（2012）则研究了在劳动力
市场中公共信号-推广-结果的影响。其他文献研究了现有员工如何在在线和离线时提供新员工
的信息（参见 Burks et al. ，2013；Pallais and Sands，2013）。

场的文献可能侧重于研究信息的作用，因为计量经济学家有可能将雇主信息集的变化孤立起来，然而，目前还没有研究将在线劳动力市场与传统劳动力市场的信息摩擦进行比较。事实上，oDesk 上的劳务购买者可以观察到大量关于潜在供应商／工人的数据，以及潜在贸易伙伴之间交换的职前信息。这一领域的原创论文似乎将 oDesk 视为一个实验室，以此来理解更普遍环境下的信息摩擦。鉴于平台上提供给市场参与者的信息，我们甚至可以认为，在这个背景下的信息摩擦是其他背景下摩擦的下限。

其次，我们想要了解通过平台进行的交易是否能代表其他服务进口。至少在规模方面，与通过其他渠道签订的合同相比，通过平台获得的合同在合同金额、所需工作时间和复杂性方面都显得微不足道。oDesk 上的平均工作时间相对较短，仅持续数百小时，主要涉及个人工作或小团队工作。相比之下，通过传统外包公司发送到国外的项目往往复杂得多，涉及的团队也大得多。2012 年，Infosys 在提交给美国证券交易委员会（SEC）的文件中披露了逾 70 亿美元的收入，是通过在线平台获得的总收入的七倍多。Tata Consultancy 和 Wipro 是另外两家大型外包专家公司，各自拥有逾 10 万名员工，这两家公司雇用的员工数量都超过了 oDesk 上全职工人的数量。正如我下面所讨论的，很多因素表明通过平台签订的项目可能仍将保持较小的规模，因此从这些市场得出的观点是否适用于更大的组织仍然是一个悬而未决的问题。

信息与匹配摩擦：是新兴市场的特征还是长期的障碍？

第二个主要问题是：随着这些平台的成熟，已经记录在案的信息冲突会变得不那么相关吗？[1] 作者指出，随着运营商对市场设计做出改变，其中许多问题可能会转瞬即逝。除了最近 John Horton（2012）对算法匹配建议的研究外，很少有实验去评估平台功能是如何减少因信息不完整而产

---

① 就互联网求职的成熟进行相关讨论，请参阅 Kuhn 和 Mansour（2013）。

生的效率低下的情况的。几年前，当我开始使用 oDesk 数据时，我注意到前期反馈对工人工资和雇用概率有很大影响，这表明雇主需要员工能力、责任心或其他一些素质方面的可验证信息，而不仅仅是简历或面试中的细节。我建议可以允许新员工提交保证书或保证一定的工作时间，但这些功能从未得到实现。缴纳保证金在采购合同中很普遍，但是像 oDesk 这样的平台还没有做过类似的事情。[①] 虽然由于套牢问题或管理间接费问题，缴纳保金可能离理想还很远，但这个例子的目的是说明，我们在市场特征方面可观察到的变量是非常有限的，一个设计得更好的市场可能会缓解目前存在的一些信息摩擦问题。

市场参与者也有可能学会克服信息摩擦。我与 Catherine Thomas 就小型中介机构演变所做的研究表明，平台环境远非一成不变：我们提供的证据表明，参与者已经找到了防止市场效率低下的方法。在 oDesk 上最初并不存在小型中介组织，但随着市场的发展，经验丰富的工人开始与其他工人分享自己的"品牌"，oDesk 也建立了相应的基础构架以适应这种变化。为新员工打上品牌的中介机构的进入，对与中介机构合作的新员工产生了实质上的积极影响（Stanton and Thomas 2011）。市场参与者，无论是平台运营商还是工人和雇主自己，似乎都有可能找到缓解信息摩擦长期影响的解决方案。

通过平台的管理投入和任务

随着平台的成熟，容易发送到国外的低技能任务会占有越来越多的份额。这引发了第三个问题：未来高度专业化的任务外包是否有可能转移到平台上？管理方法将如何演进以适应这种转移？

在 oDesk 这样的平台上雇用的工人，与通过传统劳动力市场或传统外包公司雇用的工人相比，有多大的可替代性？在线工人的技能可能与本地

---

① 创新竞赛平台可能含有一些类似于保证金的功能。

工人相当，甚至更高，但如果工人之间的协调在平台上更难实现，生产率就会受到限制。管理方法的重要性已经在其他环境中得到了证明（Bloom and Van Reenen 2007），但是我们对平台上的雇主如何组织工作知之甚少。通过公平合同实施技术要求高的项目，按理来说具有一定的吸引力。许多在 oDesk 上招聘的公司都是初创公司，而多面手型的初创公司的创始人可能并不适合监督一个专业的 IT 项目。关于有效等级制度的文献表明，管理者应该能够解决工人可能面临的问题（Garicano 2000），这说明熟练的管理和等级制度的重要性，通过平台可能比通过传统的劳动力市场或像 Infosys 这样的公司组织起来更困难。

由于日程安排和沟通等实际原因，将团队聚集起来的协调问题也有可能特别棘手。[①] 因为许多承包人同时处理多个项目从而很难安排时间。此外，在跨国合作时，团队成员之间的沟通可能会具有挑战性。高效的等级制度和组建团队的困难表明，处理相对低技能任务的平台可能会迅速发展，但劳动服务领域的高技能贸易可能会继续通过老牌企业（或由最熟练工人创办的企业）流动。Infosys 这样的公司有运行大型项目的经验，同时还能提供管理增值功能，这就解释了为什么通过平台进行的公平合同业务可能在未来的服务贸易中只占很小的价值加权份额。最终，生产性质以及雇主是否可以在利用在线工人的同时采用有效的管理措施都将决定服务贸易如何进行。

结论

Agrawal、Horton、Lacetera 和 Lyons 为对在线合同工市场经济学感兴趣的人提供了直观的指导意见。虽然从这些市场获得的数据仍有局限，但它们为了解国际服务贸易提供了一些最可靠的交易级数据，同时作者们也指出了今后研究的重点问题。

---

① 参见 Lyons（2013）。

参考文献

Agrawal, Ajay, Nicola Lacetera, and Elizabeth Lyons. 2012. "How Do Online Platforms Flatten Markets for Contract Labor?" Working Paper, University of Toronto.

Bloom, Nicholas, and John Van Reenen. 2007. "Measuring and Explaining Management Practices across Firms and Countries. " *Quarterly Journal of Economics* 122(4): 1351–1408.

Burks, Stephen, Bo Cowgill, Mitchell Hoffman, and Michael Housman. 2013. "'You'd Be Perfect for This': The Value of Hiring through Referrals. " IZA Discussion Paper no. 7382, Institute for the Study of Labor.

DeVaro, Jed, and Michael Waldman. 2012. "The Signaling Role of Promotions: Further Theory and Empirical Evidence. " *Journal of Labor Economics* 30 (1): 91–147.

Garicano, Luis. 2000. "Hierarchies and the Organization of Knowledge in Production. " *Journal of Political Economy* 108 (5): 874–904.

Ghani, Ejaz, William R. Kerr, and Christopher Stanton. 2012. "Diasporas and Outsourcing: Evidence from oDesk and India. " NBER Working Paper no. 18474, Cambridge, MA.

Horton, John. 2012. "Computer – Mediated Matchmaking: Facilitating Employer Search and Screening. " Working Paper, New York University.

Kahn, Lisa. 2013. "Asymmetric Information between Employers. " *American Economic Journal: Applied Economics* 5 (4): 165–205.

Kuhn, Peter, and Hani Mansour. 2013. "Is Internet Job Search Still Ineffective?" IZA Discussion Paper no. 5955, Institute for the Study of Labor.

Lyons, Elizabeth. 2013. "Multinational Teams: Experimental Evidence from the Field. " Working Paper, University of Toronto.

Mill, Roy. 2011. "Hiring and Learning in Online Global Labor Markets. " NET Working Paper no. 11–17, Networks, Electronic Commerce, and Telecommunications Institute.

Pallais, Amanda. 2012. "Inefficient Hiring in Entry-Level Labor Markets. " NBER Working Paper no. 18917, Cambridge, MA.

Pallais, Amanda, and Emily Sands. 2013. "Why the Referential Treatment? Evidence from Field Experiments on Referrals. " Working Paper, Harvard University.

Stanton, Christopher, and Catherine Thomas. 2011. "Landing the First Job: The Value of Intermediaries in Online Hiring. " Working Paper, University of Utah.

第9章　私人数字货币

Joshua S. Gans　Hanna Halaburda[①]

9.1　引言

随着数字化的发展，私人数字货币也在不断地增加。作为一种具有金钱属性的虚拟商品，私人数字货币提供了一种会计单位、交换媒介和价值存储形式，且主要由公司发行，比如 Facebook Credits，Microsoft Points，或 Amazon Coins。私人数字货币没有对应的物理实体，但并不是对实体资产的声讨。此外，私人数字货币通常由那些专注于社交网络、电子游戏或销售平板电脑应用程序的公司"发行"。在接下来的分析中，我们会就公司认为发行私人数字货币有利的原因，以及与之相关的战略性考虑因素进行探讨。

---

①　Joshua S. Gans 是多伦多大学罗特曼管理学院 Jeffrey S. Skoll 技术创新与战略管理教授，同时也是美国国家经济研究局的研究助理员。Hanna Halaburda 是加拿大银行的经济学家，也是 CESifo 的高级助理研究员。

这里的观点是作者的观点，加拿大银行不应对它们负责。我们感谢 NBER 数字化经济学会议的与会者以及 Warren Weber 和 Glen Weyl 对本章早期草案的有益评论。如有任何意见请将其发送至 joshua. gans@ gmail. com。对于作者致谢，研究支持来源请提供研究支持，并披露作者的重要财务关系的披露（如果有的话）请见 http：//www. nber. org/chapters/c12992. ack。

值得一提的是，将私人数字货币和国家发行货币的数字化区别开来是非常重要的。事实上，后者是一种数字化交易，涉及履行两个账户之间真实货币转移的合同承诺（即，从一个所有者转移到另一个所有者）。上述用于管理账户间货币转账结算的合约条款和标准，已经在关于支付系统的文献中有了广泛的研究[①]。实际上，这只是一种将之前以非数字化方式进行的活动改为数字化执行的方式，且在降低交易成本方面发挥了直接作用，包括实物货币的存放，货币的存储和保护，以及货币的短期流动，比如最常见的信用卡和记账卡。由于国家发行货币的数字化已经被广泛研究过，本章不会就此展开论述。

然而，无论是关于数字化货币转移系统或是私人数字货币的分析，都与"平台"的经济研究密切相关。这里所说的"平台"，是一种为了实现最终的共同利益，而将两个或更多不同的组织或群体汇集到一起的业务形式、机制或者机构。事实上，有关支付系统的文献也推动了相关平台的经济研究，比如信用卡协会的分析，特别是其定价和竞争要素分析[②]。关于平台的经济研究文献在一定程度上与私人数字货币存在联系。首先，有些人会认为，货币本质上就是平台，因而共存的多种货币应被视作平台间的竞争来分析。其次，有许多公司的主要业务是货币的转移和存储，比如，PayPal、M-Pesa、比特币、Liberty Exchange，但只有其中一部分使用了私人数字货币（如比特币、Liberty Exchange），其他公司没有使用（它们的数字货币有 PayPal、M-Pesa 等）。有趣的是，私人数字货币已经在很大程度上与非特定货币性的平台相关联。历史上，货币都是从现有通货中选择。现代技术为平台的货币属性设计提供了前所未有的灵活性。在本章的分析中，我们将重点就此进行分析。

以林登币为例，它是一种设置在游戏《第二人生》中的货币。参与

---

① 见 Rochet and Tirole（2002），Gans and King（2003）。
② 见 Rochet and Tirole（2003），Armstrong（2006），and Weyl（2010）。

者可以通过与其他玩家交易虚拟商品赚取林登币。玩家可以用国家发行的货币（如美元）购买更多的林登币，相应地，玩家在游戏中获得的林登币也可以兑换回美元。因此，部分玩家可能会从中获得收益，这也引起了人们的呼吁，要求将这种收益作为个人收入来纳税。但实际上，林登币的基本原则和赌场筹码并没有区别。

相比之下，其他的特定平台货币则没有像林登币这样的完全可兑换性。例如，游戏机制造商（任天堂和微软）通常会要求玩家购买点数来购置游戏，一旦点数购买成功，便无法兑换回通用货币。对于微软而言，消费者也需要购买相应的点数，用于购买 Zune 便携式音乐播放器上的歌曲。目前，任天堂已经逐步淘汰点数系统，微软也由于点数的使用有可能导致一些消费者对实际购买价值的模糊而遭到批评。相比之下，索尼要求消费者将游戏下载到其平台之前支付预付款，但并未设置其他替代会计单位，而苹果则允许消费者直接在 iOS 平台上购买歌曲和游戏。上述这些系统的建立可能是为了避免信用卡支付带来的费用和组织管理困难（比如，对于小额交易，这些费用可能会成为商家的负担），而随着时间的推移和交易量的增大，商家可以通过将较小的消费交易捆绑成更大的交易量来节约支付成本，这些问题也就变得不那么重要了。

尽管这些特定平台的货币可能是在现有限制条件下提高交易效率的有效举措，但其他已经发展成熟的货币似乎与平台的整体运行联系更加紧密。例如，在线多人游戏"魔兽世界"中，玩家可以通过活动赚取魔兽金币，用于购买更好的武器或其他东西。虽然魔兽金币看起来像是一种类似于垄断资金的货币，但它可以通过玩家的活动来扩大供应量，因而玩家也被禁止在游戏之外交易魔兽金币。然而，这并没有阻止黑市的兴起——来自工资水平较低国家的玩家纷纷加入了"打金"（gold farming）的活动中。再如，FarmVille 已经通过允许玩家在游戏中购买更多"FV 美元"（据此平台可获得额外收入）来减轻这种外部交易所带来的影响。值得一提的是，与林登币有所不同，魔兽金币和 FV 美元都无法再兑换回国家发行的货币。

在本章中，我们将重点介绍这些可以被兑换回国家发行货币的特定平台数字货币①。在 9.2 小节中，我们将选取具备上述功能的案例展开详细讨论，比如 Facebook 信用币。我们详细讨论此种数字货币的原因是 2011 年，许多评论家认为这类货币会对传统货币构成威胁。Matthew Yglesias（2012）写道："像 Facebook 这样庞大的非主权实体，是否有一天会推出一种真正的货币来与美元、欧元、日元等货币竞争？"而谈及支付问题，经济学家 David Evans（2012）指出：

"社交游戏公司可以用 Facebook 信用币向世界各地的开发者支付，而小企业也可以用 Facebook 信用币购买所需的其他东西或者回馈客户。在某些国家，尤其是那些债务高于其 GDP 的国家，Facebook 信用币可能会成为比本国货币更安全的币种。"

换言之，有人担心 Facebook 信用币会像 2013 年广受关注的比特币一样，变得具有完全的可兑换性，进而真正成为一种货币。

事实上，上述这些预言都提出了一个共同的问题，即：这种特定平台的货币是否应该受到额外的管理和监督？笔者认为，我们首先应该了解这些平台特定货币的角色扩展是否符合平台所有者的利益。也就是说，像 Facebook 信用币这样的货币是否值得从有限的可兑换转为完全可兑换？如果答案是否定的，这些担忧可能就言过其实了，在下文中将就此进行详细讨论。

整体上而言，本章的结构安排如下：首先，在 9.2 节中，我们会就 Facebook Credits 这一激励案例进行详细说明。尽管 Facebook 信用币现在已经不再继续使用，但它确实具备了关于特定平台货币争议的所有要素。其次，在 9.3 节中会对平台模型以及平台特定货币的不同属性是如何影响

---

① 有些货币采用替代方法：它们只能通过活动获得然后转换成真正的商品和服务；例如，航空公司和其他忠诚积分（loyalty points）计划。

平台业务模型的进行探讨。我们的主要目的不是为任意一个特定平台建模，而是想为一些可能影响任意特定平台货币决策的建议性权力组织（suggested forces）提供一个框架。基于此框架，未来再针对特定平台展开进一步工作，可能会产生更丰硕的成果。再次，第9.4节主要就法规相关的问题进行了探讨。由于这些都是快速发展的，而且也涉及更深层次的货币经济学问题，而非数字化本身，因此我们无法面面俱到。在最后一小节中，主要提出了一些关于未来研究方向的想法。

9.2　激励案例：Facebook Credits

2009 年中期，最受欢迎的社交网站 Facebook 推出了其虚拟货币——Facebook Credits（FB Credits）。2011 年，Facebook 宣布其平台的游戏开发者以后只能通过 Facebook Credits 进行付款①。然而，次年，由于 Facebook Credits 会导致那些需要在 Facebook 游戏中购买积分或其他类似货币的票据的消费者产生混淆，Facebook 决定将其逐步淘汰。尽管如此，这依旧是一个很有启发性的实例，因为它一经推出便让很多人相信这些平台货币可能成为一种重要的支付工具。

如前文所述，甚至在 2011 年 Facebook 发表声明之前，许多评论员就表达了对 FB Credits 可能成为全球性货币，甚至取代国家发行货币的担忧。早在 2009 年，就有预测指出"可以通过创造一种可以用于金融交易的虚拟货币，即，使 Facebook Credits 成为一种网络货币，从而与 Paypal

---

①　"Facebook 将 2011 年 7 月 1 日设定为（游戏开发商）支持 Facebook 平台所有游戏只能通过其 Credit 货币付款的最后期限"。2012 年 12 月 4 日检索。（检索网站：http://www.insidefacebook.com/2011/01/24/facebook-sets-july-1-2011-deadline-to-make-credits-sole-canvas-game-payment-option/）

相匹敌"①。同时，Facebook 本身就拥有高达十亿的用户群体②，这也使得 Facebook Credits 可能会比绝大多数的国家发行货币都更受欢迎。而在 2011 年 Facebook 的声明发布之后，这样的声音更加频繁③。这也许是促使欧洲中央银行在 2012 年调查虚拟货币的因素之一④。

Facebook 仅为其 Credits 虚拟货币设置了有限的功能。人们可以以 5 美元换 50 FB Credits 的汇率购买 Credits（即，用国家发行货币换取 FB Credits），并根据购买量大小提供相应的折扣⑤。同时，FB Credits 能用于任何接受它的 Facebook 应用程序⑥。值得一提的是，购买并不是获得 FB Credits 的唯一途径，用户也可以通过参加新游戏测试或参与调查来获得。

但是，用户既不能彼此转移 FB Credits，也无法将 FB Credits 换回国家发行的货币，这就严重限制了 FB Credits 作为一种支付手段的功能。显然，由于功能有限，FB Credits 无法真正成为可与国家发行的货币相竞争的全球性货币，但互联网专家声称这只是时间问题，Facebook 很快就会开放用户间转账功能，并允许将 FB Credits 兑换回国家发行货币，使其真正成为一种实用货币⑦。

在本章中，笔者认为，给 FB Credits 配置这些附加属性并不会给 Facebook 带来益处。Facebook 的主要收入来源是广告，而这一收入与平台上的用户活动有着直接关联。因此，对于 Facebook 而言，其主要目标

---

① http：//mashable. com/2009/12/15/facebook-credits-currency/.

② https：//newsroom. fb. com/News/457/One-Billion-People-on-Facebook.

③ 参见，例如：http://emergentbydesign. com/2011/04/04/the-bank-of-facebook-currency-identity-reputation/ and http://www. slate. com/articles/business/cashlesssociety/2012/02/facebook_credits_how_the_social_network_s_currency_could_compete_with_ dollars and euros_. html。

④ 参见"虚拟货币计划"，欧洲中央银行，2012 年 10 月，http：//www. ecb. europa . eu/pub/pdf/other/virtualcurrencyschemes201210en. pdf。

⑤ 例如，每十美元有对应的 5% 奖励，购买 100 虚拟货币将获得 105 虚拟货币。

⑥ 应用软件被要求在 2011 年 7 月至 2012 年 6 月期间使用 FB Credits。在此之前和之后，使用 FB Credits 是自愿的。

⑦ 参见，例如，http://www. slate. com/articles/business/cashless _ society/2012 /02/facebook credits_how_the_social_ network_s_currency_could_compete_with_dollars_and_euros _. html。

是提高用户活跃度，而限制 FB Credits 的使用功能并允许"购买"和"赚取"，都能将平台的活跃度最大化。具体而言，通过花费 FB Credits 可以增强用户的平台体验，从而提高其平台使用效益，最终为平台带来更高的活跃度；同时，无论是时间紧张还是时间充裕的用户，都可以通过购买和赚取的方式来获得 FB Credits。反之，如果 Facebook 允许反向兑换（即，将 FB Credits 兑换为国家发行货币），时间充裕的用户会在不提高其活跃度的情况下出售他们获得的 Credits；如果允许用户间互相转移 FB Credits，用户就能绕过平台而将 FB Credits 兑换为国家发行货币——就像魔兽金币那样，用户可以互相转移 FB Credits，并在平台之外为所获得的 Credits 完成支付。因此，FB Credits 目前的功能是 Facebook 实现其目标的最佳选择。

9.3 模型

在建模之前，我们先假定有一个平台和两个用户：A 与 B[①]。

9.3.1 用户

每个用户可以花时间 x_i 使用平台，从而产生效益 $v(x_i, x_j)$。为了解释两个用户间消费的互补性，用户 i 的效用同时取决于用户自身（x_i）的消费以及另一个用户（x_j）的消费。某用户的效用会随着在平台上花费时间的增加而增加（但是增长率在下降）。由于用户间消费的互补性，当其他用户在平台上花费更多的时间时，用户 i 的效益和边际效益也会相应地增加，即：

---

① 模型可以很容易地扩展到 A 和 B，表示具有任意数量的不同用户类型。定性结果保持不变，但符号会更加复杂。

$$[\partial v(x_i,\ x_j)]/(\partial x_i > 0),\ [\partial^2 v(x_i,\ x_j)]/\partial x_i^2 < 0,\ [\partial v(x_i,\ x_j)]/\partial x_j$$

$$> 0,\ \text{和}[\partial^2 v(x_i,\ x_j)]/(\partial x_i \partial x_j) > 0\text{。}$$

每个用户可用的总时间为 Z，而这些时间可用于使用平台或工作。在工作时，用户在单位时间内可以获得工资 w，所获得工资的总金额则允许用户消费计价商品（即，在平台之外消费的商品与服务的总和）。因此，在工作上花费时间能增加用户效益。除了工资水平的差异，用户 A 和 B 的其他属性都是一样的。其中，A 用户的工资高于用户 B（$w_A > w_B$）。因此，如果用户 i 花费时间 n_i 来赚取计价，那么他可以消费 $n_i w_i$ 的计价商品。

每个用户都希望在有限的时间内将效益最大化：

$$\max_{x_i n_i} v(x_i,\ x_j) + n_i w_i$$

其中，$x_i + n_i \leqslant Z$。

在最佳约束条件下，$n_i = Z - x_i$，效益最大化问题便相应地简化成：

$$\max x_i v(x_i,\ x_j) + (Z - x_i) w_i\text{。}$$

在内解中[①]，对应的最优用时 $\hat{x}_i$ 为：

$$(1)\ \frac{\partial v(\hat{x}_i,\ x_j)}{\partial x_i} = w_i$$

由于 $[\partial^2 v(x_i,\ x_j)]/\partial x_i^2 < 0$，$w_A > w_B$，那么：$\hat{x}_A < \hat{x}_B$，即：工资水平更高的用户往往在平台上花费的时间更少。

例如，假设当 $\alpha > 1/2$ 时，$v(x_i,\ x_j) = x_i^\alpha x_j^{1-\alpha}$。结合一阶条件，我们可以得出：

---

① 对于非常高和非常低的 w，角点解都有可能出现。当 w_i 足够低时，$\{[\partial v(x_i,\ x_j)]/\partial x_i\} \mid x_i = Z > w_i$，然后用户花费他所有的时间使用平台，$x_i = Z$。注意，在这种情况下，增加 x_j 不会改变 $\hat{x}_i$，但如果结果降为 $\{[\partial v(x_i,\ x_j)]/\partial x_i\} \mid x_i = Z < w_i$ 时，降低 x_j 也许能将 $\hat{x}_i$ 减小到 Z 以下。同样，当 w_i 足够高，$\{[\partial v(x_i,\ x_j)]/\partial x_i\} \mid x_i = 0 < w_i$，然后用户不花任何时间使用平台，$x_i = 0$ 减少 x_j 不会改变 i 的消费决策。但增加 x_j 可能在使结果变为 $\{[\partial v(x_i,\ x_j)]/\partial x_i\} \mid x_i = 0 > w_i$ 的情况下，诱导 i 设置成正 $\hat{x}_i > 0$。

$$\frac{w_A}{w_B} = \left(\frac{\hat{x}_B}{\hat{x}_A}\right)^{2(1-\alpha)}$$

若 $w_A > w_B$，则 $\hat{x}_A < \hat{x}_B$。此外，由于不同用户间的消费互补，还可能存在多重平衡，即：对于任意 x_A 与 x_B 的组合，都能使得上述 $\frac{w_A}{w_B} = \left(\frac{\hat{x}_B}{\hat{x}_A}\right)^{2(1-\alpha)}$ 和 $x_B \leqslant Z$ 构成平衡。

9.3.2 平台

我们假设平台的收入直接取决于用户使用量，$r(x_A + x_B)$，其中：$r > 0$ 是广告收入，且与平台的总体活动水平 $x_A + x_B$ 相关。换言之，更高的用户活跃度会带来更高的收入。我们暂且假设这是该平台的唯一收入来源。在该假设下，平台运营的主要目标就是将用户使用量 $x_A + x_B$ 最大化。在后续分析中，我们会纳入其他收入来源，比如，平台特定货币的销售。相应地，平台的最佳决策就不一定是最大化其总使用量了。值得一提的是，由于消费的互补性，在不同的总使用量水平下可能也存在多个平衡点。

例如（接上），考虑到平衡的多重性，平台的使用量取决于实际的平衡点。当 $\hat{x}_B = Z$，$\hat{x}_A = Z(w_B/w_A)^{1/[2(1-\alpha)]}$ 时，平台使用量达到最大值；当 $\hat{x}_B = \varepsilon \neq 0$，$\hat{x}_A = \varepsilon(w_B/w_A)^{1/[2(1-\alpha)]}$ 时，平台使用量则为接近于 0 的最小值。

9.3.3 平台功能增强："购买"与"赚取"

假设现在平台为用户提供使用选项 e_i（比如，游戏中的附加选项），以用于提升平台使用价值。这种平台功能的增强提高了其使用效益，也就是说，对于同一水平的使用量，当 $e_i' > e_i$ 时，$v(x_i, e_i', x_j) > v(x_i, e_i, x_j)$。此外，当 $x_i' > x_i$，$\rightarrow 0$ 时，我们假设 $[\partial v(x_i, e_i', x_j)]/\partial x_i > [\partial v(x_i, e_i, x_j)]/\partial x_i$，$[\partial v(x_i', e_i, x_j)]/\partial e_i > [\partial v(x_i, e_i, x_j)]/\partial e_i$，

同时，$[\partial v(x_i, e_i, x_j)]/\partial e_i$ 也会随着 e_i 的减少而趋向于 0 [1]。其中，这种效益的增强可通过"购买"或"赚取"获得（比如，参与功能测试或者只是更加频繁地玩游戏）。具体而言，我们假设 $e_i = \gamma y_i + \phi t_i$，其中 y_i 是在平台上"购买"计价商品的数量，t_i 是在平台上"赚取"效益的时间。

在平台功能加强的情况下，用户 i 获得的效益为：

$$(2)\; v(x_i, e_i(t_i, y_i), x_j) + (Z - x_i - t_i)w_i - y_i$$

在 $y_i \leq (Z - x_i - t_i)w_i$ 和 $Z \geq x_i + t_i$ 的限制条件下，用户可以选择不同的 x_i，t_i 和 y_i 组合来将自身效益最大化。对于上述三个变量的内部解，对应一阶条件如下：

$$(3)\; \text{w. r. t. } x_i : \frac{\partial v(x_i, e_i, x_j)}{\partial x_i} = w_i$$

$$(4)\; \text{w. r. t. } t_i : \frac{\partial v(x_i, e_i, x_j)}{\partial e_i}\phi = w_i$$

$$(5)\; \text{w. r. t. } y_i : \frac{\partial v(x_i, e_i, x_j)}{\partial e_i}\gamma = 1$$

需要强调的是，t_i 和 y_i 是获取 e_i 的最佳方式。因此，用户会选择一种最划算的方式来获得 e_i。"购买"单位 e_i 会花掉用户 $1/\gamma$，"赚取"单位 e_i 则会花掉 w_i/ϕ。

当 $w_i > \phi/\gamma$ 时，表明用户 i 只通过"赚取"的方式获取 e_i，则 $y_i = 0$。相应地，存在以下两个相关的一阶条件：

$$\text{w. r. t. } x_i : \frac{\partial v(x_i, e_i, x_j)}{\partial x_i} = w_i$$

$$(6)\; \text{w. r. t. } t_i : \frac{\partial v(x_i, e_i, x_j)}{\partial e_i}\phi = w_i$$

当 $w_i < \phi/\gamma$ 时，表明用户 i 只通过"购买"的方式获取 e_i，则 $t_i = 0$。相应地，存在以下两个相关的一阶条件：

---

[1] 这基于通常的二阶条件：$[\partial^2 v(x_i, e_i, x_j)]/\partial x_i^2 < 0$ 和 $[\partial^2 v(x_i, e_i, x_j)]/\partial e_i^2 < 0$。

w. r. t. x_i： $\dfrac{\partial v(x_i, e_i, x_j)}{\partial x_i} = w_i$

（7） w. r. t. y_i： $\dfrac{\partial v(x_i, e_i, x_j)}{\partial e_i} \gamma = 1$

对于外生变量 w，Φ 和 γ，我们假设 Z 足够大，所以相关参数（x_i 和 t_i，或 x_i 和 y_i）的解是内点解。对于内点解 x_i，我们可以得出以下证明结果：

论点 1：在 e_i 和 x_j 保持不变的情况下，对于 w_i 更低的用户 i 而言，其最佳使用量 x_i 更高。

证明：由于 Z 足够大，使得 x_i 对于两个用户都是内点解，$\partial v(x_i, e_i, x_j)/\partial x_i = w_i$。当 $w_A > w_B$ 时，对于同样的 e_i 和 x_j，高工资用户的导数更大。同时，由于 $\partial^2 v(x_i, e_i, x_j)/\partial x_i^2 < 0$，$x_i$ 较低的用户导数更大。因此，当 e_i 和 x_j 保持不变时，$x_A < x_B$。

鉴于用户工资水平的差异性，对于处于平衡点的不同用户而言，其 e_i 和 x_j 往往是不同的。随着使用量 x_i 的提高，e_i 的边际效益也会提高。因此，w_i 较低的用户会获取更多的 e_i，进而促进其最优使用量的提高。

论点 2：在平衡状态下，低工资用户会有更高的 x_i 和 e_i。

证明：我们分两步进行这个证明。其中，第一步主要论证：对于固定的 x_i 和 x_j，低工资用户会获取更高的 e_i；第二步则主要结合第一步和论点 1 来完成论点 2 的论证。

第一步：在 x_i 和 x_j 保持不变的条件下，当 w_A 和 w_B 都大于（或小于）Φ/γ 时，我们发现低工资用户直接从二阶条件获取 e_i。有趣的是，当 $w_A > \Phi/\gamma > w_B$ 时，对应的一阶条件为：$(\partial v / \partial e_B)\Phi = w_B$，$(\partial v / \partial e_A)\gamma = 1$，这表明：$\partial v / \partial e_B = w_B/\Phi$，$\partial v / \partial e_A = 1/\gamma$。同时，由于 $\Phi/\gamma > w_B \Leftrightarrow 1/\gamma > w_B/\Phi$，可以得出：$\partial v / \partial e_A > \partial v / \partial e_B$。因此，在同等水平的 x_i 和 x_j 下，$e_A < e_B$。

第二步：根据论点 1 的表述，在同等水平的 e_i 和 x_j 条件下，$x_A < x_B$。同

时，相比于其他用户的消费量 x_j 而言，用户 i 自身的消费 x_i 对其效益的影响更大；在同等水平的 e_i 下，$x_A(x_B) < x_B(x_A)$。此外，从第一步的证明中得知：对于给定的 x_i 和 x_j，$e_a < e_b$，这也进一步证明了平衡状态下 $x_A{}^* < x_B{}^*$ 的结论是正确的（例如：$x_B(e) - x_A(e) < x_B{}^*(e_B{}^*) - x_A{}^*(e_A{}^*)$）。

值得一提的是，用户通常会选择最划算的方式去获取 e_i。因此，相比只有一种获取方式可选时，若用户可以同时选择前文所述的两种方式去获取 e_i，其采购的 e_i 也相应地更多，进而导致更高的使用量（x_i）。与此同时，由于不同用户间消费的互补性，也会进一步促进其他用户使用量 x_j 的增加。因此，与仅仅只开放一种获取 e_i 的途径相比，当平台同时允许用户以"赚取"和"购买"的方式获取 e_i（比如，Facebook Credits）时，其使用量也会相应地增加。

命题 1：相比于仅允许用户通过一种途径（仅限"购买"或"赚取"）获取 e_i，当平台同时开放两种获取途径时，其直接使用量 $x_A + x_B$ 会多增加一点点。

之所以只多增加一点点，是因为：如果两个用户都选择相同的途径获得 e_i，那这种唯一的选择就是最佳选择，而另外一种新增途径在严格意义上并不会增加平台使用量。以下证明过程将重点就有关使用量如何在严格意义上提高的有趣案例进行讨论。

证明：当 $w_a > \Phi/\gamma > w_B$ 时，假设只有"购买"途径是可用的，那么：用户 A 和用户 B 的 e 和 x 都符合公式（7）。在这种情况下，假设用户 B 的最佳选择为 $\hat{x}_B$ 和 $\hat{e}_B$。

当"赚取"方式开放时，用户 B 更愿意采用新途径去获取 e_B，其最佳选择 $\hat{\hat{e}}_B$ 符合公式（6）。由于 $w_B/\Phi < 1/\gamma$，那么：

$$[\partial v(\hat{x}_B, \hat{e}_B, x_A)]/\partial e_B > [\partial v(\hat{x}_B, \hat{\hat{e}}_B, x_A)]/\partial e_B，这表明：\hat{\hat{e}}_B(\hat{x}_B) >$$
$\hat{e}_B(\hat{x}_B)$。同时，由于 $\hat{\hat{x}}_B > \hat{x}_B$，因此，在平衡条件下，$\hat{\hat{e}}_B$ 和 $\hat{\hat{x}}_B$ 都大于 $\hat{x}_B$。此外，由于用户活动的互补性，x_B 的提高也会导致 x_A 的提高。因此，允

许以"赚取"和"购买"两种方式获取 e_i 可以同时提高 x_A 和 x_B，从而进一步增加平台的使用量。

类似地，我们也可以证明，如果开始时只允许以"赚取"的方式获取 e_i，待同时开放"购买"途径时，也能通过提高 x_A 和 x_B 来增加平台使用量。

事实上，我们有必要讨论一下这一命题与数字货币的相关性。例如，Facebook Credits 代表一个账户单位，如果像微软和任天堂一样，这些积分只能通过购买的方式获取。通过这种方式，它们只是将真实货币转换为平台支付的一种方式。但是，如果平台的某些用户受到收入或财富的限制，这将减少他们对增强功能的使用。同时，用户间使用量存在互补性，这意味着平台上的整体活动量会进一步减少。相反，如果平台同时提供"赚取"增强功能的手段，就能为收入受限的用户提供获得增强功能的新途径。当然，如果这种"赚取"本身也是一种平台活动，也会进一步增加平台活动量。由于这种情形只是偶尔会发生，我们暂不考虑这一作用。在后续的第 9.3.5 节中，我们还将就命题 1 不成立的可能情形进行讨论——若平台的目标并非将其使用量最大化，则命题 1 不成立。

此外，该命题还表明，允许从真实货币到平台货币的"内向可兑换性"会促进更多富有用户的使用。同样地，用户间的互补性也会导致平台整体使用量的增加。因此，虽然魔兽世界可能正式禁止"打金"，但在某种程度上看来这一策略会增加平台的使用量。当然，可以想象的是，平台数字货币也可以更进一步发展，变得允许向外兑换，即：反向兑换回国家发行货币。这一功能会导致这些数字货币与国家发行货币形成竞争，笔者将在下文中就此展开讨论。

9.3.4　反向兑换

在本节中，我们将证明：如果平台允许用户将"赚取"的积分反向兑换成国家发行货币，会导致平台使用量的降低。

命题 2：如果平台允许将 e_i 以任意正汇率反向兑换成 y_i，则会减少平台使用量。

证明：假设用户 i 可以花费时间 t_i 来获得 $e_i = \phi t_i$，且随后能以汇率 μ 转成现金：$y_i = e_i/\mu = \phi t_i/\mu$。那么，用户 i 的有效时薪是 $y_i/t_i = \phi/\mu$。如果平台对这种兑换方式不加以限制，则会使得所有 $w_i < \phi/\mu$ 的用户达到 ϕ/μ 的有效时薪。但是，从之前的结果来看，工资的增加会导致平衡点使用量 x_i 的减小，同时也会降低用户在增强功能上实际使用的 e_i（因为用户可能会为了 y_i 兑换 [1] 一部分或所有的 e_i）。

上述证明并没有考虑到：对平台而言，反向兑换需要付出高昂的代价。因此，毫无疑问，反向兑换对平台是不利的。因此，只要平台的目标是使其直接活动量$(x_A + x_B)$最大化，平台就没有允许向外可兑换或反向兑换的动机。换句话说，尽管有评论员表达了相关顾虑，而事实上，对那些在平台交易中使用数字货币的平台本身而言，并不存在实现平台数字货币完全可兑换的动机。

当然，我们也有必要考虑推动这一显著结果的假设。在此，我们假设平台活动 —— 包括购买增强功能的动机 —— 完全由在平台内获得的效用驱动。具体而言，增强功能通常会增加来自平台活动量的边际效用，而如果货币可以在平台外兑换，对增强功能的使用就会相应地减少。然而，可能的情况是，如果用户通过"赚取"货币的方式获取增强功能，即使所赚取的货币是被兑换为真实货币，而非在游戏中消费的，平台活动量也会增加。在这种情况下，赚取平台货币的动机会增加平台活动量，同时也会由于平台货币的可兑换性而加强。这可能是游戏"第二人生"中允许完全兑换林登币的理由之一。

9.3.5　γ 和 ϕ 的最优选择

截至目前，我们采用的都是给定的 γ 和 ϕ。然而，通常情况下 γ 和 ϕ

---

[1]　因为部分或所有的增强功能都被兑换了，不作为 e_i 计入 $v(x_i, e_i, x_j)$。

都是由平台来设置的。每个用户是选择通过"购买"还是"赚取"获得增强功能，则取决于价格（$1/\gamma$ 和 $1/\phi$）及其与用户工资间的关系，而平台设定的价格也取决于其实际发展目标。在前文中，我们始终关注各种平台选择对直接平台使用量（$x_A + x_B$）的影响。如果平台唯一的收入来源（比如广告）与平台使用量有关，那么上述两者是有关联的。在这种情况下，平台的目标会是：将 γ 和 ϕ 都设置得尽可能高，同时确保这不会影响用户获取增强功能的意愿，无论他们是采用何种方式。事实上，增强功能可能会成为平台不可或缺的一部分，由此也会产生一些关于货币的有趣问题。

在某些情况下，平台也可能从用户赚取增强功能的活动中获得相同的广告收入。在这种情形下，平台的主要目标也是将 $r(x_A + x_B + t_A + t_B)$ 最大化，从而得以从参与平台活动的用户（取决于 $v(.)$ 的性质）中获益。但是无论如何，平台仍然会希望在尽可能提高 ϕ 的同时，确保所有用户都会赚取增强功能。当 γ 值变化时，平台则会面临此消彼长的情形：降低 γ 能促使高工资用户倾向通过"赚取"的方式获得增强功能，从而直接导致 t_A 的增长。但与此同时，这也会在一定程度上引起 x_A 的减少（取决于 $v(.)$），从而导致用户 B 的活动减少。所以说，最优价格将取决于具体的功能形式，我们也无法在一般情况下描述具体的价格。

当然，"购买"增强功能也可以代表平台的另一种收入来源。相应地，平台的主要目标则是将 $r(x_A + x_B) + (y_A + y_B)$ 或 $r(x_A + x_B + t_A + t_B) + (y_A + y_B)$ 最大化。由于 r 是变化的，平台有可能更愿意撤销"赚取"增强功能的可能性并强制所有用户"购买"它。在这种情况下，命题 1 可能会不成立。无论命题 1 成立与否，平台都会设置适当的价格，以使得每个用户有限的时间都集中在平台上，无论是以增加活动量的方式还是以为平台带来直接收入的方式。也就是说，对于"购买"增强功能的用户，$t_i = 0$ 且 $y_i = (Z - x_i)w_i$；而对于"赚取"增强功能的用户，$y_i = 0$ 且 $t_i = Z - x_i$。

由此可以得出用户的一阶条件。对于"赚取"增强功能的用户：

$$(8)\ \frac{\partial v(x_i,\ e_i,\ x_j)}{\partial x_i}\bigg|_{e_i=\phi(Z-x_i)} = \phi\,\frac{\partial v(x_i,\ e_i,\ x_j)}{\partial e_i}\bigg|_{e_i=\phi(Z-x_i)}$$

需要注意的是，此条件与 w_i 无关，即：对于"赚取"增强功能的用户而言，其最佳使用计划与工资无关。换言之，如果高工资用户和低工资用户都选择"赚取"增强功能，他们会在消耗相同 x_i 的情况下获得相同的 e_i。对于"购买"增强功能的用户，对应的一阶条件变为：

$$(9)\ \frac{\partial v(x_i,\ e_i,\ x_j)}{\partial x_i}\bigg|_{e_i=\gamma(Z-x_i)w_i} = w_i\gamma\,\frac{\partial v(x_i,\ e_i,\ x_j)}{\partial e_i}\bigg|_{e_i=\gamma(Z-x_i)w_i}$$

由上述条件可知，对于"购买"增强功能的用户而言，其平台使用量将因工资而异。这表明：若能对用户的不同使用量进行最佳利用，允许用户"购买"增强功能是有用的。当然，我们无法给出适用于一般情况的精确描述，但是对于正在讨论的示例，我们可以提供更精确的结论。

示例（接上）假设平台推出了增强功能，相应地：$v(x_i,\ e_i,\ x_j) = x_i^\alpha,\ x_j^{1-\alpha},\ e_i^\beta)$。同时，$e_i = \gamma y_i + \phi t_i$。因此，用户的效用为：$x_i^\alpha x_j^{1-\alpha}(\gamma y_i + \phi t_i)^\beta + (Z - x_i - t_i)w_i - y_i$。当 $w_i < \phi/\gamma$ 时，$y_i = 0$，可以得出：

$$\begin{cases} \alpha x_i^{\alpha-1} x_j^{1-\alpha}(\phi t_i)^\beta = w_i \\ \phi\beta x_i^\alpha x_j^{1-\alpha}(\phi t_i)^{\beta-1} = w_i \end{cases} \Rightarrow t_i = \frac{\beta}{\alpha}x_i.$$

当 $t_i = (\beta/\alpha)x_i$ 时，若解是内部的，即：$t_i < Z - x_i$，对应的一阶条件就变为：

$$x_i^{\alpha+\beta-1} = w_i / (\phi^\beta \alpha^{1-\beta}\beta^\beta x_j^{1-\alpha})$$

当 ϕ 足够大时（例如：

$\phi > (\alpha/\beta)\{[w_j(\alpha+\beta)^{\alpha+\beta-1}]/[x_j^{1-\alpha}(\alpha Z)^{\alpha+\beta-1}\alpha]\}^{1/\beta}$），$t_i = Z - x_i$，用户的问题就变为：

$$\max_{x_i} x_i^\alpha x_j^{1-\alpha}(\phi(Z - x_i))^\beta$$

对应的最优使用量则变为：$x_i = \alpha Z/(\alpha + \beta)$ 和 $t_i = \beta Z/(\alpha + \beta)$。注意：一旦用户的有限时间与平台绑定，上述问题则不取决于 ϕ。

当 $w_i > \phi/\gamma$，即：$t_i = 0$ 时，

$$\begin{cases} \alpha x_i^{\alpha-1} x_j^{1-\alpha} (\gamma y_i)^{\beta} = w_i \\ \gamma \beta x_i^{\alpha} x_j^{1-\alpha} (\gamma y_i)^{\beta-1} = 1 \end{cases} \Rightarrow y_i = \frac{\beta}{\alpha} x_i w_i.$$

于是，对应的内点解变为：$x_i^{\alpha+\beta-1} = w_i^{1-\beta}/(\gamma^{\beta}\alpha^{1-\beta}\beta^{\beta}x_j^{1-\alpha})$。当 γ 显著增大时，则会产生角点解：$x_i = \alpha Z/(\alpha+\beta)$ 和 $y_i = [\beta Z/(\alpha+\beta)] w_i$。

当工资和"价格"（γ 与 ϕ）取值不同时，存在三种可能的情况：两方用户都选择"赚取"增强功能，或都选择"购买"增强功能，或一方选择"赚取"另一方"购买"。下面将依次对上述几种情况（对于内点解）进行分析。

1. 当两方用户都选择"赚取"方式时，意味着：在平衡点下，用户的任何消费模式都必须满足 $(x_B/x_A)^{2(1-\alpha)-\beta} = w_A/w_B$。结合前文推导的 x_i 相关公式，可以得出：

$$\begin{cases} \alpha x_i^{\alpha-1} x_j^{1-\alpha} (\gamma y_i)^{\beta} = w_i \\ \gamma \beta x_i^{\alpha} x_j^{1-\alpha} (\gamma y_i)^{\beta-1} = 1 \end{cases} \Rightarrow y_i = \frac{\beta}{\alpha} x_i w_i$$

尽管这个公式很复杂，它依旧独特地用外生参数表征了 x_i。

2. 当两方用户都选择"购买"方式时，意味着：在平衡点下，用户的任何消费模式都必须满足 $(x_B/x_A)^{2(1-\alpha)-\beta} = w_A/w_B^{1-\beta}$。由此可以得出：

$$x_i^{\beta} = \left(\frac{w_j}{w_i}\right)^{[(1-\beta)(1-\alpha)]/[2(1-\alpha)-\beta]} \frac{w_i^{1-\beta}}{\alpha^{1-\beta}\beta^{\beta}\phi^{\beta}}$$

3. 当用户 A 选择"购买"，用户 B 选择"赚取"时，意味着：在任何平衡点下，用户的消费模式都必须满足：

$$(x_A/x_B)^{2(1-\alpha)-\beta} = w_B/w_A^{(1-\beta)} (\gamma/\phi)^{\beta}$$

那么，

$$x_A^{\beta} = \left(\frac{w_B}{w_A^{1-\beta}}\right)^{(1-\alpha)/[2(1-\alpha)-\beta]} \left(\frac{\gamma}{\phi}\right)^{[\beta(1-\alpha)]/[2(1-\alpha)-\beta]} \frac{w_A^{1-\beta}}{\gamma^{\beta}\alpha^{1-\beta}\beta^{\beta}}$$

$$x_B^{\beta} = \left(\frac{w_A^{1-\beta}}{w_B}\right)^{(1-\alpha)/[2(1-\alpha)-\beta]} \left(\frac{\phi}{\gamma}\right)^{[\beta(1-\alpha)]/[2(1-\alpha)-\beta]} \frac{w_B}{\phi^{\beta}\alpha^{1-\beta}\beta^{\beta}}.$$

需要注意的是，在上述三种情况下，引入增强功能都会消除平衡点的多重性，因为此时的 x_A 和 x_B 均由外生参数唯一地表征。

下面我们来考虑平台为最大化其目标而设定的价格 ϕ 和 γ，主要包含四个可能的目标函数：

1. $\max r(x_A + x_B)$：平台并不会区别对待"购买"或"赚取"。无论是由于 γ 太高而导致两个用户都选择"购买"，或者由于 ϕ 太高而导致用户都选择"赚取"，抑或是一人购买一人赚取，平台总能实现整体目标的最大化 $x_A = x_B = \alpha Z/(\alpha + \beta)$。

2. $\max r(x_A + x_B) + (y_A + y_B)$：平台通过提升 γ，不仅可以使用户 A 和用户 B 都"购买"增强功能，且都能达到角点消费计划（corner consumption schedule）。于是，平台整体上可达到最大值：$x_A = x_B = \alpha Z/(\alpha + \beta)$ 和 $y_i = [\beta Z/(\alpha + \beta)] w_i$，$i = A, B$。

3. $\max r(x_A + x_B + t_A + t_B)$：平台通过提高 ϕ，不仅可以使两个用户都去赚取增强功能，且都能达到角点消费计划。于是，平台整体上可达到最大值：$x_A = x_B = \alpha Z/(\alpha + \beta)$ 和 $t_A = t_B = \beta Z/(\alpha + \beta)$，并赚取 $2Z$。如果平台设置较低的 ϕ，使得 $w_B < \phi/\gamma < w_A$，则 $t_A = 0$ 且 $x_A = \alpha Z/(\alpha + \beta)$。那么，平台会赚取 $Z[1 + \alpha/(\alpha + \beta)] < 2Z$。

4. $\max r(x_A + x_B + t_A + t_B) + (y_A + y_B)$：最优价格（和用户的最优消费计划）取决于 w_i 和 r。有趣的是，当 $w_B < r < w_A$ 时，平台通过设定价格使用户 A"购买"和用户 B"赚取"的增强和消费量达到整体最大值：$x_A = x_B = \alpha Z/(\alpha + \beta)$，$t_B = \beta Z/(\alpha + \beta)$ 和 $y_A = [\beta Z/(\alpha + \beta)] w_A$，这显然是对平台有益的。

9.3.6　总结

对于以广告为主要收入来源的平台（如 Facebook）而言，其主要目标是增加用户活动量（如社交游戏的使用）。若平台上其他用户活动量的增加能使得平台活动对于用户而言更有意义（如社交组件），那么平台活动就存在互补性。平台可以通过增强用户体验来促进平台活动量的增长

（比如，在 FarmVille 中为农场购买产量较高的特别农作物）。由于用户间存在互补性，一个用户活动量的提升会促进其他用户的效用和活动量的增加。可以推断，当两个用户都获得增强功能时带来的平台活动增量，将达到单个用户获取增强时的两倍以上。因此，对于平台而言，鼓励所有用户都获得增强无疑是最佳选择。但是，对于低收入用户而言，其获取增强功能的货币成本可能过高。显然，如果平台同时允许用户通过"购买"和"增强"的方式获得增强功能，其自身也会受益——高薪用户更愿意花钱，而低收入用户则倾向花时间，同时开放上述两种路径会使不同收入的用户都获得增强功能，从而增加平台活动量。

上述论证也反映了许多社交网络和游戏平台所采取的策略。尤其是命题 2 中的论述，阻止了平台特定货币被兑换回国家发行货币。借助这一命题，我们可以得出强有力的结论：平台对于引入与现有国家发行货币直接竞争的货币并不感兴趣。也就是说，对于像 Facebook 这样的平台，通过雇用开发者来编写诱导人们购买增强功能的游戏，就能实现获益。当 Credits 卖出时，开发者就能得到 Facebook 所赚取收入的一部分。然而，其实这只是对平台概念的延伸，因为游戏本身就是一种兴趣平台。而事实上，2012 年中期，Facebook 就宣布将于 2013 年底之前逐步淘汰 Credits 并只借助国家发行货币运营。在过去的时间里，用户经常需要将 Facebook Credits 进一步转换为应用软件和游戏中的货币，比如 Zynga 游戏中的 zCoins。对于这种额外的复杂操作，用户和开发人员都持反对态度，并希望能直接使用国家发行货币。这也与我们的模型不谋而合，因为 Facebook 的核心活动，包括用户活动或 "news feed"，所有功能对所有用户都是开放的。当然，平台仍然可以通过平台上的其他活动赚取"推荐"费，但对于其核心活动而言，货币不会发挥额外的作用。

可以想象的是，Zynga 等应用程序开发商推出自身特有货币的初衷，与我们所建立的模型是一致的，即：增加其"应用程序平台"的活动量。就像 Facebook Credits 一旦被买入或赚取就不能兑换成现金一样，zCoins

一旦被买入或赚取，就不能被兑换成国家发行的货币（或当时仍然可用的 Facebook Credits）。所以说，Zynga 推出特有货币这一举措，实际上是为了实现将平台活动量最大化的目标。但与此同时，由于这一操作可能需要跨越不同的应用程序，这可能与 Facebook 自身想要增加其平台活动量的目标产生冲突。因此，在未来的研究中，可以尝试建立更丰富的模型，以用于探讨连锁平台引发的问题。

事实上，2013 年初推出的亚马逊币背后也存在一个明显的争论。彼时，亚马逊宣布从 2013 年 5 月开始，向客户赠送价值数百万美元的亚马逊币。与所有其他数字货币一样，亚马逊币的推出也引发了关于对国家发行货币造成威胁的一贯担忧。"但是，从长远来看，中央银行最担心的应该是失去对货币发行的垄断"，《华尔街日报》评论道，"一种新的虚拟货币正在出现——亚马逊公司等网络行业巨头正在逐渐进入市场。"[①]。

然而，亚马逊币只是对买家参与平台（Kindle Fire）给予补贴，其目的是启动和加速任何有利于亚马逊应用平台的间接网络效应。当 Kindle Fire 用户购买亚马逊币时，他们会在应用程序中获得相应的折扣（折扣幅度在 5% ~10% 之间，具体折扣取决于所购买货币的数量），这同样也是 Facebook Credits 的一大特点。由于应用程序质量的不确定性，相比补贴开发者而言，平台对用户的补贴可能更有效，因为用户会用他们的硬币"投票"选出最好的应用程序。同时，引入亚马逊币可能比现金补贴更方便，因为它确保了补贴是花费在亚马逊应用程序的平台，而非亚马逊网站或其他外部服务上。

---

① 华尔街日报,市场观察 http://articles. marketwatch. com/2013 –02 –13/commentary/37064080_1_currency–war–bitcoin–central–banks。

9.4 监管问题

我们对平台特定货币的分析表明：那些呼吁对其进行特定监管的声音有些言过其实，因为发行这些货币的目的是对 Facebook 或亚马逊等平台商业模式的自然补充。为了平台利益的最大化，平台仍然需要限制这些货币的使用。因此，提供可与国家发行货币竞争的全功能货币并不符合平台的利益。

然而，在我们的分析中，我们没有考虑比特币，这是一种完全可兑换的纯数字货币，而且与平台无关。比特币很明确地表明其旨在与国家发行货币竞争。2013 年 3 月，美国政府首次对网络货币实施了监管①。由于金融犯罪执法网络（FinCEN）决定将其纳入反洗钱法律②，虚拟货币将由美国财政部监管。根据新规定，参与发行或兑换在线货币的公司需要上报所有价值超过 10 000 美元的交易。同时，规定中并没有单独列出"比特币"。而是适用于所有"网络货币"。当比特币被用于非法活动的证据出现后，关于 FinCEN 法律的澄清也随后发布了。非法活动的确是个问题，因为比特币的匿名性会使得其交易无法追踪。

之所以要对匿名和实名账户的网络货币加以管理，可能还存在其他原因。2012 年底，欧洲中央银行发布了一份关于虚拟货币计划是否会影响价格稳定性、财务稳定性和支付稳定性的分析报告③。该报告对封闭式虚拟货币方案（即：仅在游戏或应用程序中使用，类似于虚拟垄断货币）和与国家货币关联的虚拟货币方案（即：可用于购买实物和服务，甚至

---

①　https：//finance. fortune. cnn. com/tag/facebook-credits/.

②　http：//www. newscientist. com/article/mg21729103. 300-us-to-regulate -bitcoin-currency-at-its-alltime-high. html.

③　http：//www. ecb. europa. eu/pub/pdf/other/virtualcurrencyschemes201210en. pdf. 该报告着重关注对比特币和林登币的案例研究，但其结论是更具普遍性的。

可直接转换为国家货币）进行了区分①。报告指出，只有与实体经济相互作用的虚拟货币才会影响价格稳定性、金融稳定性和支付稳定性，因此，封闭式虚拟货币方案就本质而言并不是一个问题。同时，该报告还得出了以下结论：目前，由于与国家发行货币相关联的虚拟货币的创造能力仍处于较低水平，暂时不会带来任何风险。此外，类似林登币、比特币等虚拟货币方案只在很小的用户群体中偶尔被使用，因而与实体经济的交互作用较弱。最重要的是，这些货币的使用在地理位置上是分散的，跨越了多个国家，因而对任何一种国家发行货币的影响都可以忽略不计。

9.5 未来方向

本章通过对纯数字货币相关的经济学问题展开探讨，证实了以下结论：在大多数情况下，为了支撑平台运营而发行的私人货币不太可能在平台之外产生影响。诚然，我们所采用的方法更多的是基于理论层面的探讨，但这确实也为我们将数字货币视为理解一种平台战略的缩影提供了框架。

未来可能会受到更广泛关注的是与国家发行货币竞争的数字货币的出现。因此，若不建立一套完善的分析框架，以用于分析货币及其使用，就会带来经济知识的鸿沟，更不用说是真实还是虚拟货币了。换言之，基于我们的探讨，可以推测：平台经济学可能有助于我们更广泛地理解货币经济学。

任何一种货币都可以被视为一个平台，只有当人们相信它的价值（即接受它）时，才会"加入"其中。货币的交易仅仅会发生在已经接受

---

① 欧洲央行报告也承认虚拟货币方案计划"可以在金融创新和为消费者提供额外付款方式方面具有积极意义（47）"。但是，欧洲央行的立场是保护国家发行货币不受虚拟货币可能带来的对国家发行货币的风险影响。

货币并加入这一平台的人之间，与此同时，货币本身也会出现网络效应：接受它的人越多，那么接受它所带来的价值就越大。

如果我们只是考虑任何技术平台，而非货币本身，监管机构（比如，欧洲中央银行发布的分析报告）所表达的担忧就像是在保护现存的市场力量不受创新进入者影响。我们从技术文献中了解到，这种保护通常会导致效率下降，因为新进入者通常可以想出更好、更便宜的方法为市场服务，同时也许还能进一步扩大现有市场规模。

有什么好的理由去解释这种保护吗？在十九世纪和二十世纪初期，北美曾经有一段时间出现过所谓的"自由银行"——在满足一些基本条件的前提下，可以建立私人银行并发行自己的货币。也就是说，国家没有发行货币的垄断权。为此，政府加强了监管和干预，以至于到二十世纪初期，除了国家以外，不存在任何一种私人发行的货币了（Frankel，1998）。

由于发行人获得了铸币税，因此发行货币是有利可图的，因此，一个国家建立垄断的原因就是想获得所有的铸币税利润，而这是不利于创新的。但是，经济历史学家指出了导致日益严格的监管和最终垄断货币的其他原因。其中一个原因就是频繁的银行倒闭。在竞争激烈的环境中，企业经常破产，新的企业随即进入。然而，北美在 20 世纪初之前，银行倒闭后给客户留下的钞票只能兑换一小部分它们的名义价值，有时根本不可兑换（即毫无价值）。

这破坏了金融稳定性和公众对纸币的总体信任。缺乏信任有时会导致银行挤兑，从而导致更多银行倒闭。信任问题也反映在来自不同发行人的货币之间的汇率上。当对银行的偿付能力存有疑虑时，一些私人银行纸币以折扣价流通（即 1 美元的银行货币被认为价值低于实际的 1 美元价值）。信任度下降的另一个原因是假币，这当然也是国家发行货币的一个担忧。然而随着发行人的数量和流通种类的增多，公众更难跟踪真实货币的特点。

由于货币只能在发行银行兑换且这些银行通常都具有地区性，某些货币的接受会被地理位置所限制。远离发行银行的地方，货币会以折扣价被接受——前提是它们会被接受。所有这些因素——信任的缺失和不同的汇率——为贸易带来了困难。在某些时候，甚至使人们产生了贸易可能全面崩溃的担忧。

但是那些众所周知的因素与技术文献的分析相比如何？我们知道网络效应的存在通常创造多个均衡点——要么很多人加入平台，因为他们希望很多其他人加入，要么没有人加入，因为他们不期待别人加入。在货币使用中可以看到类似的均衡。信任货币有助于在人们普遍接受纸币的地方协调更好的均衡。技术文献中的另一个均衡点是兼容性。具有有限兼容性或无兼容性的多个网络与单一网络相比，由于受限制，效率会降低，因为兼容性受限的网络效应无法实现其全部价值。

这带来了一个众所周知的问题：一方面，多个竞争平台的存在通过限制网络效应的范围产生了低效率（当兼容性有限时），并当用户根本不加入时带来协调失败的风险。另一方面，一个完善的主导平台克服了协调问题，同时使兼容性无关紧要，它会扼杀创新并且从用户中攫取垄断利润。在发行货币时，自20世纪以来国家传统上认为单一的网络是这种此消彼长局面中更好的一面。在线货币是不是一个有效的解决方案有待未来的研究来确定。

参考文献

Armstrong, M. 2006. "Competition in Two-Sided Markets." *RAND Journal of Economics* 37 (3): 668-91.

Evans, D. S. 2012. "Facebook Credits: Do Payments Firms Need to Worry?" PYMNTS. com, February 28. http://www. pymnts. com/briefing-room/commerce-3-0/facebook-commerce-2/Facebook-Credits-Do-Payments-Firms-Need-to-Worry-2/.

Frankel, A. S. 1998. "Monopoly and Competition in the Supply and Exchange of Money." *Antitrust Law Journal* 66 (2): 313-61.

Gans, J. S. , and S. P. King. 2003. "The Neutrality of Interchange Fees in Payments Systems." B. E. *Journal of Economic Analysis and Policy* 3 (1). doi:10. 2202/1538-0653. 1069.

Rochet, J-C. , and J. Tirole. 2002. "Cooperation among Competitors: Some Economics of Payment Card Associations." RAND Journal of Economics 33 (4): 549-70.

——. 2003. "Platform Competition in Two-Sided Markets." *Journal of the European Economic Association* 1 (4): 990-1029.

Rockoff, H. 1974. "The Free Banking Era: A Reexamination." *Journal of Money, Credit and Banking* 6 (2): 141-67.

Smith, V. C. 1990. *The Rationale of Central Banking and the Free Banking Alternative*. Indianapolis: Liberty Fund.

Weyl, E. G. 2010. "A Price Theory of Multi-Sided Platforms." *American Economic Review* 100 (4): 1642-72.

Yglesias, M. 2012. "Social Cash: Could Facebook Credits Ever Compete with Dollars and Euros?" Slate, February 29. http://www. slate. com/articles/business/cashless _ society/2012/02/facebook_credits_how_the_social_network_s_currency_could_compete_with_dollars_and_euros_. html.

第 3 篇

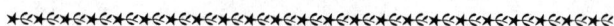

政府政策与数字化

第10章 组合数据中的处理效应评估
——个人身份与数据安全

Tatiana Komarova Denis Nekipelov Evgeny Yakovlev[①]

10.1 引言

在政策分析与决策的过程中，能够获取到敏感的个人数据，或者一经公开会带来灾难性影响的个人数据，对于在许多领域里开展数据分析都是非常重要的。例如，临床数据统计分析对于医疗规程和治疗方案的有效性研究来说是极其重要的，其中就涉及研究对象的个人健康状况信息。在金融领域，利用金融信息、信用分数以及人口特征数据进行分析有助于银行评估个人贷款与抵押风险，而最终评估统计模型会呈现出模型数据所有者的某些个体特征。同样，基于这些统计模型的政策也会反映出基础个人数据特征。事实上，现代社会中此类可公开获得（或检索到）的个人信息数

① Tatiana Komarova 是伦敦政治经济学院经济学助理教授。Denis Nekipelov 是加利福尼亚大学伯克利分校的经济学助理教授。Evgeny Yakovlev 是俄罗斯莫斯科新经济学院的助理教授。

我们非常感谢 Philip Haile，Michael Jansson，Phillip Leslie，Aureo de Paula，Martin Pesendorfer，James Powell，Pasquale Schiraldi，John Sutton 和 Elie Tamer 给本文提出的非常有益的评议。同时我们也特别感谢 2013 NBER "数字化经济：议程"与会代表反馈的意见。致谢，研究支持来源以及作者重要财务关系，如有，请见 https://www.nber.org/chapters/c12998.ack。

量与日俱增，这些数据主要来自网络搜索、社交网络和个人网络文档存储（例如，照片集）。因此，从某种程度上说，政策分析模型中所利用的某些变量是可以直接公开观测到的①。通常，同一个人的信息碎片会包含于不同的数据集之中，而且在多数情况下，个人姓名或标签不会出现在其中（无论是为了数据匿名化之目的，还是在数据收集方法中人为设定）。在这种情况下，单一来源的数据集不会对个人构成安全威胁。例如，网络搜索日志数据集不会揭示任何个人信息，除非将其他身份信息与每一个用户的通用标识符关联到一起。然而，一旦将不同来源信息组合到一起，这种数据组合列表就可能会对数据所涉及的某些人，甚至所有人带来安全威胁。例如，某个数据集是 HIV 病人注册数据，其中并不涉及病人姓名和住址，而另一个数据集是住址名册，其中包含了居住在特定区域人群的姓名和地址。两个数据集中任何一个单独数据集都不会泄露与具体个人相关的任何敏感信息，然而一旦将两个数据集组合到一起，实质上就是将姓名和住址信息与注册库的病人匿名标签关联到了一起，进而泄露某些敏感个人信息。

　　一系列市场的数字化，加之这些市场来自社会网络等多来源数据的可获得性，使这种设想的情景越来越多地成为了现实。显然，从政策分析视角来看，阻碍人们从多种来源获取更多数据并不现实。因此，一种可行的解决方案就是将保证一定程度的匿名性作为一种可能的安全措施。但同时也需要注意，基于这些多来源数据的推断与结论对于准确决策来说是极其重要的。进而，对于保护数据存储与发布安全的技术与方法设计来说，最为关键的问题就是在数据信息量与匿名化之间构成平衡，也就是在保证数据对于政策统计模型可提供足够信息量的同时，防止基于组合数据集恶意重构敏感信息。

　　本章我们将重点讨论以上的部分问题，目的是了解当数据处理可能涉

---

　　① 据报道，许多企业实际上都依赖于组合数据。见 Wright（2010）和 Bradley 等（2010）。

及个人敏感信息，而个人的人口统计特征可以公开观测到或者基于某些公开观测特征可以直接推断时，人们是如何评估处理效应的。在这些场景中，个人敏感信息的泄露风险是本研究的关注重点，研究的问题主要包括：第一，组合公开敏感数据中单点标识的处理效应是否与部分披露风险的正式限制要求一致。第二，评估统计模型的公开发布是如何提高披露风险的。

在实证分析部分，我们提供了两个匿名数据集的处理效应和倾向分数分析的具体案例，研究数据来自俄罗斯纵向监测调查（Russian Longitudinal Monitoring Survey，RLMS）数据库。该数据库由几项年度调查问卷数据组成，调查内容涉及就业、健康等一系列主题。然而，为匿名之目的，任何可以确定地址的信息都被移除，以确保不会识别出每一位调查对象的居住位置。

作为苏联的"遗产"，大部分俄罗斯人都居住在大型公寓区。这种大型公寓区通常由许多多层公寓街区组成，公共基础设施、商店、学校和医疗设施将它们连接到了一起。在这种地理环境背景之下，每个家庭的生活对于大多数邻居来说都是可见的。

如果没有社区标识，此类分析是无法进行的。通过与数据负责机构（北卡罗来纳大学和莫斯科高等经济学院）的特别协议，部分研究人员获得了社区标识。首先，基于已知社区标识我们就可以构建基准测试集，其次，可以设计一个从数据中恢复该社区标识的真实场景。采用数据挖掘文献中所提出的记录链接技术，我们基于个人人口统计数据重构了社区隶属关系。该数据链接技术主要依赖于对具备非高频属性值的数据对象实体的观测，这些数据实体间的精确关联可能会透露个人地址，进而基于地址和人口统计数据的组合泄露个人姓名。需要特别说明的是，本研究并不是想论证匿名化处理的个人数据的脆弱性，而是想说明一种真实的数据驱动决策综合场景，以及在此场景之下对个人隐私与身份识别的权衡。此外，本研究还分析了部分披露限制对实证模型估计值的影响。我们发现任何一种限制都会造成模型中单点标识的消失。换言之，在利用个体水平数据时，我们必须在部分披露限制与模型单点标识间做出明确的取舍。

本研究综合了数据挖掘、统计披露限制以及基于损坏或污染数据的模型识别等不同的分析思想,并提出了统计实验序列极限条件下一种新的基于组合数据的模型识别方法。

在本研究中,当选定数据的组合流程使一个数据集中至少一个数据项与其他数据集中的敏感信息(如消费选择、治疗方案等)和辅助性个人信息间建立关联的可能性超过设定的置信度阈值时,将代表一次成功的链接攻击,即所谓的个人信息泄露。计算机领域已经对此类攻击的最优结构以及数据发布要求进行了探索与研究。链接攻击结构是基于最优记录链接结果的,该技术一直被数据库分析与数据挖掘所利用。正如 Ridder 和 Moffit 所描述的那样,在一定程度上,这种技术也被应用于组合数据的经济计量学研究。记录链接就是提供一种(可能性)概率规则以在特定数据集与其他数据集中的记录间建立匹配,目的是将与同一个体相对应的数据项链接到一起。在一些特例中,计算机科学家已经证实仅简单地删除个人信息,如姓名和社会安全号码,并不能保护数据避免个人信息泄露。Sweeney 通过链接选民注册数据和马萨诸塞州群体保险委员会(Massachusetts Group Insurance Commission,GIC)匿名化处理的医疗门诊数据(仅保留病人出生日期、性别和邮编),就识别出了时任美国马萨诸塞州州长的 William Weld 的医疗记录。Netflix 大奖赛所发布的"去个性化"数据也被证实会导致巨大的隐私风险。Narayanan 和 Shmatikov(2008)的研究表明,利用辅助性信息就可以从电影选择信息或 Netflix 所存储的其他数据中识别出部分 Netflix 用户的身份标识。

现代医学数据库给个人信息泄露带来了更大的机会。最为典型的大型个体数据库就是全基因组关联分析(Genome-Wide Association Study,GWAS)。GWAS 专门分析人类健康状况与疾病感受性的基因起源。此类研究通常会公布次等位基因频率数据,用以帮助研究人员证实所分析健康状况的基因起因证据。然而,目前可以公开获得美国 NIH HapMap 项目中的单核苷酸多态性（single nucleotide polymorphism，SNP）数据集，其中包含了来自四个群体的 SNP 数据，每个群体都有约 60 个个人样本。Homer 等人（2008）的研究表明，利用 HapMap 项目数据他们可以推断出具有某种已知基因型的个人是不是次等位基因频率平均值报道中的混合 DNA 样本。为了进一步挖掘隐私，可以将个人的核苷酸序列与 HapMap 样本群体和子样本的次等位基因频率平均值进行比较。因为整个所报道的次等位基因频率列表可能非常长，所以发生个人信息泄露的概率极高。此时，假若一项研究是专门分析某种特定健康状况或疾病的，那么发现某个人属于这个研究子样本则意味着这个人是这种健康状况或患有这种疾病。

Samarati 和 Sweeney（1998）、Sweeney（2002a，2002b）、LeFevret 和 Dewitt、Ramakrishnan（2005），Agarwal 等（2005）、LeFevret 和 Dewitt、Ramakrishnan（2006）以及 Ciriani 等设计开发了一种称为 k 匿名（k-anonymity）的处理方法以应对链接攻击威胁。简单地说，一个提供 k 匿名的数据库就是，对应某一数值 k，当通过任何方式从数据库中检索一个人时都要至少返回 k 个人的结果。换言之，就是数据库中存储的任何一个人的信息都会与其他 k 个人的信息"混合"到一起。一些 k 匿名操作原型已经应用到了实践中。数据组合过程如果能利用至少 k 个可能匹配的链接时，需要遵循防范个人泄露（身份泄露）风险所必需的条件。

合成数据研究文献给出了另一种不同的解决方案。Duncan 和 Lambert（1986），Duncan 和 Mukherjee（1991），Duncan 和 Pearson（1991），Fienberg（1994，2001），Duncan 等（2001）以及 Abowd 和 Woodcock（2001）的系列研究表明合成数据成为隐私保护的有效工具，它可以在分析数据特定分布属性（如列表）的同时，对个人信息泄露风险提供一定程度的管控（如从数据中"筛选"某部分样本的可能性）。合成数据的另一个显著特征就是这些数据具有足够鲁棒性以满足泄露风险控制的更高要求。Dwork 和 Nissim（2004），Dwork（2006）的研究中提出了差分隐私的概念，可以为任意一种辅助数据集相关的隐私泄露提供一种泄露风险概率保障。Abowd 和 Vilhuber（2008）的研究则进一步证明了这一点，合成数据具有足够鲁棒性以满足差分隐私要求。因此，我们可以利用合成数据来满足泄露风险管制的要求，当与某一辅助个人数据源进行组合时，利用合成消费者数据替代真实消费者数据。

本章研究更加关注的是部分泄露。部分泄露是指所公布的信息（如从组合数据样本中所获得的统计估计值）有足够高的可能性反映一组人群的某些敏感特征。我们对部分泄露给出了形式定义并发现，一般而言，我们是可以控制这种风险的，因此部分泄露风险的控制是具有实际可执行性的。

尽管本研究采用了新的识别方法分析个人泄露风险边界要求的影响，但仍然采用了基于污染数据或损坏数据的部分模型识别的研究思路。Manski（2003），Horowitz 等（2003），Horowitz 和 Manski（2006），以及 Magnac 和 Maurin（2008）等系列研究已经表明，许多数据修正方法，如属性值的最高标准化处理和分层，都会导致所关注参数单点标识的丢失。Molinari（2008）在研究中将某些数据匿名化影响的评估，设置为一般的错误分类问题。在本章的研究中，我们发现通过构建与数据组合过程相对的适配数据集来识别目标参数的方法非常有效。而且本章研究还表明，所识别数据集的规模与部分泄露风险的消极指数直接成正比。这一有力的结果充分说明，用户行为模型中所使用数据的信息量与个人数据安全间存在直接冲突。而复杂性的提高以及模型的非线性关系则进一步加大了在两者之间进行取舍的难度。

本章研究中，我们将第三方利用基于组合数据的统计估计值恢复用户敏感信息的能力与部分泄露风险关联到了一起。我们认为估计模型本身可能就会泄露信息。因此，当利用这样一个模型做出（可观测）政策决断时，用户的某些机密信息就可能被发现。现实世界中利用可观察的企业策略对用户数据进行链接攻击的例子就是网络广告。特别是 Korolova（2010）给出了脸书微广告造成隐私侵犯的案例。脸书并不允许广告商直接访问其用户数据，但在广告商界面上却允许他们面向特定细粒度的目标用户集开展广告推广活动。换句话说就是，广告商可以从脸书用户中（基于位置、朋友和喜好）划分一个非常小的群体以确定广告受众。Korolova 的研究同时表明，通过非常具体的目标列表，一些用户可能与其他用户被完全地区分开来。接下来，如果有人想恢复那些"被隐藏"的用户特征，如年龄或性倾向，只需要构建差异化的广告推广活动，即根据不同的个人特征值向用户推荐不同版本广告。而此时广告商工具允许广告商来观察哪个脸书用户显示了哪个版本的广告。

当某家企业可以"定制"其个人用户政策时，例如，某家优先医疗机构（PPO）可以根据顾客日常行为为他们提供个性化服务推荐，或者根据需要特别处理的病人数量进行专科医生分诊，此时所看到的政策结果本身可能就会泄露个人信息。换言之，即使在企业并非有意为之的情况下，这种泄露也会发生。

个人数据安全并不是隐私的代名词，因为隐私可能会包含用户的主观价值。隐私是一个复杂的概念，通常也无法以一种正式保证的形式呈现以应对冒犯者进攻。将个人信息视为用户所珍视的"产品"的观点，可以为隐私经济学带来重要启示。Varian（2009）的研究所采用的方法可以帮助研究者分析特定情景中的私有数据发布，即需要权衡私有数据发布所带来的网络效应以及其后所带来的效用损失的情景。网络效应可能会带来私有数据所有者的竞争优势损失，这一点在系列研究中进行了讨论（Taylar，2004；Acquisti 和 Varian，2005；Calzolari and Pavan，2006）。但也可以设想如下场景，即企业因为可能基于过去的用户行为提供定价而获取相对优势。在这种情况下，隐私的个人主观认识是非常重要的。这一点无论是在实验环境（Gross and Acquisti 2005；Acquisti and Grossklags 2008）还是在现实环境（Acquisti，Friedman and Telang 2006；Miller and Tucker 2009；Goldfarb and Tucker 2010）的研究之中都得到充分体现。基于上述研究发现，我们认为披露保护在隐私泄露中具有关键作用，因为没有数据防护就不可能实现隐私保护。

本章后续内容的安排如下：10.2 节介绍了处理效应模型、数据可用性以及本章所采用的数据组合流程。10.3 节说明了数据组合流程的倾向分数和平均处理效应计算方法，主要是在可用数据集规模趋于无穷大的背景下分析这些值的属性。10.4 节提出了部分披露和部分披露保证的形式化概念，讨论了真实模型参数的单点标识与部分披露限制的权衡取舍。10.5 节是实证研究。

10.2　模型设置

在许多现实场景中，研究样本中个人的治疗状态是最为敏感的信息，敏感程度甚至远超治疗效果或者个人基本信息。例如，为评估某种药物疗效，就需要考虑它与其他药物间的相互作用。许多消炎药物与标准的 HIV 治疗间会存在相互作用，为判断这种相互作用的效应，就需要评估 HIV 治疗状态对该消炎药物疗效的影响方式。某人参与消炎药物研究的事实并不会带来什么敏感信息，但是某人接受 HIV 治疗药物的信息却是负面的。

本研究主要是考虑当治疗状态是敏感（抑或潜在有害）信息时，倾向分数与平均处理效应的估值问题。假设，某人对治疗的响应有两个潜在结果 Y_1，$Y_0 \in Y \subset \mathbb{R}$，治疗状态为 $D \in \{0, 1\}$。治疗结果 Y_1 表示接受治疗，而 Y_0 则代表未接受治疗。每个人也可以通过个人协方差向量 $x \in X \subset \mathbb{R}^p$ 进行描述，如人口统计特征、收入和位置等。

每个人还可以利用向量 V 和 W 描述，这些向量包含了系列真实值变量和字符串变量（如社会保险号、姓名和地址等），利用它们可以识别出某个人但无法推断其治疗结果。V 属于积空间 $\nu = S^* \times R^\nu$，其中 S^* 是一个任意非数值型有限空间。例如，S^* 可能是由所有姓名和出生日期组成的空间（其中我们对姓名长度设置了"合理"的限制，即 30 个字符）。字符串组

合 {'John'，'Smith'，'01/01/1990'} 就是这个空间中的一个点。这个组合中的每个字符串都可以转化为数字二进制格式，那么空间 S^* 的可数性与有限性将遵循由所有固定长度二进制数值所构成集合的可数性。我们同时假定空间 V 具有距离。关于字符串间距离的定义已经有很多个（Wilson et al.，2006）。我们可以将空间 S^* 中的范数定义为空间中某点与一个"一般"点之间的距离，这个"一般"点与最经常观察到的特征集相对应。我们将向量 V 的范数定义为空间 S^* 范数与 $\mathbb{R}^v$ 中标准欧式范数的加权和，并标记为 $\|\ \|_v$。同样，我们假定向量 W 为 $W = S^{**} \times \mathbb{R}^w$，其中 S^{**} 也是一个有限空间。W 的范数定义为一个加权范数并标记为 $\|\ \|_w$。空间 S^* 与 S^{**} 可能会拥有共同的子空间。例如，它们可能都包含个人的姓名。然而，在我们的研究中并不要求这种共同元素的存在。随机变量 V 和 W 可以通过特定概率空间定义，该空间具有基于空间 V 和 W 的 Borel 子集定义的 σ 有限概率测度。

我们假设数据生成过程是从随机向量 $(Y，D，X，V，W)$ 的联合分布中抽取一个独立同分布（i.i.d）N_y 的过程。这些抽样构成了（不可行的）"主"样本 $[\{y_i，d_i，x_i，v_i，w_i\}]_{i=1}^{N_y}$。因为这个向量中的所有变量不可能同时收集到，或者部分变量被人为删除了，所以关于治疗状态（治疗结果）和个人具体协变量的数据并不会出现在同一个样本中。第一个样本是一个包含 N_y 个观察值的独立同分布样本 $\{x_i，v_i\}_{i=1}^{N_y}$，属于公共领域。也就是说，研究人员或研究机构都可以访问到这个数据集。第二个数据集是一个来自"主"数据集的子集，具有 $N \leqslant N_y$ 个观察值，包含了治疗相关变量 $\{y_j，d_j，w_j\}_{j=1}^{N}$ 的信息 [①]。这个数据集是私有的，因为只有数据管理方（如医院网络）可以得到而外部研究人员和一般公众都无法获得这个数

---

① 我们的分析也可应用于其他拆分数据子集框架。例如，x 和 y 包含于同一数据子集，而 d 却只能在其他数据子集中观测。同样我们也可以考虑如下情况，x 中的部分变量（并非全部）可以与 d 一起观测到。此类情形是我们实证研究有所需要处理的情况。我们分析的要求就是 x 中的部分相关变量不能与 d 同时观测到。

据集。我们主要关注，甚至对于数据管理方来说，私有数据集与公有数据集间也没有直接链接的情况。换言之，就是 v_i 与 w_j 中的变量并不能在两个数据集间直接建立链接。在本章 HIV 治疗（或检验）的案例中，我们主要考虑如下情形：（应病人之要求）HIV 治疗（或检测）数据部分或全部匿名，仅有少数几项数据属性可以使数据管理方在两个数据集间建立关联。

我们将模型元素建立在如下假设之上：

假设 1：

（a）治疗结果满足条件无混淆性，即 $(Y_1, Y_0) \perp D \mid X = x$。

（b）X 至少有一个元素是连续分布，且密度与其子集严格正相关。

我们将倾向分数定义为 $P(x) = E[D \mid X = x]$，且假定对于特定 $0 < \delta < 1$，倾向分数超过 $(1 - \delta)$ 的知识，即：

$$P(x) > 1 - \delta$$

构成了敏感信息。下一个假设则表明调查总体中有部分样本的倾向分数会超过敏感阈值。

假设 2：

$$Pr(x: P(x) > 1 - \delta) > 0$$

$\overline{P}$ 则表示所有个体在分布上的平均倾向分数：

$$\overline{P} = E[P(x)]$$

我们将潜在结果 Y_1 和 Y_0 的分布视为 X 非参数条件分布，观察结果如下定义：

$$Y = DY_1 + (1 - D)Y_0$$

除了关注倾向分数外，我们还关注了条件平均治疗效果的值：

$$t_{ATE}(x) = E[Y_1 - Y_0 \mid X = x]$$

以及由某些协变量 χ_0 确定的群体的平均治疗效果：

$$t_{ATE}(\chi_0) = E[Y_1 - Y_0 \mid X \in \chi_0]$$

本章我们重点关注倾向分数和整体平均治疗效果。

对倾向分数和治疗效果的评估需要我们同时观察治疗状态及其结果和

协变量。平均治疗效果的一致估计 t_{ATE} 可以据此构建：首先，评估倾向分数；其次，根据倾向分数加权估算整体效果。

$$t_{ATE} = E\left[\frac{DY}{P(X)} - \frac{(1-D)Y}{1-P(X)}\right]$$

然而，在本章研究中治疗及其结果并未与协变量同时观测。为解决这个问题，我们将利用识别向量 V 和 W 中的信息将两个不同数据集中的信息联系到一起，从而对倾向分数和 ATE 进行估算。

假设数据管理者对正确地估计治疗效果感兴趣（例如，通过在研究的药物包装上贴上警示标签来进一步利用研究结果做出可观测到的决策），我们假设数据管理者将构建链接程序，该程序将很有可能正确组合两个数据集。

我们的工作分两步进行。首先使用标识符和协变量中包含的信息的相似性来提供两个数据集之间的链接。然后，将从重建的联合数据集中估算所感兴趣的效果。为了建立两个数据集之间的相似性，研究人员利用变量中包含的数值和字符串信息构建了向量值变量。我们假设研究人员构造变量 $Z^d = Z^d(D, Y, W)$ 和 $Z^x = Z^x(X, V)$（单个标识符）都属于 $Z = S \times \mathbb{R}^2$ 的空间范围。S 的空间是一组具有任意性质的有限集，例如，一组字符串对应包含在 S^* 和 S^{**} 中的字符串信息。我们选择一个在 S 中的距离，该距离是使用定义在 $d_s(\cdot, \cdot)$ 字符串上一个常用距离构建的，那么 Z 的距离被定义为 d_s 的加权组合和标准欧氏距离：

$$d_z(Z^x, Z^d) = (w_s d_s(z_s^x, z_s^d)^2 + w_z \| z_z^x - z_z^s \|^2)^{1/2}$$

其中，

$$Z^x = (z_s^x, z_z^x)$$

且

$$w_s, w_d > 0$$

然后我们在 S 中定义"null"元素作为观察到的属性集，该属性集与其他观察到的属性集共享的分量数量最多，并将其表示为 0_s。那么 Z 的规范是被定义为与零值的距离：

$$\| Z \|_z = (w_s d_s(z_s, \ 0_s)^2 + w_s \| z_z \|^2)^{1/2}$$

变量 Z^d 和 Z^x 的构造可以利用 W 和 V 可以包含重叠部分的这个事实，例如，个人的姓名和出生日期。然后，可以将标识符的相应分量设置为等于那些特征。但是，标识符可能还包括个体特征的遥远的相似性。例如，V 可以包含个人的姓名，W 可以包含种族（但不包含名称）。然后我们可以使 Z^d 的一个分量取值 0 到 4，对应私人数据集中的个体，这些个体含有没有被记录过的种族信息，或者是非洲裔、白人、西班牙裔或亚洲人。

然后，使用公共数据集，我们可以构建 Z^x 的分量，该分量将对应一个猜测，这个猜测是基于个体姓名所在种族的猜测。这种猜测可以基于一些简单的分类规则，例如，个人姓名是否属于美国人口普查中排名前 500 的西班牙裔美国人名单，或者该姓名是否属于由特定民族主导的国家的前 500 常用姓名。例如，分类器将姓名"Vladimir Putin"分类为白种人，给出 Z^x 值为 2，并将名称"Kim Jong Il"分类为亚洲人，给出 Z^x 值为 4。

当用于组合两个数据集的一组数字和字符串特征足够多，或者包含一些潜在"难以复制"的信息时，例如，个人的全名，那么如果进行匹配，则很可能可以单独输出一个人的数据。为了正式确定这个概念，我们期望假如标识符采用罕见的值（我们将这种情况建模为标识符具有大量规范的情况），那么 Z^d 和 Z^x 值接近的事实意味着两个相应的观察值很可能属于同一个个体。Z^d 和 Z^x 的值越罕见，该概率越高。我们对构造标识符的分布保持的假设如下所示。

假设 3：我们修正了一些 $\bar{\alpha} \in (0, \ 1)$，使得对于任何 $\alpha \in (0, \ \bar{\alpha})$：

（a）（标识符的相似度）

$$Pr(d_z(Z^x, \ Z^d) < \alpha \mid X = x, \ D = d, \ Y = y, \ \| Z^d \|_z > 1/\alpha \geq 1 - \alpha。$$

（b）（极值的非零概率）

$$\lim_{\alpha \to 0} Pr\left(\| Z^d \|_z > \frac{1}{\alpha} \mid D = d, \ Y = y \right) \Big/ \phi(\alpha) = 1$$

$$\lim_{\alpha \to 0} Pr\left(\parallel Z^x \parallel_z > \frac{1}{\alpha} \mid X = x \right) / \psi(\alpha) = 1$$

适用于某些非减函数和正函数 $\phi(\cdot)$ 和 $\psi(\cdot)$.

（c）（组合数据中标识符的冗余）存在足够大的 M，使得所有 $\parallel Z^d \parallel_z$ $\geq M$ 和所有 $\parallel Z^x \parallel_z \geq M$，则

$$f(Y \mid D = d, \ X = x, \ Z^d = z^d, \ Z^x = z^x) = f(Y \mid D = d, \ X = x)_\circ$$

假设 3（a）反映了这样的观点：罕见数值的标识符可以提供更可靠的匹配。换句话说，例如，如果在北卡罗来纳州达勒姆收集的公共和私人数据集中，我们发现属性为"Denis Nekipelov"的观察结果，我们期望它们属于同一个体的概率高于我们发现两个属性值为"Jane Doe"的概率。因此，对于更独特的个体，治疗状态可以更可靠地恢复。我们强调特定罕见标识符并不意味着相应的观察结果是"异常值"。实际上，如果公共和私有数据集都包含非常详细的个人信息，例如全名和地址的组合，则大多数属性值都是独一无二的。

假设 3（b）要求有足够数量的罕见属性值的观测值。这一事实实际上可以在每个观察到的子集内凭经验建立，因此，这一假设是可检验的。

假设 3（c）是用于识别目的的最重要的假设。这意味着即使对于标识符的极端值和观察到的协变量，只要恢复"主"数据集，标识符就只能用于数据标签的目的。有两个不同的论点支持我们使用这个假设。首先，在标识符是高维的情况下，罕见的属性组合不必对应于变量的异常值。例如，如果两个数据集都包含名字和姓氏以及出生日期和个人社会保障号码的最后四位数字，那么所有属性的特定组合可能极其罕见，即使是拥有共同姓名的个人也是如此。其次，即使标识符可以包含模型相关信息（例如，我们期望标记为"Vladimir Putin"的个体的餐馆选择与标记为"Kim Jong Il"的个体的选择不同），我们期望该信息被吸收在协变量中。换句话说，如果个人的性别和国籍可能是与模型相关的信息，那么我们将这些信息包含在协变量中。

我们继续进行分析，讨论从组合数据集中识别模型。

在本章的其余部分，我们假定假设 1-3 成立。

10.3 从组合数据中识别治疗效果

假设变量不包含在同一个数据集中，如果不与主样本中的数据分布有某种近似，就不可能识别治疗效果参数。将两个数据集中的观察结果联系起来的方法之一是使用我们在上一节中描述的标识符。另一方面，标识符是个体层面的变量。即使数据生成过程的特征是分布在字符串上，如姓名，我们只有在将两个数据集中一个具体的"约翰·史密斯"的数据链接起来时，才能正确恢复主数据集。这意味着数据组合本质上是一个有限的样本过程。我们通过确定性数据组合规则 D^N 来表示数据组合过程，对于每对标识符 z_j^d 和 z_i^x，返回二进制结果：

$$M_{ij} = D^N(z_i^x, z_j^d),$$

如果我们认为两个观察值属于同一个个体，则将其标记为匹配（$M_{ij} = 1$），如果我们认为观察值不太可能属于同一个个体或对此不确定，则将其标记为不匹配（$M_{ij} = 0$）。尽管我们可能会考虑许多非线性数据组合规则，但在本章中，我们将重点讨论由假设 3(a) 生成的一组数据组合规则。特别地，对于一些预先指定的 $\bar{\alpha} \in (0, 1)$，我们考虑了数据组合规则

$$D^N = 1\{d_z(z_i^x, z_j^d) < \alpha_N, \|Z_i^x\| > 1/\alpha_N\},$$

该序列由柯西序列 α_N 生成，使得 $0 < \alpha_N < \bar{\alpha}$，并且 $\lim_{N \to \infty} \alpha_N = 0$。生成该序列的目的是构建一组阈值，该组阈值将在限制范围内隔离所有罕见值。为了保证这一点，该序列必须满足以下两个条件：第一，对于罕见值的观察，正确匹配的概率将接近 1，因为观察两个标识符为两个不同的个体而取得非常接近的值的概率将非常小（与观察罕见属性值的概率的平方

成比例)。第二，对于属性值罕见的特定个体，标识符值接近的条件概率将是更大的数量级(与观察属性值的概率成比例)。因此，适当缩放的阈值序列将能够挑出正确的匹配。

让 m_{ij} 成为属于同一个人的来自公共数据集的观察结果 i 和来自私人数据集的观察结果 j 的事件的指示器。由于我们可以进行不正确的匹配，M_{ij} 不一定等于 m_{ij}。然而，我们希望这两个变量高度相关，这意味着我们使用的数据组合过程是适当的。

关于我们的数据组合过程，我们将通过从公共数据集和私有数据集获取所有观察值对来形成重建的主数据集，我们将其表示为匹配($M_{ij}=1$)，并丢弃所有其他观察值。我们可以考虑用更复杂的规则来重建主样本。特别是，我们可以通过改变阈值 α_N 来创建主样本的多个副本，然后通过对用较高阈值构建的数据集进行加权来合并来自这些样本的信息。

重建的主数据集将具有小样本分布，表征结果的联合分布和所有被决策规则 D^N 识别为匹配的观测值的协变量。我们使用 $f_{\alpha N}^N(y_i \mid d_j, \ x_i, \ z_i^x, \ z_j^d)$，应用于大小为 N 的样本的决策规则来表示结果分布的条件密度。假设决策规则不能完全识别来自同一个体的信息，密度 $f_{\alpha N}^N(\cdot)$ 将是"正确"分布与被错误识别为匹配的结果分布的混合：

$$f_{\alpha N}^N(y_j \mid d_j, \ x_i, \ z_i^x) = f_{Y\mid D, \ X}(y_j \mid d_j, \ x_i) Pr(m_{ij}=1 \mid D^N(z_i^x, \ z_j^d)=1) +$$

$$f_{Y\mid D}(y_j \mid d_j) Pr(m_{ij}=0 \mid D^N(z_i^x, \ z_j^d)=1),$$

其中我们按惯例，一旦进行正确匹配，标识符就冗余，以及 i. i. d. 样本中的观察结果必须是独立的。因此，如果匹配不正确，结果不应与治疗相关。我们用 $E_{\alpha N}^N[\cdot \mid d_j]$ 表示关于密度积的条件期望值，

$$f_{\alpha N}^N(\cdot \mid d_j, \ x_i, \ z_i^x) f(x_i, \ z_i^x)$$

我们还可以引入有限样本分布所隐含的倾向分数，我们称之为 $P_{\alpha N}^N(\cdot)$。有限样本倾向分数的特征在于混合分布，其结合了正确的倾向分数和平均倾向分数

$$P_{\alpha N}^{N}(x) = P(x)Pr(m_{ij} = 1 \mid x_i = x, \ D^N(z_i^x, \ z_j^d) = 1) + \overline{P}Pr(m_{ij} = 0 \mid x_i = x, \ D^N(z_i^x, \ z_j^d) = 1)$$

我们可以根据 x 的值选择序列 α_N 来扩展我们的数据组合方法。然后 $Pr(m_{ij} = 0 \mid x_i = x, \ D^N(z_i^x, \ z_j^d) = 1)$ 的值即使在极限也将取决于 x。我们考虑到了这种情况。事实上，在本章的后面，我们利用这个机会为不同的 x 值选择不同的阈值序列。为了强调我们允许阈值序列依赖于 x，我们将为 x 选择的阈值序列表示为 $\alpha_{N, x}$（而不是 α_N）。

在本节的开头，我们指出，需要基于字符串值标识符合并数据进行估算是一个内在的有限采样过程。因此，我们建议将该模型的识别分析作为一系列数据组合过程的限制条件。我们考虑到这样的情况，即数据管理员可能想要对某些 x 使用几个序列 $\alpha_{N, x}$，并表示这些序列的集合为 $C_{0, x}$。

定义 1：我们用 p^N 表示所有函数的集合 $p : x \rightarrow [0, 1]$，它们对应于所有序列的有限样本倾向分数的集合 $\alpha_{N, x}$ 在 $C_{0, x}$：

$$P^N = \underset{|\alpha N, \ x| \in C_{0, \ x}}{U} \{P_{\alpha N, \ x}^N(\cdot)\}$$

我们将倾向分数的 N – 识别集称为 P^N，它与具有阈值决策规则的数据组合过程相兼容。

我们用 T^N 表示对应于一组治疗效果的 R 子集，T^N 的计算见公式 (2.1)，针对 $C_{0, x}$ 中的所有序列 $\alpha_{N, x}$ 使用对应于 $\alpha_{N, x}$ 倾向分数 $P_{\alpha N, \ x}^N(\cdot)$：

$$T^N = \underset{|\alpha N, \ x| \in C_{0, \ x}}{U} E_{\alpha N, \ x}^N \left[\frac{D_j Y_j}{P_{\alpha N, \ x}^N(X_i)} - \frac{(1 - D_j)Y_j}{1 - P_{\alpha N, \ x}^N(X_i)} \right]$$

我们将具有平均治疗效果的 N 识别集称为 T^N，它与具有阈值决策规则的数据组合过程兼容。

下面的定义 2 将与数据组合过程兼容的可识别的数据集描述为在所有可能的阈值序列下，估计治疗效果的所有极限和倾向分数的集合，这些阈值序列是有界的并收敛到零。假设重建的主样本依赖于样本大小，则与应用于大小为 N 的随机分割样本的数据组合过程兼容的治疗效果参数集将依

赖于 N。假设大小为 N 的样本中的小样本分布总是被误识别为匹配的结果的正确联合分布和边际结果分布的混合，则获得单点标识的唯一方法是在极限内。因此，当样本量 N 接近无穷大时，我们根据与由有限样本分布构造的数据组合过程兼容的已识别集的极限行为来考虑参数识别的概念。

定义 2：

（a）如果 p^{∞} 是来自 N 识别集 p^N 倾向分数函数序列的所有部分逐点极限集，我们称 p^{∞} 为阈值决策规则下倾向分数的已识别集合。即函数 $f(\cdot)$ $\in p^{\infty}$，对于某些 $f_{Nk}(\cdot) \in p^{N_k}$，仅当 $f(x) = \lim_{N_k \to \infty} f_{N_k}(x)$，对于支持 X 的任何 x，

（b）类似地，如果 T^{∞} 是来自 $N-i$ 个已识别集合 T^N 的 ATE 序列的所有部分极限的集合，则我们称之为决策阈值规则下的平均治疗效果的已识别集合。也就是说，$t \in T^{\infty}$ 时，对于某些 $f_{N_k}(\cdot) \in P^{N_k}$.

$t = \lim_{N_k \to \infty} t_{N_k}$。

（c）如果 $p^{\infty} = \{P(\cdot)\}$，倾向分数是从综合数据中确定的点数；否则，只识别与决策阈值规则兼容的集合。

（d）如果确定的集合是单例 $T^{\infty} = \{t_{ATE}\}$，平均治疗效果参数是从组合数据中确定的点；否则，只识别与决策阈值规则兼容的集合。

我们的下一个想法将基于平均治疗效果参数集的特征和在假设 3 下给定阈值决策规则下识别的倾向分数。我们从下面的引理开始分析，这个引理直接来自假设 3（b）和（c）的组合。

引理 1：在假设 3 下，倾向分数可以从具有罕见属性值的观察结果中识别出来：

$$P(x) = E\left[D \mid X = x,\ d_z(Z^x,\ Z^d) < \alpha_{N,\ x},\ \| Z^x \|_z > \frac{1}{\alpha_{N,\ x}} \right]$$

此外，平均治疗效果可以从具有罕见属性值的观察结果中识别出来：

$$t_{ATE} = E\left[\frac{DY}{P(X)} - \frac{(1-D)Y}{(1-P)(X)} \middle| d_z(Z^x,\ Z^d) < \alpha_{N,\ x},\ \| Z^x \|_z > \frac{1}{\alpha_{N,\ x}} \right]$$

这个引理指出，如果我们能够正确地重建主数据集，仅针对罕见属性值的观测，这些观测就足以正确识别我们感兴趣的部分。两个因素对这些结果至关重要。首先，我们需要假设 3（c）来建立标识符冗余，以便为那些标识符值罕见的观测构建匹配。其次，我们需要假设 3（b）来保证观察到罕见值标识符的个体的非零概率。

我们分析中遇到的最大的挑战是确定哪些柯西序列具有适当的行为，以便 在 $N \to \infty$ 时隔离罕见的属性值，并保证不匹配的概率接近零，前提是观察结果在重构的主样本中。我们的方法是通过将一对观测值误认为匹配的概率进行适当的反演。我们可以提供一般结果，在有限的重构主样本中提供不匹配的固定概率。

命题1：假设对于 $x \in X$，所选序列 $\{\alpha_{N, x}\} \in C_{0, x}$ 满足

$$Pr(m_{ij} = 0 \mid X_i = x, \ DD^N(z_i^{\ y}, \ z_j^{\ d}) = 1) \to \gamma(x)$$

对于某些 $\gamma(x) \in [0, 1]$ 为 $N \to \in \infty$。然后

$$(3.2) \ P_{\alpha N, x}^N(x) = E_{\alpha N, x}^N[D_j \mid X_i = x] \to (1 - \gamma(x))P(x) + \gamma(x)\overline{P}, \ 和$$

$$(3.3) \ T_{\alpha N, x}^N = E_{\alpha N, x}^N\left[\frac{D_j Y_j}{P_{\alpha N, x}^N(X_i)} - \frac{(1 - D_j)Y_j}{1 - P_{\alpha N, x}^N(X_i)}\right] \to t_{ATE}$$

$$+ E\left[(E[Y_1] - E[Y \mid X, D = 1]\overline{P})\frac{\gamma(X)}{(1 - \gamma(X))P(X) + \gamma(X)\overline{P}}\right]$$

$$- E\left[(E[Y_0] - E[Y \mid X, D = 0](1 - \overline{P}))\frac{\gamma(X)}{1 - (1 - \gamma(X))P(X) + \gamma(X)\overline{P}}\right].$$

命题 1 指出，如果一个人控制组合数据集中的不匹配概率，那么通过这样的过程恢复的倾向分数是真实倾向分数和被治疗个体的预期分数 P 的凸组合。因此，通过数据组合程序恢复的倾向分数将偏向于预期的治疗个体比例。此外，最终确定的平均治疗效果将是真实 ATE 和非平凡项的总和。换句话说，在"限制性"重建主数据集中出现不匹配的观测值会使估计的 ATE 偏向零。

公式化定理是基于这样一个前提，即导致不正确匹配的极限概率等于 $\gamma(x)$ 的 $C_{0,x}$ 中的序列。满足这一性质的基本序列的存在证明见 Komarova、Nekipelov 和 Yakovlev（2011）。这些序列是由函数 $\phi(\cdot)$ 和 $\psi(\cdot)$ 的行为决定的。文中的结果表明，对于每个 $\gamma(x) \in [0, 1]$，我们可以找到导致极限错配概率等于 $\gamma(x)$ 的柯西序列。

我们的下一个目标是使用一个特定的序列，使失配概率在极限内接近零。

定理 1：（倾向分数和 ATE 的单点标识）。假设对于每个 $x \in X$，所选序列 $\{\alpha_{N,x}\} \in C_{0,x}$ 满足：

$$\lim_{N \to \infty} Pr(m_{ij} = 0 \mid x_i = x, \ D^N(Z_i^y, \ Z_j^d) = 1) = 0$$

那么：

$$P_{\alpha N,x}^N(\cdot) \to P(\cdot)$$

逐点在 X 上无处不，并且当 $N \to \infty$ 时，

$$T_{\alpha N,x}^N \to t_{ATE}$$

换句话说，倾向分数和治疗效果是单点识别的。

10.4　在有限的局部信息披露情况下，倾向分数和平均治疗效果的推断

计算倾向分数和治疗效果的数据管理者必须采用将两个数据集与可用的观察标识信息相结合的技术。我们处理上述数据组合的方法是基于构建阈值的决策规则，即如果观察到的个体属性在选定的距离中是接近的，则该规则将观察结果标识为与单个个体上的数据相对应的"匹配"。通过这种方法，我们可以构建阈值序列，这将导致对一部分人群出现非常高的正确匹配概率，从而我们可以单点标识倾向分数和治疗效果参数。

如果我们提供一个高质量的匹配结果，那么我们在关于个人的公共信息和该个人的治疗状态之间就建立了可靠的联系。发布重建的主数据集将

对个人隐私构成明显的威胁。然而，即使重建的主数据集不公开，公开估计的倾向分数和/或治疗效果本身的值也可能对个体数据的安全性构成直接威胁。为了衡量这种披露在可能的连锁攻击中的风险，我们使用了一种基于 Lambert（1993）中对披露概念的衡量方法。我们为此衡量方法提供了一个正式的定义。

如果已发布的数据信息中可能暴露个人的一些敏感特征，则可能会出现部分信息披露。在我们的案例中，我们关心的信息是倾向分数和治疗效果。特别是，在我们的案例中，个体的敏感特征是个体的治疗状态，或者具有特定特征的个体如何可能接受治疗。

下面我们为倾向评分部分披露存在的风险提供正式定义。该定义采用以下两个给定参数。一个参数是 $1 - \delta$，它表示倾向分数信息的敏感度水平。也就是说，个人倾向分数高于 $1 - \delta$ 的信息被认为是有害的。另一个参数 v 代表一个容差水平——具体地说，v 是可能被披露了有害信息 $P(x)$ $> 1 - \delta$ 的个体比例的上限。我们对部分披露的定义的另一个重要组成部分是数据管理员向公众披露了多少关于数据组合程序的信息。我们将这一信息表示为 $\mathcal{I}$。例如，如果数据管理员披露，对于某些 $\gamma(x)$，$Pr(m_{ij} = 0$ $| \ x_i = x, \ D^N(Z_i^y, Z_j^d) = 1) \to \gamma(x)$，那么公众可以确定在极限范围内，具有特征 x 的个人公开倾向分数具有 $(1 - \gamma(x))P(x) + \gamma(x)\overline{P}$ 的形式。此外，如果数据管理员公开 $Pr(m_{ij} = 0 | \ x_i = x, \ D^N(Z_i^y, Z_j^d) = 1)$ 的值或 $\gamma(x)$ 的值，然后，公众可以确定真实的倾向分数 $P(x)$[①]，因此，如果该倾向分数高于 $1 - \delta$，则公众获得潜在的破坏性信息。

定义 3：让 $\mathcal{I}$ 成为数据管理员发布给公众的关于数据组合过程的信息。令 $\delta \in (0, 1)$ 且 $v \in [0, 1]$。给定 $\mathcal{I}$，我们认为，如果公众能够确定 $P(x) > 1 - \delta$ 的个体在私人数据集中所占的比例不超过 v，那么对部分披

---

① 请注意，$\overline{P}$ 值是从公共数据集得知的。

露的风险提供约束保证值为$(1-\delta,\underline{v})$。$\underline{v}$的值被称为部分披露风险的界限。

将$\underline{v}$设置为$\underline{v}=0$意味着我们想要保护私有数据集中的所有个人。

我们对部分披露所下定义背后的想法是，可用模型中的公开值$P_{\alpha N,x}^{N}(\text{or }\lim_{N\to\infty}P_{\alpha N,x}^{N})$来确定积极治疗状态的概率是否超过给定阈值。如果我们可以高置信度确定某些个体，那么这样的个体被标识为具有积极治疗状态的"高风险"个体。这种信息可能极具破坏性。

在下面的定理中，我们证明了公开真实倾向分数与低披露风险并不相容。

定理 2：假设

$$\lim_{N\to\infty}Pr(m_{ij}=0\mid x_i=x,\ D^N(Z_i^x,Z_j^d)=1)=0\ ,\ x\in X$$

如果数据管理员发布信息，如公式（4.4）所示，那么对于足够大的N，发布倾向分数$P_{\alpha N,x}^{N}$（或其极限）与足够小的$\underline{v}$的部分披露风险$\underline{v}$的界限不兼容。

定理 2 的形式结果依赖于假设 2 和定理 1，并且基于两个元素。首先，使用阈值决策规则，我们能够构建组合数据集序列，其中协变量的有限样本分布接近真实分布。其次，根据估计的数据分布情况，我们可以加强对数据中个体治疗状况的了解。对于某些人来说，积极治疗状态的概率可能非常高。

这一结果迫使我们思考如何避免某些个体潜在的非常敏感的信息泄露的情况。对部分披露风险的约束性保证本质上需要数据管理者在任何大小的数据集中保留一定比例的不正确匹配结果。如命题 1 中所讨论的，固定比例的不正确匹配导致计算出的倾向分数偏向人群中被治疗的个体，并且还导致平均治疗效果的偏差。

定理 3：假设$\overline{P}$值是公开可用的，且$\overline{P}<1-\delta$。如果数据管理员选择$\alpha_N(x)$，使得对于所有的$x\in X$，有$\gamma(x)=\lim_{N\to\infty}Pr(m_{ij}=0\mid x_i=x,\ D^N(Z_i^x,Z_j^d)=1)>0$，则部分披露风险的约束保证为$(1-\delta,0)$。对于所有$P(x)$

$> 1 - \delta$ 的个体，选择足够大的 $\gamma(x)$ 值以保证 $\lim\limits_{N \to \infty} P_{\alpha N, x}^N = (1 - \gamma(x))P(x)$ $+ \gamma(x)\overline{P} < 1 - \delta$。

我们假设数据管理员提供了数据被错误匹配的信息，并且匹配错误不会随着 $N \to \infty$ 而接近0，也不会提供 $Pr(m_{ij} = 0 \mid x_i = x, \ D^N(Z_i^x, \ Z_j^d) = 1) = 0$ 或 $\gamma(x)$ 的值。在这种情况下，公开的倾向分数和治疗效果的行为如公式(3.2)和公式(3.3)所示，因此，不能识别真实倾向分数和真实治疗效果。

请注意，在定理3的框架中，对于 $P(x)$ 较小的个体，数据管理者可能希望选择一个非常小的 $\gamma(x) > 0$，而对于 $P(x)$ 较大的个体，对 $\overline{P}$ 的偏差必须足够大。

备注1：继续假设 $\overline{P} < 1 - \delta$。请注意，如果一个 x 值个体的公开倾向分数确实小于 $\overline{P}$，那么公众将能够得出该个体的真实倾向分数肯定小于 $\overline{P}$ 的结论。如果一个 x 值个体的公开倾向分数确实大于 $\overline{P}$，那么公众将能够得出该个体的真实倾向分数肯定大于 $\overline{P}$ 的结论，但是在定理3的条件下，不知道是否 $P(x) > 1 - \delta$。如果一个 x 值个体的公开倾向分数等于 $\overline{P}$，那么公众就不能对 $P(x)$ 做出任何有用的结论 —— 也就是说，$P(x)$ 可以是 $[0, 1]$ 中的任何值。

关于倾向分数值的发布和发布时提供的信息，我们可以考虑一下数据管理者可能利用的其他方法。例如，对于 $P(x) < 1 - \delta$ 的某些个体，数据管理者可以选择 $\gamma(x) = 0$，并提供信息，说明对于某些个体，数据匹配时没有极限误差，但是对于其他个体，匹配误差必须为正，并且在 $n \to \infty$ 时（假设数据管理者没有指定 $Pr(m_{ij} = 0 \mid x_i = x, \ D^N(Z_i^x, \ Z_j^d) = 1$ 或 $\gamma(x)$ 的值），不接近于0。在这种情况下，定理3的结果仍然成立。

下一个定理给出了当数据管理员发布更多信息时隐私保护的结果。

定理4：假设 $\overline{P}$ 的值是公开可用的，且 $\overline{P} < 1 - \delta$。如果数据管理员选择 $\alpha_N(x)$ 的方式使得对于所有 N，在 $x \in X$ 情况下，

$$Pr(m_{ij} = 0 \mid x_i = x, \ D^N(Z_i^x, \ Z_j^d) = 1 \geq \overline{\gamma}$$

则部分披露风险的约束保证值为$(1 - \delta, \ 0)$。对于$P(x) > 1 - \delta$的个体，$Pr(m_{ij} = 0 \mid x_i = x, \ D^N(Z_i^x, \ Z_j^d) = 1$的值选择需足够大，以保证对于所有$N$：

$$P_{\alpha N, \ x}^N = (1 - Pr(m_{ij} = 0 \mid x_i = x, \ D^N(Z_i^x, \ Z_j^d) = 1)) P(x) + Pr(m_{ij} = 0 \mid$$

$$x_i = x, \ D^N(Z_i^x, \ Z_j^d) = 1) \overline{P} < 1 - \delta$$

我们假设数据管理员提供了数据错误匹配的信息，并且匹配错误大于或等于已知值$\overline{\gamma}$，但没有提供$Pr(m_{ij} = 0 \mid x_i = x, \ D^N(Z_i^x, \ Z_j^d) = 1$或$\gamma(x)$的值。在这种情况下，公布的倾向分数和治疗效果的行为如公式（3.2）和公式（3.3）所示，因此，无法识别真实倾向分数和真实治疗效果。

总而言之，因为我们想要对披露风险施加约束，所以我们就不能对真正的倾向分数和真正的平均治疗效果进行单点标识。这意味着来自组合数据集的计量经济模型的单点识别与个体信息的安全性不相容。如果公开可观察到的政策是基于非公开的治疗状态和关于个体的公开信息的组合，那么只有当它是基于对倾向分数的有偏见的估计和有偏见的治疗效果时，才能从该政策中获知任何个人的治疗状态。

下一个定理考虑了当$\overline{P} > 1 - \delta$时的情况。它表明，在这种情况下，任何从治疗效果评估中得出的倾向分数的点估计值的发布都与低披露风险不相容。

定理5：假设$\overline{P}$值是公开可用的，并且$\overline{P} > 1 - \delta$。那么公布的倾向分数将揭示所有$P(x) > 1 - \delta$的个体——即使这些数据与一个正的（甚至非常大的）误差相结合。令：

$$p^* = Pr(x: P(x) > 1 - \delta)$$

也就是说，p^*是关于倾向分数的破坏性信息的个人的比例。如果$\underline{v} \leq p^*$，则不能获得部分披露风险的约束保证值在$(1 - \delta, \ \underline{v})$区间。

在定理5的框架中，公布倾向分数（或公开可观察使用）显然是不安全的。换句话说，我们可以得知足够数量的个人的高倾向分数。为了保护他们的隐私，不应发布任何倾向评分。

10.5 结论

在本章中，我们分析了来自多个匿名来源的数据组合对个人信息公开可能构成的严重威胁。虽然匿名数据集本身可能不会构成直接威胁，但组合数据中可能会出现这种威胁。我们要解决的主要问题是，是否可以根据所有这些数据集的信息做出统计推断，而不会引起信息披露风险。我们引入了统计部分公开的概念来描述当数据组合允许对手以很小的错误识别概率识别某个特定的个体特征时的情况。我们的分析集中在对个体治疗效果的估计上，由于该个体治疗状态敏感，因此，这种治疗状态的统计恢复的可能性非常不乐观。我们证明了，数据挖掘文献中的各种技术可以用于重建组合数据集，而几乎不需要辅助信息。我们还证明了，平均治疗效果的统计模型的单点识别与为保护个人信息而强加的统计部分公开风险的界限不相容。

统计部分公开在"大数据"世界中变得至关重要。虽然许多消费者公司一直在例行收集私人消费者数据，但现代数据驱动的商业模式需要在商业决策中使用这些数据。一个常见的例子是在线广告投放技术，其根据过去的消费者行为和已知的消费者特征让消费者接触广告。广告投放基于估计器，该估计器将用于基于给定消费者和在某种意义上与该消费者相似的其他消费者的历史行为来预测该消费者广告点击行为。《福布斯》杂志发表了一篇文章，解释了塔吉特百货（Target）如何使用信用卡信息来识别同一顾客的重复购买行为，以及如何使用各种来源来识别一组人口统计特征，基于收集的人口统计信息和消费者过去购买的产品组合，塔吉特百货公司能够识别正在怀孕的（女性）消费者最有可能购买的产品组合。基于这一预测，塔吉特百货公司在婴儿区发了优惠券。《福布斯》接着讲述了一个轶事，当时塔吉特百货公司的客户服务人员接到一位父亲的愤怒电话，说他女儿拿到了优惠券。一周后，这名父亲给塔吉特打电话致歉，因为他女儿确实怀孕了。

随着计量经济学和机器学习方法的进一步发展，类似的故事将出现在各种各样的环境中，从医疗服务（人们已经根据他们报告的生活方式，饮食和运动习惯获得定制的自动医疗建议）到房地产（像 Zillow 这样的公司为房主提供房屋销售和购买时间的自动推荐）。我们认为，保密限制可以与大数据工具齐头并进，以提供旨在提高消费者福利（结果是更好的消费者定位）的技术和正式隐私保障。我们在本章中研究了其中的一些技术。

参考文献

Abowd, J. , and L. Vilhuber. 2008. " How Protective Are Synthetic Data?" *Privacy in Statistical Databases* 5262 : 239 –46.

Abowd, J. , and S. Woodcock. 2001. " Disclosure Limitation in Longitudinal Linked Data. " In *Confdentiality, Disclosure, and Data Access : Theory and Practical Applications for Statistical Agencies*, edited by P. Doyle, J. Lane, L. Zayatz, and J. Theeuwes, 215 –77. Amsterdam : North Holland.

Acquisti, A. 2004. " Privacy and Security of Personal Information. " In *Economics of Information Security*, vol. 12, edited by L. Jean Camp and Stephen Lewis, 179 –86. New York : Springer Science + Business Media.

Acquisti, A. , A. Friedman, and R. Telang. 2006. " Is There a Cost to Privacy Breaches? An Event Study. " *Proceedings of the Twenty – Seventh International Conference on Information Systems.* doi : 10. 1. 1. 73. 2942 & rep = rep1 & type = pdf.

Acquisti, A. , and J. Grossklags. 2008. " What Can Behavioral Economics Teach Us about Privacy?" In Digital Privacy : Theory, Technologies, and Practices, edited by A. Acquisti, S. Gritzalis, S. DiVimercati, and C. Lambrinoudakis, 363 – 79. Boca Raton, FL : Auerbach Publications, Taylor & Francis Group.

Acquisti, A. , and H. Varian. 2005. " Conditioning Prices on Purchase History. " *Marketing Science* 33 : 367 –81.

Aggarwal, G. , T. Feder, K. Kenthapadi, R. Motwani, R. Panigrahy, D. Thomas, and A. Zhu. 2005. " Approximation Algorithms for k-anonymity. " *Journal of Privacy Technology*, Paper no. 2005 112001.

Bradley, C. , L. Penberthy, K. Devers, and D. Holden. 2010. " Health Services Research and Data Linkages : Issues, Methods, and Directions for the Future. " *Health Services Research* 45 (5, pt. 2) : 1468 –88.

Calzolari, G. , and A. Pavan. 2006. " On the Optimality of Privacy in Sequential Contracting. " *Journal of Economic Theory* 130 (1) : 168 –204.

Ciriani, V. , S. di Vimercati, S. Foresti, and P. Samarati. 2007. " k – Anonymity. " In *Secure Data Management in Decentralized Systems*, vol. 33, edited by T. Yu and S. Jajodia. Berlin : Springer – Verlag.

Duncan, G. , S. Fienberg, R. Krishnan, R. Padman, and S. Roehrig. 2001. " Disclosure Limitation Methods and Information Loss for Tabular Data. " In *Confdentiality, Disclosure and Data Access : Theory and Practical Applications for Statistical Agencies*, edited by P. Doyle, 135 –66. Amsterdam : North Holland.

Duncan, G. , and D. Lambert. 1986. " Disclosure – Limited Data Dissemination. " Journal of the American Statistical Association 81 (393) : 10 –18.

Duncan, G. , and S. Mukherjee. 1991. " Microdata Disclosure Limitation in Statistical Databases : Query Size and Random Sample Query Control. " In *Proceedings of IEEE Symposium on Security and Privacy*, 278 –87.

Duncan, G. , and R. Pearson. 1991. " Enhancing Access to Microdata While Protecting Confdentiality : Prospects for the Future. " *Statistical Science* 6 (3) : 219 –32.

Dwork, C. 2006. " Differential Privacy. " In *Automata, Languages and Programming*, edited by M. Bugliesi, B. Preneel, V. Sassone, and I. Wegener, 1 –12. Berlin : Springer – Verlag.

Dwork, C. , and K. Nissim. 2004. " Privacy – Preserving Data Mining on Vertically Partitioned Databases. " In *Advances in Cryptology – CRYPTO* 2004, edited by M. Franklin, 134 – 38. New York: Springer.

Fienberg, S. 1994. " Conficts between the Needs for Access to Statistical Information and Demands for Confdentiality. " *Journal of Ofcial Statistics* 10:115.

——. 2001. " Statistical Perspectives on Confdentiality and Data Access in Public Health. " *Statistics in Medicine* 20 (9 – 10): 1347 – 56.

Goldfarb, A. , and C. Tucker. 2010. " Online Display Advertising: Targeting and Obtrusiveness. " *Marketing Science* 30 (3): 389 – 404.

Gross, R. , and A. Acquisti. 2005. " Information Revelation and Privacy in Online Social Networks. " In *Proceedings of the* 2005 *ACM Workshop on Privacy in the Electronic Society*, edited by V. Atluri, S. di Vimercati, and R. Dingledine, 71 – 80. New York: Association for Computing Machinery.

Homer, N. , S. Szelinger, M. Redman, D. Duggan, W. Tembe, J. Muehling, J. Pearson, D. Stephan, S. Nelson, and D. Craig. 2008. " Resolving Individuals Contributing Trace Amounts of DNA to Highly Complex Mixtures Using High – Density SNP Genotyping Microarrays. " *PLoS Genetics* 4 (8): e1000167.

Horowitz, J. , and C. Manski. 2006. " Identifcation and Estimation of Statistical Functionals Using Incomplete Data. " *Journal of Econometrics* 132 (2): 445 – 59.

Horowitz, J. , C. Manski, M. Ponomareva, and J. Stoye. 2003. " Computation of Bounds on Population Parameters When the Data are Incomplete. " *Reliable Computing* 9 (6): 419 – 40.

Komarova, T. , D. Nekipelov, and E. Yakovlev. 2011. " Identifcation, Data Combination and the Risk of Disclosure. " CeMMAP Working Paper no. CWP39/11, Centre for Microdata Methods and Practice, Institute for Fiscal Studies Korolova, A. 2010. " Privacy Violations Using Microtargeted Ads: A Case Study. " In *IEEE International Workshop on Privacy Aspects of Data Mining* (*PADM* ' 2010), 474 – 82, Washington, DC. doi: 10. 1109/ ICDMW. 2010. 137.

Lambert, D. 1993. " Measures of Disclosure Risk and Harm. " *Journal of Offcial Statistics* 9:313.

LeFevre, K. , D. DeWitt, and R. Ramakrishnan. 2005. " Incognito: Efficient Full Domain k-Anonymity. " In *Proceedings of the* 2005 *ACM SIGMOD International Conference on Management of Data*, edited by Fatma Ozcan, 49 – 60. Association for Computing Machinery.

——. 2006. " Mondrian Multidimensional k – anonymity. " In ICDE ' 06 Proceedings of the 22nd International Conference on Data Engineering, 25. Institute of Electronics and Electronic Engineers.

Magnac, T. , and E. Maurin. 2008. " Partial Identifcation in Monotone Binary Models: Discrete Regressors and Interval Data. " *Review of Economic Studies* 75 (3): 835 – 64.

Manski, C. 2003. *Partial Identifcation of Probability Distributions*. Berlin: Springer Verlag.

Miller, A. , and C. Tucker. 2009. " Privacy Protection and Technology Diffusion: The Case of Electronic Medical Records. " *Management Science* 55 (7): 1077 – 93.

Molinari, F. 2008. " Partial Identifcation of Probability Distributions with Misclassifed Data. " *Journal of Econometrics* 144 (1): 81 – 117.

Narayanan, A. , and V. Shmatikov. 2008. " Robust De – Anonymization of Large Sparse Datasets. "

In SP 2008 *IEEE Symposium on Security and Privacy*, 111–125. Institute of Electronics and Electrical Engineers.

Ridder, G. , and R. Moftt. 2007. " The Econometrics of Data Combination. " *Handbook of Econometrics* 6 (6b): 5469–547.

Samarati, P. , and L. Sweeney. 1998. " Protecting Privacy When Disclosing Information: k-Anonymity and Its Enforcement through Generalization and Suppression. " Technical Report SRI–CSL–98–04, Computer Science Laboratory, SRI International.

Sweeney, L. 2002a. " Achieving k – Anonymity Privacy Protection Using Generalization and Suppression. " *International Journal of Uncertainty Fuzziness and Knowledge–Based Systems* 10 (5): 571–88.

——. 2002b. " k-Anonymity: A Model for Protecting Privacy. " *International Journal of Uncertainty Fuzziness and Knowledge–Based Systems* 10 (5): 557–70.

Taylor, C. 2004. "Consumer Privacy and the Market for Customer Information. " RAND *Journal of Economics* 35 (4): 631–50.

Varian, H. 2009. "Economic Aspects of Personal Privacy. " In *Internet Policy and Economics*, edited by W. H. Lehr and L. M. Pupillo, 101–09. New York: Springer Science + Business Media.

Wilson, A. , T. Graves, M. Hamada, and C. Reese. 2006. " Advances in Data Combination, Analysis and Collection for System Reliability Assessment. " *Statistical Science* 21 (4): 514–31.

Wright, G. 2010. "Probabilistic Record Linkage in SAS® . " Working Paper, Kaiser Permanente, Oakland, CA.

Yakovlev, E. 2012. "Peers and Alcohol: Evidence from Russia. " CEFIR Working Paper no. 182, Center for Economic and Financial Research.

第11章 信息丢失

信息对消费者和企业所承诺的"天堂"会因为数据泄露而"消失"吗？这部史诗正在上演。

Catherine L. Mann[①]

11.1 前言

互联网使用范围不断扩大，使得越来越多的公司可以访问不断扩大的信息数据库，包括个人搜索记录、交易和偏好。这些信息转化为一系列有针对性的、消费者容易消费或补充购买的新闻和广告，以及其他有针对性的商品、服务和信息，所有这些都增加了客户价值，但也增加了信息丢失的可能性，并产生严重后果。同样，企业拥有前所未有的窗口来了解客户的行为和偏好，通过这些窗口，可以改进产品、细分市场，从而增加利润，但也增加了信息丢失或滥用的可能性。《数字化议程》有助于构建和平衡企业和消费者从风险中获得信息的好处与信息丢失的代价，在日益全

① Catherine L. Mann 是 Brabara'54 和布兰迪斯大学 Richard M. Rosenberg 全球金融教授。Alok Mistry 提供了有益的研究协助，他在这个项目中亲身经历了数据泄露（因笔记本电脑被盗）。关于作者致谢、研究支持来源以及作者重要财务关系的披露，如有，请参见 http: // www. nber. org/chapters/c12990. ack。

球化的信息和交易流动的背景下，更是如此。

首要的是概念框架。信息市场结构中的三个关键要素影响收益和成本的评估和平衡。首先，信息展现出了经济规模和范畴，这挑战了市场有效定价信息的能力。其次，信息市场的参与者不是孤立分散（atomistic）的，并且其在市场力量方面是不对称的，这会影响利益和成本的发生率和分布。另外，信息丢失是一个概率事件，但由于其分布未知，这将对收益特别是成本的评估提出挑战。最后，信息市场是全球性的，由异质性企业、消费者以及政策制定者构成，政策制定者对市场不完善所作出的政策反应有所不同。

接下来是对框架的实证分析。美国对数据泄露的强制性披露是本研究及参考资料的分水岭。如果不进行披露，就无法根据信息收集和汇总的好处调查信息丢失的风险和潜在成本。披露有助于向消费者、企业和政策制定者揭示数据丢失的性质，并可能改变激励措施，影响成本和收益的发生率和平衡。然而，披露不仅可以把每个事件传达给每个人，还可以只传达给少数人。事实上，没有全球一致的披露方法，甚至根本没有披露的概念，因此对信息市场成本和收益的实证估值的窗口很窄。

即便如此，关于信息披露如何运作的证据也开始出现。如果市场对信息披露的反应足以分摊和平衡成本与收益，那么原则上，不需要对市场进行政策干预。到目前为止，情况似乎并非如此。关于数据泄露的性质、收益和成本的发生率、市场参与者的反应以及政策干预有效性证据的更多信息应有助于确定数字化议程的优先次序。

本章将沿着以下思路进行阐述。第11.2节回顾了各种概念框架，依据这些框架我们可以分析信息市场的结构。第11.3节提供了关于信息丢失的程度和性质的证据。信息损失的规模、损失的部门、损失的来源、损失的成本、信息的市场价值等在全球范围内有什么趋势？第11.4节阐述了信息丢失后的市场和政策反应，并回顾了可以补充市场纪律的立法和法律策略。特别注意跨界信息流的挑战，包括对数据安全的态度和优先级的差异。第 11.5 节总结了《数字化议程》的优先事项。

11.2　用于分析信息市场和数据泄露的框架

消费者因使用互联网获得的收益明显来自竞争加剧和价格下降（Morton 2006）、品种更多（Goolsbe and Klehow 2006）以及更快获取更广泛的公共信息（Greenstein and Mcdevitt 2011；Yan，Jeon and Kim 2013）。Wallsten（本卷第 2 章）继续评估消费者使用互联网的利益。然而，随着技术和社会互动的快速变化，很难准确地确定消费者增加的利益幅度有多大，因此还有很多工作要做。

使用互联网产生的信息是信息市场的基本组成部分。在这个市场中，信息成本与收益的发生率与平衡的概念框架包括评估消费者使用互联网所获得的收益，但它是一个拥有更多参与者也更复杂的框架。为了简单起见，假设信息市场由信息的发起者（如消费者，他们通过搜索和信息交换来揭示他们的偏好）、信息中介（如传输数据的公司，以及收集、汇总和保留信息的公司）和最终用户（如呼吁汇总数据以改进产品的公司）组成。我们应该如何模拟信息和三个参与者之间的相互作用？信息是原子性的还是说信息在汇聚到数据库中时存在经济、规模和范围？参与者是否是原子式的实体？数量是否相同？或者它们在经济关系中的集中度和市场力量是否不同？不确定性的本质是什么？回答这些问题有助于确定信息市场在 Adam Smith 意义上的"经典"程度和 Arrow-Debreu 意义上的"完整"程度，或者它是否是一个有缺陷的市场。

很多作者已经尝试对信息市场进行建模，部分学者还明确提出了数据泄露的问题。下文中回顾的几篇论文都以信息市场结构为总体框架，包括数据聚合的规模经济和范围经济，多个非孤立的参与者，以及无法预测数据泄露的性质、概率及后果的环境。基于这种市场结构来评估数据泄露的成本和发生概率，本身就是一种挑战。不仅如此，更大的挑战在于，在不同的地域和文化背景下，各种信息基本要素可能会受到不同程度的重视。当信息发生跨境流动时，这种差异化的重视（以及政策制定者的响应）可能会带来套利机会。

11. 2. 1　完整市场：基准市场结构

概述完全竞争市场——亚当·斯密市场——的特征是提供一个基准，以此来评估全球信息市场的结构。如果进行信息丰富的活动的环境以完美的竞争为特征，那么亚当·斯密的"无形的手"——每个人都以自己的利益行事——为所有参与者实现了最高的经济福祉。

在亚当·斯密市场中，一次性交易为每笔交易产生独特的价格。在这个经典的市场中，买家、中介和卖家都是孤立分散的。没有具有特定买方交易历史的数据库或具有类似特征的买方的数据库，这些数据库创建跨时间或跨个人的交易之间的相关性。不保留任何信息，因此不会丢失任何信息。平衡信息交换的好处与丢失信息的潜在成本不是问题。

亚当·斯密市场的延伸允许跨时间、跨距离、跨货币和不确定性的交易。在所谓的 Arrow-Debreu "完整" 市场（Arrow and Debreu 1954）中，市场参与者可与其他人进行的所有可能的交易都存在经济手段。一个完整的市场通过时间、空间和不确定性来适应交易的所有方面，并在无摩擦的世界中为该交易产生独特的市场决定价格。

虽然这些交易可能是相关的或不确定的，但交易的相关性（如利率和汇率）和不确定性（泄露概率）在完整市场中是完全已知的，并且会有效地体现在相关价格中。在完整市场框架中，私人和社会最优结果都可以实现，因为交易和孤立分散的市场参与者之间在所有可能的自然状态和时间之间存在完美的或完全的无摩擦的匹配。有了关于相关性和不确定性的完整信息，价格将充分反映信息交换的好处，从而可以平衡信息丢失的潜在成本，没有市场缺陷。

11.2.2 信息市场：违反完整市场框架

信息市场在许多方面违反了完整市场框架的关键假设，这使得定价信息变得困难，并引出了考虑市场不完善和排名第二的问题。更具体地说，如果没有准确的价格，围绕通过数据泄露丢失的信息进行信息交换的利益成本计算将非常具有挑战性。

第一个违反完整市场框架的关键假设是假设交易是一次性的或不相关的，就像 Adam Smith 的工作一样。事实上，信息具有规模经济和范围经济的特征。也就是说，由于个人行为的相关性，个人的一系列交易的信息价值大于个别交易的总和，这就是信息市场的规模经济特征；由于个体之间的相关性，聚合在许多个体上的信息价值大于任何个体的总和，这就是信息市场的范围经济特征。

即使每条独特的信息都具有唯一匹配的价格，那么该条信息本身的价值，及其在一个数据库中的价值，以及当两个（或 N 个）数据库合并在一起时的价值，这三者之间也无法形成完整的映射关系。① 数据库是信息市场的产物，其特点是规模经济和范围经济，除非有关于每个数据之间所有相关性的完整信息，否则信息的定价不完善。虽然信息市场及其参与者正随着技术和互联网的使用而迅速发展，但显然无法将完整市场框架所需的相关性足够充分、详细并及时地纳入信息价格中。

信息市场给完整市场框架带来的第二个挑战是不确定性的本质。不确定性通过可能的信息滥用进入信息市场。从理论上讲，完整的市场设置可以在数据泄露的情况下获得价格保险，但由于信息市场中的这种价格确定实际上几乎是不可能的，因此保险的精算公平价格也极其困难。

信息市场表现出两种难以定价的不确定性。第一种也是最具挑战性的

---

① 另一种思考是为什么数据库中的信息具有范围经济的方法，是考虑金融市场的类比：合并两个不相同的金融投资组合会带来多元化收益。

不确定性是信息随时间丢失的潜在相关性。由于今天丢失的信息的价值是未来所有可能的数据泄露的函数，因此今天的数据泄露不能确定其价值。未来的数据泄露对于今天对丢失的信息的评估很重要，因为今天的数据泄露中丢失的信息与未来数据泄露中丢失的信息之间的关系未知。未来信息的规模经济和范围经济特性影响当前的估值。

第二种不确定性是丢失的信息可能不会被滥用。信息丢失的成本应根据丢失的信息是否被恶意使用而有所不同。这两个不确定因素加在一起，使得评估信息损失变得相当困难。因此保险合同作为完整市场框架中的关键工具不太可能存在。[1]

第三个违反支撑完整市场基准模型的假设是，参与者不是孤立分散的。回想一下，信息市场有消费者（信息发起者）、中介（发送者和聚合者）和企业（使用信息来改进产品）。消费者众多，企业众多。信息的发送者和整合者是集中的，具有几种类型的市场力量，这将影响信息的价格和价值，因此影响与信息交换、信息安全和信息丢失相关的成本效益计算。此外，市场力量的程度和中介机构运作的规则在不同的国家和政策环境中差异很大。

这些违反完整市场框架的行为为研究提供了出发点。以下选定的论文侧重于信息市场的建模。一些论文专门论述了如何在信息丢失的情况下对成本效益计算进行建模。[2]

11.2.3 将污染模型应用于信息流

污染似乎是信息市场的一个很好的类比：污染具有（负）规模经济

---

[1] 英国《金融时报》的一篇文章（2014年4月23日）称，美国国际集团（AIG）正在提供一种"首创"保险产品，以保护企业免受对"物联网"造成产品责任和人身伤害的网络攻击（Alloway 2014）。在这些案例中（产品责任和人身伤害），数据泄露的后果在事件发生时就已经显现。

[2] 本章讨论的文献侧重于信息交换的好处和信息丢失的成本。其他研究更侧重于隐私主题。有关建模隐私的更多信息，请参阅美国商务部，NTIA 章节文章汇编；Roberds and Schreft (2009)，Anderson (2006)，及其参考文献。

效应、参与者（上下游）的不对称市场地位，以及暴露和补救的成本和收益方面的不确定性。Hirsch（2006）使用污染模型，并专注于负面的规模经济。他假定收集和汇总个人信息会产生负外部性。越来越多的人认为数字时代正在对隐私造成前所未有的破坏……数字经济企业往往不承担它们造成的伤害的代价。

正如污染是生产的结果一样，信息汇总（聚合）也是"生产"（互联网上的搜索和交易）的外部性。在信息市场的污染模型中，不需要数据泄露来产生危害，单是聚合就脱离了完整市场的框架。因为信息聚合所固有的规模经济特性，所以消费者与市场中的中介和企业对信息的估值之间存在价格差异。

Hirsch 继续进行信息市场的污染类比研究，并回顾了从"指挥与控制"服从（数量），到"第二代"（价格），或"以结果为导向"的政策等一系列政策战略演变，使有关实体找到自己的成本效益战略实现立法目标。Tang，Hu 和 Smith（2007）将这些策略应用于信息市场。他们从消费者偏好信任的视角来模拟信息收集。由于标准化监管并未与消费者偏好信任的异质性相匹配（某些消费者受到的监管过于严格，而对其他消费者的监管又不够），因此，这种方法降低了整体经济利益。相反，他们发现，在清晰和可信的环境下，自我监管是一个可以满足市场异质偏好的微妙策略。另外，Ioannidis，Pym 和 Williams（2013）认为"信息管理"内化了数据丢失的社会成本（就像企业社会责任政策可能使企业的污染方法内化，或者环境组织可能公布污染行为一样）。在这样一个信息管理员的推动下，公司将数据丢失的一些成本内部化，因此在信息安全方面的投入比他们的预期要高。Ioannidis，Pym 和 Williams 通过使用他们的模型发现社会福利得到了提高。

虽然环境经济学为信息市场提供了一种模型，但由于消费者和企业确实从信息聚合中获益，而且很难想象有人真的从下游污染中获益，因此这种类比得到了扩展。

此外，虽然污染模型考虑了市场力量和不确定性，但到目前为止，研究人员尚未将规模/范围经济、市场力量和不确定性这三个要素纳入信息市场的范畴。

11.2.4　太多的信息：有限理性下的权衡

全面的信息和无摩擦的市场是完整市场框架的关键。Acquisti（2010）首先论证了信息市场完全是权衡利弊："在选择共享或隐藏个人信息（以及选择利用或保护个人数据之间的平衡）之间取得平衡时，个人和企业都面临着复杂的，有时是无形的，常常模棱两可的权衡……，但权衡是经济学的自然领域。"

但随后，他指出，消费者有限的理性和交易成本使得做好这些权衡变得困难。上述两个问题都会影响信息的定价，信息聚合所产生的利益和成本的分配，及其可能带来的损失。如果消费者不知道自身信息的价值，就无法做好数据收集许可与数据泄露风险间的权衡。这些问题背离了完整市场模型，并且是 Acquisti（2010）成本效益计算模型的出发点。这种信息市场与完整市场框架间的偏离有多重要呢？

研究人员试图计算一个人自身信息汇总的价值。Hann（2002）等人使用联合分析发现，消费者以 40 美元至 50 美元的产品价值交换信息。便利性通常被认为是允许汇总个人信息的理由，就像网上银行所做的那样（Lichtenstein and Williamsson 2006）。另一种评估个人信息价值的方法是计算企业无法使用个人和汇总个人信息来定位广告的成本（Goldfarb and Tucker 2010）。关于消费者信息价值的实证研究表明，有限理性是一个重要问题。

政策制定者和企业对消费者有限理性的反应各不相同。欧盟（EU）隐私指令处于一个极端，以消费者不知道自己放弃了什么为由，限制收集和保留个人信息，并在 2014 年年初以"被遗忘的权利"强化了这种做法。其他政策需要主动同意（选择加入）或更透明（例如"本网站使用

cookie…点击这里查看我们的 cookie 策略")。一些企业正在寻找市场机会来应对有限的合理性问题。将一些易于使用的工具汇总到网站中，允许客户编辑与其搜索和交易活动相关的信息流，从而提高其信息的准确性和针对性。[①]

然而，信息聚合规模经济和范围经济特性的存在以及数据泄露的不确定性本质，意味着对信息的利益与信息丢失的潜在成本之间的平衡分析比仅仅分析个人的有限理性更复杂。

11.2.5 多个参与者、市场力量和披露的角色

许多文献都使用了一个双参与者框架来论述当信息丢失时信息聚合的成本与好处，即所谓的数据主体（如提供信息的客户）和所谓的数据持有者（如汇总客户数据以创建定制产品的企业）。事实上，信息市场中还有第三个参与者——中介（通过中介，信息"传递"和/或"中止"），如维萨、亚马逊和谷歌，以及不太被人熟知的企业，如 ChoicePoint 和 Acxiom。

市场参与者之间的孤立分散作用是完整市场框架的重要基础，但在信息市场中却被明显地违背。特别是，中介机构非常集中：谷歌约占所有搜索量的 70%，[②] 收集和保留所有这些信息；维萨约占所有美国卡交易的 3/4，创造了厚厚的财务和购买记录；[③] 亚马逊占美国所有在线销售的 15%，在所有零售公司中排名第十五位，并借此收集了大量数据。[④] 另外，使用谷歌和维萨以及用亚马逊购物的商家有数十亿。尽管他们的信息

---

① Singer（2013）.

② Multiple sources as of April, May, and June 2013. 截止到 2013 年 4 月、5 月和 6 月的不同渠道信息来源的数据统计。

③ http：//www. forbes. com/sites/greatspeculations/2013/05/03/visa-and-mastercard -battle-for-share-in-global-shift-to-plastic/.

④ http：//www. prnewswire. com/news-releases/amazoncom-captures-28-of-top- online-retailer-sales-205427331. html.

在那里，但实际上他们没有一个人与诸如 ChoicePoint 或 Acxiom 这样的中介进行过交互。在数据泄露案例中，这种差异化的信息交互和集中对于信息评估及其成本的大小和发生概率的评估都非常重要。

考虑到互动和集中，Romanosky 和 Acquisti（2009）使用系统控制策略来制定替代立法的方法，以减少信息损失带来的危害。三种方法中的两种来自事故立法：第一，在信息市场背景下事前的"安全监管"（如安全带）将包括颁布法律法规，比如支付卡行业数据安全标准，并要求中介机构遵守。但研究人员认为，事前标准关注的是输入（加密）而不是结果（危害），因此它们的效率不高。第二，事后责任法（如法律诉讼）可能包括因疏忽保护信息而被罚款。但是，事后诉讼可能是无效的，因为法院一直不愿意根据数据泄露导致未来某些损害的可能性来裁定损害赔偿（见第 11.4 节中不断变化的法律格局）。

第三种方法是披露数据泄露。披露数据泄露是计算提供和保护信息的成本和收益，以及在数据泄露的情况下分摊责任和成本的关键因素。Romanosky 和 Acquisti 指出，消费者认知偏差（对风险的误解）和披露数据泄露本身的成本（向谁披露什么，参见下面的讨论）是披露有效性的重要警告。

Romanosky 和 Acqusiti 利用他们的框架描述了一个经验实例，在这个例子中，由于中介机构的市场结构集中，所以认知偏差和披露成本不那么重要。具体来说，他们分析了信用卡发行机构和持有（或丢失）信用卡数据的企业之间的关系。他们认为，信息披露促进了数据持有者（和损失者）补救成本的内部化，即使提供信息的个人无法要求这种保护，也增加了充分保护个人信息的动机。

为什么信息披露有助于协调（某些）私人利益？首先，已经发生了足够多的数据泄露事件，这些成本已开始量化（将在第 11.3 和第 11.4 节中讨论）。其次，受影响的中介机构（在本例中为发卡机构）的数量足够少，以致它们有市场权力要求其他集中的中介机构（数据聚集者/持有人）进行补救（或施加惩罚）。最后，数据泄露披露法揭示了信息丢失与所需补救之间的因果关系链。信息披露法、成本的量化以及少量参与者促进了补救成本从发卡机构到那些实际丢失了信息的数据库聚合机构转移。因此，在这个过程中，至少一些数据泄露的成本被内化了。

然而，持卡人个人承担的信息丢失成本并未转移到发生数据泄露的公司。个人的市场力量微不足道，在交易意义上，个人远离数据聚合者/持有者。个人可以更换发卡机构，但他们没有能力影响发卡机构与交易信息汇总公司之间的关系。因此，个人造成的数据泄露成本并没有被中介机构内化，而且个人也没有市场力量来影响这种内化。与完整市场框架中的孤立分散的参与者不同，信息市场在集中度和市场力量方面存在差异，这些差异会影响数据泄露成本的分配，以及为避免此类泄露而支付技术的价格和意愿。（更多信息见第 11.3 节和第 11.4 节）[①]

11.2.6 数据泄露的概率分布

完整市场框架的第三个关键基础是不确定性的定价。由于种种原因，对数据泄露的发生概率进行估计并对其所带来的后果进行定价是具有挑战性的。然而，面对代价高昂的数据泄露（见第 11.3 节），企业越来越多地转向风险建模，以决定对信息安全技术的投资。

数据泄露事件的概率分布形状对于计算泄露成本和进行安全投资的好处至关重要。假设数据泄露遵循正态分布得到的计算结果将会与以"肥尾"或极端异常分布为特征得到的计算结果不同。Thomas 等人（2013）考虑了在信息安全投资理论模型中的替代概率分布问题。

类比来自外汇市场以及在该市场中定价和使用的金融工具。假设一家

---

① 发生在 2013 年秋天的塔吉特（Target）公司大规模数据泄露事件在市场力量关系方面开辟了一片新的战场。此次塔吉特数据泄露主要是信用卡交易数据，该公司辩称如果应用芯片密码（chip-and-pin）技术则可以极大地降低数据泄露的可能性。因为美国的信用卡公司一般不支持芯片密码技术（尽管该技术是在欧洲使用的技术），所以塔吉特把此次数据泄露事件的部分责任转移到了信用卡公司身上。

公司想为以本国货币计价的海外收入流设定一个下限。在完整市场框架中，该公司可以购买一种期权，当国内外汇汇率达到某一特定值时，该期权将获得收益。在完整市场框架中，汇率变动的概率分布是完全已知的。期权的定价会精确到让公司对是否购买期权漠不关心（而对卖方而言，则让卖方对是否出售期权漠不关心）。促使一家公司买入期权，另一家公司卖出期权的因素之一是风险偏好的差异。

但是，假设概率分布没有被精确地参数化。例如，假设汇率波动遵循正态分布，但真实的分布有"肥尾"现象。触发期权的外币贬值概率相对于其在真实概率分布下的价值将被低估。该公司将不会购买该期权，并将遭受无补偿的损失。另外，如果公司假设极端异常值分布是正确的，那么当真实分布是正常的时，由于极端事件发生的可能性非常小，因此公司会购买过于昂贵的期权。

在信息市场上，也存在类似的问题，即如何求出数据泄露的正确概率分布。引发数据泄露的可能性的信息是有限的，并且发生数据泄露的可能性与数据滥用的可能性不同。在不知道正确的概率分布的情况下，对信息安全的投资可能会过多也可能会过少。此外，正确的市场参与者是否是安全措施的目标仍不清楚。例如，Anderson 等人（2012）指出：2010 年，一个自动垃圾邮件发送者发送的垃圾邮件占全球垃圾邮件的 1/3 左右，并获利 270 万美元。但 2010 年全球防止垃圾邮件的开支超过了 10 亿美元。因此，支出水平和目标似乎都不是最优的。

由于信息的规模经济特性和范围经济特性以及参与者的不同市场力量，优化数据安全投资的挑战更加严峻。与罕见的大规模数据泄露（"黑天鹅"事件，Taleb 2007，2010）相比，许多符合正态分布的小规模泄露的信息安全的成本效益计算是否有所不同？大规模的数据泄露是更有可能导致数据滥用，还是不太可能？信息的规模经济和范围经济的假设表明，随着时间的推移，经历的大规模数据泄露会增加对所有泄露信息的潜在滥用，无论这些信息之前是否被滥用。差异化的市场力量已经被视为改变了数据泄露成本的负担；它同样可以将责任的重担转移到投资信息安全上。搭便车和道德风险是导致信息市场偏离完整市场框架的差异化市场力量所包含的其他方面。

11.2.7　信息市场：定价与平衡收益和成本的挑战

总之，信息市场在三个方面违反了经典的完整市场框架。首先，信息具有规模经济和范围经济的特点，因此很难定价和进行价值评估。此外，虽然信息聚合的好处增加了，但在信息丢失的情况下成本也会增加。其次，各种市场参与者不是孤立分散的。信息的发起者，传输、汇总和保存信息的中介机构，以及汇总数据以增强产品的用户，这三者之间关系的特点是市场力量的差异化。不同的市场力量影响信息收益的分配和信息丢失时的潜在成本。最后，描述数据泄露事件和可能滥用的被泄露信息的概率分布存在很大的不确定性，因此很难评估丢失的信息。总体而言，这些偏离完整的市场框架的行为会导致市场定价和参与者行为的潜在低效率。这种低效率是否意味着政策制定者的干预需要更多的分析？

11.3　信息丢失趋势

第11.2节中提出的文献和框架指出了各种数据需求：如何评估包含规模经济和范围经济的信息，不同市场参与者之间市场力量关系的性质，以及信息丢失和（或）滥用的概率分布参数。所有这些都需要评估信息市场是否有效地平衡了所汇总信息的价值和信息丢失的成本。

针对这种不同的数据需求，本节仅提供了能反映信息丢失的程度和性质的证据。信息损失的规模、损失的部门、损失的来源、损失的成本、信息的市场价值、信息泄露后信息滥用的概率等，这些在全球范围内有什么趋势呢？

原始数据有多个来源，包括：隐私权交换中心（Privacy Rights Clearinghouse，PRC）和开放安全基金会（Open Security Foundation）；一些采用行业调查的咨询公司，如波耐蒙研究所（Ponemon Institute）、赛门铁克（Symantec）、威瑞森（Verizon）、标枪战略与研究（Javelin Strategy and Research）、毕马威欧洲（KPMG Europe）；利用消费者欺诈在线报告数据库的联邦贸易委员会和司法部。只有部分原始数据可供研究使用，大多数数据是私有产权的数据，本章研究利用了公共资源数据。研究人员能够访问私有数据将会非常有价值。

11.3.1　丢失了多少信息？通过什么途径呢？

隐私权交换中心2005年至2012年的数据[①]显示，在经济衰退最严重的时期，2009年数据泄露事件大幅减少后，数据泄露事件数量再度上升[②]（每一次泄露事件所损失的数据记录的不同数量，是衡量数据丢失的不同尺度，下文将加以讨论）。隐私权交换中心（Privacy Rights Clearinghouse，PRC）将泄露行为分为各种类型：丢失纸质文档或丢失计算机（台式计算机或笔记本电脑），无意泄露（如电子邮件列表中使用"抄送"而不是"密件抄送"），以及各种类型的欺诈（由内部员工或外部黑客通过支付卡进行欺诈）。[③] 前三种类型的信息丢失大多是过失行为导致的，虽然披露的信息仍有可能被误用。假设这些类型的欺诈行为具有某种恶意。

黑客入侵和内部欺诈是越来越重要的数据泄露源。但是，仍有数量惊人的数据泄露事件是以"丢失纸质文件或笔记本电脑，以及无意识的泄露"这种"老式方式"发生的，如图11-1所示。

---

① 　www. privacyrights. org/data-breach。

② 　2003年通过的《加州信息公开法》（详见第11.4节）。从2005年到2006年，数据泄露事件的激增，更有可能是由于更广泛地报告了数据泄露公告，并将数据收集到数据库中，而不是实际的大幅跃升。

③ 　开放社会基金会也采用了这种分类方案。

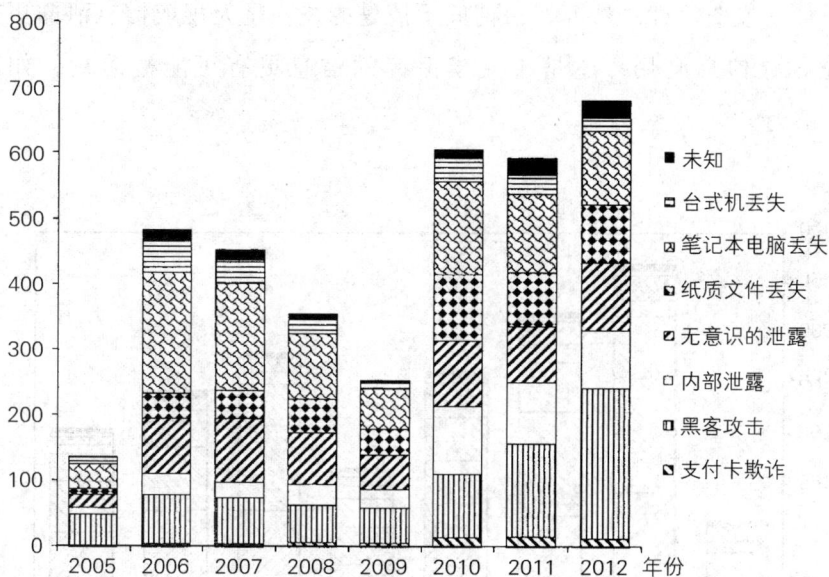

图 11-1 数据泄露次数、总数及方法

资料来源：隐私权交换中心（Privacy Rights Clearinghouse）。

虽然泄露声明表明信息已被泄露，但每一次泄露涉及的实际记录数量可以更好地衡量泄露的潜在成本，因为记录代表了有关个人的详细信息。并非所有的数据泄露事件都会披露有多少记录在泄露中丢失。事实上，只有大约一半的声明包含这些信息。（请参阅以下有关泄露社保号码的更多讨论）

对于揭示 2005—2012 年间丢失记录数量的数据泄露披露，每次泄露丢失记录直方图显示，最常见的泄露是较少的，涉及 1 ~ 10 000 条记录。中等规模的泄露（10 万至 50 万条记录）有所减少，但在阻止小规模或大规模的数据泄露方面进展甚微。尤其是大规模泄露事件（超过100 万条记录），虽然不常见，但尚未得到控制（以 2013 年塔吉特公司（Target）的大规模数据泄露为例）。此数据泄露直方图显示了数据泄露事件的概率分布。泄露类型与泄露规模的交叉表能帮助确定信息安全投资方面的投资目标。然而，目前尚不清楚的是，是大规模信息泄露更有可能导致信息滥用，还是小规模泄露的信息更有可能被滥用，如图11-2所示。

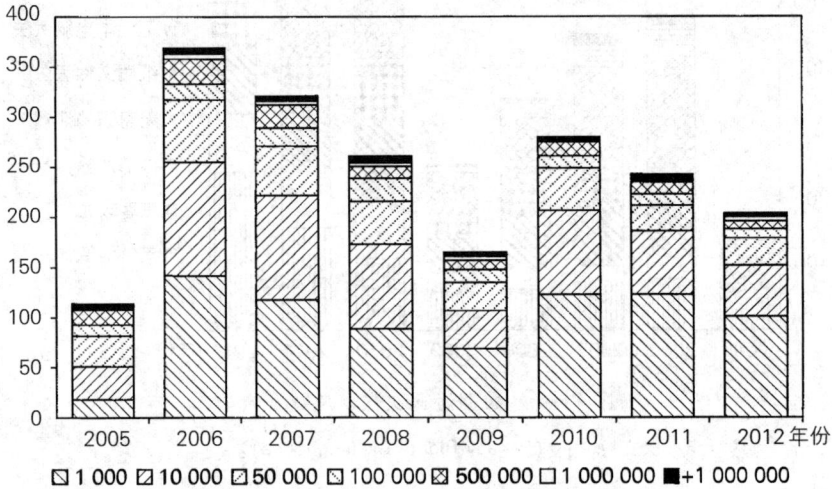

图11-2　各行业每次信息泄露的记录

资料来源：隐私权交换中心（Privacy Rights Clearinghouse）。

11.3.2　丢失了哪些信息？

与危害其他类型的个人信息的数据泄露相比，在数据泄露期间泄露社会保险号（SSN）会引起更大的关注，并可能造成代价高昂的信息损失（参见第11.4节中的证据）。根据隐私权交换中心的数据，人们对高价值信息是否会丢失的看法不一。在某种程度上，这种复杂的局面似乎是因为报告 SSN 丢失的情况越来越不完整。

随着时间的推移，暴露社保号的数据泄露有所增加，但在所有数据泄露中，那些暴露社保号的数据泄露已经减少。报道的社保号被暴露的记录数量从 2007 年的峰值开始下降，尽管这不是趋势。但这已经表明社保号暴露正变得不那么普遍，有可能是因为安全性得到了增强，如图 11-3所示。

另外，请记住，并非所有的泄露声明都披露了记录丢失的数量。对于危害社保号的行为，那些未披露社保号相关丢失录数量的泄露所占比例随着时间的推移而增加（图11-4）。考虑到发布数据泄露公告的各个行业，非商业（business-other，BSO）类别是最大的没有被曝光 SSN 记录是否被泄露的行业。医疗（MED）、金融（BSF）和零售（BSR）等可能受到更严格审查的行业似乎披露了更多信息，如图 11-5 所示。

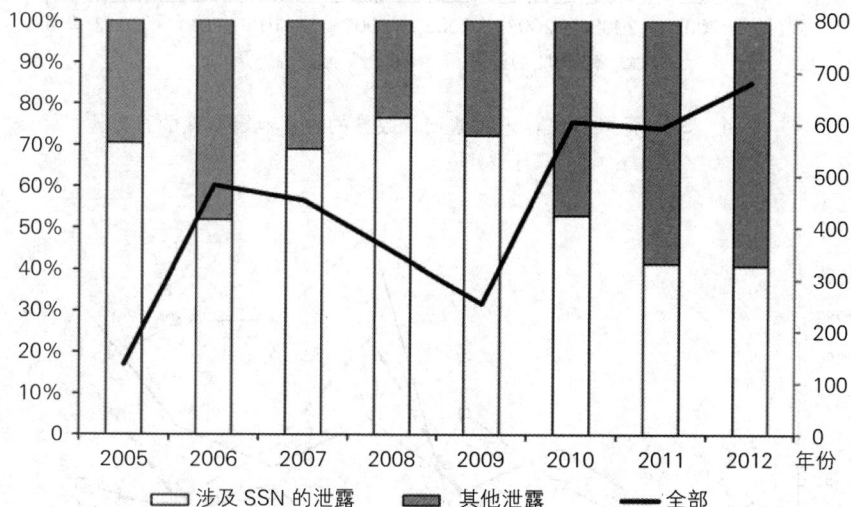

图 11-3　涉及社会保险号的数据泄露

总而言之，对 SSN 数据泄露的解读和必要披露需要更多的分析。要求披露可能导致了安全投资，从而减少了与 SSN 有关的数据泄露事件。或者，要求披露信息可能只是降低了公开报告的透明度。

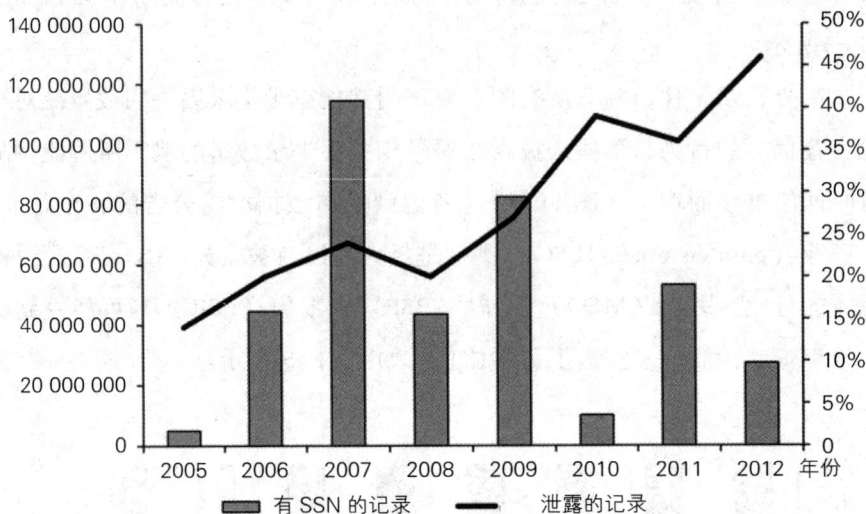

图 11-4　SSN 记录丢失，未披露记录数量的数据泄露事件的百分比

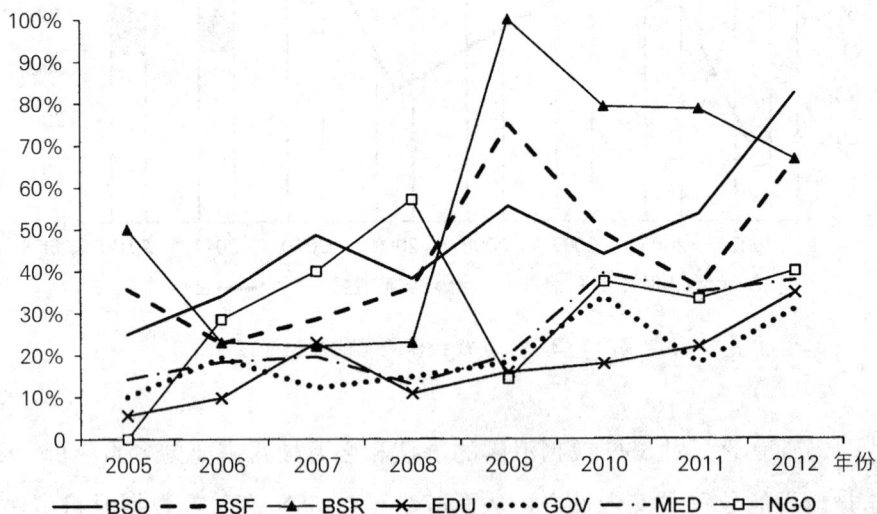

图 11-5　涉及社会保险号的数据泄露事件中未披露的记录的数量

（占涉及社会保险号的数据泄露总量的百分比）

11.3.3 是否存在按行业划分的情况

从平均数来看，是否存在行业差异呢？哪些行业最容易发生数据泄露？泄露和信息的规模是否因行业而异？隐私权交换中心的数据可以分为商业部门（金融、零售、医疗、其他）、政府、教育和非政府组织。[①]

医疗领域的数据泄露事件几乎是其他领域的两倍，且在过去几年中大幅增长。与聚集数据相比，医疗部门数据泄露的主要方式是纸质文件丢失和笔记本电脑丢失。但是内部人员泄露信息的威胁越来越大（回顾一下，对于聚集数据而言，外部黑客入侵似乎是最大的威胁）。绝大多数医疗机构的数据泄露都是小规模的——1 000 条到 10 000 条记录丢失——但是这些泄露数据大部分都暴露了 SSN 信息。然而，如果将 SSN 丢失的记录数量与其他领域相比，医疗领域并不是最大的问题领域，如图 11-6、图 11-7 和图 11-8 所示。

丢失的包含 SSN 的数据记录（图 11-9）表明，零售业是另一个存在大量数据泄露的行业。如图 11-10 和图 11-11 所示，零售业中绝大多数的数据泄露都是黑客所为。每次泄露事件中丢失的记录数量通常非常小，且带有 SSN 的数据泄露事件通常也相当少。但是，当零售业发生重大数据泄露事件时（2007 年、2011 年以及 2013 年塔吉特事件都不在数据集中），带有 SSN 的数据泄露规模非常大。从图 11-11 可以看出，2009 年是历年来数据泄露数量最低的一年，这是因为这一年小规模的零售类数据泄露的数量较少。大萧条对消费者消费和小企业零售的冲击相对较大。因此，宏观经济活动与数据泄露之间的关系可能有必要进一步分析。

金融和保险机构数据泄露的数量似乎已经得到控制。然而，通过内部

---

① 更详细的数据，包括企业标识符，可以直接从隐私权交换中心网站获得。开放安全基金会有一个公开的在线数据库（直到 2007 年，参见 Karagodsky 和 Mann（2011）的参考文献），但现在它被挡在了许可墙后面。获得访问权的努力没有成功。这两个消息都来自公开宣布的数据泄露事件。对两个数据库的重叠年份进行粗略分析，可以发现两者具有相似性，但不完全相同。

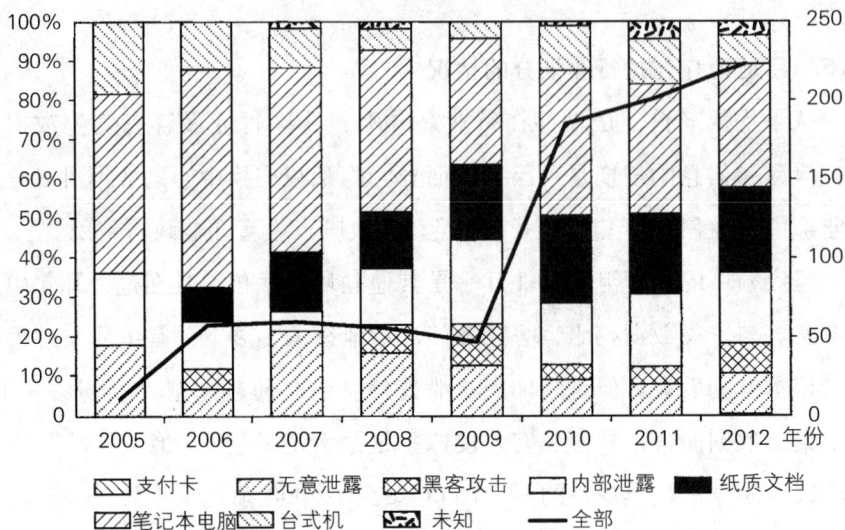

图 11-6　医疗机构数据泄露情况

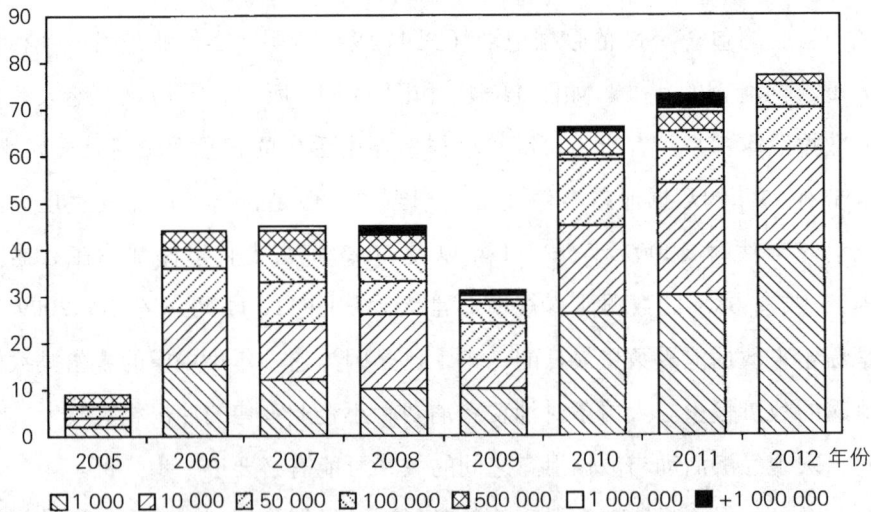

图 11-7　随时间变化的每次泄露的医疗记录的数量

人士泄露的现象比其他行业要严重得多，而且黑客和非预期的披露的信息量也很大。几乎每年都会发生非常大的泄露事件，同时也会发生中型泄露

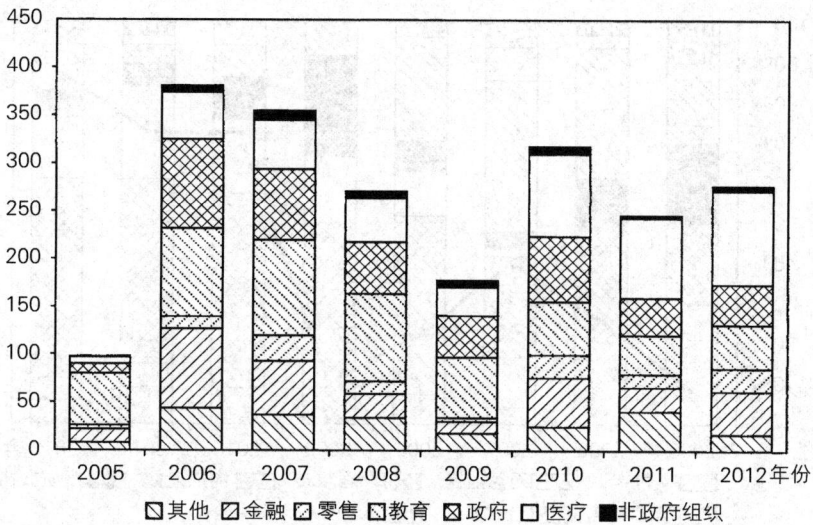

图 11-8　不同行业的 SSN 泄露数量

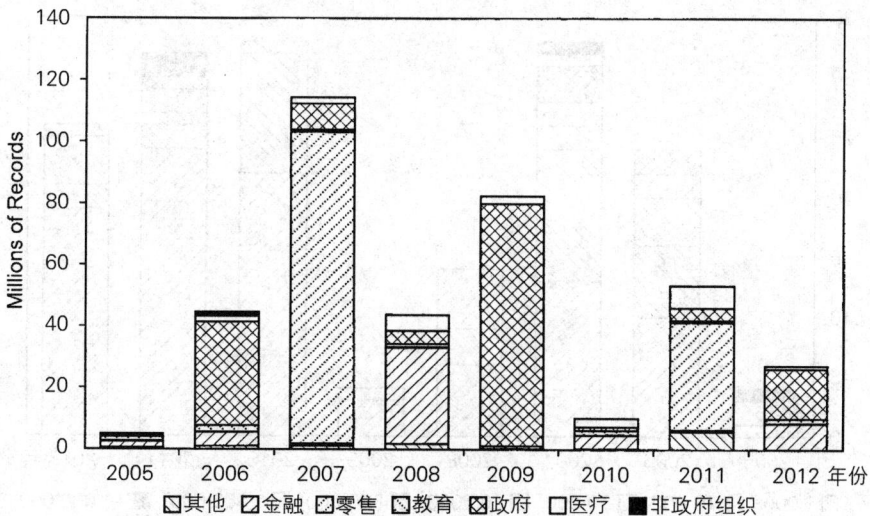

图 11-9　不同行业的 SSN 记录

事件，这些泄露的数据中通常含有 SSN，如图 11-12 和图 11-13 所示。

政府和教育机构因黑客攻击和无意披露而丢失数据。教育部门的大部

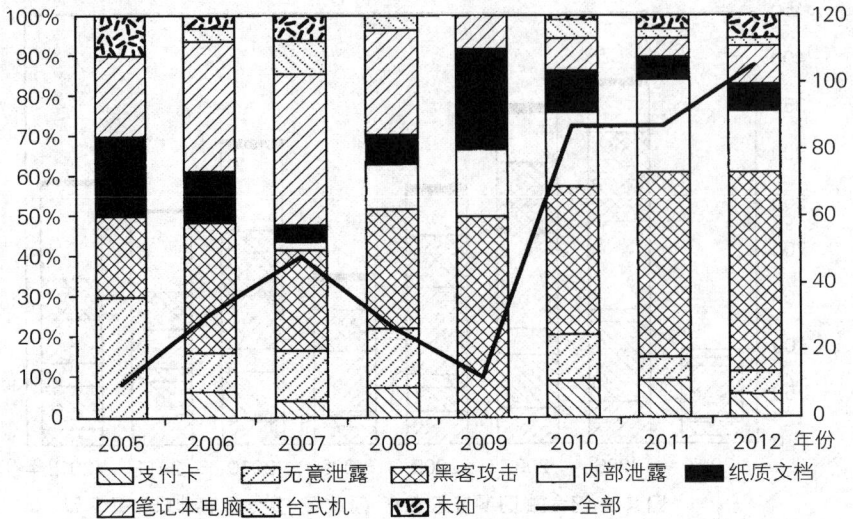

图 11-10　零售行业的数据泄露情况

图例：支付卡　无意泄露　黑客攻击　内部泄露　纸质文档　笔记本电脑　台式机　未知　全部

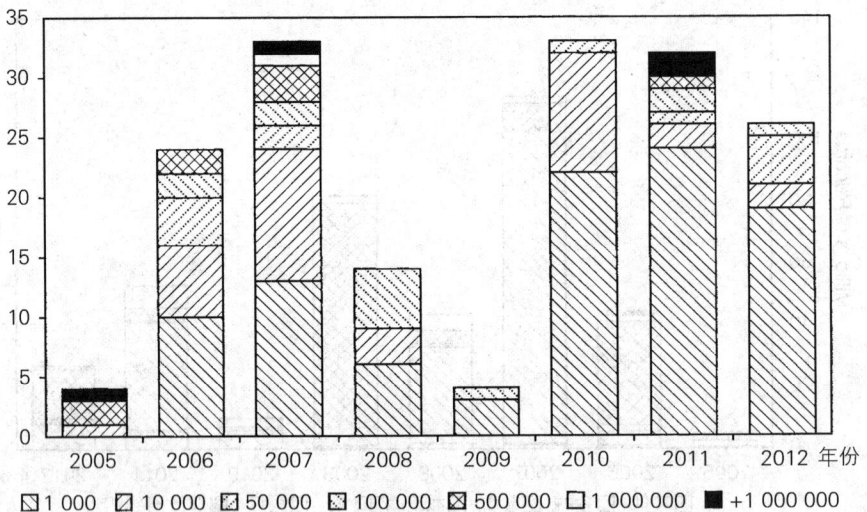

图例：1 000　10 000　50 000　100 000　500 000　1 000 000　+1 000 000

图 11-11　零售行业随时间变化的每次泄露的记录数量

分损失很小，但是政府受到了一些非常大的损失，并有大量记录包含 SSN，如图 11-14、图 11-15、图 11-16 和图 11-17 所示。

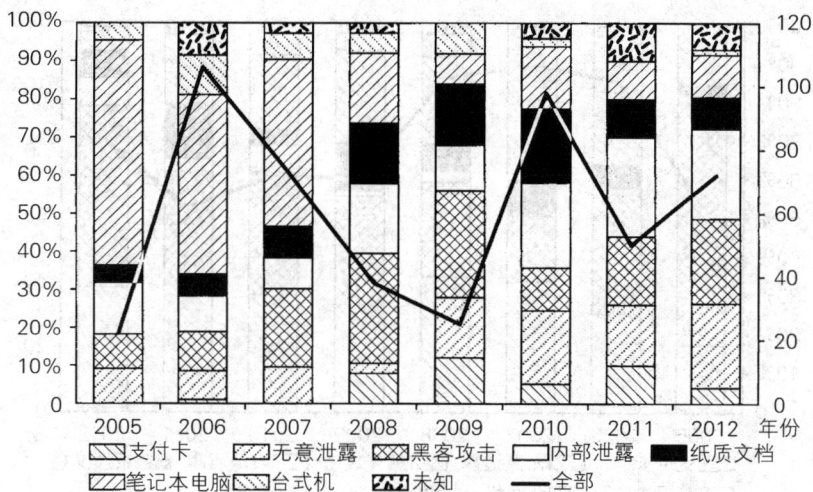

图 11-12　金融或保险行业的数据泄露情况

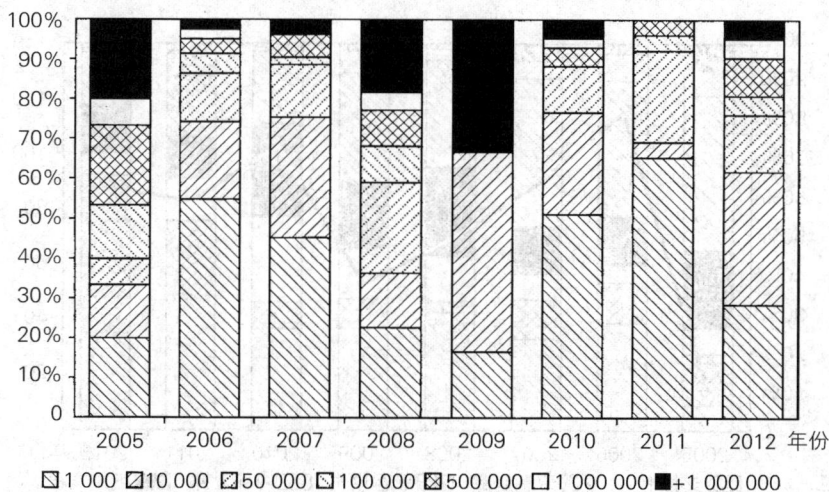

图 11-13　金融行业随时间变化的每次泄露的记录数量

　　总而言之，数据的行业分解表明，用一刀切的方法来评估数据泄露的成本或数据安全的方法是不合适的。不同的行业在数据丢失方式和最普遍的泄露规模方面存在差异。

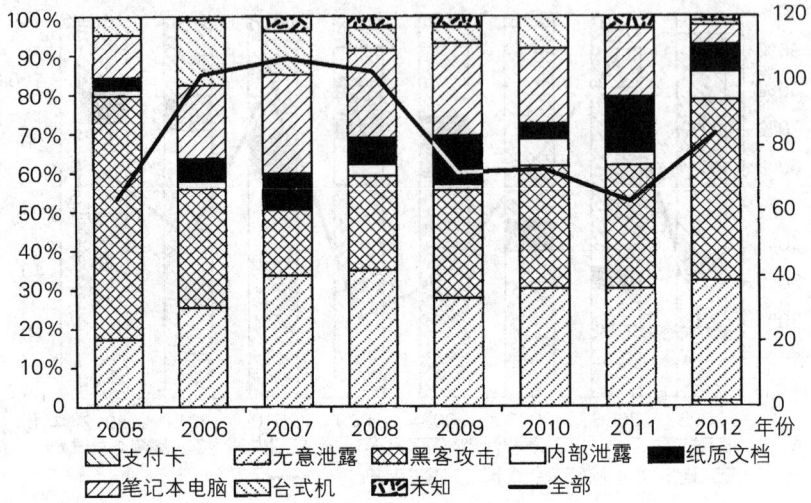

图 11-14　教育机构的数据泄露情况

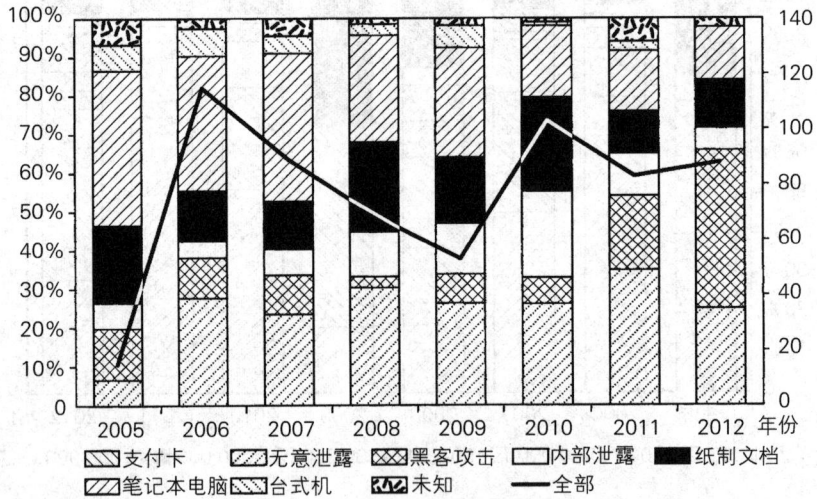

图 11-15　政府实体的数据泄露情况

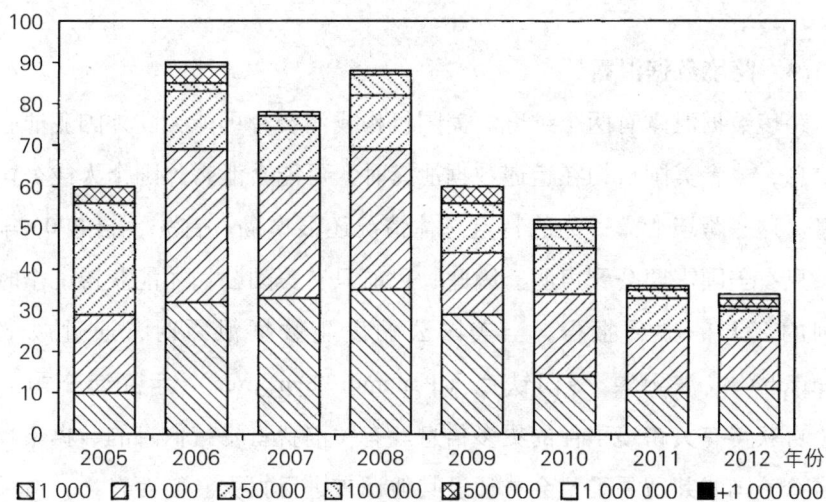

图 11-16　教育机构每次泄露的记录数量（2005—2012）

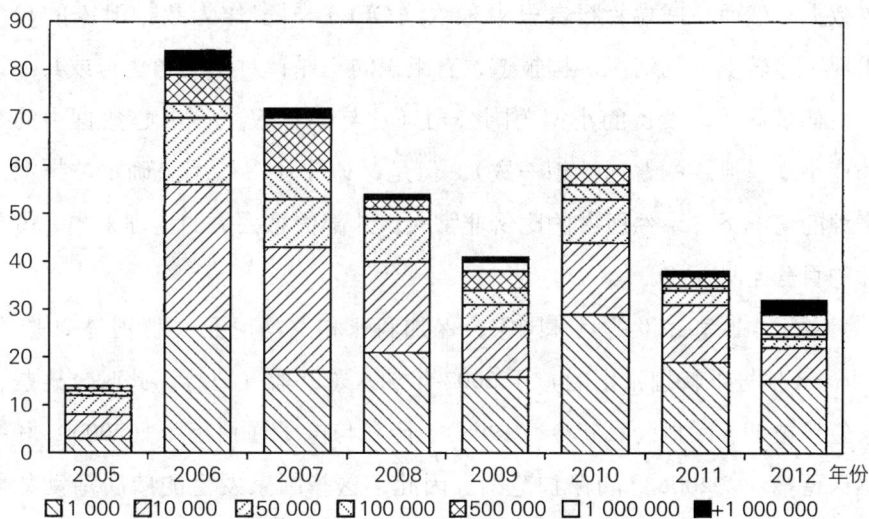

图 11-17　政府部门每次泄露的记录数量（2005—2012）

11.3.4　跨境数据泄露

跨境数据泄露有两个维度。美国机构或消费者可能会向外国犯罪者泄露信息，或者美国机构在遭遇数据泄露时，可能会泄露外国个人或公司的信息。这些跨境泄露行为的特点总体情况还很模糊。首先，自2003年以来，只有美国需要公开声明。因此，目前只有美国公司才能获得一个时间系列的公开的披露报告。当美国公司发生数据泄露时，通过威瑞森（Verizon）或波耐蒙/赛门铁克（Ponemon/Symantec）等咨询公司的调查，可获得有关跨境事件的更多信息。有关消费者暴露信息的数据会自行报告给美国联邦贸易委员会或通过其他调查进行报告。简而言之，有关国际数据泄露的数据是零散和不完整的。

威瑞森报告称，大约20%的数据泄露事件是美国黑客破坏美国公司的数据。然而，威瑞森报告里中东欧（CEE）国家作为数据泄露的起源出现了显著上升的情况。据报道，有组织的犯罪针对使用销售点或其他读卡机侧录器类型设备的小型美国公司（这与隐私权交换中心数据中的零售业小规模泄露的普遍性相一致）。但是，请注意，在无法确定数据泄露来源的情况下，事件所占的比例非常大。外部信息丢失的地理来源、占事件的百分比见表11-1。

关于中欧和东欧的具体国家，保加利亚和罗马尼亚（特别是2012年Verizon报告中特别指出的）于2007年加入了欧盟（EU）。此时，这些国家应该被纳入欧盟隐私指令（1998）、隐私与电子通信指令（2003）和数据保留指令（2006）的保护范围。因此，这些国家发生的威胁活动如此之多或许令人惊讶。然而，需要考虑的另一点是，欧盟将安全战略的重点放在传输数据上，而不是静态数据上。这是因为欧盟的指令严格限制数据保留。相比之下，美国的安全重点是静态数据。美国与欧盟不同的安全重点可能暴露了美国数据传输协议的弱点，这些协议可以被拥有不同知识集的论坛购物者利用。Sullivan（2010）和MacCarthy（2010）讨论了全球支付卡行业中的安全性和方法差距。[①]

表 11-1　　　　外部信息丢失的地理来源、占事件的百分比

	2007	2008	2009	2010	2011		2012
北美	23	15	19	19	20	美国	16
						哥伦比亚	1
南美	3	6	n/a	<1		巴西	1
亚洲东部	12	18	18	3	2	中国	2*
亚洲-北部/中部	9	n/r	n/r	0	n/r		
亚洲-南部/东南部	14	3	2	6	1		
						罗马尼亚	28
欧洲-东部，俄罗斯，	24	22	21	65	67	俄罗斯	5
土耳其						亚美尼亚	1
						保加利亚	7
欧洲-西部/南部/北部	9	3	10	2	4	德国	1
						荷兰	1
中东	5	n/a	5	n/a	n/a		
非洲	1		1	2	4		1
未知的	n/r	n/r	31	n/r	10		

资料来源：威瑞森（2014），数据泄露调查报告。

* 来自中国的外部威胁：占 30%；只有 2% 的人关注金融（而不是工业）信息。本章这一部分的重点不是工业间谍活动。

n/r=未报告。

　　毕马威（KPMG）对英国数据泄露事件的报道呈现截然不同的情况。美国仍是全球数据泄露事件的最大来源。2012 年 1 月至 6 月约 50% 的数据泄露事件发生在美国，但这一比例低于 2008 年至 2012 年 6 月毕马威数

---

① 在塔吉特数据泄露的案例中，对芯片密码技术的讨论重点支持了黑客在技术论坛购物的假设。

据显示的75%。毕马威甚至没有单独报告中东欧地区或其中任何一个国家。英国发生的数据泄露事件约占10%，这不是威瑞森单独审查的国家。泄露行为的起源是否真的如此不同，取决于调查对象，或者各国的报道是否如此不平衡，这是一个显而易见的问题。

FTC仅仅考虑消费者，而不是从以前的消息来源对公司进行调查，报告称跨境消费者欺诈继续由美国消费者向美国联邦贸易委员会报告的消费者主导。跨境消费者投诉（如外国消费者抱怨美国公司）占所有欺诈投诉的约13%，而且这一比例并未随着时间的推移而发生变化，如图11-18所示。

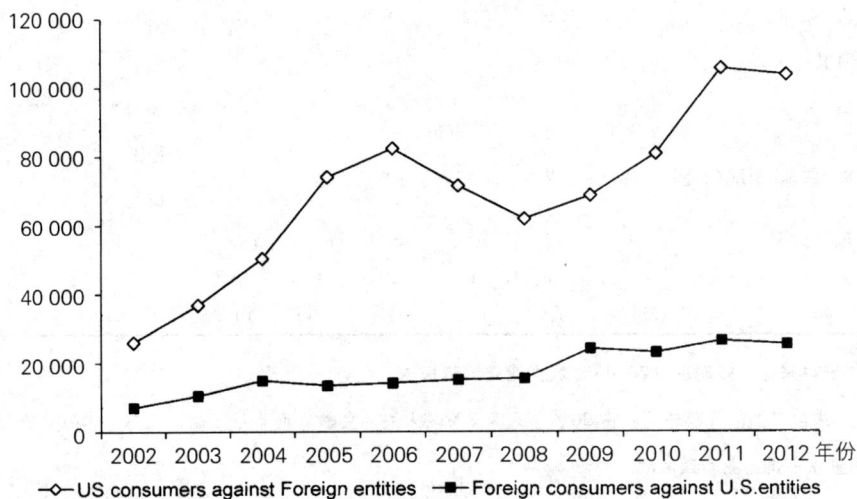

图11-18　跨境欺诈投诉数量

资料来源：FTC，消费者哨兵网络。

综上所述，在美国，许多信息以传统的方式丢失，如丢失笔记本电脑和纸质文件以及无意的披露。但是，通过跨境黑客攻击丢失的信息在所有行业中越来越重要，而由内部人员引发的信息丢失在金融领域尤为突出。更多的数据泄露事件发生时，记录丢失的数量很少，但是在任何给定的年份，记录数量巨大、带有 SSN 信息的高比例的最大规模数据泄露事件可能在任何行业发生。那么，安全保护的重点应该是众多的小规模数据泄露事件，还是极少数的灾难性数据泄露事件？最后，在考虑国内重点与全球重点在信息安全方面的作用时，行业差异、数据泄露规模的变化以及信息丢失的方式可能是相关的。这些都是数字化议程上的成熟议题。

11.4 市场纪律与非市场监管和法律纪律

这一部分回顾了关于约束市场参与者以内化数据泄露的成本和在信息丢失时平衡信息聚合的收益与成本的策略的证据。如果市场纪律足够稳健，则可能不需要监管干预或私人法律行动。

框架（第 11.2 节）中提到的一个关键问题是存在多个参与者。企业是否会采取行动降低数据泄露的概率或类型，不仅取决于市场是否惩罚了该惩罚的企业，还取决于信息丢失的责任如何承担以及由谁来承担。例如，通知和改善数据泄露（如发行新信用卡）的成本可能是市场纪律的主要渠道。类似地，在自我监管机构内部（如商家、发卡机构和支付处理商之间）实施的罚款提供了一种约束机制，监管机构（如联邦贸易委员会）征收的罚款也是如此。最后，那些遭受信息损失的人提起的法律诉讼可能具有足够的威胁，或者实际上代价高昂，从而鼓励企业加强数据安全或者设计不同的信息系统，尽管盗窃的国际性质在另一个维度增加了法律挑战。

关于泄露成本的数据是分析的一个组成部分——但是如何衡量成本和由谁承担成本呢？重点应该放在预防成本还是补救成本上呢？当信息丢失时，市场参与者会如何应对？如果公司面向客户，比如零售公司，当客户从竞争对手那里购买产品时，销售额可能会下降。如果公司是金融中介，例如支付处理商，则可能会被支付链的其他部分避开。如果公司是一家技术公司，其自身活动的公司治理可能会受到质疑。如果该公司属于医疗保健行业，其声誉可能受到影响。这些市场对数据泄露声明的反应成本有多高？与增强安全性的成本相比，代价有多大？

11.4.1　披露的作用

上文提到的纪律机制均要求承认数据泄露。但是，应该向谁披露数据泄露——是那些数据受到损害的人，还是那些负有保护数据安全责任的中介机构，还是那些能够强制进行补救的政府实体（或其他机构）——就不那么清楚了。正如框架（第11.2节）中所指出的，根据定义，个体是孤立分散的。因此，个人可能缺乏市场力量来管理丢失数据的人。此外，由于认知偏差和有限的理性，向个人披露信息可能无法让个人产生保护自己信息的正确激励，也不会在数据丢失时改善结果。中介机构的数量较少，但这种市场地位可能会降低其预防或修复数据泄露（无论披露与否）的积极性。由于中介机构层层叠叠，道德风险是另一个问题，因为一个中介可能会从另一个中介的安全途径中解脱出来。向可以推动补救和诱导投资以避免未来损失的政府实体披露可能是最好的，就像上面建模的信息管理员的情况一样。

2003年，美国在加利福尼亚州首次通过了一项州法，即参议院第1386号法案。该法案规定，如果信息的安全性受到损害，那些维护个人信息的组织必须公开宣布。该立法进一步规定，对泄露行为负有责任的组织必须通知每一个它为其保存信息的个人——这是一项直接成本，而不仅仅是间接成本，如声誉损失。这项法律迫使每一家在加州开展业务的公司都必须遵守。到2007年，美国46个州已经通过了类似版本的泄密法，尽管到目前为止还没有联邦法律管辖大多数个人数据。[①]

---

① 联邦法律保护儿童（COPPA）、健康（HIPPA）和金融数据（Grahm-Leach-Bliley Act），但一般个人信息不受保护。在州一级，有一系列保护某些州某些信息的法律——例如，拥有驾驶执照信息的数据库在一些州属于公共领域，而在其他州则不是。有关美国数据安全立法的完整回顾，见 Stevens（2012）。

美国对个人进行广泛披露的做法在世界各地都是独一无二的。[①] 在其他国家中，只有英国立法规定了信息披露，但披露对象是政府机构。同样，日本也要求向政府机构披露信息，但由于机构过多使得信息泛滥，必须披露的事件范围已经缩小。澳大利亚考虑是否有必要制定特定的披露法，或者现有的法律是否涉及披露。截至 2012 年，欧盟在 2003 年《隐私和电子通信指令》下的做法并未要求披露信息损失，但颁布并不断完善的《一般数据保护指令》将要求向超政府单位披露重大违规行为（欧盟委员会，2012 年）。

披露是否能减少数据泄露的发生率？以什么为代价？关于信息披露本身是否有助于减少数据泄露的研究相对较少。[②] Romanosky、Telang 和 Acquisti（2011）发现，美国的信息泄露披露规则将身份（ID）盗窃案件减少约 6%。另外，Romanosky、Acquisti 和 Sharp（2010）考虑了美式披露的最优性。考虑到信息披露成本的参数、消费者对信息披露的反应、消费者的伤害以及数据泄露率的降低等因素，他们发现美式的信息披露可能相对于收益而言过于昂贵。

有证据表明，消费者有限的理性是一个问题。波耐蒙研究所（Ponemon Institute）（2012）的调查结果表明，85% 的消费者非常关注数据泄露事件。与 2005 年相比，2012 年有两倍多的消费者记得收到过数据泄露通知（2012 年的 25% 相比于 2005 年的 12%）。但是，大约 60% 的人认为通知他们数据泄露的通信是"垃圾邮件"。因此，数据安全具有显著的特点，但人们不一定会按预期对信息披露作出反应。Retzer（2008）认为，宽泛的信息披露规则会使接受者对公告不敏感，这与披露作为一种惩罚手段所扮演的角色背道而驰。

即便如此，企业也需要意识到失去信任可能会影响很大。在波耐蒙研

---

① 请参阅全球隐私联盟（2009）以获得全面的文献回顾。
② 关于信息披露是否会惩罚企业，还有更多的研究（下面讨论），这大概是企业接收到保护数据的信号所需要的第一步。

究所的研究中，近90%的受访者表示，他们已经或可能因为数据泄露而终止了与该公司的关系（塔吉特客户流失、收入和利润损失，首席执行官辞职）。消费者有理由惩罚那些丢失数据的公司。在收到数据泄露通知的消费者中，约有1/4的人遭遇过身份盗用。那些SSN遭到入侵的消费者遭遇身份盗用的可能性是其他人的5倍。标枪战略与研究2013年的资料显示，数据泄露造成的消费者平均自付成本在400美元至700美元之间（2005—2012年）。这大大高于企业承担的每笔记录成本，下文将对此进行讨论。

11.4.2　商业成本趋势：业务损失和补救

如果数据泄露事件发生后的清理工作对企业来说成本太高，那么该企业可能采取措施来提高信息安全。计算表明，由于数据泄露导致客户流失和声誉受损而给企业造成的损失可能是数据泄露事件相对更重要的成本，美国更是这样。另外，补救成本（客户通知、救援、审计）越来越重要（波耐蒙研究所，2012）。[①] 每笔记录损失的成本在各个行业之间存在很大差异。金融业和卫生保健行业是欺诈行为和SSN丢失高发的两个行业。数据修复的成本较高可能是由于这些因素造成的，如图11-19和图11-20所示。

比较各国丢失数据的商业成本可以发现一些有趣的现象。每条丢失记录的成本有很大的差异，并且每条丢失记录的成本组成部分也存在很大差异，这些成本分为检测成本、通知成本、后期泄露成本和业务流失成本。然而，这些成本似乎并不取决于经济收入水平，并且在同一管辖区域内的国家（如欧盟）之间差别很大。因此，企业数据泄露的成本似乎与其所处的行业及其客户有关，这将为信息安全投资创造一个可变的激励环境。

---

① 根据波耐蒙研究所提出的每条记录损失的费用，只计算10万条或以下记录的泄露。相对于这些成本，一家企业有可能评估进行更好的信息安全工作的好处。例如，赛门铁克现在提供了一个在线计算器，用于计算信息丢失的潜在风险：http://eval.symantec.com/flashdemos/activities/small_business/roi/。

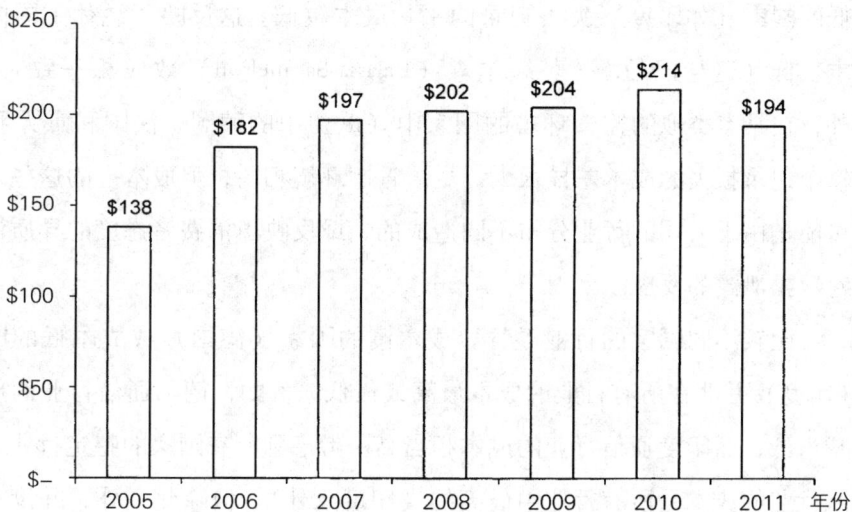

图 11-19　各行业的数据泄露每条记录的成本

资料来源：波耐蒙研究所（2012）。

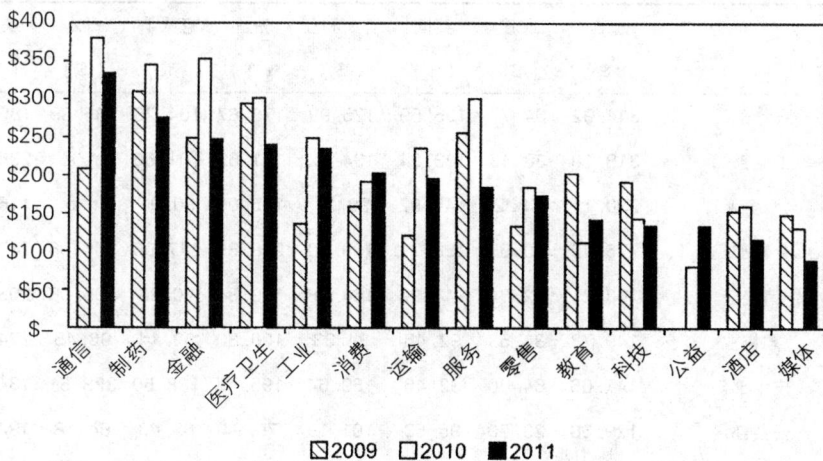

☒2009　☐2010　■2011

图 11-20　随时间变化的每条记录的成本（按行业）

资料来源：波耐蒙研究所（2012）。

首先，考虑每个国家或地区对每个记录的总体成本比较。人均收入较低的国家（如印度）失去记录的平均成本较低。这反映了总体上国内成本较低（这与巴拉萨－萨缪尔森（Balassa-Samuelson）效应相一致）。另外，在具有类似的监管环境的国家中（欧盟中的德国、法国和意大利），每个记录损失的成本差异很大。尽管管制环境相同，但成本上的这些差异可能是由于公司的行业分布不同造成的，或反映出消费者态度的异质性和对数据泄露的反应。

比较不同国家的行业差异，成本高的国家（德国）或成本低的国家（印度）并非在所有行业的成本最高或最低。例如，德国通信行业的成本相当低，而印度通信行业的成本相当高。考虑到所有国家的特定行业，金融行业的成本是所有行业中最高的（印度除外）。但除此之外，并没有一个明确的模式，即某些行业的成本总是最高或最低的，见表11-2。

表 11-2　　　　　　　　按行业的每条记录数（2011）

	德国（$）	印度（$）	英国（$）	澳大利亚（$）	法国（$）	意大利（%）	日本（$）	美国（$）
服务部门	344.92	64.77	135.59	125.99	176.87	104.28	195.39	185.00
工业部门	318.18	38.43	103.24	134.92	111.63	101.60	n/a	235.00
服务业	290.11	148.20	147.92	99.21	145.05	90.91	n/a	116.00
金融部门	275.40	40.57	158.71	199.40	218.85	147.06	365.88	247.00
消费者	203.21	52.64	147.92	164.68	189.84	70.86	105.08	203.00
零售业	149.73	31.53	92.45	84.33	100.80	52.14	96.45	174.00
技术部门	147.06	64.00	92.45	169.64	195.45	188.50	328.51	134.00
公共部门	129.68	23.70	95.53	101.19	75.94	62.83	84.18	134.00
通信部门	89.57	140.40	n/a	n/a	128.61	89.57	124.96	334.00
制药部门	n/a	n/a	184.90	n/a	n/a	131.02	150.26	276.00
总体（非部门平均值）	195.19	42.85	121.73	136.90	163.10	104.28	132.77	194.00
汇率（2011）	0.748	49.124	0.649	1.008	0.748	0.748	82.931	

资料来源：波耐蒙研究所（2012）。

接下来，考虑对数据泄露所导致的成本类型进行分解（而不是每条记录丢失的成本）。在所有国家或地区，通知成本是最小的组成部分（虽然在美国以美元计算最大，考虑加利福尼亚州的法律，这是合理的），而损失的业务成本（来自客户流失等）是最大的，并且于美国而言相对较大，这也可能符合美国的披露法。另外，与美国相比，其他国家对数据泄露行为的侦查程度相对较高。这表明，随着时间的推移，加州的信息披露法可能会让美国公司的检测更加顺利（因此成本更低），而不是特殊的一次性事件。

利用数据在位置、行业和成本分解方面的变化将是数字化议程中一个有价值的研究项目。这个研究项目最好与详细的公司层面数据相结合，这些数据是公共数据库的基础，如图 11-21 所示。

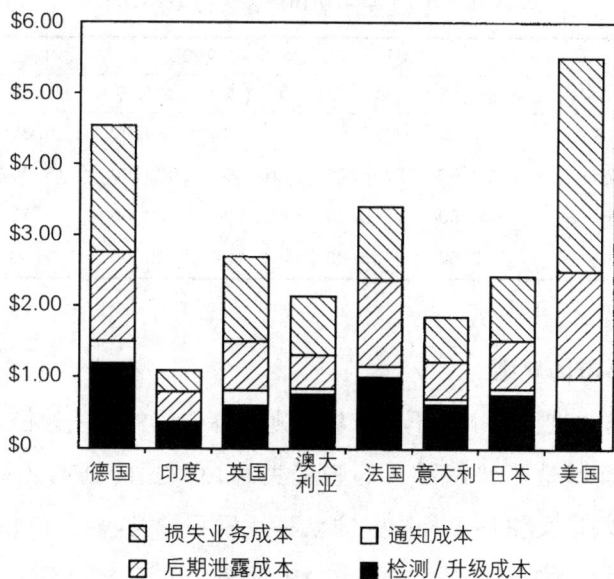

图 11-21　按成本类别划分的每次泄露成本（以百万美元计）（2011 年）

资料来源：波耐蒙研究所（2012）。

11.4.3 被盗信息的市场价值

另一种衡量因数据泄露而丢失的信息价值的方法是直接进入市场。被窃取的数据值多少钱是很难系统地获取的。市场价值快照显示，被盗数据的价值范围非常广，很难将被盗数据的价值映射到经历过数据泄露的部门。然而，作为比较，"银行账户凭证"的价值从 30 美元到 850 美元不等，可以与金融业每笔创纪录损失 250 美元的业务成本（美国数据）进行比较。与信用卡信息的价值（在开放市场上价值 50 美分到 30 美元）相比，零售业每条记录损失的业务成本是 174 美元。如果我们只考虑商业成本，也许最有效的应对办法就是只给盗窃者钱。但是，回想一下，消费者成本是业务成本的倍数，见表 11-3。

表 11-3　　　　数据值（2013 年年初访问多个互联网源）

	2007		2008		2009	
	低（$）	高（$）	低（$）	高（$）	低（$）	高（$）
信用卡信息	0.45	12.50	0.60	30.00	0.85	30.00
银行账户凭证	20.00	725.00	10.00	1 000.00	15.00	850.00
完整身份	6.50	15.00	0.70	60.00	0.70	20.00
电子邮件账户	2.50	35.00	0.10	100.00	1.00	20.00

11.4.4 股票市场规则

数据泄露的直接成本并不是市场规则发挥作用的唯一途径。许多研究调查了股票市场是否"惩罚"那些丢失客户数据的公司（见附录中表 11A-1）。这些论文使用了相同的方法——累积异常收益（CAR），但其在计算正常收益的时间范围和计算 CAR 的窗口方面有所不同，对异常收益的市场衡量标准不同。在以股票市值的百分比来衡量损失还是以美元来衡量损失方面也可能存在差异。总的来说，在提高信息安全性以防止数据泄露方面，股票市场规则作为一种协调私人激励机制的策略似乎有限。

主要结论是，泄露信息披露公告对被公告公司的股票市场价格有负面、短期以及统计上的显著影响。这一结论只在 SSN 丢失时才成立。Campbell（2003）总结了这些发现："当我们检查与保密无关的安全露洞时，我们并没有发现显著的市场反应。相比之下，我们发现对违反保密规定的违规行为有极其重要的负面反应"。相对于 Karagodsky 和 Mann（2011）提出的广泛市场指标，考虑到特定行业的差异性，当 SSN 丢失、数据丢失或数据被黑客入侵窃取时，相对较大的 CAR 损失与银行和医疗保健公司的数据丢失有关。这与前面提到的这些行业的单位记录成本较高的情况是一致的。

与为避免信息丢失而建立安全系统和程序的成本相比，这些结果是否需要付出更大的经济代价？Karagodsky 和 Mann 对分别来自银行、零售业、计算机行业和健康领域的四家代表性公司的经济损失进行了评估，他们利用对 CAR 的调查结果，计算出这些公司在信息泄露公告公布 30 天后价值的累计跌幅。累计损失从 17 万美元（摩根大通和盖普）到 10 亿美元（IBM）和 75 亿美元（辉瑞）不等。这个计算不仅取决于每股的损失，而且取决于流通股的数量。股票流通股越多的公司损失越大，而且损失可能相当大。这种美元损失是否大到足以激励公司提高信息安全取决于这些系统和程序的成本，这是一个超出本章范围的主题，但对成本效益分析至关重要。[①]

11.4.5　政策干预：全球化背景下的标准化

背后的计算结果表明，2011 年美国丢失的信息的宏观经济业务成本为 400 亿美元，如果加上消费者成本，这一成本将变成原来的 3 倍。[②] 在一个 14 万亿美元的经济体中，这个数字是大是小？似乎很小。但是，仅

---

① 关于安全成本的研究包括：Brecht and Nowey 2012，Demetz and Bachlechner 2012。
② 假设每条记录损失 200 美元，丢失 2 亿条记录。据报道，有 5 千万人报告 SSN 丢失了记录，补偿费达到了 1 亿美元（大约一半的数据泄露暴露了 SSN），补偿费也达到了 1 亿美元（大约一半的 SSN 数据泄露了记录数量）。假设 400 美元的消费者成本（标枪估计的低端）是总数的 3 倍。

考虑商业成本，当参考值为 1 070 亿美元的设备和软件的净业务投资时（美国商务部，美国经济分析局，NIPA 表 5.2.5），它就相对更大。这些成本跨行业和企业规模的分布是市场规律能否有效的关键。但对政策制定者而言，宏观经济规模可能与考虑干预最相关。

政策干预有许多可能的方法，其中最常见的两种方法是规范监管和罚款执法。一个关键问题是，政策目标应该是谁？是众多的消费者和面向客户的公司，还是相对较少的传输和/或聚合信息的中介？市场力量分析已经显示且有数据证实，每个消费者修复数据泄露的成本超过了大多数与业务相关的成本。

Oussayef（2008）和 Orr（2012）建议将重点放在消费者身上——信息价值的始发者和最终用户，并根据数据得出损失成本的最大值。对消费者有限合理性的回应是规范与他们的通信，例如规范标准化隐私政策。但总的来说，这不是监管或市场的发展方向。

另一种方法是对相对较少的中介机构进行标准化监管。但是，正如前面提到的，各国在安全性方面重点不同（有的针对传输中的数据，有的针对静止数据）。美国和欧盟的运营商如何解决这个问题？美国-欧盟安全港协议（在 Mann，Eckert and Knight 2000）的论文中有更详细的讨论）仍然是管理美国和欧洲之间跨境信息流动的运营协议。[1] 在安全港协议下经营的美国公司对其信息安全管理进行自我认证，并向美国商务部提交执行政策。从根本上说，安全港仍然是一种自我监管机制，该机制艰难地反对着欧盟指令的政策强制导向的方法。[2]

在欧盟内部，标准化问题随着欧盟通用数据保护法规的不断发展而出现。正如目前颁布的，欧盟通用数据保护法规将解决欧盟内部以及欧盟公

---

① 美国商务部，国家电信和信息局。http://www.ntia.doc.gov/page/chapter-1-theory-markets-and-privacy。

② 有关国际数据的市场方法与强制方法的更多信息，请参见 Mann（2001）和 Mann 和 Orejas（2003）。

司和其他国家公司之间的信息安全问题。它将协调所有成员国的规章制度。据推测，这可能导致某些标准被放宽（例如在德国），而其他标准则被收紧。它将这些规则扩展到所有为欧盟公民处理数据的外国公司，并且欧盟企业不能将数据传输给保护不足的国家。[①] 数据泄露的披露将在 24 小时内完成，这与目前没有披露的情况相比，是一个相当大的转变。对数据泄露罚款可能高达全球收入的 2%，这可能是一个巨大的数额。向谁披露，将违约责任归咎于谁，以及强制执行也是有待讨论的问题。

在另一个跨境政策讨论中，联邦存款保险公司（FDIC）（2004）考虑了"外包"金融活动对外国第三方的影响。它指出，尽管 Gramm-Leach-Bliley 法案确认美国的数据保护规则涵盖了个人信息，无论其地理位置如何，但它也指出，在实践中很难确保美国规则的域外适用。特别是，碎片化和全球信息流意味着美国企业可能没有（或可能选择没有）对其信息位置的完全透明度。第三方数据泄露会导致大规模的、广泛的盗窃行为。[②]

在美国国内，联邦贸易委员会一直在发挥更积极的作用。联邦贸易委员会管辖的法律基础是合同法。联邦贸易委员会认为，丢失数据的公司违反了基于其隐私声明的服务条款。罚款数额可能很大：根据《公平信用报告法》，对 Spokeo 处以 80 万美元罚款。[③] 但是这些罚款并没有改变行为，例如，温德姆已经被罚了三次。[④] 另一种策略是强制审计：多年的时

---

① 目前，数据传输可以在安全港下到达阿根廷、加拿大、冰岛、挪威、美国，以及瑞士、列支敦士登、马恩岛和根西岛等多个重要金融中心。

② 2013 年 5 月 9 日，《纽约时报》报道："几个小时内，盗贼在 ATM 机骗局中偷走了 4 500 万美元。" http：//nyti. ms/ZKTw5H。

③ 爱德华·怀亚特，"美国惩罚网上公司出售个人数据"，《纽约时报》，2012 年 6 月 12 日。http：//www. nytimes. com/2012/06/13/technology/ftc-levies-first-fine-over-internet-data. html.

④ "美国联邦贸易委员会（Federal Trade Commission）对全球酒店服务公司温德姆环球集团（Wyndham Worldwide Corporation）及其三家子公司提起诉讼，指控它们存在数据安全漏洞，导致温德姆酒店在不到两年的时间里发生了三起数据泄露事件。联邦贸易委员会声称，这些事件导致了消费者账户的欺诈指控，造成数百万美元的欺诈损失。" http：//www. ftc. gov/opa/2012/06/wyndham. shtm.

联邦贸易委员会在史无前例的诉讼中"点名"温德姆说：委员会既没有专门知识，也没有法定权力为私营部门制定数据安全标准。" http：//www. scmagazine. com/wyndham-hotels-challenges-ftc-security-suit-over-break/article /258559/.

间和高额的价格标签可能改变两者之间的平衡，要么保护数据，要么遭遇数据泄露，从而产生直接的和长期的审计成本。对该公司基于可能的FTC处罚而作出的决定的警告是，FTC的主张有其政治层面的要求。最后，全球贸易谈判中出现了信息跨境监管问题。世界贸易组织《服务贸易总协定》（WTO GATS）是一个积极的贸易谈判清单方式。这种方法与消极清单方法相反，它假设国家之间的贸易流动不受法规、关税和配额的限制，除了特定的减损（消极清单）。（这就是世界贸易组织所采纳的所谓的最惠国原则）积极的清单办法意味着双边数据流动的监管和税务处理必须单独谈判，从而为复杂的司法管辖区和监管准则创造潜力。

11.4.6 法定追索："standing"概念的演进

法律行业的角色正在演变，并可能在企业投资数据安全的决策中发挥更重要的作用。[1] 从开始至今依旧如此，法院已经发现数据泄露案件没有任何立案依据，因为数据泄露与未来可能对该数据的恶意使用之间的联系无法证实。简单的丢失数据（就像失去财产一样）不足以构成立案理由。迄今为止，信息丢失的成本也难以量化（尽管上述的数据表明这种情况正在发生变化）。如果没有法律约束，企业改善数据保护的积极性就会降低。[2]

然而，研究表明，在发生财务数据和医疗信息泄露的情况下，法律手段可能开始成为一种约束手段。Romanosky，Hoffman和Acquisti（2012）发现，当合并财务损失时，发生和解的频率要高出30%，对于泄露的医疗信息，如果存在集体诉讼威胁，和解的频率甚至更高。

更普遍的情况是，集体诉讼的风险对法律顾问来说似乎越来越重要。

---

[1] 参见 Fryer，Moore，and Chown（2013）和 Bamberger and Mulligan（2011）对理论和实践的广泛回顾。

[2] 一个潜在的新方向是将重点放在"行业标准"上：如果遭遇数据泄露的公司没有采用"行业标准"，法院更有可能作出不利于该公司的判决，尤其是如果数据使用不当，例如，RockYou公司的案例（http：//www.ftc.gov/enforcement/cases-proceedings/1023120/RockYou-Inc）。

Poneman 指出，法律辩护成本已经稳步上升，从 2006 年的占成本的 6% 上升到 2011 年的 15%（Gibson Dunn 2012，波耐蒙研究所 2012）。法律费用的增加和法律成本的威胁增加了企业保护数据和避免卷入数据泄露事件的动机，即使泄露事件不会对它们不利。但是，这些潜在的法律成本也会导致企业抵制信息披露，尤其是抵制披露信息丢失的严重性和敏感性。最后，潜在的法律费用是否会在信息安全投资中产生适当的平衡还很不清晰。

11.4.7　保险市场扩张面临的挑战

框架（第 11.2 节）指出了创建保险市场和产品的困难。关于数据泄露的概率和成本的关键信息尚不清楚（尽管后者正变得越来越清晰）。此外，随着跨州和国家的法规拼凑，不清楚什么情况会引发保险单支付，以及是否涵盖了事件中的业务或消费者成本。

然而，数据泄露成本的不断上升正在为 Marsh，Liberty Mutual，Hartford，Munich Re 和 Chubb 等商业保险公司创造更多商机。像 LifeLock 和 Experian' Protect MyID 这样面向个人的提供商也在不断增加。

11.4.8　增加信息安全：成本

考虑到数据泄露的成本，企业正在调查投资于信息安全的收益是否大于引发数据泄露的成本也就不足为奇了。对文献的全面回顾超出了本章的范围。有理论文章和从业者分析，许多公司的业务就是销售信息安全解决方案。[①] 作为一个企业决策的一部分，不仅要考虑投资成本，也要考虑信息安全管理中的组织行为（Kwon and Johnson 2012）。

---

① 精选的研究包括 Aurora 等人（2004），Gordon 和 Loeb（2006），Bojanc 和 Jerman-Blazic（2007）以及 Carty，Pimont 和 Schmid（2012）。

此外，互联网的公益性可以促进搭便车，如果其他企业不提高安全性，一家企业增加的安全支出可能不会提高其整体安全性。August 和 Tunca（2011）在已知安全缺陷的补丁以不同的速度安装时的一个理论模型的背景下研究了这个问题。也可参阅 Arora（2006）等人以及 Arora，Nandkumar 和 Telang（2006）等的文章。

信息安全一旦制度化，投资成本是否会下降？一个重要的考虑因素是，对信息安全的投资是针对"正常"入侵还是针对"黑天鹅"事件。对这类事件的安全投资是否不同？即使威胁保持不变，安全措施是否会逐步加强？

从组织行为的角度来看，安全专业人员希望确保这种罕见的事件永远不会在他们的监视下发生。但是，如果罕见事件的发生方式随着技术前沿的变化而改变，它可能意味着安全预算的不断增加。Neuhaus 和 Plattner（2012）在软件安全补丁的狭义背景下解决了这个问题，但这一原则需要得到更广泛的认可。

为了验证数据泄露是否会引起媒体关注的问题，笔者使用术语"数据泄露"一词创建了一个谷歌警报。笔者将媒体资源分为"业务"、"一般"和"安全专业"三类。对谷歌警报 300 天（从 2012 年 6 月底到 2013 年 4 月底）的结果进行了分析，得出了以下观察结果：每天至少有 1 篇文章。平均而言，商业报刊上有一到两篇文章，在 300 天的时间里会出现 5 篇的峰值。一般媒体平均每天发表两篇文章，其中几天的文章数高达 7 篇。在面向安全专业人员的媒体中，平均每天的文章数是 3 篇，有 25 天以上每天文章数是 6 篇、7 篇或 8 篇。因此，安全专家之间似乎有许多关于数据泄露的交流。对该警报的进一步分析可以揭示这些文章是关于最佳实践（可以减少数据泄露的发生率）还是关于威胁（可以增加对安全的投资）。

11.5　对数字议程的考虑

11.5.1　概念框架

信息市场有三个特征对信息定价和保护数据的成本与效益的平衡构成挑战：（1）信息规模经济和范围经济；（2）参与者之间的差异化的市场力量；（3）数据泄露与信息滥用的未知概率分布。

概念上的挑战是将这三个元素放到一个模型中。也许最困难的是将规模/范围经济和概率函数结合起来，因为关于当今的数据泄露的成本效益计算是所有未来可能的数据泄露的函数。数值仿真模型是一种可行的方法，但这些模型需要使用数据进行参数化。

11.5.2　数据需求与分析

越来越多的数据正以数据泄露给企业和消费者的代价的方式变得可用。关于行业之间的关系、数据丢失的类型、与数据丢失有关的各种成本以及数据丢失的肇事者和受害者的国籍等方面的更多分析已经开始成为可能。研究将是富有成效的，但这依赖于对各种专有产权数据的访问。确保提供更广泛的数据将能加强研究。

然而，关键的变量还是不清楚。发生数据泄露的可能性有多大？"没有吠叫的狗"（也就是没有受到损坏的交易或数据库）似乎比那些被攻击的更强大，但我们不知道。如何根据行业、企业规模或国家管辖范围发生数据泄露的可能性来处理数据泄露问题，是开始评估和平衡保护数据成本与入侵成本的关键。此外，理解数据丢失与数据滥用之间的关系也很重要。大多数数据似乎都是以老式的方式丢失，而不是被盗。这类数据泄露的滥用可能性是否低或甚至为零？在这方面，大规模但不常见的恶意数据泄露似乎比小规模频繁发生的数据泄露成本更高，但是是否如此还需要根据规模、行业和泄露类型对数据泄露进行更多的分析。

成本和概率之间的关系尚不清楚。例如，投资于数据安全的成本以及这种成本如何影响数据泄露的可能性将会起作用。第二个成本（更确切的可被认为是损失的收益）与对汇总数据的限制有关（这是欧盟指令的一个结果）。这些会影响数据泄露的概率吗？投资反对不常见但灾难性的事件可能效率低下，在快速变化的技术环境中更是如此。

11.5.3 国际管辖权

信息市场和许多企业是全球性的，但政策管辖范围和消费者仍然是地方性的。各国对信息安全和传输中的数据的重视程度与对静止数据的重视程度不同，这些差异可能为黑客创造可利用的条件（但也为安全解决方案提供机会）。考虑减少国际套利的方法为政治、经济和技术方面的研究提供了一个研究领域。

各国在信息汇总、保护和泄露披露方面的做法也存在差异。这些差异不太可能被克服，因为根深蒂固的文化价值观起着一定的作用。在信息价值、保护价值以及国际边界内部和跨国界的数据泄露的成本方面还需要开展更多的工作。

附录

数据泄露对股市的影响的相关文献回顾总结见表 11A-1。

表 11A-1

数据泄露对股市的影响的相关文献回顾总结

作者	计算市场模型的天数	市场指数	CAR 计算间隔	数据集中的事件编号	涵盖的时间段	按时间窗计算的平均 CAR % 损失（如有显著性差异就报告）
Campbell 等 (2003)	121	NYSE AMEX NASDAQ	−1 到 +1	43	1997—2000	−0.02
Acquisti, Freidman 和 Telang (2006)	92	NYSE NASDAQ	0 到 +1 0 到 +2 0 到 +5 0 到 +10	79	2000—2006	−0.58 −0.46 0.21 1.3
Cavusoglu, Mishra 和 Raghunathan (2004)	160	NASDAQ	2 天 Day 0 Day +1	78	1996—2001	不显著 −0.0086 −0.0123 （检查幅度）
Kannan, Rees 和 Sridhar (2007)	50	SIC 代码对照组 标准普尔 500 指数	−1 到 +2 −1 到 +7 −1 到 +29	72	1997—2003	−0.65 −1.4 2.22
Gatzlaff 和 McCullough (2010)	245	价值加权的标准普尔 500 指数	Day 0 0 to 1 一天内从 0 到 x 递增至 0 到 +35	77	2004—2006	平均：−0.57 −0.84 −0.74
Karagodsky 和 Mann (2011)		NYSE,NASDQ, Ken French 行业 1. 银行 2. 医疗保健 3. 技术 4. 零售 5. 保险 6. 经纪人	Day +1 Day−1 到 +7 Day−1 到 +7			范围：1—1.3 1.2 2.5 无遗漏 1 无遗漏 无遗漏

参考文献

Acquisti, Alessandro. 2010. "The Economics of Personal Data and the Economicsof Privacy. " Working Paper, Heinz College, Carnegie Mellon University.

Acquisti, Alessandro, Allan Friedman, and Rahul Telang. 2006. "Understandingthe Impact of Privacy Breaches. " 35th Research Conference on Communication, Information and Internet Policy, Telecommunications Policy Research Conference.

Alloway, Tracy. 2014. "AIG Offers Insurance against Cyber Injury. " *Financial Times*, April 23.

Anderson, Horace E. 2006. "The Privacy Gambit: Toward a Game – TheoreticApproach to International Data Protection. " Pace University Law Faculty Publications, Pace University Law School. http://www. researchgate. net/publication/31873523 _The _Privacy_Gambit_ Toward_a_Game_Theoretic_Approach _to_International_Data_Protection.

Anderson, Ross, Chris Barton, Rainer Bohme, Richard Clayton, Michel J. G. vanEeten, Michael Levi, Tyler Moore, and Stefan Savage. 2012. "Measuring the Costof Cybercrime. " Conference Paper, Workshop on the Economics of InformationSecurity.

Arora, Ashish, Christopher M. Forman, AnandNandkumar, and Rahul Telang. 2006. "Competitive and Strategic Effects in the Timing of Patch Release. " WorkingPaper, Carnegie Mellon University.

Arora, Ashish, Dennis Hall, C. Ariel Pinto, Dwayne Ramsey, and Rahul Telang. 2004. "An ounce of prevention vs. a pound of cure: How can we measure the valueof IT security solutions?" Lawrence Berkeley National Laboratory.

Arora, Ashish, AnandNandkumar, Rahul Telang. 2006. "Does Information Security Attack Frequency Increase with Vulnerability Disclosure? An Empirical Anal–ysis. " Working Paper, Carnegie Mellon University.

Arrow, Kenneth J. , and Gerard Debreu. 1954. "Existence of an Equilibrium for aCompetitive Economy. " *Econometrica* 22:265–90. doi:10. 2307/1907353.

August, Terrence, and Tunay I. Tunca. 2011. "Who Should be Responsible for Software Security? A Comparative Analysis of Liability Policies in Network Environ – ments. " *Management Science* 57 (5): 934–59.

Bamberger, Kenneth A. , and Deirdre K. Mulligan. 2011. "Privacy on the Books andOn the Ground. " Stanford Law Review 63 (247): 247–315.

Bojanc, Rok, and BorkaJerman–Blažič, 2008. "Towards a standard approach forquantifying an ICT security investment. " *Computer Standards & Interfaces* 30(4), 216–222.

Brecht, Matthias, and Thomas Nowey. 2012. "A Closer Look at Information Security Costs. " Working Paper, Workshop on the Economics of Information Security.

Campbell, K. , L. A. Gordon, M. P . Loeb, and L. Zhou. 2003. "The Economic Costof Publicly Announced Information Security Breaches: Empirical Evidence fromthe Stock Market. " *Journal of Computer Security* 11 (3): 431–48.

Carty, Matt, Vincent Pimont, and David W . Schmid. 2012. "Measuring the Valueof Information Security Investments. " IT@ Intel White Paper, Intel IT Best Practices Information Security, January. http://www. intel. com/content/www/us /en/it –management/intel – it – best – practices/information –security–investments–paper. html.

Cavusoglu, Huseyin, Birendra Mishra, and Srinivasan Raghunathan. 2004. "The Effectof Internet Security Breach Announcements on Market Value: CapitalMarket Reactions for

Breached Firms and Internet Security Developers. " *International Journal of Electronic Commerce* 9 (1): 69 –104.

Data Loss Database – Open Source (DLDOS), Open Security Foundation publicdatabase. http://attrition. org/dataloss/dldos. html. (As for first quarter 2012, this data base is no longer available for immediate download.)

Demetz, Lukas, and Daniel Bachlechner. 2012. "To Invest or Not To Invest: Assessing the Economic Viability of a Policy and Security Configuration ManagementTool. " Working Paper, Workshop on the Economics of Information Security.

European Commission. 2012. "Proposal for a Regulation of the European Parliament and of the Council on the Protection of Individuals with Regard to the Processing of Personal Data and on the Free Movement of Such Data (General DataProtection Regulation). " http:// ec. europa. eu/justice/data protection/document/review2012/com_2012_11_en. pdf.

Federal Deposit Insurance Corporation. 2004. "Offshore Outsourcing of DataServices by Insured Institutions and Associated Consumer Privacy Risks. " June. https://www. fdic. gov/ regulations/examinations/offshore/.

Fryer, Huw, Roksana Moore, and Tim Chown. 2013. "On the Viability of UsingLiability to Incentivise Internet Security. " Working Paper, Workshop on the Economic of Information Security.

Gatzlaff, Kevin M. , and Kathleen A. McCullough. 2010. "The Effect of   DataBreaches on Shareholder Wealth. " *Risk Management and Insurance Review* 13 (1): 61 –83.

Gibson Dunn. 2012. "2011 Year–End Data Privacy and Security Update. " Feb–ruary 7. http:// gibsondunn. com/publications/pages/2011YearEndDataPrivacy–Security Update. aspx.

Global Privacy Alliance. 2009. " Breach Notification Legislation Key Elementsto Consider. " August. http://ec. europa. eu/justice/news/consulting _ public/0003/ contributions/ organisations_not_registered/the_global_privacy_alliance_en. pdf.

Goldfarb, Avi, and Catherine E. Tucker. 2010. "Privacy Regulation and OnlineAdvertising. " doi: http://ssrn. com/abstract =1600259.

Gordon, Lawrence A. , and Martin P . Loeb. 2002. "The Economics of InformationSecurity Investment. "*ACM Transactions on Information and System Security* 5 (4) 438 –57.

Greenstein, Shane, and Ryan McDevitt. 2011. "The Global Broadband Bonus: Broadband Internet's Impact on Seven Countries. " In The Linked World: How ICT Is Transforming Societies, Cultures, and Economies, edited by The Confer ence Board.

Hann, Il – Horn, Kai – Lung, Hui, Tom S. Lee, and I. P . L. Png. 2002. "Online Information Privacy: Measuring the Cost –Benefit Trade –Off. " Twenty –Third InternationalConference on Information Systems. http://www. comp. nus. edu. sg/ ~ ipng/research/privacy _ icis. pdf.

Hirsch, Dennis D. 2006. "Protecting the Inner Environment: What Privacy Legislation Can Learn from Environmental Law. " *Georgia Law Review* 41 (1): 1 –62.

Ioannidis, Christos, David Pym, and Julian Williams. 2013. " Sustainability in Information Stewardship: Time Preferences, Externalities, and Social Co –Ordination. "Working Paper, Workshop for the Economics of Information Security.

Javelin Strategy and Research. 2013. " Data Breaches Lead to Identity Fraud. " http:// www. slideshare. net/JavelinStrategy/data –breach –fraudcostsjavelin.

Kannan, Karthik, Jackie Rees, and Sanjay Sridhar. 2007. "Market Reactions toInformation

Security Breach Announcements: An Empirical Analysis. " *International Journal of Electronic Commerce* 12 (1): 69–91.

Karagodsky, Igor and, Catherine L. Mann. 2011. " Do Equity Market Punish Firmsthat Lose Customer Data?" Unpublished manuscript.

Kwon, Juhee, and M. Eric Johnson. 2012. " Security Resources, Capabilties and Cultural Values: Links to Security Performance and Compliance. " Working Paper, Workshop on the Economics of Information Security.

Lichtenstein, Sharman, and Kirsty Williamson. 2006. " Understanding ConsumerAdoption of Internet Banking: An Interpretive Study in the Australian BankingContext. " *Journal of Electronic Commerce Research* 7 (2),50–66.

MacCarthy, Mark. 2010. " Information Security Policy in the US Retail PaymentsIndustry. " Working Paper, Workshop on the Economics of Information Security.

Mann, Catherine L. 2001. " International Internet Governance: Oh, What A TangledWeb We Could Weave!" *Georgetown Journal of International Affairs* 2 (Summer/Fall). http:// journal. georgetown. edu/past-issues/2-2-bioalert/.

Mann, Catherine L. , Sue E. Eckert, and Sarah Cleeland Knight. 2000. *Global Electronic Commerce: A Policy Primer.* Washington, DC: Institute for International Economics.

Mann, Catherine L. , and Diana Orejas. 2003. "Can the NAFTA Partners Forge aGlobal Approach to Internet Governance?" In North – American Linkages, editedby Richard G. Harris. Ottawa, ON: Industry Canada.

Morton, Fiona Scott. 2006. "Consumer Benefit from Use of the Internet. " In *Innovation Policy and the Economy*, vol. 6, edited by Adam B. Jaffe, Josh Lerner, and Scott Stern. Cambridge, MA: MIT Press.

Neuhaus, Stephan, and Bernard Plattner. 2012. " Software Security Economics: Theory and Practice. " Working Paper, Workshop on the Economics of Information Security.

Orr, Madolyn. 2012. " Foxes Guarding the Henhouse: An Assessment of CurrentSelf-Regulatory Approaches to Protecting Consumer Privacy Interests in OnlineBehavioral Advertising. " Working Paper, Federal Trade Commission. www. ftc. gov /os /comments/privacyreportframework/ 00231-57343. pdf.

Oussayef, Karim Z. 2008. " Selective Privacy: Facilitating Market-Based Solutionsto Data Breaches by Standardizing Internet Privacy Policies. " *Boston University Journal of Science and Technology Law* 14 (1): 104–31.

Ponemon Institute. 2012. " Consumer Study on Data Breach Notification. " Sponsored by Experian Data Breach Resolution, June. http://www. experian. com/ innovation /business -resources/ponemon-notification-study. jsp.

Retzer, Karin. 2008. "Data Breach Notification: The Changing Landscape in theEU. " Computer Law Review International 9 (2): 39–42.

Roberds, William, and Stacey Schreft. 2009. " Data Breaches and Identity Theft. " *Journal of Monetary Economics* 56:918–29.

Romanosky, Sasha, and Alessandro Acquisti. 2009. " Privacy Costs and PersonalData Protection: Economic and Legal Perspectives. " *Berkeley Technology Law Journal* 24 (3): 1061–101.

Romanosky, Sasha, Alessandro Acquisti, and Richard Sharp. 2010. "Data Breachesand Identity Theft: When is Mandatory Disclosure Optimal?" Telecommunications Policy Research

Conference. http://ssrn. com/abstract＝1989594.

Romanosky, Sasha, David A. Hoffman, and Alessandro Acquisti. 2012. "EmpiricalAnalysisof Data Breach Litigation. " Legal Studies Research Paper No. 2012–30, Beasley School of Law, Temple University. http://dx. doi. org/10. 2139 /ssrn. 1986461.

Romanosky, Sasha, Rahul Telang, and Alessandro Acquisti. 2011. "Do Data BreachDisclosure Laws Reduce Identity Theft?" *Journal of Policy Analysis and Manage ment* 30 （2）: 256–86.

Singer, Natasha. 2013. "If My Data Is an Open Book, Why Can't I Read It?" *New York Times*, May 25.

Stevens, Gina. 2012. "Data Security Breach Notification Laws. " CRS Report forCongress R42475, Congressional Research Service. http://fas. org/sgp/crs/misc/R42475 . pdf.

Sullivan, Richard J. 2010. "The Changing Nature of the US Card Payment Fraud: Issues for Industry and Public Policy. " Working Paper, Workshop on the Economics of Information Security.

Taleb, Nassim Nicholas. 2001. *Fooled by Randomness: The Hidden Role of Chancein Life and in the Markets*. New York: Random House.

——. 2010. *The Black Swan: The Impact of the Highly Improbable*, 2nd ed. NewYork: Random House.

Tang, Zhulei, Yu （Jeffrey） Hu, and Michel D. Smith. 2007. "Gaining Trust throughOnline Privacy Protection: Self-Regulation, Mandatory Standards, or CaveatEmptor. " *Journal of Management Information Systems* 24 （4）: 153–73.

Thomas, Russell Cameron, MarcinAntkiewicz, Patrick Florer, Suzanne Widup, andMatthew Woodyard. 2013. "How Bad Is It? A Branching Activity Model to Estimate the Impact of Information Security Breaches. " Working Paper, Workshopon the Economics of Information Security.

Yan Chen, Grace YoungJooJeon, and Yong-Mi Kim. 2013. "A Day without a SearchEngine: An Experimental Study of Online and Offline Searches. " Working Paper, University of Michigan.

Verizon. 2014. Data Breach Investigations Report. http://www. verizonenterprise. com /DBIR/.

评论

Amalia R. Miller[①]

随着越来越多的消费者个人信息正在以电子格式被企业收集、存储和

———————————

① Amalia R. Miller 是弗吉尼亚大学经济学副教授，美国国家经济研究局研究助理。

如需作者的致谢、研究支持来源和重大财务关系的披露（如有），请参见 http://www. nber . org /chapter /c13025. ack。

传输，发生数据泄露的可能性也在随之增加。由于黑客恶意入侵、盗窃，甚至设备意外丢失等造成的数据泄露事件，都可能会对信息被泄露的消费者造成伤害。如果落入不法分子之手，消费者的个人信息，比如社会保险号、互联网搜索和浏览历史、保险索赔、金融交易和购买行为，都可能被用来骚扰、冒充消费者。

笔者在本章中阐述了"数据丢失是数字化研究议程中需要解决的重要问题"这一观点。Mann 特别指出，企业的数据泄露事件仍然经常发生，而每年公开报道的数据泄露事件也影响了数百万条个人记录的安全。即使这些被泄露的记录只占所收集数据总量很小的一部分，消费者对数据泄露的担忧仍然会带来更广泛的影响。例如，随着他们实际或感知的数据丢失风险增加，消费者可能会采取代价高昂的行为来保护自己，同时也变得不太愿意与企业分享自己的个人信息。同样地，企业在保护消费者的数字信息时也要付出相应的代价。比如，无论是为了降低数据泄露真实发生的可能性而采取的措施（如数据加密、密码的使用、计算机设备和存储设备所需的锁和物理安全装置，以及员工的安全培训和规程等），还是为了减少数据泄露事件造成的伤害（以及数据对潜在盗贼的吸引力）而采取的措施（例如收集更少、存储更少、汇集更少以及传输更少的数据），都会增加企业的成本。

本章基于对数据泄露成本与防止数据泄露成本之间矛盾关系的考虑，初步尝试制定了关于数据安全问题的经济政策研究议程。首先，本章提出了一些可能用于对二者进行权衡的评估框架，并提出了一些政府干预的论据。其次，在本章的实证研究部分，还展示了一些公开报道的美国或影响美国消费者的数据泄露事件汇总表。最后，有关政策方法的部分讨论了美国和其他地方采用的数据安全法规。在本评论中，笔者对每个章节的主要贡献进行了总结，并提出了一些额外的主题和问题以用于未来的数据安全经济学研究。

框架部分的核心主题是，有几个潜在的市场缺陷会导致拥有个人私人信息的公司对数据安全的投资不足。特别是，由于数据安全市场的不完善，企业可能无法将其在数据保护方面的投资转化成内在收益。其中一个原因可能是，有关私营公司创建、收集和维护的数据产权并没有明确定义，但这也是关于特定个人（他们可能会因其传播而受到伤害）的数据。即使拥有明确的产权，在数据保护方面，消费者和企业之间也存在信息不对称，如果没有政策干预，消费者就无法获知企业正在采取哪些措施来保护他们的信息，或者他们的信息何时丢失或被盗。正如 Mann 在本章所说，由于设计适当的合同会产生高昂的交易成本，评估数据披露风险和危害这一问题本身的固有困难也可能阻碍数据保护市场的发展。因此，在被收集信息的消费者和接受信息委托的企业之间可能会出现代理问题，从而导致数据保护的投资不足。

框架部分还讨论了这样一种可能性，即消费者要么不了解风险，要么不完全理性（或者能理解关于风险和罕见事件的信息），这可能是导致安全性投资不足的另一原因。这并不是说消费者想要的保护比他们可能从公司获得的更多，而是说他们想要的比他们应该要的更少。虽然上述论点是合理的，消费者也可能应该对安全给予更多的关心（或者比他们的行为所表现的更关心安全），但值得注意的是，这种基于非理性或有限理性的一般性论点也可能导致相反的预测。消费者很容易对小风险反应过度，并要求提供代价过高的数据保护。

尽管本章没有讨论，但可能值得考虑的是：保护企业免受数据泄露事件的财务成本的保险范围（作为其伤亡和财产政策的一部分或作为一个单独的计划）如何影响他们投资数据安全的决策。这类保险通常会抑制企业投资数据保护的积极性，但如果保险范围不完整（例如：业务损失和声誉影响被排除在外），或者保费是根据以往的索赔经验计算的，其影响将是有限的。如果大型保险公司以向企业提供数据安全有效投资的激励和指导之名，利用它们的数据处理数据泄露索赔，这种影响甚至可能在一定程度上逆转。

另一个值得注意的问题是，数据安全投资的公司之间可能存在外部联系。在其他企业提高数据安全性之后，如果盗窃风险增加，就会产生负的溢出效应。如果企业感到有必要与竞争对手的安全水平相匹配或升级，这种溢出可能导致数据安全方面的过度投资。然而，如果安全保护降低了数据盗窃的价值，而且对潜在的窃贼来说是不可见的，那么就可能存在正外部性，这与 Ayres 和 Levitt（1998 年）对汽车盗窃 LoJack 装置的研究中发现的情况相当。

除了概述适用于数据安全的可能的市场缺陷之外，本节还将分别讨论用于解决数据安全的公共政策响应类型。在第一个讨论中，针对 Hirsch（2006）提出的数据溢出风险的污染隐喻作为数据聚集的外部性，将命令-控制过程监管与以利益为目标的政策进行对比。Hirsch 认为，由于安全技术和威胁可能会迅速发展，而且与监管机构相比，企业可能对不同投资的成本和效果有更好的了解，因此第一种方法（强制规定特定的数据保护政策）不太可能有效。Miller 和 Tucker（2011）的实证研究结果也证实了这一点，即推动采用数据加密技术的州法律导致数据丢失事件（由内部欺诈和计算机设备丢失案件驱动）全面增加。框架部分中关于政策的第二个讨论采用了更合法的方法。本章的政策部分讨论了以下选项：（1）强制数据安全要求；（2）政府对数据丢失的罚款或处罚；（3）强制披露数据丢失。

本章的实证部分概述了经济领域数据泄露事件的一些最新趋势，比如泄露记录的数量、泄露数据的内容（包括 SSN 或不包括 SSN）以及泄露来源（如计算机黑客、纸质文档丢失、计算机丢失和内部欺诈）。虽然很难从这些有限的信息中推断出很多结论，但有几点值得注意。最有趣的是，大量数据丢失事件并非来自黑客，而是由内部欺诈、意外丢失或无意披露造成的。不同行业的数据泄露数量和泄露内容以及长期趋势存在差异。从总体趋势来看，2005 年至 2012 年间的数据泄露数量相对稳定（2006 年的数据泄露数量最高），报告的带 SSN 的数据泄露事件比例有所下降。然而，正如 Mann 所指出的，很难知道这是反映了实际事件的减少，还是反映了更糟糕的报告。虽然前面的框架和本章大部分的讨论集中在私营部门，但数据部分也包括关于政府部门数据泄露的简要信息。从理论上讲，比较公共部门和私营部门的数据泄露行为可以提供有关激励措施的作用或市场不完善的信息，但如果不能更好地了解公共部门的激励措施以及每个行业领域收集信息类型的差异，这是不可能的。

本节中的证据必然受到有关数据泄露事件的有限可用信息限制。正如 Mann 在本章中所承认的，为了使证据有助于告知公共政策，还需要更多的信息。首先，一个主要的限制是研究人员只知道公开披露（或发现）的事件。本章所讨论的披露要求并不全面，这意味着很多事件不需要向公众披露。而且即使要求披露信息，也不清楚公司在多大程度上遵守了这些要求。此外，单凭数据泄露也不可能计算风险或信息损失率。我们需要知道如何衡量收集的数据量，这些数据量肯定会随着时间的推移而增加。

下一节讨论现有涉及数据安全的公共政策。在框架部分对政策方法的第二个讨论的基础上，本章进一步讨论了披露要求和随后的"市场纪律"相对于强制安全保护或对数据泄露实施惩罚的规则的相对好处。

在描述政策环境时，Mann 对比了美国和欧盟所采取的方法。欧洲的政策倾向支持对数据持有者的隐私和安全保护措施的全球要求，通常规定数据收集、使用和传输的技术、人员配备和程序。这些规则包括对可以收集或共享哪些信息以及可以存储多长时间的严格限制，以及对不同操作获得同意的要求。美国关于数据安全的政策更加多样化，在州一级根据信息类型有所不同。在美国应用的主要政策手段是要求公开披露数据泄露事件，并向受影响的消费者披露。联邦政府对某些类型的信息（影响儿童或包括财务或健康信息的泄露行为）有披露要求，且在许多州还有更广泛的披露规则。

在区分了美国和欧洲在数据安全政策方面的典型做法（过程监管与披露规则）之后，本章指出了最近区域披露规则的趋同性。欧盟和其他几个国家目前正在实施或考虑实施这些要求。有趣的是，欧盟的信息披露规则将比美国的要求更高（覆盖面更广且时限更短），并将与数据泄露的监管罚款一起实施。同样值得注意的是，美国的一些州和联邦规则确实强制规定了特定的安全程序，如数据加密或交换同意要求，以及其他规定在没有明确列明的情况下满足"合理保护"标准或者包括采用特定的安全技术减轻对数据泄露的信息披露要求的激励的形式（例如，参见 Miller 和 Tucker 2009、2011）。

评估不同政策响应对数据安全的适当性需要有关企业和消费者在数据泄露事件及其预防方面的相对成本经验信息。本章报告了披露的数据丢失事件对企业和消费者造成的成本的初步估计，表明消费者的成本至少是企业成本的两倍。本章引用了标枪战略与研究公司一份报告中的一个估计范围，即从每一次数据泄露中消费者自付成本为 400 美元到 700 美元。Ponemon 研究所的一份报告中指出，每丢失一条记录，企业平均成本损失 100 美元到 200 美元。这些初步估计表明，数据披露要求不足以使公司完全内化，即使是披露数据泄露的成本，这意味着除了披露规则之外，还需要更大程度的干预以增加对数据安全的投资。

然而，关于这些价值的不确定性，以及它们只反映平均成本的事实，意味着更可靠和更广泛的信息可能支持或推翻这一初步结论。此外，数据丢失事件的实际成本可能会随着时间的推移而发生变化，这是数据安全之外的策略不断演变的结果。正如本章所讨论的，如果法律环境演变使消费者可以获得更多的追索权，即使没有显示出直接的损害，也可以起诉企业的泄露行为，那么未来企业因泄露行为而付出的成本应该会增加。这些索赔的依据不符合行业数据保护标准或违反了隐私或安全规定的合同。这些法律选择将使披露信息成为鼓励安全投资的更有力工具，尽管实施这些选择会给消费者带来成本，并导致不确定的结果，而通过更直接的监管手段（比如对泄露行为的惩罚）或许可以避免这种情况。

政策制定者必须认识到，企业在数据安全方面的投资水平并不是影响数据泄露频率或成本的唯一因素。消费者的行为，例如决定分享什么信息，与什么公司分享，以及他们对披露的数据泄露行为（是否涉及他们自己的数据）的反应，可能会影响数据丢失，并可能对公共和企业政策的变化作出反应。例如，如果消费者限制或扭曲他们提供给企业的信息，那么泄露的成本可能很低。如果企业层面的数据安全得到改善，使得消费者更愿意分享个人信息，或者在保护自己免遭盗窃方面不那么小心，那么成功泄露的增量成本可能会增加（通过积极监控他们的财务账户是否存在欺诈，以及检查信用报告是否存在可能的身份盗窃）。如果防范成本最低的泄露所涉及的信息对窃贼来说价值最低，对消费者的伤害最小，那么在数据安全性更好的情况下，泄露的成本也可能增加。最后，数据泄露的成本也受到公共和私人行为的影响，这些行为旨在防止、发现和惩罚试图使用丢失或被盗数据的行为。例如，对处理这些交易的公司的信用卡收费、金融转账和保险索赔进行仔细监测，可以防止窃贼利用这些数据。在公共政策方面，数据盗窃已经是非法的，最具欺诈性和恶意使用丢失或被盗数据也是非法的。然而，执行这些规则要求将资源用于执法，以调查犯罪并开发新的工具来应对新的威胁。数据储存、数据保护、消费者和企业为侦查欺诈的努力以及政府调查和惩罚欺诈与盗窃行为的理想结合，将取决于这些努力的成本及其对数据丢失频率和成本的影响。

综上所述，本章关于数据丢失的内容是数字化经济学研究议程中的一个重要课题。它提出了许多问题，供研究人员和决策者考虑，并总结了一些关于该主题的初步经验信息。这是一个有许多开放的问题，并且经济学家可以大展身手的研究领域。

参考文献

Ayres, Ian, and Steven D. Levitt. 1998. "Measuring Positive Externalities fromUnobservable Victim Precaution: An Empirical Analysis of Lojack. " *QuarterlyJournal of Economics* 113 (1): 43–77.

Hirsch, Dennis D. 2006. "Protecting the Inner Environment: What Privacy Regulation Can Learn from Environmental Law. " *Georgia Law Review* 41（1）：1–63.

Miller, Amalia R. , and Catherine Tucker. 2009. "Privacy Protection and Technology Diffusion：The Case of Electronic Medical Records. " *Management Science* 57（7）：1077–93.

——. 2011. "Encryption and the Loss of Patient Data. " *Journal of Policy Analysisand Management* 30（3）：534–56.

第12章 作者的版权和收益
——浪漫主义时期作者收入的证据

Megan MacGarvie 和 Petra Moser[①]

为了鼓励创新，版权在文学和音乐、计算机软件、网络内容等数字经济的许多重要领域保护了"作者原创工作"的知识产权。[②] 延长版权的期限已成为各国政府加强财产权的重要政策杠杆。例如，1998 年的美国《版权法》和 2011 年的英国《版权法》将音乐著作权保护的期限从"作者终身"加 50 年延长到"作者终身"加 70 年。延长版权期限的支持者认为，这种政策的转变通过提高靠写作可获得的预期利润来鼓励创造力（Liebowitz and Margolis 2005）。美国作家协会主席 Scott Turow 警告说，诸如数字盗版等削弱版权的行为可能导致"美国作家的缓慢死亡"（Turow 2013）。然而，对文件共享的实证分析显示，共享文件对录音音乐的数量和质量没有显著影响（OberholzerGee and Strumpf 2007；Waldfogel

① Megan MacGarvie 是波士顿大学市场、公共政策和法律系副教授，是国家经济研究局的一位教职研究员。Petra Moser 是斯坦福大学经济学助理教授和国家经济研究局教职研究员。

我们感谢 Xing Li, Hoan Nguyen, and Alex Pitzer 等人提供出色的助研工作，以及斯坦福的第二年研究生研究计划、NBER 数字经济学计划、Kauffman 基金会及国家科学基金通过职业补助金 1151180 提供的经济支持。

作者致谢、研究支持来源以及作者重要财务关系的披露，如有，请参阅 http：//www. nber. org/chapters/c12997. ack。

② Title 17，US Code 2011。

2012），这表明版权保护的重要性可能被夸大了。

有关强势版权对作者利润的影响的系统性证据很少，因为通常公众不能获得关于向作者付款的数据。[①] 从 1746 年至 1800 年间向苏格兰启蒙运动的作者们支付 93 笔款项的样本中获得的证据表明，自 1774 年为作者设立临时垄断权之后，向作者支付的款项有所增加（Sher 2010，258）。对欧洲作曲家 Giuseppe Verdi（1813—1901）和 Robert Schumann（1810—1856）的案例研究表明，音乐著作权保护的引入使歌剧和歌曲作曲家在经济上受益。Scherer（2008，11）认为，1837 年在意大利北部部分地区引入版权后，Verdi"看到了版权的可能性，并将其充分地利用"以获取财富，减少他在歌剧创作中"繁重的工作"[②]。最系统的研究证据来自 Dicola（2013）对 5 000 名美国音乐家（包括作曲家、演员和教师）的调查。在这项调查中，被调查者平均从与版权有关的来源获得了 12% 的收入。

本章通过引入一系列更新的、系统的数据集为英国浪漫主义时期出版商向作家的支付情况，补充了确切的证据。这些数据包括 11 家出版商在 1800—1829 年间用于向 105 名作者支付 207 部小说作品的费用。我们从在线数据库"英国小说 1800—1829：一个关于作品生产、流通和接收的数据库"提供的英国 19 世纪出版社的交易、信函和其他类型档案资料的数字化摘要中收集了这些数据[③]。英国浪漫主义时期最大的出版机构之一伦敦 Longman 公司（Longman Co. of London）出版了 68 位作者的 133 篇作品。竞争的出版商包括 John Mur-Ray、Archibald Constable & Co、Cadell

---

① 例如，最近一项对电影行业的研究注意到 " IP 合同未引起学术界的广泛关注的原因之一是缺乏足够的数据"（Harris、Ravid 和 Basuroy 2013，2）。

② Scherer（2008，11）报告说，Verdi 的歌剧总数从 19 世纪 40 年代的每 10 年 14 部，减少到 19 世纪 50 年代每 10 年 7 部，19 世纪 60 年代每 10 年 2 部，之后的 30 年中每 10 年只有 1 部。但是，Verdi 在他的职业生涯晚期创作了更具影响力的歌剧，并尽可能利用自己的财富创作出了更少但质量更高的作品。除 Nabucco（1842）之外，Verdi 在 1850 年（引入著作权的 13 年后），创作了他最具影响力的歌剧 Rigoletto（1851），La Traviata（1853），Simon Boccanegra（1857；second version in 1881），和 Aida（1871）。

③ Garside, P. D., J. E. Belanger, and S. A. Ragaz. 英国小说，1800—1829：一个关于作品生产、流通和接收的数据库，设计人 A. A. Mandal. http：//www. british-fiction . cf. ac. uk。

& Co、William Blackwood 和 Oliver & Boyd。

这一数据库所收集的数据是一个更大的研究计划的一部分，该研究计划审查了版权对作者和出版商之间关于文学作品创作的合同协议的作用。一旦完成，就可以建立一个新的可定量的有关浪漫主义时期作家的数据集，并可以涵括有关实物复制品数量、生产成本、价格、收入和出版商的广告工作的信息。我们通过收集出版商和作者的通信往来，来构建完整的数据集，这包括合同谈判和出版商以及作者之间其他互动信息。

在这一章中，我们从低保护水平出发，考察了 1814 年版权强度的次增长后作者版权收入的变化。1814 年的英国《版权法》明确了向研究图书馆交存所有新书副本的要求，并将著作权的期限从 28 年延长到作者终生，并将已去世作者的著作权期限从 14 年延长到 28 年。Li, MacGarvie 和 Moser（2014）强调这一变化造成已去世作者的著作权长度的差异增加这一事实，因为该法案增强了版权条款对价格的影响。对 1790—1840 年间新的图书价格数据集进行的差异分析表明，版权期限的延长导致价格大幅上升。历史证据表明，出版商利用版权期限的延长来进行跨期的差异定价，从而提高了图书的平均价格。

我们对这一章的研究利用了以下事实：1814 年法案规定的复制权利条款的延长，使作者可以向出版商出售更长的预期收入，以审查——从较低的保护水平起始——增强版权条款是否真的可以增加作者的版权收入。1800—1829 年间用于向作者支付 207 份书籍的数据表明，作者的版权收入在 1814 年之后大幅增加。向书籍作者支付的版权金额的中位数从 1800—1814 年间的 83.81 英镑（l，折算为 1800 年实值计算）增加到 1815—1829 年间的 166.48l，增长了近 100%。[①] 平均向作者支付的费用几

[①] 现有的实证分析没有发现版权对书籍价格的影响或有记录的反常关系（Khan 2005；Heald 2008）。比如，美国出版商 Tickenor 和 Fields 的价格数据表明，欧洲作者的盗版图书在 1832—1858 年间以高于美国作者的版权图书的价格出售（Khan 2005，252）。同样，1913—1932 年间在美国畅销的书籍，不论其版权状况如何，都在 2006 年以大致相同的价格出售，这可能是因为初版印刷 74 年后的书籍是一些精心挑选过的样本（Heald 2008）。

乎增至 3 倍，从 1814 年之前的 65 部书籍的 163.59*l* 增加到 1814 年之后的 142 部书籍的 493.54*l*。这一增长的部分原因是对成功的诗人 Walter Scott 爵士的高额版税，他的第一部小说于 1814 年出版。除 Scott 的 16 部书籍外，作者的版权费的中位数增长了 59%，从 1814 年后的 83.0*l* 增加到 131.6*l*，平均每位作者的版权费收入几乎加倍了，从 1814 年之前的 64 部书籍的 155.0*l* 增加到 1814 年后的 127 部书籍的 248.21*l*。

我们的数据还可以区分一次性付款和利润分享收入。这些数据表明，版权费增加的主要原因是向作者的一次性付款增加。共有 108 项观察结果涉及一次性付款，其中 13 项包括两种类型的付款，86 项只包括利润分享收入。书籍的一次性版权费的中位数，包括兼有利润分享收入的 13 部书籍，在 1814 年之后增长了 3 倍多，从 111.91*l* 增加到 361.73*l*。就著作权所有者平均而言，一次性付款从 175.81*l* 增加到 670.40*l*。除去 Scott，一次性付款的中位数从 110.58*l* 增加到 304.99*l*，就著作权所有者平均而言，从 173.54*l* 增加到 370.71*l*。

12.1 英国浪漫主义时期的著作权

著作权首先在 1710 年英国颁布的《鼓励知识创作法》中正式确立，俗称《安妮法》。该法案赋予新书出版商 14 年的专属权利，如果作者在头 14 年结束时还健在，则可延长至 28 年。[①] 为了实现专有权，出版商必须向书籍出版业公会（the Stationers' Company）登记所有新书，并向英国图书馆及英格兰和苏格兰的 8 所大学图书馆交存副本：

兹颁令如此：自 1710 年 4 月 10 日起，凡经前述印刷、出版或此外重

---

① 书商推动了《安妮法》的实施，"除序言外，作者根本没有被提及…… 该法案是书商的法案"（Feather 1988, 74–76）。对于在该法之前出版的书籍，书商从 1710 年起获得了 21 年的专属权利（《安妮法》，第 2 节，伦敦，1710 年）。

印、出版之各种书籍，须于此种出版前，由其印刷商在书籍出版业公会将最佳纸张之印本九册交付给该公会当值书库管理人，分供皇家图书馆、牛津及剑桥两所大学图书馆、苏格兰四所大学图书馆、伦敦锡安修会图书馆，以及苏格兰出庭律师协会所属图书馆使用。书库管理人于各图书馆之管理人或其所授权之人索求后，须于十日内交付该印本，以为前述图书馆之用。（《安妮法》，1710）

当第一本版权书籍的版权期限接近 28 年结束时，曾购买版权的书商向 Chancery 法院要求禁止有竞争关系的出版商印刷版权到期作品的复制品。他们的论点是，作为"作者的自然权利"，版权是一项永久的普通法财产权（Patterson 1986，153；Feather 1988，79）。1774 年，在 Donaldson 诉 Becket 一案中的一项上议院决定结束了这场"书商之战"（1743—1774；Patterson 1986，153），并确定，与其他类型的财产权不同，版权仅限于若干年，由版权期限确定。在那个年代，侵权行为被处以巨额罚款。例如，1801 年，一家侵犯版权的印刷商被没收了所有复制品并支付了每页 3d 的罚款，"一半付给王室，一半付给起诉人"。进口盗版书籍的印刷商被罚款£10（Seville 1999，239），大约是 1800 年代初男性工人平均每周工资的 20 倍（Bautz 2007，12）。①

1798 年，在 Beckford 诉 Hood 一案中（1798，7 D. & E. 620）对保证金要求提出质疑，因为它规定，即使书籍没有在书籍出版业公会注册，也有资格申请侵权损害赔偿。由于这一案例，在 1793 至 1803 年间，每年的保证金数量下降了 40%（Deazley 2007，816）。

12.1.1 1814 年英国将版权期限延长

1814 年 7 月 29 日，为了重申交存要求，英国议会通过了一项法案。

---

① 然而，在欧洲大陆和美国，英国的版权并没有得到尊重。为了防止盗版复制品进入英国，消费税官员被要求通过检查行李来寻找可能被转售的书籍（Clair 2004，200）。

根据第三次重新修整的建议，修订了几项《鼓励知识创作法》，以加强这类图书的作者或其转让人的著作权保护。

为保护版权，该法案要求出版商必须在图书出版后 12 个月的时间内将复印本交存大英博物馆和 10 所大学图书馆（§2）。版权期被延长至 28 年，如果作者在 28 年期限结束时仍健在，著作权的期限将延长至作者的剩余寿命，对于第一版出版后 14 年内去世的作者而言，这一变化意味着版权的期限从《鼓励知识创作法》规定的 14 年增加到 28 年。

12. 2　数据

本分析的主要数据包括 11 家出版商对 1800 年至 1829 年间英国出版的 207 部小说的 105 位作者的付款记录。我们从一个数字的档案记录存储库中收集了这些数据，该存储库记录了 1800—1829 年英国小说的生产、流通和接收情况。[①] 这些数据包括 411 部发行的作品，19 世纪出版机构 Longman 公司（来源于雷丁大学的特藏品）、William Blackwood、Cadell & Co、Constable & Co、John Mur-Ray II 和 Oliver & Boyd（苏格兰国家图书馆）的记录，以及英国出版业的作者通信文和历史记述。

为了从这些来源中提取有关支付给作者的款项信息，我们首先进行了关键词自动搜索，比如："payment to author" "paid to author" "half profits to author" "cash" "interest" "pounds" "guineas" "copyright"以及其他与作者收入相关的词。该算法识别出 441 部作品中 203 部作品的付款情况，我们单独阅读这些记录，收集每部作品的类型、付款金额和付款日期的信息。我们还检查了其余 238 部作品，以搜索支付和会计信息，因为这些信息可能是

---

① 可查阅 http：//www. british-fiction. cf. ac. uk/，2013 年 1 月至 3 月检索。

自动搜索没有检索到的。[①]

例如，Longman 出版的 Amelia Opie 的作品 *Tales of Real Life*（1813）条目改为：

分类账项，Longman 公司

1813 年 6 月 10 日，包括 2 000 份副本。

……

1814 年 1 月到目前为止，共出售了 1 693 份副本，共收入 973.9.6 英镑。

［1814 年 1 月］一半利润归作者，272.8.9 英镑；一半利润归 Longman 公司，272.8.9 英镑。

……

1815 年 1 月到本日为止，还有 172 份已售出，共收入 98.18.0 英镑。

1815 年 1 月，一半利润归作者，43.15.8 英镑；一半利润归 Longman 公司，43.15.7 英镑。

［1816 年 1 月］剩下的 120 份已在此日期之前出售，共收入 69.0.0 英镑。

［1816 年 1 月］一半利润归作者，34.9.5 英镑；一半利润归 Longman 公司，34.9.4 英镑。

……

1820 年 6 月，一半利润归作者，10.12.4 英镑；一半利润归 Longman 公司，10.12.3 英镑。[②]

仔细阅读这些条目，我们可以用这些支付数据得到另外 4 个观测结果。另外 98 部作品有详细的会计数据。在这 98 部作品中，有 11 部作品

---

① 在有日期信息的 320 部作品中，有 69 部作品的记录中没有关于向作者付款的资料，或是收入和费用的其他资料。Oliver & Boyd 的 33 条记录中包含详细的广告数据，我们计划在今后的工作中加以探讨。

② Longman 分类账 1D，p. 300，Longman 分类账 2D，p. 214。

的账目数据显示由于出版商的亏损，作者没有得到付款。我们排除了 6 部作品，因为这些款项是支付给作品的译者而非作品的原作者的。

然后，我们对 207 部作品的体裁进行了分析，207 部作品中有 206 部是小说。剩下的 1 部作品是 John Banim's 的 *Revelations of the Dead-Alive*，这是一部小说散文集（由 Simpkin & Marshall 于 1824 年出版）。

每次观察都涉及一部作品，其中大部分是第一版（207 部作品中有 200 部）。其余 7 部中的 3 部为第一版的新分卷。例如，作者 Charlotte Smith 与出版商 Longman 在 1802 年达成的一项协议，涉及 *The Letters of a Solitary Wanderer*：*Containing Narratives of Various Description* 第四卷和第五卷（均于 1802 年出版）。

当出版商审查了一部新书的草稿并同意购买该书的版权时，付款与第一版年份之间出现了滞后。例如，Longman 在 1812 年 12 月 3 日写给 Amelia Opie 的一封信中，涉及了作者的 *Tales*：

我们星期二乘四轮大马车送您一个包裹，我们希望您收到了这件包裹。我们在包裹中寄出一封信，通知您，我们遵照您的要求已经支付了 4.10 英镑。您的作品题目我们很满意。只要您能支持我们，我们很乐意看到手稿。（Longman Archives，Longman I，97，No. 383）

两天后，即同年 12 月 5 日，向作者发出警告：

我们当然在某些程度上出现了一些误解。也许您的第一封信说得不太清楚，应该是出版商的理解能力较弱；它们经常纵容自己，使这一主题变得不那么容易理解。然而，现在我们知道您已经完成了一个系列小说中的一部，而其他的几部还没开始写；考虑到这一点，我们不建议您把这个系列小说中的任何章节交给印刷厂，直到您一次性把这个系列完全写完才能一起发表；这种情况下，您将不得不离开您的写作和校样生涯。（Longman Archives，Longman I，97，No. 387）

除了编辑自己的评论外，编辑还要求其他作者对新稿件进行评论。例如，Longman 在 1813 年 10 月 11 日写给 Amelia Opie 的信件中提及

Elizabeth Benger 的 *The Heart and the Fancy*（Longman 于 1813 年出版）：

请接受我们对 *The Heart and the Fancy* 的感谢（Longman Archives，Longman I，97，No. 75）。

向作者支付的版权费用的中值来源于书籍第一版发行的第一年；第一版书籍前一年支付 55 笔，提前两年支付 5 笔。

对于大多数作品，出版商向作者提交了 10 多年或更少的付款；然而，对于一些作品，出版商向作者支付的利润共享付款最多达 35 年。例如，1836 年 6 月，Longman 记录了一笔 1.23*l* 的费用给 Amelia Opie 的作品 *The Father and Daughter*，1801 年首次出版（Longman Divisite Subster 3D，259）。1840 年 6 月，Amelia Opie 因她的小说 *Temper*（1812 年出版；Longman Divisite Subset 3D，261）而得到 2.41*l* 的付款。

在 207 部作品中，133 部为 Longman 公司出版，另外 18 部为 Blackwood 和 Cadell & Co 共同出版，3 部由 Blackwood 和 Cadell & Co 单独出版。Constable 与 Longman 公司有 6 部作品的合作出版，包括 Sir Walter Scott 和 Longman 公司的 3 部作品，Colburn 与 Longman 公司有 1 部作品合作出版。

105 位作者中有 69 名在数据集中只有一部作品。6 位作者出版了 5 本以上的书籍。其中，Anna Maria Porter（1780—1832）共发表了 9 部小说，包括 *The Hungarian Brothers*（1807 年由 Longman 出版，以法国革命战争为背景）。Porter 与她的妹妹 Jane Porter 合作发表了两卷故事，*Coming Out and The Field of the Forty Footsteps*（1828 年由 Longman 出版）和 *Tales Round a Winter Hearth*（1826 年由 Longman 出版）。[①]

---

① 除了 Porter 姐妹的两本书之外，还有 3 本书是共同作者所著：Charlotte Champion Pascoe 和 Jane Louisa Willyams 的 *Coquetry*，George Wilkins 和 William Shepherd 的 *Body and Soul* 以及 Marion 和 Margaret Corbett 的 *Tales and Legends*，还有一部可能是同一个家庭中的男女作家共同创作的，1828 年由 Charles William Chaklen 与/或 Miss Chaklen 创作的 *The Hebrew：A Sketch in the Nineteenth Century：With the Dream of Saint Kenya*（E，MS 4016，fol. 170）。

数据中包括两部在作者去世后才首次出版的书籍。William Williams（1791 年去世）的作品 *Journal of Llewellin Penrose*（1815 年由 Murray 出版），Murray 于 1814 年一次性支付了总数为 200*l* 的版权费作为作者的财产（按照 1800 年单位英镑计算总额为 173.27 英镑），并将作品发表于 1815 年。① Joseph Strutt（1802 年去世）的作品 *Queenhoo-Hall*，于 1808 年出版，Murray 于 1814 年向作者的儿子支付了 25.03*l* 的版权费。② Strutt 在小说完成之前去世，小说的最后一章由 Walter Scott 编写。③

为了估算支付给作者的一次性付款以及利润分享收入，我们从出版商的分类账中总结了个人的条目。例如，在 1806 年 4 月 23 日，Longman 的档案记录了一次数额为 400*l* 的一次性付款给 Opie 作品 *Simple Tales*。"给作者的付款：400.0.0 英镑。Longman 出版社图书编号 No.3，fol.53。"利润分享的收入在出版商分类账中记录为：

1814 年 1 月，到目前为止，共售出了 1 693 份，共计金额 973.9.6 英镑。

[1834 年 6 月] 到目前为止，其余 8 份已出售，销售记录如下：

4 份以 0.3.0 英镑的价格出售，共 0.12.0 英镑；4 份以 0.11.6 英镑的价格出售，共 2.6.0 英镑。

8 份的总额为 2.18.0 英镑（Longman 分类账 1D，300；Longman 分类账 2 D，214）。

支付给 Amelia Opie 作品 *Tales of Real Life* 利润分享的收入的总额为 413.27*l*。几乎所有的利润都在作者和出版商之间平等分享。例如，William Godwin 的 *Mandeville*（Longman 于 1817 年出版）为作者赢得了 25% 的利润（除了一笔金额为 453.41*l* 的一次性付款外）。12 部作品以抽取佣金的方式出版——作者负责编辑费用，并在出版商提成 10% 图书销售收入后收取了全部利润（St. Clair 2004，165）。

---

① 分类账条目，John Murray II，1814 年 8 月 15 日，手稿，Murray 档案。
② Murray 档案，分类账 A，45。
③ 手稿（副本），Murray 档案，Letter Book（1803 年 3 月—1823 年 9 月），200–201。

为了控制通货膨胀的影响，本文采用 Clark（2013）零售价格指数，以 1800 年为基准年，将所有的金额折算成了实际的单位英镑，一个单位英镑（l）等于 20 先令（s）或 240 便士（d）。为了计算利润共享收益，我们将每次付款折算为 1800 年的英镑（year 1800 pounds），以支付年为基准单位进行折算，然后再加上折算金额，计算作者作品的利润共享收益总额。例如，Opie 的名义收入为 413.27l，相当于以 1800 年为基准的 374.19 英镑。[①]

按图书的长度大小对作者的支付进行规范化，以总页数作为衡量指标，收集每部作品的长度信息。共收集了 207 部作品的数据。每 100 页的总收入中值为 15.17l，平均为 40.74l），标准差为 77.86。为了检验 1814 年法案是否对不同年龄段的作者产生不同程度的报酬金额的增加，我们在《牛津国家人物传记大辞典》上收集作者生卒年的数据，如果没有找到数据，我们就查找网上数据。105 名作者中有 60 名（或 207 部作品中有 152 部）可获得人口统计数据。[②]

12.3　作者的一次性总付收入

作为一次性支付合约，出版商承担一切风险，支付印刷和分销的全部

---

① 可查阅 http：//measuringworth. com/ukearncpi/。检索日期 2013 年 4 月 24 日。Scott 和他的出版商 Archibald Constable 在 1820 年签订的合同涉及四部不同的作品：Ivanhoe, the Monastery, The Abbot, and Kenilworth，作为 Constable 出版计划的一部分，将这四部小说作为 8 开本集发行，总共支付了 5 000 几尼（Archibald Constable 写给 Scott 的信件，1821 年 11 月 3 日，Grierson, VII, 13）。

② 提供人口数据的作者所占比例在不同时期和不同类型的付款中大致相等。人口统计数据对截至 1814 年的 46 部作品的 27 名作者是可用的，其中 20 名作者 28 部作品的费用是一次性支付，16 部作品的 9 名作者采用利润共享收益模式，以及 2 部作品的 2 名作者兼有以上两种付款方式。人口统计数据对 1814 年后的 106 部著作的 46 名作者是可用的，包括对 61 部作品的 30 名作者一次性支付了费用，36 部作品的 19 名作者采用利润共享收益，以及 9 部作品的 76 名作者兼有两种支付方式。

费用。作为回报，作者放弃了对未来利润的要求，并将版权转让给出版商（St. CLAIR 2004，161）。例如，Longman 公司在 1824 年 8 月 12 日写给 Barclay 先生的信件中，强调了他们对 Jane Porter 的历史小说 *The Scottish Chiefs*（1810 年出版）的所有权。

　　Scottish Chiefs 的版权是我们的财产。我们购买了 Porter 小姐这部书的版权，正如我们购买她的其他作品的版权一样，我们认为这本书是很有价值的，我们不应该把该书的版权让给任何人。然而，我们不反对卖给你这个版本的 1 000 或 2 000 本书。（Longman 档案，Longman I，101，No. 459B）

　　在 1831 年 3 月 9 日的另一封信（Longman 档案，Longman I，102，No. 165A）中，Longman 的销售代表坚决维护他们的版权并持续了 21 年。[①]

　　在那些年月里，108 部作品的作者只得到一次总付，86 部只得到利润分享协议的收入（没有一次总付），13 部作品的作者得到两种类型的付款。[②] 随着时间的推移，采用分享利润协议的图书份额大致保持不变。直到 1814 年，65 部作品的 38 个作者得到一次总付。1814 年之后，142 部作品中有 83 个作者得到一次总付。[③]

　　位于中值的作品的作者 George Wilkins（George Wilkins，*Body and Soul*，1822 年 Longman 公司出版）收到一笔总付 224.45*l* 的款项。[④] 121

---

　　① 相比之下，苏格兰启蒙作家在 1746 年至 1800 年间的 144 部作品中只有不到 1/3 的著作权仍以作者的名义注册（Sher 2006，243）。不过，注册的作品可能更有价值；在 Sher 的 360 部作品中只有 40% 是注册过的。

　　② 13 部具有两种支付类型的作品中的 3 部是由 Barbara Hofland 发表的，分别为 *Integrity*（1823），*Decision，A Tale*（1824），和 *Self-Denial*（1827）。其他的 10 部作品为：Jane Porter 的 *Thaddeus of Warsaw*（1803），Miss M. G. T. Crumpe 的 *Isabel St. Albe*（1823），Orton Smith 的 *Sketches of Character*（1808），Robert Mudie 的 *Glenfergus*（1820），Scott 的 *Rob Roy*（1818），William Godwin 的 *The Seventeenth Century in England*（1817），George Wilkins 的 *Body and Soul*（1822），James Justinian Morier 的 *The Adventures of Hajji Baba，of Ispahan*（1824），William Henry Pyne 的 *Wine and Walnuts*（1823）和 Scott 的 *Waverley*（1814）。

　　③ 一次性总付的作品所占份额也基本保持不变，到 1814 年为止，65 部中有 35 部，在 1814 年之后 142 部中有 73 部。

　　④ 1827 年 8 月 10 日 James Fenimore Cooper 写给 Francis Moore 的信。

部作品一次总付的平均一次总付金额为 515.07l，标准差为 866.61l。① 据比较，一个工薪阶层的男性在 1800 年和 1829 年的名义收入分别为 23.58l 和 32.26l（35.16 的 1800 年单位英镑）。② 最小数额的一次性总付为 Margaret Hurry 的 *Artless Tales*，金额为 4.23l（1808 年 Longman 公司出版）。③ 最大数额的一次性总付为 Walter Scott's 的 *The Pirate*，金额为 5928.08l（1822 年分别由 Constable 公司在爱丁堡和 Hurst, Robinson 公司在伦敦出版）。④

关于一次总付的数据显示，在 1814 年之后，中值作者的付款大幅增加。在 1800 年至 1814 年之间的 38 部作品中，一次性付款的中值为 111.91l，作品为 Robert Charles Dallas 的 *Percival*，1801 年出版和 Charlotte Smith 的 *Letters of a Solitary Wanderer*，1800 年出版，均由 Longman 公司出版。在 1815 年至 1829 年间获得一次付款的 83 部作品中，出版商一次性付款 361.73l，支付给中值作品的作者（由 Longman 于 1808 年出版的 St. Magdalen 的 *The Fast of St. Magdalen*），是 1800 年至 1814 年间的中值付款的 3 倍之多。按页数进行归一化，向中值作者支付的金额从每 100 页 11.40l 增加到 1814 年后每 100 页 32.22l（到 1814 年为止平均每 100 页 16.91l，标准差为 16.27，1814 年后平均每 100 页 71.96l，标准差为 102.63）。⑤

数据还表明，一次性付款的增加严重偏向于少数作者（图 12-1）。直到 1814 年出版单位平均支付作者 175.81l 的固定费用（标准差 221.33，

---

① 108 部作品一次总付的平均一次总付金额为 552.75l，标准差为 899.98l。

② Bautz（2007，12）的报告称，一名工作人员的典型工资在 9 至 40 先令之间。如果一名工人的典型工资为 10s，而且工人每年能够工作 50 周（这可能会导致我们高估总工资），一个典型的年度工资可能是 500s 或 25l。

③ Longman 出版社，图书编号 No.3，fol. 111。

④ Joseph Ogle Robinson 写给 Archibald Constable 的信，苏格兰国家图书馆，MS 326，fol. 92。

⑤ 在 1800 年至 1814 年之间获得一次性付款的 35 部作品中，中值付款为 110.58 l（Smith 的 *Solitary Wanderer*）。在 1815 年至 1829 年间获得一次性付款 73 部作品中，出版商向位于中值的作者支付了 396.01 l 的一笔总付（Longman 于 1820 出版的 Amelia Opie 的 *Tales of the Heart*），比 1800 年至 1814 年间支付的中值作品的作者书费高出近 4 倍。按页数进行归一化，位于中值的作者获得的付款从每 100 页 11.19 l 增加到 1814 年之后每 100 页 37.08 l。

表 12-1），1814 年之后为 670.40*l*（标准差 999.59）。Walter Scott 爵士在 1814 年之后收到的一次付款最多，平均为 2 443.53*l*，出版商给其他作者的一次性付款为 370.71*l*，Walter Scott 爵士是他们的 6.60 倍之多。

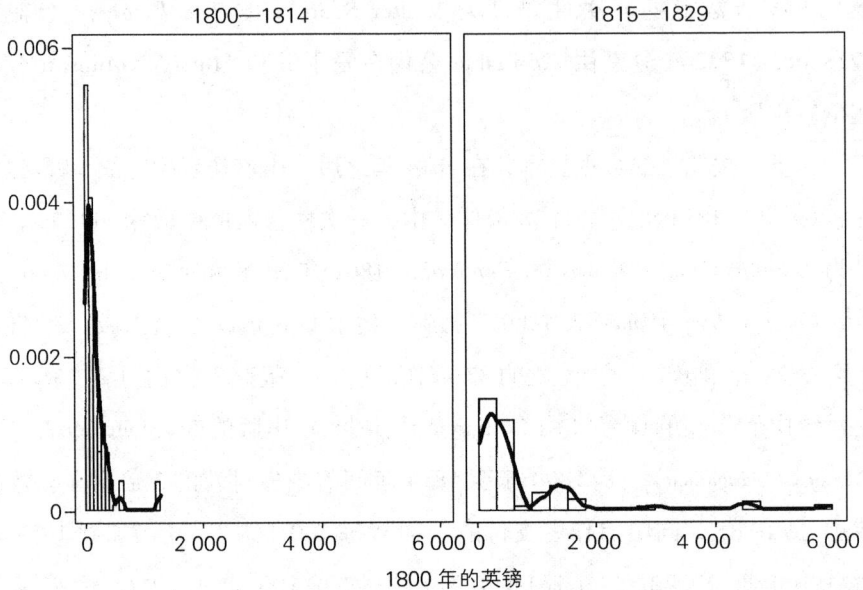

图 12-1　作者的一次性支付收入

注：以具有 Epanechnikov 核心密度的直方图表示 1814 年英国《版权法》颁发前后每部作品的一次性支付情况，以 1800 年的英镑计算，1814 年的《版权法》将著作第一次出版后 14 年之后依然健在的作者，其著作版权保护期从 28 年延长到作者终身。而著作在第一次出版后 14 年内去世的作者，其著作权限从 14 年延长到 28 年。数据包括 121 部作品，11 家出版社及 65 名作者。我们收集的数据包括档案记录，出版社的记账分录及从 P. D. Garside，J. E. Belanger，和 S. A. Ragaz 处获得的私人信件，英国小说，1800—1829：关于作品的生产、流通和接收的数据库，设计人 A. A. Mandal.

　　这种差异变化与 2011 年美国音乐家调查数据（Dicola 2013）一致，这表明更成功的音乐家从版权相关来源获得的收益更大。例如，收入最高的作曲家报告说，他们从与版权有关的来源收入占总收入的 68%，而其即使不包括 Scott，到 1814 年为止出版商给作者的一次性付款也从 37 部平均 173.53*l* 增加到了 370.71*l*，增加了 100% 以上，之后的 71 部中值从

表 12-1   一次性总付和利润分享收入

		1800—1814	1815—1829	差值
一次性总付	平均	175.81	670.40	494.59
		(221.33)	(999.59)	(164.31)
	每 100 页	16.91	71.96	55.05
		(16.27)	(102.63)	(16.78)
	数量	38	83	
仅利润分享收入	平均	124.49	180.68	56.19
		(182.02)	(487.14)	(105.66)
	每 100 页	17.19	18.09	0.90
		(25.30)	(40.90)	(8.55)
	数量	27	59	
总支付	平均	163.59	493.54	329.94
		(216.82)	(914.02)	(114.96)
	每 100 页	17.88	52.65	34.77
		(21.13)	(92.16)	(11.58)
	数量	65	142	

注：以 1800 年的英镑计算。一次性总付的数据包括 108 部只支付一笔总付的作品和 13 部同时支付两种类型的作品。利润共享数据中有 86 部仅有利润共享的作品。付款总额等于一次性总付和利润分享付款的总和。从出版商的分类账、信函和其他类型的档案来源中收集到的记账条目，以供研究 19 世纪出版社使用。

110.58*l* 增加到 305*l*。到 1814 年为止，一次总付金额最高的是 1 270.41*l*（Longman 于 1814 年出版的 Frances D'Arblay 的 *The Wanderer*）和 579.56*l*（Longman 于 1808 年出版的 Sydney Owenson 的 *Woman：or，Ida of Athens*）。1814 年之后，一次总付金额最高的是 1 716.61*l*（1824 年由 Murray 出版的 Washington Irving 的 *Tales of a Traveller*）和 1 501.15*l*（1827 年由 Colburn 出版的悉尼 Sydney Owenson 的 *The O'Briens and the O'Flahertys*）。

    1814 年之后，如果我们排除 Scott，作者的一次性支付分配情况发生了明显改变（图 12-2）。总体而言，我们看到一次性支付趋向于升高的趋势，标准差从 229.93 增加到 370.71，小额付款份额减少。直到 1814 年为止，43.2% 的样本挣得 100*l* 或更少；1814 年之后，23.9% 的样本挣得 100*l* 或更少。

1814 年后向年轻作者的付款发生了不同的变化

考虑到浪漫主义时期作家的预期寿命，1814 年《版权法》意味着年轻作家的著作权期限比年长作家的著作权期限增加更多。在我们的数据中，平均每部作品发表的作者年龄为 43.1 岁，位于中值的作品作者年龄为 43 岁。这项法案将还健在作者的著作权的期限从 28 年延长到"作者有生之年"，但即使根据乐观的计算，在 1814 年左右，42 岁的作家也就能指望再活 29 年。① 年轻的作者则有可能活到附加的年龄，因此他们从版权保护期延长至作者去世为止会收益更多。相反，65 岁以上的作者受益于版权保护期延长的规定：作者在著作出版后 14 年之内去世，版权保护期从 14 年延长至 28 年，这使他们可以向出版商出售版权以获得更长的版权保护期。然而，在这些数据中，只有 4 部作品的作者是 65 岁以上的，因此我们不能可靠地估计出年龄较大作者的差异效应。

与版权保护期长度的不同增长相一致，30 岁以下作者的报酬在 1814 年后增加了 4 倍，5 部作品的报酬从平均 85.08*l* 增加到 1814 年后的 426.99*l*（表 12-2）。这些作品只包括一次性总付。对 30 岁以下中位作者的付款（Francis lathom 的 *Very Strange, but Very True*！，Longman 于 1803 年出版），增加了 4.5 倍，从 1814 年之前的 67.86*l* 增加到 1814 年之后的 304.99*l*。②

相对的，30 岁以上作者的一次性总付几乎增加了 3.29 倍，从 1815 年

---

① 根据 Li MacGarvie 和 Moser（2014）的生命年表计算，以作者 5 年间的生活条件以及作者 5 年后的存活为根据估计了作者剩余寿命的生活条件。在这个由 1 072 本书构成的数据集中，42 岁是书籍第一版时平均作者的年龄，其中包括 Li，MacGarvie e 和 Moser（2014）关于价格以及其他特性的资料。

② 1814 年后的一次性支付的中位数为 304.99*l*（Mary Shelley Wollstone Ecraft 的 *The Last Man*，1826 年由 Colburn 出版）。

前 25 部著作平均 226.48l 增加到 1814 年后的 65 部著作平均 746.30l。向作者支付的中位作品报酬从 173.24l（Jane West，Longman 于 1812 年出版的 *The Loyalists*） 增加到 381.47l（John Galt，Rothelan，Oliver and Boyd 于 1824 年出版的 *Rothelan*）。具体如图 12-2 所示。

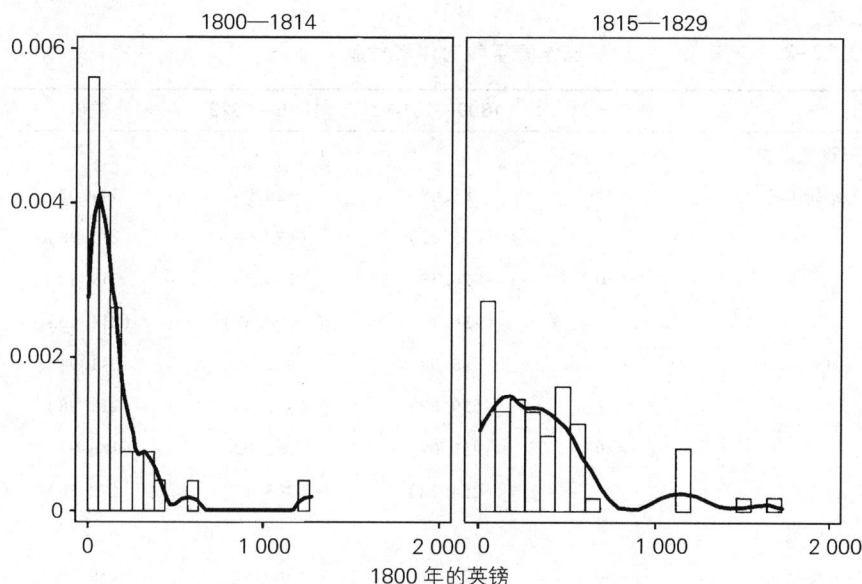

图 12-2　排除 Scott 的给作者的一次性总付

注：以具有 Epanechnikov 核心密度的直方图表示的 1814 年英国《版权法》颁发前后以 1800 年的英镑计算的一次性总付情况。1814 年的法案将著作第一次出版后 14 年之后依然健在的作者，其作品著作权限从 28 年延长到了作者终身，而著作在第一次出版后 14 年内去世的作者，其著作权期限从 14 年延长到 28 年。数据包括 10 家出版商向 64 名作者 108 部作品的支付情况。我们收集的数据来自档案记录，包括出版社的记账分录及从 P. D. Garside，J. E. Belanger，和 S. A. Ragaz，处获得的私人信件，英国小说，1800–1829：关于作品的生产、流通和接收的数据库，设计人 A. A. Mandal。

这在很大程度上是因为 1814 年支付给 43 岁的 Scott 的一笔一次性总付款项，Scott 在 1814 年之后出版了 15 部小说。排除 Scott 之后，向 29 岁以上的作者支付的一笔总付金额平均从 1814 年之前的 24 部著作的 225.09l 增加到 1814 年后的 53 部著作的 362.02l，增长了 61%。排除

Scott 之后的对中位作者的付款从 1814 年之前的 152.01l（1804 年由 Longman 出版的 Robert Charles Dallas 所著的 *Aubrey*）增加到 1814 年的 316.76l（John Galt ，Sir Andrew Wylie ，1822 年由 Oliver & Boyd 出版）。按作者年龄向作者付款的有关情况见表 12-2。

表 12-2　　　　　　　　　　按作者年龄向作者付款

	作者年龄	1800—1814	1815—1829	差值
一次性总付				
所有作者	<30	85.08	426.99	341.91
		(39.82)	(472.33)	(211.98)
	>=30	226.48	746.30	519.82
		(256.14)	(1 090.57)	(211.13)
排除 Scott	<30	85.08	426.99	341.91
		(39.82)	(472.33)	(211.98)
	>=30	225.09	362.02	136.93
		(254.28)	(305.17)	(72.50)
总支付				
所有作者	<30	74.21	309.51	235.30
		(38.36)	(434.77)	(153.56)
	>=30	238.59	621.84	383.24
		(254.52)	(1 045.05)	(171.81)
排除 Scott	<30	74.21	309.51	235.30
		(38.36)	(434.77)	(153.56)
	>=30	225.70	273.84	48.14
		(245.13)	(285.17)	(54.00)

注：一次性支付年龄在 30 岁以下作者的 10 本书和一次性支付年龄在 30 岁以上作者的 90 本书。

支付总额，包括一次性总付和利润共享金额，包括 30 岁以下作者的 15 部作品和 30 岁及 30 岁以上作者的 137 部作品。所有作者的数据包括 Walter Scott 爵士第一次发表于 1814 年的作品，当时 Scott 的年龄为 43 岁，他的 15 部作品在 1814 年之后首次发表。作者年龄数据来源于《文学传记辞典》《牛津国家传记辞典》和网上资料。支付给作者的付款总额由 19 世纪出版社的分类账、信函和其他类型档案来源中的记账条目推算而得。

12.4 利润分享的收入

在对作者的 207 笔支付中，有 86 项是从利润分享中获得的收入，而不是一次总付；几乎所有的作者都获得了利润的 50%。① 例如，Longman's 的分类账列出了 Opie 的作品 *Tales of Real Life* 的一系列付款：

1814 年 1 月，对作者支付一半利润，272.8.9；一半利润给 Longman 公司，272.8.9。

1834 年 6 月，对作者支付一半利润，1.9.0；一半利润给 Longman 公司 1.9.0。

利润分享的收入情况如图 12-3 所示。

为了计算纯粹从利润分享中获得的收入，我们将每笔收入折算为 1800 年的英镑金额，并以 1800 年的英镑计算了全部款项的总额。对于 Opie 的作品 *Tales*，计算总额为 374.19*l*。② 在总共 86 部获得利润分享的作品中，其中位数为 46.74*l*（作品为 Jane West 的 *Ringrove*，由 Longman 于 1827 年出版）③；所有作品的平均收入达到 163.04*l*，标准差为 415.63。④

平均每部作品收入增加了 45.14%，从 1814 年之前的 124.49*l*（27 部作品，标准差为 182.02），增加到 1814 年之后的 180.68*l*（59 部作品，标准差为 487.14）。然而，每页利润分享付款的收入仅比平均每 100 页增加了 13.5%（标准差为 25.30），从每 100 页平均 17.19*l* 增加到 18.09*l*（标

---

① St. Clair（2004，164）解释说，利润分享的分配允许作者和出版商 "在所有出版费用都得到支付之后，按一半或其他比例分享利润"。

② Longman 分类账 1D，Longman 公司 300 和 Longman 分类账 2D，214。

③ Longman 分类账 2D，48，301。

④ 利润分享收入最小为 2.17*l*，作品为 Elizabeth Ogilvy Benger 的 *The Heart and the Fancy or Valsinore*（Longman 出版；Longman 分类账 1D，296）。

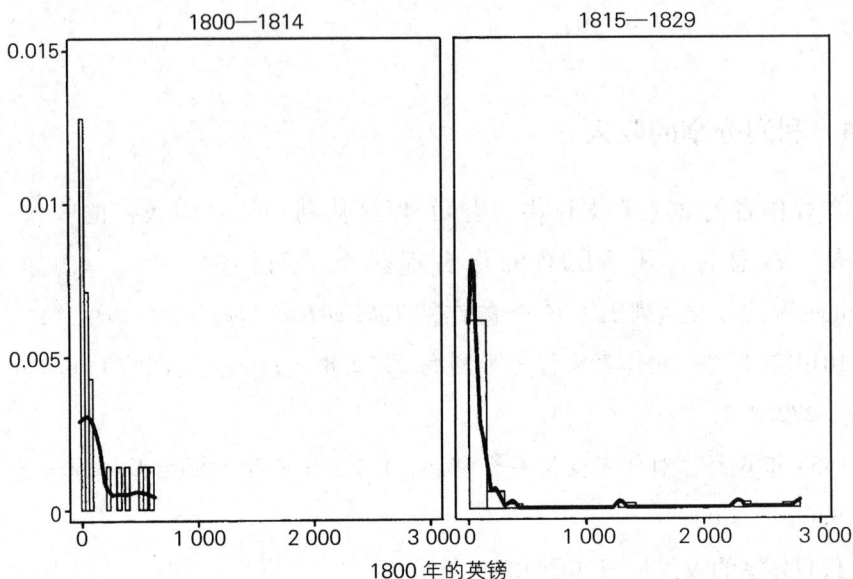

图 12-3　利润分享的收入

注：图中用具有 Epanechnikov 核心密度直方图描述以 1800 年的英镑计算，1814 英国《版权法》颁发前后在没有一次性总付的情况下作者来自利润共享收益的情况。1814 年法案将著作第一次出版后 14 年之后依然健在的作者，其作品著作权保护期限从 28 年延长到作者终生，而著作在第一次出版后 14 年内去世的作者，其著作权期限则从 14 年延长到 28 年。数据包括六家出版商和 52 名作者共 86 部作品的付款。我们收集的数据包括档案记录、出版社的记账分录及从 P. D. Garside, J. E. Belanger, 和 S. A. Ragaz, 处获得的私人信件，英国小说，1800–1829：关于作品的生产、流通和接收的数据库，设计人 A. A. Mandal。

准差为 40.90）。中位作品的收入从 47.65l（Margaret Roberts 的作品 *Duty*[①]，1814 年由 Longman 出版）下降到 46.49l（Barbara Hofland 的作品 *Patience*，1824 年由 Longman 出版）。

分享利润的版权收益减少的一个可能原因是，出版商的收入来源更不确定，因此从扩展中受益更少。例如，1827 年 9 月 26 日，Longman 的

————————————

① Longman 分类账 1D, 73。

Owen Rees 写给 Anna Bray 的信中称：

我们非常遗憾的是，出售（您的上部作品）*De Foix* 的收入并不能保证我们购您的新作 *White Hood* 的版权，但我们很高兴按照利润分配的计划来进行。[①]

于是，在 1814 年之后，分享利润的付款可能没有增加，因为额外年份的排他性预期收益很小。

12.5　收入总额，付给 Walter Scott 爵士的款项和无收入作品

为了计算总收入，我们将给所有作者的一次性总付金额和利润分享收入相加。总收入的中位数（包括一次性总付和利润分享收入）为 130.53*l*（作品为 William Henry Pine 的 *Wine and Walnuts*，1823 年由 Longman 出版）[②]。最大收入为 5 928 08*l*（Walter Scott 的作品 *The Pirate*，1822 年由 Constable 出版），最小收入为 2.17*l*（Elizabeth Benger 的作品 *The Heart and the Fancy*，1813 年由 Longman 出版）。我们观测到的利润分享付款的增长严重偏向少数几部作品（图 12-4）。但是，排除 Scott 之后，分布的偏斜度大大减少（图 12-5）。

12.5.1　Walter Scott 爵士

Scott 的 4 部作品的收入每部都超过了 4 000*l*（包括一次性总付和利润分享收入）：*Rob Roy*（1818 年，总收入为 4 417.028*l*），*The Pirate*（1822 年，总收入为 5 928.08*l*），*Chronicles of the Canongate*, vol. II（1828 年，总

[①]　Longman 档案 I, 102, No. 52B., Bray 因作品 *De Foix* 获得了 26.37*l* 的利润共享（1826 年，由 Longman 出版），因作品 *The White Hoods* 获得了 14.92*l* 的利润共享（1828 年，由 Longman 出版）。

[②]　Longman 分类账 2D, 224。

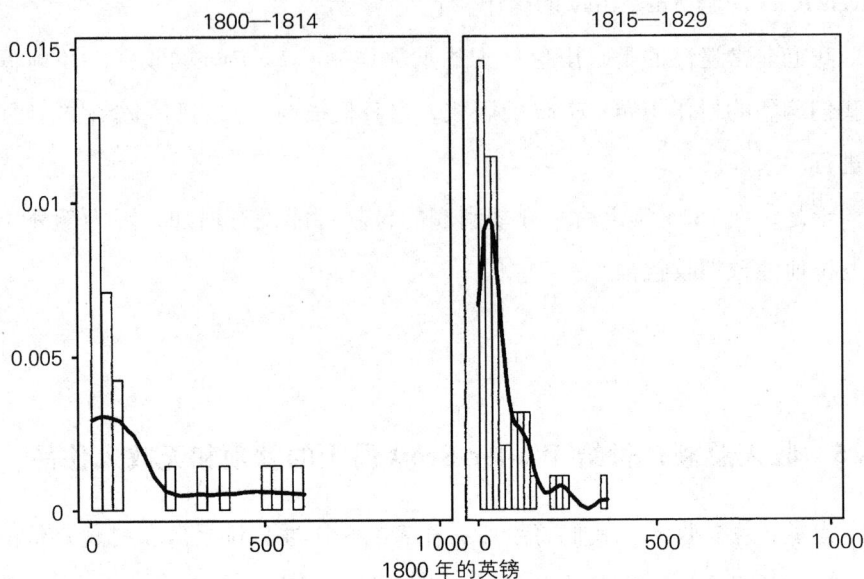

图 12-4　排除 Scott 之后的利润分享收入

注：以具有 Epanechnikov 核心密度的直方图描述的 1814 年英国《版权法》颁布前后，以 1800 年的英镑计算的作者在没有一次性总付的情况下利润共享收益的情况。1814 年法案将著作第一次出版后 14 年之后依然健在的作者，其作品著作权期限从 28 年延长到作者终生。而著作在第一次出版后 14 年内去世的作者，其著作权期限从 14 年延长到 28 年。数据包括6 家出版者和 51 名作者（不包括 Scott）的 83 部作品的付款。我们从档案记录中收集数据，包括出版社的记账分录及从 P. D. Garside, J. E. Belanger, 和 S. A. Ragaz, 处获得的私人信件，英国小说，1800—1829：关于作品的生产、流通和接收的数据库，设计人 A. A. Mandal。

收入为 4 503. 44*l*)，*Anne of Geierstein*（1829 年，总收入为 4 455. 31*l*)。在 1814 年之后，Scott 的其他著作的付款总额比其他作者的 127 部作品的平均收入高出近 7 倍：*The Monastery*（1820 年，总收入为 1 385. 81*l*)，*Ivanhoe*（1820 年，总收入为 1 385. 81*l*)，*The Abbott*（1820 年，总收入为 1 385. 81*l*)，*Kenilworth*（1821 年，总收入为 1 385. 81*l*)，*Peveril of the Peak*（1822 年，总收入为 1 472. 97*l*)，*The Fortunes of Nigel*（1822 年，总收入为

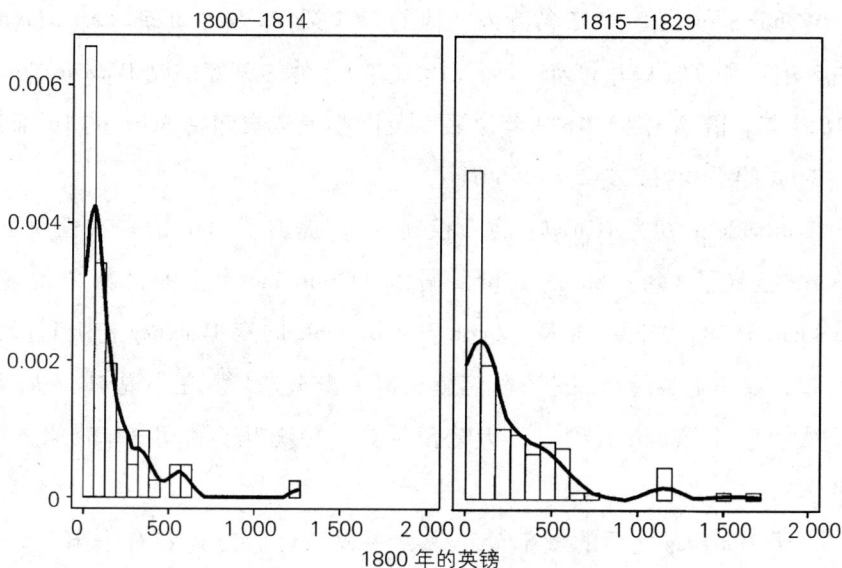

图 12-5　排除 Scott 后作者的全部收入

注：本图用具有 Epanechnikov 核心密度的直方图描述 1814 英国《版权法》颁发前后以 1800 年的英镑计算的作者全部版权收益的情况。1814 年法案将著作第一次出版后 14 年之后依然健在的作者，其作品版权保护期从 28 年延长到作者的终生，而著作在第一次出版后 14 年内去世的作者，其著作权期限从 14 年延长到 28 年。作者全部版权收益包括一次性总付和利润分享总额。数据集包括 10 家出版社、104 位作者的 191 部作品（不包括 Scott）。我们从档案记录中收集数据，包括出版社的记账分录及从 P. D. Garside，J. E. Belanger 和 S. A. Ragaz 处获得的私人信件，英国小说，1800—1829：关于作品的生产、流通和接收的数据库，设计人 A. A. Mandal。

1 472.97*l*），*Quentin Durward*（1823 年，总收入为 1 472.97*l*），*Chronicles of the Canongate*，*vol. I*（1827 年，总收入为 2931.66*l*）。[1]

---

[1]　1821 年，Scott 将 4 部小说 *Ivanhoe*、*The Abbot*、*Kenilworth* 和 *The Monastery* 的版权以 5 000 几尼出售给了 Constable，相当于 5 543.22 英镑（1800 年的英镑）。1821 年，Constable 还以 5 000 几尼收购了 *The Pirate*、*The Fortunes of Nigel*、*Peveril of the Peaks*、*Quentin Durward*（Lockhart 1838，168）的剩余版权。

Walter Scott 是一名知名诗人，他的诗包括 *The Lay of the Last Minstrel*（1805 年）和 *The Lady of the Lake*（1810 年），他的首部小说 *Waverley* 发表于 1814 年，匿名出版。1814 年之后，英国小说数据包括 Scott 的 15 部作品，Scott 的平均收入为 2 570.60*l*。

Constable 最初为 *Waverley* 的版权向 Scott 提供了 700*l* 的一次性付款，但 Scott 拒绝了 Constable 的报价，据称，Constable 提出的付款"太多"（Lockhart 1838，255）。相反，Scott 和 Constable 同意 *Waverley* 初版利润分享协议，仅第七版的利润分享作者就赢得了 455.72*l*。[①] 在小说 *Waverley* 被证明成功之后，Scott 收到了一大笔预付款，并获得了利润分享带来的额外收入：

对于 *Waverley* 之后的大部分小说，版权支付的方式各有不同。Scott 向 Constable and Co. 出售以固定费用印刷他的著作第一次印刷量的 2/3 共 10 000 本书的权利（在有些情况下为 12 000 本）。到大约 1822 年，2/3 的价格是 3 000 英镑，但此后似乎已减至 2 500 英镑。剩下的 1/3 是为 James Ballantyne 预留的，但对于这 1/3，James 是 Walter 爵士的受托人（Grierson 1938，146）。

然而，Scott 的经历却不寻常。其一是，Scott 在 1805 年（Grierson 1938，33）利用遗产，购买了 Ballan-Tyne & Company 1/3 的股份。这家出版社是 Scott 的童年朋友 James Ballantyne 和 James 的兄弟 John Ballantyne 共同拥有的（Ballantyne 1838，17）。在这次收购之后，Scott 的许多作品都由 Constable 和 Ballantyne 共同出版，并由 Ballantyne 控制着作品的生产（Kelley 2010，13）。

Scott 的小说历久弥新，后续的再版经常为其赢得大量的额外报酬。例如，*Guy Mannering*（1815 年由 Longman 和 Constable 出版，Ballantyne 印

---

① 第七版 455.72 l 是英国小说数据中向 *Waverley* 唯一一次付款。St . Clair（2004，245）报告说：当一艘运输爱丁堡最新小说 *Waverley* 的第一批书籍的船在伦敦停靠时，这些书将在次日中午前配送，甚至违反了禁止在安息日工作的规则。

刷）出版了 11 版（Garside 1999，391）。英国小说数据库中的记录显示，1815 年 3 月至 1817 年 11 月期间，Scott 一半的收益来自初版到第四版的书籍，这些版本为其赢得了 1 278.08*l*。[①]

对 *Rob Roy* 来说，Longman 在 1817 年的第一版和 1818 年的第二版中分别支付给 Scott 2 280.00*l* 和 848.00*l*，对 Tales of my Landlord 来说，该作品 1816 年由 Murray 和 Blackwood 共同出版，作者收到了 2 805.60*l* 的利润分成。[②]

12.5.2　没有给作者版权费用的小说

10 部 Longman 出版的作品记录缺失，没有给作者付费的记录。例如，Longman 的报告显示了 Mary Anne Neri 的哥特式浪漫小说 *The Hour of Trial：A Tale*（由 Longman 于 1808 年出版）的资本支出、销售和其他支出项目，但没有提到给作者的付款：

（1808 年 6 月）首次印刷 750 份。

1808 年 6 月 21 日至 12 月，支出总额（纸张、印刷和杂项）费用 155.0.0。

1808 年 6 月，广告费用 17.5.0。

……

1811 年 2—7 月，额外广告费用 1.2.0。

1811 年 2—7 月，寄送 39 份：1.19.0。

（时间信息缺失）这部小说的制作损失：0.6.1。[③]

---

① 第六版于 1820 年出版，由 Constable 单独出版（Garside 1999，391）。第六版没有记录，第五版分两部分出版（Garside 1999，400）。

② Murray 档案，分类账 B，37–38 页和 Copy 分类账 1809–47（部分出版），167–168 页。

③ Longman 分类账 1D，95 页，1808 年 6 月。Longman. 公司的开销数据最为详细。其他出版商的两部作品，出版商出现损失，作者获利的作品包括 *My Grandfather's Farm*，由 Gabriel Alexander 创作（出版商付费 21.22*l*），1829 年由 Oliver 和 Boyd 出版，以及 Janet Stewart 的作品 *St. Aubin*（出版商付费 8.72*l*），1821 年由 Oliver 和 Boyd 出版。

传闻有证据表明，没有付款记录的书籍不太受欢迎，而且对书的评价不高。例如，*The AntiJacobin Review and Magazine*（1808；192）杂志描述 Neri 的 *Hour of Trial* 时称：

并没有花费精力策划，也没有激励年轻人的独立思考，仅仅是为了给他们提供一种娱乐，让他们翻开一部小说。

4 年前，1804 年 11 期的《每月评论》（*The Monthly Review*）（315）将 Neri 的 *Eve of San Pietro*（1804 年由 Cadell & Co 出版）描述为"一部模仿作品……并且在许多方面比原著逊色"（*The Monthly Review* 1804，315）。

10 部作品中有 6 部作品在 1800 年至 1814 年间首次出版，亏损、没有给作者支付费用，4 部作品在 1814 年之后出版。平均损失量为 20.72l，标准差为 13.44，最大损失量为 41.25l（Edward Trevor Anwyl 的 *Tales of Welsh Society and Scenery*，1827 由 Longman 出版），最小损失量为3.39l；中位损失为 19.98l。

12.6 结论和未来工作的方向

本章提供了一个新的关于出版商收入和对作者付款情况的历史数据集，介绍了我们从档案中搜集的数据，包括交易的分类账以及出版商和作者之间的通信。对 1814 年前后出版商对作者的支付情况的对比表明，1814 年颁布的《版权法》增加了作者著作的版权保护期限，从而使出版商对作者的支付金额有所增加。数据还显示，年轻作者因版权保护期限从 28 年延长到作者终生这一改变中受益更多，与年长的作者相比，他们获得的报酬更多。

尽管我们的研究结果主要是描述性的，不能证明版权的因果关系，但它们与以下观点一致：原则上，著作权法的加强有助于加强对创作的经济激励。必须铭记的是，1814 年法案延长了著作权保护期限，是从之前存在的 14 年和 28 年较低的著作权期限的基础上发展而来的。相对的，现代的变化是，延长了著作权保护期限，在已有的较长著作权期限基础上加强，超过作者去世后 50 年。在已有极高水平著作权基础上，额外增加著作权期限的激励效果很可能很小。然而，在限制扩散方面加强版权的代价可能很大。扩散效应与激励效应一样是决定版权福利效应的关键因素，是未来研究的一个重要课题。

在英国浪漫主义时期的所有作家中，Walter Scott 爵士获得了最多的报酬。Scott 在 1814 年之后的 15 部小说平均收入是同期其他作家的 127 部小说收入的 10.3 倍，Scott 的作品，如 *Waverley* 和 *Rob Roy*，流行了很长时间，这些作品的长期版权使 Scott 的出版商可以在更长的时间内收取更高的价格（Li, MacGarvie, and Moser 2014）。有关浪漫主义时期作家的版权收益的数据表明，Scott 和其他作者能够从出版商那里提取一些额外的收入。其他作者也可能受到 Scott 例子的启发，以投身原创工作。事实上，关于新作者的性别和社会背景的一个相关项目的初步调查结果表明，男性作者的转变非常显著，这可能是因为他们注意到写作的盈利能力有所提高。其中一些模仿 Scott 成功经验的新人作家在评估其成功的机会时可能过于乐观，但这也是未来研究的一个话题。未来的研究需要更多的数据来探索提高写作的盈利能力是否有助于鼓励作者创作更多和更高质量的书籍。这种分析将考察不同体裁和不同质量水平的创造性产出的差异。

数据还显示，出版商使用不同的支付方案来加强激励作者支持他们所著图书的销售，我们观察到不同类型的作者和作品在时间、规模和支付类型上都有很大的差异。探索这种变化需要收集额外的数据；一旦数据完整，我们希望研究出版商应如何改变支付计划，以奖励原创性作品的创作。

参考文献

Ballantyne, John Alexander. 1838. *Refutation of the Mistatements and Calumnies Contained in Mr. Lockhart's Life of Sir Walter Scott, Respecting the Messrs. Ballantyne*. Boston: J. Munroe and Company.

Bautz, Annika. 2007. *The Reception of Jane Austen and Walter Scott: A Comparative Longitudinal Study*. London: Continuum.

Clark, Gregory. 2013. "What Were the British Earnings and Prices Then? (New Series)." MeasuringWorth. http://www. measuringworth. com/ukearncpi/.

Deazley, Ronan. 2007. "The Life of an Author: Samuel Egerton Brydges and the Copyright Act 1814." *Georgia State University Law Review* 23:809–46.

DiCola, Peter. 2013. "Money from Music: Survey Evidence on Musicians' Revenue and Lessons about Copyright Incentives." *Arizona Law Review* 55:301–43.

Feather, John. 1988. *A History of British Publishing*. London: Routledge.

Garside, P. D. (ed.). 1999. *The Edinburgh Edition of the Waverley Novels: Guy Mannering*. Edinburgh: Edinburgh University Press.

Grierson, Herbert John Clifford. 1938. *Sir Walter Scott, Bart*. New York: Haskell House Publishers.

Harris, Milton, S. Abraham Ravid, and Suman Basuroy. 2012. "Intellectual Property Contracts: Theory and Evidence from Screenplay Sales." Working Paper, University of Chicago.

Heald, Paul J. 2008. "Property Rights and the Efficient Exploitation of Copyrighted Works: An Empirical Analysis of Public Domain and Copyrighted Fiction Bestsellers." *Minnesota Law Review* 2007–2008 Issue 4 (April): 1031–63.

Kelley, Stuart. 2010. *Scott-Land: The Man who Invented a Nation*. Edinburgh: Polygon.

Khan, B. Zorina. 2005. *The Democratization of Invention: Patents and Copyrights in American Economic Development*, 1790–1920. Cambridge, Cambridge University Press.

Li, Xing, Megan MacGarvie, and Petra Moser. 2014. "Dead Poets' Property: How Does Copyright Influence Price?" http://dx. doi. org/10. 2139/ssrn. 2170447.

Liebowitz, Stan J., and Stephen Margolis. 2005. "Seventeen Famous Economists Weigh in on Copyright: the Role of Theory, Empirics, and Network Effects." *Harvard Journal of Law & Technology* 18 (2): 435–57.

Lockhart, John Gibson. 1838. *Memoirs of the Life of Sir Walter Scott*, vol. 3. Paris: Baudry's European Library. *The Monthly Review; or, Literary Journal*. 1804. London: T. Beckett.

Oberholzer-Gee, Felix, and Koleman Strumpf. 2007. "The Effect of File Sharing on Record Sales: An Empirical Analysis." *Journal of Political Economy* 155 (1): 1–42.

Patterson, Lyman. 1968. *Copyright in Historical Perspective*. Nashville, TN: Vanderbilt University Press.

Scherer, Frederic M. 2008. "The Emergence of Musical Copyright in Europe from 1709 to 1850." *Review of Economic Research on Copyright Issues* 5 (2): 3–18.

Seville, Catherine. 1999. *Literary Copyright Reform in Early Victorian England: The Framing of the 1842 Copyright Act*. Cambridge: Cambridge University Press.

Sher, Richard. (2006) 2010. *The Enlightenment and the Book: Scottish Authors and Their Publishers in Eighteenth – Century Britain, Ireland, and America*. Chicago: University of Chicago Press.

Statute of Anne, London. 1710. Primary Sources on Copyright (1450–1900), edited by L. Bently and M. Kretschmer. www. copyrighthistory. org.

St. Clair, William. 2004. *The Reading Nation in the Romantic Period.* Cambridge：Cambridge University Press.

Turow, Scott. 2013. "The Slow Death of the American Author. " *New York Times*, April 7.

Waldfogel, Joel. 2012. "Copyright Protection, Technological Change, and the Quality of New Products：Evidence from Recorded Music since Napster. " *Journal of Law and Economics* 55 (4)：715–40

评论

Koleman Strumpf[①]

人们经常指出，知识产权保护对于创作作品的生产至关重要。争论所在为：作者只有在作品销售初期对自己创作的书籍、音乐或类似产品的销售享有专属控制权才能激励创作。定量分析这种激励机制的重要性对于制定合适的知识产权保护政策非常必要，因为潜在的买家因价格高昂而买不起这些商品，垄断销售的结果可能会减少潜在的剩余消费（这也可能导致产出减少，因为建立在公共领域工作上的机会较少）。然而，评价激励效应是很困难的，因为对知识产权保护的变化并不频繁并且经常涉及作品问世后的较长时间。

Macgarvie 和 Moser 在本章讨论的实证研究主题非常具有挑战性。作者重点讨论了创新过程中的第一步，即版权政策对艺术家报酬是否有影响。答案是影响并不明显，因为这种变化会影响作品之间的竞争（原有的工作可能得到额外的保护），而且大部分回报可能会流向中介（如出版商和经销商）。艺术家获得更多报酬是奖励机制的论点，但通常很难观测这种付款行为，因为它们受非公共合同管辖。

① Koleman Strumppf 是堪萨斯大学商学院的经济学 Kosh 教授。

有关作者致谢、研究支持来源以及作者重要财务关系的披露，请参阅 http：// www. nber. org/chapters/c13026. ack。

虽然这些信息在当代几乎是不可能收集到的，但本章作者还是汇编了一套丰富的 19 世纪初期作者与英国出版商之间的合同数据。合同涉及 100 多名作者和 19 家出版商，时间跨度为 30 年。这些数据包括合同形式（通过利润分享合同或一次性总付合同）、关于出版商向作者支付的款项信息以及作者信息。

该文利用知识产权保护实施初期的数据，考察了版权期的扩张对图书作者的影响。19 世纪初英国的版权保护期比现在的时间要短得多。1814年的《版权法》显著地延长了版权的期限；图 12 C-1 概述了这些变化。版权期限的增加对年轻作者特别有利，因为对他们而言，"余生"这一规定比之前的 28 年版权期大幅度增加。本章的主要结果是，在该法实施后，给作者的累计付款大幅增加，这些付款大多偏向于年轻的作者。

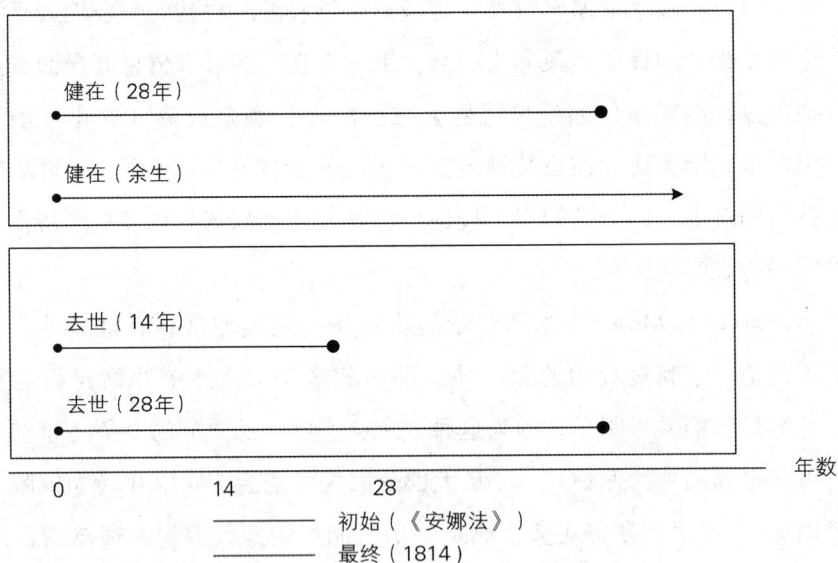

图 12C-1 1814 年颁布的《版权法》

实证结果是令人信服的，我对作者的精辟论述并没有什么需要补充的。相反，在本评论的其余部分，我将重点讨论一些可以利用这里的数据来探讨的其他主题、结果中的一些困惑以及对今后工作的一些影响和方向。

作者汇编的独特数据为我们提供了宝藏，也指出了目前研究的不足。除了考虑与知识产权保护相关的问题外，还有丰富而详尽的细节数据，可以探讨许多问题。对于具体问题，笔者将重点放在合同形式的选择上。出版商使用一次性总付（基本上是为出售书的版权支付）或利润分享（将收入从图书销售中分割出来）。从作者的观点来看，利益分享风险更大，但也涉及更大的收益。显然，合同形式在激励作者创作方面具有重要作用，因此了解每一种类型的合同在何种条件下更具优势是非常重要的。

图 12 C-2 为作者和出版商选择合同提供了一个简单的概念框架。假如作者有一部著作，尚且不确定未来的利润。出版商和作者都期望它能有好的销售量，并且希望自己的期望报酬最大化。根据一次性总付合同，纳什议价的结果是，作者将得到一笔付款，这将是平均销售信念的一部分。出版商获得的利润为未来的图书利润减去一次性付款。根据一份利润分享合同的规定，他们将再次议价，但这将决定作者在未来不确定的图书销售利润中获得的份额，出版商获得剩余的份额。

在这一框架下，双方对于合同的选择没有分歧。如果作者对图书的前景比较乐观，他们都倾向选择利润分享。如果出版商比较乐观，那么两者都比较喜欢一笔总付。我们的直觉是，如果作者对销售前景更乐观，那么分享利润的上涨潜力对作者来说是具有吸引力的。如果出版商对作品的前景不那么乐观，也会倾向利润分享，因为作者如果选择一次性总付，出版商则要支付一笔较高的付款。当出版商对销售前景更乐观时，亦然。

该框架可以帮助人们更好地理解作者和出版商的行为，但也存在一些困惑。首先，在利润共享合同下，出版图书是否获益更多？由于这些合同一般在作者比较乐观的情况下适用，这与作者更善于预测未来图书销售是

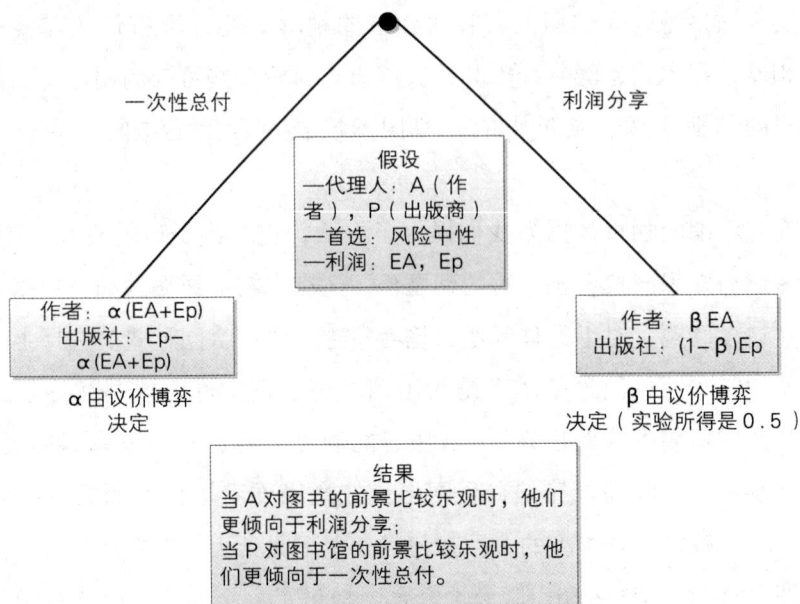

图 12C-2　合同选择

否成功的观点相一致。这种条件似乎是支持知识产权保护有利于激励创作论点的一个自然先决条件。反之，如果图书在利润分享的合同规定下利润较少，可能需要重新审查这一论点。其次，1814 年法案关于著作权保护期的延长可能改变了两类不同类型合同对作者的吸引力。除了增加平均利润之外（平均利润不影响合同类型的选择），它还带来了更多的不确定性（版权图书出版很长时间后的畅销情况如何？），而对某些老年作家的利益却不成比例。因此，人们可能期望这些合同的使用能够具有可变性。但本章表明，在法案生效的前后，每种合同形式所占份额大致相同。解决这一问题对于理解作者的行为，进而理解知识产权保护在这种情况下的影响具有重要意义。

这些数据还带来了与合同形式有关的其他困惑。一个问题涉及版权期限延长后作者收入的大幅增加。回顾 1814 年的版权保护期延长主要使年轻作者受益，他们的作品将在他们的余生中得到保护，而不是作品出版后的 28 年。虽然在第一次出版之后的 28 年里，只有极少数图书将以规定的数量出售，但在 1814 年法案之后，典型的年轻作者的实际收益增加了 3 倍以上。特别令人困惑的是，这种模式在一次性付款合同中同样出现，这种付款大概是在书出版前支付的，因此并不仅是因为这些书籍获得了出人意料的成功。还有其他因素也可能在发挥作用，如出版商为了能够出版作者的后续作品而支付的效率报酬。其他合同解决办法，如多部著作交易，似乎是解决这一问题的更直接的办法，因此可能需要进一步解释。

第二个议题涉及明星现象。1814 年法案似乎对畅销书作者特别有利，因为只有他们能够在版权保护期延长后的额外时间销售出很多本图书。尽管本章没有列出销售总额，但数字表明，1814 年后的付款的右尾部分显著延长。事实上，造成这一效应的大部分原因是一位作者——Walter Scott 爵士。但是，如果较多的支付款集中于少数作家，出版商应签订长期合同或想其他办法，以确保与明星人士保持持续的关系，但似乎没有新型的合同产生。

最后一个议题是在一次性总付合同下出版的书籍与利润分享合同下出版的书籍有何不同。在利润分享合同下，版权期限的延长似乎对作者并不十分有利。在 1814 年之后，每页平均利润分享付款实际上有所下降。另外，付款不成比例地增长偏向于年轻作者的情况并没有在利润分享合同销售中出现。这些差异是否是由于概念框架中强调的议题或其他一些因素所致，对于理解加强知识产权保护的含义显然很重要。

最后几节强调了在今后工作中可以探讨的几个主题，但这不应忽视该章的显著贡献。它说明了如何利用历史数据来揭示重大政策和学术问题。实际上，现在已经很难从当代信息源收集这种丰富的数据。因此，这很可能是详细研究版权变化如何影响艺术家收益（并最终影响他们的创作产出）的唯一途径。

在今后的工作中，这里的数据可以用来处理其他与知识产权保护相关的问题。举一个例子，一个有趣的问题是研究版权期限的延长对盗版的影响。目前关于互联网在何种程度上促进版权作品的非法消费存在着激烈的争论。这种观点的批评者认为，很多数字盗版都是著作权法所助长的，这使得创作者除了在作品出版后控制首次销售外，还控制了作品出版后几十年间的销售。根据这一逻辑，1814 年法案的意外后果，可能导致了图书盗版的增加。在这一期间，爱尔兰和其他地方的印刷业务蓬勃发展，重新印制版权书籍，并将其出口回英国。英国图书的这种重印后来成为美国图书业务的一大组成部分，因为直至 1891 年之前，非美国公民的知识产权不受保护。版权保护期的延长是否起到了推动盗版行为的作用，是未来研究的一个令人兴奋的方向，其答案将对政策制定和学术研究作出重大贡献。

最后有一个说明，作者注意到了从本章结果中可推出意义的局限性。需要强调的是，读者也应该这样做。虽然将浪漫主义时期的文学繁荣与这里讨论的知识产权保护的加强联系起来是很有吸引力的，但这种联系并不清楚（最重要的是，一些最引人注目的浪漫主义作家是德国人，直到 19世纪初，德国各州几乎都没有著作权法）。这方面的实证证据并不意味着延长的版权的保护期增加了创造性产出，因为我们不知道作者对出版商付款的反映（既是原始作者的密集边际，也是作者进入/退出的广度边际）。此外，该研究只收集了较短时间的数据，从长远来看可能存在差异。例如，越来越多的拥有版权保护的书籍可能导致新书进入（通过增加现有书籍的价格）或阻碍新书进入（通过减缓可利用的公共领域的发展）。最后，值得再次强调的是，不同于对当前版权的讨论，这涉及艺术创作之后更长的时间，并且对艺术家的支付流动以及对新产品的激励机制可能会有很大的不同的影响。

第13章 解读数字时代下的媒体市场
——经济学和方法论

Brett Danaher　　Samita Dhanasobhon　　Michael D. Smith　　Rahul Telang①

13.1 引言

分销渠道的数字化为信息传递方式的转变创造了机会，为企业提高媒体和娱乐产品的价值开辟了新途径。然而，一方面，这些新机遇也可能会给那些难以使自己的商业模式适应新市场和新竞争对手的企业带来压力；另一方面，盗版数字化内容的出现加剧了这一冲突，使企业更难开发出可行的数字化商业模式。盗版的出现也给各国政府造成了一些麻烦，政府试图寻找一种合适的方式让数字化市场的特性可以与已成熟的版权法相适应。

---

　① Brett Danaher 是韦尔斯利学院的经济学助理教授。Samita Dhanasobhon 是卡内基梅隆大学 H. John Heinz III 公共政策与管理学院的博士生。Michael D. Smith 是卡内基梅隆大学 H. John Heinz III 公共政策与管理学院的信息技术与市场营销教授。Rahul Telang 是卡内基梅隆大学 H. John Heinz III 公共政策与管理学院的信息系统教授和博士课程主席。

　作者感谢本卷书的编辑以及 Heidi Williams 对本研究的有益评论。该研究是卡内基梅隆大学数字娱乐分析计划（IDEA）的一部分。Danaher 向国家经济研究局的数字化研究经济学资助提供财政支持表示感谢。作者致谢，研究支持的来源以及作者的重要财务关系的披露（如有），请参阅 http：//www. nber. org/chapters/c12999. ack。

本章的目的是提供一种研究方法，将现代实证方法论应用于由媒体行业分销市场的离散变化带来的大量自然实验中，从而帮助企业和政府根据数据和实证性证据来调整他们的做法，而不是根据固有的教条和惯例进行调整。

在本章我们的立场是，为了确定数字时代最优化的版权政策和商业政策，需要使用现代方法进行因果识别的实证研究。我们已经围绕这些主题写了几篇论文，希望能为未来的研究提供思路，应用计量经济学方法进行因果推断，来回答数字市场提出的许多管理和政策问题。我们在本章的研究也在回答这些问题，主要集中在探索不同分销渠道中哪些因素对媒体内容需求产生影响，以及消费者如何应对由于企业战略或政府行动导致的分销渠道中的变化[①]。到目前为止，我们的研究表明：第一，随着反盗版法的广泛传播，法国反盗版法的逐步实施使数字音乐的销量增加了 22%～25%。第二，关闭热门的文件共享网站 Megaupload. com 使数字电影的收入增加了 6%～10%。第三，从 iTunes 商店中删除 NBC 的视频内容导致该内容的盗版销售增加了 11%，但对相同内容的 DVD 销售没有影响，这意味着，媒体的数字化分销可能在短期内抑制盗版的销售，但不一定会影响实体渠道的销售。第四，本章的新研究表明，通过在线流媒体电视传播（这里是 Hulu. com）可以将该内容的盗版比率降低 15%～20%。总之，我们的研究表明，企业或者合法的渠道让数字化内容更容易被消费，或者让盗版内容更难被消费，从而与"免费"盗版内容竞争。这意味着企业战略和政府干预都可能在控制由数字化带来的不良影响中发挥作用。

本章其余部分内容如下：在第 13.2 节中，我们总结了我们以前关于数字媒体的三项研究，特别侧重于所采用的方法和用这些方法可以解释的其他问题。在第 13.3 节中，我们提出了关于合法在线流媒体对盗版需求影响的新研究。最后，在第 13.4 节中，我们讨论了本章研究所得出的结

---

① 本章着重从我们自己的工作实例来描述各种实证方法。并不是只有我们使用这些方法来探索与媒体产业数字化相关问题。有关这些问题的更广泛的研究和发现综述，请参见 Danaher, Smith 和 Telang（2014）。

果，并为未来的研究制定了议程。

13.2　三类自然实验

为了更好地理解政府干预或企业新战略对结果变量的影响（如销售或盗版的发展程度），必须用一种方法来分离和确定事件对结果的因果影响。例如，如果政府意图通过一项政策减少盗版，那么仅仅在政策实施前后分别检查盗版比率不足以确定该政策变化所产生的影响，因为此时盗版比率可能因与政策无关的因素，呈现上升或下降的趋势。就如社会科学中一句常见的格言，"相关性不能建立因果关系。"

为了在这样的环境中建立因果关系，经济学家和社会科学家经常使用双重差分法分析。双重差分法的基本思想是确定一个由个体、区域或产品组成的控制组。这些控制组可以帮助评估，如果没有发生实验，实验组将会出现什么变化。假设控制组可以准确预测反事实，这种反事实和我们观察到的结果之间的差异表明了实验的实际效果。因此，控制组的选择至关重要。这种研究中因果推断的"黄金标准"是随机控制试验（RCT），其中一组随机的个体或产品受到实验冲击而其他个体或产品则没有。根据我们的经验，此类试验在媒体行业实现可能并不是很难，媒体行业的企业一直愿意随意选择一些产品来"测试"新渠道的可用性、发布时间或价格变化。当选择实现真正随机时，许多关于内生性的常见问题就不那么突出了，因为在控制组和实验组中，未观察到的特征相对来说是比较相似的。这样的实验对企业和研究人员都有价值。然而，当 RCT 不可用时，自然实验或者准实验有时也是可以使用的，其中对实验组受试者的选择可能不是随机的，但对结果变量的选择可以是随机的。在本节中，我们给出了三个自然实验和方法的例子。这些实例和方法可以用来分析实验中使用双重差分的因果影响，但是每个案例涉及不同类型的数据变化，因此应用不同的方法应对不同的变化方式。

13.2.1 案例1：反盗版法分级反应对数字音乐销售的影响[①]

2009 年春天，法国政府通过了一项名为 HADOPI 的反盗版法，建立了 HADOPI 管理机构，赋予它监督在线版权侵权现象的权力，并根据版权所有者提交的信息对盗版采取行动。HADOPI 管理部门有很多职责，包括促进和教育消费者了解合法的销售渠道，但在 HADOPI 管理中最广为人知的职责是负责管理罢工和惩罚制度。在这个管理制度下，个人在第一次和第二次被发现有侵犯版权的现象后会受到警告，而在第三次被发现时，他们可能会被带上法庭，并可能被处以罚款或最多一个月的互联网服务中断的惩罚。这项法律引起了很大的争议，并得到了广泛传播，使消费者充分了解新政策，新政策希望通过将潜在的文件共享者引导到合法的购买渠道来影响他们的行为。为了分析 HADOPI 法案对法国数字音乐购买者的影响，我们获得了一组来自四大唱片公司每周 iTunes 数字音乐的销售数据，这些数据都是在 HADOPI 法案出现近三年内产生的。

在本案例中，像 HADOPI 这种政策性的冲击仅限于一个地理区域（法国），它几乎不可能对其他国家产生直接影响。其他大多数欧洲国家目前也没有经历任何相关政策冲击，因此我们的目标是找到一组国家作为实验的控制组，随着时间的推移，它们的数字销售趋势需要能够与法国在推行 HADOPI 法案前高度匹配，在没有政策冲击的情况下，控制组应该保持与法国类似的发展趋势。我们考虑了理论上可能具有相似趋势的几个国家作为控制组，仅考察了 HADOPI 法案推行前的销售趋势，以找到与法国发展趋势最匹配的控制组[②]。在我们数据研究的前期发现的与法国销

---

① 详情请见 Danaher et al.（2014）。
② 在这个阶段，单独检查 HADOPI 颁布前期是重要的。如果检查整个时期，可能会犯"数据挖掘"的错误。寻找一个可以与法国进行对比实验的控制组，通过对比实验检查在 HADOPI 法案颁布之后，法国的数据呈现出上升或下降的发展趋势。但是如果通过只检查前期来寻找最合适的控制组，则很难显现出实验的效果，因此接下来的双重差分检验是有效的。

售趋势相似度最高的控制组是西班牙、德国、意大利、比利时和英国。值得注意的是，这些国家也是除法国之外，在欧盟（EU）国家中具有最高数字销售水平的五个国家。

在使用双重差分模型之前，另一个困难是如何在模型中使用合适的"实验日期"。如果政府在某一天限制了所有盗版材料的流通，那么那一天将是最明显的分析实验日期。但是，事实上 HADOPI 法案被法国政府探讨了六个多月，甚至在通过后被一个政府机构拒绝，随后又被另一个政府机构接受。由于存在该法律是否能够生效这样的不确定性，我们选择将 HADOPI 的意识峰值作为有效的实验日期。谷歌趋势数据可以用来衡量人们对法律或政策的认知水平，因为它衡量的是在一段时间内，给定地理区域、给定搜索词（包含搜索词的文章数量）的搜索次数。因此，我们使用谷歌趋势来扩充我们的数据集，并确定 HADOPI 的有效实验日期。

图 13-1 是我们论文的翻版，它显示了一个普通最小二乘模型（OLS）的结果。该模型预测了法国 iTunes 歌曲销售的自然对数，而控制组则根据法文搜索词"HADOPI"的谷歌趋势指数绘制了图表。

在图 13-1 中，有两个重要的信息是非常清晰的。首先，在 HADOPI 广泛传播之前，控制组每周的销售趋势与法国销售趋势高度匹配（此外，实验前在控制组和实验组之间进行的联合差异的正式统计测试结果不能拒绝原假设，即这两种趋势在 95% 置信水平是相同的）。其次，随着人们对 HADOPI 法案认识的提高（以谷歌搜索强度为代表），法国的销售趋势持续高于控制组[①]。因此，这些结果表明，法国人对 HADOPI 法案认识的提高对 iTunes 在法国的销售产生了积极的影响，类似的法律可能会将消费者的消费行为从非法文件共享转移到合法的数字销售渠道。

---

① 值得研究的一点是，传统的标准误差聚类方法（Bertrand，Duflo and Mullainathan 2004）在实验后期没有为实验组计算出正确的标准误差，部分原因是该研究中参与实验的国家较少，以及实验中只有一个实验组。我们的论文概述了在这种情况下通过置换推理计算鲁棒标准误差的方式。

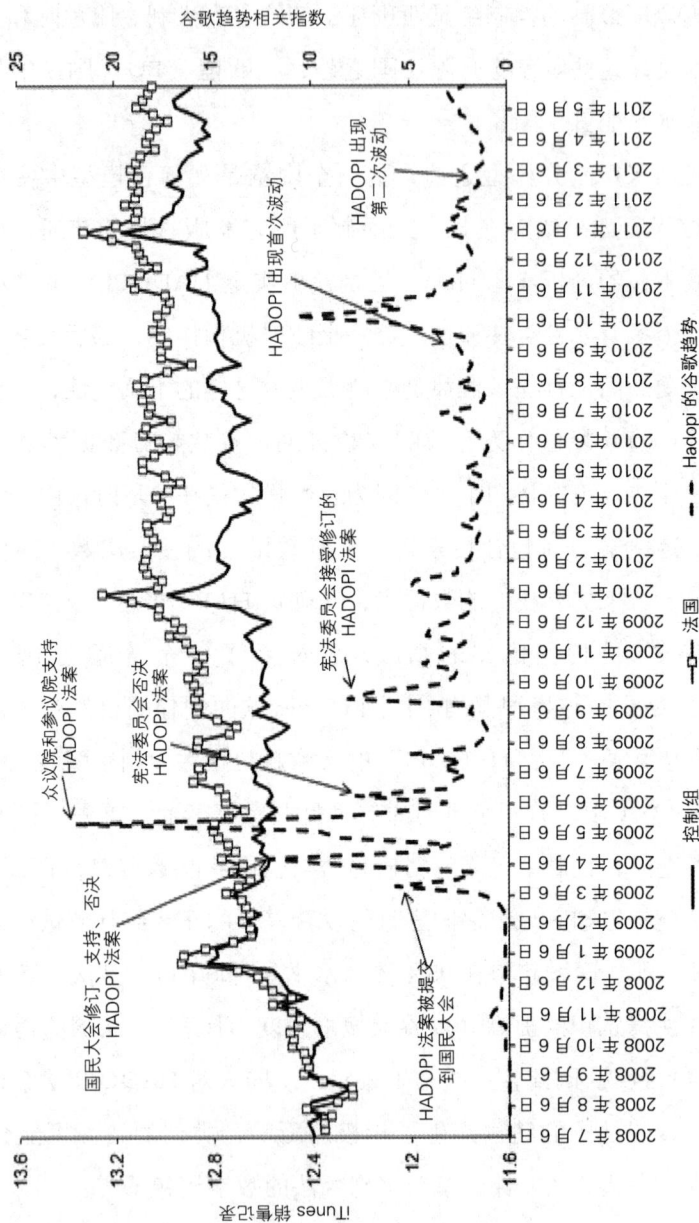

图 13-1　法国与控制组的 iTunes 歌曲销售趋势

为进一步证明我们发现的影响确实存在因果关系，我们在模型中增加了另一个层次的差异，表明法国销售中双重差分的增加进一步增强了受盗版影响较大的音乐流派所受到的影响程度（因此，这种类型的音乐流派受法律影响更大），而盗版类型较少的音乐流派受到的影响程度较小。这里的逻辑是，与盗版程度较低的音乐流派类型相比，盗版程度较高的音乐流派类型应该有更多的客户参与到反盗版干预的"实验"中。

关于本章更普遍的观点是，在一个地区当政府通过某项政策或者企业通过某个战略，并且其他地区可能不受该变化影响时，在可以找到合适的控制组的情况下，双重差分策略可以提供有效的证据来体现政策或战略变化的影响。但这种策略并不总是那么容易实现。iTunes 商店在这些国家都有相似的开放时间，因此它在这些国家的市场发展相当稳定。但是，研究HADOPI 对类似于 Deezer 或 Spotify 这种合法音乐流媒体服务用户却很难产生影响，因为这些服务在不同国家的发展水平差距很大，因此我们找不到任何一组销售额或订阅趋势与法国的模式类似。尽管存在这种限制，但我们认为各国的政策差异（加上不同音乐类型这种属性上的其他差异）将成为分析政府干预措施影响的有力工具，如英国的《数字经济法案》，2011 年新西兰的《版权修正法案》，以及由美国互联网服务提供商实施的版权警示系统等行业主导的干预措施。

13.2.2 案例 2：共享网站 Megaupload 的关闭对数字电影销售的影响[①]

2012 年 1 月，美国司法部（US Department of Justice）对颇受欢迎的共享网站 Megaupload. com 提出起诉，他们搜查了 Megaupload 的办公室，并关闭了其互联网服务。在此之前，Megaupload 是一个在线云存储服务平台，根据 Alexa. com 的数据，它是互联网上访问量排名第十三位的网站。但是，根据规定，在 Megaupload 上存储的绝大多数内容都是侵犯版权的，Megaupload 的策略鼓励了文件共享（例如不需要提供存储账户的

---

① 参见 Danaher 和 Smith（2014）。

密码，或对热门内容上传进行奖励）。关于网站关闭存在许多方面的争议。反对者声称，尽管政府干预承担了所有成本，但它对消费者行为影响不大，因为 Megaupload 上的内容依旧可以通过其他盗版渠道传播（此推测与 Lauinger 等（2013）提出的实证性证据一致）。

从实证的角度来看，关于网站关闭值得注意的是，无论在世界任何地方，它的关闭都是同时发生的，因此，与我们的 HADOPI 研究不同，在网站没有关闭的情况下，无法找到合适的地理区域作为估算销售变化的"控制"区域。这一挑战也出现在全球范围内同时采取的其他政策或战略中，或者当一个国家受到冲击但冲击后相关变化仅能在该国家内研究的时候。在这种情况下，没有明确的控制组存在，因此最简单的双重差分形式可能不足以估计冲击的因果影响。

幸运的是，实现双重差分法的另一种方法是将第一个差异进行预处理后建模，使用更连续的变量作为第二个差异的建模变量，其中连续变量是衡量数据中被处理的每个个体、区域或是单位强度的方法。在共享网站 Megaupload 案例中，即使所有国家在同一时间关闭了 Megaupload，但每个国家在关闭前使用 Megaupload 的程度不同。为了测量这一差异，我们收集了关闭前一个月 Megaupload. com 在各国的独立访问者数量，以及每个国家在当月月末的互联网用户数量。用前者除以后者，我们计算得出每个国家的 Megaupload 渗透率（MPR），即在关闭前一个月至少访问过 Megaupload 一次的互联网账户持有人的比例。关于网站的关闭，MPR 可以被视为实验强度的衡量标准，因为在 MPR 较高的国家，网站关闭时会受到更强烈的"冲击"，因此，如果关闭网站能够提高媒体销售，那么高 MPR 国家网站关闭后的媒体销售增长规模应该大于低 MPR 国家。

将 MPR 数据与两家主要电影公司每周的数字电影销售数据相结合，我们发现在网站关闭之前，高 MPR 国家的销售趋势与低 MPR 国家的销售趋势相对近似①。但在网站关闭之后，高 MPR 国家的销量增幅高于低 MPR 国家（或从 2011 年 12 月至 2012 年 1 月的销量降幅较小）。图 13-2 展示了这种关系的散点图，但在本章中，我们得出了 OLS 回归模型的结果，这些模型更准确地显示了销售的发展趋势，并更强烈地支持我们的推断，即共享网站 Megaupload 的关闭带来了数字电影销售量的增加。

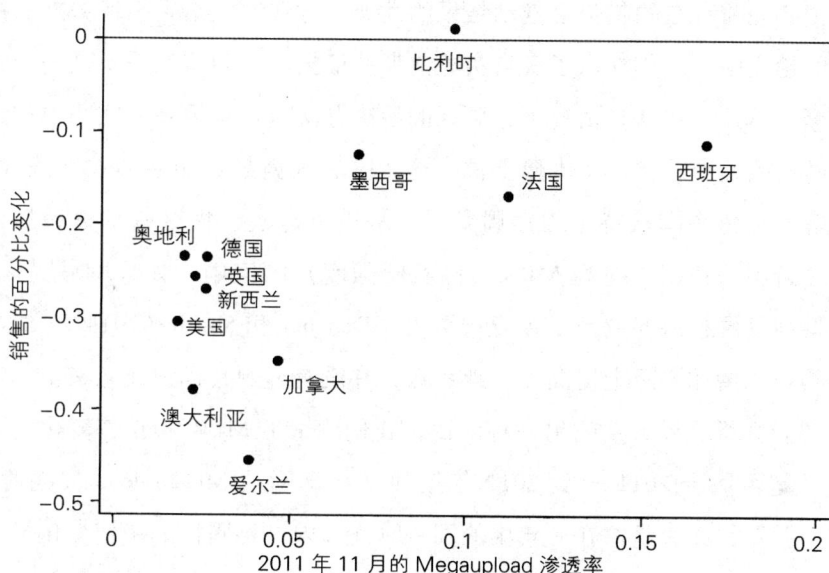

图 13-2 数字电影销售与 MPR 数据在网站关闭前后的变化（关闭前后 3 周）

在散点图中最引人注意的一点是，增加的 MPR（x 轴）与 12 月到 1 月之间相对销售额变化的正相关关系（y 轴）。这种正相关关系是我们在论文中提供的其他统计证据的基础，这些数据表明关闭 Megaupload 导致数字电影销售量增加。另一个关键点是双重差分法的重要性：在政府关闭网站后，几乎所有国家的销售量都在下降，但这是由于每年 1 月份圣诞节

---

① 唯一的例外是在圣诞节期间。本章讨论了在网站关闭前如何处理这种异常。

期间销售达到峰值后所产生的季节性下降。单一地观察网站关闭前后平均销售数量的变化会发现销量在网站关闭后减少了，但我们通过双重差分实验的证据表明，关闭 Megaupload 共享网站后，销量季节性下滑的幅度减小了，结果显示如果没有关闭网站，此时的收入会降低。

值得注意的是，在类似这样的研究中，如果高 MPR 国家的增长速度已经超过低 MPR 国家，那么在少数集群或"实验"（国家）中，人们可能会担心先前存在的趋势会推动结果的发展，导致实验结果出现偏差。在我们的论文中，我们提供了来自实验前期的证据，表明这似乎不是一个驱动因素。然而，在这种情况下，更好的解决办法是在双重差分回归中加入国家特有的发展趋势。从本质上讲，这意味着根据某种功能形式（线性、二次等）对每个国家特定的每周发展趋势进行建模，将这些术语添加到回归分析中，并调查在高 MPR（高实验强度）国家中，如果网站关闭，这些模型发展趋势的偏差是否变得更大。Danaher 和 Smith（2014）发现，这些趋势的增加实际上提高了兴趣系数，并没有影响其标识或意义。

作为推断因果关系的另一种测试，我们测试了 MPR 和销售变化之间的关系是否属于 2011 年到 2012 年期间（共享网站 Megaupload 关闭时）的特有关系，或者是否在一年中的同一时间段内这种同样的销售变化模式是常见的。实际上，在诸如此类的事件研究中，在未进行实验的某些时间点（或某些地方）进行对照测试可以帮助验证因果推断。因此，我们发现 2011 年 12 月的 MPR 与 2013 年 1 月 19 日之后数字电影销售的百分比变化之间没有统计上的显著关系。

最后，从政策的角度来看，人们可能会问，这样一个使用在不同地区实验强度差异的模型，如何能够解释给没有接受过计量经济学培训的人听？本质上，该模型所做的是对共享网站关闭前 MPR 和关闭后销售量变化之间的线性关系（或任何合适的函数形式）进行建模，然后推断出这种关系，来估计一个没有使用 Megaupload 的国家在关闭该网站后的销售量变化，这类似于调查在一个未受关闭网站影响的国家内该类产品的销售情况。通过这种方式，一个可控的"反事实"被估算出来，如果政府没有关闭共享网站，该产品在每个国家的销量会下降多少。这个实验可以被类比成一种医学实验——给第一组病人的药物是由 20% 的医学药品和 80% 的糖（安慰剂）组成，给第二组病人的药物是由 40% 的医学药品和 60% 的糖（安慰剂）组成，给第三组病人的药物是由 80% 的医学药品和 20% 的糖（安慰剂）组成，然后观察得到高浓度药物治疗的病人是否比得到低浓度药物治疗的病人恢复得更快。

我们认为，研究 Megaupload 这种类型的事件也可能有助于检查在没有明确控制组时网站关闭冲击的影响。例如，2010 年 Limewire 的关闭与 Megaupload 类似，它对唱片销售的影响引起了政策制定者的研究兴趣。另外，在 2009 年，由于与英国表演权协会谈判破裂，Youtube. com 决定停止英国个人访问其网站上所有优质音乐视频的权限。如果预先限制 YouTube 音乐视频的使用依旧存在一些地理性差异，那么可以用英国受到的停用冲击来确定流媒体音乐（YouTube）销售或盗版的影响，这是目前音乐产业中许多参与者都非常感兴趣的一个问题。

13. 2. 3 案例 3：电视数字发行对盗版和 DVD 销售的影响[①]

在媒体行业内，围绕是否使用新的数字发行渠道存在相当大的争议，如 iTunes 等付费下载商店和 Spotify 或 Hulu 等订阅流媒体服务。支持者认为，这些渠道通过为消费者提供更方便的合法途径来销售产品，增强了与非法共享文件竞争的能力，其中也包括向版权持有者提供了收入来源。批评人士担心，这些渠道的出现降低了该行业的利润率，蚕食掉先前渠道中较高的利润率。针对不同的潜在渠道，答案可能也有所不同，但它们对确定这些渠道的盈利能力仍然至关重要，在某些情况下，它们对确定交易应

---

① 见 Danaher 等（2010）。

支付的版权税的规模和方向也至关重要①。但是，这些新渠道开通或关闭时，往往很少有证据表明它们对其他渠道的影响。

幸运的是，这些问题在一些情况下可以得到解答，不像前面那样使用地理层面上的差异，而是使用产品或企业层面上的差异。这些新渠道能否提供某些产品，往往不是基于这些产品的盗版或销售水平，而是基于版权所有者与交付渠道之间的合同谈判。

例如，2007 年初，iTunes 商店中大约 40% 的视频内容是由 NBC 环球（NBC Universal，以下简称 NBC）提供的。但由于出现了与 iTunes 价格政策有关的合同纠纷，NBC 选择不续签与 iTunes 的合同，并于 2007 年 11 月 30 日从 iTunes 商店下架了其所有的电视内容。然而，类似的电视网（Fox、CBS 和 ABC）继续提供他们的内容，为 NBC 提供了一个潜在的控制组。我们使用这个产品层面的变化②和 NBC 的冲击来确定在 iTunes 上销售电视内容对该内容的盗版比率和实体盒装 DVD 销售的影响。同样，我们在接下来的一年将 NBC 的内容返回到 iTunes，以验证我们的结果，并提供另外一个角度的分析。

虽然完整的结果可以在我们的文章中找到，但图 13-3 突出显示了一个双重差分模型的结果示例，该模型将 NBC 内容的盗版与控制组 ABC、CBS 和 Fox 的内容进行了比较。

与我们在 HADOPI 论文中得出的结果类似，NBC 的平均盗版下载趋势与移除 iTunes 之前控制组的平均值相似③，但在我们的数据所包括的这段时间里，当 NBC 刚从 iTunes 商店中下架了其所有的电视内容，这些产

①　例如，如果用户接受订阅音乐流媒体服务，从现有的频道购买更多的音乐，那么可能就没有必要支付版税。但如果这些订阅音乐流媒体服务的用户购买的音乐变得更少了，用流媒体音乐代替购买音乐，那么流媒体音乐服务产生的销售位移率可能是决定流媒体音乐服务向版权所有者支付版税规模的一个因素。

②　从技术上讲，这种变化发生在网络层面，而不是产品层面。但在本文中，我们认为每一部电视剧都是唯一的实验，并因此单独处理标准误差。

③　一种适当的测试方法是，是否可以在特定的显著性水平上，拒绝对冲击前所有数据的 NBC 和非 NBC 内容之间的差异进行联合显著性 Wald 测试检验的零假设。

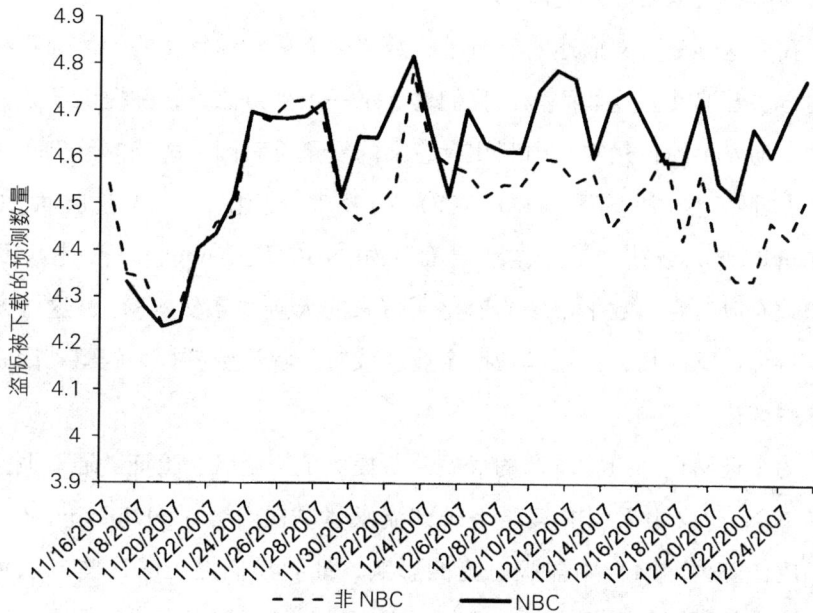

图 13-3　2007 年 12 月 1 日前后 NBC 与非 NBC 盗版对比

品的盗版比率就高于控制组，并一直保持着高于控制组的趋势。因此，我们证明从 iTunes 中下架内容会导致盗版增加，而且，在 iTunes 上扩展数字销售可以减少盗版行为的出现。在同一篇论文中，我们使用了相同的方法证明，从 iTunes 中删除 NBC 内容不会导致实体盒装 DVD 销量的增长，这代表了数字发行问题的另一个方面。

我们相信这种方法在数字化时代的媒体行业问题上有着广泛的应用。

版权所有者与交易平台之间的谈判可能会产生大量的自然实验或准实验，其中一些版权所有者与平台达成协议（或未达成协议），原因可能与相关因变量无关。例如，在音乐流媒体服务上，一个唱片公司可能选择启动或停止其艺人专辑的可用性，而其他唱片公司则不改变现状，这可能会促使研究人员研究音乐流媒体对盗版、付费下载或 CD 销售的影响。我们的 NBC 论文提供了一个简单的例子，说明如何使用这种产品层面的变化来梳理出相关策略的影响。

我们这三篇论文描述的重点是，数字化之后媒体行业的大量问题和实验的方法普遍性。具体而言，我们建立了一系列方法论，并提供了如何在各种定期发生的自然实验中利用有意义的变量推断因果影响的示例——在国家层面（如法国和 HADOPI）的离散变化，在网点层面（如Megaupload），或在产品、企业层面（如 NBC 和 iTunes）——考虑到企业和政府应对媒体数字市场的变化所带来的大量"自然实验"，这些方法可以得到广泛应用，并可以帮助企业和政府了解消费者行为的驱动因素以及这些变化的影响。

为了证明这一点，本章的最后一节提供了一个概念验证。通过调整我们在 NBC 论文中采用的策略来研究流媒体电视内容对 Hulu. com（一个热门的流媒体网站）中盗版行为的影响，证明我们提出的这些方法可以推广到其他不同的案例中。与我们提供高级分析的前三个示例不同，我们现在提供了有关数据和方法的细节。

13.3　电视流媒体对盗版的影响

版权所有者非常谨慎地尝试使用新的数字发行渠道，尽管人们普遍认为未来绝大多数的销售都会通过数字发行来实现，并且智能管理应该提前进行实验以了解这些渠道的影响。版权所有者对采用新的数字分销渠道的顾虑是由三个主要因素驱动的。首先，数字分销渠道可能会取代（利润更高的）实体分销渠道的销售。例如，NBC 首席执行官 Jeff Zucker 曾表示，电影行业在尝试数字渠道方面面临的最大挑战是，避免"用模拟美元兑换数字便士"。其次，数字分销渠道的使用可能会导致下游渠道收入减少，降低现有下游渠道合作伙伴未来的盈利能力。例如，据报道，沃尔玛通过将大量 DVD 退还给迪士尼，并威胁要大幅削减迪士尼未来的产品库存，来强烈抗议迪士尼通过 iTunes 分销电影。最后，考虑到网上可"免费"使用的盗版产品，版权所有者可能会担心数字分销渠道在商业上是不可行的。令人担忧的是，为了与免费盗版产品竞争，企业不得不大幅降价，这可能会降低消费者未来的支付意愿。简而言之，如今与免费盗版产品竞争，可能对该行业未来的整体盈利能力产生长期影响。

这些争论所涉及的一个管理决策是，是否允许电视内容在互联网上以流媒体视频的形式播放。流媒体视频渠道可被视为利润率较低的竞争对手，而现有成熟的实体传播销售渠道利润率较高。另外，允许消费者通过流媒体渠道观看电视内容可能会增加人们对节目的兴趣，同时也可能降低对这些数字产品的盗版需求。一个合法的流媒体渠道也可以给版权所有者在产品组合方面提供很大的灵活性和大量的机会，使其区别于实体 DVD，打开新的未开发的消费市场并开辟新广告收入来源，而不影响现有的实体渠道的需求。以这种更为乐观的观点来看，首先想出可行的流媒体方法的企业，相对于竞争对手而言，可以提高自己的竞争地位，更能产生一种强烈的动机去尝试这类渠道。这样的企业也可能在数字发行和流媒体平台创建以及基础设施建设方面处于领先地位，从而在市场上占据有利地位。

考虑到这些因素，值得注意的是，近年来，电视和电影制片厂已经开始通过许多新的数字发行渠道探索产品发行方式。这些发行政策的变化创造了一系列独特的自然实验的机会，可用于分析免费数字发行对实体渠道需求和盗版产品需求的影响。

在下面的论述中，我们分析了免费流媒体视频网站对数字盗版需求的影响，我们还建议将来可采用类似的方法来分析流媒体对实体销售或广播电视的影响。为了分析这个问题，我们使用了一个准实验，该实验发生在 2009 年 7 月 6 日，当时美国广播公司（ABC）开始在 Hulu.com 上播放其电视节目。Hulu.com 是一个由广告发行支持的流媒体视频互联网门户网站。有趣的是，电视网络本身也在带头创建这个平台，并于 2008 年 3 月以 Fox 和 NBC 的合资企业的身份向公众推出。2009 年 4 月，ABC 与其达成协议，获得 Hulu. com 的部分所有权，并将 ABC 的内容上架到 Hulu. com 网站上。这是一个非常重要的转折点——Hulu 已经存在了一年，它的内容来自两个主要的网站，当 ABC 把自己的内容上架到 Hulu 上时，这个网站拥有了一个庞大的用户群，并被公众所认知。因此，ABC 的内容上架对主要交付平台上发布的内容产生了一个离散的冲击。数据显示，这种冲击是盗版趋势的外生因素，因为这个时机的选择是基于对未来盗版或销售的预期进行的一系列合同谈判。

从这个意义上说，这个实验看起来很像我们关于 NBC 和 iTunes 的论文。当 ABC 在 2009 年 7 月 6 日将其内容上架到 Hulu. com 时，其他网络（NBC、CBS、CW 和 Fox）的内容并没有受到冲击。因此，这四个网络上的媒体内容可以作为 ABC 内容的控制组，让我们确定 Hulu. com 流媒体可用性对盗版比率的因果影响。这与我们之前关于 NBC 的论文不同，我们研究的是数字流媒体服务，而不是下载服务，我们研究的是向分销渠道上架产品，而不是将产品从其中下架。

背景与理论：Hulu. com 的创建是为了给消费者提供一个方便、随时可用的平台，让他们可以在休闲时间在线观看电视内容。与点对点文件共享盗版不同，Hulu 是一种流媒体服务，用户在观看节目前不需要下载。然而，与盗版不同的是，Hulu 还支持在节目中插入 15 到 30 秒的短广告。因此，尽管 Hulu 既方便又可靠，但目前尚不清楚消费者是否会认为这项服务可以成为一个有吸引力的替代盗版的渠道。

在我们的数据所覆盖的时间段内，Hulu 只提供每部电视剧最新的五集，此前的所有剧集和其他系列在 Hulu 上都看不到①。尽管盗版经常在播出后的第二天就可以在种子网站上找到，但一些剧集的所有者还是选择在电视播出几天后再将该集在 Hulu 上发布。这不是我们研究中的一个因

----

① 如今，人们可以付费订阅 Hulu Plus 来观看一系列影视的所有剧集。然而，在我们研究期间 Hulu Plus 还没有出现。

素，因为可用性冲击发生在不同季之间，因此我们研究了在实验开始之前至少播出了一个月的电视剧集的盗版。尽管如此，Hulu 的便利性（和合法性）是否足以吸引那些看盗版的观众转而选择合法流媒体进行消费仍然是一个问题。

最后，值得注意的是，电视网络及其合作伙伴（如有线电视公司或下游 DVD 销售商）可能会担心流媒体的出现将蚕食 DVD 盒装销售或降低无线电视收视率，当时这些领域的利润率明显高于流媒体渠道。在这项研究中，我们不会分析这种潜在的竞争，但我们相信未来可以适当地通过 DVD 销售数据、无线电视观众水平数据，以及与本章类似的方法进行数据分析。

数据：为了解决这个问题，我们通过比特流（BitTorrent）追踪网站 Mininova. org，收集了一组关于盗版电视节目消费的数据。从这些数据中，我们分析了 2008 年秋季到 2009 年秋季五大电视网（ABC、CBS、CW、Fox 和 NBC）的所有电视剧（不包括真人秀和现场节目），共 71 部。我们将在下面更详细地描述这些数据。

图 13-4 显示了我们研究中的事件时间线。这表明 ABC 于 2009 年 7 月 6 日将其内容上架到 Hulu. com，这段时间是介于 2008 年秋季至 2009 年春季影视季后和 2009 年秋季至 2010 年春季影视季前的阶段。因此，我们将分析重点放在从 2008 年秋季到 2009 年春季的电视节目剧集上，我们的分析期间涵盖了 ABC 将其内容上架到 Hulu. com 前后四周的时间（对不同窗口时间长度进行了稳健性测试），并通过仅包括每天至少下载 10 次的剧集，提高测试的信噪比。

表 13-1 通过在线分析总结了我们数据中的 71 部电视剧，以及它们在 2008 年秋季演出季是否可以在 Hulu. com 上推出。如表 13-1 所示，在 2008 年秋季至 2009 年春季活跃的 71 部电视剧中，有 27 部在 Hulu. com 上推出了最新的 5 集。

2009 年 5 月 2008 秋末至 2009 年春演出季	2009 年 6 月 9 日 ABC 加入 Hulu 四周前	2009 年 7 月 6 日 ABC 加入 Hulu	2009 年 8 月 3 日 ABC 加入 Hulu 四周后	2009 年 9 月 2009 秋初至 2010 年春演出季

图 13-4　研究期间的事件时间线

表 13-1　电视剧在 2008 年秋至 2009 年春演出季间是否可以在 Hulu.com 上推出

	不可以	可以	总计
ABC	16	0	16
CBS	19	0	19
CW	6	2	8
FOX	6	8	14
NBC	6	8	14
总计	53	18	71

　　根据变化情况，我们注意到在 2009 年 7 月 6 日之前，Hulu 上没有 ABC 的剧集系列，而在 2009 年 7 月 6 日之后，在 Hulu 上有 9 部 ABC 的电视连续剧。这是在观测时间内唯一的可用变化，Hulu 在 2009 年 7 月 6 日之前一直是 62 部电视连续剧中有 44 部无法观看，并在 7 月 6 日后依旧无法观看，但是其余的 18 部电视剧在 2009 年 7 月 6 日之前是可以在 Hulu 上观看的，并且 7 月 6 日之后也是可以观看的。因此，从这些电视节目中，我们使用 2009 年 7 月 6 日在 Hulu 上播出的 9 部 ABC 电视剧作为实验组，其余 62 部在 Hulu 上播放状态没有发生变化的电视剧作为控制组。

　　继 Smith 和 Telang（2009）、Danaher（2010）等人的研究之后，我们使用 Mininova.org 网站测量的比特流的盗版情况作为我们样本中代表整体电视内容的视频盗版情况的数据。我们选择 Mininova 是因为它是我们

研究期间 Alexa.com 列出的最受欢迎的比特流跟踪站点①。Mininova 的另
一个优势是，它提供了站点上列出的每个跟踪器的累计下载数量，因此我
们可以计算样本中每个内容的每日下载数量。收集这些数据并对其编码的
过程在我们的 NBC/iTunes 论文中有更详细的描述。

　　为了研究上架 ABC 视频内容对 Hulu 的影响，我们将分析重点放在
2009 年 7 月 6 日发布日期前后四周的时间段。我们可以计算 ABC 产品上架
到 Hulu.com 后相关盗版情况的变化，并将这一变化与控制组的变化进行比
较。因为我们希望看到政策的直接影响，并排除可能在较长时间内影响消
费的其他无关因素，所以我们将分析重点放在前后四周内。在研究的前一
年（2008 年 7 月 6 日前后的四周）我们还通过进行相同的分析，测试观察
到的盗版变化相对于其他时间段是否属于典型案例，作为进一步的反事实
考察的参考点。如果 ABC 盗版没有被添加到 Hulu，那么它们的状况将如何
改变？重要的是，我们将盗版分析限制在我们数据中每个影视系列的最新
五集内，因为 Hulu 上所有影视系列（实验或控制）都仅保留了最新五集的
资源②。表 13-2 提供了 2009 年 7 月 6 日前后四周内盗版数据的摘要统计。

表 13-2　　　　　　　　　　　　　　每日下载量

盗版下载量		平均	标准差	变化（%）
实验组	2009 年 7 月 6 日前	353.8	428.2	
	2009 年 7 月 6 日后	209.4	302.5	-40.80
控制组	2009 年 7 月 6 日前	388.4	558.5	
	2009 年 7 月 6 日后	301	437.7	-22.50

　　我们使用了 ABC 内容上架到 Hulu 前后可用的平衡面板数据进行统计

---

　　①　详情请见：http://www.alexa.com/browse/general/?&CategoryID=1316737。
　　②　检验在 Hulu 上播放五集剧集对整个系列的盗版产生的影响肯定是很有意义的。然而，当
个人下载包含一整季或一整系列所有剧集的种子数据时，由于观察数据的性质，我们无法确定下载
一整季的行为是因为下载人真正想要全季的剧集，还是仅仅想得到最近的两到三集。除了最近五集
之外，任何关于盗版的分析都将受到这一数据限制。

和回归分析。表 13-2 统计了在控制组和实验组中，每部电视剧最近五集每日下载数量的平均值。我们发现每天的平均下载量与之前文献里报告的统计值是一致的（Danaher 等），每天每集有 200 到 400 次下载量。

在 ABC 内容上架到 Hulu 前后四周时间内，实验组最近五集盗版的平均每日下载次数减少了 40%，而控制组盗版的平均每日下载次数减少了 23%。我们注意到，下载量随着时间的推移而下降，因为在首播导致的观影兴趣激增达到顶峰后，这一集的受欢迎程度将会下降。然而，这些汇总统计数据的相对规模表明，上架到 Hulu 的电视剧的盗版率比在 Hulu 上播放状况没有变化的电视剧的盗版率下降得更多。我们在回归分析中更正式地探讨了这个结果。

结果：在比较将 ABC 的内容引入 Hulu 后实验组和控制组的变化之前，我们通过收集的证据进行验证，如果没有受到冲击，控制组的盗版趋势是否会与实验组相似。我们使用公式（13.1）比较 2009 年 7 月 6 日之前控制组和实验组盗版比率随时间变化的发展趋势。如果控制组在受冲击前的趋势与实验组相似，那么人们有理由认为它能在受冲击后为实验组提供一个恰当的反事实估计。

$$\text{In } Downloads_{it} = \beta_0 + \beta_1^t D_t + \beta_2^t D_t \times ABCHulu_i + \mu_i + e_{it} \qquad (13.1)$$

在公式（13.1）中，$Downloads_{it}$ 是第 t 天第 i 集盗版下载的总数，D_t 是每天固定效果的日期向量。如果第 i 集在 ABC 上播出，则 $ABCHulu_i$ 在数值上是等于 1 的指示符变量，它属于 2009 年 7 月 6 日在 Hulu 上可观看的影视作品（而其他网络上的所有剧集和 ABC 上未进行实验的剧集在数值上等于零），μ 是固定效果的剧集向量。在该模型中，矢量 β_1 捕获控制组的日常盗版趋势，β_2 表示实验组的盗版情况是否不同。我们没有使用 8 周的系数，而是使用 $\beta_0 + \beta_1$ 作为控制组的预测实验盗版量，将 $\beta_0 + \beta_1 + \beta_2$ 作为实验组的预测实验盗版量，来绘制图 13-5 中结果系的预测值。

虽然从图 13-5 中可以看出，实验组和控制组中盗版的发展趋势在实验前并不完全相同，但非常相似。然而，2009 年 7 月 6 日，实验里 ABC

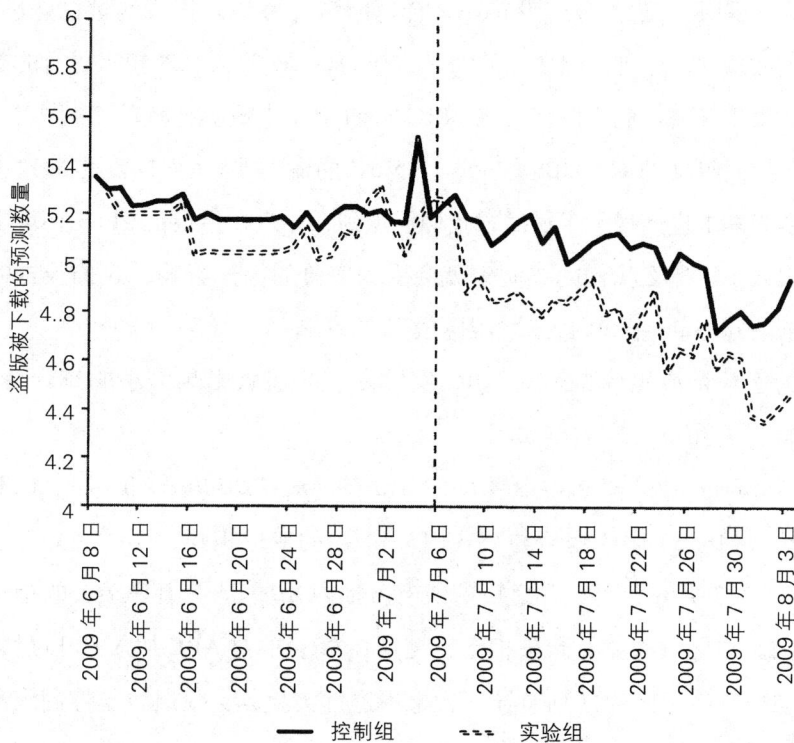

图 13-5　2009 年 7 月 6 日前后实验组和控制组的盗版对比

电视剧上架到 Hulu 后，实验组中这些电视剧的每一部电视剧的最新五集的盗版率立即出现了大幅下降，远远超过了控制组中盗版率的下降（变化）幅度。根据这次相对统一的下降时间以及实验前没有出现过类似的大幅度下降，我们认为最合理的解释是，一旦 ABC 的内容上架到 Hulu 上，人们使用盗版内容的次数就会减少。

除了实验组的盗版率相对于控制组有所下降，我们还注意到控制组的盗版率相对于历史标准也有所下降。因为当天其他网络平台没有发布重大的政策变化，这个变动可能会产生溢出效应：如果 Hulu 上 ABC 影视内容的新观众在 Hulu 上发现了他们喜欢的其他节目，他们可能已经停止使用那些节目的盗版或他们可能使用非 Hulu 平台观看这些节目（这些节目以前他们看的是盗版）。虽然我们没有一个合适的识别方法来正式测试这些影响，但我们注意到，这种溢出效应的结果将与 Danaher 等人（2010）进行的类似实验结果相一致。他们发现，当 NBC 从 iTunes 上删除他们的节目内容时，相对于控制组（ABC、CBS、FOX），NBC 的盗版需求增加了，同时对控制组的盗版需求也增加了。最后，我们注意到，如果在目前的 Hulu 环境中存在溢出效应，那么我们的控制组就会受到实验的部分影响，我们报告的结果将低估向 Hulu 上架内容对该内容盗版的影响。

为了获得流媒体渠道对 ABC 实验内容的盗版影响大小的统计估计，我们将公式（13.1）调整如下：

$$\ln Downloads_{it} = \beta_0 + \beta_1 After_t + \beta_2 After_t \times ABCHulu_i + \mu_i + e_{it} \quad (13.2)$$

公式（13.2）中的变量与公式（13.1）中的变量相同，不同之处在于，在 2009 年 7 月 6 日当天和之后的所有日期内 $After$ 是一项等于 1 的指标变量。因此与之前的差异衡量相比，变量 β_2 衡量的是 ABC 加入 Hulu 后，实验组与控制组之间的平均差异。如果不进行实验，实验组将与控制组产生类似的发展趋势，β_2 测量的是在 Hulu 中上架 ABC 内容对该内容盗版情况的影响[①]。因为相同季甚至相同系列中不同剧集的下载之间可能存在相关性，我们将系列级别的标准误差聚类起来，将我们数据中的每个系列视为一个独立实验。

通过 OLS 对公式（13.2）进行估算，β_2 为 −0.19（在 8 周实验窗口规定内），这表明实验组 ABC 的内容在实验后盗版下载量的下降幅度比控制组高出 18%（见表 13−3）。这个系数的 p 值为 0.13，所以我们不能拒绝 ABC 盗版率变化与控制组相同的零假设。可能是由于测试强度不够高，当我们在电视剧级别谨慎地进行标准误差聚类时，数据中只有 9 个可用实验聚类

---

① 我们运用了一个更灵活的模型，其中包含日期固定效应的完整向量，可以对想要测量的系数产生几乎相同的估计值和标准误差。但在这个模型中，"后"变量（对于控制组）被这些固定效应所包含，因此我们在图 13−5 中不太灵活的规范中提供结果，以便读者可以将实验组的变化与控制组的变化进行比较。

集合。然而，如果我们将实验窗口期缩短到实验前后一周或两周（从而减少其他无关因素的随机方差），我们会发现相似系数但 p 值小于 0.1，这使我们能够在 10% 甚至更低的显著性水平上拒绝零假设。

表 13-3　　　　　　　　　　盗版下载日志的 OLS 估算

	8 周窗口	4 周窗口	2 周窗口
2009 年 7 月 6 日后	−0.194***	−0.072	−0.067
	(0.053)	(0.054)	(0.048)
2009 年 7 月 6 日后 * ABC	−0.190	−0.169*	−0.164*
	(0.121)	(0.098)	(0.088)
常量	5.214***	5.218***	5.232***
	(0.026)	(0.025)	(0.024)
观测量	14 132	7 121	3 886
电视剧数量	71	71	71
R 平方	0.139	0.071	0.074

注：括号中是聚类在系列级别的稳健标准误差。

*** 显著水平为 0.01。

** 显著水平为 0.05。

* 显著性水平为 0.10。

为了进一步证明实验结果，我们估算了公式（13.2）在 2008 年相同阶段的结果（使用 2007 年秋季的数据），预计 ABC 的内容不会出现双重差分变化，因为这段时间的影视内容并没有受到冲击。实际上，2008 年 β_2 估计值为 −0.02，标准误差为 0.04，这表明相对于安慰剂测试中控制组内容盗版的变化，ABC 内容盗版的变化在经济上和统计上都不显著。

虽然由于样本量小，显著性水平较低，但预估量却非常大。因此，根据我们的估计结果和安慰剂测试，在 Hulu 中上架 ABC 内容使所上架影视内容的盗版下载下降了近 20%，我们认为这一结果与我们发表的关于

NBC 和 iTunes 的论文结果类似。也就是说，以更方便、更容易获得的渠道提供影视内容，能够让大量的盗版内容从非法文件共享渠道转向合法文件共享渠道。未来的研究可能会以不同的方式探索下载种子数据的编码，以确定在 Hulu 上上架最近五集的电视剧是否会减少这五集的盗版消费（我们目前的结论），或者是整个系列剧集的盗版消费。

13.4　结论

在本章的开头，我们指出由于影视内容的数字化以及文件共享导致的知识产权削弱，媒体行业出现了各种各样的问题。本章的目的是将研究方向指向一些我们认为有意义且具有管理或监管重要性的主题，同时强调在快速变化的媒体市场背景下使用自然实验的重要性，它可作为解决媒体市场中这些问题以及其他相关问题的方法。

为此，我们展示了我们的几篇论文是如何通过分析自然实验和利用数据中不同类型的方差来处理这些问题的。我们提出了其他政府的干预措施或企业战略的建议，这些建议尚未得到充分理解，后续我们可以用以前工作中的方法进一步研究。

最后，作为概念的检验，我们将论文中通过 iTunes 渠道分发的双重差分模型应用于一个完全不同的数据集和事件：在 Hulu.com 上向消费者提供影视内容的流媒体。由于文件共享仍然是一种常用的消费渠道，并且通过不断革新的新平台或新战略提供产品，企业也在不断创新，所以这种理解不同渠道之间的相互作用以及政策可能对数字市场产生哪种影响的能力会越来越重要。我们希望本章可以作为新的研究的基础，为媒体公司的战略、政府政策和消费者行为之间复杂的相互作用绘制更清晰、更完整的关系图。

参考文献

Bertrand, Marianne, Esther Duflo, and Sendhil Mullainathan. 2004. "How Much Should We Trust Differences-In-Differences Estimates? *Quarterly Journal of Economics* 119（1）：249-75.

Danaher, Brett, Samita Dhanasobhon, Michael D. Smith, and Rahul Telang. 2010. "Converting Pirates without Cannibalizing Purchasers：The Impact of Digital Distribution on Physical Sales and Internet Piracy." *Marketing Science* 29（6）：1138-51.

Danaher, Brett, and Michael D. Smith. 2014. "Gone in 60 Seconds：The Impact of the Megaupload Shutdown on Digital Movie Sales." *International Journal of Industrial Organization* 33：1-8. http：//ssrn. com/abstract=2229349.

Danaher, Brett, Michael D. Smith, and Rahul Telang. 2014. "Piracy and Copyright Enforcement Mechanisms." In *Innovation Policy and the Economy*, vol. 14, edited by Josh Lerner and Scott Stern, 31-67. Chicago：University of Chicago Press.

Danaher, Brett, Michael D. Smith, Rahul Telang, and Siwen Chen. 2014. "The Effect of Graduated Response Anti-Piracy Laws on Music Sales：Evidence from an Event Study in France." *Journal of Industrial Economics* 62（3）：543-53. http：//ssrn. com/abstract=1989240.

Lauinger, Tobias, Martin Szydlowski, Kaan Onarlioglu, Gilbert Wondracek, Engin Kirda, and Christopher Kruegel. 2013. "Clickonomics：Determining the Effect of Anti-Piracy Measures for One-Click Hosting." Working Paper, Northeastern University.

Smith, Michael, and Rahul Telang. 2009. "Competing with Free：The Impact of Movie Broadcasts on DVD Sales and Internet Privacy." *Management Information Systems Quarterly* 33（2）：312-38.

第14章 数字化与新媒体产品质量
——以音乐为例

Joel Waldfogel[①]

　　在数字化对传媒行业影响的研究中，经济学家的研究重点大多集中在新技术，尤其是文件共享给传媒行业的收入带来的不利影响上。唱片业是第一个面临这些挑战的创意产业，因而也提供了一个重要的研究案例。大量例子也逐渐证明 Napster[②] 以及相关的技术削弱了数字产品的排他性，并且降低了售品的相应价值。在随后的十几年里，唱片业的收入下降了约三分之一[③]。由于唱片行业很大程度上是传统的投资密集型行业，大约有六分之一的收入用于艺术家的发展（包括艺术家的预付款），另外六分之一用于音乐推广——因而，侵犯知识产权这一行为也使消费者们开始担忧新唱片数量会不会随之减少[④]。

---

　　① Joel Waldfogel，明尼苏达大学卡尔森管理学院应用经济学 Frederick R. Kappel 教授，美国经济研究局研究助理。

　　作者致谢：研究支持的来源以及作者重要财务关系的披露（如有），请参阅 http://www.nber.org/chapters/c12996.ack。

　　② 译者注：Napster 是一款可以在网络中下载自己想要的 MP3 文件的软件。它同时能够让自己的机器也成为一台服务器，为其他用户提供下载。

　　③ 大量文献探讨了文件共享对录制音乐收入的影响。参见 Oberholzer-Gee 和 Strumpf（2007），Blackburn（2004），Rob 和 Waldfogel（2006），Liebowitz（2006），Zentner（2006），仅举几例。这些文章得出的结论是，文件共享是唱片销量减少的主要原因。

　　④ 有关大型唱片公司投资规模的讨论，请参阅国际唱片业协会（IFPI，2010）。

这些研究并没有关注技术变革对新产品可用性的影响，而是把目光投向了一个更狭隘的问题，即假设营收缩减使得生产者和消费者数量减少，那么文件共享的数字化是否会减少相应的收入。颇令人惊讶的是，音乐、书籍和电影等领域新媒体产品的数量并没有减少，反而在增加。而且，最先受到数字化冲击而被研究得最多的唱片业的相关证据也表明，高质量唱片产品的消费者数量并未减少，反而可能借网络引来一定增量。Waldfogel（2012）的文中提到了基于音乐评论家列出的历史最佳音乐列表，高质量音乐销量并未因 Napster 的出现而下降，且根据"音乐杰作"网站的销量和单曲播放数据显示，2000 年以后音乐作品的质量明显大幅提升。

由于版权保护的削弱，新唱片的持续发展一开始陷入困境，尤其是在高投资行业。因为收入减少，唱片公司便很难去投资新唱片和新艺术家。然而，数字化不仅会降低产品需求量，也能够降低将新产品推向市场的成本。新技术对于新产品数量成本降低的影响，以及这些产品对买卖双方可实现价值的研究也随之被提上日程。本章就以唱片业作为案例开始这项研究。

Tervio（2009）提出的理论框架对思考唱片业产品的选择问题大有助益。只有当消费者们接触到产品后，换句话说，当唱片公司依照传统向生产、销售和推广环节投入大量资金之后，艺术家的市场价值才能显现。很难去预测哪位艺术家会成功，只有极少一部分艺术家可以发行专辑，而其中也许只有百分之十的人能够获得盈利。这种不可预测性意味着，许多发行的专辑可能并不会成功，而许多并未发行的专辑一旦发行也有可能成功。因此，挖掘更多受市场青睐的艺术家的关键在于进行更多的"试验"，也就是说向消费者呈现出更多的音乐产品。

Tervio 的理论框架以及唱片业的一些制度性特征，或许能解开 Napster 出现之后音乐作品质量反而上升的谜题。能够主导整个行业的大型唱片公司都具备将唱片推向市场的全方位能力：录音、制作、推广和发行。这些公司采用一种高成本的"试验策略"，包括向艺术家预付大量现金、专业化录音、巡演以及昂贵的传统电台音乐推广方式。除了唱片业巨头之外，还有很多独立唱片公司，他们一般采用低成本的推广方式。值得注意的是，这些公司一般不会产生利用电台推广音乐的费用。受限于较少的市场推广资源，独立唱片公司（或者自己发行音乐的艺术家们）一般很难批量发行唱片作品。

在过去的几十年中，通信技术的变革使唱片公司进入到了"少投资广试验"的模式。数字化对唱片生产和推广环节成本有显著影响。低成本的设备和软件降低了录制成本，网络也使低成本数字推广成为可能，但要想获得成功依旧依赖于更多的新产品。数字化在推广环节的不良影响正在消减，消费者们如今可以通过多种方式而不仅仅限于传统电台来获取更多的新音乐，包括在线音乐平台（网络电台）以及不断增长的在线音乐评论家们在内的很多新推广渠道都值得注意。

数字化背景下，盗版现象虽然可能影响收入，但新产品市场推广成本的有效降低将使更多音乐走向市场，消费者们也能发现更好的音乐作品。本章旨在系统探索这种可能性。为此，笔者收集了 1980 年至 2010 年间所有专辑版本数据（包括唱片公司类型）、在传统电台（1990 年以来）和网络电台（2006—2011 年）上笔者所能收集的专辑销量和播放量数据，以及 2001 年以来在 Metascore[①] 平台上能够获取的评论数据。利用这些数据，笔者解决了以下问题：第一，大型及独立唱片公司以及独立发行的专辑如何随着时间推移而改变？第二，随着时间推移，专辑销量是更集中于少数几个专辑还是分布在更多专辑中？第三，单曲或专辑的评论性推广是否随着时间而改变？第四，商业成功最容易的路径是否改变？尤其是他们如何取得成功，利用电台单曲或是其他接触消费者的方式？第五，随着时间推移，究竟是大型唱片公司还是独立唱片公司获得了成功？

---

① 译者注：Metacritic 是美国三大评论网站之一，对电影、电视、音乐和电子游戏进行专业评分，有一定权威性。

Arcade Fire（"拱廊之火"）乐队发布的专辑 *The Suburbs*（《郊外》）可以为本章探究的机制做一说明。*The Suburbs* 这张专辑获得 2011 年格莱美奖最佳专辑奖。该专辑的推广经历十分特别，它在没有传统单曲推广的基础上获得了商业上和口碑上的双重成功。独立唱片公司 Merge Records 于 2010 年 8 月 3 日推出这张专辑[①]，该专辑在 Metacritic 网站上的评分高达 87 分，在专辑类唱片中分数排名前五。音乐评论家们十分看好 *The Suburbs* 和 Arcade Fire 乐队之前的专辑（2004 年 *Funeral* 评分 90 分，2007 年 *Neon Bible* 评分 87 分），因此这张新专辑几乎没有音乐推广。不管是这张专辑中的歌曲还是以前的歌曲，它们从未在公告牌单曲排行榜每周 75 首歌曲中出现过，但它们在网络电台的曝光率却很高。专辑发行后的第三周，歌曲 "Ready to Start" 在 Last.fm 电台中每周拥有超过 4 万名听众。截至 2010 年 2 月，每周听众人数保持在 2 万人左右。这张专辑赢得了格莱美奖最佳专辑奖，并获得美国唱片业协会（RIAA）颁发的金奖。2011 年 10 月 19 日，其销售额高达 50 万美元。

对这些数据的系统性分析描绘出了以下图景，且为过去几十年来音乐质量的显著提高提供了一个似是而非的解释。首先，相较于大型唱片公司的专辑发行量，独立唱片公司和个人独立发行作品的数量大幅增加。尽管大型唱片公司的发行量在不断下降，但就整体唱片业而言，从 2000 年以来，每年推广到市场上的新作品已经增加了 50%。其次，能够为消费者提供接触新音乐作品的信息渠道越来越多。在过去，传统电台是人们了解新音乐的主要渠道，但几十年来各种渠道都在不断涌现且成长，包括网络电台（能够播放更多种类音乐的高度自定义播放列表）和在线音乐评论。新的信息渠道正在改变音乐通向商业成功的路径。1991 年，美国公告牌专辑排行榜周榜前 25 位中，有 60% 的艺术家的音乐专辑能够在当年获得

---

① 参见 Amazon.com：http://www.amazon.com/The – Suburbs – Arcade – Fire/dp / B003O85W3A/。

大量播放宣传，但之后这个比例持续降低。到 2010 年，在公告牌前 25 名艺术家中，只有 30% 的人能够获得更多的播放宣传。超越电台歌曲播放方式的其他方式正在消费者接触新音乐的过程中发挥更大的作用。而美国公告牌专辑排行榜中没有获得单曲宣传的大多数艺术家们却在日益广泛的网络媒体中得到了更多曝光：截至 2010 年，在 Metacritic 网站中，38% 的艺术家们都被至少 3 个评论专栏所点评。

大型唱片公司传统角色的"脱媒化"使能够获得商业成功的唱片公司类型发生了重大改变，同时消费者最终购买音乐的渠道也随之改变。2001 年，美国公告牌专辑排行榜上 13% 的音乐家归属于独立唱片公司，到 2010 年时，这一比例增长至 35%。数字化使曾经主导市场的大型唱片公司和小型独立唱片公司之间出现分歧。以美国唱片业协会为代表的大型唱片公司一直呼吁支持政府打击盗版行为[①]。尽管小型独立唱片公司也面临着文件共享带来的收入缩减，他们的回应却有所不同。他们希望利用技术变革抓住以更低成本发行音乐的新机会，而且，这样的新音乐也往往十分受听众欢迎。

本章分为六部分。14.1 主要讲述唱片业的一些制度背景，以及以 Tervio 理念（2009）为基础，试图总结出数字化对市场音乐质量的可能影响的简单模式。14.2 则描述了研究中采用的众多数据来源。14.3 将探讨结合美国公告牌专辑排行榜排名以及美国唱片业协会销量数据来预估销量的方法。14.4 通过对比传统推广与网络电台新环境以及在线音乐评论来描述变化着的信息环境。14.5 则转向研究结果。首先，笔者记录下不同时段总体专辑发行数量的变化，以及音乐类型的变化。其次，笔者记录了可用新产品数量的增长带来的需求的分散，2000 年以来更加明显。2000 年，在美国公告牌专辑排行榜中出现了约 500 名艺术家，到 2010 年

---

① 参见 http://www.riaa.com/physicalpiracy.php? content_selector=What-is-Online-Piracy。

人数增至 1 000 人。这个数据本身很有意思，是因为它与那些入门成本降低带来市场扩张却依旧保持相对集中的媒体市场形成了鲜明的对比，这也与 Sutton（1991）的观点一致。另外，笔者的证据展示了那些商业上成功的艺术家推广渠道组成的变化。拥有传统播放推广渠道的成功艺术家的比例正在下降，但被网络电台和在线评论所提及的成功艺术家的比例却在增长。最后，笔者提出，曾被压制的音乐作品再度推向市场后，是否仍能有很高的价值？且独立唱片公司发行的商业成功专辑的份额是否在增长？结论对此提供了一些思考，尤其是导致可获得音乐数量增加、范围分散的可能因素，笔者还讨论了未来研究的方向。

14.1　背景：数字化和音乐的市场推广

将新音乐推广至市场大体上需要借助四项活动。第一，唱片公司必须挖掘艺术家。第二，唱片公司能够对艺术家进行投资，即具备预付现金和保证专业质量的音乐录制能力，以呈现其发掘和培养的歌曲的质量。第三，他们要通过广告和宣传活动来推广歌曲，使歌曲有机会在电台中播放。第四，他们生产实物专辑，并通过零售商们送达消费者手中。大型唱片公司传统上都保留着这些能力，而这些活动一般花费较多。

大型唱片公司一般给艺术家预付现金。虽然这些预付金可以从艺术家未来的销售收入中扣除，但"如果销量没有达到预期水平，这个钱就无法收回"①。因此，唱片公司承担着投资的风险。国际唱片业联合委员会（IFPI 2010）举例，给新歌手的预付金是 20 万美元，给超级明星的预付金则是 150 万美元。

---

① 参见 IFPI（2010，10）。

录制本身也花费高昂，录制一张新专辑一般需要一定的录制时间。唱片公司通常用借钱给歌手的方式抵消未来专辑的收入。Vogel（2007，243）在报告中认为，"一张流行专辑的生产成本预算一般最少是 20 万美元，如果录制时间较长，预算会激增，超过 35 万美元。"国际唱片业联合委员会举例，新歌手的录制成本是 20 万美元，而超级明星的录制成本是 40 万美元。

营销和推广活动包括巡回演唱会，与当地零售商、电台和电视广告的合作，都十分昂贵。Vogel（2007，244）认为，"专辑市场推广的标准成本通常可以达到 10 万美元，如果是大明星，成本则超过 50 万美元。"国际唱片业联合委员会将推广新人的标准成本定为 30 万美元，将推广大明星的标准成本定为 230 万美元。音乐视频及巡回演唱后勤是额外计算，新人的标准成本为 30 万美元，而大明星的标准成本为 45 万美元。

这些宣传活动的主要目的是在电台推广新的音乐。广播电台的播放数量通常有限。正如 Vogel（2007，244）所说，"因为流行音乐电台一周播放清单中最多可以加入三到四首新歌，竞争十分激烈。大型唱片公司每年约发行 11 000 张（非经典）专辑，其中平均每个专辑只有十分之一被电台播放。如今，以 120 倍这样的方式去销售超过 50 万张实体专辑（比如 CD）已经是非常不寻常的。"但考虑到当时电台播放列表属于稀缺资源，在 20 世纪 80 年代推广一首流行单曲的成本"约为 15 万美元"，这样的方式也不算奇怪（Caves 2000）。

唱片的发行也十分耗费财力，且极易受到规模经济的影响。最火的专辑需求的时效性也是最强的，"能够为分布在广阔地理范围内的零售商及时补充库存是十分重要的。"① 因此，"大部分专辑的发行方都是拥有充足

---

① Vogel（2007，245）.

储备资金，且随时能运送成百上千单位专辑的大型组织。"①

与生产、推广及发行相关的成本并不是成功的保证。Vogel（2007，244）在报告中指出，"也许只有10%的新专辑必须获得足够多的利润，以覆盖掉大多数专辑带来的损失……唱片公司会鼓励制作数量远大于可能成功的专辑，其实质是将其在新专辑上的投资进行多样化组合。"Caves引用电视编剧William Goldman（2000，61）的话，提出一个类似的观点："支出是高度不确定的。没有人知道：简单预计，大概80%的专辑和85%的单曲都不能收回成本。"

新技术使大型唱片公司的传统功能得以"脱媒化"，即其传统推广方法有更低廉的替代方式。音乐的制作成本现在要低得多。一位艺术家可以用价值几百美元的软件录制歌曲，而不是花费几十万美元用录音棚制作。音乐的推广也可以不再通过昂贵的广告或者传统的电台。相反，音乐家可以将音乐放在YouTube平台，独立唱片公司也可以通过网络电台使某位艺术家成名。这些网络电台有Pandora、Last. fm、rdio等。

最极端的情况是，一些极其成功的音乐家甚至完全不是唱片公司发掘的。最为人所熟知的例子便是Justin Bieber，他的成名完全依赖YouTube平台。

Bieber在2008年被Scooter Braun发掘。当时Braun正好在YouTube平台上看到Bieber的视频，随后便成为Bieber的经纪人。Braun安排Bieber与佐治亚州亚特兰大的Usher碰面，Bieber不久后便与Braun和Usher联合创办的雷蒙德·布劳恩传媒集团（Raymond Braun Media Group，RBMG）签约，并与Reid的Island Records（小岛唱片）签署制作条约。Bieber的首支单曲One Time（于2009年在全球发行，在加拿大排名前十，在多个国际市场排名前三十。他的首张专辑My World于2009年11月17日发行，最终获得美国铂金认证。他也成为首位同一专辑内七

---

① Ibid.

首歌曲进入公告牌百强单曲榜的歌手。①

Bieber 的故事虽然不那么典型，但并不是特例。Elliott（2011）提供了 YouTube 平台发掘的 15 位歌手名单。②

除了这些极端的例子，其他都是在没有大型唱片公司投资的情况下利用新途径成功的案例。虽然独立唱片公司之间存在很大差异，但可以确定的是他们都采用低成本策略。*Agenda Magazine* 杂志写道，"即便存在预付款，也不会像大型公司那样给那么多。"而且，"一个独立唱片公司通常不能像大型唱片公司那样为市场营销和巡回演唱分配更多的资金，所以为了达到与大公司相同的曝光量，他们可能需要更长的时间。"③ 根据消息人士透露，"与大型唱片公司相比，独立唱片公司在营销和推广上的费用要少很多。"④

互联网取代传统的地面无线电台变成了其战略的一部分。"对于独立唱片公司而言，互联网广播和播客代表了（独立）音乐推广的方式。"Magnatune（一家独立音乐公司）首席执行官表示，"自从'大广播'（Big Radio）开始成为一种付费参与系统，独立唱片便没有途径通过电视广播来吸引粉丝。当然，非大众音乐的粉丝也希望能听到多样性和高质量的广播内容。独立唱片公司希望互联网电台能够生存且繁荣：这就是我们建立粉丝基础的方式。"⑤

关于互联网对独立唱片公司的艺术家的重要性，Leeds（2005）提供

---

① 参见 http:// en. wikipedia. org/wiki/Justin_Bieber. Accessed August 3，2010. See also Desriee Adib，"Pop Star Justin Bieber Is on the Brink of Superstardom. " Nov. 14，2009. Good Morn-ing America（http://abcnews. go. com/GMA/Weekend/teen –pop –star –justin –bieber –discovered –youtube/story? id=9068403），accessed August 3，2011.

② 参见 Amy–Mae Elliott，"15 Aspiring Musicians Who Found Fame Through You-Tube. " Mashable. com，January 23，2011（http://mashable. com/2011/01/23/found – fame – you tube/#Jk5L0 – SIceg，accessed August 3，2011）。

③ 参见 http://www. agendamag. com/sept09/majors–vs–indie. html。

④ 参见 http://en. wikipedia. org/wiki/Independent_music，accessed August 24，2011。

⑤ 参见 Vern Seward，"Internet Radio and the CRB：A View from Indie Labels. " The Mac Observer. June 13，2007. http://www. macobserver. com/tmo/article/Internet _ Radio _ And _ The _CRB_A_View_From_Indie_Labels/。

了额外的证据："互联网是最重要的因素，它已经动摇了音乐行业的销售模式。或许更重要的是，它颠覆了推广音乐的传统经销模式。地下表演的社交媒体动态可以迅速传播开来，让乐队可以在没有签约之前就能获得全国好评，就像今年独立摇滚乐队 Clap Your Hands Say Yeah 一样。"

由于独立唱片公司制作每张专辑的成本较低，因此他们能接受的销售额远远低于大型唱片公司所需的销售额。"与大型唱片公司不同，独立唱片公司通常不会拨钱制作歌曲电影或者向电台推广歌曲。像 Matador Records（斗牛士唱片公司）这样成熟的独立唱片公司，发行过 Pretty Girls Make Graves、Belle and Sebastian 这样的专辑，可以在销售大约 25 000 张专辑后获利；而大型唱片公司有时候销量得达到 50 万张之后才能算成功"（Leeds 2005）。"没有人试图销售 600 万张专辑；我们尽己所能地去销售"，Matador（斗牛士）创始人 Chris Lombardi 说，"我们正在努力获得更切实际的成功。"

Knopper（2009，246）在总结新技术和新沟通渠道的潜在变革性影响时，将艺术家"从大型唱片公司新获得的独立性"形容为：

令人震惊的、解放的新世界。在唱片公司尽可能利用杠杆效应造星的年代，这些艺术家开始了自己的职业生涯。一位艺术家如果想要录制音乐就需要使用录音棚，那意味着要花很多钱，这些钱往往都来自唱片公司的借款。艺术家们想要在电台的歌单中播放自己的歌需要关系，这通常也意味着唱片公司要花得起钱去雇用一个独立的推广人员。艺术家们想要销售数百万张专辑，还需要一个具有极大影响力的经销商，可以将其专辑推广至"Best Buy"或者"Target"这样的大型商店，这些店一般也是大型唱片公司旗下的子公司如 WEA 或 CEMA。而在今天，不需要与唱片公司签约，艺术家们也能做到这些事情。艺术家们可以使用 Pro Tools 这样的软件以低廉的价格、专业的品质来实现歌曲的制作。艺术家们可以放弃电台，转而经营各种社交媒体，通过像 MySpace 这样可定制的个人网站、YouTube 平台的视频功能剪辑内容，或者如 Facebook 或 Garageband. com

音乐网站等互联网社交媒体服务，来实现网络曝光量。至于发行，谁还需要集装箱、卡车、仓库、商店甚至光盘本身，艺术家们可以按照"电台司令"（Radiohead）的例子，只通过在线免费发行音乐即可。

许多艺术家都对新形势表示乐观。拥有超百万专辑销量的美国音乐家Moby认为，"曾经音乐事业十分单一，只有通过两种方式才能让你的音乐被人听到：要么签约大型唱片公司，要么能够在MTV或者大型广播电台播放你的音乐"（Sandstoe 2011）。James Mercer（"the Shins"乐队成员（Knopper 2009，246），曾经制作过两张在美国销量超50万张的专辑）认为，"我们能看到很多关于音乐事业遭遇打击的文章……现在，我更有可能创办自己的公司，发行我的作品，从中获利，并拥有更加辉煌的事业。对于我们这个级别的乐队来说，绝对是一桩美事。"

这些观点与唱片行业收入趋势相反，让人质疑其是否经得起更进一步的系统性的追问。

14.2 模型

本节将Tervio的精神简化为一个简单的模型，以说明技术变革对消费者的音乐质量体验的可能影响①。该模型旨在说明，音乐是一种体验性的商品，其质量和市场性在做投资决定之时是难以预测的。相反，真正的质量只能通过费用高昂的市场推广过程加以展现。在该模型中，唱片公司充当了把关人，根据它们的事前承诺为音乐录制提供资金。如果将产品推向市场，企业和消费者就会发现并实现其事后价值。由于地方性的不可预

---

① Tervio的模型预测了对平庸的偏爱：唱片公司只有在能与艺术家签订长期合同的情况下才能为足够的实验提供资金，从而允许他们用罕见的成功收益覆盖掉为失败实验付出的资金。但长期合同不可行，因此，并没有足够的实验，也过度依赖那种可预测的有利可图但却平庸的艺术家。

测性，事前承诺并不是事后成功的积极预测因素。

将 q_i 定义为产品 i 的质量指标。这里的质量是指与市场性和消费者福利相关的指数。金融家和消费者在音乐发布之前无法了解产品的真实质量。相反，它们组成了对音乐可销售性事前承诺的估计：$q_i' = q_i + \varepsilon_i$，其中 ε 是平均零误差。

将产品推广至市场需要大量上述成本，产品也必须通过市场检验来使买卖双方了解产品的真实质量。生产者是风险中性的，如果预期收入能够高于成本，或者说 $q_i' > T_0$（T_0 是产品预期收入超过成本的质量/市场线临界点），他们就会将新产品推至市场。

然后，技术变革给市场带来了两次冲击。首先，盗版行为使创收变得更加困难，这就提高了临界点 T。但与此同时，技术变革也使低成本录制音乐、推广音乐（使公众知其真正质量）成为可能。这样，就允许公司以降值的 T 进行运营。当他们使用低成本制作、推广和发行模式时，我们称其为 T_1。

如果艺术家的市场性在投资时是完全可预测的，那么所有作品质量超过阈值（$q > T$）的艺术家们都会被推广至市场。如果技术变革从 T_0 下降到 T_1，那么事前承诺较少的其他产品会被推向市场。这将使消费者受益，但效益相对较低，因为所有新推出的产品质量都在 T_0 和 T_1 之间。但如上所述，艺术家的市场性非常难以预测，因此降低进入门槛可以提高事后市场性高的产品数量，而不仅仅是事后价值在 T_0 和 T_1 之间的产品数量。在较低阈值下，当 $q_i' > T_1 - \varepsilon_i$，事前承诺超过 T_1 时，音乐产品可以发布。假设事后成功是完全不可预测的——$var(\varepsilon)$ 足够大——较低成本的门槛条件将导致事后可销售性超过 T_0 的其他产品也能够发行。简而言之，如果 $T_1 < T_0$ 且艺术家市场性是不可预测的，我们可以预期当 T 下降时，高质量产品的数量会增加。

这个框架虽然简单，但却为我们的调查提供了一些结构。第一个问题是，鉴于盗版和潜在的成本削减，有效门槛是上升还是下降（引申开来，是更多还是更少产品进入市场)？得到第一个问题的肯定答案后，第二个问题是，有较少事前承诺且之前不太可能发行的新音乐产品是否大大增加了可用产品的收益？这个问题比较棘手，但我们可以提问，由独立唱片公司推出的产品，使用了低成本生产、推广和发行模式，是否更有可能取得商业上的成功？这些问题以及相关机制的证据将是本研究的主要内容。

14.2.1　数据

我利用九个基础来源为本研究开发了两个基本数据集。第一个数据集是从 1980 年到 2010 年美国发行专辑的列表。其中每个专辑我都尝试依据唱片公司类型（大型、独立和个人）以及形式（实体或电子）为其分类。第二个基本数据集是基于每周畅销专辑列表中包含的商业成功专辑列表，以及我对于专辑实际销售额的估算。然后这些专辑还会有传统广播电台播放、互联网电台宣传、音乐评论家的报道以及是否由独立唱片公司发行几项内容参数。

本研究所依据的九个基础数据来源可以分为六个组成部分。第一，我有美国专辑销量的周排行榜，分别依据三种不同的公告牌周榜单。第一个榜单是 1990 年到 2011 年的公告牌专辑排行榜，该榜单基于"声音扫描"数据列出了每周前 200 名最畅销专辑榜单。① 第二个榜单是公告牌热曲追踪榜单（2000—2011），该榜单显示了每周前 50 名专辑，其作者从未出现在公告牌专辑排行榜前 100 名，或者从未出现在公告牌更专业榜单中的前 10 名②。热曲追踪类艺术家通常被视为新兴商业成功的艺术家。第三个榜单是公告牌独立音乐榜单，该榜单显示了每周由独立唱片公司发行的最畅销专辑。我观察了 2001 年到 2011 年的数据③。所有公告牌榜单数据都来自公告牌网站。

---

① 基础数据包括 1990—2011 年每周前 200 首专辑销售排行榜中的 272 000 个参赛作品。
② 基础数据包括 2000—2011 年来自每周排名前 50 的专辑排行榜的 31 775 个参赛作品。
③ 基础数据包括 2001—2011 年每周排名前 50 位的独立专辑排行榜的 28 775 个参选作品。

第二，我观察了美国传统电台的两种衡量标准，分别是公告牌热曲百强榜和美国 200 强歌曲。具有讽刺意义的是，前者列出了美国每周最常播放的 75 首歌曲，而后者则列出了每周"美国电台前 200 强"的歌曲。公告牌榜单列出了"本周所有音乐风格最流行"的歌曲，排名依据是由尼尔森（Nielsen）BDS 测量的无线电听众的印象排名。周期由观众显著人数加权。① 我从公告牌网站观察了 1990 年到 2011 年的数据。因为我并没有观察电台播放的所有歌曲，而是每周的前 75 强歌曲，所以我将播放列表中的歌曲称为"实际播放"歌曲。对于 2009 年 2 月至 2011 年美国电台播放量前 200 名（在美国电台最经常播放的曲目），我有一个单独的播放量统计。② 后者的优势在于每周播放歌曲数量是前者的 3 倍。由于电台数据是以歌曲为单位，而我的销量数据是以专辑为单位，因此，我将两者合并到艺术家年份进行链接和分析。

第三，我观察了 Metacritic 网站对新专辑的评价。Metacritic 网站的报告对每张专辑按照满分 100 分的标准进行打分。该网站的评论至少包括从超过 100 个基础评论网站中抓取的 3 条评论。该网站创立于 2000 年，所以这些评论覆盖的年份是 2000 年到 2011 年，十几年来覆盖范围不断增加。2000 年有 485 条评论，2005 年有 867 条评论，到 2010 年则有 1 037 条评论。该网站的相关说明如下：

我们试图在各种类型中包含尽可能多的新音乐。一般来说，重要的流行音乐、摇滚音乐、说唱音乐和其他歌曲都将包括在内。我们还尝试囊括许多独立和电子音乐家，以及其他领域（乡村音乐等）内的重要歌曲。偶尔，我们也会囊括一些仅限进口的音乐（基本上是英国歌曲），前提是在可预见的将来，它应该不会在美国发布（否则的话，我们一般等美国发布）。请记住，如果某张专辑没有在我们使用的至少 3 种宣传手段里出

---

① 参见 http：//www. billboard. com/charts/radio-songs#/charts/radio-songs。
② 参见 http：//www. charly1300. com/usaairplay. htm, accessed June 15, 2012。

现，它或许也没有在网站上出现。[1]

第四，本书中收集了 2005 年 4 月 3 日至 2011 年 5 月 29 日期间在互联网广播网站 Last. fm 播出的歌曲排行周榜。虽然 Pandora 网站是最大且最有名的互联网广播网站，但我没有它的数据。[2] 互联网广播网站 Last. fm 的数据则更易得到。根据 Alexa. com 网站的数据，截至 2012 年 6 月 11 日，Pandora 网站在全球网站中排名第 308 名，在美国网站中排名第 55 名，而 Last. fm 网站的排名更靠后一些：全球第 766 位，美国第 549 位。Last. fm 会根据每周的听众人数排出前 420 名歌曲。

第五，我观察了美国唱片业协会关于每年总体专辑发行量的数据（1989—2011）以及 1958 年到 2011 年间黄金专辑（50 万）、铂金专辑（100 万）和多白金专辑鉴定数据。正如我在第三节中所详述的，我将鉴定数据和公告牌销量排名相结合，按照专辑建立起每周专辑销量估算值。

第六，本章将 Discogs. com 网站的新录制音乐作品进行汇总分析。Discogs 是一个用户生成数据集，自称"最大且最完备的音乐数据库……包括艺术家、唱片公司及相关专辑的信息"。本章创建了一个该网站数据的数据集，包括了从 1980 年到 2010 年美国发行过的所有专辑，共有 203 258 个发行专辑（包含发行在不同媒介上的，如光盘、黑胶唱片、电子类等）。本章的研究对象是专辑，所以本章将单曲都排除在外。

Discogs 数据共有 38 634 个专辑，区分大型和独立唱片公司十分有挑战性。大型唱片公司通常被认为由三家基础公司所有：环球、索尼/BGM、华纳，后来又出现了百代唱片公司。不幸的是，将数据加以标签区分之后，唱片的很多标记却混合起来，如之前统计数据一样。虽然已发表的消息来源记录了一些大型唱片公司的印记（例如，Southall 2003），

---

① 参见 "How do you determine what albums to include on the site?"，https://metacritic. custhelp. com/app/answers/detail/a ＿ id/1518/session/L3Nuby8wL3NpZC9DOFVxQkczaw ＝ ＝，published June 10，2010。

② 参见 http://www. edisonresearch. com/wp － content/uploads/2013/04/Edison ＿ Research ＿Arbitron_Infinite_Dial_2013. pdf。

但这些来源只涵盖了一小部分唱片。

但幸运的是，我也可以凭借其他方法来识别哪些绝对是大型唱片公司，哪些绝对是独立唱片公司。Thomson（2010）的一项研究试图计算独立唱片公司在电台播放音乐的份额。为此，她需要将数千个基础专辑分类为大型唱片公司和独立唱片公司。她获得了美国独立音乐协会（A2IM）的帮助，创建了一份包括大型唱片公司和独立唱片公司的名单。她的名单包括6 358个唱片，其中除了688个唱片之外的其他唱片都可以编码为大型或独立。[①] 在她的分类基础上，我还将大型唱片公司按照公司名称（如华纳、百代等）进行进一步分类。最后，我将 Discog 认为的"地下"、"独立"、"实验"、"小众"或者"不完全意义上的专辑"都分类为独立唱片。

尽管做出了这些努力，但计算仍不完整。在 Discogs 的作品中，26% 可以被识别为大型唱片公司所出。其他20% 可以被识别为独立唱片公司所出，3% 是自己发行的。这就意味着数据库中有51% 的专辑是无法被识别的。也就是说，有理由相信未知专辑并不来自大型唱片公司。这些不知名专辑中，40% 的专辑是 5 位以下艺术家所发布的。在下面的一些计算中，我把这些未分类的唱片公司视为非大型唱片公司。

14.3　根据销售排名及专辑认证推测销量

我们本希望按照专辑去获得所有专辑的销量数据，但不幸的是，这些数据获取的成本极高。而幸运的是，我们可以利用手头的数据去合理预测几乎所有专辑的销量。我们有排行前 200 名专辑的周销量排名，也有畅销专辑的销售里程碑统计（50 万和 100 万的倍数）。另外，我们还有按照年

---

① 少量其他标签分别有迪士尼和传承典藏分类。

份来统计的所有专辑的总体销量数据。

假设销量分布遵循幂律（Chevalier and Goolsbee 2003；Brynjolfsson, Smith and Hu 2003），也就是说，销量被认为与销售排名有简单关系。更具体地说，$s_{it} = \alpha\, r_{it}^{\beta}$，$s_{it}$ 是第 t 周专辑 i 的销量，r_{it} 是第 t 周专辑 i 的销售排名，α 和 β 是参数。因为我们观察到，当销量通过各种门槛，比如50万美元的黄金专辑认证，我们可以用计量经济学估算 α 和 β。将期间 τ 中专辑 i 的累计销售额定义为 $S_{i\tau}$。因此，$S_{i\tau} = \sum_{t=0}^{\tau} \alpha\, r_{it}^{\beta}$。如果我们算上附加误差，我们可以通过非线性最小二乘估计对应的参数值。这里的两个系数中，α 是对排名第一的专辑每周销量的估计，β 则描述了排名中销售额下降的程度。

与现实对应，还需要进行一些调整。因为市场规模随时间变化，参数并不恒定。我们有多年来的专辑认证数据，因此我们可以灵活地使用参数。根据参数估计，我们可以构建每周（或每年）每张专辑的预计销量。我们可以使用这些数据来计算可归于独立唱片公司的专辑销量。我们还可以计算每年销量的集中程度。

基于认证的销量数据可以为参数稳定性提供参考。我们可以计算出20世纪70年代、80年代、90年代以及21世纪第一个十年最畅销专辑的销量。然后，我们可以对比这几十年来实际记录下的销量及排名关系。（需要明确的是，这些不是公告牌网站每周销量排行榜数据，即上述的 r_{it}，而是基于美国唱片业协会总体销量认证数据）表14-1展示了日志销量和排名的回归，其中常量和斜率系数随着1970—2010年几十年间发行量的变化而变化。这并不奇怪，常量在几十年间变化很大，反映了这几十年间不同的销售水平。常量在1970年到1990年间上升，然后在21世纪前十年大幅下降。（指数常数是每十年排名最高专辑的销售额估算值）斜率系数在几十年内变化较小，尤其是它的绝对值从20世纪70年代的0.65上升到20世纪80年代和90年代的0.75。然后，系数在21世纪的第一个十年又回到了20世纪70年代的水平。较低的斜率系数表明销售额下降较少。最近斜率系数的下降表明最近的销售额不太集中在排名最高的专辑中。这些结果表明我们希望允许常数项随时间变化。

表 14-1　　　　　　　基于认证数据的销售记录和排名记录

	系数	标准误差
α		
1970	/	
1980	0.8232	0.0649
1990	1.2295	0.0596
2000	0.1156	0.0610
β		
1970	−0.6717	0.0093
1980	−0.7547	0.0063
1990	−0.7376	0.0043
2000	−0.6105	0.0048
常数	3.8853	0.0515

注：对 1970—2010 年期间发行的记录认证销售的专辑十年内记录的销量排名做回归分析。

我们在 1986 年到 2010 年间发行并获得销量认证的 3 272 张专辑中进行了非线性最小平方估计法计算。特定专辑明显有一堆证书。也就是说，黄金和白金专辑认证有时会出现在同一天。因此，我仅使用与每张专辑最高认证相关的销售额，并且我假设上一次认证时有与认证级别相关联的销量。表 14-2 展示了结果。第一列有限制性的规定，使得 α 和 β 保持不变；而第二个规定则放宽了 α 的恒定性。无论使用何种方法，β 估计值都大约为 0.6。并且随着整个专辑的销量变化，α 也随之而变化。2010 年 α 的上升是因为认证数据在 2010 年结束。因此，该系数反映了公告牌专辑排行榜每周排名与快速获得销售认证的所选专辑样本之间的关系。抛开 2010 年的系数，α 系数的模式跟踪整体销售趋势，在 1999 年左右达到峰值并随后下降。图 14-1 绘制了相对于年度专辑出货总量的系数，均在 1999 年标准化为 1，且对应关系接近。

表 14-2 利用非线性最小二乘估计 RIAA 认证销售与

每周公告牌专辑销售排名之间的关系

	（1）	（2）
α	0. 3422	
β	0. 60063	0. 61577
α		
1986		0. 3495
1987		0. 04438
1988		0. 3216
1989		0. 3928
1990		0. 30106
1991		0. 23195
1992		0. 31962
1993		0. 4321
1994		0. 58778
1995		0. 44124
1996		0. 46895
1997		0. 42882
1998		0. 4038
1999		0. 53432
2000		0. 45097
2001		0. 48995
2002		0. 40985
2003		0. 32757
2004		0. 4351
2005		0. 2871
2006		0. 20662
2007		0. 24924
2008		0. 23785
2009		0. 15882
2010		0. 82928

注：使用变形虫搜索算法计算的估计值。标准差遵循 bootstrapping 算法。

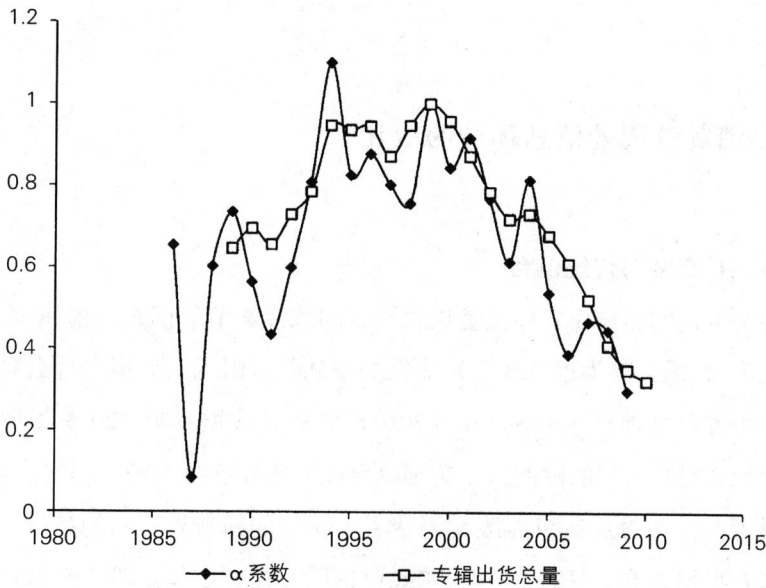

图 14-1　专辑出货总量与相关系数

上述方法的缺点之一是它没有包含有关年度唱片销量聚合的信息。也就是说，没有将专辑模拟销量的总数与当年出货量报告的总数加以对应。如果我们假设从未出现在公告牌榜单每周 200 强的专辑的销量可以忽略不计——实际上，每年只有 500 ~ 1 000 张专辑有非零销量——那么，我们可以预期一年内每周销量总数等于一年的总销量。也就是说，如果我们将 σ_y 定义为 y 年的集合专辑销售额，那么：$\sum_{i=1}^{T} \sum_{t=0}^{52} \alpha\, r_{it}^{\beta} = \sigma_y$。这可以改写为 $\alpha = \sigma_y / \sum_{i=1}^{T} \sum_{t=0}^{52} r_{it}^{\beta}$。也就是说，一旦我们估计我们希望应用于 y 年的 β，我们也可以推断该年的 α。在一年中某个时间点出现在公告牌专辑排行榜的专辑的模拟销量总和就等于实际的总销量。我采用这种方法，结果就是公告牌专辑排行榜专辑的销量等于总出货量。

14.4　消费者所处信息环境的变化

14.4.1　互联网与传统电台

传统电台的运作模式往往是相对较少的预定义节目模式（前40名、成人时代等），因而其为推广新音乐提供的空间是有限的。大型唱片公司在传统电台中占主导地位。Thomson（2010）的统计数据表明，2005年到2008年间，独立唱片公司的歌曲只占美国电台歌曲播放量的12%～13%。

最近的三项发展有可能改变消费者所认知的新音乐产品的数量，它们分别是互联网电台、不断扩展的在线评论以及社交媒体。传统电台以预定好的模式宣传少数歌手，而互联网电台则允许听众根据自己的喜好精心定制频道。例如在Pandora网站，用户用他们喜欢的歌曲或艺术家来"经营"他们自己的电台。Pandora网站之后便推送相似风格的乐曲。Last. fm的运作方式与之相似。虽然这种个性化定制并不一定能够让更多的歌手接受在线音乐——但所有听众都可以将同样的歌曲或同一位艺术家的歌曲在他们的电台上播放——实际上，个性化为那些没有传统电台播放资源的歌手们提供了推广宣传的机会。

为了探索网络电台收听模式，我从Last. fm的每周歌曲图表（2005年2月至2011年7月）中获得了收听歌曲的统计数据。每周Last. fm都会生成报告，显示该电台中收听量前420首歌曲的听众数量。图14-2中，Last. fm上歌曲排名功能之一就是提供听众数量的特征。2010年，排名第一的歌曲（根据听众数量）每周约有38 000名听众。排名第100的歌曲大约有13 000名听众，而第400首歌曲大约有8 000位听众。然后我将Last. fm上的艺术家与传统电台播放图表上的艺术家进行比较。

但遗憾的是，我的两个电台数据源都不完整。根据Thomson（2010）

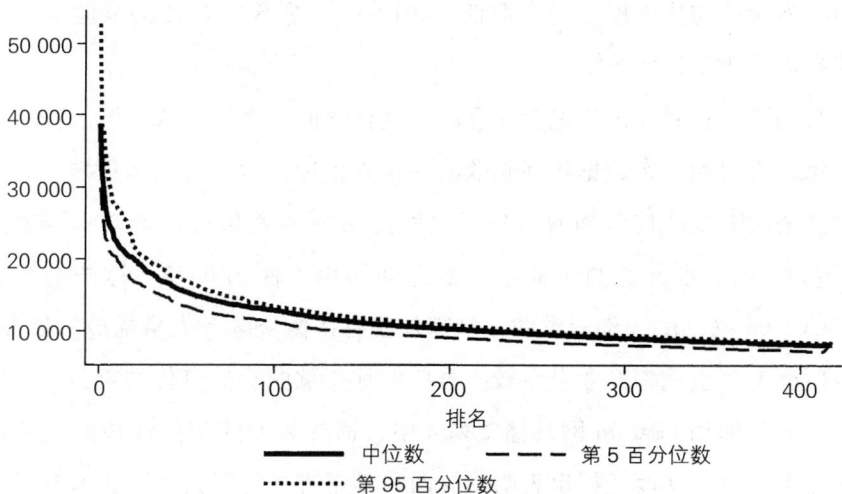

図表のキャプション部分：

図例：
—— 中位数　　－－－ 第 5 百分位数
········· 第 95 百分位数

图 14-2　2010 年总听众数量排名和周听众数量排名

的记录，在一年的时间内（2005 年至 2008 年），前 100 首歌曲占据了大约 11% 的播放量，前 1 000 首歌曲占了近 40% 的播放量，而前 10 000 首歌曲占了近 90% 的播放量。尽管公告牌播放数据每年有 3 900（75×52）首歌曲，但因为有些歌曲始终占据榜单，所以公告牌播放排行榜歌曲总数约为每年 330 首。美国电台数据更加深入。2010 年，该图包括了 10 400 个条目和 662 首歌曲。尽管我的电台歌曲数据缺少了一半，但我仍然可以看到传统电台与互联网电台在艺术家覆盖量上的显著差异。

虽然列表深度存在差异，但公告牌排行榜与 Last. fm 的歌曲排行榜每年都包含大致相同数量的艺术家。2006 年（有 Last. fm 的第一个全年数据），公告牌每周前 75 名名单囊括了全年共 253 位艺术家。Last. fm 的每周歌曲列表共有 183 位艺术家。只有 33 位艺术家出现在了两个名单中。在随后的几年里，两个数据库的重叠很多。收听重叠程度比艺术家重叠程度要高一些：2006 年作品在 Last. fm 网站上播放的艺术家中，26% 也都出现在公告牌的排行榜中。2007 年到 2010 年的数据都很相似。虽然这也意味着 Last. fm 歌曲也有在传统电台播放的可能性，但与较长时段美国电台前 200 强榜单的重叠程度同样很低。2010 年，差不多 70% 的歌曲都没有出现在美国 200 强榜单中。

我们可以看到，传统电台和互联网电台之间的播放模式不同。我可以通过每年逐周的排名数据构建起歌曲的粗略指标，做成每周倒数排名。这两种衡量收听量的传统播放数据集之间的相关性为 0.75。前 200 强数据与 Last. fm 收听指标这两个播放参数之间的相关性为 0.15。这些结果表明，Last. fm 网站的大部分歌曲似乎都是没有在传统电台大量播放的歌曲，且互联网电台也能为商业电台较少推广的那些歌曲提供宣传的机会。

在公告牌和 Last. fm 网站播放列表中，播放频率的相关性较低（散点图见图 14-3）。其他证据也表明，这两种推销方式可以为不同艺术家提供宣传。表 14-3 提供了在 Last. fm 上播放次数最多，却没有出现在公告牌榜单中的艺术家列表。表 14-4 则提供了相反的列表。这两个列表清晰的对比可以表明，Last. fm 相对偏向于独立唱片公司的艺术家。尽管可用的播放数据有其缺点，但很明显的是，传统电台和互联网电台各自为不同类型的艺术家们提供了宣传机会。

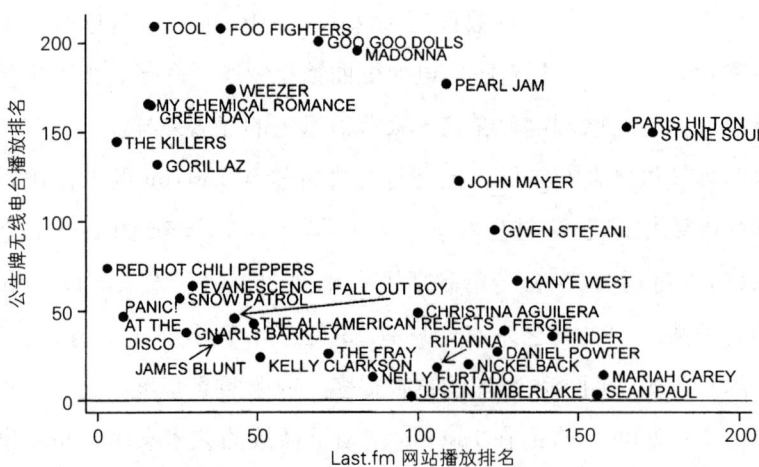

图 14-3　2006 年艺术家在公告牌无线电台和 Last. fm 网站的播放排名

表 14-3　　　　　2006 年在 Last. fm 上播放次数最多，
却没有出现在公告牌榜单中的艺术家列表

艺术家	播放量
Death Cab for	5 200 000
Cutie	5 200 000
Coldplay	4 700 000
Radiohead	3 900 000
Muse	3 000 000
Arctic Monkeys	2 800 000
The Postal Service	2 400 000
The Beatles	2 300 000
System of a Down	2 100 000
Bloc Party	1 900 000
Nirvana	1 900 000
The Arcade Fire	1 700 000
Franz Ferdinand	1 400 000
Pink Floyd	1 300 000
The Strokes	1 100 000
The Shins	1 100 000
Interpol	1 000 000
Metallica	973 630
Linkin Park	914 018
Placebo	860 097
Thom Yorke	823 208
Jack Johnson	806 304
The White Stripes	759 511
Oasis	685 532
Yeah Yeah Yeahs	674 766
Sufjan Stevens	

注："播放量"是一年中每周都在热门歌曲排行榜上出现的艺术家的歌曲每周的听众总数；所包括的艺术家是那些在本年中没有出现在公告牌榜单中的艺术家。

表 14—4   被列入 2006 年公告牌排行榜但未出现在

Last. fm 前 420 名榜单的艺术家列表

艺术家	公告牌播放指数
Mary J. Blige	14. 3111
Beyonce	12. 01077
Ne-Yo	10. 25575
Cassie	9. 814961
Chris Brown	9. 78202
Yung Joc	8. 242962
Shakira	6. 865558
Ludacris	6. 041351
Chamillionaire	5. 734164
Akon	5. 227035
Chingy	4. 291855
The Pussycat Dolls	3. 868749
T. I.	3. 838763
Nelly	3. 655194
Dem Franchize Boyz	3. 337012
Field Mob	3. 009316
Lil Jon	2. 825482
Jamie Foxx	2. 409102
Natasha Bedingfield	2. 189499
E-40	2. 088703
Rascal Flatts	1. 898755
Cherish	1. 891394
Bow Wow	1. 870972
Ciara	1. 863268
T-pain	1. 803415

注：公告牌播放指数是该艺术家一年内所有播放图标条目（1/排名）的总和；所包括的艺术家一年内未出现在 Last. fm 的周热歌榜上。

14.4.2 在线评论的增多

批判性的评价也实质上扩展了艺术家向消费者宣传的方式。伴随着数字化的许多影响，互联网带来了新音乐在线评论的爆发式增长。自 1995 年以来，评论新音乐的媒体数量以及每年产生的评论量都增加了一倍。这些评论可以在网上免费获得（通过 Metacritic 和 Pitchfork 等网站）。这些信息来源有可能挑战传统电台在发掘音乐人方面的核心地位。

当然，音乐批评的出现早于互联网，但互联网的发展伴随着音乐批评网站的大幅增长。Metacritic.com 是一个为新音乐提供精准数字评级的网站。该网站从 2000 年开始运作，抓取了超过 100 个专业音乐批评的站点来源。该网站对每一张专辑进行评分——将评论转换成 0~100 之间的数字分数——前提是有至少三个站点评论了该专辑。基础评价来源包括原创离线杂志如《滚石》，以及报纸，但许多来源如 Pitchfork 也随着互联网或在互联网出现之后才存在。Metacritic 网站中对 2000 年以后发行专辑的评论，超过一半的来源是 1995 年以后创立的站点（见图 14-4）。如果这些网站可以使消费者接触音乐，那么它们可能取代传统电台。Metacritic 网站评论的专辑数量从 2000 年的 222 个增加到 2010 年的 835 个。绝大多数专辑的艺术家们无法在传统电台获得歌曲的大量播放机会。

我还注意到，关于消费者对音乐及其他媒体产品的认知，社交媒体可能会产生重大影响。Pew（2012）调查显示，在 20 个国家中，"使用社交网站分享他们对音乐和电影看法"的中位数比例是 67%。越来越多的证据在研究用户生产内容与新媒体产品成功之间的关系。（Dellarocas, Awad and Zhang 2007；Dewan and Ramaprasad 2012）上述有关互联网电台和评论的证据，基本上低估了新媒体产品所处信息环境丰富性的增长。

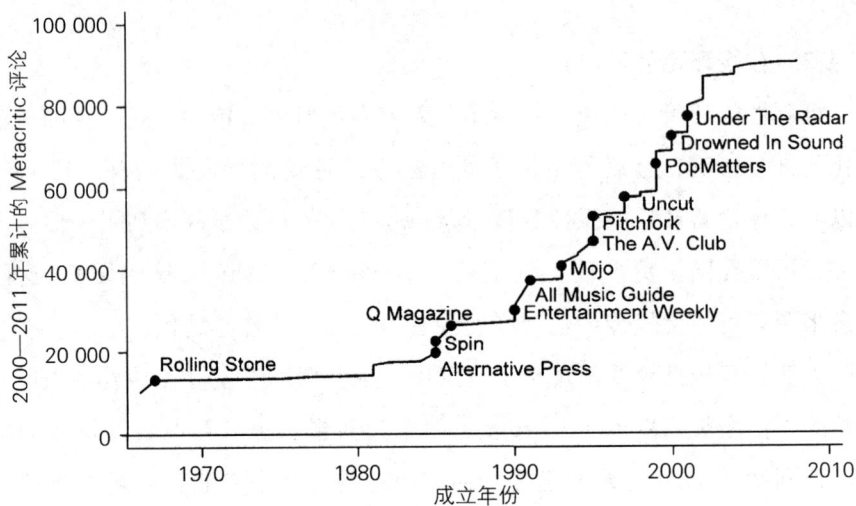

图 14-4 自 1980 年各网站成立以来评论数量的增长，包括
在 Metacritic 的 2 000 多条评论

14.5 结果

我们现在可以结合信息环境的变化去评估盗版、成本降低的因素对新作品投放市场的数量和质量的净影响。我们是否能够看到更多艺术家以更少的事前承诺去发行唱片？这些艺术家的音乐作品是否能够对后续唱片的成功做出更大的贡献呢？

14.5.1 大型唱片公司①和独立唱片公司的发行量

第一个问题是新产品的数量和组合形式是如何演变的。各个大型唱片公司是否减少了新唱片的发行数量？各个独立唱片公司是否增加了唱片的

---

① 译者注：大型唱片公司，本文主要指五大唱片公司（WEA、POLYGRAM、EMI、CBS（后来的 SONY、BMG）），区别于各个独立的唱片公司。

发行量？笔者提及了两种被广泛采用的每年美国唱片量的测量方式。一种是尼尔森（Nielsen SoundScan）数据库中每年发布的专辑发行量数据。一张专辑在一年内必须卖出至少一张才能出现在这些数据中。尼尔森发布的数据显示，2000 年新专辑的发行量大约是 36 000 张，2008 年增长至 106 000 张[①]，之后又跌至约 75 000 张。很明显，正如 Oberholzer-Gee 和 Strumpf（2010）所指出的，自 2000 年以来每年发行的专辑数量有了大幅增长[②]。因为我无法获取尼尔森的底层数据，所以我无法按公司类型对这些发行的专辑进行分类。

虽然 Discogs[③] 的专辑数据仅涵盖 Soundscan 总量的十分之一，但其中包含唱片公司的类型以及唱片的级别信息。Soundscan 包括所有的音乐类型，Discogs 仅包括摇滚音乐，Discogs 和 Soundscan 数据本身的关系我们无从得知。此外，Discogs 不仅包含各个唱片或者专辑的销量数据，也包含消费者提供的一些信息。令人欣慰的是，从 Discogs 和 Soundscan 的数据来看，专辑的发行总量有着一致的变化趋势，即 2000 年到 2009 年专辑发行总量处于上升的趋势，2009 年之后开始下降。

在注意数据代表性的同时，本书用 Discogs 数据来分析不同类型唱片公司的专辑的发行量是如何随着时间演变的。图 14-5 提供了一些能够收集到的唱片公司的数据。数据显示，1980 年到大约 2001 年期间，各个大型唱片公司的发行量远远超过各个独立唱片公司的发行量。从 2001 年开始，各个大型唱片公司的发行量下降了一半以上。各家独立唱片公司的专辑发行量和自由发行的唱片量表现出了不同的增长模式。虽然 1980 年到 1995 年间各家独立唱片公司的发行量只是各大型唱片公司发行量的一小

---

① 2000 年、2008 年至 2010 年的数据参见 http://www. digitalmusicnews. com/stories/021811albums；2011 年 的 数 据 参 见 http://www. businesswire. com/news/home/20120105005547/en/Nielsen-Company-Billboard%E2%80%99s-2011-Music-Industry-Report。

② 参见 Handke（2012）。

③ 译者注：Discogs 是一家总部位于波特兰的音乐网站，成立于 2000 年。

部分，但在 2001 年却超过了各大型唱片公司的发行量，尤其在 2010 年，各家独立唱片公司的唱片总量超过了各大型唱片公司专辑发行量的两倍，自由发行的唱片总量也从 2000 年的几百张增加到 2010 年的 1 000 多张[①]。图 14-6 汇总了各个独立唱片公司、自由发行以及其他不明类型唱片公司的唱片发行量数据（我们怀疑不明类型唱片公司是独立于大型唱片公司的公司），虽然各大型唱片公司的专辑发行量在下降，但是专辑发行总量却在逐步上升。

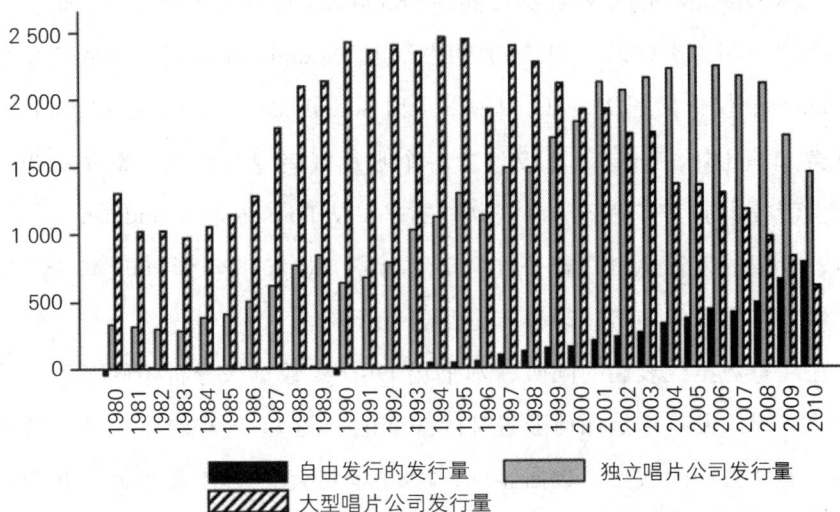

图 14-5　大型唱片公司、独立唱片公司和自由发行的唱片发行统计

（排除不明类型的唱片公司）

---

　　① 　这些数据的一个奇怪特征是，各大型唱片公司以及各独立唱片公司的专辑发行量最近都在下降。各大型唱片公司的年度报告也显示，1999 年唱片的发行量达到峰值，各独立唱片公司唱片发行量的峰值却是在 2007 年。数据的真实性目前尚不明确，一方面，它可能是 Discogs 用户所提供的数据给我们带来的假象，另一方面，也可能是因为近几年来的用户数据尚未完善。无论这些时间问题如何，各大型唱片公司的唱片发行总量与各独立唱片公司相比有所下降的事实是毋庸置疑的。这是一个相当重要的变化，尤其是与早些年的数据相比。

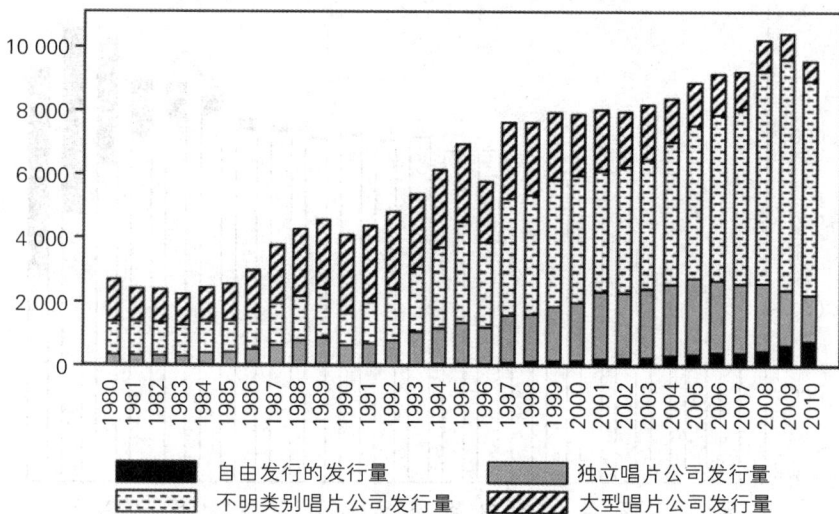

图 14-6　各类型唱片机构的唱片发行量（包括不明类型的唱片公司）

　　笔者认为，造成唱片发行量差异的一部分原因是新技术改变了唱片的生产和发行方式，图 14-7 中的数字唱片以及实体唱片的发行量也证明了这一观点。这里的"数字唱片"是指只是以数字形式存在的相关文件。有趣的是，在实体唱片数量下降的同时，数字唱片的发行量却出现了相当大的增长，其中的部分原因也有数字唱片本身在发行上的低成本优势[①]。

　　在过去十年里，各大型唱片公司的专辑发行量急剧下降，各独立唱片公司以及自由发行的专辑总量却增长许多，其中一部分原因是纯数字产品的增长。尽管营收大幅下降，但随着时间的推移，新唱片的数量仍在不断增长。

　　正如 Soundscan 和 Discogs 所指出的，当唱片的发行量增长时，消费者可能喜欢的唱片的数量也在同步增长。Soundscan 和 Discogs 都没能提供给我们想观察的直接测量指标，本章中的数据更多依赖于能够在市场中得到验证的数字唱片数据，这部分数据可能是发行的众多唱片中的一部分，但

_____

① 此结论中的数据只包含专辑的数据，不包含单曲的数据。

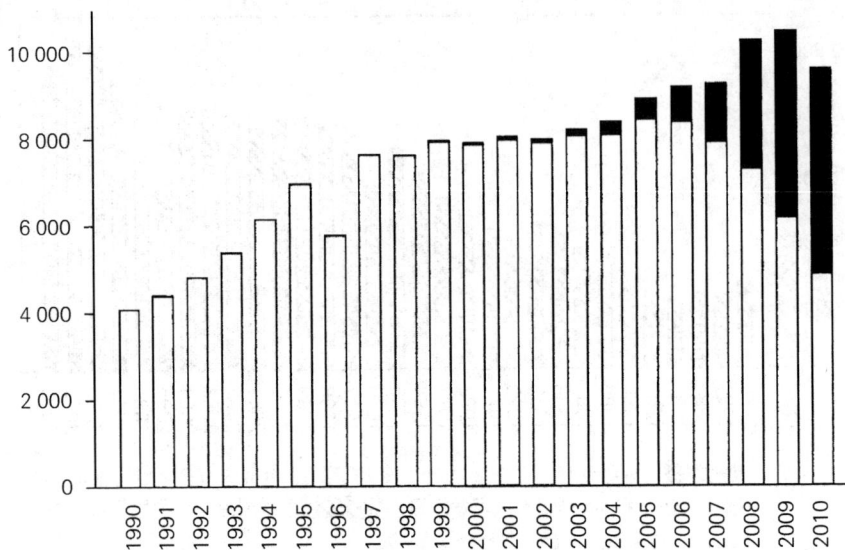

图 14-7 实体唱片和数字唱片的发行量

是唱片发行量数据本身并不意味着更多的"试验"。判断唱片是否能够发行需要看唱片是否能够吸引消费者去倾听，并判断唱片本身是否具有足够的吸引力。在数字唱片诞生之前，电台发行的唱片和其他渠道发行的唱片之间有明显的区别。然而在数字时代，即使唱片本身并没有在电台上推广，消费者仍然可以通过其他渠道接触到这张唱片。如果消费者无法获取此唱片，那么上文我们提到的"试验"就具有很大的挑战性。这种情况的另一个极端是，消费者可以评估的唱片数量明显增长。但是，即使在新的数字世界中，用 75 000（或 100 000）张新唱片来判断是否对消费者具有吸引力，似乎也是不可信的。尽管如此，用模型的语言表述的话，更多的产品，包括那些没有经过事前承诺的唱片，现在正在逐步进入市场①。

---

① 与在德国出版的 Handke（2012）文件相比，唱片发行量的增长与唱片公司数量的增长相一致。

14.5.2 销售集中度

现有唱片量的增长通常会带来市场扩张和商业窃取行为，因为新的选择会吸引一些人消费，吸引消费者从现有的消费品向新产品转换。1999年后，盗版音乐产品的蔓延（以及随之而来的销量下降）掩盖了有吸引力的新产品的市场扩张的影响。相反，我们可以研究的是，新产品（例如那些以前不会发布的产品）是否在传统类型的产品中占据了一定的市场份额。我们通过记录过去几十年销售集中度的演变开始本节的调查。

据计算，每周公告牌专辑排行榜每年共发布 10 400 首（52×200）单曲。相比之下，排行榜上各个艺术家的数量取决于每个艺术家的不同专辑数量（通常只有一张）以及专辑停留在排行榜上的时间。如果专辑只在排行榜上停留一周，每个艺术家每年只有一张专辑，那么在一年内将有10 400 名艺术家出现在该排行榜上。另一个极端情况是，如果某张专辑全年都在榜单上，那么按照一个艺术家发布一张专辑的比例计算，一年内就会有 200 名艺术家出现在榜单上。因为专辑往往会在榜单上停留很长时间，所以一年中出现在每周公告牌专辑排行榜上的艺术家的实际数量更接近 200 个而不是 10 000 个。1986 年至 1999 年期间，在经历了大约 600 人的波动之后，20 世纪末艺术家的数量从 600 人稳步增长到 1 000 人（见图14-8）。

我们可以通过模拟销售数据更直接地探索销售集中度。首先，我们预测每一张专辑的周销量，然后将周销量结合艺术家情况得到专辑的年销量。图 14-9 显示了 1990—2010 年每年唱片销量的对数分布。在早些年，销售量的对数分布为单峰分布，峰值接近于零，这意味着专辑的主要趋势是销量接近 100 万张。随着时间的推移，越来越多的唱片在图表上出现的时间越来越短，分布的集中度也逐渐向左移动（销售额更多地分布在尽可能多的艺术家上）。

这些数据清楚地表明，销售额相对于艺术家的集中度越来越低。换一

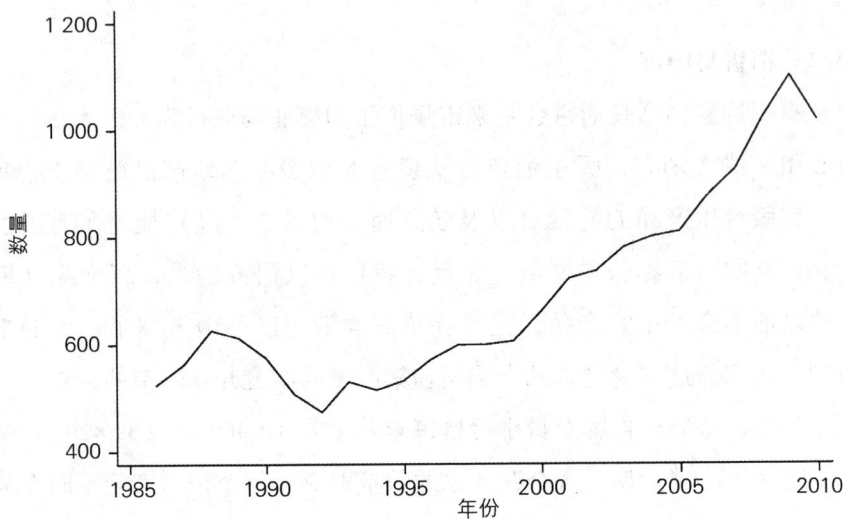

图 14-8　公告牌专辑排行榜上的艺术家数量

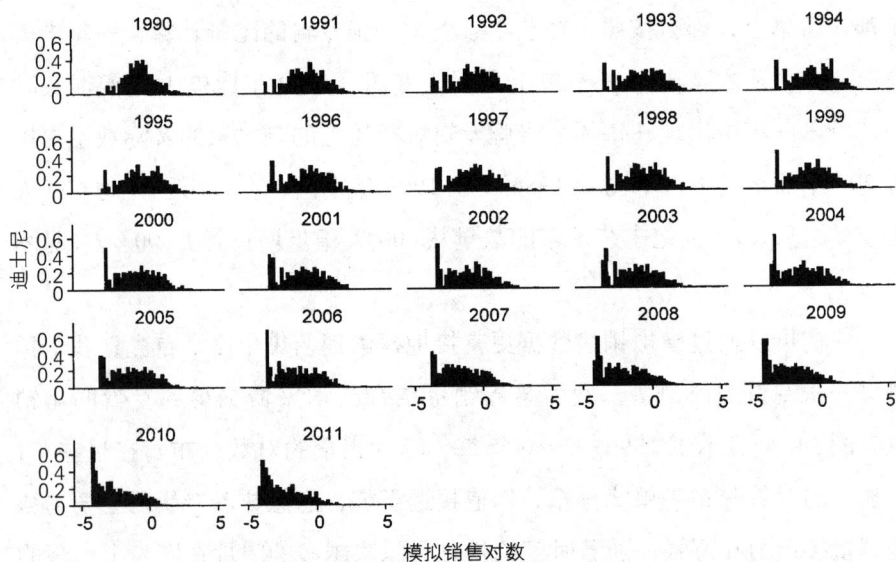

模拟销售对数

图 14-9　1990—2010 年每年的唱片模拟销售量分布情况

种说法，产品数量增长，意味着具有商业价值产品的数量也随之增长。这一事实本身很有趣，也表明音乐产品的消费方式正在向多元化转变。还有一个更有趣的例子，与市场规模相比，由于进口成本的降低，进口产品对消费集中度的影响也越来越小。Sutton（1991）指出产品的质量取决于固定成本和消费者意愿。媒体产品（包括日报和电影）与 Sutton 的这一观点非常契合（Berry，Waldfogel，2010；Ferreira，Petrin，Waldfogel，2012）。但是音乐产品却相反，音乐产品数量的增长将消费吸引到更广泛的消费领域[①]。这就引出了一个问题：消费者如何意识到新产品的数量正在不断增长？

14.5.3　成功和推广渠道

传统上，播放量是评估唱片是否获得商业成功的一个重要因素。1991年出现在公告牌专辑排行榜的艺术家中，只有 30% 左右的艺术家有可观的播放量。公告牌 200 强包括大批量和中批量销售的专辑。如果我们集中分析每周公告牌专辑排行榜上的前 25 张专辑，我们会发现排名前 25 名的艺术家中有 60% 也出现在 1991 年的公告牌播放量排行榜上。1992－2001年，尽管这一比例有所波动，但平均仍维持在 50% 左右，2001 年这一比例高达 50%。2001 年之后，这一比例一直在稳步下降，目前只有 28% 左右（见图 14-10A 和图 14-10B）。虽然说年度"热度追踪艺人"本身的定义是指那些初出茅庐的艺人，他们的音乐作品还未获得足够的关注，但是从 2000—2010 年的数据仍然可以看出，这些音乐作品的播放量仍在减少，播放量占比从 8% 下降到 1% 左右（见图 14-11）。

---

①　这表明，横向差异在音乐中比在电影或报纸中更为重要。另一项关于市场扩大对音乐消费影响的研究也论证了这一发现。在 Ferreria 和 Waldfogel（2013 年）中，作者也指出世界音乐贸易的增长促进了当地的音乐消费。

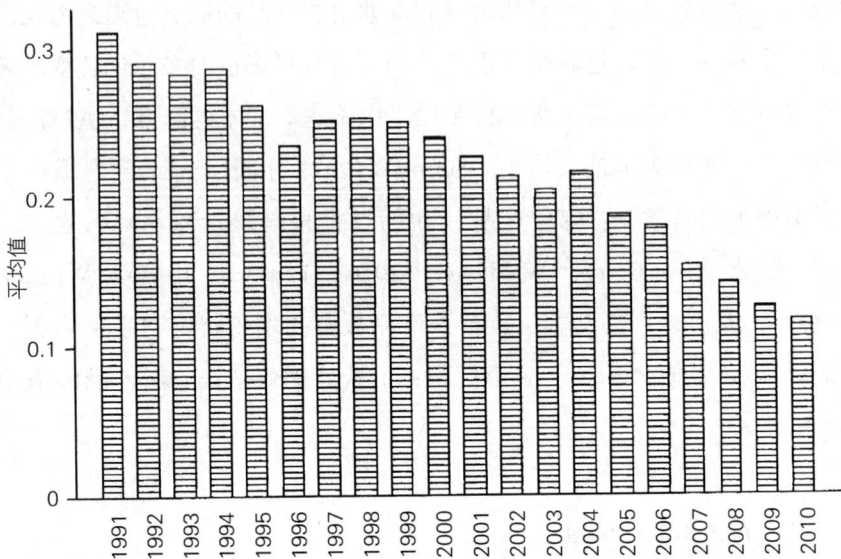

图 14-10A　公告牌专辑排行榜前 200 名的播放量占比

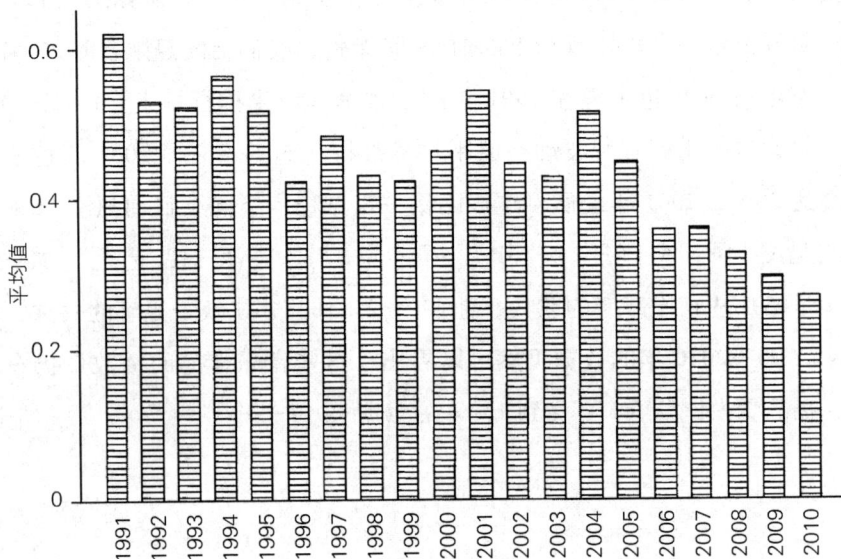

图 14-10B　公告牌专辑排行榜前 25 名的播放量占比

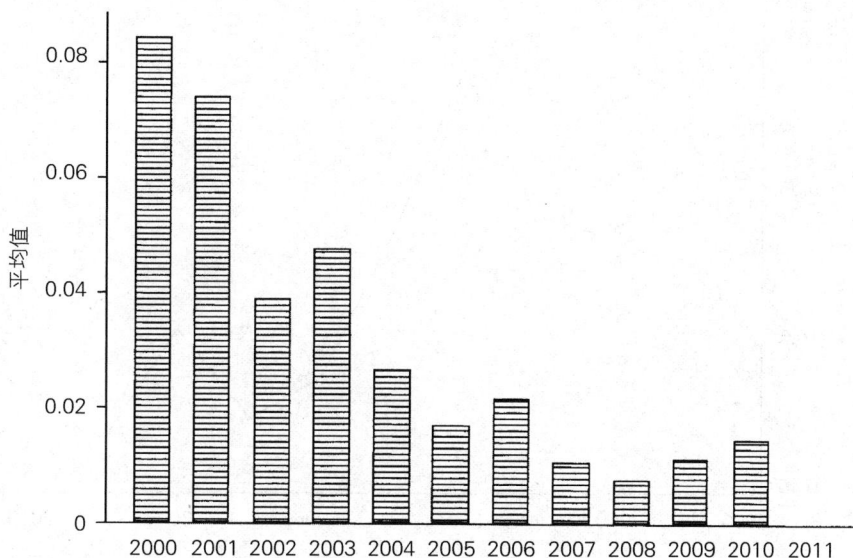

图 14-11　公告牌年度"热度追踪艺人"播放量占比

　　利用我们的模拟销售数据,我们还可以计算出销售量占比和播放量的比例。图 14-12 显示,各个艺术家的专辑销售量占比从 2000 年的 55% 下降到 2010 年的 45% 。

　　在艺术家的专辑播放量普遍下降的同时,Metacritic 上有播放量的艺术家占比却在逐渐增加。在 2000 年至 2010 年间,公告牌 200 强专辑榜同期(同年)所覆盖的艺术家比例从 15% 上升到 35% (见图 14-13),而年度"热度追踪艺人"在 Metacritic 上的覆盖比例从 6% 上升到 30% (见图14-14)。通过收集 2005—2011 年间在 Last. fm 的播放数据,我们发现在此期间,公告牌 200 强专辑榜中五分之一的艺术家的作品在 Last. fm 平台都有很大的播放量。

　　据此,我们可以发现:(1)现有音乐产品的数量越来越多;(2)取得成功的音乐产品越来越多;(3)未能有足够多的播放量但同样也取得成功的音乐产品越来越多。还有一个重要的问题是,越来越多的音乐产品

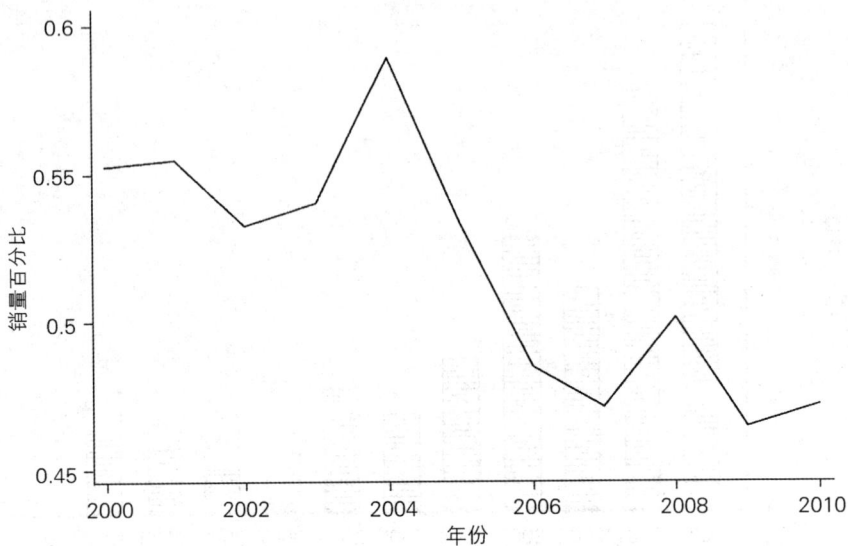

图 14-12　公告牌专辑排行榜前 200 名的销量占比

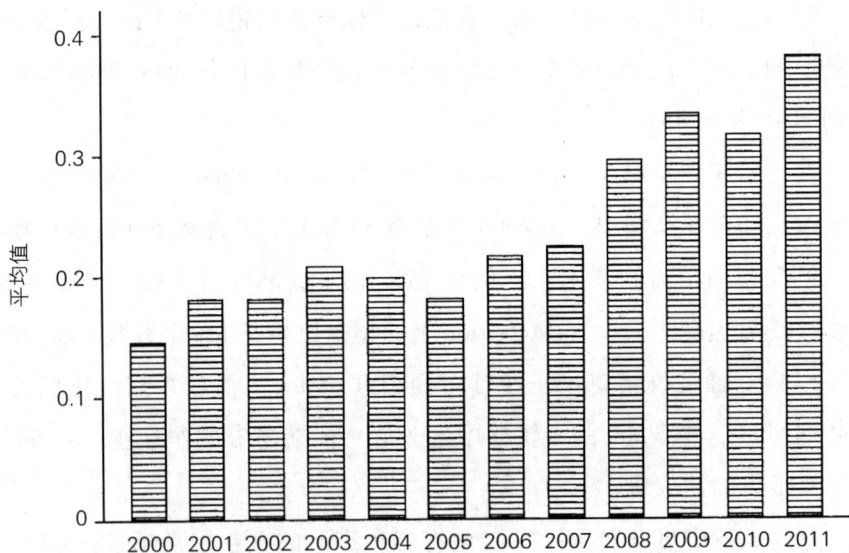

图 14-13　公告牌专辑排行榜前 200 名的 Metacritic 评论占比

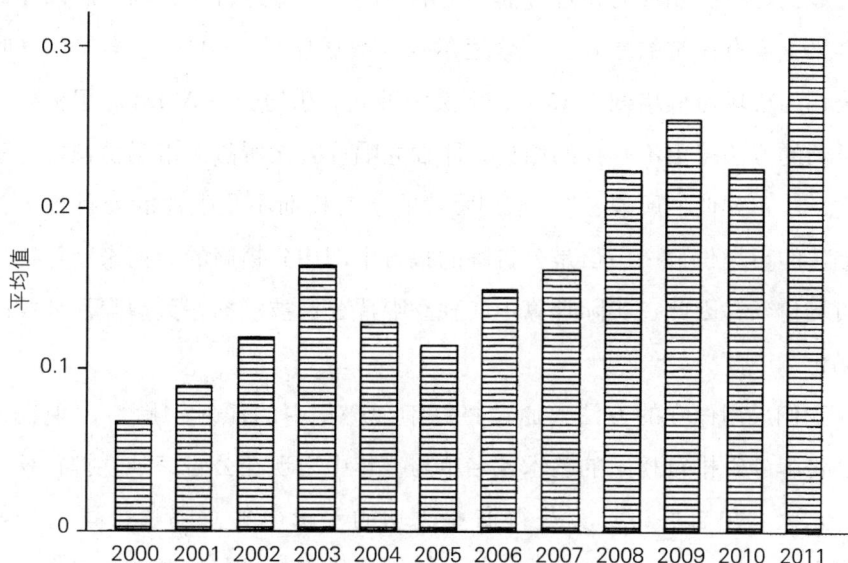

图 14-14　年度"热度追踪艺人"的 Metacritic 评论占比

中，那些缺乏主要大型唱片公司支持的产品和缺乏足够多的播放量的产品（如那些没有事前承诺的产品）是否能够取得成功。

14.5.4　谁的音乐唱片能够取得成功（独立唱片公司还是大型唱片公司）

我们已经看到，独立唱片公司在新音乐发行中占据了越来越大的市场份额。假设自从 Napster 出现，这种更广范围的尝试是高质量音乐作品得以流动的原因，那么未经过事前承诺的音乐唱片在最终获得成功的唱片市场中所占的份额无疑是在逐渐增长的。为了证实这一结论的可靠性，本书针对独立唱片公司与畅销唱片之间的关系展开分析。

讨论这个问题的数据之前，我们注意到，在衡量独立唱片公司的唱片销售量方面存在大量争议。尼尔森在其年度音乐销量报告中报告了独立唱片公司的唱片销量。网上可以获取过去十年的年度报告，从这些报告中可以发现独立唱片公司在音乐总销量中所占的比例约为 15%。但是，尼尔森的数据是根据唱片的发行方而不是唱片的制作方进行统计的，所以在最终结果上会有一定的差异。尽管尼尔森的数据显示 2011 年上半年独立唱片公司的市场份额略低于 13%，但美国独立音乐协会（A2IM）用另外一种不同的方法得出不一样的结论，即独立唱片公司所占的市场份额接近三分之一。正如他们所说，"应该用唱片的所有权而不是唱片的发行权去计算唱片的市场份额……但是公告牌的报告中却用分销商的数据来计算唱片的市场份额，因此在实际计算中，独立唱片公司被囊括在大型唱片公司的市场份额中。"

我们采用保守的方法，通过将每年（一年中的任何一周）出现在每周公告牌专辑排行榜上的艺术家名单与一年中出现在公告牌独立排行榜上的艺术家名单合并，计算获得商业成功的专辑中独立唱片公司的份额（见图 14-15）。图 14-15 的左上角，在公告牌专辑排行榜前 200 名中，独立唱片公司的音乐作品占比从 2001 年的 14% 上升到 2010 年的 35%。在公告牌专辑排行榜前 100 名、前 50 名以及前 25 名专辑中，独立唱片公司音乐作品的占比也有类似的增长，尽管增长幅度较低。在公告牌前 25 名排行榜中，各个艺术家的独立音乐作品占比从 2001 年的 6% 上升到 2010 年的 19%。我们在销售方面也看到了类似的模式。如图 14-16 所示，在 2000 年至 2011 年期间，在公告牌专辑排行榜中独立唱片公司的销量占比从 12% 上升到约 24%。

在取得商业成功的艺术家中，独立音乐作品有很大的增长，这些没有事前承诺的音乐作品不仅成功进入了市场，而且取得了一定程度的商业成功，同时也产生了一定的福利效益。

14.6　讨论和总结

过去十几年，文件共享的发展给音乐录制行业带来了动荡，也对大型

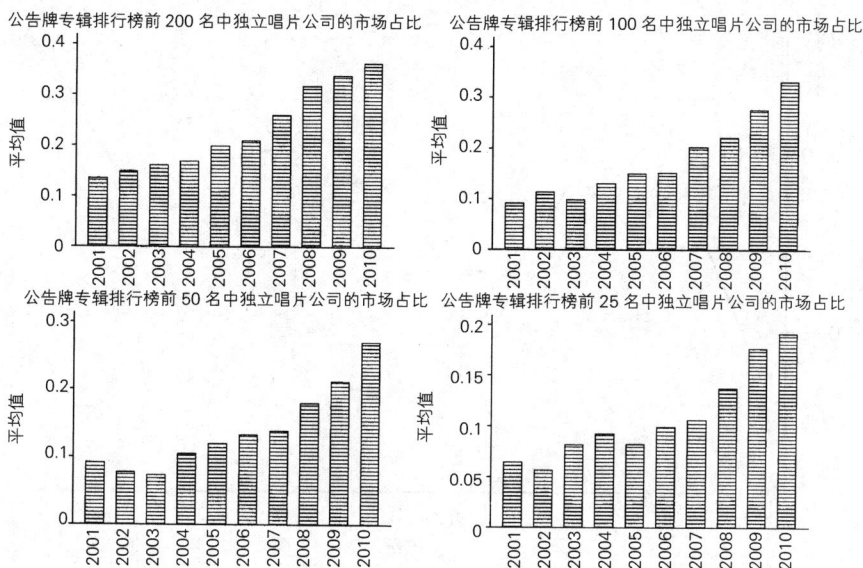

公告牌专辑排行榜前200名中独立唱片公司的市场占比

公告牌专辑排行榜前100名中独立唱片公司的市场占比

公告牌专辑排行榜前50名中独立唱片公司的市场占比

公告牌专辑排行榜前25名中独立唱片公司的市场占比

图14-15　公告牌专辑排行榜前200名、前100名、

前50名和前25名中独立唱片公司的市场占比

唱片公司的传统商业模式提出了巨大的挑战，因此催生了大量关于文件共享对收入的销量替代影响的研究。然而，制作和发行中能够降低成本的技术变革，以及音乐批评的数字化平台增长，使得较小的唱片公司（以及个人）能够发布更多音乐，并吸引消费者的注意。

低成本领域的许多音乐都能获得商业上的成功。如今，在每年公告牌专辑排行榜上的艺术家中，独立唱片公司拥有超过三分之一的份额。实际上，消费者每年都会听到更多的音乐。过去，消费者无法听到独立唱片公司的音乐，商业上成功的音乐主导者都是大型唱片公司。公告牌专辑排行榜中不断增加的独立唱片公司意味着，当接触到更广泛的新音乐时，消费者会发现许多独立唱片公司的音乐比很多势力正在消减的大公司的音乐更具吸引力。尽管我们也需要做更多进一步的研究，但这些结论也能为大多数研究中音乐质量不降反增这一谜题提供一种可能的答案。

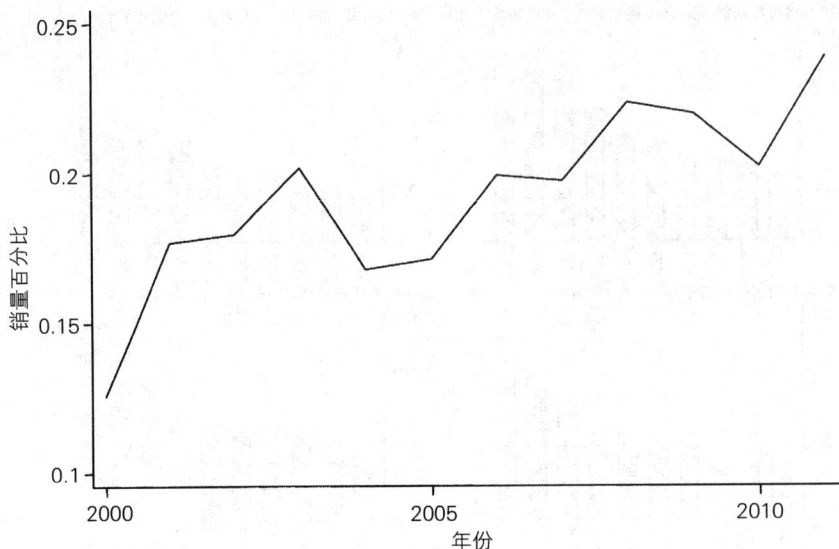

图 14-16　公告牌专辑排行榜中前 200 名独立唱片公司销量占比

除了对音乐质量的可能解释，这些研究的发现也揭示了数字化对产品市场的总体影响。伴随数字化而来的是市场准入成本的降低和市场规模的扩大，而这些都应该带来无摩擦商业和满足自定义需求的商品丰富性。在很多情况下，市场规模的扩大和固定成本的降低并不会产生这种分散性。Sutton（1991）认为，市场规模的扩大不一定会导致分散化现象，特别是产品质量是由固定成本确定的，且消费者对好产品有较一致的认知时（即竞争是垂直的），更是如此。这些状况中的第一条显然适用于音乐录制，其质量完全由固定成本投资产生。但消费者对质量的认知并不是很清晰。本研究的结论认为，消费者认知不统一，即竞争具有重要的横向成分。因此，可用产品数量的增长会导致消费的分散化。音乐的这一特征使其与日报和电影等其他媒体产品产生了鲜明的对比。其他媒体产品的竞争多是纵向维度的。在音乐领域，数字化导致了消费的分散化，但也可能满足了小众喜好。关于这些影响占主导的情况仍有待记录。

本章所探讨的机制并不仅限于音乐唱片。进一步的研究将有效探索数字化对新书籍、电影、视频游戏等创意产品创作的影响，以及数字化对新产品带给买卖双方的影响所起到的作用。

参考文献

Berry, Steven T. , and Joel Waldfogel. 2010. "Product Quality and Market Size. " *Journal of Industrial Economics* 58:1-31.

Blackburn, David. 2004. "On-line Piracy and Recorded Music Sales. " Unpublished manuscript, Harvard University. December.

Brynjolfsson, Erik, Michael D. Smith, and Yu (Jeffrey) Hu. 2003. "Consumer Surplus in the Digital Economy: Estimating the Value of Increased Product Variety at Online Booksellers. " *Management Science* 49 (11): 1580-96.

Caves, Richard E. 2000. *Creative Industries: Contracts between Art and Commerce*. Cambridge, MA: Harvard University Press.

Chevalier, Judith, and Austan Goolsbee. 2003. "Measuring Prices and Price Competition Online: Amazon vs. Barnes and Noble. " *Quantitative Marketing and Economics* I 2:203-22.

Dellarocas, C. , N. Awad, and X. Zhang. 2007. "Exploring the Value of Online Product Reviews in Forecasting Sales: The Case of Motion Pictures. " *Journal of Interactive Marketing* 21 (4): 23-45.

Dewan, S. , and J. Ramaprasad. 2012. "Music Blogging, Online Sampling, and the Long Tail. " *Information Systems Research* 23 (3, part 2): 1056-67.

Ferreira, Ferando, Amil Petrin, and Joel Waldfogel. 2012. "Trade and Welfare in Motion Pictures. " Unpublished manuscript, University of Minnesota.

Ferreira, F. , and J. Waldfogel. 2013. "Pop Internationalism: Has Half a Century of World Music Trade Displaced Local Culture?" *Economic Journal* 123:634-64. doi: 10. 1111/ecoj. 12003.

Handke, Christian. 2012. "Digital Copying and the Supply of Sound Recordings. " *Information Economics and Policy* 24:15-29.

International Federation of the Phonographic Industry (IFPI) . 2010. "Investing in Music. " London. http://www. ifpi. org/content/library/investing_in_music. pdf.

Knopper, Steve. 2009. *Appetite for Self-Destruction: The Spectacular Crash of the Record Industry in the Digital Age*. New York: Free Press.

Leeds, Jeff. 2005. "The Net is a Boon for Indie Labels. " *New York Times*, December 27.

Liebowitz, Stan J. 2006. "File Sharing: Creative Destruction or Just Plain Destruction?" *Journal of Law and Economics* 49 (1): 1-28.

Oberholzer-Gee, Felix, and Koleman Strumpf. 2007. "The Effect of File Sharing on Record Sales: An Empirical Analysis. " *Journal of Political Economy* 115 (1): 1-42. ———. 2010. "File Sharing and Copyright. " In *Innovation Policy and the Economy*, vol. 10, edited by Josh Lerner and Scott Stern, 19-55. Chicago: University of Chicago Press.

Pew Research Center. 2012. "Social Networking Popular across Globe. " Washington, DC. http://www. pewglobal. org/files/2012/12/Pew-Global-Attitudes-Project-Technology-Report-FINAL-December-12-2012. pdf.

Rob, Rafael, and Joel Waldfogel. 2006. "Piracy on the High C's: Music Downloading, Sales Displacement, and Social Welfare in a Sample of College Students. " *Journal of Law and Economics* 49 (1): 29-62.

Sandstoe, Jeff. 2011. "Moby: 'Major Labels Should Just Die. '" The Hollywood Reporter. February 28. http://www. hollywoodreporter. com/news/moby-major-labels-should-just-162685.

Southall, Brian. 2003. *The A-Z of Record Labels*. London: Sanctuary Publishing.

Sutton, John. 1991. *Sunk Costs and Market Structure*. Cambridge, MA: MIT Press.

Tervio, Marko. 2009. "Superstars and Mediocrities: Market Failure in the Discovery of Talent." *Review of Economic Studies* 72 (2): 829–50.

Thomson, Kristin. 2010. "Same Old Song: An Analysis of Radio Playlists in a Post-FCC Consent Decree World." Future of Music Coalition. http://futureofmusic. org/feature/same – old – song– analysis– radio– playlists– post– fcc– consent– decree– world.

Vogel, Harold. 2007. *Entertainment Industry Economics*, 7th ed. Cambridge: Cambridge University Press.

Waldfogel, Joel. 2011. "Bye, Bye, Miss American Pie? The Supply of New Recorded Music Since Napster." NBER Working Paper no. 16882, Cambridge, MA. ———. 2012. "Copyright Protection, Technological Change, and the Quality of New Products: Evidence from Recorded Music since Napster." *Journal of Law and Economics* 55 (4): 715–40.

Zentner, Alejandro. 2006. "Measuring the Effect of File Sharing on Music Purchases." *Journal of Law and Economics* 49 (1): 63–90.

第15章 软件盗版的性质和发生率
——来自 Windows 的证据

Susan Athey　Scott Stern[①]

15.1　引言

2009 年夏天，微软计划发布 Windows 7 旗舰操作系统的新版本。相对于 Windows Vista，Windows 7 有明显改进，包括"驱动程序支持未来多点触摸基础工作，从更好的电池管理到微软有史以来最易于使用的界面"。核心操作系统的重新设计，以及捆绑应用程序和特性的开发，代表了微软公司的一项重大投资，大约有 2 500 名开发人员、测试人员和程序经理多年来一直在参与这个项目。也许 Windows 7 比之前任何一款微软产品都更看重全球市场（微软 2009）。微软产品的大部分功能都旨在服务全

---

①　Susan Athey，斯坦福大学商学院研究生院技术经济学教授、经济学教授，美国国家经济研究局市场设计工作组副主任。Scott Stern 是麻省理工斯隆管理学院技术管理学教授，技术创新、创业和战略管理小组主席，美国国家经济研究局创新政策工作组副研究员兼主任。

本研究是两位研究人员在微软研究院任顾问时进行的。本章从美国国家经济研究局数字化经济学会议、微软研究院、麻省理工学院斯隆管理学院微观经济学会议上的研讨会评论，以及 Ashish Arora、Shane Greenstein、Markus Mobius，以及 Pierre Azoulay 的评论中受益匪浅。Bryan Callaway 和 Ishita Chordia 提供了特别的研究援助。有关致谢、研究支持的来源以及作者重要财务关系的披露（如有），请参见 http：//www.nber.org/chapters/c13002.ack。

球市场，包括 Windows 旗舰版中的多语言用户界面，以及专门针对新兴市场开发的低价 Windows 家庭版。

然而，在最终版软件和个性化产品"密钥"发给原始设备制造商几周后，许多网站报告说，发给联想的原始设备制造商产品密钥已被黑客入侵，并发布到互联网上（CNET 2009a）。网站迅速整理出教程，告诉用户如何访问盗版 Windows 7 的预览版，并开发了工具和协议，允许用户通过简明步骤安装本质上完整的 Windows 7 旗舰版。虽然微软停止为原始设备制造商安装泄露的产品密钥（微软发布了一个新的密钥供联想使用），但用户可以用泄露的密钥激活 Windows 7。虽然他们使用的 Windows 版本功能有所降级，但使用联想泄露密钥的用户能够得到针对其系统的正规化产品支持并可更新。微软认为，这种方法可以"保护用户不会成为不知情的受害者，因为使用盗版软件的用户面临更大的风险，可能会遭遇恶意木马以及身份盗用"（CNET 2009b）。在 2009 年期间，互联网上出现了大量额外泄露的盗版密钥和盗版 Windows 7，到 2012 年，出现了大量未经授权的 Windows 安装网站，这些网站通常是针对特定语言或国家定制的。

总的来说，大多数关于数字盗版的讨论——例如利用互联网对包括音乐、电影和软件在内的数字产品进行未经授权的（和无偿）复制——是基于特定的盗版案例、文件共享网站（如海盗湾（Pirate Bay））的讨论，或者与特定的宣传活动密切相关。正如美国国家科学院最近的一项研究所强调的那样，由于缺乏盗版盛行或需要加强执法的直接实证性证据，有关是否制定打击盗版和采取适当的版权执法水平的政策的辩论受到了阻碍（Merrill and Raduchel，2013）。为打击盗版而制定相宜的政策时，我们应同时考虑特定政策的利益和成本，这时这种"经验空白"尤其重要。例如，如果只是由于疏于执法（或者缺乏执行软件版权的法律框架）而导致盗版行为，那么严厉打击盗版的理由就更充分；如果盗版主要是为买不起软件的低收入人群提供使用渠道，那么容忍盗版的理由就更充分。因此，制定相宜的政策取决于对关键环境中盗版形式的实证评估。

本章通过对软件盗版的性质、相对发生率和驱动因素进行系统的实证研究来解决这一需求问题。我们特别关注一款产品——Windows 7，它显然与私营公司的大量私营部门投资有关。我们的研究方法关键点在于使用一种新型的数据，使我们能够直接观察到盗版行为。具体来说，我们利用了用户在 Windows 自动更新过程中被动生成的遥测数据，这些数据由微软以匿名方式进行维护。对于给定地理区域中的机器，我们能够观察到最初用于验证窗口的产品许可证密钥，以及机器特性（如机型和制造商）。我们可以利用这些数据来构建一个保守的盗版定义，然后计算特定地理区域的盗版率。① 我们实证分析的重点是评估在不同的经济、制度和技术环境中，盗版的比率和性质是如何变化的。

我们记录了一系列新发现。第一，我们分析了"简单"软件盗版的本质。软件盗版必然会一直存在，但我们对 Windows 7 的检查表明，由于像海盗湾这种宽带（种子分享网站）和 P2P 系统在全球的扩散，一种独特的软件盗版出现了：在全球范围内具有重复使用潜力的个人产品密钥，这种产品密钥存在于复杂活跃的用户社区（可开发易于遵循的指令和协议）。十多年来，人们一直将 P2P 网站的使用与盗版音乐或视频等小型产品联系在一起，但现在，任何宽带用户都可以通过互联网以一种相对直接的方式免费访问功能齐全的 Windows 版本。需要强调的是，我们分析发现，极少数被滥用的产品密钥是造成绝大多数盗版被发现的主要原因，且绝大多数盗版都与最高级的 Windows 版本（Windows 旗舰版）相关联。这一发现表明，"以极低的价格提供'简单'版本"的反盗版计划，其价值是有限的，因为这一措施与功能齐全的、免费可用的 Windows 版本无

① 软件盗版的文献比较少，这些文献对盗版的研究采用的是间接研究方法，主要通过分配给特定区域或单位的销售库存/或许可数量与所检测到的该区域或单位内该软件的用户下载之间的差值，作为盗版率的判断依据。本章拟构建新颖且直接的盗版行为测度变量，对以前文献进行补充并提供了替代方案。（Business Software Alliance 2011）

法比拟（甚至可能被认为是一个糟糕的替代品）。第二，我们发现盗版行业具有一个独特的机制：原始设备制造商（OEM）在生产过程中没有预先安装 Windows 的机器发生的盗版率要高得多，而市场领先的原始设备制造商生产的机器发生的盗版率则低得多。

第三，我们能够评估软件盗版在不同经济、制度和技术环境中的变化情况。除了传统的经济变量，例如人均国内生产总值（和更微观的变量，如收入不平等程度），我们还收集了表征制度环境整体质量的数据（例如，使用诸如世界银行法治指数或基础竞争力指数；Delgado et al. 2012）、一个国家内个人利用宽带的能力以及一个国家的创新方向。我们的结果表明，盗版程度与一个国家的体制和基础设施环境密切相关。特别是盗版程度与衡量一个国家机构质量的指标呈负相关，这些指标包括常用的机构质量综合指数，以及更细粒度的衡量指标，这些指标反映了知识产权等特定机构的作用。与此同时，盗版与宽带连接的可访问性和速度有着显著的联系（因为更快的宽带减少了盗版所需的时间），并且盗版正在逐渐削弱一个国家的创新强度。最重要的是，在控制了制度质量和宽带基础设施的个别变量之后，盗版最自然的潜在驱动因素——人均 GDP——对所观察到的盗版率并没有显著影响。换句话说，虽然盗版与人均 GDP 呈显著负相关，但人均 GDP 对盗版并没有造成直接的影响。较贫穷的国家往往有较弱的制度环境（Hall and Jones（1997），以及其他专业人士），而且似乎是环境而不是收入本身与所观察到的盗版程度有关。重要的是，这一发现与先前的研究形成了鲜明对比，之前的研究并未有效地将机构的角色与收入本身的作用区分开。

第四，我们利用数据的时间序列变化，直接调查最值得注意的反盗版执法行动对 Windows 7 同期盗版率的影响。具体来说，在 2011 年和 2012 年的抽样调查期间，个别国家对海盗湾网站实施了禁令。海盗湾是互联网上最大的盗版数字媒介来源。尽管这样的政策干预是内生的（禁令是由于盗版引起了广泛关注而产生的），但是干预的准确时间与 Windows 7 盗版的情况却是无关的。因此，研究盗版打击力度的变化对 Windows 7 软件盗版率的影响具有重要意义。在一系列不同的反盗版执法工作中，我们并未发现执法工作对所观察到的盗版率有影响的证据。总的来说，本章提供了第一个关于软件盗版的大规模观察研究。我们的分析强调了新型的被动创建数据（Windows 遥测数据）的价值，以及机构和基础设施对盗版程度的总体影响。

15.2　软件盗版的经济学

盗版经济学和知识产权在软件中的作用是一个长期争论的话题（Landes and Posner 1989；Merrill and Raduchel 2013；Smith, and Telang 2013）。与专利等其他形式的知识产权一样，版权制度的目标是通过禁止精确复制表达来激励创造性工作和技术创新，是软件知识产权的一种特别重要的形式。就 Windows 等全球软件产品而言，不同国家的版权执法力度不均衡可能导致创新激励作用的减少和国家投资水平的扭曲（例如，对于盗版率高的国家，公司可能会减少在语言和字符支持上的投资）。如果盗版率变化的根本原因只是简单的法律制度之间的差异（如政策强度和对知识产权的尊重情况）而不是收入差异的结果，那么对区域投资的影响将特别令人担忧（在这种情况下，这种增值服务的付费意愿可能会很低）。盗版还可能加剧病毒和其他恶意软件的扩散，直接增加软件生产商和购买有效更新软件用户的成本。由于盗版软件扩散可能带来负面的外部影响，许多软件公司（包括微软）为盗版软件提供安全更新（及一些功能的更新）。更通俗地说，由于软件生产的特点是固定成本高，复制成本几乎为零，因此盗版将固定生产成本的资金负担重新分配给更小的用户群体。

有趣的是，反对严格执行版权的主要论据也基于生产成本的结构。由于复制成本几乎为零，扩大了进入更广泛用户群的基础（无论他们是否付费），增加了软件的社会回报（即使它限制了承担最初的沉没资本的私人动机）。这一论点尤其重要，因为盗版（或版权执法水平）对创造性表达或创新水平的影响有限（Waldfogel 2011）。然而，许多最广泛使用的软件产品都是由以利润为导向的公司生产的，在这些公司中，产品开发是总成本中最重要的一个部分。

盗版的主要影响不仅仅是提供软件获取渠道，还可能促进隐性的价格歧视（Meurer 1997；Gopal and Sanders 1998）。如果价格敏感度与产生盗版"成本"的意愿之间存在强烈的负相关关系（例如，时间、功能降级的可能性），那么对盗版的容忍可能会促进市场的细分：供应商会对其进行分类，并对价格不敏感的细分市场收取垄断价格，而价格敏感的细分市场将因此产生交易成本的升高或产品质量的下降。当基础产品也表现出显著的网络效应时，上述论点将更为明显。因此，即使是对价格不敏感的消费者也能从更广泛的扩散中受益（Conner and Rumelt 1991；Oz and Thisse 1999）。重要的是，盗版在促进价格歧视方面所起的作用，取决于盗版用户和付费用户之间的分割是否能反映模型中强调的消费者异质性，例如，价格歧视率与盗版在低支付意愿消费者（如收入水平低的消费者）中的集中程度更为相关。

随着互联网和宽带连接的日益普及，盗版的好处和代价可能会随着时间的推移而变化。在台式机时代，软件盗版需要对软件媒介的某个副本（如磁盘或 CD）进行物理访问，大部分盗版行为都涉及终端用户之间有限程度的非正式共享，因此盗版可能与商业销售水平大致成正比（Peace，Galletta，and Thong 2003）。然而，互联网显著增加了数字盗版的可能性，因为从原理上讲，一份数字化拷贝内容几乎可以在无限数量的用户之间共享（并且不要求这些用户之前和之后有任何的社交或联系）。随着宽带的普及和下载速度的提高，互联网盗版在过去 10 年中很可能有所增加。自2005 年以来，宽带在美国及海外主流消费者中的普及程度有了非常明显的增长（Greenstein and Prince 2006），降低了大型软件盗版的成本。例如，假设盗版的 Windows 7 需要下载大约 10GB 的文件，当下载时间最多为几个小时而不是几天时，盗版的程度和性质很可能在质量上有所不同。随着互联网的普及和无处不在的宽带连接，大型软件产品盗版的可能性已经脱离了本地的物理介质①。

　　尽管研究软件盗版的重要性日益增加，而且有关盗版发生率和数字大众媒体娱乐产品（如音乐、电影和书籍）版权执法的研究正在迅速兴起，并取得了丰硕的研究成果（Oberhozer-Gee and Strumpf 2010；Merrill and Raduchel 2013；Danaher，Smith，and Telang 2013），但是对软件盗版的系统实证研究尚处于早期阶段。回顾已有文献，几乎所有软件盗版研究都依赖于单一数据源，即《商业软件联盟》（Business Software Alliance，BSA）。BSA 基于间接审计方法进行计算测量（对 BSA 方法的更完整讨论，参见 BSA（2011））。特别是，BSA 对特定区域内的典型设备（由特定类型的软件进行细分）进行"软件下载"统计，然后通过授权渠道将已安装的软件数量与观察到的订单和软件供应商的付款进行比较。换句话说，BSA 将盗版率推断为特定国家和特定软件类别中可观测到的软件数量和付费购买的软件数量之间的"差"。从表面上看，BSA 数据表明软件盗版是一个非常重要的现象。根据 BSA 的估计，截至 2011 年，盗版造成的年度"销售损失"价值超过 600 亿美元，并且微软软件的盗版率高于全球许多地区（包括拉丁美洲、亚洲和东欧）所有软件的 50%（北美是盗版率最低的地区）。虽然 BSA 的方法并不完美，但这种方法的优势在于提供了一个跨国家、跨产品类别和跨时间的具有一致性的盗版率测量方法。然而，由于它本质上是一种间接的测量方法，这些数据并不能用于观察性研究，而正是观察性研究加深了我们对音乐和电影等领域盗版的理解。

　　一些研究利用 BSA 数据来评估软件盗版的程度以及软件盗版与经济、

---

　　① 互联网和宽带的兴起也重塑了用户和软件生产商之间的互动。在台式机时代，软件产品基本上是静态的，用户只能获得有限的更新或软件修复。随着互联网和宽带的兴起，软件授权和发行通常通过在线连接实现，用户可以定期获得关于他们软件的安全和功能更新信息。

制度和技术环境之间的关系。起初，一部分文献关注盗版与经济发展水平之间的关系（Burke 1996；Marron and Steele 2000；Silva and Ramello 2000；Gopal and Sanders 1998，2000）。后来，学者们在上述研究的基础上，将研究范围扩展到对制度环境和技术基础设施水平的更细微的度量上（如Banerjee，Khalid，and Strum 2005；Bezmen and Depken 2006）。例如，Goel 和 Nelson（2009）侧重于对 BSA 盗版率的决定因素进行横向研究，不仅包括人均 GDP，还包括对制度"质量"的衡量，如美国传统基金会的产权和经济自由度指数，以及其他技术基础设施等变量。他们还发现，电话服务价格越高的国家盗版率越低（即电信接入限制了盗版率）。最后，他们的研究表明，用于衡量人口内部差异的指标，如收入不平等，也可能是促使盗版的原因；随着收入不平等程度的提高，付费用户需要支付的价格将会提高，以至于更多的用户会选择承担与盗版相关的交易成本（Andres 2006）。

总体而言，我们对软件盗版的理解仍处于相对萌芽的状态。一方面，与其他有关知识产权执法的争论类似，在缺乏直接实证性证据的情况下，理论对最优政策的制定几乎没有提供任何具体的指导。鉴于宽带基础设施的全球扩散可能正在改变盗版的性质和程度，实证性证据就显得尤为重要。与此同时，现有的实证文献虽然有效强调了数据中的某些关联，但仍然存在无法直接衡量盗版行为、与理论联系不够紧密的缺陷。

三个关键问题凸显出来。第一，尽管先前的文献既强调人均 GDP 的作用，也强调制度环境对盗版行为的作用，但政策辩论表明，厘清两者的相对作用很重要。例如，如果盗版的主要驱动因素是贫困（即盗版与人均 GDP 之间存在负相关关系），那么严厉打击盗版的执法工作就会受到限制，因为盗版可能仅仅是为了吸引用户对软件的访问，但这些用户并不会付费购买软件，也就不会构成重大销售损失。相反，如果盗版是低质量制度环境带来的结果，那么任何与人均 GDP 相关的观察结果都可能是虚假的，而缺乏强大的法律和产权机构反过来又可能会导致经济发展水平低下以及盗版率升高。在这种情况下，通过提高特定区域的制度质量和产权环境，反盗版执法行动则有望产生积极的作用。第二，全球宽带的普及可能已经改变了盗版的本质。假设宽带的普及助推了盗版行为，那么在宽带基础设施更为普遍的国家和地区（例如，访问速度较快和/或宽带服务价格较低的国家和地区）盗版率应该更高。在某种程度上，下载成本等"损耗"的变化会对盗版产生重大影响，它表明，盗版与非盗版之间存在相当数量的"边缘"个体，并且盗版可能受法规或制度变化、产品设计特征所带来的"损耗"的影响，这使得盗版更具挑战性。第三，现有的研究未能将反盗版执法工作的影响与软件盗版区分开来。与最近关于音乐和电影执法工作的研究一致，对软件盗版以及执法水平随时间变化的观察性研究可能会提供直接证据，有望证明此类执法工作在限制未经授权的软件发行方面的有效性。

15.3 软件盗版的本质：Windows 盗版的一个窗口

我们在对软件盗版的初步调查中发现，极少有文献系统研究过软件盗版现象实际上是如何发挥作用的。一个人究竟是如何盗版软件的？盗版的难度为何取决于人们想要盗版的软件类型，以及人们可以访问的电信基础设施的类型？盗版软件是如何运行的？（例如在功能或更新方面是否有重大限制？）盗版的主要"途径"是什么？

15.3.1 Windows 7 分销渠道的相关组织

要了解数字软件盗版的性质（以及如何使用我们的数据集测量盗版），我们首先描述用户如何接收、验证和激活正版 Windows 软件，尤其是与 Windows 7 有关的个人的盗版复制。然后我们考察在这个环境中软件盗版的性质。

要对有效版本的 Windows 进行身份验证，需要使用产品许可证密钥。产品密钥帮助微软确认在该计算机上安装的 Windows 版本是否有购买许可证。产品密钥是在购买 Windows 软件时获得的，主要包括以下三种分销渠道：原始设备制造商渠道、零售渠道和企业渠道（批量许可计划）。

原始设备制造商渠道

到目前为止，获取 Windows 软件最常见也最合法的途径是原始设备制造商。原始设备制造商在生产和销售计算机的过程中安装 Windows，绝大多数原始设备制造商生产的计算机都装载 Windows 软件。为了便于 Windows 许可证的验证，每个原始设备制造商都会收到许多专用的产品许可证密钥（称为原始设备制造商系统预安装（OEM SLP）密钥），这些密钥可以在安装过程中使用。换句话说，虽然可以多次使用 OEM SLP 密钥，但是这些密钥只能在特定原始设备制造商生产的机器以及用于预装 Windows 的机器上使用。使用由原始设备制造商预先安装好的 Windows 的用户可以直接选择 Windows 自动更新，之后 Windows 就会自发并且安全地进行功能更新。

零售渠道

合法购买 Windows 的第二个渠道是零售店（可以是在线商店或实体店）。零售渠道主要服务于两类客户：一是需要升级 Windows 版本的用户（例如，Windows XP 或 Vista 用户），二是购买"裸机"（即没有预装操作系统的计算机）的用户。售出的每个软件都有一个独特的零售产品密钥，该密钥只能用于有限次数的安装（通常为 10 次）。因此，零售产品密钥能够被观察的使用次数也有限。具有该密钥的用户可以在注册时选择 Windows 自动更新，这样 Windows 后续就会自动进行安全和功能更新，而不需要重复使用密钥。

企业渠道

通过企业与微软签订合约是获得 Windows 的最后一种方式。对于大型企业用户（特别是那些希望为员工预装其他软件的企业），微软与其保持着直接的客户关系，并向该企业发放批量许可证密钥服务器，允许该企业为企业员工安装特定数量的 Windows 软件。每个批量许可证密钥都是唯一的，所以大多数 Windows 企业版用户通过其企业的服务器和 IT 基础设施更新，而不是到诸如 Windows 自动更新之类的程序中直接注册更新。

在每个发行渠道中，每个合法的 Windows 用户都要经历验证 Windows 软件的过程。对于原始设备制造商或者零售渠道安装的 Windows，其身份验证过程直接由微软进行。对于 Windows 企业版，身份验证是通过服务器系统进行的，服务器系统是微软和批量许可用户之间所签署的合同中约定的一部分。

15.3.2 盗版 Windows 的途径

我们将软件盗版定义为"未经授权使用或复制受版权保护的软件"（American Heritage Dictionary 2000）。尽管软件盗版一直是软件发行的一个固有元素（而且常常与黑客文化密切相关），但盗版的性质会随着时间的推移而发生变化，并反映出用户能够在未经授权或付费的情况下访问软件的特定方式。盗版大众市场中的大型软件产品（如 Windows），似乎有三个主要"途径"，即本地产品密钥滥用、复杂的黑客攻击和分布式产品密钥滥用。

本地产品密钥滥用

由于开发的软件版本不完善，个人用户偶尔会从正版中进行未经授权的"本地"软件复制。实际上，Windows 零售许可合同中明确承认，可以在多台计算机上复制 Windows 软件，最多允许用户复制 10 个授权软件。滥用许可证可能涉及在社交网络或业务网络之间对软件进行大量复制，或者在组织内部署超出零售许可证或批量许可证密钥中限定的软件安装次数。大多数滥用本地产品密钥的用户仍然希望能够从软件供应商处获得软件更新。观察显示，当预期的拷贝数量有限时（如少于 100 个），卖方可以简单地设定价格以反映每个软件在配置后的可扩展性。

复杂的黑客攻击

盗版的第二个途径涉及用户更加积极的参与，包括明确地试图"黑"软件，以禁用软件内置的任何身份验证和协议验证。虽然这似乎不是主流软件产品（如 Windows）中出现的主要盗版类型，但是要想衡量此类盗版的能力还是极其困难的，特别是使用被动生成的数据类型，而这种数据类型却是本研究实证工作的核心。

分布式产品密钥滥用

第三个盗版途径可以说是最"新颖"的，它追随了音乐甚至电影等小型数字产品盗版的演变路径。在分布式点对点非授权共享中，用户通过点对点种子站点（如盗版湾）访问 Windows 的软件（约 10GB 文件），然后从互联网上单独下载一个有效/可用的产品许可密钥。用户则错误地认为密钥是在认证和验证过程中通过合法手段获得的。在对这种更"新颖"的盗版行为的初步调查中，我们发现 P2P 共享的"生态系统"发展得非常好，在线论坛和网站非常注重盗版一些特殊的密钥。为了了解盗版是如何发生的，以及全球范围内被滥用的产品密钥在这一过程中所扮演的角色，我们有必要考虑一下为特定数量的产品密钥建立"档案"。

联想钥匙（Lenny）。 大约在 Windows 7 商业发布前 3 个月，微软向联想、戴尔、惠普和华硕等主要原始设备制造商发布了有限数量的 OEM SLP 密钥，让这些原始设备制造商开始在零售市场的机器上预装 Windows。在微软向原始设备制造商发布这些密钥的几天内，联想的 Windows 7 旗舰版密钥就被发布到了互联网上。这一被广泛报道的泄密事件导致微软向联想发布了针对同一款产品的单独密钥。因此，所有"正版"联想电脑的产品密钥都将不同于互联网上可用的密钥。此外，微软还对使用联想密钥验证 Windows 7 的用户进行了功能降级：每 30 分钟就会出现一条消息，通知用户他们的产品密钥无效，界面变成不可更改的黑色背景。在几周之内（仍然是在 Windows 7 商用软件发布之前），许多网站开始提供下载安装教程，包括如何从海盗湾、睡眠等网站下载 Windows 7

软件的清晰图标并使用"Lenny"（联想的产品密钥）验证 Windows，以及如何避免微软对使用联想密钥进行身份验证的用户在产品功能上的限制（Reddit 2013；My Digital Life 2013）①。值得强调的是，联想的密钥泄露事件，允许未经授权的用户在 Windows 7 正式发布之前访问其全功能版本，并定期收到功能和安全更新信息。据谷歌报道，截至 2013 年 4 月，搜索 Lenny 相关产品密钥的点击量超过 12.7 万次，Windows 7 软件图标和联想产品密钥都可以在海盗湾等网站上获得。

戴尔钥匙（Sarah）。虽然联想密钥获得了最高级别的媒体和在线关注（可能因为它是与 Windows 7 相关的"第一个"泄露的 OEM 密钥），在 Windows 将密钥发布给戴尔之后的几周之内，戴尔 OEM SLP 密钥也被发布到互联网上，甚至早于 Windows 7 商用软件发布时间好几个月。与 Lenny 类似，大量网站开始提供有关如何下载可与 Sarah 产品密钥一起使用的 Windows 图标的分步说明，以及有关如何使用泄露的产品密钥和如何避免微软对使用该密钥的产品的功能降级的说明。与联想的密钥相比，戴尔自己从未停止过使用戴尔密匙。因此，实际上有数百万个正版 Windows 7 使用了这个密钥。但是，从设计上讲，这个密钥不应该在非戴尔的机器上被观察到，甚至在从工厂发货的戴尔"裸机"上也不应该被观察到（例如，出厂时没有预装操作系统的戴尔电脑）。对于使用此密钥进行验证的计算机，一个简单且保守的盗版界定是在非戴尔计算机或"裸机"上观察到产品密钥 Sarah（这也是我们在遥测数据中可以观察到的一个特征）。

东芝钥匙（Billy）。并非所有 Windows OEM SLP 密钥都与高盗版率相关联。例如，东芝 Windows 家庭版高级密钥的盗版率要低得多。直到

---

① 后者只是众多方法中的一种，比如："这是全球数百万人使用的加载器应用程序，以通过微软的 WAT（Windows 激活技术）而闻名，可以说是有史以来最安全的 Windows 激活漏洞。在 Windows 启动之前，应用程序本身会将系统验证码直接嵌入您的系统，使得愚蠢的 Windows 误以为它是真实的。"（My Digital Life 2013）。这篇帖子与 7 000 多名用户的评论"谢谢你"联系在一起。

2009 年 10 月 Windows 7 商用软件发布之后，这个密钥才被发布到网上，在谷歌或必应网站上关于东芝密钥的点击次数更少（不足上面描述的联想和戴尔密钥相关点击量的 10%）。换句话说，如果其他软件（包括 Windows 旗舰版的所有软件）都不可用，这个版本的 Windows 可能会引发更严重的盗版问题，而 Windows 盗版群体似乎将关注点都集中在少量密钥上，尤其关注领先的 OEM SLP Windows 旗舰版密钥。

总的来说，这些关于零售 Windows 7 软件的主要盗版方式的简短文献在一定程度上揭示了 Windows 盗版现象的本质，同时也为政府或微软采取的不同类型执法行动的相对有效性提供了一些指导。首先，在有广泛宽带接入之前发生的软件盗版，其特点是相对具有地方性（例如，朋友和邻居共享物理媒介，批量许可证的多余副本超出向微软公司等供应商报告的数量），但 Windows 7 似乎与有关少量数字点源的高比率数字盗版相关。在我们的实证工作中，我们将明确研究盗版的集中程度，即与大量盗版相关的产品密钥的使用数量。其次，访问盗版 Windows 的方式在全球的分布特性表明，仅仅针对少数网站甚至产品密钥，可能很难对盗版率产生实质性的影响。基于互联网上公开的大量材料和文档（通过传统搜索引擎可以获得），盗版软件供应的微小变化可能对实际盗版率的影响不大。

15.4　数据

本章的其余部分对软件盗版的性质和发生率进行了系统的实证检验。具体来说，我们利用一种新颖的数据集，能够观察到在全球范围内安装 Windows 的大型机器样本的相关统计数据，这些机器可以从微软获得定期的安全性和功能更新。虽然这些数据具有局限性（我们将在下面讨论），但它们提供了让我们能直接观察、研究软件的机会，特别是能够识别给定区域中的机器在使用正版 Windows 还是盗版 Windows。我们将这种区域性盗版的测量与机器的其他属性，以及描述制度的、经济的、技术的和环境的区域性变量相结合，以评估盗版的性质和相对发生率。

15.4.1 Windows 7 遥测数据

我们利用一个数据集来估算 Windows 7 的盗版率，该数据集捕捉有关机器的信息（包括提供其区域位置的"散列"数据），这些数据注册了一个被称为 Windows 自动更新（WAU）的自愿安全更新程序。当机器加入该程序时，会安装一个低级遥测控制系统，它的正式名称为 Windows 激活技术（WAT），它会定期验证机器上 Windows 7 的许可证。在默认情况下，这些验证每 90 天运行一次，在每次验证期间，系统会被动生成关于机器当前硬件、操作系统配置和基本地理信息的数据。这些信息会传输到微软，并以微软隐私协议规定的散列方式进行维护。① 在 2011 年和 2012 年，也就是我们的样本实验期间，超过 4 亿台机器向微软传输了遥测信息。

我们使用由 1 000 万台机器的匿名样本组成的研究数据集，其中，对于给定的机器，数据集包括该机器随时间尝试进行验证的历史记录。对于每个验证事件，数据集包括有关验证时机器的基本地理位置的信息②，用于激活 Windows 7 的产品密钥，安装的 Windows 7 版本以及相关机器特性。机器特性包括原始设备制造商和机器型号、PC 架构以及原始设备制造商是否在制造过程中安装了 Windows 版本。

虽然 Windows 遥测数据为现场观测软件提供了一个独特的数据源，但面临用户是否参加 WAU 计划的问题。Windows 自动更新中的自我选择

---

① 在验证过程中，不会收集任何可用于标识单个用户的个人信息。有关详细信息，请参见 http：//www. microsoft. com/privacy/default. asp.

② 在 WAT 验证尝试期间，机器的地理位置是基于 Internet 协议（IP）地址构建的，IP 地址用于与微软建立连接，以便进行验证。为了保持匿名性，我们的数据集中只记录 IP 地址所在的城市和国家。

给我们的数据带来了两个不同的挑战。首先，Windows 企业客户和其他与微软签订批量许可合同的客户大多没有选择参与 WAU 计划，而是通过他们自己的 IT 部门管理更新 Windows（这个过程允许他们自行更新，包括一些专门为组织设计的更新）。虽然我们确实观察到少量报告批量许可证密钥的计算机，但是我们将这些计算机完全排除在我们的分析之外，以便对试图使用 OEM SLP 或零售产品密钥许可证进行验证的用户进行分析。[1] 从这个意义上说，我们的实证分析可以解释为对个人用户和组织在没有与微软直接签订任何合同的情况下的盗版行为审查。其次，盗版 Windows 的用户应该不太可能会加入自动更新程序。因此，前提是在使用 OEM SLP 或零售产品密钥验证的用户样本中，我们能够估算出整个计算机群体中盗版率的下限。

15.4.2 盗版的定义

使用 Windows 遥测数据记录的系统信息，我们能够检查是否存在能够为盗版提供明确证据的关键指标。我们采取保守的方法来定义每一项操作，以确保我们对盗版的整体定义只捕捉始终被认为是拥有明确盗版行为指标的计算机。与第 15.3 节中的讨论一致，如果符合以下一个或多个标准，我们会将计算机识别为不符合给定的验证检查：

• 对于那些已经完成原始设备制造商密钥验证的用户：

a. 与已知泄露和/或滥用密钥相关的机器，其中与密钥相关的原始设备制造商与计算机的原始设备制造商不匹配。

b. 产品密钥与其他机器级（machine-level）特性明显不匹配的计算机。

• 对于使用零售密钥验证的用户：

---

[1]　这样做有很多原因，最主要的原因是，由于 VL 协议的高度特殊性，很难确定是什么构成了被滥用的 VL 产品密钥。

已知泄露和/或滥用零售产品密钥，在机器级 WAT 群体数据集中有 100 多个观察到的副本。

这个定义验证了我们在第 15.3 节中强调的关键案例。例如，所有使用了"泄露"的联想产品密钥 Lenny 进行验证的计算机都将包含在这个定义中，因为这是一个已知的被泄露的密钥，不应该与任何计算机匹配。这也体现所有使用戴尔的 OEM（Sarah）验证方案的行为是试图在验证已经从工厂裸装运出的非戴尔计算机或戴尔计算机（两种情况下都不属于合法获得正版戴尔 OEM SLP 密钥）。类似地，对于任何专为 Windows XP 或 Vista 设计的机器（Windows 7 的 OEM 密钥从未被合法安装在该类计算机上），如有报告 OEM SLP Windows 7 的密钥，将被视为不合规。

因为我们观察了所有给定计算机尝试验证的完整历史记录（尽管每台计算机的数据都在显著的区域位置之外进行了匿名处理），所以我们将盗版定义为在给定计算机的所有尝试验证中持续存在的不兼容性。换句话说，如果一台计算机最初使用的是不符合要求的 Windows 版本，然后再使用正版软件的许可证密钥重新授权，根据整体定义，我们将该计算机定义为"正版"。因此，如果对于与该计算机相关联的每次验证，满足上述任何一条明确的违规标准，我们就将该计算机定义为盗版。

然后，我们形成了自己的关键性评测指标——"盗版率"，用给定区域内样本的所有计算机的盗版集合除以我们在该区域内观察到的计算机总数量（见表 15-1）。总体而言，以每个国家的计算机数量来衡量，总的盗版率略高于 25%；如果将我们样本中的 95 个国家中的每一个都作为单独的观察对象来测量，那么平均每个国家的盗版率略低于 40%。

15.4.3 计算机特性

我们能够在一个给定的国家内观察并汇总一些额外的机器特性。虽然关于是否盗版 Windows 和其他硬件，以及供应商选择的决定因素显然是内生的，但我们仍然认为，了解哪些类型的机器倾向（或排斥）于与盗版软件相关联是有用的。具体来说，我们定义了四个测量指标，我们认为这些指标能够有效地描述关键的计算机属性，并且在这些指标中，比较盗版率如何随着机器特性的不同而变化是很有用的。

- 前沿型号（Frontier Model）：在 Windows 7 发布后专门制造的机器类型，此指标值为 1。

- 领先制造商：根据在遥测机器群体中的市场份额确定前 20 家领先的原始设备制造商，此指标标注一台机器的生产商是否为排名前 20 位的原始设备制造商。

- 前沿架构：有 64 位 CPU 指令集（也称为 x86-64 处理器）的计算机，此指标值为 1。在我们的样本中，大约 63% 的计算机配备了 x86-64 处理器。

- 家庭高级版/专业版/旗舰版：此指标显示机器上安装的 Windows 7 版本是 Windows 家庭高级版、专业版还是旗舰版。

15.4.4 经济变量、制度变量和基础设施变量

当我们对样本中的每台计算机进行分类后，我们测量了样本中 95 个国家中的每一个国家的盗版发生率，然后将这些数据纳入一个由经济变量、制度变量和技术基础设施变量测量的国家级数据集。我们构建的国家层面的特征数据可分为三大类：（a）经济和人口因素；（b）制度质量；（c）技术和创新能力。变量名称、定义、均值和标准差见表 15-1。对于我们的基本经济指标和人口指标，如人均 GDP、当前通货膨胀率和人口，我们使用了国际货币基金组织（IMF）最近一年（多数情况下是 2012 年）的标准数据。每个国家的基尼系数都是从中央情报局的《世界概况》（World Factbook）中得出的，而衡量贷款利率的指标则是从经济学人智库（Economist Intelligence Unit）中得出的。

表 15-1　　　　　　　　　　　　　　　　　　统计概览

		国家层面 N=95	机器加权的国家层面 N=95
因变量			
盗版率	不合规（即盗版）机器的占比	0.38	0.25
	计算机特性		
前沿型号	Windows 7 现有型号	0.57	0.63
		(0.09)	(0.48)
领先制造商	机器是否为排名前 20 位（市场份额）的制造商生产的指标	0.75	0.80
		(0.12)	(0.40)
前沿架构	64 位 CPU 架构的指标	0.50	0.63
		(0.16)	(0.48)
Windows 旗舰版	机器是否为旗舰版的指标	0.40	0.25
		(0.20)	(0.43)
Windows 专业版	机器是否为专业版的指标	0.19	0.18
		(0.06)	(0.38)
Windows 家庭高级版	机器是否为家庭高级版的指标	0.41	0.58
		(0.19)	(0.49)
	经济、制度和人口指标		
人均 GDP	人均 GDP（IMF）	22 215.42	32 498.37
		(17 898.45)	(15 628.68)
基础竞争力指数	竞争力指数得分（Delgado et al., 2012）	0.22	0.55
		(0.78)	(0.76)
世界银行法治	世界银行法治指数	0.36	0.75
		(0.97)	(0.99)
定居者死亡率	欧洲定居者死亡率（Acemoglu et al., 2001）	111.96	39.12
		(298.43)	(107.39)
产权	遗产基金会产权指数	53.66	63.47
		(24.99)	(26.64)
基尼系数	收入不平等的基尼系数（2007 年中央情报局）	38.3	39.57
		(10.18)	(8.58)

		国家层面 N=95	机器加权的 国家层面 N=95
贷款利率	贷款利率（EIU）	8.83	7.38
		(5.93)	(7.72)
通货膨胀	CPI 一年的百分比变化	4.63	3.53
		(3.66)	(5.77)
人口（百万）	总人口（IMF）	61.32	167.52
		(189.35)	(219.43)
人口密度	每平方公里的人口数（WDI）	301.25	188.29
		1 021.36	(696.51)
创新和技术能力指标			
人均专利数量	USPTO 提交的每百万居民的专利数量	34.5	118.37
		(70.09)	(116.96)
宽带速度	每 100 兆比特的有线宽带速度（ICT/ITU）	4.96	6.73
		(12.84)	(16.98)
宽带月租费	有线宽带月租费（美元）（ICT/ITU）	24.15	24.12
		(11.47)	(10.07)
计算机	拥有电脑的家庭百分比（ICT/ITU）	54.07	66.94
		(27.30)	(22.08)
互联网	接入互联网的人口比例	52.21	65.72
		(23.99)	(20.74)

注：除 2008 年计算的取自中央情报局《世界概况》的基尼系数外，除非另有说明，我们互联网采用样本期内（2011—2012 年）所有指标的平均值。USPTO 是指美国专利商标局。

然后，我们纳入了关于衡量国家整体"制度质量"的四种不同指标。第一个衡量标准是在 Delgado 等人（2012）的研究上提出的基础竞争力，Delgado 等人制定了一项多属性测量方法，该方法捕捉了一系列显著的因素，这些因素有助于确定一个国家的微观经济环境的基本质量以及社会和政治机构的质量。基础竞争力包含了大量在国家层面关于制度质量长期驱动因素的前人研究成果，并反映了不同国家在其制度环境中的差异，这种差异与观察到的人均国内生产总值水平是有区别的（Delgado et al. 2012）。我们还纳入两个额外的当代制度质量指标，包括作为世界银行营商指标的一部分而制定的法治指数（Kaufmann、Kraay and Mastruzzi 2009），以及由传统基金会制定的产权指数。最后，在 Acemoglu、Johnson 和 Robinson（2001）研究的基础上，我们使用定居者死亡率（19 世纪初测量结果）来代表长期制度质量的历史起源。欧洲定居者低死亡率的大环境导致投资在更具包容性的制度方面的资金不断上涨，从而形成一条历史性的通路，随着时间的推移，这些制度会变得更加具有包容性。因此，我们能够研究在特定地点产生制度的相关历史条件，将如何影响今天的盗版率。值得注意的是，所有这些措施都是高度相关的，我们的目标不是区分它们对盗版的影响。相反，我们将评估这些措施中的每一项与盗版的相关性，特别是考虑这种包容性是否会降低当代经济指标（如人均 GDP 或基尼系数）的相对显著性。

　　最后，我们使用了一些衡量国家技术和创新能力的指标。在电信基础设施方面，我们选取了两种不同的宽带基础设施进行实验（来自国际电信联盟），包括宽带速度和宽带月租费。我们还调查了信息技术和互联网基础设施的替代措施，包括拥有电脑的家庭比例和能够接入互联网的人口比例。有趣的是，为了评估盗版操作系统的发生率，我们认为与宽带连接的方式可能是非常重要的，因为下载盗版 Windows 7 所需的大型文件需要较低的成本和快速的宽带连接。尽管进行了大量的尝试，我们最终还是使用了美国专利商标局提交的人均专利数量作为衡量一个经济体创新方向的标准（其他方法所产生的结果是类似的）。

15.5 实证结果

我们的分析分四个步骤进行。首先，我们研究了数据中的一些比较普遍的模式，重点介绍了盗版 Windows 7 的性质和在世界各地的分布情况。然后，我们考察了经济环境和制度环境对盗版的影响，既进行了跨国比较，也考察了国内外城市中的一些细节问题。我们还简要研究了盗版率如何随着不同的机型和计算机特性产生变化，以便揭示一些潜在的机制，这些机制是个人在不同环境和特定环境中盗版行为的潜在差异。最后，我们进行了一项初步测评，用以评估一些反盗版执法工作对我们在数据中观察到的盗版率的短期影响，反盗版执法工作包括封锁文件共享网站海盗湾等。

15.5.1 盗版的性质和发生率

我们从图 15-1 开始分析盗版是如何发生的，重点关注盗版计算机中各个产品密钥的发生率。结果令人吃惊。与我们在第 15.3 节中的定性讨论结论一致，大量可观察到的盗版与相对较少的产品密钥相关联。排名前五位的密钥占我们数据中盗版率的 10% 以上，超过 90% 的盗版率由前十二个产品密钥占据。至少在一定程度上，这种极端的集中现象和全球盗版与用户社区相关的观点是相互呼应的：用户社区提供与单个产品密钥相关的易于遵循的指令，因此用户之间在精确的盗版"路径"上存在相似性。当然，专注于单个产品密钥的执法工作，很可能只会使潜在的盗版者转向其他潜在的密钥（而且会出现一些网站来帮助完成这一过程）。

我们继续描述图 15-2A 和图 15-2B 的概况，其中我们按原始设备制造商（OEM）类型和计算机型号确定了盗版发生的范围。在图 15-2B

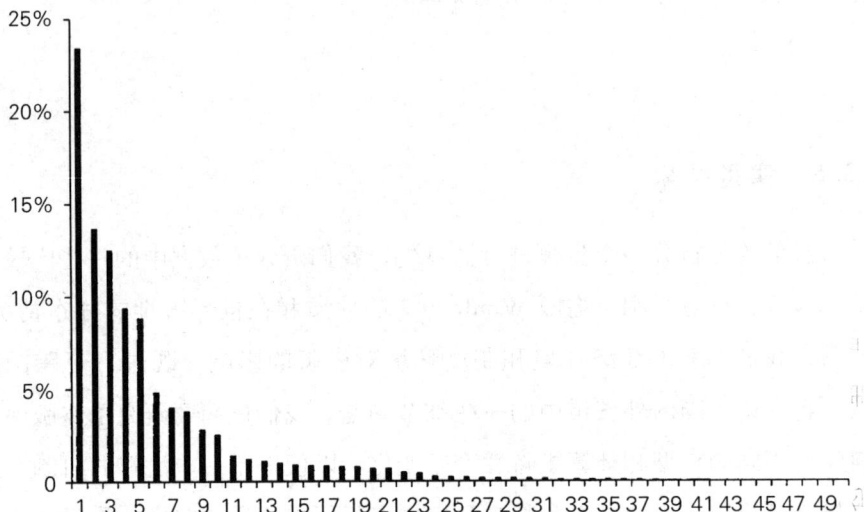

图 15-1　单个产品密钥盗版占总体盗版的百分比

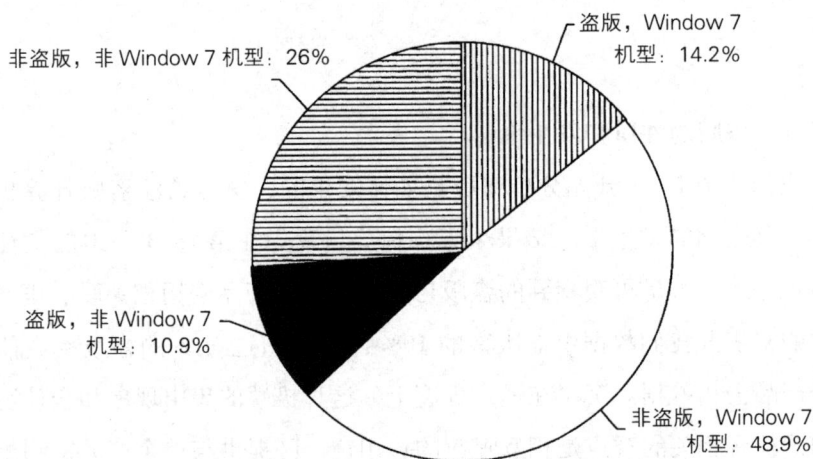

图 15-2A　盗版和 Windows 7 机型：机器所占的份额

中，我们研究了盗版率如何随着计算机与技术领先的原始设备制造商而发生变化。一方面，从"边缘"厂商而不是先进原始设备制造商出货的计

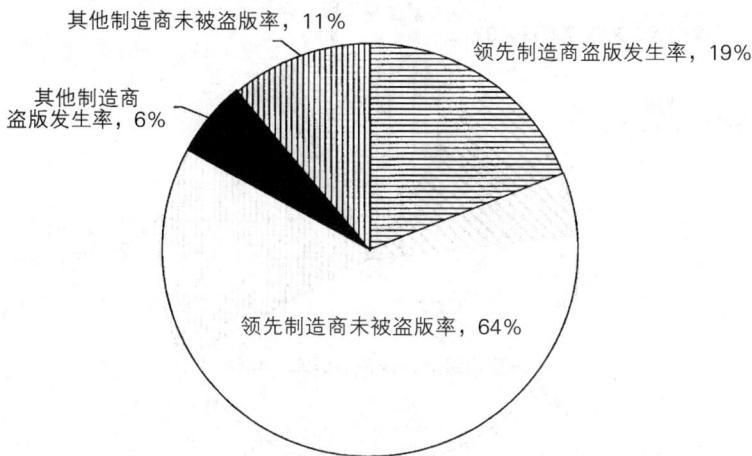

其他制造商未被盗版率，11%

领先制造商盗版发生率，19%

其他制造商
盗版发生率，6%

领先制造商未被盗版率，64%

图 15-2B　盗版和主要制造商：机器所占的份额

算机中，盗版率会高得多。但是，这也仅仅占整个样本的一小部分（不到 20%）。换句话说，尽管技术领先的原始设备制造商生产的机器中盗版的发生率要低得多，但大部分盗版都与它们生产的计算机有关。类似地，图 15-2B 描述了盗版率的变化是如何受特定型号的计算机所影响的，即计算机是在 Windows 7 发布之前还是之后被盗版的。在所观察的 Windows 7 拷贝件中，略超 1/3 的拷贝件与 Windows 7 推出之前生产的计算机有关，同样也可能与那些进行 Windows Vista（或更早版本的 Windows）"升级"的计算机有关。有趣的是，与系统升级相关的计算机盗版率仅略高于 Windows 7 推出后生产的计算机（29%：22%）。

最后，不同的 Windows 版本的盗版发生率也存在显著差异。与 Windows 家庭高级版相关的盗版率比较低，超过 70% 的盗版率与 Windows 旗舰版有关，而且令人惊讶的是，所观察到的近 70% 的 Windows 旗舰版拷贝件都是盗版（图 15-3）。大多数的 Windows 盗版与非技术先进的制造商生产的计算机相关，并且在选择盗版的情况下，用户会安装最高级版本的 Windows 软件。

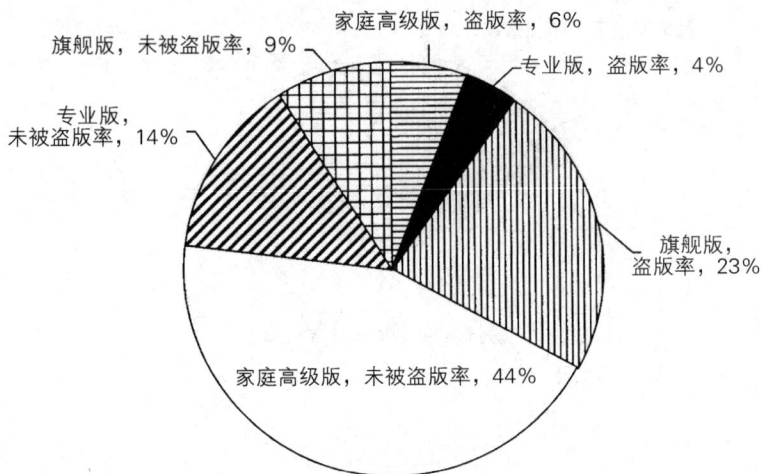

图 15-3　盗版和 Windows 7 版本：机器共享

15.5.2　在经济、制度和技术方面影响盗版软件的决定因素

现在我们将系统地研究盗版率如何随地区而变化（其驱动因素是下一节中我们回归分析的重点）。图 15-4A 和图 15-4B 突出显示了区域和国家之间非常显著的差异。日本的盗版率低于 3%，而拉丁美洲的盗版率平均为 50%。有趣的是，除日本外，还有许多以英文为通用语言的发达国家，它们的盗版率在全球是最低的，如美国、加拿大、澳大利亚和英国。另一个极端的例子是美国佐治亚州，在那里所观察到的盗版率接近 80%。另一方面，俄罗斯、巴西等一些大型新兴国家的盗版率都接近 60%。最后，值得注意的是，一些比较"富裕"的国家（如韩国和以色列）的盗版率处于 30%～40% 之间。正如图 15-5 所强调的（该图简单地绘制了各国盗版率与人均 GDP 的关系），盗版与国家总体经济情况之间存在着一种干扰程度较高的负相关关系。

这些显著的相关性为我们在表 15-2 中进行系统的验证奠定了基础。我们从表 15-2 第（1）栏开始进行了一个简单的回归分析，它记录了图 15-5 所示的关系——盗版率与人均 GDP 之间存在负相关关系。然而，正

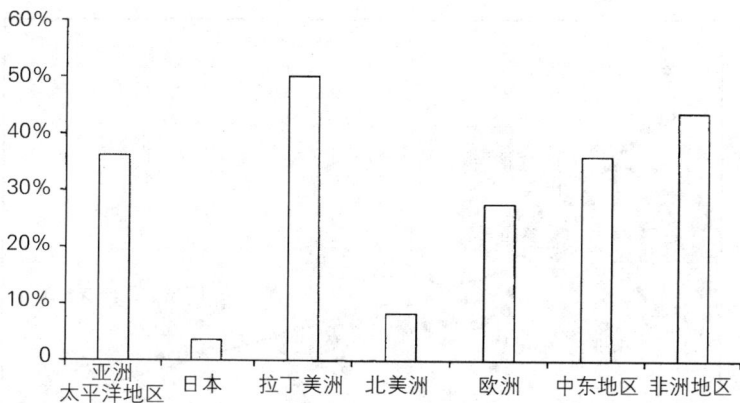

图 15-4A　地区盗版率

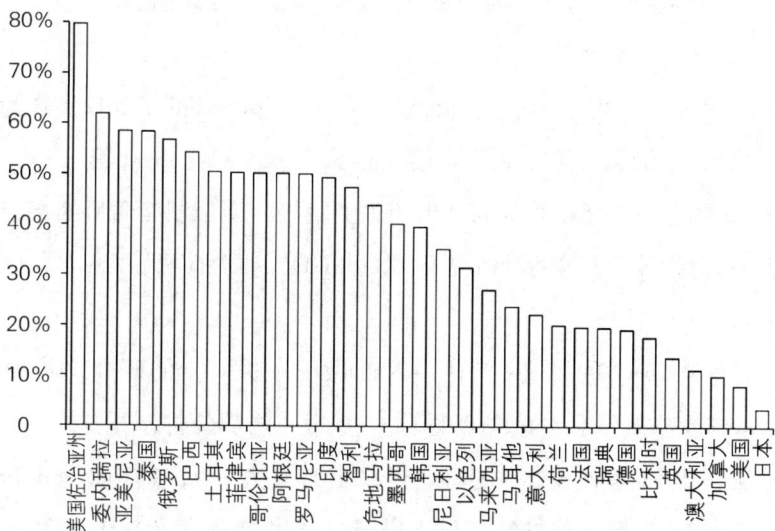

图 15-4B　Windows 7 盗版率较高的国家（或地区）

如我们在第 15.3 节中讨论的，盗版率和人均 GDP 之间的关系是微妙的：这种关系是由贫穷国家的制度环境较差（因此更有可能从事盗版活动）的事实推动的，还是反映了机会成本或价格敏感性方面的差异？为了进一步了解这些影响，我们提出了一套分析盗版率与国家制度质量相关的简单措施。

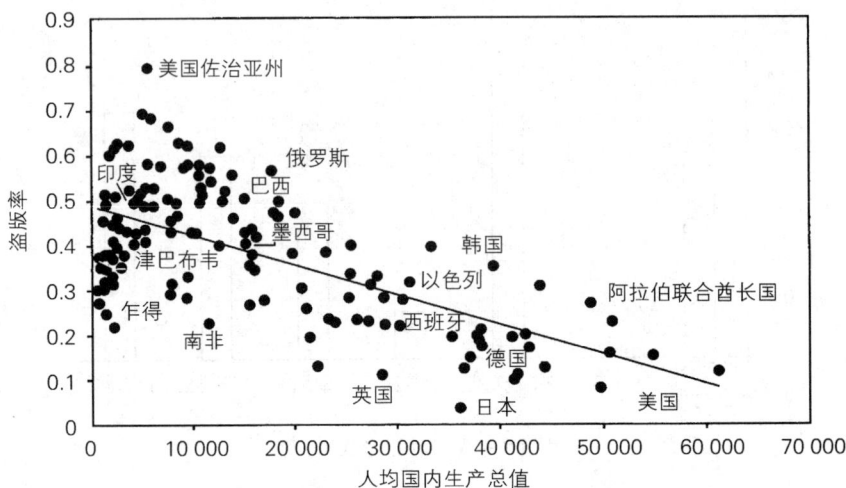

图 15-5　人均国内生产总值与国家（地区）层面的盗版率

在表15-2 第（2）栏中，我们将基础竞争力（Delgado et al. , 2012）作为整体的综合指标，它汇总了多项制度环境的相关指标，在表 15-2 第（3）栏中，我们更注重的是一个简单明确的（但也许更直接）衡量制度质量的指标，即世界银行法治指数。在这两种情况下，人均 GDP 系数都下降了一半，仅与零略有差异。

我们在表 15-2 的第（4）栏中对此做出了进一步的研究，其中包括对电信基础设施质量和经济创新导向程度的一些额外控制措施。一方面，与早期强调电信基础设施对盗版重要性的研究一致（Goel and Nelson 2009），随着宽带接入价格的变化，以及平均宽带速度（并未显著）的提高，盗版率正在下降。这两个指标的相对显著性依赖于精确的规范性（并且它们总是显著地不同于零）。另一方面，整体分析表明盗版对下载和管理大型文件的能力很敏感，该结果与假设"利用宽带下载盗版内容是 Windows 盗版发生的主要渠道"是一致的。人均专利盗版率也在下降——在创新导向较高、速度较快的国家，消费者和企业的盗版率较低。在未发表的回归分析中，我们发现"创新环境"的一些替代指标与盗版存在负相关关系（例如，整体研发预算的衡量标准及创新能力的各种指标）。然而，我们无法区分衡量像地区创新方向这样宽泛的指标与人均专利等单一指标的效果。最后，采购和购买的电脑是一项资本货物。在贷款利率较高的国家，观察到的盗版率也较高（这一结果对于使用实际贷款利率而不是名义贷款利率也很有说服力）。也许最重要的是，一旦控制了这些对盗版率的直接影响（以及各种各样的规范，包括这些类型的测量指标的一个子集或变体），人均 GDP 是比较小的指标，并且影响也很小。

表 15-2　　　　　软件盗版与经济、制度和基础设施环境

	Windows 7 盗版率			
	1	2	3	4
Ln（人均 GDP）	-0.151***	-0.082***	-0.061***	-0.026
	(0.014)	(0.021)	(0.018)	(0.02)
竞争指数		-0.096***		-0.039***
		(0.017)		(0.019)
世界银行法治指数			-0.097***	
			(0.014)	
Ln（人均专利）[a]				-0.023***
				(0.007)
Ln（宽带下载速度）				0.008
				(0.009)
Ln（宽带月租费）				-0.087***
				(0.026)
贷款利率				0.005***
				(0.001)
观察数量	95	95	95	95
R^2	0.599	0.674	0.708	0.762

注：括号内是稳健标准误差。

[a]Ln（人均专利）此处的定义为 Ln（1+人均专利）。

*** 显著性水平为 0.01。

** 显著性水平为 0.05。

* 显著性水平为 0.10。

表 15-2 的结果提供了启发性的证据，表明盗版率是由国家的制度和技术属性驱动的，而不是由收入本身驱动的，其中最重要的是，这些国家是否拥有支持产权和创新的相关制度。在较贫穷的国家中这类制度环境大多都是不完善的（Hall and Jones，1997；以及其他一些人），而且据观察，此类制度环境对盗版水平的影响比收入水平更大。我们在表 15-3 中探讨了这一核心发现的可靠性，我们测试了几种获取基本制度环境的替代方法，并评估了一旦采用这些措施后，人均 GDP 对盗版的影响。在表 15-3 第（1）和第（2）栏中，我们分别简单地用世界银行法治指数和传统基金会产权指数取代了基本竞争力指数。在这两种情况下，结果的总体格局仍然相同，人均国内生产总值的系数仍然很小，结果在统计上不显著。在表 15-3 的第（3）栏和第（4）栏中，我们将重点放在 Acemoglu、Johnson 和 Robinson（2001）的研究强调的国家集上，从而进一步展开了该分析。Acemoglu、Johnson 和 Robinson 认为，单个国家的殖民起源对制度质量产生了长期影响，他们特别强调了定居者死亡率（从 19 世纪中期开始）可代表当代制度质量的"深层"起源。我们通过直接引入定居者死亡率的方法来验证这一想法。虽然样本量大大减少（我们只剩下 43 个国家的观察结果），但结果的整体模式得以维持，并且有一些（嘈杂的）证据表明定居者死亡率本身与盗版率呈正相关关系（因为高定居者死亡率与制度环境长期不完善有关）；最值得注意的是，在表 15-3 的第（3）栏和第（4）栏中，人均 GDP 系数仍然很小而且并不显著。

我们通过一些案例研究进一步分析了这些观点，这些案例中所有城市的收入水平大致相同，但位于制度环境差异较大的不同国家。根据布鲁金斯全球地铁监测项目（Brookings Global Metro Monitor Project）的城市人均 GDP 数据，我们确定了四个收入水平相似的城市，但制度环境质量（由世界银行法治指数衡量）存在差异（见表 15-4）。最后的分析结果是惊人的。一个特别引人注目的例子可以从俄罗斯莫斯科和澳大利亚悉尼之间得出，这两个城市的"繁荣程度"差异相对较小，但观察到的盗版率相差近 4 倍。虽然这些例子只是为了使我们的回归分析结果更系统，但我们认为这种基于各国间不同 GDP 和制度环境的区域分析方法提供了一种非常有意义的研究方向，它为分析盗版的驱动因素提供了一种更细致的研究方法。

表 15-3　　　　　　　　　　　　制度质量的替换方法

	Windows 7 盗版率			
	1	2	3	4
Ln（人均 GDP）	−0.015	−0.018	−0.019	−0.006
	（0.018）	（0.017）	（0.039）	（0.039）
世界银行法治指数	−0.074 ***			
	（0.021）			
Ln（人均专利）[a]	−0.013	−0.016 **	−0.022	−0.023
	（0.009）	（0.008）	（0.014）	（0.01）
Ln（宽带下载速度）	0.013	0.014	4e-4	0.005
	（0.009）	（0.009）	（0.015）	（0.014）
Ln（宽带月租费）	−0.087	−0.076 ***	−0.106 **	−0.122 ***
	（0.025）	（0.024）	（0.045）	（0.045）
贷款利率	0.005 ***	0.005 ***		0.005 ***
	（0.001）	（0.001）		（0.002）
产权指数		−0.003 ***		
		（0.001）		
定居者死亡率			0.45 *	0.04
			（0.026）	（0.027）
观察数量	95	93	43	43
R^2	0.786	0.79	0.664	0.694

注：括号内是稳健标准误差。

[a] Ln（人均专利）此处的定义为 Ln（1+人均专利）。

*** 显著性水平为 0.01。

** 显著性水平为 0.05。

* 显著性水平为 0.10。

图 15-6 通过绘制实际盗版率与预测盗版率之间的关系（表 15-2 第
（4）栏中估算），使分析更加清晰。几个盗版率高且公众对盗版问题高度
关注的国家（如巴西），其盗版率仅略高于其"基本面"预测的水平。主
要的英语国家和日本的盗版率很低，甚至比模型预测的数值还要低。最
后，需要强调一些比较显著的异常值：新西兰的盗版率远远低于对可观测
因素的预测结果，而韩国的盗版率远远高于对可观测因素的预测结果。总
的来说，我们的研究结果表明，在不同国家观察到的盗版行为的巨大差异
反映了系统性和特殊性因素的综合作用。

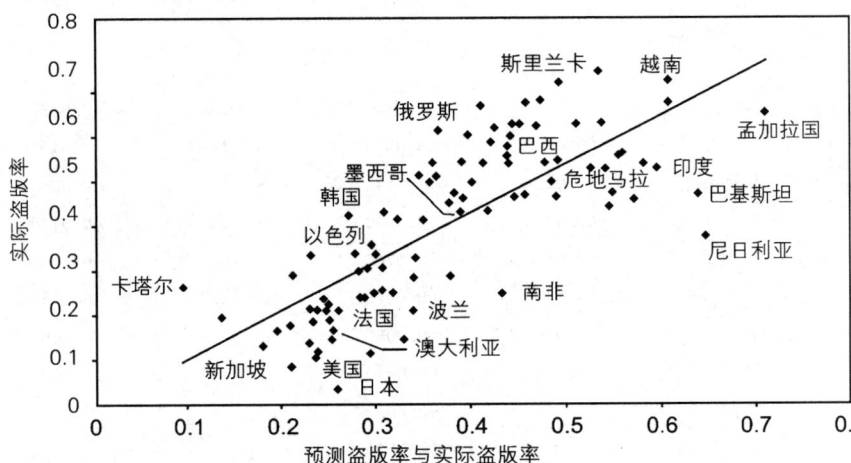

图 15-6　预测盗版率与实际盗版率

表 15-4　城市对比：世界银行法治指数和人均 GDP 在盗版率上的对比

组对	城市	国家	人均 GDP（千美元，购买力平价指数）	世界银行法治指数	盗版率
1	吉隆坡	马来西亚	23.9	0.51	0.29
1	圣保罗	巴西	23.7	0.013	0.55
2	莫斯科	俄罗斯	44.8	-0.78	0.56
2	悉尼	澳大利亚	45.4	1.77	0.15

最后，在表15-5中，我们研究了其他一些潜在的盗版驱动因素，这些因素在前人的文献中已经讨论过。例如，在表15-5第（1）栏和第（2）栏中，我们研究了人口和人口密度的措施，而在表15-5第（3）栏中，我们研究了国家收入差距水平。加入这些指标对我们早期的调查结果没有实质性影响，估计只会产生一些微不足道的影响。当我们把互联网普及率或通货膨胀率计算在内时，也会发现类似的情况。由于数据集的规模很小，因此无法对这些额外因素的相对重要性得出确切的结论，整体结果模式表明，软件盗版率与制度和技术环境的基本特征密切相关，并不主要由收入或收入不平等的指标所驱动。

表 15-5　　　　　　　　　　其他潜在的盗版驱动因素

	Windows 7 盗版率				
	1	2	3	4	5
Ln（人均 GDP）	−0.025	−0.028	−0.026	−0.012	−0.025
	(0.02)	(0.02)	(0.026)	(0.024)	(0.02)
竞争指数	−0.039	−0.034*	−0.052**	−0.032	−0.036*
	(0.019)	(0.02)	(0.022)	(0.021)	(0.019)
Ln（宽带下载速度）	0.008	0.01	0.009	0.01	0.008
	(0.009)	(0.009)	(0.01)	(0.009)	(0.009)
Ln（宽带月租费）	−0.087***	−0.094***	−0.09***	−0.087***	−0.087***
	(0.026)	(0.027)	(0.027)	(0.025)	(0.026)
Ln（人均专利）[a]	−0.023***	−0.024***	−0.02*	−0.022***	−0.023***
	(0.007)	(0.007)	(0.01)	(0.007)	(0.007)
贷款利率	0.005***	0.005***	0.005***	0.005***	0.005***
	(0.001)	(0.001)	(0.002)	(0.001)	(0.002)
Ln（人口）	3e-4				
	(0.007)				
Ln（人口密度）		−0.009			
		(0.006)			
基尼系数			2e-4		
			(0.001)		
互联网				−0.001	
				(0.001)	
通货膨胀					0.002
					(0.003)
观察数量	95	95	85	95	95
R^2	0.762	0.767	0.769	0.764	0.762

注：括号内是稳健标准误差。

[a]Ln（人均专利）此处的定义为 Ln（1+人均专利）。

*** 显著性水平为 0.01。

** 显著性水平为 0.05。

* 显著性水平为 0.10。

15.5.3　盗版率与计算机特性的关系

虽然本章分析的重点是经济、制度和技术环境对一个国家盗版率的影响，但本章的分析对于探讨一个国家内的盗版构成也是有用的，尤其是检查盗版与用户购买或升级计算机中其他元素之间的关系。为此，我们重新更新了数据集以捕捉某国家某种"类型"计算机的盗版程度（例如，在引入 Windows 7 之后由技术先进的原始设备制造商生产的计算机的盗版率）。因此，我们能够研究不同计算机群体的盗版率如何变化，我们还通过控制国家的固定效应来控制总盗版率中各国盗版率的不同。我们对回归分析进行加权计算，使每个国家的权重相等，并根据每个国家人口所占的份额对每个计算机类型进行加权，结果见表 15-6。首先，与我们在图 15-2A、图 15-2B 及表 15-6 第（1）栏和第（2）栏中提出的全球平均值一致，结果显示了由边缘制造商或组装商生产的机器的盗版率要高得多，而不是在 Windows 7 推出后生产的计算机，明确同意升级（即从 Windows Vista 升级）的计算机的盗版率更高。更有趣的是，这两个计算机特性之间有很强的交互作用。从本质上说，盗版率最高的是由边缘制造商或组装商生产的老机器（即非 Windows 7 型号）。这种核心交互模式对于包含或排除各种控制是有利的，包括控制计算机是否具有前沿硬件（即 64 位与 32 位微处理器）以及是否安装精确版本的 Windows。值得注意的是，与我们之前的描述性统计数据一致，使用 Windows 专业版和 Windows 旗舰版的计算机盗版率要高得多。鉴于所有 Windows 版本都具有全球可用性，盗版者选择安装最高级别的软件也是合理的。

表 15-6　　　　　　　　　　　盗版率与计算机特性

	Windows 7 盗版率			
	1	2	3	4
OEM 领先制造商	−0.391 ***		−0.274 ***	−0.234 ***
	(0.011)		(0.011)	(0.009)
Windows 7 模型		−0.227 ***	0.003	−0.005
		(0.008)	(0.011)	(0.008)
OEM 领先[a]的 Windows 7 模型			−0.180 ***	−0.047 ***
			(0.013)	(0.009)
前沿架构				−0.094 ***
				(0.005)
Windows 专业版				0.048 ***
				(0.008)
Windows 旗舰版				0.426 ***
				(0.07)
观察数量	4 518	4 518	4 518	4 518
R^2	0.487	0.360	0.534	0.862

注：括号内是稳健标准误差。

[a]Ln（人均专利）此处的定义为 Ln（1+人均专利）。

*** 显著性水平为 0.01。

** 显著性水平为 0.05。

* 显著性水平为 0.10。

15.5.4　反盗版执法工作对盗版软件的影响

　　最后，我们利用数据的时间序列变化，直接调查最著名的反盗版执法行动对同期的 Windows 7 盗版率的影响。具体来说，在我们的 2011 年和 2012 年的样本期间，一些国家对海盗湾共享网站实施了禁令。海盗湾是互联网上盗版数字媒体的最大来源。虽然这种政策性干预具有内生性（禁令是因盗版受到广泛关注而出现的），但干预实施的确切时间可以说与 Windows 7 盗版率尤其是其随时间的变化无关，因此，研究打击盗版的执法水平上的变化如何影响 Windows 7 软件盗版率是有意义的。

我们研究了不同国家对非法共享网站的三种干预措施：2012 年 6 月的英国、2012 年 5 月的印度，以及 2011 年 5 月的芬兰。对于每个国家，我们定义了一个可以用作对等国家的"对照组"，对照组可以用于对比盗版的预干扰水平以及在地理和文化方面是否具有相似性，任何未观察到的冲击对实验和控制国家都可能是常见的。英国的对照组由法国和爱尔兰组成；对于印度，我们既选择了地理上较近的国家，如孟加拉国和巴基斯坦，也选取了金砖四国（巴西、俄罗斯、印度和中国）作为对照组；而对于芬兰，我们选择了斯堪的纳维亚（半岛）作为对照组。对于每个国家干预前后的每个月，我们计算在当月遥测数据中首次观察到的计算机的盗版率。因此，我们能够跟踪每个国家最"新"的盗版率。如果海盗湾共享网站被限制对软件盗版产生了很大的影响，我们应该观察到那些受限制影响的国家的新盗版率的下降（相对于控制国家的趋势），至少会出现暂时的下降。图 15-7A、图 15-7B 和图 15-7C 给出了结果。在所有三种干预措施中，执行对海盗湾共享网站的限制措施之后，无论是从绝对水平还是相对于控制国的发展趋势来看，盗版率似乎都没有显著下降。我们无法找到这些干预措施产生的数量上或统计学上的显著差异。这种"不显著"表明，至少对于盗版操作系统而言，主要关注供应方的执法效应可能并不明显；或许有太多盗版 Windows 的替代来源，使盗版用户社区足够普遍，足以在执法工作面前为潜在的盗版者提供新的盗版途径。

15.6　总结

本章的主要贡献是对软件盗版进行了一次大规模的观察性研究。通过实验结构分析形成了一个探索性的实践，但即使我们取得了最可靠的实证

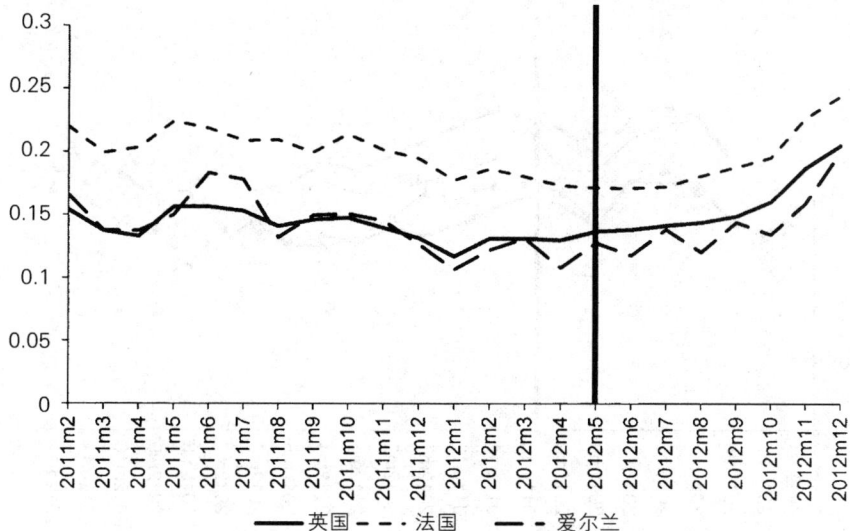

图 15-7A　英国盗版率（禁令生效日期：2012 年 6 月）

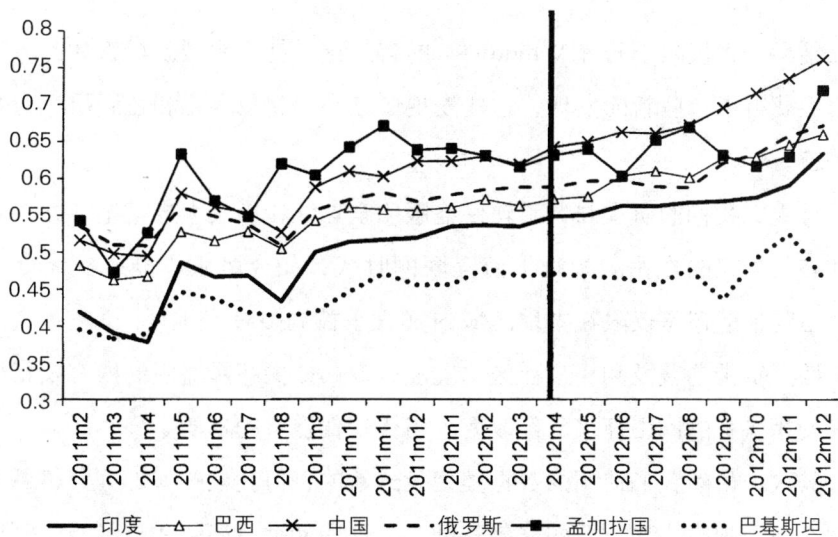

图 15-7B　印度盗版率（禁令生效日期：2012 年 5 月）

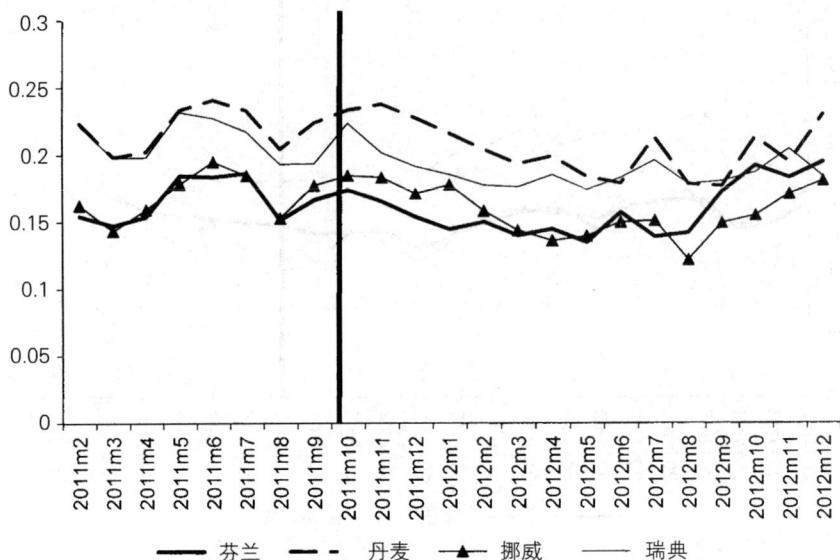

图 15-7C　芬兰盗版率（禁令生效日期：2011 年 11 月）

研究结果，也仅限于研究 Windows 7 的盗版这一特定领域。尽管如此，我们已经获得了一些新的发现，这些发现应该会引起数字化和盗版研究人员的兴趣。

首先，我们的研究强调了软件盗版的全球性，以及大规模全球共享软件和盗版协议的作用。相对于前互联网时代，如今盗版可能确实无处不在，但其扩散还是仅限在本地区域内（几乎被局限在当地地区）。互联网的扩散、宽带的普及和用户社区的发展、专门提供解释盗版的内容及指导如何使用盗版的网络环境已经改变了当代软件盗版的本质。

其次，虽然我们使用的数据类型是最新的，但我们的大部分分析都是建立在一个规模小而重要的文献基础上，这些文献将盗版率与经济、制度和技术环境联系起来。在某种程度上，我们使用观察数据所得到的发现与之前的文献基本一致；但是，我们的分析让我们澄清了一个关键的实证性区别：至少在我们目前研究的背景下，与盗版联系更紧密的是制度环境的质量，而不是收入本身。这一发现非常有意义，因为反对版权执法的关键是版权执法可能会涉及对收入水平的歧视。通过比较收入水平相似但位于不同制度环境国家的城市间盗版率的差异，可以明显地看出制度质量和收入对盗版率的影响是有区别的。虽然我们只对此类区别进行了少量的对比研究，但我们对城市的探索性研究表明，未来的研究方向会使我们的论点更加清晰：处于不同收入水平但制度环境相似的城市间的盗版率与具有相同收入水平但制度环境不同的城市盗版率更为相似吗？最后，我们的观测数据使我们能够直接评估最引人注目的执法行动对盗版的影响——各国在过去几年中对访问海盗湾共享网站进行了限制。通过一系列不同的实验，以及对一些替代控制组的研究，我们依旧无法确定这些执法工作对 Windows 7 盗版率的实际影响。虽然这种执法工作可能对其他类型的盗版（如电影或音乐）产生积极的影响，但供应方的执法行动尚未有效遏制操作系统方面的大规模盗版。

　　总体来说，我们的分析强调了利用新类型数据的潜在价值，这些数据能够以直接的方式被动捕捉用户行为。通过观察用户对安装软件的类型所做的实际选择（在哪里安装以及与什么类型的机器配置相结合），我们的分析为软件盗版的性质和发生率提供了新的见解。总之，我们的结果与之前的研究结果是一致的，如商业软件联盟（BSA）所做的那些研究表明，软件盗版率是一个庞大且有意义的经济现象。我们的研究结果表明，这些早期的研究结果不仅仅是 BSA 方法所得到的结果，同时也反映了潜在的现象。特别重要的是，因为美国的盗版率极低，因此有关盗版的说法常常遭到一些人的怀疑。我们的直接观察方法不仅进一步说明了这些早期的研究结果，而且能够使我们以一种可能会对今后的政策和实践的方向产生指导意义的方式记录盗版的性质和驱动因素。

参考文献

Acemoglu, D., S. Johnson, and J. Robinson. 2001. "The Colonial Origins of Comparative Development: An Empirical Investigation." *American Economic Review* 91 (5): 1369–401.

American Heritage Dictionary, 4th Ed. 2000. "Software Piracy." Boston: Houghton Mifflin.

Andres, A. R. 2006. "Software Piracy and Income Inequality." *Applied Economics Letters* 13: 101–05.

Banerjee, D., A. M. Khalid, and J. E. Strum. 2005. "Socio–Economic Development and Software Piracy: An Empirical Assessment." *Applied Economics* 37:2091 –97.

Bezmen, T. L., and C. A. Depken. 2006. "Influences on Software Piracy: Evidence from Various United States." *Economics Letters* 90:356–61.

Burke, A. E. 1996. "How Effective are International Copyright Conventions in the Music Industry?" *Journal of Cultural Economics* 20:51–66.

Business Software Alliance (BSA). 2011. "Ninth Annual BSA Global Software 2011 Piracy Study." http://globalstudy.bsa.org/2011/.

Central Intelligence Agency. 2007. *The World Factbook* 2008. New York: Skyhorse Publishing.

CNET. 2009a. "Microsoft Acknowledges Windows 7 Activation Leak." News by Dong Ngo. http://news.cnet.com/8301–10805_3–10300857–75.html.

——.2009b. "Microsoft Windows 7." Online Professional Review. http://reviews.cnet.com/windows/microsoft–windows–7–professional/4505–3672_7–33704140–2.html.

Conner, K. R., and R. P. Rumelt. 1991. "Software Piracy: An Analysis of Protection Strategies." *Management Science* 37 (2): 125–37.

Danaher, B., M. D. Smith, and R. Telang. 2014. "Piracy and Copyright Enforcement Mechanisms." In *Innovation Policy and the Economy*, vol. 14, edited Josh Lerner and Scott Stern, 24–61. Chicago: University of Chicago Press.

Delgado, M., C. Ketels, E. Porter, and S. Stern. 2012. "The Determinants of National Competitiveness." NBER Working Paper no. 18249, Cambridge, MA.

Goel, Rajeev, and M. Nelson. 2009. "Determinants of Software Piracy: Economics, Institutions, and Technology." *Journal of Technology Transfer* 34 (6): 637–58.

Gopal, R. D., and G. L. Sanders. 1998. "International Software Piracy: Analysis of Key Issues and Impacts." *Information Systems Research* 9 (4): 380–97.

——.2000. "Global Software Piracy: You Can't Get Blood Out of a Turnip." *Communications of the ACM* 43 (9): 82–89.

Greenstein, S., and J. Prince. 2006. "The Diffusion of the Internet and the Geography of the Digital Divide in the United States." NBER Working Paper no. 12182, Cambridge, MA.

Hall, Robert E., and Charles I. Jones. 1997. "Levels of Economic Activity across Countries." *American Economic Review* 87 (2): 173–77.

Kaufmann, D., A. Kraay, and M. Mastruzzi. 2009. "Governance Matters VIII: Aggregate and Individual Governance Indicators, 1996–2008." World Bank Policy Research Working Paper no. 4978, World Bank.

Landes, W M. and R. A. Posner. 1989. "An Economic Analysis of Copyright Law." *Journal of Legal Studies* 18:325–66.

Marron, D. B., and D. G. Steel. 2000. "Which Countries Protect Intellectual Property? The Case of Software Piracy." *Economic Inquiry* 38:159-74.

Merrill, S., and W. Raduchel. 2013. *Copyright in the Digital Era: Building Evidence for Policy.* Washington, DC: National Academic Press.

Meurer, M. J. 1997. "Price Discrimination, Personal Use and Piracy: Copyright Protection of Digital Works." *Buffalo Law Review.* https://ssrn.com/abstract=49097.

Microsoft. 2009. "Announcing the Windows 7 Upgrade Option Program & Windows 7 Pricing-Bring on GA!" Windows 7 Blog by Brandon LeBlanc. http://blogs.windows.com/windows/archive/b/windows7/archive/2009/06/25/announcing-the-windows-7-upgrade-option-program-amp-windows-7-pricing-bring-on-ga.aspx.

My Digital Life. 2013. "Windows Loader: Current Release Information." Forum. http://forums.mydigitallife.info/threads/24901-Windows-Loader-Current-release-information.

Oberholzer-Gee, F., and K. Strumpf. 2010. "File Sharing and Copyright." In *Innovation Policy and the Economy*, vol. 10, edited by Josh Lerner and Scott Stern, 19-55. Chicago: University of Chicago Press.

Oz, S., and J. F. Thisse. 1999. "A Strategic Approach to Software Protection." *Journal of Economics and Management Strategy* 8 (2): 163-90.

Peace, A. G., D. F. Galletta, and J. Y. L. Thong. 2003. "Software Piracy in the Workplace: A Model and Empirical Test." *Journal of Management Information Systems* 20 (1): 153-77.

Reddit. 2013. "Is Anyone Using a Pirated Copy of Windows 7 or 8?" Reddit Thread. http://www.reddit.com/r/Piracy/comments/1baus9/is_anyone_using_a_pirated_copy_of_windows_7_or_8/.

Silva, F., and G. B. Ramello. 2000. "Sound Recording Market: The Ambiguous Case of Copyright and Piracy." *Industrial and Corporate Change* 9:415-42.

Waldfogel, J. 2011. "Bye, Bye, Miss American Pie? The Supply of New Recorded Music since Napster." NBER Working Paper no. 15882, Cambridge, MA.

评论

Ashish Arora[1]

数字经济的发展也助长了对未经授权非法使用数字商品的势头。现有的文献倾向于关注这样一个问题，即某个特定的盗版行为，像未授权使

---

① Ashish Arora 是杜克大学 Fuqua 商学院的 Rex D. Adams 讲座工商管理教授，是国家经济研究局的副研究员。

关于致谢、研究支持来源以及作者或作者的重要财务关系披露（如有），请参阅 http://www.nber.org/chapters/c13127.ack。

用，是否是一种纯粹的社会"不良"行为（例如，它是否是一种事实上的价格歧视形式），或者特定类型执法工作的有效性是多少。一些研究确实提供了对盗版程度的预测，但结果并不可信，因为这些研究都与宣传活动有关，而且研究方法本身存在缺陷，所使用的假设也不可信。宽带技术的兴起使问题变得更加突出，因为这使得发布数字产品（包括盗版产品）变得更加容易。Athey 和 Stern 的重要贡献在于他们提供了合理的测量方法以试图去解决问题。

本章的一项重要贡献是更注重于测量的准确性。即使有了新技术，微软可以通过该技术辨别产品的使用是否是通过授权密钥进行授权，但问题并没有被直接解决。例如，我从个人经验中得知，除非笔记本电脑定期连接到购买该软件许可的机构网络，否则微软的该项措施会错误地将该笔记本电脑的使用视为未经授权。Athey 和 Stern 通过研究特定的密钥以及关注计算机最终是否会使用有效的密钥再次得到授权来解决这个问题。

鉴于估计值的保守性，本研究结果让我们停下来好好思考一下。这个研究涉及的规模很大。超过 1/4 的 Windows 7 拷贝件是未经授权的，各国之间存在很大的差异。我的粗略计算表明，仅 Windows 的盗版率就高达 25%，这意味着微软将损失 61 亿美元的收入和 38 亿美元的运营收入。这与 BSA 等组织报告的大量盗版损失估计相符，但它们假定了盗版程度和损失程度之间存在直接对应关系。

软件的高级版本更容易出现问题，这意味着事实上这并不是价格歧视案例。换句话说，IT 和药品行业打击盗版的常见方法是制造商在较贫穷的国家推出低价版本。但 Athey 和 Stern 的研究结果表明这种方法并不起作用。

他们注意到另一个有趣的结果，但并没有评论这个结果：虽然较小的制造商生产的计算机往往具有较高的可能性会安装盗版软件，但大部分盗版软件都是在技术领先的制造商生产的计算机上安装的。所以，这些制造商也要为未经授权安装 Windows 7 的密钥负责。这就导致了一些问题的出现。是微软与原始设备制造商之间的合同出现了问题还是该合同的执行出现了问题？原始设备制造商是否设法通过组装没有 Windows 的计算机来减少对微软进行付款的行为？当原始设备制造商泄露软件密钥后会面临什么责任？

但 Athey 和 Stern 的专注点是将观察到的盗版水平与国家的特定机构联系起来。他们的结论是，即使控制国家的富裕程度这个变量之后，相关的制度如果能够更加尊重私有财产也能减少盗版率的发生。简而言之，在中等收入国家，盗版的发生率是最高的。这一发现可能反映出购买者在道德接受度上对盗版产品的容忍度更高或者是盗版更高的盈利能力（在给定的盗版产品需求水平下）。看起来这主要需要从需求方入手解决，因为更大的执法力度（例如，关闭海盗湾共享网站）似乎对观测到的盗版率没有什么影响。更准确地说，对盗版产品供应商施加更大的执行力度似乎无法有效减少盗版。

如果是这样，那么数字产品生产商将面临一个令人难以接受的决定，即强迫客户只使用授权产品。事实上，微软似乎已经在朝这个方向迈进，其强迫用户定期对其软件进行认证，并对产品功能进行适度降级。这似乎不足以阻止大量买家选择盗版产品，因为盗版产品更便宜，甚至可能是免费的。

这样就出现了两个需要研究的问题。第一个问题是定价方面的问题。实际上，在盗版率较高的国家，消费者购买正品的意愿较低。如果是这样，问题是否在于微软是如何对产品进行定价的？如果知道微软是否尝试过通过打折和其他的方式对价格进行调整，以及微软调整价格对客户购买盗版产品的意愿会产生怎样的影响，那可能会比较有研究意义。由于供应方执法不力，微软很可能已经在优化定价。

第二个问题是是否应该通过拒绝更新和打补丁来降低盗版产品的功能，从而引导消费者拒绝使用盗版产品。这种策略的代价也可能是高昂的，因为一些使用正版软件的用户可能被错误地归类为在使用未经授权的盗版软件。其他可能出现的成本包括导致合法用户面临更大的安全风险（未经授权的用户中可能有更大比例的人已经违背了软件使用原则）、法律责任和声誉成本。

　　显然，这种做法需要分析顾客购买正品的意愿以及购买盗版产品的意愿。另外，对需求的合理分析还将有助于我们了解收入和利润的损失程度。令人吃惊的是，这个问题在这一章并没有被提出。同时，研究任何这种做法都需要考虑到竞争条件。它很可能适合一个占主导地位的生产商：通过这种方法让它的产品挤掉一个潜在的竞争对手，无论是一个替代操作系统产品（Linux），还是一个竞争平台（苹果）。容忍甚至鼓励某种程度的盗版，可能是遏制竞争对手的一种竞争方式。因此，研究在盗版率高的国家，微软 Windows 的市场份额是否也比其他操作系统更高，也会是一个有趣的研究方向。

　　无论如何，这项研究通过详细记录世界各地盗版的发生率，并将其与该国的制度发展水平联系起来，在研究盗版发生率与制度发展水平方面做出了重要贡献。